THE
LATER LETTERS
OF
PETER OF BLOIS

AUCTORES BRITANNICI MEDII AEVI · XIII

THE
LATER LETTERS
OF
PETER OF BLOIS

Edited by

ELIZABETH REVELL

Published for THE BRITISH ACADEMY
by OXFORD UNIVERSITY PRESS

Oxford University Press, Walton Street, Oxford OX2 6DP

Oxford New York Toronto
Delhi Bombay Calcutta Madras Karachi
Kuala Lumpur Singapore Hong Kong Tokyo
Nairobi Dar es Salaam Cape Town
Melbourne Auckland Madrid
and associated companies in
Berlin Ibadan

Oxford is a trade mark of Oxford University Press

Published in the United States
by Oxford University Press Inc., New York

British Library Cataloguing in Publication Data

Peter of Blois
Later Letters of Peter of Blois. —
(Auctores Britannici Medii Aevi Series;
.13)
I. Title   II. Revell, Elizabeth
III. Series
282.092

ISBN 0–19–726108–6

Typeset by Alan Sutton Publishing
Printed in Great Britain

CONTENTS

INDEXES

ACKNOWLEDGEMENTS

An unforeseen result of spending so much time editing these letters of Peter of Blois is the realization of how much help I have been given along the way, so that the project has been a revelation of human kindness as much as of medieval history. So many people have helped me with information, encouragement, typing and other practical assistance that I cannot remember all their names, although I am deeply grateful for what they did. But to go back to the beginning, there are three people whom I must thank especially. Dr A. E. Barker, late of London, Ontario, my first Moral Tutor, first urged me to begin research and found funds to support it. Professor R. W. Southern, my first and last adviser, allowed me to do a B.Litt. thesis editing some of the letters which he had discovered, and has been unfailingly generous in sharing his resources and expertise ever since. Dr R. W. Hunt, with his wonderful combination of benevolence and acuity, guided the work from when it was first proposed for publication in this series until his death.

In addition, I must thank the British Library and the Bodleian Library who have been mainstays throughout, too often taken for granted. I remember too with particular pleasure the kind welcome of the librarians at the Bamberg Staatsbibliothek and the Erfurt Stadtbibliothek when I first went to look at their manuscripts in 1958 and 1966, and later the hospitality of the Libraries at Merton College, Oxford, and St John's College, Cambridge. I am also very grateful for the courtesy and promptness of the libraries to whom I have written for photographs: the Bibliothèque Nationale in Paris, the Bibliothèque Royale Albert Ier in Brussels, the Bayerische Staatsbibliothek in Munich, the Bibliotheek der Rijksuniversiteit in Leiden, and the Civica Biblioteca Guarneriana in San Daniele del Friuli. In addition, Dr Rolf Köhn of Konstanz has given me much information about other manuscripts and lent me his microfilms. Professors C. N. L. Brooke and the late C. R. Cheney, Dr J. Goñi Gaztambide, Dr Margaret Gibson, and the late Miss Eleanor Rathbone have been very ready to answer my questions. Mrs Fiona Hill and Mrs Ita Hollinshead have worked on the text; the late Professor H. S. Offler, Professor Barry Hall, Mr Richard Sharpe, and finally but not least Dr L. A. Holford-Strevens, Sheila Southern, and Professor D. E. Luscombe have rigorously proof-read it at various stages, and have made very illuminating suggestions as well as saving me from multitudes of errors; any which have crept in subsequently are not their responsibility.

Finally, I must heartily thank my colleagues at Huron College in London, Ontario, who have so cheerfully accepted my absence over many summers, and the kind friends in Oxford who have unfailingly sustained me with meals, cups of tea, and their prayers.

ABBREVIATIONS

BL	British Library (London)
BN	Bibliothèque Nationale (Paris)
BR	Bibliothèque Royale (Brussels)
Bus.	J. Busaeus, *Opera Petri Blesensis* (Mainz, 1600)
Cal. Rot. Pat.	*Calendarium Rotulorum Patentium in Turri Londinensi*, ed. S. Ayscough and J. Caley (London, 1802)
Cheney	C. R. and M. G. Cheney, *The Letters of Pope Innocent III (1196–1216) concerning England and Wales: A Calendar with an Appendix of Texts* (Oxford, 1967)
CRR	*Curia Regis Rolls of the Reigns of Richard I and John* (7 vols., Public Record Office, London, 1922–35)
CCSL	Corpus Christianorum, Series Latina (Turnhout, 1953–)
CSEL	Corpus Scriptorum Ecclesiasticorum Latinorum (Vienna, 1866–)
DTC	*Dictionnaire de théologie catholique*, ed. J. M. A. Vacant (15 vols., Paris, 1899–1950)
Extra	*Decretales Gregorii Papae IX*, ed. E. Friedberg (Leipzig, 1881)
Giles	J. A. Giles, *Petri Blesensis Omnia Opera* (4 vols., Oxford, 1847–9)
Gous.	Pierre de Goussainville, *Petri Blesensis Opera Omnia Emendata* (Paris, 1667)
Grat.	Gratian, *Decretum*, ed. E. Friedberg (Leipzig, 1879)
Greenway	Diana E. Greenway, *Fasti Ecclesiae Anglicanae, 1066–1300* (London, 1968–)
Jaffé	Philipp Jaffé, *Regesta Pontificum Romanorum ab Condita Ecclesia ad 1198* (2nd edn., 2 vols., Leipzig, 1885–8)
Knowles	David Knowles, *The Heads of Religious Houses: England and Wales, 940–1216* (Cambridge, 1972)
Kuttner–Rathbone	Stephan Kuttner and Eleanor Rathbone, 'Anglo-Norman Canonists in the Twelfth Century: An Introductory Study', *Traditio*, 7 (1949–51), 279–358.

Merl.	J. Merlin, *Petri Blesensis Insignia Opera* (Paris, 1519)
PG	*Patrologiae Cursus Completus, Series Graeca*, ed. J.-P. Migne (162 vols., Paris, 1857–1912)
PL	*Patrologiae Cursus Completus, Series Latina*, ed. J.-P. Migne (221 vols., Paris, 1844–64)
PMLA	*Proceedings of the Modern Language Association of America*
Potthast	August Potthast, *Regesta Pontificum Romanorum, 1198–1304* (2 vols., Berlin, 1873–5)
PRS	Pipe Roll Society Publications (London, 1884–)
Rot. Ch.	*Rotuli Chartarum in Turri Londinensi Asservati, 1199–1216*, ed. T. D. Hardy (London, 1837)
Rot. Lit. Cl.	*Rotuli Literarum Clausarum in Turri Londinensi Asservati*, ed. T. D. Hardy (2 vols., London, 1833–44)
Rot. Lit. Pat.	*Rotuli Literarum Patentium in Turri Londinensi Asservati, 1201–16*, ed. T. D. Hardy (London, 1835)
RS	*Rerum Britannicarum Medii Aevi Scriptores* (Rolls Series; London, 1858–)
VCH	*Victoria County History*
Vet.	Editio Vetus of Peter of Blois's Letters [Brussels, 1479–81]

INTRODUCTION

Peter of Blois, in his almost fifty years of service in the church, never attained a rank higher than that of archdeacon; but as Peter of Blois, Archdeacon of Bath, the writer, he was famous for over three centuries, admired both for the robust moral content of his works and for their forceful and elegant style. (One can sometimes see the scribes' appreciation of these qualities in their marginal notes.) The most famous and the most original of his writings were his letters, and here he saw himself as the latest in an august line stretching back nearly two hundred years to Fulbert of Chartres.

Peter of Blois's letters are not only his most original writings, they are also those on which he lavished his chief attention. He probably published the first edition of 100 letters, the pick of about twenty years of writing on his own behalf and for various employers, in 1184. For almost another twenty years, according to the evidence of the surviving manuscripts, he continued to work at the collection and issued further recensions in approximately 1189, 1196, 1198, and 1202.[1] Not only did Peter add new items: he removed others, and rearranged and sometimes expanded and polished the earlier texts. After the fifth recension he lived another ten years, during which time he held the archdeaconry of London, but without apparently publishing any further revisions or any new writing.

The success of Peter's collection continued until the end of the middle ages, the greatest number of the surviving manuscripts being produced in the fifteenth century and particularly in Germany, where they were in demand for the libraries of humanist collectors and the new universities. They were printed too, in the Netherlands, France and Germany, the most authoritative version being that of Pierre de Goussainville (Paris, 1667).[2] His edition and that of J. A. Giles (*Petri Blesensis Omnia Opera*, 4 vols., Oxford 1846–7) formed the basis for vol. ccvii in Migne's *Patrologia Latina*, the form in which Peter's works are most available today, though unfortunately marred by many misprints. Goussainville had printed only Epp. I–CLXXXIII, rejecting CLXXXIV–CCVIII which were in the

---

[1] See R. W. Southern, *Medieval Humanism and Other Studies* (Oxford, 1970), p. 122.
[2] The earlier editions were the *Editio Vetus* of the Brethren of the Common Life (Brussels, 1479–81), and those of J. Merlin (Paris, 1519) and J. Busaeus (Mainz, 1600).

earliest editions. Giles included these and others which he wrongly considered to be validated by Sidney Sussex MS 98[3]; he also printed for the first time (though often unsatisfactorily) a number of 'stray' letters from other English manuscripts (*Epp.*[4] CLII, CCIX–CCXII, CCXXVII, CCXXIX, CCXXXV–CCXXXVI, CCXXXIX–CCXLI, CCXLIII; nos. 1, 4–5, 7–16 in the present edition). Of these letters no. 10 seems to have been composed in the 1190s and held back to avoid giving scandal, but most of the rest clearly belong to Peter's London period, and show his epistolary activity continuing until at least 1206 (no. 11).

But instead of being the final postscript to the collected correspondence of Peter of Blois, archdeacon of Bath, these stray letters were the first evidence of a large collection of new material which he wrote as archdeacon of London, and apparently never revised or put in order for publication. The main body of these letters first came to light in 1938, in a manuscript of the early fifteenth century (manuscript A), written for the Erfurt book-collector Amplonius Ratinck. Sixty years later, thirty letters were copied from this manuscript for the Carthusians at Bamberg (manuscript B).[5] But a quite independent collection of twenty-five of them (manuscript Ad), transcribed at about the same date as the Erfurt volume, has been discovered in the library of the Benedictine monastery at Admont, Austria, by Dr Rolf Köhn of Konstanz. It is this whole corpus of later letters in manuscript A, not edited for separate publication by Peter himself and extremely rare in manuscript, which this volume makes available in print for the first time.

To these I have added four other 'stray' letters as a supplement. The epistolary prefaces to *De Fide* and *De Amicitia* (nos. 77 and 78) were never included in the manuscripts of letters and have never been printed. *Epp.* CLVII and CLX (nos. 79 and 80) have been in the printed canon from the beginning, but had not found a regular place in Peter's collections, and questions about their manuscript authority have led to their inclusion here. These letters were all written in the 1190s, and show how Peter's interests were developing immediately before his last letters.

---

[3] See E. S. Cohn, 'The Manuscript Evidence for the Letters of Peter of Blois', *EHR* 41 (1926), 43–60, p. 46.
[4] I have regularly used '*Ep*[*istola*]' and Roman numerals to designate the printed letters, using Migne's numbering; 'Letter' or 'no.' and Arabic numerals for those in this edition. Giles had wrongly recorded Goussainville's *Ep.* CLXXXIII as CLXXXVIII; consequently the letters he added were numbered CLXXXIX–CCXLVIII, and the numerals CLXXXIII–CLXXXVII do not occur in his edition. Migne corrected the numbering in the *Patrologia*.
[5] See R. W. Southern, 'Some New Letters of Peter of Blois', *EHR* 53 (1938), 412–24.

I shall first give a short account of the manuscripts in which these letters have been preserved, and then go on to consider their authenticity and significance. The manuscripts of other works which have prefatory letters (nos. 18, 77, and 78) are described separately in the appendix to this introduction, as are those containing Letters 79 and 80, which do not appear in the last collections.

MANUSCRIPTS

The manuscripts fall into two classes.

Class I

The first class consists of a group of late medieval manuscripts of mainly English origin which contain, in all, thirteen of these late letters (the ones printed by Giles) attached to or scattered among the letters of the standard collections. These letters stand among the first sixteen in this volume. Presumably, they had somehow leaked out of the repository which contained Peter of Blois's literary remains. The manuscripts are:

Ar British Library, Arundel 227 s. xv

A parchment quarto of 143 leaves in single columns, containing the complete letter collection in the fifth recension[6] (166 letters and five epistolary tracts) to which are added seven of the later letters (nos. 4–5, 12–16). Although it does not preserve the titles to the letters, Ar is a well-written manuscript with careful punctuation. It is so often clearly right when it disagrees with the others that I have usually adopted its readings.

Bu British Library, Burney 303 s. xv

A parchment quarto of 245 leaves in single columns. It contains 151 letters and three epistolary tracts, a standard fourth recension. These are followed by the first two and a half paragraphs of Letter 1, which stops short leaving part of the page blank. This letter has no title or address, and is not listed in the table of contents.

The book bears the signatures 'William Lambard 1566' and 'Thomas Lambard 1638', probably the historian of Kent and his grandson.

N Oxford, New College, 127 s. xv[1]

A small octavo volume of 254 leaves, parchment alternating with paper, in single columns. It contains 133 letters of the fifth recension and three

---

[6] As classified by Southern, *Medieval Humanism*, pp. 131–2.

epistolary tracts, and ends with twelve late letters (nos. 4–5, 7–16). The writing is small, faded, and often difficult to read; punctuation is all but invisible. The scribe was William Singleton, otherwise unknown. Singleton's text is the most economical in wording of any manuscript except Ad (but they do not coincide); whether the omissions result from literary judgement, or simply from impatience, is not clear. This economy includes the reduction of most proper names to initials. The book was presented to New College by William Persson or Perysson, a Fellow of the College who died in 1435.

S Seville, Biblioteca Capitular Columbina, 7. 3. 20. s. xiii[1]

116 parchment folios in two columns, written by two or more scribes in England or northern France. It contains material which partly matches the second recension and partly the fourth: three epistolary tracts and 130 letters. The great interest of this manuscript is its complete version of Letter 10 (*Ep.* CCXI), of which only the first half is found elsewhere. In the first half S agrees with N (as opposed to the German manuscripts) in stating that Peter had been a pupil of Baldwin in the Schools (§ 9).

G Göttingen, Niedersächsische Staats- und Universitätsbibliothek Theol. 105 k s. xv[1]

107 parchment folios, in single columns, containing a fifth recension collection of 149 letters of Peter of Blois and four epistolary tracts, followed by four letters of Petrarch, who is not identified clearly as a separate author. Peter's letters are in two parts written by two different hands, the second part supplementing and sometimes duplicating the first. The second part includes letter 4 (*Ep.* CLII); the first part ends with Letter 5 (*Ep.* CCXL), which breaks off in the middle of a page, leaving the rest blank. A, B, and Ad also include this letter in a fragmented form, but only half the length of the version here.

This manuscript belonged at one time to the brothers Gaspari in Antwerp.

L Leiden, Rijksuniversiteit, Lat. 198 s. xiii

This manuscript, containing a standard late collection of Peter's letters, originated in France. It is written in double columns on 219 parchment folios. Letter 4 (*Ep.* CLII) is added at the end.

P Paris, Bibliothèque Nationale, lat. 2961 s. xv

This small parchment quarto of 180 leaves is written in a single column in a small close hand. Its main contents are 151 letters of Peter, a late collection but including most of those discarded after the third recension: *Epp.* CLIII–CLVI, CLVIII, CLXII, and CLX (Letter 80). These are followed by two letters of the Emperor Frederick II and Pope Clement IV; the last six leaves are ruled but left blank. The main interest of this manuscript is the paragraph added to *Ep.* CLII (Letter 4), which certainly seems to be genuine.

T   Troyes, 851   s. xiii

A fine parchment volume of 94 folios in double columns, this collection of Peter's letters, formerly at the Bibliothèque Municipale in Troyes, is now at the Bibliothèque Nationale in Paris. Like L, it was written in France (it belonged at one time to Clairvaux) and ends with Letter 4.

Class II

The second class consists of four manuscripts, all of German origin. They made use of a much more extensive stock of uncollected letters than that represented in the English manuscripts described above. In the principal sources (A and Ad) there is also a late standard collection, but the new letters are separate from it. The manuscripts are:

Ad   Admont, Stiftsbibliothek, 463   s. xiv/xv

150 folios in double columns, from the Benedictine monastery of Admont in Austria. It contains a standard fourth recension collection of 143 letters and one epistolary tract, followed by the Letters 1–3, 6–15, 17–22, 25–7, in an order slightly varying from that of A. Ad's exemplar was probably also different from that of A, for the order of the standard letter-collection is quite different, although almost identical with that in the Bamberg Carmelite manuscript B. vi. 2.[7] But again, neither of these is copied from the other, for each contains material which the other lacks.

The scribe's attitude to his work is shown in his colophon: 'Explicit per manus et non per nasum Osbaldi de Chremsa mit dem weizzen har. Vix, trix, sicut meretrix'. Most of the titles have disappeared and also the addresses; Ad shares the economizing tendencies of N (probably they are contemporary). But the cuts in the text are much more frequent and often damaging. Osbald writes with almost no regard for the meaning, often obscuring or even reversing it through omissions or additions of negatives, or fantastic changes in words. (I have not included these in the notes.) But Ad does sometimes include variants which seem genuine, or even helpful corrections to A, especially in Letters 2 and 6, while in Letter 14 several readings are superior to those of the English manuscripts.

---

[7] See F. Leitschuh and H. Fischer, *Katalog der Handschriften der Königlichen Bibliothek zu Bamberg* (3 vols., Bamberg, 1895–1912), i. 536–7.

A Erfurt, Amplonianus F. 71, s. xv[1]

This is the most important manuscript, and the basis of this edition. It consists of 235 paper folios in double columns, commissioned by the German physician and humanist Amplonius Ratinck.[8] It was written, in a North German small cursive hand, by the same scribe as copied Amplonian MS F. 48 in 1408. It appears in the theological section of Amplonius' library catalogue of 1412, where the contents are listed as:

1. *Glosa Petri Blesensis super Iob*
2. *Morale Somnium Pharaonis bonum* [by John of Limoges]
3. *Glosa Treveth super epistola Valerii Maximi*
4. *Epistolare Petri Blesensis continens in se C et LIII epistolas.*

This last is in fact a collection of 148 letters and three epistolary tracts of the fifth recension. But the manuscript seems to have been designed to include all Peter's works then available (apart from the *De Amicitia*, found elsewhere in Amplonius' library), for following the 'epistolare' are three groups of his theological treatises alternating with two further sets of letters. The first group of tracts (*Quales sunt*, *Contra perfidiam Iudeorum*, *Servis Christi conservus eorum Serlo*, *Invectivum in depravatorem*) concludes with an unfinished text of the unprinted *De Fide* with its prefatory letter (no. 77).

The late letters follow in two divisions: the first (ff. 186–97) consists of nos. 1–27, omitting 14 and 16; the second (ff. 200–24ᵛ) contains nos. 28–76. These two sets are separated by *Epistola Zosimi Papae*, *De translatione Stephani protomartyris*, and a short moral fragment. They are followed by an untitled fragment on heresies (not by Peter, though presumably intended to complete the *De Fide* broken off above), and his three crusading tracts.

Despite its late date, the text of A is in the main remarkably good. The scribe evidently worked as a faithful copyist, not an editor or improver; he did not try to alter puzzling passages nor produce his own interpretation of the text through intensive punctuation, as the scribe of B did. Place-names in their full form and personal names or initials are more abundant than in the English manuscripts, and almost all can be accurately identified. The two prologue letters in A (nos. 18 and 77) are little inferior to versions preserved in manuscripts of 1300 or earlier, although A is not copied from these. The inclusion of *De Fide* (known in only two other manuscripts) shows that the scribe had access to at least one rare and reliable source

---

[8] See W. Schum, *Beschreibendes Verzeichniß der Amplonianischen Handschriften-Sammlung zu Erfurt* (Berlin, 1887), p. 52; and Southern, 'Some New Letters of Peter of Blois', 412–15.

which has since disappeared. All this suggests that the source from which the Amplonian late letters come belonged to a period not far removed, if at all, from Peter's own lifetime.

B   Bamberg, Staatsbibliothek, B. iv. 38   s. xv^2

A paper folio with 188 leaves in double columns, containing a miscellany of theological and philosophical works.[9] Among these are two of Peter's tracts, *Compendium in Iob* and *Contra perfidiam Iudeorum*, and on ff. 86–112 are thirty late letters taken from A, but there is no standard collection. The volume was compiled for the Carmelite monastery in Bamberg by 'Matthias Farinator', a member of the order, working over the winter of 1472–3 in the library of Erfurt University, to which Amplonius' collection had been transferred. B reproduces the structural faults of A, such as the running-together of Letters 30a and 31, and the transposition of a heading from 29. 27 to 29. 28. Unlike the scribe of Ad, Matthias kept his eye on the meaning, and took the trouble to correct minor slips, or make an intelligent guess. He transformed A's text into an edition for close study, making thorough use of punctuation and capitalization, and calling attention to *questiones* and *auctoritates* by underlining. Having completed a copy of the Vulgate a year earlier, he frequently corrected the wording in biblical quotations and expanded those which were abbreviated. However, he was much less careful with proper names. It is possible too that he consulted a manuscript of the Admont type, for in unimportant variations he sometimes agrees with Ad against A, even when Ad is inferior (see especially Letter 17).

M   Munich, Bayerische Staatsbibliothek, Codex latinus monacensis 3586   s. xv^2

A miscellany of theological and moral works by authors ranging from Augustine to Aeneas Silvius, this volume was also written in Erfurt University Library by Matthias Farinator, during the years 1472–5, the same time as he was working on B. On ff. 165–7 he included two samples from Peter's writings (both copied from A) lamenting the corruptions of monastic life: a passage from the *Compendium in Iob*, and Letter 44, which he did not include in B. This manuscript later came into the possession of the city of Augsburg (Aug. civ. 86).

Relationship of the manuscripts

It is hard to work out a relationship between the manuscripts, apart from those directly derived from A, because there is so little overlap. Since there

---

[9] For a full description, see Leitschuh and Fischer, *Katalog*, i. 495–8.

Comparative table of the Later Letters in their order of inclusion in the manuscripts

Numbers in this edition	A	B	Ad	N	Ar	Numbers in Migne
				×		CXXXIX
				×	×	CXL–CXLII
1^a	×	×	×			CCXXXVI
2–3	×		×			
4^b	×	×		×	×	CLII
					×	CXLVI–CXLVII
					×	CXLIX
					×	CLI
					×	*Passio Reginaldi*
					×	CCXXXII
5^c	×^d	×^d	×^d	×	×	CCXL
				×	×	CCXXX
6	×	×	×			
[25–7]*			×			
7	×	×	×	×		CCXXXIX
8	×	×	×	×		CCIX
9	×	×	×	×		CCX
10^e	×		×	×		CCXI
11	×		×	×		CCXII
12	×	×	×	×	×	CCXXXV
13	×^f		×	×	×	CCXXIX
14			×	×	×	CCXLI
15	×^g		×	×	×	CCXXVII
16				×	×	CCXLIII
17	×	×	×			
18^h	×		×			
19–22	×		×			
23–4	×					
25–7*	×					
28	×					
29–43	×	×				
44^i	×					
45–7	×	×				
48–53	×					
54	×	×				

Numbers in this edition	A	B	Ad	N	Ar	Numbers in Migne
55–61	×					
62–3	×	×				
64–5	×					
66	×	×				
67–8	×					
69	×	×				
70–6	×					

[a]   Also in MS Burney 303 (Bu).
[b]   Also in MSS Troyes 851 (T); Leiden 198 (L); Göttingen Theol. 105k (G) and others.
[c]   Also in G (first two pages only).
[d]   These have the first page only.
[e]   Also in MS Seville 7. 3. 20 (S).
[f]   Beginning only.
[g]   End only.
[h]   Also in MS Trinity College Dublin 172 (D).
[i]   Also in MS Munich Lat. 3586 (M).

is no significant variation in the texts of the English manuscripts, they may be considered to have a common source. Ar omits Letters 7–11, which occur in N, but where the manuscripts coincide they follow the same order. The first part of Letter 10 in S is closer to N than to the German texts, but no clear distinction can be made between the English and Continental texts of Letters 4 and 5.

The principal German manuscripts seem to derive from another source. They alone contain the material outside the sequence of Letters 4–16 (with the full version of Letter 1), and they differ from the English manuscripts too in including only the first part of 5 but the whole of 6, and omitting 16. They also have distinctly different readings from the English manuscripts in 10.9 and 12.1–2. Their source was most likely English, though not used by the English copyists.

Ad probably had an immediate source different from that of A, for it has a completely different order for the standard collection. It also differs from A in placing the late Letters 25–7 after Letter 6, and has a number of probably valid variant readings. Also, whereas A gives only the first and last pages of the sequence 13–15, Ad has it complete. Ad on the other hand lacks material found in A (Letters 4 and 23–4), but this may result merely from the unreliability of the scribe. Ad or another manuscript from the same source may have been known to the scribe of B.

Clearly there is room for further work on the family groupings of these manuscripts, and their relationship to the sources of the printed editions, which may provide a clue to the labyrinth of Peter's other epistolary collections.

AUTHENTICITY OF THE LATER LETTERS

Only three of the unprinted letters published here (nos. 18, 77, and 78) occur in sources as early as the thirteenth or fourteenth century. These are admittedly special cases, being epistolary prefaces, although letter 18 was also part of the late collection. Letter 4 (*Ep.* CLII), although its regular place is among the last letters, does sometimes appear in manuscripts of the fifth recension, and I have included readings from two of the earliest of these (L and T), although they do not add any real improvement. Letters 10 (*Ep.* CCXI) and 18 were probably composed while Peter was still archdeacon of Bath.

Some scholars (such as E. S. Cohn, op. cit.) have doubted the authenticity of the 'stray' letters discovered by Giles, not only because they were printed (unsatisfactorily) along with obviously spurious items, but also because of the lateness and rarity of the manuscripts. This argument against copies produced in England, where Peter's works were written, would apply with even greater force to letters found only in German manuscripts. It could be argued that a renewed market for his work among fifteenth-century collectors resulted in careless attributions, or even deliberate forgeries. Certainly anonymous letters, or those written by other Peters (and even Petrarch), were mistakenly included under his name (see e.g. *Epp.* CLXXIV–CCVII in Migne), and forgers also sought to take advantage of his reputation (as with the letter to the abbot of Crowland added to the history of the Abbey by Pseudo-Ingulph).[10] But despite the lateness of the manuscript support, the internal evidence for the genuineness of these letters is overwhelming. They survive scrutiny both externally, in regard to historical detail, and internally as examples of Peter's style and thought. They fit with

---

[10] *Rerum Anglicarum Scriptores Veteres*, ed. W. Fulman (Oxford, 1684), i. 109–10.

what we already know of his life, but they add many new details; they reflect his typical outlook, but they also show personal and intellectual development along lines that were already beginning to emerge in the 1190s.

1. Historical accuracy

Unlike the correspondence falsely attributed to Peter of Blois by Giles and earlier editors, these letters contain a considerable quantity of specific historical detail, and this places them in the first decade of the thirteenth century, Peter's London period. Almost all begin with an address clearly identifying both recipient and sender, either Peter himself as archdeacon of London or those for whom he acted as secretary: Geoffrey, archbishop of York (Letter 22), quarrelling with his Chapter, or the Chapter at St Paul's wrestling with the enforcement of the interdict (Letters 20 and 24). Place-names in the recipients' titles are clear and accurate except for 'Messa' (Letter 59); when a personal name or initial is included it can almost always be readily verified. Apart from Pope Innocent III, who receives eight letters, there are about sixty correspondents, over half of whom can be identified by name as well as title, though few were well known. Since so many of the letters are on abstract topics there are few contemporary events referred to, apart from the interdict, but those which are mentioned are likewise accurate in minute particulars, e.g. the excommunication of William de Stuteville (Letter 38) or the visit of the Cardinal John of Salerno to northern Britain (Letter 22).

2. Style

Although a forger, either literary or artistic, may convince his contemporaries, the characteristics of his own period stand out glaringly in a later age. This is obvious with the fifteenth-century forgeries attributed to Peter, e.g. the letter to the abbot of Crowland mentioned above, and the continuation of Pseudo-Ingulph's history which follows it. By contrast, Peter's known style is highly recognizable in these letters: his customary turns of phrase and quotations of his favourite authorities are too numerous to mention. In addition, some of the letters have close links in language with Peter's other works on similar subjects, e.g. Letter 19 echoes the *De Amicitia* and Letter 52 *Contra Perfidiam Iudeorum*. The style and language appear to be the natural work of a writer who thinks in those terms, rather than the trappings of an imitator.

3. *Development of thought*

The new letters from Erfurt (unlike the continuation of *De Fide* in the same manuscript) also accord with Peter's known outlook and habits of mind. But although a number of these letters, particularly the earlier ones, show Peter treating moral principles with literary skill in his accustomed manner, many reflect the new topics which were engaging his attention toward the end of his life. These late letters, except for obvious *jeux d'esprit* in his earlier style (nos. 31 and 51), contain comparatively few classical quotations, and the language is far more biblical. This trend can also be seen in his other late works, e.g. the rewriting of Felix's *Life of Guthlac* (introduced by Letter 18), where he has reworded the narrative to incorporate many more scriptural phrases, and emphasized the moral teaching. The other two books to which introductions are included here (*De Amicitia* and *De Fide*) are also rewritings of other men's work, but their choice (especially *De Fide*) shows a growing interest in both theoretical doctrine and the practical struggles of the spiritual life. Peter's ordination as a priest, postponed until the 1190s, and perhaps his experiences in the Third Crusade, had clearly made him re-examine his religion; see *Epp.* CXXIII and CXXXIX, and Letters 1–3 on the Mass. Here Peter questions the authority of certain words used in the service (Letter 1), the meaning of the words and the purpose of the service (Letter 2), and the manner in which the sacred mysteries were used as material for intellectual exercises (Letter 3). Many other letters, like his *De Amicitia* to which no. 78 is an introduction, reflect either a more fervent devotion and personal awe of God, or an effort to engage in philosophical enquiry about the nature of God, and of moral right and wrong, in the scholastic manner. The latter in particular would not be likely products for a forger.

This double emphasis results in two distinct types of approach: scholastic questioning, or the positive affirmations of moral exhortation and devotional commentary. Sometimes they are combined in one letter, sometimes a topic is treated differently in separate letters, e.g. nos. 48 and 56 on the causes of sin, 38 and 62 on excommunication, 67 and 74 on the birth of Christ. In general, Peter's handling of scholastic questions reflects the intellectual traditions in which he had been brought up, not the new dialectical education in Paris (see especially Letter 28). But it seems clear that he both wanted to keep abreast of the times, and also was deeply disturbed by some of the new intellectual developments he heard about as well as by new outbreaks of heresy.

Finally, Peter had often before written of illness and old age. At the end of his life these pressures intensify: several letters express vivid remorse for a past misspent life, and anticipate terrors of death and judgement to be alleviated only by prayer.

4. *Biographical details*

Most of all, these letters provide new details of Peter's life and background, all of which are consistent with what is already known. We learn how his father, a self-made man, founded the family fortunes in Blois (Letter 6), and how Peter, as eldest son and heir, strove to make advantageous marriages for his sisters' children, and to advance their interests both educationally and financially. In particular we learn the names of two more nephews, Peter de Saint-Martin and Gerard, and his bitter disappointment at the way they sought to take advantage of him (Letter 6). We also learn more of Peter's own career, for example that in his last years he still held his French prebends at Chartres, Rouen, and Bayeux (Letters 6, 25, 27, 76), and that he was in France for part of this period (Letters 6 and 13), probably during the interdict. We see too more of his relationship with Geoffrey, archbishop of York (Letters 22 and 38). His service to Archbishop Baldwin of Canterbury in his quarrel with the monks is already known from *Ep.* CCXI (Letter 10), but the new section in the Seville manuscript shows an acute sympathy with Baldwin's dilemma in owing allegiance to both king and pope. *Ep.* CLII (Letter 4) shows Peter reversing his former preference for secular clergy over monks in his attempt to have the ill-living canons at Wolverhampton replaced by Cistercians, but in the postscript we learn that two of these canons did conform to his ideal. Other letters similarly show his concern shifting from engagement with diplomacy and law, and courtly and secular affairs, to a deeper interest in the spiritual and contemplative life, partly under the influence of Cistercian ideals. More than half his correspondents in the present collection are members of monastic orders, several being Cistercians.

Certain of these late letters already printed by Migne (*Epp.* CCXXXIX, CCIX, CCXII, nos. 7, 8, and 11) describe Peter's tribulations as archdeacon of London; the new letters provide further evidence on the date when he assumed this office, and therefore when the London letters were written. In the late letters in A, Peter is always styled archdeacon of London, though Letters 10 and 18 (in which in other manuscripts he is called archdeacon of Bath) were probably written earlier. But A is generally so accurate with names that I should definitely assign the other letters to the London period.

The earliest which can be dated with certainty is No. 38, written in the winter of 1200–1. Letter 32, to Geoffrey, bishop-elect of Nantes, may be even earlier; Geoffrey was recorded as 'electus, nondum consecratus' in April 1199,[11] but the date of his consecration is unfortunately not known. The latest externally documented use of Peter's old title, archdeacon of Bath, is in a letter of Innocent III dated 1 February 1203 (Cheney, *Calendar*, 464), but this must surely reflect ignorance at the papal court about Peter's change of position. His predecessor as archdeacon of London, Alard of Burnham, succeeded Ralph of Diceto as dean of St Paul's, and Ralph is last mentioned in this office on 23 May 1199. Dr D. Greenway, in 'The Succession to Ralph de Diceto, Dean of St. Paul's,'[12] concludes that Ralph probably died in November 1199 or 1200. Certainly Alard became dean some time before 3 May 1201. I have therefore chosen 1200 as the terminus *a quo* for the London letters.

In spite of his advanced age Peter was still active, attending on Archbishop Geoffrey and acting as secretary for the London Chapter in dealing with correspondence arising from the interdict. He was therefore certainly in London as late as 1209, but at some point, very likely after the king's excommunication, he returned to France and was in financial difficulties. He may well have died there, since the interdict was not lifted from England during his lifetime. The latest certain date for any of the letters is 1210–11 (nos. 44 and 46).

Four external contemporary sources also give evidence as to the date of Peter's death. The terminus *ad quem* is 20 May 1212, when a writ was issued to his executors (*Rot. Lit. Cl.*, i. 117b), so his death presumably occurred within the previous twelvemonth. The Rouen Necrology commemorates him on 29 June,[13] but this may be merely associating him with his name-day. The Chartres Necrology reports that a Master Peter of Blois left £50 for the commemoration of his anniversary, which fell on 30 November.[14] This bequest has been assumed to belong to Peter's namesake. Despite the ingenious theory of R. R. Bezzola[15] that the namesake mentioned in *Epp.* LXXVI and LXXVII was simply an 'alter ego' created for literary effect, there *was* another Peter of Blois ('the younger', a writer

---

[11] *Gallia Christiana*, xiv (Paris, 1856), 818–19.

[12] *Bulletin of the Institute of Historical Research*, 39 (1966), 86–95.

[13] *Recueil des historiens des Gaules et de la France*, ed. M. Bouquet, xxiii (Paris, 1894), 364.

[14] *Cartulaire de Notre-Dame de Chartres*, ed. E. de Lépinois and L. Merlet (Chartres, 1862–5), iii. 215.

[15] *Les Origines et la formation de la littérature courtoise en Occident*, III. i (Bibliothèque de l'Ecole des hautes études, 319; Paris, 1963), 41.

on canon law)[16] who was a canon of the cathedral and also Archdeacon of Dreux.[17] If the Necrology entry refers to him it is strange that he is not given his title. But he in any case had probably moved from Chartres, for a Master Peter of Blois was active in the Paris chapter in 1216.[18] Finally, an undated document, formerly in the St Paul's archives and now at the Guildhall (MS 25122/10), records the agreement of two London citizens that they will begin building a stone wall between their properties 'ad mediam quadragesimam proximam postquam Magister Petrus Blesensis archidiaconus Londoniensis mortuus fuit'. This must refer to the Lent of 1212, which began on 8 February. It seems clear that Peter must have been dead by February, and that his death was fairly recent. This would fit well with the date 30 November, as commemorated at Chartres, and I have therefore chosen 30 November 1211 as the likely date of his death, and the last possible date for these London letters.

SURVIVAL OF THE LATER LETTERS

What manuscript evidence there is suggests that the late letters survived in three main groups. These groupings are probably based on subject matter, for there is little chronological difference between them.

1.   The letters which circulated most widely are a selection from among the first sixteen letters, in particular a nucleus of nos. 4–5, 7–16, as seen in the English manuscripts. The 'stray' letters found in Continental manuscripts independent of A also come from this group.

2.   The first twenty-seven letters, those contained in Ad and the first division of A. Letters 1–3 probably stood at the head because of their particular interest. They may at one time have been a separate unit, hence their absence from Ar and N, and the occurrence of a fragment of no. 1 as the only late letter in Bu. These first twenty-seven letters are similar in range to the rest of Peter's correspondence, and apparently had the greatest attraction for collectors.

---

[16] R. W. Southern, 'The Necessity for Two Peters of Blois', *Intellectual Life in the Middle Ages. Essays Presented to Margaret Gibson*, ed. L. Smith and B. Ward (London and Rio Grande, Ohio, 1992), 103–18.

[17] *Collection de cartulaires chartrains*, ed. R. Merlet and M. Jusselin (Archives d'Eure-et-Loir, 2 vols., Chartres, 1906–9), ii. 53.

[18] *Cartulaire de l'église Notre-Dame de Paris*, ed. B. E. C. Guérard (4 vols., Paris, 1850), i. 392–3.

3.   An additional group of thirty-nine letters, mostly on theological and philosophical subjects. These form the second group in A, and are found otherwise only in B and M, the copies made from A by Matthias Farinator. (Interestingly, ten of these letters open with the greeting 'Salutem in vero salutari', which in the second group occurs only in Letter 27.)

Whereas the letters in the regular collections were all carefully revised, no doubt from drafts which Peter had kept, here in many cases we seem to have the drafts unrevised. Some may have been in rough form on loose sheets and were copied with pages missing, e.g. no. 5 in all the German manuscripts (where G probably had two sheets, A and Ad only one), and no. 1 in Burney. This would also account for the confused state of some letters, e.g. no. 57 on marriage. Letter 10, which exists in four manuscripts offering three different versions, provides a tantalizing glimpse of Peter's working process. Some passages were clearly rewritten in the original of the Erfurt and Admont manuscripts. In addition, the German manuscripts break off in the middle of a sentence; the New College version (printed by Giles and Migne) omits this sentence-fragment but ends with the statement that the author is about to reveal something new, which his conscience will not allow him to withhold. Yet the revelation itself, an account of the pressures Baldwin faced as archbishop and his need therefore for the support of secular clerks, survives only in the Seville manuscript. Peter could not have cut the letter off at this point unless he wanted his readers to know that something was suppressed; or is the break unintentional, the result of a missing page? Perhaps this letter faced Peter with an editorial question which he was unable to decide, and which had prevented him from publishing it in his official collection. And another problem he would need to face as editor would be that of selection. The published collections represent on the average a choice of four or five letters from each year of writing, but here we have seven or eight.

These letters, then, are the fruit of Peter's last ten years, when he was still active as a writer but no longer as collector and editor. We cannot tell why he never included at least some of these letters in the official collection, of which he was clearly proud, but a number of possible reasons suggest themselves. It seems that already in the late 1190s Peter was losing interest in revising and adding to his collection; only a few new letters were added to the two final recensions. Occasionally in his last years he mentions making a gift of his letters (e.g. in nos. 9 and 26), but the demand may have declined with changes in taste. Perhaps too his own new interests had channelled his energies elsewhere (as recorded also by Chaucer in his retractions to the *Canterbury Tales*). Most likely, I think, he found, as with preaching (Letter 42), that it was just too much. He was already over sixty when he issued his fifth recension, and Letter 9 presents vividly the difficulty of making new copies. Also, after 1209, he may have been separated from his drafts by the interdict and never returned to make a selection from them. But we can be sure that all these letters are his, although several would probably not have survived if he had edited them.

Very likely the main repository was in London, at St Paul's, which before the Great Fire possessed at least three manuscripts of Peter's work. Here Amplonius' scribe may have found them. A few of the late letters made their way into later manuscripts of the fourth and fifth standard recensions, but the majority were overlooked until a revival of interest in the kind of humanism represented by Peter led to their discovery by fifteenth-century enthusiasts.

PLAN OF THE EDITION

1. *Selection and arrangement*

The letters printed here are 'uncollected', that is, they were not included by Peter himself in any of his published collections. I have therefore included the thirteen letters discovered and printed by Giles (nos. 1, 4–5, 7–16) as an integral part of this group. The new manuscripts almost always supply some superior readings, and in two cases (nos. 1 and 10) they provide a large portion of text which was unknown to Giles. Since A is the basis for the text, the order of the letters is also that of A, which is confirmed by the other manuscripts when they contain the same material. Letters 14 and 16, not in A, are inserted where they must have stood in the original sequence.

The four additional letters of the 1190s, which stand outside this corpus (nos. 77–80, see p. xvi), are added as a supplement to this edition.

2. *Spelling and punctuation*

I have not followed the idiosyncrasies of A, or any other manuscript, but have tried to approximate to the spelling used in England in about 1200, as seen for example in Lambeth MS 425. Punctuation and paragraphing, however, follow modern conventions.

3. *Textual Notes*

Wherever I have supplied an emendation, it has been noted. I have also recorded manuscript variations, when a letter survives in two or more copies:

    1.   When a variant reading looks possible;
    2.   When a new reading replaces something clearly wrong in the printed version;
    3.   When an error common to two or more manuscripts suggests a common source;
    4.   When unsatisfactory variants suggest that the scribes were struggling with a common difficulty in their sources.

For Letters 4, 79, and 80 I have included readings from the earliest printed editions, since these seem to represent manuscripts no longer in existence.

Also, I have recorded all the readings in A, except mere spelling variants, so the reader can see a full picture of the manuscript which has preserved almost all these new letters for us.

4. *Explanatory notes*

I have noted biblical, patristic, and literary sources as far as possible, as an index to Peter's range of reading. For the scholastic material, I have given references to similar discussions in the writings of six contemporaries whose work Peter may have known: Peter Lombard, Odo of Ourscamp, Robert of Melun, Simon of Tournai, Peter of Poitiers, and Stephen Langton. But there has not been space for a detailed comparison and, since Peter is silent about living authors, there is often no clue to his immediate sources.

APPENDIX

A.   MANUSCRIPTS CONTAINING THE PREFATORY LETTERS

1. *Vita Guthlaci*

The prefatory letter was included among the late letters in A (no. 18). The complete work is known in only one manuscript:

D   Dublin, Trinity College, 172 *(formerly B. 2. 7)*   s. xiv[2]

This parchment folio of 414 pages has large illuminated initials and is the most handsomely executed of any of the manuscripts. The College catalogue of *c.*1680 claimed that it was once in St Peter's, Westminster,[19] but this is disputed by N. R. Ker.[20] It contains mainly works of history and prophecy, and opens with the lives of fourteen saints, most of them, like Guthlac, members of Anglo-Saxon royal houses. The prefatory letter to the life of Guthlac was probably taken from an earlier exemplar than that of A, for in it Peter is called archdeacon of Bath. Otherwise, there is little to choose between the two texts. The Life, with its preface, was printed by C. Horstmann in his *Nova Legenda Angliae* (2 vols., Oxford, 1901), ii. 698–719.

2.   *De Fide*

The prefatory letter (Letter 77) was not included in A's late-letter collection, but it stands in A at the head of the incomplete version of *De Fide* immediately preceding the first group of late letters. The complete *Liber de Testimoniis Fidei Catholice* survives in two other manuscripts.

J   Oxford, Jesus College 38   s. xiii[1]

A neatly written parchment quarto with 104 leaves. The contents are Hugh of Saint-Victor's exposition of Pseudo-Dionysius' *De Celesti Hierarchia*, and Peter's *Oppositiones contra Perfidiam Iudeorum* and *Liber de Testimoniis Fidei Catholice* (ff. 84–104). There may have been a slight revision between the J and A versions of the preface (see §. 8). Otherwise, they are almost identical.

F   San Daniele del Friuli, Civica Biblioteca Guarneriana 264   s. xiv[1]

A parchment quarto of 340 pages, certainly written in Italy. The contents are *De Testimoniis Fidei Catholice* (ff. 1–64), followed by a natural history attributed to Aristotle in a north Italian dialect, and two fifteenth-century copies of fourteenth-century Latin chronicles concerning Italy. These were bound together probably in the eighteenth century, when the volume was in the possession of Giusto Fontanini (1666–1736), archbishop of Ancyra.

The text is less careful than that of either J or A, but agrees with J rather than A in some minor details.

---

[19] See T. K. Abbott, *Catalogue of Manuscripts in the Library of Trinity College, Dublin* (Dublin, 1900), p. 22; Marvin L. Colker, *Trinity College Library, Dublin: Descriptive Catalogue of the Mediaeval and Renaissance Latin Manuscripts* (2 vols., Aldershot, 1991), i. 310–20.

[20] *Mediaeval Libraries of Great Britain* (London, 1964), p. 197.

3. *De Amicitia*

This double work, *De Amicitia Christiana et De Caritate Dei et Proximi*, survives in numerous manuscripts, but only three, all English, are known to have the prefatory letter (no. 78). They were not used for the edition by M. M. Davy, *Un traité de l'amour du XIIe siècle.* (Paris, 1932), which therefore does not include the prefatory letter. These manuscripts are:

R5   British Library, Royal 5. A. IX   s. xiii

This quarto, containing 127 leaves of vellum, is the earliest and best of the three. Peter's *De Amicitia* (ff. 74–102) is preceded by allegories of Richard of Saint-Victor on the Old and New Testaments, Augustine's *De Fide Christiana*, and Paulinus of Aquileia's *Liber Exhortationis de Salutaribus Documentis*. It is followed by two anonymous sermons and a series of alphabetical distinctions.

R7   British Library, Royal 7. C. I   s. xiv

A large volume of 434 parchment folios, it once belonged to William de Keturingg', a monk of Ramsey. It contains twenty-seven mainly theological works, several of them by Franciscans. Peter's *Compendium in Iob* precedes his *De Amicitia* (ff. 397–422). The text of the prefatory letter has several omissions, but usually agrees with R5 as opposed to L.

L   Oxford, Bodley, Laud Misc. 368   s. xiii/xiv

This parchment quarto of 276 leaves opens with the *De Amicitia* (ff. 8–73). The prefatory letter is careless in confusing *nos* and *vos*, and differs in several other minor ways from the Royal manuscripts. The rest of the volume consists of theological works by other twelfth and thirteenth century authors, and an extensive collection of devotional poetry. The manuscript carries the names of Richard Bell and John Aukland, priors of St Cuthbert's, Durham, in 1464–79 and 1484–94.

B.   MANUSCRIPTS CONTAINING LETTERS 79 AND 80 (Epp. *CLVII and CLX)*

These two letters could have been regularly included in the fourth and later recensions, but they occur only sporadically, along with the early letters which Peter discarded after the third recension. Letter 79, however, tends to appear in the middle of a collection, while Letter 80 is tacked on at the end. Neither is found in a manuscript that contains the other, and their history is curiously different.

Letter 79, a straightforward admonition to his deputy on the care of souls, occurs to my knowledge in five manuscripts, three of them from the thirteenth century. Their contents are basically those of the second or third recensions, with the groups CLIII–CLVI, CLVIII–CLIX, and CLXII–CLXIV and also CLXXIII (usually dropped from the later recensions) preserved almost intact. Each manuscript also contains a dozen or more of the spurious letters CLXXXV–CCV: the Paris manuscripts all include CLXVI, CLXXXIV–CXCVI, and CCXXIII, while that from Brussels has CLXVII–CLXXII, CLXXIV–CLXXX, CCI, CCII, and CCV. The texts of Letter 79 seem to come from one source; the titles are almost identical, and there are no problems with transmission.

Letter 80 on the other hand occurs (as befits its date) in collections which are basically those of the fourth or fifth recensions but which preserve a limited selection from the sequence CLIII–CLXXIII. They include nothing from the spurious group CLXXIV–CCV, but CCXI, CCXX, CCXXI, CCXXVI, and CCXXXVII occur once or twice. Three of these manuscripts also are from the thirteenth century, but the display of rhetoric with which Peter begs the bishop of Paris to recall him to France seems to have attracted later collectors, and it appears in at least eleven fifteenth-century manuscripts. No common title seems to have been available, the scribes expressing their own opinions. Unfortunately the recipient's name, Odo, had been forgotten, with the result that most scribes ruined Peter's word-play and the related literary allusions that it inspired.

For Letter 79 I have used the following manuscripts:

E Paris, Bibliothèque Nationale, lat. 2607 s. xiii

A parchment quarto containing 155 letters of Peter, presented by Jean des Vignes to Charles duke of Orleans.

H Paris, Bibliothèque Nationale, lat. 2955 s. xiii

A parchment quarto of 114 letters in a fine Gothic hand, having corrections and marginal notes by another hand that is contemporary or a little later.

I Paris, Bibliothèque Nationale, lat. 18588 s. xiii

This small volume belonged to the Jacobin convent in the Rue Saint-Jacques. It contains letters of Petrus de Vinea followed by 120 by Peter of Blois.

K Brussels, Bibliothèque Royale, 647–650 (no. 1496 in the Catalogue) s. xv

This fine paper folio is devoted to the works of Peter of Blois, including 173 letters. It was bought for the use of 'certain poor scholars' at Val Saint-Martin, a house of regular canons near Louvain.

In addition, Letter 79 appears in Sidney Sussex College, Cambridge, MS 98, s. xv, which is closely related to K.

The manuscripts I have consulted for Letter 80 are:

P Paris, Bibliothèque Nationale, lat. 2961 s. xv
See p. xviii.

Pp Pamplona Cathedral Library, 42 s. xiv–xv
See Letter 9 n. 14.

Q Paris, Bibliothèque Nationale, lat. 2605 s. xiii

This parchment quarto of Peter's works contains 155 letters, and includes the epitaph of a 'Petrus Presul' who died in 1222 (possibly Peter de Fougères, Bishop of Rennes 1210–22, or Peter de Corbeil, archbishop of Sens 1200–22?).

S Seville, Biblioteca Capitular Columbina 7. 3. 20 s. xiii[1]
See p. xviii.

U Paris, Bibliothèque Nationale, lat. 14486 s. xv[1]

This paper quarto, written in 1424, contains the *Institutes* of Cassian and Peter of Blois's letters. It was acquired for the abbey of St Victor in Paris by the prior, Jean Lamasse.

V Paris, Bibliothèque Nationale, lat. 14879 s. xiii

A parchment octavo containing extracts from St Bernard, the so-called letters of Seneca and St Paul, and the letters of Ivo of Chartres as well as those of Peter of Blois. It too belonged to St Victor.

W Brussels, Bibliothèque Royale, 9608–19 (no. 1498 in the catalogue) s. xv

This large parchment folio contains 149 letters, five epistolary tracts, and *Moralia in Iob* by Peter of Blois, followed by a miscellany of classical and later writers, including Petrarch.

The three Munich manuscripts, all coming from libraries in Bavaria, are not identical but seem to draw on a common source. They all contain *Epp.* CCXX and CCXXI, and conclude with four letters by Gregory IX, the Emperor Frederick II, and a cardinal.

X Munich, Bayerische Staatsbibliothek, lat. mon. 5831 s. xv

This large folio contains 170 letters of Peter of Blois and his *Moralia in Iob*. It concludes with meditations on the birth and death of Christ by Henry Sulzner (?), and belonged at one time to the Jesuits of Ebersburg.

Y Munich, Bayerische Staatsbibliothek, lat. mon. 14196 s. xv[1]

This volume belonged to the monastery of St Emmeran, Ratisbon, and was written at Ratisbon (Regensburg) in 1430. It contains 147 letters of Peter of Blois, with the name of Conrad, bishop of Ratisbon 1428–37, sometimes substituted for that of the original correspondent, and other local adaptions of proper names. The last 24 folios consist of documents important for St Emmeran's.

Z   Munich, Bayerische Staatsbibliothek, lat. mon. 18382   s. xv^2

This folio contains a collection of Peter's works, including 163 letters, closely related to that of X. It came from the monastery at Tegernsee and was written in 1470.

In addition, Letter 80 occurs in four other fifteenth-century manuscripts: Paris, Bibliothèque Nationale lat. 2960; Wolfenbüttel, Herzog-August-Bibliothek 73; Trinity College, Cambridge, 17; and MS 456 in the Duke of Northumberland's library at Alnwick.

THE
LATER LETTERS
OF
PETER OF BLOIS

1

To Innocent III, urging him to remove the phrase 'mysterium fidei' from the words of consecration in the Mass. 1198×1211 (probably early).[1]

ANXIA PETRI PETITIO UT SUMMUS PONTIFEX QUEDAM
VERBA EMENDET QUE MULTIS VIDENTUR ABSURDA

1. Vereor ne coram apostolice magnificentia maiestatis imprudenter, aut potius impudenter, censear quedam deliramenta proponere, dum, sub modio fumigans, lucerne super candelabrum posite,[2] immo serenissimo luminari quod ecclesie preradiat universe, tenebras meas compellor inferre. Omnia quippe interiora mea exestuant[3] ad scribendum, et ut verbo Iob utar, 'Spiritus meus est quasi mustum quod novas dirumpit lagunculas';[4] et quia ex habundantia cordis os loquitur,[5] si sequius vel incautius scripsero, vos qui spirituales estis corripite huiusmodi in spiritu lenitatis.[6] Dedit vobis dominus linguam eruditam, ut sciatis sustentare eum qui lapsus est verbo.[7]

A 186ʳ Ad 125ʳ B 86ʳ *Imperfectum*: Bu 244ʳ   *Pr.* Giles CCXLI *PL* CCXXXVI
1–2 ANXIA . . . ABSURDA *om.* AdBu   3 magnificentia: munificentia Ad   3–4 aut . . . impudenter *om.* Ad.   9 sequius: serius Ad   10 scripsero: subscripsero Ad   10 huiusmodi: huius AAdBu

---

1 Letters 1–3 form a group in which Peter expounds his views on the canon of the Mass to Innocent III. He shows no knowledge of Innocent's own work *De Sacrificio Missae* (*PL* ccxvii. 763–916), where in Bk. 4 ch. 5 'mysterium fidei' and two other phrases in the words of consecration not found in the New Testament account are vigorously defended. Earlier writers (Hildebert, *Liber de Expositione Missae*, *PL* clxxi. 1166, and Baldwin of Canterbury, *De Sacramento Altaris*, *PL* cciv. 653) were also untroubled by the expressions to which Peter took exception. But some of the same questions were put to Innocent III by John Belmeis, a monk of Clairvaux and former bishop of Poitiers 1162–81 and archbishop of Lyon 1181–93; see P. Pouzet, *L'Anglais Jean dit Bellesmains* (Lyon, 1927). John's letter is lost, but the pope's reply, written in November 1202 (Potthast no. 1779), has survived in *Extra*, 3. 41. 6.   2 Cf. Matt. 5. 15.   3 Cf. Ierem. 20. 9.   4 Iob 32. 19.   5 Luc. 6. 45.   6 Gal. 6. 1.   7 Is. 50. 4.

2. Forte consiliosius michi esset si concepta scribendi presumptio lateret
in sinu consciencie mee, et intra silentii cardines clauderetur. Da michi
veniam seni, qui super senes intelligis.[8] Michi enim iam advesperascit et   15
accelero ad vite transeuntis occasum, quod michi manifeste declarat
memoria fatiscens, cecutiens oculus, crassior intuitus rationis, et ingenium
quondam acutioris vene iam iam incommodo senectutis obtusum. Viroris
equidem gratia raro solet procedere de stipite veternoso, cuius radix
exaruit. Ego autem iam delibor,[9] et responsum mortis[10] accepi in membris   20
meis. Modicum de tempore vite mee restat, et illud non stat. Sed antequam
mundane conversationi dicam ultimum vale, summo desiderio vellem
datam vobis a deo sapientiam consulere, et scrupulum periculosissime
dubitationis, que multorum mentibus altius infixa est et que totum ebibit
spiritum meum,[11] falce apostolice auctoritatis auferre.   25

3. Magnus equidem stupor et horror incutitur ministrantibus in altari
cum inter verba vite,[12] inter sacramenta salutis eterne, verba quedam
aliena Christo ascribuntur que suspectam faciunt veritatem, que non
continuantur sibi neque Christi sunt et in evangelio non leguntur. Etenim
in consecratione sanguinis Christi sic habetur: 'Simili modo postquam   30
cenatum est, accipiens et hunc preclarum calicem in sanctas et venerabiles
manus suas: et item tibi gratias agens, benedixit, dedit discipulis dicens:
"Accipite et bibite ex hoc omnes. Hic est enim calix sanguinis mei, novi et
eterni testamenti, mysterium fidei, qui pro vobis et pro multis effundetur in
remissionem peccatorum."'   35

4. Sacerdotes qui hec verba pronuntiant, dicentes dominum hec dixisse,
aut verum dicunt aut graviter mentiuntur, nam in tam sacra et deifica
virtute hostie salvatricis omne mendacium sacrilegium esse constat. Si
verum est dominum hec dixisse, dicat aliquis michi, queso, ubi in consecratione sanguinis sui posuerit clausulam illam 'mysterium fidei'?[13] Hoc 40

---

13 michi esset: esset michi Bu   17 et *om*. Ad   18 iam iam: non iam *corr. in* iam iam A;
ut iam Ad; nunc iam Bu   20 autem iam: autem AB; iam AdBu   23 vobis a deo: a deo
vobis AdBu   23 periculosissime: periculose Bu   26 equidem: quidem Bu   29 evangelio: Christi *add*. Ad   29 et . . . non: nec in evangelio leguntur Bu   30 Christi *om*.
Ad   31 est: etc. *add*. Bu; Bu breaks off here   32 agens: ages A   32 dedit: deditque
B   36 dominum *om*. AB

---

8 Ps. 118. 100.   9 II Tim. 4. 6.   10 II Cor. 1. 9.   11 Iob 6. 4.   12 Ioh. 6.
69.   13 *mysterium fidei*: the words actually occur (though with a different application) in I
Tim. 3. 9. They are already found in the prayer of consecration in the Gelasian and Gregorian
sacramentaries.

enim in nullo evangelio reperitur. Quis ita temerarius aut profanus invasor
celestium exstitit archanorum ut in testamento Christi, quod morte propria
confirmavit,[14] aliquid alienum aut surrepticium intersereret aut suspectum? Nam in iure civili graviter puniuntur qui aliquid asscribendo vel
45   delendo decedentium testamenta corrumpunt.[15]

5. Scimus autem quia sapientiam dei, que in mysterio abscondita est,[16]
interpretari aut mutare soli Romano pontifici singulariter licet. Sapientibus
autem et insipientibus debitor[17] estis, et in usum publice utilitatis erogare
tenemini quod dando non perditis, quod habenti obest si non aliis prodest,
50   quod cum per vos aliis proficit numquam vobis deficit. Filii quidem Israel
recurrebant in ambiguitatibus suis ad tabernaculum federis, et a Moyse,
cuius successor estis, consilia et auxilia reportabant.[18] Vigor equidem
sensuum humanorum totus emanat a capite; unde, cum sitis caput ecclesie,
in ignorantiis nostris, maxime in hiis que salutis eterne discrimen impor-
55   tant, sapientiam vobis celitus datam anxia necessitate consultare compelli-
mur et tenemur. Omnes in tenebris sumus et tu, innocentissime Innocenti,
iube de tenebris lumen splendescere,[19] et in tam divina et deifica virtute
reconciliatricis hostie nichil esse permittas alienum, barbarum, aut suspectum, vel quod non sit fidei catholice testimonio approbatum.

60   6. Proinde quia vos, sanctissime pater, et qui vobis assident patres
conscripti, estis luminaria que lucent in medio nationum et continent
verbum vite,[20] inter messores angelos[21] constituti scandalum hoc de regno
dei quod est ecclesia tollite. Nam et olim non licebat filiis Caath inter
utensilia tabernaculi que ferebant interponere aliquid,[22] nisi constaret eis
65   mandatum domini super hoc emanasse. Quamplurimi consacerdotes mei,
immo multi et magni presules, non sine scandalo gravi predicta verba
pronuntiant, et eruditionis apostolice gratiam votis communibus expetunt
et expectant. Sciunt enim antecessores vestros circa scripturam illam
addendo vel recidendo multociens dispensasse.

---

44 puniuntur: punitur AB   46 quia: qui AB   49 habenti obest: obest habenti
Ad   58 permittas: permittis Ad   61 continent: continentes B   63 Caath: Gath AAd;
Israel Gath B

---

14 Cf. Hebr. 9. 15–17.   15 Justinian, *Inst.* 4. 18. 7; cf. Gal. 3. 15.   16 I Cor. 2.
7.   17 Rom. 1. 14.   18 Ex. 33. 7; Num. 9. 6–14.   19 II Cor. 4. 6.   20 Phil. 2.
15–16.   21 Matt. 13. 39.   22 Cf. Num. 4. 4–15.

7. Cum igitur in vobis ad expediendum hoc opus sanctitas et potestas 70
atque litteratura concurrant, non abscondatis queso frumentum a subdi-
tis,[23] sed de gratia magnificentie et munificentie vestre desideriis eorum
ipsis misericorditer erogetur annona celestis. Liber enim experientie
probat quod misit deus ignem de excelso in ossibus vestris et erudivit[24] vos
ad dandam scientiam salutis plebi sue.[25] Aque vestre deriventur in plateis, 75
de fonte profluant rivuli, et sterilitatem terre cordis nostri, que ignorantie
maledicto subiecta est,[26] fecundent irrigua paradisi.[27] Non ignoramus quod
manna putrescit si fuerit reservatum;[28] erogatum autem utiliter, fit panis
celestis et refectio angelorum.[29] Qui autem donum dei in usum et
utilitatem alienam communicat, plenius meretur habere quod habet et ei 80
iam dabitur et habundabit.[30] Ille, qui spiritum Moysi sine sui diminutione
viris septuaginta distribuit,[31] potestatis et scientie plenitudinem vobis dedit
que non solum septuaginta viris aut potius septingentis sed prelatis ecclesie
sufficiat universis.

8. Vita fugit a me, mors autem me sequitur et persequitur. Ecce 85
mensurabiles posuit dominus dies meos, et vita mea tamquam nichilum
ante ipsum. In imagine namque pertransit homo, et nunc que est expectatio mea[32] nisi tu domine Innocenti post deum? Quid ulterius expectabo,
spiritus vadens et non rediens?[33] Iam corporis mei tabernaculo[34] metatores
mortis se ingerunt; in illa die peribunt omnes cogitationes[35] mee. Quid 90
faciam, quo me vertam? Hinc huius questionis ambiguitas me torquet; inde
paucitas dierum meorum[36] me conterit et angustat, nec est preter te
domine qui moveatur super contritione Ioseph.[37]

9. Supplicabo humiliter, rogabo instanter, importune et opportune[38]
instabo. Si fuero exauditus et invenero gratiam, cum gratiarum actione et 95
cum plenitudine votorum ex hac vita migrabo, sin autem, precisa omni spe
et expectatione huius desiderii, dimissa et commissa vobis questione hac,
sicut Iob de se dicit, 'Moriar in nidulo meo.'[39] Numquid defecit a terra

---

72 desideriis: desiderio Ad   74 probat: docet Ad   74 misit deus: deus misit Ad   75
plebi: plebis AB   75 deriventur: diruentur codd.   75 plateis: plates AB   76 nostri:
vestri nostri A; mei B   86 posuit dominus om. Ad; posuisti domine B   89 spiritus: spem
B

---

23 Cf. Prov. 11. 26 and Glos. ad loc.   24 Lam. 1. 13.   25 Luc. 1. 77.   26 Gen. 3.
17.   27 Gen. 2. 10.   28 Ex. 16. 20.   29 Cf. Ps. 77. 24–5.   30 Matt. 13. 12.   31
Num. 11. 25.   32 Ps. 38. 6–8.   33 Ps. 77. 39.   34 Cf. II Petr. 1. 13.   35 Ps. 145.
4.   36 Iob 10. 20.   37 Amos 6. 6 and Glos. ad loc.   38 II Tim. 4. 2.   39 Iob 29. 18.

sanctus?[40] Numquid abbreviata est manus domini?[41] Teste apostolo,
100 Christus heri et hodie, ipse et in eternum.[42] Discipulus et vicarius eius es,
nec evacuabitur in te gratia[43] et potestas illius, nec deficient tibi thesauri
carismatum aut flumina gratiarum.

10. Sustine queso domine ut adhuc loquar ad te, cum sim cinis et
pulvis.[44] Non sit onerosum queso auribus vestris delicatis, vel potius
105 utilitatis publice necessitatibus occupatis, audire qualiter verbum illud
'mysterium fidei' sit a sacra scriptura penitus alienum. Moyses figurative de
hoc sacramento in Levitico dicit: 'Hic est sanguis testamenti quod mandavit ad vos deus.'[45] Et prosequitur de aspersione sanguinis super librum
legis et utensilia tabernaculi.[46] Christus autem dicit:[47] 'Hic est calix
110 sanguinis mei[48] novi testamenti, qui pro multis effundetur in remissionem
peccatorum.'[49] Ecce testamentum quod mandavit deus ad Abraham[50] et
patres antiquos. Ecce testamentum de quo dicit dominus in Ieremia:
'Firmabo vobiscum testamentum novum, non sicut testamentum quod
firmavi patribus vestris quando eduxi eos de terra Egypti.'[51]

115 11. Novum autem testamentum dicitur, quia nos ad vitam innovat et
eterne beatitudinis heredes[52] instituit. Matheus ita scribit: 'Hic est sanguis
meus novi testamenti qui pro multis effundetur in remissionem peccatorum.'[53] Eadem dicit Marcus.[54] Lucas autem dicit: 'Hic calix novum est
testamentum in sanguine meo, qui pro multis effundetur.'[55] Paulus autem
120 dicit: 'Fratres, ego accepi a domino quod et tradidi vobis, quoniam
dominus Iesus in qua nocte tradebatur' etc. usque: 'Hic calix novum
testamentum est in sanguine meo.'[56] Verbum illud publice suspicionis et
scandali, scilicet 'mysterium fidei', in nullo scriptum est istorum, sed aut
vestra interpretatione indiget aut prorsus est ab omnibus relegandum.

---

101 tibi: in te Ad   104 sit onerosum: sim onerosus AB   110 novi: et eterni *add.*
Ad   112 dicit *om. codd.*   114 eos . . . Egypti: de terra Egypti eos Ad   115
testamentum: est quod *add.* Ad   116 eterne: eterni Ad   116 ita: itaque B   122
sanguine meo: meo sanguine B   122 Verbum: verum AB   122 publice *om.* Ad   123
scriptum . . . istorum: istorum scriptum est Ad

---

40 Ps. 11. 2.   41 Is. 59. 1.   42 Hebr. 13. 8.   43 Cf. II Cor. 6. 1.   44 Gen. 18.
27.   45 Hebr. 9. 20, cf. Ex. 24. 8.   46 Hebr. 9. 19, cf. Lev. 8. 24.   47 *Hic . . .
peccatorum*: these are the words attributed to Christ in the consecration of the wine which are
directly quoted from scripture, to which 'et eterni' (Ad) and 'mysterium fidei' had been
added.   48 Luc. 22. 20.   49 Matt. 26. 28.   50 Cf. Luc. 1. 73.   51 Hebr. 8. 8–9;
Ierem. 31. 31–2.   52 Cf. Hebr. 9. 15.   53 Matt. 26. 28   54 Marc. 14. 24.   55 Luc.
22. 20.   56 I Cor. 11. 23, 25.

12. Legimus quod omnia contingebant antiquis patribus in figura.[57] 125
Verumptamen figura cessavit, ex quo veritas supervenit, expressa similitudinis forma facta transubstantiatione[58] panis in veritatem corporis et
sanguinis Christi. Quid in vini consecratione faciunt hec verba 'mysterium
fidei' ubi iam fides plene et libere, sine cuiuslibet mysterii amminiculo, in
corpore et sanguine Christi quod desiderat comprehendit? Iam ibi est caro 130
illa et sanguis de quibus dominus dicit: 'Amen, amen dico vobis, nisi
manducaveritis carnem filii hominis, et biberitis eius sanguinem, non
habebitis vitam in vobis'.[59] Quem queso locum hic habere potest 'mysterium fidei' ubi est veritas corporis et sanguinis Christi?

13. Sane quidam de audientibus hesitantes abierunt retro;[60] remanen- 135
tibus vero dominus sic ait: 'Hoc vos scandalizat?'[61] quasi diceret 'Hoc vos
scandalizare non debet.' Et ostendens quare subiungit: 'Si ergo videritis
filium hominis ascendentem ubi prius erat?'[62] quasi diceret: 'Cum videritis
me corporaliter virtute divinitatis ascendere et tamen in hoc sacramento
manere vobiscum, intelligetis quod caro et sanguis meus spiritualiter debet 140
sumi, ut per hoc sacrificium novo genere essendi vobiscum sim usque ad
consummationem seculi.'[63] Et hoc est quod ipse apponit: 'Non hoc corpus
quod videtis, id est non in hac specie, manducaturi estis, sed in sacramento; non morsibus discerptum et laceratum, ut putatis, sed integrum
et illesum.'[64]   145

14. Habet enim caro ex virtute divinitatis ut, cum sit ex sua natura
circumscriptibilis, tamen eadem est in diversis altaribus ex omnipotentia
divine virtutis. Nam cum testimonio apostoli plenitudo divinitatis habit-
averit corporaliter[65] in Christo, quando Christus totus est in altari nichilominus tamen totus est in celo. In uno ergo loco est corpus Christi modo 150
naturali, et in pluribus locis modo virtuali; in uno per corporis naturam, in
pluribus per divinitatis essentiam et virtutem. Nec enim pertinet ad
proprietatem corporis ut simul in locis pluribus esse possit, sed Christus
increatus et incircumscriptus, id est spiritus.

---

125 contingebant . . . patribus: antiquis patribus contingebant B   134 veritas: et add.
Ad   146 caro: Christi add. Ad   153 pluribus: plurimis Ad

57 I Cor. 10. 11.   58 transubstantiatione: for the use of this term in the twelfth century
see J. de Ghellinck, 'Le terme "transubstantiatio"', in DTC. v. 1287–93.   59 Ioh. 6.
54.   60 Ioh. 6. 67.   61 Ioh. 6. 62.   62 Ioh. 6. 63.   63 vobiscum . . . seculi: Matt.
28. 20.   64 Cf. Glos. ad Ioh. 6. 62.   65 Col. 2. 9.

155   15. Deus assumpto corpori hoc privilegium dedit, ut quia divinitate personaliter et inseparabiliter est unicum manens in celo, sit in diversis altaribus non unum et alterum sed numero unum, non fantasticum sed verum, virtute divinitatis ubique essentialiter, et secundum naturam corporis alicubi est circumscriptum.[66] Nam cum deus iuxta quendam
160   modum essendi sit in homine assumpto quasi circumscriptibiliter, sic et corpus assumptum iuxta modum divine essentie in locis diversis est totum; et quamvis sacramentum illud per diversa loca vel partes sit divisum, non tamen corpus in partes scinditur, sed in singulis partibus est indivisum et integrum, et in singulis partibus percipitur totum.

165   16. 'Verba' inquit 'que ego loquor vobis spiritus et vita sunt',[67] quia spiritualiter intellecta vitam conferunt; et insinuans virtutem dei spiritualem que carnem Christi eandem et indivisam facit esse simul in pluribus locis, 'Spiritus est', inquit, 'qui vivificat, caro vero non prodest quidquam';[68] ac si diceret: 'Caro non ex se sed ex virtute divina', que, cum
170   assumpta carne facta est una eademque persona, facit ut Christus, qui de celo descendit apud nos manens, ad celum ascendat et in celo manens, ad verba vivifica et potentissima ad nos in altare descendat. Verbum Christi est manentis in terra: 'Nemo ascendit in celum nisi qui descendit de celo, filius hominis qui est in celo.'[69] Ipse dicit 'Celum et terram ego impleo.'[70]
175   Nec in Christo propter divinitatem veritas carnis, nec propter carnem eminentia divinitatis a sua maiestate degenerat.

17. De huius sacramenti esu et potu loquens in libro sui nominis Sapientia dicit: 'Qui edunt me adhuc esurient et qui bibunt me adhuc sitient.'[71] Dat enim nobis carnem suam ad edendum, et sanguinem suum
180   ad bibendum, non in satietate desiderii sed in desiderio satietatis, iuxta illud: 'Satiabor', inquit, 'cum apparuerit gloria tua.'[72]

---

157 numero unum: numero est unicum Ad   159 est *om.* Ad   160 sit *om.* AB   165 ego loquor: loquor ego Ad   170–171 de celo descendit: descendit de celo Ad   171 ad . . . manens *om.* AdB   171–172 ad verba: per verba Ad   172 vivifica: mirifica B   175 propter . . . carnis: divinitas propter veritatem carnis *codd.*

---

66 *quando* (l. 149) . . . *circumscriptum*: see Peter's discussion of the mass in *Ep.* CXL (*PL* ccvii. 420–1).   67 Ioh. 6. 64.   68 Ioh. 6. 64.   69 Ioh. 3. 13.   70 Ierem. 23. 24.   71 Ecclus. 24. 29.   72 Ps. 16. 15.

18. O beatissima caro, que se manducantem vere vivere facit, et manducata eternaliter vivit. O benigne, o bone Iesu, o amabilis, o suavis, o dulcis, gratias tue carni que de carnalibus nos spirituales efficit! Gratias tuo sanguini, per quem liberasti nos a crudeli bestia que totius humani generis sanguinem sitiebat.[73]

2

Peter appeals to Innocent III to reform the Mass by correcting the text where it is unsatisfactory, and altering the structure to appeal more directly to the emotions. 1198 × 1211, see Letter 1.[1]

DE EODEM

1. Cum circa sacerdotii mei primitias[2] in hiis que ad celebrationem misse pertinent novicius exercerer, quedam verba ibi legebam nec intelligebam, et ad eorum intelligentiam sollicitus anhelabam. Non enim credebam aliquid esse apponendum in altari nisi panem et cum aqua vinum;[3] et in verbis misse insinuabatur multiplicitas hostiarum.

2. Cumque animus meus velut inter procellas anxius fluctuaret, nec inveniretur modus aut occasio respirandi, mee tandem occurrit memorie ille antiquus et merito antiquatus sacrificandi ritus quem beatus Paulus

---

182 vere vivere: vivere Ad; vivere vere B   183 O benigne . . . Iesu: O bone Iesu, O benigne Ad   185 quem: sanguinem *add.* Ad

A 187ʳ Ad 127ᵛ

1 DE EODEM *om.* Ad   3 ibi: hic Ad   5 panem: pane A

---

73 *bestia . . . sitiebat*: cf. Apoc. 13. 7; 17. 6.

1 Some of the phrases criticized by Peter are discussed in Gratian, 'De Consecratione', 2. 72; see also Hildebert, *Liber de Expositione Missae* (*PL* clxxi. 161–3); Hugh of Saint-Victor, *De Sacramentis Christianae Fidei*, 2. 9. 9; Innocent III, *De Sacrificio Missae*, 3. 6, 9–11; 5. 5–7, 14; Stephen Langton, *Quaestiones* 317ᵛ. For the liturgical interests of Innocent III see S. J. P. Van Dijk and J. H. Walker, *The Origins of the Modern Roman Liturgy* (London, 1960), pp. 91–144.   2 Peter did not enter the priesthood earlier than 1190; see *Ep.* CXXIII addressed to Richard FitzNeal, bishop of London 1189–98; also J. Armitage Robinson, *Somerset Historical Essays* (London, 1921), pp. 123–4.   3 Cf. Grat. 'De Consecratione', 2. 1, 6; *Canones Apostolorum*, Tit. 3, cit. in Regino of Prüm, *Libellus de Ecclesiasticis Disciplinis*, 1. 63.

10 videtur arguere in prima epistola ad Corinthios, ubi dicit: 'Convenientibus
    vobis in unum, iam non est cenam dominicam manducare; unusquisque
    cenam suam presumit ad manducandum, et alius quidem esurit, alius
    autem ebrius est. Numquid domos non habetis ad manducandum vel
    bibendum? aut ecclesiam dei contempnitis, et confunditis eos qui non
15 habent?'[4] Divites enim multa offerebant: panes, vina, carnes, grana cocta
    et similia.[5] Inebriatis autem divitibus, pauperes adhuc esuriebant, quia
    quod possent offerre cum aliis non habebant.

    3. Hec epularum multitudo eo tempore sacrificii ritus erat, proinde in
    secreta misse de sancto Iohanne Baptista continentur hec verba:[6] TUA
20 DOMINE ALTARIA HOSTIIS[7] CUMULAMUS, et cetera. In aliis etiam pluribus
    secretis[8] manifestissime potest hec accumulatio oblationum inveniri. Hoc
    ipsum notari potest paulo ante orationem dominicam, ubi dicitur: PER
    CHRISTUM DOMINUM NOSTRUM, PER QUEM HEC OMNIA DOMINE SEMPER
    BONA CREAS, SANCTIFICAS, VIVIFICAS, BENEDICIS ET PRESTAS NOBIS.[9]
25 Quare dicitur: HEC OMNIA BONA, nisi quia oblationum multitudo et
    varietas ibi erat?

    4. Hoc ipsum insinuant verba illa: TE IGITUR[10] CLEMENTISSIME PATER
    PER IESUM CHRISTUM, usque ACCEPTA HABEAS HEC DONA, HEC MUNERA,
    HEC SANCTA SACRIFICIA ILLIBATA. IN PRIMIS, QUE TIBI OFFERIMUS, et
30 cetera. Si tantummodo ibi posita essent in altari panis et vinum, congruen-
    tius dici posset QUE IN PRIMIS, et esset sensus: 'Accepta habeas et
    benedicas hec dona que in primis tibi offerimus pro ecclesia sancta et pro
    Innocentio papa nostro.' Porro quidam celebrant pro salute defunctorum,
    alii pro sanitate infirmantium, alii pro incolumitate peregrinantium vel in
35 castris militantium, de sancta trinitate, de sancto spiritu, pro reverentia
    unius sancti vel multorum aut omnium. Si 'in primis' offeruntur hec
    sacrificia pro defunctis vel aliqua causarum que prenumerate sunt, quo-
    modo 'in primis' offerentur pro ecclesia sancta vel pro circumastantibus vel

---

11 dominicam manducare: manducare dominicam Ad   13 autem: quidem Ad   15
panes, vina: vina, panes Ad   21 secretis manifestissime: manifeste Ad   21 oblationum
om. Ad   24 PRESTAS: potestas A; prās Ad   33 celebrant *om.* A   36 aut: autem
A   37 aliqua: alia Ad   38 circumastantibus: circumstantibus Ad

---

4 I Cor. 11. 20–2.   5 Cf. Aug. *Confessiones*, 6. 2. 2.   6 Peter's quotations from the
text of the Mass are in small capitals.   7 *HOSTIIS*: '*muneribus*' in most missals.   8 In the
propers of SS Nicholas, Agatha, Cyril, Valentine, etc.   9 Doxology after the prayer 'Nobis
quoque' following the consecration.   10 The first prayer in the Canon.

pro hiis qui offerunt seu pro quibus offeruntur, cum in prima collecta misse
pro reverentia illius sancti vel pro salute illorum pro quibus hostia illa 40
offertur speciali voto teneamur orare?

5. Item si in primo MEMENTO[11] adiungeretur et 'miserere' ut esset sensus
'Memento domine et miserere', dulcius et utilius saperet; utinam enim non
reminiscatur deus nostrorum excessuum, sicut scriptum est: 'Domine, ne
memineris iniquitatum nostrarum antiquarum.'[12] Reminiscatur enim quan- 45
doque dominus in ira et ultione delinquentium, iuxta illud: 'Memento
domine filiorum Edom in die Ierusalem.'[13] Qua fronte presumit petere
aliquis peccator ut deus memor sit sui aut suorum nisi omne peccatum
eorum per penitentiam sit deletum, maxime cum deus memoriter teneat
causam, modum, et formam omnium delictorum? Unde in Deuteronomio 50
de peccatis hominum loquens dicit: 'Nonne hec recondita sunt apud me,
insignata in thesauris meis?'[14]

6. Bonum etiam quamplurimis videretur si in secundo MEMENTO,[15] ubi
pro defunctis oratur, adiungeretur et 'miserere' vel 'parce'. Et illud quoque
ibi memorialiter notandum est, quod cum testimonio sacre scripture nec 55
pro hiis qui sunt in gloria[16] nec pro hiis qui in inferno sunt, sed pro hiis qui
in purgatorio affliguntur teneamur orare,[17] quare ibidem apponuntur hec
verba: QUI DORMIUNT IN SOMPNO PACIS? Numquid in sompno pacis
dormiunt qui sunt in purgatoriis, et quorum ignis quo torquentur, teste
Augustino, penalior est omnibus presentis vite suppliciis?[18]   60

7. Sequitur COMMUNICANTES.[19] Queso domine, que poterit ibi esse
communicatio, cum nondum transubstantiate essent sacramentales species
in dominici corporis et sanguinis veritatem? Nonne panis et vinum prius
sanctificantur, et postea in sacratissima et devotissima communicatione
sumuntur? Vide, innocentissime Innocenti, si forte ad ritum sacrificandi 65
quem videtur apostolus reprobare ista verba respiciant. Poterant enim esse
qui oblationes sepositas tunc in unum, velut in quadam communione,
ponebant.

46 dominus: deus Ad   48 memor sit: sit memor Ad   49–50 memoriter teneat causam:
memoratur causam et Ad   54 et: nobis Ad   54 Et om. Ad   55 cum om. Ad   56 in
. . . sunt: sunt in inferno Ad   59 purgatoriis: purgatorio Ad   66 Poterant: poterat A

11 Commemoratio pro vivis: the second prayer in the Canon.   12 Ps. 78. 8.   13 Ps.
136. 7 (iuxta Hebraeos).   14 Deut. 32. 34 and Glos. ad loc.   15 Commemoratio pro
defunctis, following the consecration.   16 Cf. Aug. Serm. 159. 1. 1.   17 Cf. II Mach. 12.
40–6 and Glos. ad loc.   18 Cf. Aug. Enarr. in Ps. 37. 2.   19 The third prayer in the
Canon.

8. Sequitur: ET MEMORIAM VENERANTES INPRIMIS GLORIOSE SEMPER
70 VIRGINIS,[20] et post eam ibi quidam apostolorum et martyrum cathalogus
recensetur. Porro quid demeruerunt angeli, quid martyres, quid confessores, quid Iohannes Baptista, quo maior non surrexit inter natos mulierum,[21] quod inter ceteros nullum sortiti sunt locum? Denique, licet
angelorum faciamus in prefationibus mentionem, ipsi tamen et beatus
75 Iohannes prefationem in missa non habent.

9. Preterea, cum in calce cuiusdam prefationis dicatur: ET IDEO CUM
ANGELIS ET ARCHANGELIS, CUM THRONIS ET DOMINATIONIBUS, CUMQUE
OMNI MILITIA CELESTIS EXERCITUS, HYMPNUM GLORIE TUE CANIMUS, SINE
FINE DICENTES: 'SANCTUS, SANCTUS, SANCTUS',[22] quomodo sine fine
80 dicimus 'Sanctus, sanctus, sanctus'? Quod angeli sine fine sic dicant,[23]
credo esse verum, sed quod nos hunc hympnum sine fine dicamus, quidam
arbitrantur esse falsum.

10. Sequitur HANC IGITUR OBLATIONEM.[24] Legimus hec verba a beato
Gregorio hic prudenter et eleganter apposita.[25]

85 11. Denique, in multis missalibus quedam rubrice inveniuntur in quibus,
quia littere ibi posite veritas ignoratur, multorum suspendunt animas.[26] Ibi
enim quandoque legitur 'infra actionem', quandoque 'in fractione', plerumque 'infra canonem'.[27] Quid utilitatis habeant in se vel qualiter intelligenda sint, doctor docentium, tu nos doce.

90 12. Sequitur: QUAM OBLATIONEM TU DEUS IN OMNIBUS QUESUMUS
BENEDICTAM, ASCRIPTAM, RATAM, RATIONABILEM, ACCEPTABILEM . . .[28]
Utinam hec tria ASCRIPTAM, RATAM, RATIONABILEM simplicioribus mani-
festiores intellectus offerrent. Multi tamen autumant quendam scholas-

73 quod: quem A   73 nullum: nulli Ad   80 dicimus: dicamus Ad   80 sic om.
Ad   81–82 quidam arbitrantur: arbitrantur quidam Ad   84 apposita: ascripta Ad   86
animas: animos Ad   87 enim om. Ad   91–92 ACCEPTABILEM . . . RATIONABILEM om. A

20 Ibid.   21 Luc. 7. 28   22 Prefaces for Christmas, Epiphany, Easter, etc.   23 Cf.
Apoc. 4. 8.   24 The fourth prayer in the Canon.   25 Liber Pontificalis, I. 66.   26 In
1195 the Council of York had instructed archdeacons 'quia secretum missae frequenter
invenitur, aut scriptorum falsitate aut librorum vetustate corruptum', to see that copies in
every church were corrected (R. Howden, Chronica, ed. W. Stubbs (4 vols., RS 1868–71), iii.
295).   27 This rubric immediately precedes the prayer 'Communicantes'. The correct
reading is 'infra actionem', actio referring to the whole Canon.   28 Continuation of 'Hanc
oblationem'. For the wording see A. Croegaert, The Mass. A Liturgical Commentary, tr. J.
H. Smith (London, 1958), ii. 215; and P. Parsch, The Liturgy of the Mass tr. H. E. Winstone
(London, 1957), p. 237.

ticum[29] missam composuisse, et plus in ea de adinventionibus suis quam de auctoritatibus veritatis evangelice posuisse. Nam in primo libro qui scriptus 95 est de vita beati Gregorii,[30] legimus quod quidam scholasticus post canonem, super hostiam consecratam, propriam orationem posuerat. Qua remota beatus Gregorius orationem dominicam ibi competenter aptavit. Hec autem verba sunt eiusdem Gregorii: 'Michi valde inconveniens visum est, ut precem quam scholasticus composuerat diceremus, et ipsam 100 orationem quam redemptor noster composuit super eius carnem et sanguinem minime poneremus.'[31] Ex hiis verbis plerique arbitrantur scholasticum hunc minus competenter missam composuisse, ac proinde summos pontifices Gelasium, Leonem et Gregorium[32] quedam adiecisse et quedam de illius corpore misse sapientissime recidisse.[33]   105

13. Clamant ad te quasi ad alterum Helyseum filii prophetarum 'Mors in olla, mors in olla, vir dei.'[34] Appone queso pulmento fidei nostre farinulam[35] que non deficit.[36] Operare cibum qui non perit.[37] Verba scholastici, que nec multum sapida nec ad devotionem aut contritionis gratiam commotiva sunt, tardabit summus pontifex in melius reformare?   110

14. Decebat equidem ut in sacrificio tam salubri, sicut scintille ardentes, verba ponerentur ignita et affectionis devotissime affectiva, ita quod totus homo interior ex recordatione miseriarum et cruciatuum Christi liquesceret in lacrimas; et sic nostre redemptionis holocausto, sicut in Levitico precipitur, adipis concrematio non deesset.[38] Sanguis apponitur oculis 115 elephantum, ut ex aspectu cruoris animentur ad bellum.[39] Sic recordatio passionis Christi primo cor contritum exigit et humiliatum,[40] secundo ut per gratiam eius ad sancte devotionis desiderium excitemur, tertio ut nos divine per omnia voluntati caritate media uniamur.

---

99 eiusdem: beati *add.* Ad   104 adiecisse: abiecisse *codd.*   116 elephantum: elevantium Ad   117 exigit et humiliatum: et humiliatum exigit Ad

---

29 Conjectured by Dom G. Morin to be Firmicus Maternus, *fl.* 340 ('Die "Consultationes Zacchaei et Apollonii"', *Historisches Jahrbuch*, 37 (1916), 266).   30 *S. Gregorii Magni Vita auctore Iohanne Diacono*, 2. 21.   31 Ibid.   32 Popes Leo I, 440–61; Gelasius, 492–6; Gregory I, 590–604.   33 *S. Gregorii Vita*, 2. 17, 20–1.   34 IV Reg. 4. 40.   35 Cf. IV Reg. 4. 41 and Glos. ad loc.   36 Cf. III Reg. 17. 13–16.   37 Ioh. 6. 27.   38 Cf. Lev. 3. 3–5; 7. 25.   39 Cf. I Mach. 6. 34.   40 *cor . . . humiliatum*: Ps. 50. 19.

120   15. Et forte hoc est illud exemplar quod ostensum est Moysi in monte,[41] illud triplex altare[42] quod diversis in tabernaculo sacrificiis serviebat.[43] Erat exterius altare eneum ubi animalia,[44] id est bestiales motus et extraordinarii actus hominis, hodie spiritualiter immolantur. Ibi excoriatio est vera confessio, concrematio contritio, fletus ablutio.[45] Estque altare
125 illud obscurum et sonorum, quia de obscuris et interioribus anime sonus confessionis elicitur. Interius est altare aureum, in quo thymiama et thus et cetera aromatica in odorem suavitatis devotissime offeruntur.[46] Post hec ingreditur sacerdos ultra velum[47] quod erat inter aureum et propitiatorium.[48] Aufertur enim velamen a facie Moysi,[49] et sicut apostolus dicit:
130 'Gloriam dei speculantes in eandem imaginem transformamur a gloria in gloriam, tamquam a domini spiritu.'[50]

        16. Adumbratur tamen sub sacramento hodie veritas que sola precipua est propitiatio animarum. Primum sacrificium in nobis peccata mortificat, secundum fervorem devotionis accendit, tertium sic hominem unit deo ut
135 iam non in se sed in deo vivat.[51] Propterea in sacrificio misse tria sunt: species visibilis, veritas sacramenti, virtus gratie spiritualis;[52] et aliud est species que videtur exterius, aliud veritas carnis que sub specie intelligitur, aliud gratia vel caritas qua deo unimur, fructusque huius est ut per ipsam unus cum deo spiritus[53] simus. Videtur sane sacramentum panis et vini, sed
140 ibidem substantia corporis et sanguinis Christi verissime esse creditur. Veritas autem corporis et sanguinis sacramentum est unionis, qua per memoriam et compassionem dolorum Christi eidem sancta dilectione coniungimur. Primum ergo est sacramentum secundi, secundum sacramentum tertii.[54]

145   17. Panis equidem et vinum principalis refectio est hominis, ideo in hiis duobus quasi sub quodam velamine sacramenti spiritualis refectio interioris hominis designatur,[55] sicut dominus dicit: 'Caro mea vere est cibus, et

---

122 bestiales: animales Ad   126 quo *om.* A   132 sub sacramento hodie: hodie sub sacramento Ad   133 in nobis *om.* Ad   134 fervorem devotionis: devotionis fervorem Ad   137 aliud: et A

---

41 Hebr. 8. 5.   42 For the following comparison, cf. Isaac of Stella, *Epistola ad Ioannem Episcopum Pictaviensem de Officio Missae* (*PL* cxciv, 1889–96).   43 Ex. 25. 17–22; 27. 1–8; 30. 1–10.   44 Ex. 38. 1–7.   45 *excoriatio . . . ablutio*: cf. Lev. 1. 6–9 and Glos. ad loc.   46 Ex. 37. 25–9.   47 Lev. 16. 12.   48 Ex. 37. 6.   49 Ex. 34. 33–4.   50 II Cor. 3. 18.   51 *non . . . vivat*: cf. Gal. 2. 19–20.   52 Hugh of Saint-Victor, *De Sacramentis Christianae Fidei*, 2. 8. 7–8.   53 I Cor. 6. 17.   54 Cf. Hugh of Saint-Victor, *De Sacramentis*, 2. 8. 7.   55 Ibid. 2. 8. 8.

sanguis meus vere est potus.'[56] Veritas tamen corporis et sanguinis Christi, que fide percipitur, sacramentum est nostre unionis ad Christum[57] dicentem: 'Volo ut sicut ego et pater unum sumus,[58] ita et vos mecum unum 150 sitis.'[59] Sic ergo in prima sacramenti specie signum est secundi, in secundo signum et causa tertii,[60] in tertio vero non est signum sed veritas unionis.

18. Hanc saluberrimam unionem nostram ad Christum volens veritas in evangelio Iohannis nostris cordibus altius et audacius infigere, verba in expressionem eiusdem sentente inculcat et multiplicat dicens: 'Pater 155 sancte, serva eos in nomine tuo quos dedisti michi, ut sint unum, sicut et nos.'[61] Item, 'Sanctifico meipsum, ut sint et ipsi sanctificati in veritate. Non pro hiis autem rogo tantum, sed et pro eis qui credituri sunt per verbum eorum in me, ut omnes unum sint, sicut tu pater in me, et ego in te, ut et ipsi in nobis unum sint. Claritatem autem quam dedisti michi dedi eis, ut 160 sint unum, sicut et nos unum sumus. Ego in eis et tu in me, ut sint consummati in unum.'[62]

19. Et, ut ad pretaxata dei altaria revertamur, notandum quod qui de primo altari eneo, id est contritionis, ad altare devotionis aureum accessit, si progrediatur usque ad sancta sanctorum, ibi predicte beneficio unionis 165 quasdam divine caritatis experientias in se sentit et potatur torrente voluptatis[63] vel haurit aquas in gaudio de fontibus salvatoris;[64] et ita quadam exultatione afficitur ut iam non in se habitet sed in deo, fructusque spirituales quasi de ligno vite[65] colligit quos ille scholasticus, sicut verba eius sonant exterius, non gustavit. Nimirum sicut enim aque stilla modica 170 multo vino infusa videtur a se deficere, dum induit colorem et saporem vini; quomodo ferrum ignitum quasi in ignis naturam transit; qualiter etiam aer solis luce perfusus transformatur in eandem lucis claritatem, adeo ut aer ille non solum illuminatus sed ipsum lumen merito censeatur; sic in sanctis qui devote hostias offerunt omnis humana affectio liquescit, et sic 175 voluntati divine unitur ut, teste apostolo, deo adherens sit unus spiritus[66]

---

152 vero *om.* A   154 audacius: audactius A; ad actius Ad   157 Sanctifico: sanctifica *codd.*   157 et *om.* Ad   158 autem *om.* Ad   158 verbum: verum A   159 sicut: et *add.* Ad   163 dei altaria: altaria dei Ad   166 caritatis: suavitatis Ad   174 ipsum . . . censeatur: in ipsum . . . transeatur Ad

---

56 Ioh. 6. 56.   57 Cf. Anon. (Pseudo-Hugh of Saint-Victor), *Summa Sententiarum*, 6. 3.   58 Ioh. 10. 30.   59 Cf. Ioh. 17. 21.   60 Hugh of Saint-Victor, *De Sacramentis*, 2. 8. 8.   61 Ioh. 17. 11.   62 Ioh. 17. 19–23.   63 Ps. 35. 9.   64 Is. 12. 3.   65 Apoc. 22. 2.   66 I Cor. 6. 17.

cum deo. Alioquin quomodo esset deus omnia in omnibus,[67] nisi homo totus transiret in deum?

20. Huiusmodi hominem rapit in Christum amabilem amor dei, ut in die
180 domini bona[68] et in hora beneplaciti[69] eius, audiens vocem spiritus atque sibilum aure tenuis,[70] de precordiis anime proferat ignitas compunctiones, iubilationes arcanas et devota suspiria, ac in hiis quasdam primitias voluptatis eterne pregustet. Ante canonem misse nulla verba ponit ille scholasticus quibus ad predicte contemplationis theoriam sacrificantis
185 animus excitetur.

21. Oportet autem illum cibum delicatissime confici, quo reficiendus est spiritus. Deus, qui non habet quicquam seipso melius, apponit se in refectionem animarum sanctarum et in pretium captivarum. Ut ergo sancte devotionis affectio fervescat in nobis, innocentiam et patientiam Christi et
190 amaritudinem passionis eius, in perforatione manuum et pedum, in opprobriis et contumeliis super vulnerum dolores adiunctis, quasi in mirre fasciculum[71] colligamus; et ex hiis queso verba formentur quibus ad altare aromatum et ad sancta sanctorum ab altari eneo transeamus, et adhuc forte verbo illo canonis invitamur: 'Hoc facite in meam commemorationem.'[72]
195 22. O quam magna multitudo dulcedinis tue domine, quam abscondisti diligentibus te![73] Dulciter equidem cogitamus Christum in celo, sed dulcius in patibulo. Gloriosior michi est cum patre et spiritu sancto, sed gratiosior michi est inter latrones[74] et homicidas, qui fossus pro me manus et pedes[75] et in latere lanceatus.[76] Ibi se fidelem amicum et benignissimum fratrem
200 exhibuit. Ibi in forma servili,[77] et plus quam servili, nostrorum sordes innocentissimo sanguine suo lavit;[78] et que stercora et quis sanguis menstruus, que cloace, qui cadaverum fetores et immunditie, possunt nostrorum criminum sordibus comparari? Ibi pro nobis clavis affixus stipiti, non solum abluit omnes iniquitates nostras, sed earum incentores propriis
205 manibus sue cruci affixit.[79]

23. Per hoc sacrificium habemus accessum, teste apostolo, ad gratiam in qua stamus, et ad gloriam in spe filiorum dei.[80] O quanta fiducia, o quanta

---

182 suspiria: susurria A   182 quasdam *om.* Ad   189 Christi *om.* Ad   190 pedum: eius *add.* Ad   192 altare: altaria A   197 in: crucis *add.* Ad

---

67 I Cor. 15. 28.   68 Eccles. 7. 15.   69 Cf. Ps. 68. 14.   70 III Reg. 19. 12.   71 Cant. 1. 12 and Glos. ad loc.   72 Peter refers to the consecration of the wine, but the wording is that of Luc. 22. 19.   73 Ps. 30. 20.   74 *inter latrones*: Luc. 23. 33.   75 Ps. 21. 17.   76 Ioh. 19. 34.   77 Phil. 2. 7.   78 Apoc. 1. 5.   79 Col. 2. 14.   80 Rom. 5. 2.

gloria, tam pretiosum habere in celo depositum, corpus scilicet salvatoris, cum quo possum singulis diebus habere in missa colloquendi commercium, contrectandi licentiam, et beate fruitionis affectum! Nam et beatus 210 Iohannes evangelista de ipso qui est verbum dei gloriatur et dicit: 'Et nos vidimus et contrectavimus nostris manibus verbum dei.'[81]

24. Sane cum veritas dicat in psalmo: 'Sacrificium laudis honorificabit me',[82] quidam qui sacrificando eum honorare debuerant, indigne conficiendo aut percipiendo seu aliis distribuendo, reverentiam et gloriam 215 victricis et redemptricis hostie quantum in ipsis est enormiter dehonestant. Credo autem quod iuxta verbum apostoli, 'Non habent potestatem edere de altari, qui tabernaculo corporis deserviunt';[83] id est qui in carnalibus desideriis vitam ducunt, qui vitam in mortem et sacrificium in sacrilegium sibi vertunt. Sed mirum in modum eodem sole carnes indurantur[84] quo 220 manna liquescit,[85] deique in deo sacrificium quibusdam est in resurrectionem, aliis in ruinam. Sacrificia nimirum rite oblata per divinitatis virtutem deferuntur in celum;[86] indigne autem sacrificantium preces et devotiones tepide sunt, quasi volatilia pennata[87] que supra cubitum volare non possunt,[88] sed in medio castrorum et circa tabernacula cadunt,[89] dum 225 ad terrena desideria occupantur, et pereunt.

---

218 id est: et Ad   220 mirum: nimirum A   221 est *om.* Ad   222–223 Sacrificia . . . deferuntur: sacrificium . . . defertur Ad

---

81 I Ioh. 1. 1.   82 Ps. 49. 23.   83 Hebr. 13. 10.   84 *sole . . . indurantur*: perhaps a misreading from 'induratas sale', Pliny, *Hist. Nat.* 28. 264.   85 Ex. 16. 21.   86 As requested in the prayer 'Supplices' at the end of the consecration.   87 *volatilia pennata*: Ps. 77. 27.   88 Num. 11. 31.   89 Ps. 77. 28.

3

Peter complains to Innocent III about the irreverent questions used in scholastic discussions of transubstantiation. 1198 × 1211, see Letter 1.[1]

DE EODEM

1. Premisse questiones non de pharisaico supercilio[2] nec de garrulitate ranarum[3] logices nec de versutiis sophistice aut temptative[4] procedunt, sed ex singultuosa mei cordis anxietate et ignorantia simplicium qui suspi-
5   cantur et anxie verentur aliquem non orthodoxum verbis celestibus fraudulenter inmiscuisse venenum. Cum enim doceamur de domino sentire in bonitate et in simplicitate cordis[5] nostri, sunt quamplurimi qui simpli-citati catholice sedent in insidiis,[6] et observant calcaneum[7] eius si forte de hiis qui minus exercitatos habent sensus[8] degeneres triumphos obtineant,
10   sueque malitie conatus in salutis proprie discrimen exercent. Tales non in spiritu dei, sed in spiritu vertiginis et erroris[9] crudas vel elixas offerunt carnes agni, que assande potius erant igne[10] illo quem dominus misit in terram et voluit vehementer accendi.[11] Nam et de agno paschali precipitur, ut si de illo aliquid residuum fuerit, igne quem sanctum intellegimus
15   spiritum comburatur.[12]

2. Querunt aliqui curiose utrum dei verbum quod est sub forma panis et sub forma vini, sub forma hominis et sub forma dei, sit sub forma

---

A 188ʳ Ad 130ʳ
1 DE EODEM *om.* Ad   6 enim *om.* Ad   8 observant: servant A   9 obtineant: exerceant A   17 hominis *om.* A   17 et *suppl.*

---

1 Nearly all the following questions are treated by Peter's contemporaries, see e.g. Simon of Tournai, *Disputationes*, 20. 4; 71. 1–8; 90. 2–5; Odo of Ourscamp, *Quaestiones*, 2. 38, 266, 278; Peter Lombard, *Sententiae*, 4. 8–13; Peter of Poitiers, *Sententiae*, 5. 10–13; Stephen Langton, *Quaestiones* (St John's College Cambridge MS 57), f. 207ʳ; Baldwin, *De Sacramento Altaris* (*PL* cciv. 651–6); Innocent III, *De Sacrificio Missae*, 4, and his letter to John Belmeis (*Extra*, 3. 41. 6). See also J. de Ghellinck, 'Eucharistie au XIIᵉ siècle en occident' (*DTC* v. 1233–1302), and A. M. Landgraf, *Dogmengeschichte der Frühscholastik*, (Regensburg, 1952–6), Teil iii, Bd. 2, 207–22. Some also condemned such enquiries, see e.g. Odo of Ourscamp 2. 250, and Peter of Poitiers 5. 13.   2 *de . . . supercilio*: Jerome, *Comment.* in Matt. 16. 19.   3 Cf. Ex. 8. 2; Apoc. 16. 13 and Glos. ad loc.   4 *temptative*: cf. Arist. *De Sophisticis Elenchis*, 2 (165ᵇ5) etc.   5 Sap. 1. 1.   6 *sedent . . . insidiis*: Ps. 9B. 8.   7 Ps. 55. 7.   8 Hebr. 5. 14.   9 Is. 19. 14.   10 Cf. Ex. 12. 9 and Glos. ad loc.   11 Cf. Luc. 12. 49 and Glos. ad loc.   12 Ex. 12. 10 and Glos. ad loc.

quadruplici? Utrum unum tantum sacrum sit in altari cum tria distinguan-
tur? Et secundum eos aliud est quod ibi cernitur, aliud quod ibi creditur,
aliud quod ibi percipitur.[13] Querunt aliqui utrum Christus proprium corpus 20
in cena sumpserit, et super hoc multiplici varietate dissentiunt.

3. Item querunt utrum aqua sit de substantia sacramenti,[14] et si aqua
scienter pretermissa est, utrum trium que ibi apponentur transubstantiatio
fiat? Item si aqua transubstantiatur querunt in quid, nisi in corpus?
Numquid in sanguinem? sed talis mutatio non legitur. Si non transubstan- 25
tiatur et remanet pura aqua, sacerdos sumens totum quod est in calice,
sumitne aliquid quod non est de corpore Christi? Nam si hoc, non est
ieiunus.[15] Numquid sanguis Christi sanctificat vinum appositum et non
aquam, vel utrumque, vel neutrum? Scimus autem quod Greci aquam vino
in hoc salubri sacrificio non admiscent.[16]   30

4. Item, queritur utrum Christus dederit discipulis suis mortale vel
immortale corpus suum, et utrum sub forma panis, cum ibi esset homo,
poterat mori vel non, utrum esset ibi corpus eius passibile vel impassibile?
Dicunt enim aliqui quod passibile, quale tunc erat, nunc autem impassibile
recipitur, quale nunc esse minime dubitatur.   35

5. Item queritur, cum corpus Christi sit glorificatum, utrum possit esse
tam parvum ut totum possit esse in calice? Sic enim corpus glorificatum
faceret ibi localem distantiam, quod videtur a natura corporis glorificati
alienum.

6. Item, queritur utrum albedo seu rotunditas aut alia qualitas vel 40
quantitas que ibi apparet sit in corpore Christi, vel in proprietatibus panis
et vini?

7. Item, facta transubstantiatione panis in carnem, ibi est sanguis?
numquam enim sine sanguine caro ibi est. Queritur quid sit mutatum in
sanguinem? Non vinum: nondum enim dicta sunt verba quibus tran- 45
substantiatur vinum in sanguinem. Unde ergo ibi est sanguis? Nonne alia
verba exigit conversio vini in sanguinem, et alia conversio panis in carnem?

---

18 tantum *om.* Ad   26 totum *om.* Ad   27 hoc: hic A   31 suis *om.* Ad   35
dubitatur *om.* A   38 corporis glorificati: glorificati corporis Ad   46 Nonne: ergo *add.*
Ad

---

13 Cf. Hugh of Saint-Victor, *De Sacramentis*, 2. 8. 7.   14 For the recent topicality of this
question, see a letter of 1188 from Geoffrey of Auxerre to Henry, cardinal bishop of Albano
(C. Baronius, *Annales Ecclesiastici* (Lucca, 1738–59), xix. 602–3).   15 *non . . . ieiunus*: i.e.
if he was to celebrate again that day; see Peter of Poitiers, *Sent.* 5. 12 (coll. 1247, 1249).
16 A mistaken view, but cf. Peter Lombard, *Sent.* 4. 11. 5.

8. Item inofficiose querunt aliqui, utrum discipuli sumpserint in cena Christi corpus nudum aut vestitum? Nonne tale recipiebant quale tunc erat? Nonne vestitum erat in mensa? Eratne nudum in ore ipsorum?

9. Item, corpus Christi ad dextram patris est immobile.[17] Quomodo ergo movetur in altari? Numquid immobile est apud patrem, et movetur apud sacerdotem?

10. Item, cum in die Iovis facta sit institutio huius sacramenti, numquid sexta feria sequenti qua patiebatur, si dicerentur illa verba, fieret transubstantiatio? Essetne tunc corpus Christi simul in cruce sub forma hominis, et in altari sub forma panis? Numquid tunc mutaretur panis in corpus vivum aut mortuum, quia tunc mortuum erat?

11. Item, quid est quod corpus Christi in eodem momento, sicut confitemur et credimus, est in altari et in celum rapitur ministerio angelorum consociandum corpori Christi?[18] Quomodo corpus eidem corpori sociatur cum sit in celo, fertur in celum? Sane veritas in evangelio dicit: 'Nemo ascendit in celum nisi qui de celo descendit, filius hominis qui est in celo.'[19] Filius hominis qui sic loquebatur tunc erat in terra. Ipse est qui solus de celo descenderat, et tunc erat ascensurus in celum.

12. Dicunt etiam quidam substantiam panis et vini et in substantiam corporis et sanguinis converti, et sub illis accidentibus, sub quibus prius erat substantia panis et vini, post consecrationem esse substantiam corporis et sanguinis eius, et quod non afficitur accidentibus illis. Sunt etiam aliqui qui asserunt panem et vinum ibi veraciter remanere, et tamen sub speciebus illis veritatem carnis et sanguinis ibi esse; et illi ad hoc inducunt quod, cum Christus verus homo esset, verus tamen deus sub specie illa erat, nichil de carnis natura dimittens, et secundum divinitatem manens spiritus et deus omnipotens.

13. De fractione autem illa queri solet que ibi fieri videtur, cuius rei vel in qua re sit, utrumque ibi non sit alia substantia quam corpus Christi? Si ibi est nulla alia substantia, putant in Christi corpore fieri fractionem. Alii querunt, cum ipsum corpus sit incorruptibile quia immortale est et impassibile, quomodo ibi circumscriptibiliter esse possit? Quidam dicunt

48–49 in . . . nudum: corpus Christi nudum in cena Ad   49 tale *om.* A   51 est *om.* A   52 movetur: moveatur Ad   62 sociatur: associatur Ad   64 Filius hominis *bis* A   65 et *om.* A   66 et in: in Ad   70 tamen sub: sub tamen A   76 utrumque: cumque *codd.*   77 nulla: in *codd.*

17 Cf. Hebr. 10. 12.   18 As requested in the prayer 'Supplices' at the end of the consecration; cf. Greg. *Dialogi*, 4. 58; Grat. 'De Consecratione', 2. 73.   19 Ioh. 3. 13.

quod non est ibi fractio, sed videtur, quos arguit Ambrosius dicens nichil 80
esse in illo sacrificio veritatis vanum aut fictum, vel sicut fieri solet
magorum prestigiis videri et non esse,[20] sed veritatem corporis, et sanguinis dominici veritatem.[21] Quorundam assertio est quod nulla est ibi fractio
in corpore, sed in specie. Alii vero sentiunt quod nichil est ibi adumbratum
aut fictum, sed omnia fiunt ibi in veritate per fidem, fides enim est 85
substantia rerum sperandarum, argumentum non apparentium.[22] Est
etenim fides credere quod non vides.[23]

14. Plerique nichilominus querunt, quod cum panis et vinum substantialiter in res alias conversa sint, et iam non sit ibi substantia panis et vini,
quid de substantia eorum factum sit? Numquid abierunt in nichilum, aut in 90
preiacentem materiam redierunt?

15. Denique, sunt qui scrupulose interrogant et inquirunt an mures lapsa
vel aperta pyxide comedant corpus Christi? Si in veritate, absurdissimum
est; si in specie, indignissimum est; si albedinem vel quantitatem, que sunt
accidentia, numquid accidentia corrodi vel comedi possunt? 95

16. Item querunt aliqui utrum mutatio uxoris Loth in lapidem,[24] vel
aquarum in sanguinem,[25] vel virgarum in serpentes coram Pharaone,[26] ad
istam panis et vini transubstantiationem pertineant?

17. Preterea, cum ille qui sumit panem etiam in forma panis sumat
sanguinem, et iterum in forma vini sanguinem et carnem, querunt utrum 100
sumat bis carnem et sanguinem? Nec enim corpus sine sanguine, neque
sanguis sine corpore sumi potest.

18. Sunt etiam qui dicunt Christum species immortalitatis[27] assumpsisse
ad horam: ut claritatem in monte Thabor,[28] agilitatem super aquam
maris,[29] subtilitatem quando clausis ianuis ad discipulos introibat,[30] et 105
quartam immortalitatis speciem quando glorificatus in corpore surrexit a
mortuis.[31] Adhuc instant et querunt utrum Christi corpus, quod erat sub
sacramento panis, posset in ea forma ledi saxo vel igne aut ferro.

---

81 vel: ut A   83 est ibi: ibi est Ad   84 est ibi adumbratum: ibi adumbratum est
Ad   85 fiunt . . . veritate: ibi in veritate sunt Ad   85 enim: autem Ad   87 etenim:
enim Ad   92–93 lapsa vel aperta: aperta vel lapsa Ad   99 Preterea: propterea
codd.   100 carnem: panem *codd.*   101 sumat bis: bis sumat Ad

---

20 *De* (1. 75) . . . *esse*: Anon (Pseudo-Hugh of Saint-Victor), *Summa Sententiarum*, 6.
8.   21 *nichil* . . . *veritatem*: so cited by Peter of Poitiers, *Sent.* 5. 12 (col. 1250); cf. Ambr.
De Sacramentis, 6. 1.   22 Hebr. 11. 1.   23 Aug. *Tract.* 40. 9 in Ioh. 8. 31.   24 Gen.
19. 26.   25 Ex. 7. 20.   26 Ex. 7. 10.   27 *species immortalitatis*: cf. Glos. ad I Cor. 15.
42–4.   28 Marc. 9. 1–2.   29 Matt. 14. 25.   30 Ioh. 20. 26.   31 Rom. 6. 4.

19. Ceterum, questio est inter eos utrum Christus manu vel digito
110 monstraverit corpus suum quando dixit 'Hoc est corpus meum',[32] nam illud
inter discipulos tunc erat presens. Illud etiam in questionem vertunt, utrum
totus ille panis in totum Christi corpus, vel singule partes panis conver-
tantur in singulas, ut quedam in caput, quedam in brachia vel membra
cetera. Et ista quidem inquisitio, si dicere audeam, otiosa est et prophana.
115 20. Item, cum filius dei sit ubique et non corpus eius, querunt utrum sit
alicubi sine suo corpore dei filius, et cum in hoc loco sit dei verbum et non
in eodem loco est Christi corpus, utrum corpus illud sit a verbo alicubi
separatum?
21. In omnibus hiis non est aversus furor eorum, sed adhuc manus eorum
120 extenta[33] est in arcam domini,[34] et os suum in celum[35] ponere et integritatem fidei orthodoxe incrustare presumunt. Ponunt quod in die Iovis
reservatum fuerit usque in diem Veneris in pyxide vel in calice corpus
Christi. Querunt utrum sequenti die corpus Christi patiebatur in forma
panis quando patiebatur in cruce, et utrum nos redimeret tunc in una
125 forma et non in alia, vel utraque?
22. Item, quidam adiciunt sollicite inquirentes, cum panis maior offera-
tur apud Grecos quam apud nos,[36] et ore humano simul non possit percipi,
utrum ora suscipientium dilatari oporteat, vel quantitatem dominici corporis coartari?
130 23. Postremo instantissime querunt, cum corpus Christi consecretur in
hoc altari, et de altari seu super altare aliud transferatur, utrum sit in
eodem loco vel ad alium sit translatum? Et utrum aliquis possit de corpore
Christi vivere, et esu eiusdem cotidie satiari? Nam si una die mille hostias
sumeret, nonne satiari tot hostiarum multitudine posset? Tamen sancti
135 scribunt quod panis iste non vadit in corpus, quia mentem reficit et non
ventrem.[37]

---

111 etiam *om.* Ad   113 brachia: brachiam Ad   114 cetera *om.* A   117 est *om.*
Ad   120 arcam: archa A   126 adiciunt: addunt Ad   128 suscipientium *om.*
Ad   131 de altari: ad altare A

---

32 Matt. 26. 26.   33 Is. 5. 25.   34 Cf. II Reg. 6. 6–7.   35 Ps. 72. 9.   36 The
Greeks were known to use leavened bread, which can be taken in larger pieces, cf. Baldwin,
op. cit. col. 651; Innocent III, op. cit. 4. 4.   37 Cf. Prosper of Aquitaine, *Expositio* Ps. 103.
15; Grat. 'De Consecratione', 2. 56.

24. Item, cum iste panis sit convertendus in corpus Christi, poterimusne vere dicere quod istud Christi corpus aliquando fuit panis? Adhuc importune querunt utrum sacerdos conficiat vel faciat corpus Christi?

25. A quibusdam etiam in conflictu disputationis deducitur, quod cum 140 melior sacerdos de meliore pane et meliore vino conficiat corpus Christi, utrum illa hostia melius ab eo qui melior est consecretur?

26. Sunt qui alios questione hac pulsant: utrum verba que Christus instituit in effectum huius sacramenti suam habuerint efficaciam ante prolationem Christi, vel haberent ex ipsius constitutione et prolatione 145 virtutem? Nam si Christus dedit eis hunc effectum quem non habuerant prius, potestatem et virtutem hanc accidentaliter habere videntur, ut sicut poterant prius proferri sine transubstantiationis effectu, ita et nunc ab aliquo sacerdote quandoque sine illa virtute magnifica proferantur. Nonne si verba illa desinunt esse, esse desinit vis verborum?   150

27. Denique, cum verba illa virtutem habuerint in cena domini convertendi panem in corpus domini mortale, querunt utrum potestatem convertendi panem in corpus Christi mortale possint verba eadem nunc habere non est verum?

28. Item, sicut ex virtute verborum Christi panis et vinum transubstan- 155 tiantur in corpus et sanguinem Christi, explorando inquirunt utrum potuisset verba instituisse contraria, quibus sacramentales species iam converse in veritatem corporis et sanguinis Christi reverterentur in substantiam panis et vini?

29. Dubitant etiam plerique et querunt, cum minor benedicere maiori de 160 iure non possit,[38] quid est post consecrationem hostie quod facit sacerdos super eam benedictionem suam?[39] Numquid quia Christi vicarius est qui suo corpori benedicere potest, aut quia in illo frequenti signaculo crucis passionem domini representet?

30. Procedunt ulterius opponentes quod, cum diaconus aut subdiaconus 165 non possit et promotus in sacerdotem valeat eucharistiam consecrare, utrum virtus et effectus illius sacrificii sint ascribendi duntaxat ordini

---

139 conficiat vel faciat: faciat vel conficiat Ad   140 etiam: et Ad   142 consecretur: consecratur Ad   143 verba: vera A   148 transubstantiationis: translationis Ad   150 verba illa: illa verba Ad   151 domini *om.* Ad   153 corpus Christi: Christi corpus Ad   160 cum . . . maiori: maiori benedicere Ad   163 corpori: corpore A

---

38 Cf. Hebr. 7. 7.   39 In the prayer 'Unde et memores'.

sacerdotis; et cum tota trinitas illam consecrationem operetur,[40] utrum tota
trinitas sit sacerdos? Nam de filio dei specialiter legitur quod ipse est
170 sacerdos in eternum secundum ordinem Melchisedech,[41] quod nec de
spiritu sancto legitur, nec de patre.

31. Hec sunt pugne verborum[42] et versute disputationis prestigia, que
etsi hodie scholasticis causa exercitii videantur indulta, ubi tamen cele-
brantur sacramenta salutis ab eorum celesti et divina sanctificatione procul
175 releganda sunt, ne iuxta prophetiam Amos ossa regis Idumee redigantur in
cinerem et mittatur ignis in edes Charioth, ne cum Moab in sonitu et
clangore buccine[43] puniantur.

4

*Peter informs the pope that he has resigned the deanery of the collegiate
church at Wolverhampton, which the king and the archbishop of Canterbury
are preparing to re-establish as a Cistercian monastery. About 1203.*[1]

174 procul *om.* Ad
   A 189ʳ Ar 128ʳ B 87ᵛ L 217ᵛ N 228ʳ P 189ᵛ T 94ʳ   *Pr.* Vet., Merl. CXLIII Bus., Gous.,
Giles, *PL* CLII

---

40 *tota . . . operetur*: cf. Ambr. *De Sacramentis*, 6. 2.   41 Hebr. 5. 5–6, cf. Glos. ad
loc.   42 I Tim. 6. 4.   43 Amos 2. 1–2 and Glos. ad loc.

1 For the earlier history of St Peter's, Wolverhampton, and Peter of Blois's connection with
it see D. Styles, 'The Early History of the King's Chapels in Staffordshire', *Trans.
Birmingham Archaeol. Soc.* 60 (1936), 56–95, and *VCH Staffordshire*, iii. 321–3. Peter, the
first recorded dean, had been in office for at least twelve years when he wrote this letter. The
proposal for a Cistercian foundation at Wolverhampton is found first in the statutes of the
Cistercian General Chapter of 1203 (*Statuta Capitulorum Generalium Ordinis Cisterciensis* ed.
J.-M. Canivez, (Louvain, 1933–41), i. 285), and it was approved by Innocent III (Ralph of
Coggeshall, *Chronicon Anglicanum*, ed. J. Stevenson (RS 1875), p. 160. The project
collapsed immediately after Hubert Walter's death on 13 July 1205 (see Styles and *VCH*); the
canons were restored, a new dean was appointed, and some of the property which had been
donated was withdrawn.

Peter describes other difficulties connected with Wolverhampton in *Epp.* CVIII and
CXLVII.

INVECTIO EIUSDEM PETRI IN REBELLIONEM CLERICORUM
ET CANONICORUM

1. Reverendo patri et domino Innocentio dei gratia summo pontifici,
Petrus Blesensis Londoniensis archidiaconus salutem et devote humilitatis
obsequium.   5

2. Eram decanus ecclesie de Wolvronehampton' in diocesi Castrensi,
que tamen nulli erat obnoxia vel subiecta pontifici nisi archiepiscopo
Cantuariensi et regi. De antiquissima enim consuetudine, que apud multos
pro iure habetur, reges Anglie semper illum donavere decanatum; ad
decanum vero spectabat donatio et institutio prebendarum. Porro, quia   10
clerus ille omnino indisciplinatus erat sicut Wallenses et Scoti, tanta in eis
obrepserat vite dissolutio ut vitium evaderet in dei contemptum, in
animarum perniciem atque in infamiam cleri, et in totius populi sibilum et
derisum. Et, ut verba scripture transsumam, cantabantur eorum turpitu-
dines in triviis Geth et in compitis Ascalonis.[2]   15

3. Frequenter ad memoriam eis reducebam illud Oscc: 'Si fornicaris, O
Israel, non delinquas saltem Iuda.'[3] Ipsi vero publice et aperte fornicantes
predicabant sicut Sodoma peccatum suum,[4] et in palpebris popularis
infamie ducebant uxores,[5] alter alterius filiam sive neptem; tantaque erat
cognationis connexio inter eos ut colligationes impietatis[6] eorum nemo   20
dissolvere prevaleret. Erant enim quasi squame Bohemoth,[7] quarum una
uni coniungitur et spiraculum vite non incedit per eas.[8] Terra proinde
clamabat adversus eos, et celi revelabant iniquitates eorum.[9]

---

1 PETRI: BLESENSIS add. N   1-2 INVECTIO . . . CANONICORUM: om. Ar;
Supplicat dominum papam P. ut ecclesiam secularium convertat in sanctuariam monachorum
L; Resignat decanatum propter populum et duritiam eius et imploratur favor sedis apostolici
P; (illeg.) . . . ad regulam monachorum T; Supplicat summo pontifici P. ut ecclesiam
secularium convertat ad regulam monachorum Vet. Merl.   3 Reverendo: Venerendo
N   3 Innocentio: I. codd.   6 Wolvronehampton': Well' Ar; Wlrehamton LT; W.
N   6 Castrensi: Cistrensi Ar; Cestrensi LT; C. N   7 tamen om. N   7-8 archiepiscopo
Cantuariensi: Cantuariensi archiepiscopo N   8 enim om. Ar; vero Vet.   11 ille: illius
N   12 dissolutio: indisciplinatio Ar   13 animarum perniciem: perniciem animarum
N   13 atque in: atque AB   16 ad . . . reducebam: eis reducebam ad memoriam Ar;
eis ad memoriam reducebam LT Vet. Merl.   17 Iuda: nuda ABLT Vet. Merl.   19
neptem: nepotem Ar; nepotis N   23 clamabat: proclamat Ar; clamabit T clamat Vet.
Merl.   23 revelabant: revelabunt Ar Vet.   23 iniquitates: peccata N

---

2 II Reg. 1. 20.   3 Os. 4. 15.   4 Is. 3. 9.   5 Cf. Innocent III to the bishop of
Norwich in 1203 (Cheney, Calendar, no. 498).   6 Is. 58. 6.   7 Bohemoth: rectius
Leviathan (cf. Iob 40. 20).   8 Iob 41. 7 and Glos. ad loc.   9 Iob 20. 27.

4. Exactissima diligentia laborabam vitiorum in eis propagines veternosas excidere, sed facilius converterem lupos in oves et feras in homines. Non enim mutabit ethiops pellem suam, aut pardus varietates suas.[10] Quotiens aliquos eorum in ecclesia poteram congregare, ut michi liceret cum eis sermonis habere commercium, ipsi more aspidis obturabant aures suas,[11] nolebant enim intelligere ut bene agerent.[12] Immo quasi montes Gelboe, super quos nec ros nec pluvia[13] cadit, salutaribus monitis adversantes de suis criminibus aut discriminibus non curabant. Miseri quippe proiecerant intima sua,[14] atque in reprobum sensum[15] dati currebant effrenes quasi equi emissarii[16] in omnium precipitia vitiorum.

5. Instabam correctioni eorum totis medullis anime, toto caritatis affectu, erat enim dolor continuus cordi meo;[17] sed oderunt corripientem in porta, et de salute loquentem abominati sunt.[18] Incumbebam orationi et ponebam in pulvere os meum, si forte esset spes;[19] loquebar in amaritudine anime mee[20] gemens; et, ne adeps deesset compassionis sacrificio,[21] amaritudinem contriti cordis lacrimis condiebam.[22] Terribiles comminatorias scribebant eis rex et archiepiscopus; ego etiam constantissime promittebam quod pontifex Romanus tolleret locum et gentem,[23] et eicerentur de habitationibus suis; sed de comminatione crescebat eorum contumacia, et de commonitione contemptus.

6. Pauci erant, sed eorum iniquitas in multitudinem plebescebat. Multiplicabantur genimina viperarum,[24] ova aspidum erumpebant in regulos,[25]

---

24 vitiorum in eis: vitiores ab eis N   24 propagines: pagines LT   25 converterem lupos: lupos converterem N   25 feras in homines: homines in feras N   27 eorum in ecclesia: in ecclesia L; eorum in ecclesiam T   28 eis . . . commercium: eis habere sermonis commercium Ar; eisdem sermonibus habere commercium L; eisdem sermonis habere commercium NT Vet. Merl.   28–29 obturabant . . . suas: aures suas obturabant Ar   29 nolebant . . . agerent *om.* Ar Vet. Merl.   31 criminibus aut *om.* Ar Vet. Merl.   32 reprobum sensum: sensum reprobum Ar   33 omnium precipitia: omni precipitio Ar   35 enim dolor: dolor enim T   36 de salute: salutem Ar Vet. Merl.; salute LT   38 mee *om.* Ar   39 contriti cordis: contritionis L   39–40 Terribiles comminatorias: terribiles et comminatorias literas B   40 etiam constantissime: autem etiam obstantissime Ar Vet. Merl.   41 gentem: legem Ar   42 crescebat eorum: eorum crescebat L   43 commonitione: contumacia Ar   44 erant *om.* N   44 iniquitas . . . plebescebat: iniquitates *in* iniquitas *corr.* A; iniquitas plebescebant Ar; iniquitates plebescebant B

---

10 Ierem. 13. 23.   11 Ps. 57. 5.   12 Ps. 35. 4.   13 II Reg. 1. 21 and Glos. ad loc.   14 Ecclus. 10. 10.   15 Rom. 1. 28.   16 Ierem. 5. 8.   17 Rom. 9. 2.   18 Amos 5. 10.   19 Lam. 3. 29.   20 Iob 10. 1.   21 Cf. Lev. 4. 26 and Glos. ad loc.   22 Cf. Lev. 2. 13.   23 Ioh. 11. 48.   24 Matt. 23. 33.   25 Is. 59. 5.

et de radicibus venenosis spuria vitulamina[26] pullulabant. De semine
Canaan[27] progrediebatur generatio prava et exasperans,[28] filii Belial,[29] filii
scelerati qui, volentes hereditate possidere sanctuarium dei,[30] quotiens
aliquo canonico decedente substituebatur aliquis vir honestus, defuncti
nepos aut filius patrimonium suum esse dicebat quod erat patrimonium 50
crucifixi.[31] Fugiens ergo in silvam factusque socius furum et spoliantium
homines, ferro et flammis in substituti canonici perniciem grassabatur.

7. Videns itaque quod iam miseri appropinquabant ad portas mortis[32]
meumque considerans imperfectum,[33] cupiebam esse anathema a fratribus[34] tante malitie, cui finem imponere non poterat etiam finis vite. Erat 55
enim dolor continuus cordi meo[35] quod temerarius ego curam eorum
susceperam, quorum iniquitates irrumpere[36] non valebam. Intelligebam
iudicem districtum rationem villicationis[37] mee, et eorum perditionem, de
manu mea terribiliter exacturum, maiusque omni thesauro quod certo
discrimini exponebam. Odivi ecclesiam malignantium,[38] michique facta est 60
cohabitatio eorum sicut spelunca hyene;[39] sic dimisi eos secundum
desideria cordis eorum,[40] ut eant post concupiscentias suas. Non enim est
deus in conspectu eorum,[41] nec est inter eos qui terribilia dei iudicia timere
velit aut credere, donec fodiatur peccatori fovea,[42] quousque cognoscatur
deus iudicia faciens,[43] et qui letatur et exultat in rebus pessimis[44] subito ad 65
inferna descendat.[45]

8. Proinde accessi ad dominum Cantuariensem, rogans humiliter et
obnixe quatenus, auxilio eius et assensu domini regis, spurcitie illius

47 progrediebatur: generabatur Ar   47–48 filii scelerati: scelerati T   48 volentes:
in *add.* Ar   49 decedente: decumbente Ar   49 substituebatur: substituatur AB   51 in
silvam factusque: insulam factus est Ar   52 grassabatur: grassabantur ArL   53 miseri
appropinquabant: appropinquabant miseri N   54 esse anathema: anathema esse ArLT
Vet. Merl.   55 cui: cum AB   56 enim *om.* ArLT Vet. Merl.   59 mea *om.* Ar   59
terribiliter *om.* N   61 hyene: leene Ar; lyene Vet. Merl.   62 enim est: enim A; est enim
BLNT Vet. Merl.   63 eos: illos N   63 dei iudicia: iudicia dei N   64–65 cognoscatur
deus: deus cognoscatur ArT   67 rogans: eum *add.* Ar

26 Sap. 4. 3.   27 Dan. 13. 56.   28 Ps. 77. 8.   29 Cf. I Reg. 2. 12.   30 Ps. 82.
13.   31 See Innocent III to the bishop of Exeter (Henry Marshall) in 1202 (Cheney,
Calendar, no. 426).   32 Ps. 106. 18.   33 Ps. 138. 16.   34 Cf. Rom. 9. 3.   35 Rom.
9. 2.   36 Ecclus. 7. 6.   37 Luc. 16. 2.   38 Ps. 25. 5.   39 Ierem. 12. 9.   40 Ps. 80.
13.   41 Ps. 9B. 5.   42 Ps. 93. 13.   43 Ps. 9. 17.   44 Prov. 2. 14.   45 Cf. Iob 21.
13.

abominatione sublata Cisterciensis ordinis ibidem religio plantaretur.[46] Ad
hoc plurimum favoris addebat quod locus ille abundabat silvis atque
pascuis et irriguis aquis atque redditibus, qui per industriam tanti viri
magnum cito caperent incrementum. Sub expectatione ergo istius mutationis, que vere est dextre excelsi,[47] decanatum in manu eius solempniter
resignavi. Ipse autem tamquam precipuus religionis amator invigilat et
insudat operi, et iam quosdam de Cisterciensi ordine introduxit qui locum
ecclesie et officinarum limitent et disponant.

9. Propterea vos, sanctissime pater, quem constituit deus inter messores
angelos ut per vos de regno ipsius scandala colligantur,[48] nostrum queso
confirmate propositum; et monasterio, quod archiepiscopus in exultatione
universe terre[49] de assensu regis edificare intendit, favorem et gratiam
benignitatis apostolice misericorditer indulgere velitis. Porcorum stabulum
Sataneque prostibulum convertite in templum dei, et in officinam spiritus
sancti. Auferantur impudicitie atque latrocinia perditorum et edificetur
his, qui querunt faciem dei Iacob,[50] paradisus voluptatis[51] ubi fruantur
contemplationis deliciis, Rachelis amplexibus,[52] ubi sit presepium Christi,
fossa cubiti unius quam vidit Ezechiel in altari.[53] Extirpate malitiam et
seminate innocentiam, sanctissime Innocenti. Suscitate de lapidibus filios
Abrahe.[54] Arripite, queso, pugionem Phinees,[55] ut cancerosa hec pestis,
que decorem domus domini enormiter decolorat,[56] precidatur in istis;
similesque apostolici rigoris terreantur exemplo. Cedet equidem vobis ad
gloriam si per vos Christi gloria dilatetur, et de merito huius boni
obtinebitis eternaliter dies bonos.

---

69 ibidem religio: religio ibidem N   70 abundabat: abundat AB   72 cito caperent:
caperent cito Ar   72–73 mutationis *om.* AB   73 vere est dextre: fere est dextre Ar; vere
est dextra N   73 manu: manus N   75 Cisterciensi ordine: C. opere N   77 Propterea:
Preterea Ar   78 colligantur: corrigantur N   80 intendit: contendit Ar   83–84
edificetur his: edificentur Ar   84 fruantur: perfruantur L   87 sanctissime: sanctissimam
Ar   88 pugionem: zelum ABLNT Vet. Merl.   90–91 equidem . . . gloriam: equidem ad
gloriam vestram Ar; equidem vobis ad gratiam N; alias vobis ad gloriam T   91 Christi
gloria: gloria Christi Ar

---

46 Cf. Alexander III to the bishop of London in *Extra*, 3. 50. 7, and Jaffé, no. 13997.   47
Ps. 76. 11.   48 Matt. 13. 39–41.   49 Ps. 47. 3.   50 Ps. 23. 6.   51 Gen. 2. 8.   52
Cf. Glos. ad Gen. 29. 21.   53 Ezech. 43. 13.   54 Matt. 3. 9.   55 Num. 25.
7–11.   56 Lev. 14. 37–42.

10. Ceterum duos viros prudentes et honestos, ecclesie pretaxate canonicos, de massa dampnate dicionis excipimus: Magistrum R. et Magistrum N.,[57] qui semper aliorum cohabitationem penitus respuerunt, 95 ne vite vel fame labem ab eorum convictu contraherent. Istorum indempnitati sapientia vobis a deo data, secundum meritum eorum, per manum archiepiscopi providebit. Vitam et incolumnitatem vestram conservet dominus per longa tempora, pater sancte.

5

Peter congratulates the archdeacon of Norfolk on his withdrawal from the entanglements of court, and contrasts this with the ambition of unworthy prelates. Probably 1203 or soon after

DEHORTATIO A VINCULIS CURIALIBUS

1. Dilecto et predilecto domino et amico Galfrido decano Sancti Martini

---

93 P alone continues, without a break
Ar 135ᵛ N 229ᵛ; *imperfecta*: A 189ᵛ Ad 132ᵛ B 88ᵛ G 50ʳ   *Pr.* Giles CCXLV *PL* CCXL
1 DEHORTATIO . . . CURIALIBUS: *om.* A; ALIA EPISTOLA B; COMMENDATIO SE SUBTRAHENTIS A CURIA G; Commendatio cuiusdam qui curiam reliquit G. *marg.*   2 Galfrido: G. *codd.*

---

57 Although Master R. and Master N. cannot be certainly identified, it is likely that one of them was the poor, worthy, and well-educated clerk to whom Peter awarded a prebend, a choice he defended against the claims of Robert, bishop of Bangor, in 1197 (*Ep.* CXLVII). A Master N. of Wolverhampton is recorded in about 1209, interestingly in a Cistercian context. He witnessed a document of the abbot of Bruern in Oxfordshire concerning a dispute with Osney Abbey over the church of Shenstone, Staffs. Among the other witnesses were Hugh, prior of Canwell, Staffs., and William, rector of St Budoc's (Oxford?). See *Collections for a History of Staffordshire*, edited by the William Salt Archaeological Society, 17 (1896) 248–50. Unfortunately Master N. was probably not the Nicholas who served as dean for a short time after Peter's resignation, and who fits the general pattern he describes. This Nicholas of Wolverhampton had a son named after himself, and was accused of fatally wounding a layman (ibid., 9/1 (1888), 53; 3 (1882), 14, 118, 126.

et archidiacono Norwicensi,[1] suus Petrus Blesensis Londoniensis archidiaconus salutem, et si quid dulcius aut desiderabilius est salute.

2. Gratias magnas refero gratiarum magnifico et munifico largitori, qui
vos de fornace[2] curarum curialium quasi de gravi laberynto aut potius de
ventre inferi[3] revocavit in tranquillam anime libertatem. Ubi quidem
spiritus ibi libertas,[4] ut anima hominis de multiplici tumultuatione
respirans secum habitet, sibi vacet ac videat[5] quam suavis est dominus,[6]
qua libertate dotavit vos Christus.[7] Quando enim mundi gloria favorque
magnatum vobis dulcius arridebat, ambitionem curie, que multiplici
honorum lenocinio vos palpabat, cum Ioseph, cuius laciniam apprehenderat adultera, relicto pallio[8] aufugistis. Sane cordi magno nichil est
magnum; ideoque, quod alii per discrimina corporis animeque venantur,
vos quodam fastu nobili anime despexistis. Enimvero nobilis superbia est
preferre sapientiam divitiis, honoribus honestatem, nam et sapientia
divitias et delicias suas habet sicut ipsa in libro sui nominis dicit: 'Apud me
sunt opes superbe et gloria.'[9]

3. Proinde totis in hoc medullis anime vobis congratulor, nam in
contrarium vere amicitie veniunt omnia que amicis cedere credimus ad

---

3 archidiacono Norwicensi: N. archidiacono N   3 suus *om.* AB   3–4 Londoniensis
archidiaconus: archidiaconus Londoniensis G; *om.* N   4 est: sit N   1–4 DEHORTATIO
. . . salute *om.* Ad   7 revocavit . . . libertatem: in . . . libertatem eduxit Ad   9
dominus: deus N   10 dotavit vos: donavit AAdB   11 vobis: favor AB   12–13
laciniam apprehenderat: lasciviam apprehendebat AAdB   13–14 cordi . . . magnum:
corde . . . sanum AB   14 animeque: et anime G   15 fastu . . . anime: fasto nobili AB;
fastu nobili AdGN   15 Enimvero nobilis: nobilis vero Ar   16 sapientiam: superbiam
N   17 suas *om.* G   18 superbe: divitie G   18 gloria: *desinunt* AAdB

---

1 Geoffrey de Bocland, though often called archdeacon of Norwich (diocese), was in fact
archdeacon of Norfolk, from 1197/8 probably until his death in 1225 (D. Greenway, *Fasti* II,
Monastic Cathedrals (London, 1971), p. 65). He received the deanery of St-Martin-le-Grand
(London) from the king some time between 1199 and 1211, and held it until his death; he was
also a canon of Salisbury (S. Painter, 'Norwich's Three Geoffreys', *Speculum*, 28 (1953),
808–13). He had been in frequent attendance on Hubert Walter from 1193 to 1198 while the
latter was justiciar (C. R. Cheney, *Hubert Walter* (London, 1967, p. 170), and afterwards
acted as a judge himself. He seems to have retired from the exchequer in 1203 (Painter, p.
812), but continued to receive favours from the king (*Rot. Lit. Pat.*, pp. 61, 105b; *Rot. Ch.*, p.
156b) and resumed his secular career as a justice in eyre in the reign of Henry III (*Cal. Rot.
Pat. 1216–25*, pp. 208, 271).   2 Deut. 4. 20.   3 Ion. 2. 3.   4 II Cor. 3. 17.   5 Ps. 45.
11.   6 Ps. 33. 9.   7 Cf. Gal. 4. 31.   8 Gen. 39. 12.   9 Prov. 8. 18.

honorem et pacem cordis animeque salutem. Currant ceteri ad diripiendum sarcinas huius seculi, ponentes animas suas pro quibus Christus
mortuus est[10] quasi sub iactu alee, dum circa ambitiosos honores spiritu
demoniaco agitantur, none sine periculo perditionis eterne. Hi sunt quos
exagitat spiritus huius mundi,[11] spiritus vertiginis et erroris,[12] qui eriguntur 2
super ventum ut gravius cadant, qui mittunt se in turbam populi et peccata
duplicia sibi accumulant.[13]

4. Sanctus Eusebius scribit quod sicut gemma in luto, sic pontificalis
auctoritas si collata sit inhonesto.[14] Prosequamur verbum Salomonis: 'Qui
dat honorem insipienti, sicut qui mittit lapidem in acervum Mercurii.'[15] 3
Super his non tacet Hieronymus, cuius ad Pammachium verba sunt hec:
'Clarus honor vilescit in turpi',[16] et ut bestiarum exemplo confundatur
ambitio humana subiungit: 'Inter animalia non degener taurus precedit
armentum, sed corpulentia viribusque prestantior; in elephantis etiam
robustior et elegantior statura quadam prerogativa omnes alios precedit.'[17] 3
Hodie autem obrepunt manibus et pedibus ad honorem qui, iuxta meritorum suorum exigentiam, locum in ecclesia tenere novissimum non
deberent.

5. O quam longe est cor eorum a proposito beati Ammonii,[18] de quo
sanctus Hieronymus refert quod, cum propter litteraturam et honestatem 4
suam a clero et populo in episcopum raperetur, diu renitens et prevalens
sibi ne promoveretur, auriculam radicitus amputavit; factaque relatione ad
metropolitanum, rescripsit eum nunc episcopatu dignum. Sed cum iterum

---

21 et pacem: ad pacis Ar; ad pacem G   21–22 diripiendum: diripiendas N   22 sarcinas
. . . ponentes: huius seculi sarcinas non ponderantes G   22–23 Christus . . . est: mortuus
est Christus sed G; mortuus est N   25–26 eriguntur super ventum: super ventum eriguntur
G   26–27 et . . . accumulant: et pp. peccata sibi accumulant duplicia G   29 Prosequamur: Prosequitur G; Prosequimur N   31 sunt hec: hec sunt N   32 turpi: turba
GN   32–33 confundatur ambitio: ambitio confundatur G   33 non degener: cornupem
G   34 viribusque: cornibusque G   34 in elephantis: inter elephantos G   35 omnes
. . . precedit: alios precedit G; omnes antecedit N   36 manibus et pedibus: pedibus et
manibus GN   37 in . . . novissimum: novissimum tenere G   38 G breaks off in the
middle of the page   43 rescripsit: scripta N

---

10 Rom. 14. 15.   11 I Cor. 2. 12.   12 Is. 19. 14.   13 Ecclus. 7. 7–8.   14
Quotation untraced.   15 Prov. 26. 8.   16 Jerome *Ep*. 66. 7 (turpi: *rectius* turba).   17
Seneca, *Ep*. 90. 4, also attributed to Jerome by Peter Cantor, *Verbum Abbreviatum*, 55. See
L. D. Reynolds, *The Medieval Tradition of Seneca's Letters* (Oxford, 1965), pp.
118–22.   18 Cf. Cassiodorus, *Historia Tripartita*, 8. 1 (37–9); Palladius *Historia Lausiaca*, 4
(*PL* lxxiv. 348). Ammonius was a 4th-c. Egyptian monk, censured by Jerome as an Origenist
(*Ep*. 133. 3).

ad cathedram traheretur: 'Nisi me,' inquit, 'dimiseritis, linguam meam, pro
45   cuius gloria et sonore me trahitis, abscidam dentibus', et sic honorem cuius
pericula verebatur evasit.

6. Galfridus Peronensis[19] quem in scholis Parisius vidi, postea prior
Clarevallensis, electus est in episcopum Tornacensem; qui episcopatum
respuit, et licet ab illius ordinis abbatibus multipliciter coactus fuerit,
50   nullatenus tamen episcopatum recipere acquievit. Qui postea defunctus
cuidam socio suo et familiari apparens, et querenti qualiter secum esset,
respondit ei: 'Optime, et scias me a domino certificatum quod si episcopatum suscepissem, fuissem de numero reproborum.'

7. Procul dubio prius probandi essent, nam Petro etiam apostolo non
55   sunt commisse claves regni celorum[20] donec ter interrogatus in confessione
dilectionis et fidei probaretur.[21] Conqueritur Ecclesiastes super hoc dicens:
'Vidi malum quod est sub sole: stultum positum in sublimi dignitate et
sapientes sedere deorsum.'[22] Ve homini si presit et non prosit,[23] si
presideat hominibus et non presideat ei deus. In electionibus olim divinum
60   implorabatur auxilium; hodie nulla oratione premissa, nulla precedente
inquisitione de vita, de scientia illius qui ordinandus est ceterisque
meritorum circumstantiis quorum longum apostolus catalogum texit scienter;[24] sequuntur hodie homines, contra proprie conscientie sententiam,
magnatum favorem et vage opinonis incertum.

65   8. Princeps populi Israel Moyses in libro Numeri pro successore sibi
substituendo dominum deprecatur. 'Provideat', inquit, 'dominus virum qui
sit super multitudinem hanc',[25] et meretur audire responsum: 'Tolle Iosue

---

47 Galfridus: G. N   48 Clarevallensis: C. N   48 Tornacensem: T. N   51 secum: ei
N   52 ei *om.* N   55 sunt commisse: misse N   57 Vidi: vide N   59 deus: dominus
N   63 sequuntur hodie: hodie sapientes N   66 substituendo: sustinendo N

---

19 Geoffrey of Peronne, the former canon and treasurer of St. Quentin who was converted
and brought to Clairvaux by St Bernard in 1131, became prior in 1140. He died in either 1144
(*Dictionnaire de biographie française*, xv. 1154) or 1147 (*Recueil historique des archevêchés,
évêchés, abbayes et prieurés de France*, xii: J. Laurent and F. Claudon, *Province ecclésiastique
de Lyon, pt. 3* (Archives de la France monastique 45; Paris, 1941), 322; see also A. Manrique,
Annales Cistercienses (Lyon, 1642), i. 219–20, ii. 13, 47; *Sancti Bernardi Vita Prima* (*PL*
clxxxv. 225–466), 4. 3. Tournai was established as an independent diocese, partly through
Cistercian influence, in 1146. This anecdote had already appeared in Peter of Blois's *Ep.* CCII
and Peter Cantor's *Verbum Abbreviatum*, 54. Other versions of the story give the bishopric as
Nantes, vacant 1140–2 (C. Henriquez, *Menologium Cisterciense* (Antwerp, 1630), p. 18), and
Chartres, vacant 1149 (Laurent and Claudon, loc. cit.) when Tournai was again vacant.   20
Matt. 16. 19.   21 Ioh. 21. 15–17.   22 Eccles. 10. 5–6.   23 *presit . . . prosit*: cf. Aug.
De Civ. Dei, 19. 19.   24 Cf. I Tim. 3. 2–7.   25 Num. 27. 16

filium Nun, virum in quo spiritus domini est, et pone manum tuam super
eum, ut ingrediatur et egrediatur ante populum meum.'[26] Ideo Moyses,
dum mittitur ut liberet populum Israel de Egypto, se factum impeditioris   70
lingue ab heri et nudiustertius[27] profitetur. Ieremias etiam, quamvis
sanctificatus ab utero,[28] cum ei dominus officium legati et doctoris
iniungeret, timens insufficientiam suam quasi elementarius puer esset,
excusavit se dicens: 'A, a, a, domine deus, nescio loqui, quia puer ego
sum.'[29] Quis hodie suum imperfectum allegat? Quis imperitiam suam   75
detegit? Quis indignum se reputat? Quis renititur? Quis reclamat? Quis
aufugit? Quis hodie facit sicut plerique fecere sanctorum, qui se in cavernis
foveisque, ne pontificarentur, absconderunt?

9. Indigna talium prelatura facit hac tempestate ut ecclesia, que olim
libera erat, cum Agar contemptibiliter ancillari[30] cogatur. Et est parabola   80
instantis temporis quod olim dictum est, quia 'repulit dominus tabernaculum Silo, tabernaculum suum, ubi habitavit cum hominibus.'[31] Olim
dicebat deus ecclesie: 'Ponam te in superbiam seculorum, gaudium in
generationem et generationem. Suges lac gentium, et mamilla regum
lactaberis.'[32]   85

10. Nunc autem non solum ablactata sed abdicata et abiecta est, et non
est qui consoletur eam ex omnibus caris eius. Facti sunt hostes eius in
capite, filiique ipsius[33] averterunt se et non servaverunt pactum, conversi
sunt in arcum pravum.[34] Illi enim qui sedent in cathedra Moysi[35] sustinent
ecclesiam exactionibus opprimi, et in preiudicium ecclesiastice libertatis   90
signumque servitutis perpetue sponte permittunt sibi auriculas subula
perforari.[36] Sibi tamen videntur pontificis implevisse officium si de patrimonio crucifixi, de pauperum sudore, de extorsionibus subiectorum palatia
construunt, si vivaria piscium et ferarum indagines amplissimas circum-
ducunt, et obliti promissionum quas in consecratione sua distinxerunt labiis   95
suis, de commissarum sibi animarum cura non curant. Liceret eis de licite

---

72 cum: tum N   74–75 nescio . . . sum *om.* N   76 renititur: renitetur N   77
plerique fecere: fecerunt plerique N   77 qui *om.* N   78 foveisque: fondis N   81 quod
olim dictum: que dicta Ar   84 et generationem *om.* N   92 implevisse officium: officium
implevisse N   95 distinxerunt: in *add.* N

26 Num. 27. 18, 21.   27 Ex. 4. 10.   28 Ierem. 1. 5.   29 Ierem. 1. 6.   30 Cf. Gal.
4. 24–6.   31 Ps. 77. 60.   32 Is. 60. 15–16.   33 Lam. 1. 2, 5.   34 Ps. 77. 57.   35
Matt. 23. 2.   36 Ex. 21. 5–6 and Glos. ad loc.

acquisitis vivaria et cetera construere et nichilominus circa salutem animarum diligentius et vigilantius excubare, possent illa facere et ista non
omittere.[37]

00   11. Utinam saperent et intelligerent ac novissima providerent![38] Licet
enim nunc humanum iudicium videantur evadere, sacre scripture testimonio 'Cito et horrende grave iudicium fiet his qui presunt, et potentes
potenter tormenta patientur.'[39] Iudex ille terribilis dicit: 'Ecce ego ipse
requiram oves meas'.[40] A quibus requisiturus est oves suas nisi ab his
05 quibus commisse sunt, qui earum lacte et lana et carnibus abutentes potius
exhibent mercenarii quam pastoris officium?[41] Propter hoc irritavit impius
pastor deum, dixit enim in corde suo: 'Non requiret.'[42] Cuius istorum
assertio prevalebit? Iuravit dominus exercituum dicens: 'Si non ut putavi
ita erit, et quomodo mente tractavi sic eveniet.'[43]

10   12. Neminem sane iudico, est qui querat et iudicet;[44] nec michi
succenseat aliquis quod os meum in celum[45] pono, aut quod ovis ego
pastores accuso. Sufficit michi si cum aliis ovibus liceat me balare,
pastorumque negligentiam, que vertitur in commune discrimen, flere et
plangere. Circuit lupus ut oves rapiat, et non sit qui eripiat.[46] Nam interest
15 summum excitare pastorem ut oves miseratus errantes congreget in ovile,
et circa gregem suum curam sollicitet pastoralem. Presidentium siquidem
gloria summa est convertere incredulos ad prudentiam iustorum, et parare
domino plebem perfectam.[47] Utinam, iuxta verbum evangelii, gloriam que
a deo est quererent, et non eam que est[48] ab hominibus. Ipsa enim est
20 ventus urens,[49] pestilens aer et aura corrumpens. O doxa, doxa, o gloria
fallax, o inflatio aurium, o vesica tumens,[50] vacua, tam plena vento quam
nichilo.

     13. Sicut ergo incepistis, cor vestrum stabilite[51] in domino et in lapide
adiutorii.[52] Vestrum firmate propositum ut non redeatis ad vanitates et
25 insanias falsas,[53] sed anima vestra tot et tantis elegantibus disciplinis

97 salutem: curam N   98 diligentius et vigilantius: vigilantius et diligentius N   98
possent: possunt Ar   102 Cito . . . iudicium: et horrende iudicium grave N   103 ille:
ipse N   103 Ecce om. Ar   104 est om. N   105 et lana: lana N   108 ut om.
Ar   115–116 congreget . . . et om. N   120 aura om. Ar   121 plena: pleno Ar   123
ergo: igitur N

37 Matt. 23. 23.   38 Deut. 32. 29.   39 Sap. 6. 6–7.   40 Ezech. 34. 11.   41 Ioh.
10. 12.   42 Ps. 9B. 13.   43 Is. 14. 24–5.   44 Ioh. 8. 50.   45 Ps. 72. 9.   46 Ps. 49.
22.   47 Luc. 1. 17.   48 Ioh. 5. 44.   49 Cf. Amos 4. 9.   50 Cf. Ex. 9. 10.   51
Hebr. 13. 9.   52 I Reg. 7. 12.   53 Ps. 39. 5.

imbuta ei serviat cui servire regnare est. Vacate, queso, lectioni, et
descendat frequenter animus contemplator in ortos aromatum, ut ibi
pascatur deliciis spiritualibus et gratissima sibi colligat lilia[54] gaudiorum.
Verbum quidem Hieronymi[55] est: 'Otium sine litteris mors est et vivi
hominis sepultura.' Testimonio autem Salomonis, 'Otiositas inimica est   13❨
anime.'[56] Est tamen otium quod edificat ad salutem, nam vacare a curis et
sollicitudinibus huius mundi, et legere ac studere, otium quidem negotio-
sum est et negotium otiosum. De hoc otio Salomon dicit: 'Sapientiam
scribe in otio, et qui minoratur actu, percipiet eam.'[57] In huius rei figuram
discipuli domini sabbato, id est die otii, transeuntes per sata fricabant   13.
spicas et vescebantur iis,[58] nam in tempore vacationis subtiliores sententias, quibus reficiuntur anime, trahimus de occultis. Denique, porta in
Ezechiele que respiciebat ad orientem non aperiebatur nisi in sabbato,[59] id
est in otio sancto.

14. Propterea querite vobis solitudinem a strepitu huius mundi. Nam de   14
his, qui volunt vacare et videre[60] quam suavis est dominus,[61] loquens
beatus Iob: 'Hi', inquit, 'sunt qui edificant sibi solitudines, ne vocem
audiant exactoris.'[62] Exactor est spiritus nequam, qui velut instrumentis
vocum mansuetis principum gratiam turbat veneno linguarum procacium.
Nonne voces seu lingue ipsius sunt adulatores subdoli et detractores, sicut   14❨
dicit apostolus Paulus 'deo odibiles'?[63] Hi sunt rane in penetralibus regum
ipsorum.[64] Nec desunt hodie in curiis Iamnes et Mambre,[65] qui apud
Pharaonem Moysi adversantur. Achitophel[66] quoque multos in curiis
reliquit heredes, qui consilia magnatum infatuant. Multi Aman hodie sunt,
qui regem Assuerum in odium et exitium innocentis Mardochei[67] solli-   15
citant.

15. Plenitudo voti mei et summa exhortationis hec est, ut accingatis vos
ad opus fortitudinis ne preclare primitie spiritus[68] in vobis degenerent sed

---

133 est *om.* N   137 porta: per sata N   142 sibi *om.* N   145 ipsius: illius N   149
Aman: amore Ar   153 preclare: cum preclare Ar; clare N

---

54 Cf. Cant. 6. 1 and Glos. ad loc.   55 *Rectius* Seneca, *Ep.* 82. 3.   56 Cf. Ecclus. 33.
29.   57 Ecclus. 38. 25.   58 Matt. 12. 1 and Glos. ad loc.   59 Ezech. 46. 1.   60 Ps.
45. 11.   61 Ps. 33. 9.   62 Iob. 3. 14, 18 and Glos. ad loc.   63 Rom. 1. 30.   64 Ps.
104. 30.   65 II Tim. 3. 8.   66 Cf. II Reg. 15. 31; 16. 20–17. 4.   67 Esth. 3. 5–9.   68
Rom. 8. 23.

per Christi amorem mundique contemptum in fructum iustitie et salutis
155   eterne manipulos[69] coalescant. Nullam ordinis observantiam suadeo vobis,
sed sic obsecro vivatis in seculo ut altior seculo sitis, ut habeatis sub
pedibus vestris mundum, et iuxta verbum apostoli, querendo et sapiendo
que sursum sunt[70] vestra conversatio sit in celis.[71]

6

Peter inveighs against his nephews, Peter de Saint-Martin and Gerard, who
are attempting to gain possession of his property and preferments in France.
Probably after 1205; see Letters 25 and 27 below

PETRUS ARGUIT NEPOTES SUOS INGRATITUDINIS ET MALITIE

1. Petrus Blesensis Londoniensis archidiaconus nepotibus suis Girardo
et Petro,[1] salutem quam meruerunt.
5   2. Vos in filios adoptaveram, nec degenerabat a paternis affectibus
predulcis illa liberalitas quam mediante rerum experientia frequentissime
cognovistis. Expectabam a vobis gratiam pro gratia,[2] vosque tamquam
fideles filios mee solatium esse et baculum senectutis.[3] Res autem in
contrarium versa est, ut me lugere oporteat cum propheta, 'Filios enutrivi
10   et exaltavi, ipsi autem spreverunt me.'[4] Semen Chanaan et non Iuda,[5] filii
Belial,[6] socii Dathan et Abyron quos terra vivos absorbuit,[7] numquid
putatis quod abbreviata sit manus domini,[8] et innocentem a vestra

---

157 et iuxta: quia iuxta Ar
A 190ʳ Ad 132ᵛ B 88ᵛ
2 MALITIE: Petri Blesensis epistola *add.* B   3–4 Girardo et Petro: G. et P. AB   1–4
PETRUS . . . meruerunt *om.* Ad   11–12 numquid putatis *bis* A

---

69 Cf. Ps. 125. 6 and Glos. ad loc.   70 Col. 3. 1–2.   71 Phil. 3. 20.
1 Peter's nephews Peter de Saint-Martin and Gerard are not named in his printed
correspondence, but they may be the unnamed nephews of *Epp.* XII and LXXI. A 'Petrus de
Sancto Martino clericus' witnessed a charter of Richard I at Andeley in 1198 (*Cartularium
Monasterii S. Iohannis Baptiste de Colecestria*, ed. S. A. Moore (Roxburghe Club, London,
1897), i. 47). Peter de Saint-Martin and his ambitions are also the subject of Letters 25 and 27
below; the visit to Chartres mentioned here may be that of Letter 13 below.   2 Ioh. 1.
16.   3 Tob. 10. 4.   4 Is. 1. 2.   5 Dan. 13. 56.   6 I Reg. 2. 12.   7 Num. 16.
25–33.   8 Is. 59. 1.

malitiosa versutia salvare non possit?[9] Testimonio sacre scripture: Christus hodie et cras, ipse et in eternum.[10]

3. Beneficiorum collatorum immemores patrimonio meo, quod pio 15 compassionis affectu atque precario sororibus atque neptibus meis custodiendum commiseram ut quamdiu vellem inde usufructum reciperent, me non monitum, non conventum, nequissime spoliastis. Quocirca contra me de usuris et inquitatibus vestris vasa dedistis argentea comitisse,[11] sed clamat sanguis Naboth ultionem in Achab et Iezabel, qui vineam eius 20 crudeliter occupasse[12] leguntur. Sane is qui sedet super cherubin et intuetur abyssos[13] versutie vestre clamat: 'Mea est ultio,[14] michi vindicta et ego retribuam,[15] nec est qui de manu mea possit eruere'.[16] Et quidem non remanebit hoc facinus impunitum. Etsi ad vos non veniam corporaliter, veniet tamen contra vos et implebit totam Franciam mearum epistolarum 25 multiplicitas, que in seculum seculi apud omnes gentes fetere faciet nomen vestrum. Bonitas mea et malitia vestra simul appendentur in libra iustitie, et epistole numquam moriture nuntiabunt posteris quam inique michi reddidistis ingratitudinem pro gratia, pro beneficio maleficium, odium pro amore. 30

4. Scitis, si tamen magnificentia vestra hec scire dignetur, quod pater meus[17] in territorio Blesensi nichil patrimoniale habuit, sed acquisivit industria sua unde omnes filias suas honorifice maritavit, singulisque in earum maritagio assignans de possessionibus suis quantum potuit et velle debuit et prout ipsum decuit, me omnium bonorum suorum que supererant 35 publice et solemniter heredem constituit, eorumque omnium usque ad

---

16 sororibus: sororis Ad   16 neptibus: nepotibus Ad   17–18 me non: meum AB   21 is: A legi non potest; eis Ad   22 vindicta: vindictam AB   24 remanebit: remeabit codd.   33 honorifice: honeste B   34–35 quantum . . . decuit om. Ad

---

9 salvare . . . possit: ibid.   10 Hebr. 13. 8.   11 Probably the countess of Blois or of Champagne. Catherine of Clermont, countess of Blois and wife of Count Louis I (1191–1205), was still alive in 1211. For two years after 1205 she was regent for her son, Theobald VI of Blois, who had married Matilda of Alençon by 1214. From 1152 to 1234 Blois was a fief of Champagne, where Blanche, wife of Count Theobald III of Champagne (1197–1202) was regent until 1222 for her son, Theobald IV. She was sister of Sancho VII of Navarre (see Letter 9 n.l) also of Berengaria, widow of Richard I of England; she died in 1229. See J. Soyer and G. Trouillard, Cartulaire de la ville de Blois (Mémoires de la Société des Sciences et Lettres de Loir-et-Cher, 17, 1903), passim; and M. H. d'Arbois de Joubainville, Histoire des ducs et des comtes de Champagne (Paris, 1859–69), passim.   12 III Reg. 21. 19–23; IV Reg. 9. 26.   13 Dan. 3. 55.   14 Deut. 32. 35.   15 Hebr. 10. 30.   16 Deut. 32. 39.   17 For other details about Peter's family, see Epp. XLIX and LXXII.

tempora vestra sine interruptione vel contradictione aliqua heres et
dominus semper fui.

5. Videte ergo, filii perditionis[18] eterne, vermem consciencie vestre,[19]
40 veritatem que vestras confundit astutias, et dampnatissime opinionis vestre
dispendium. Obliti enim dei et iudiciorum eius, de quibus numquam
cogitasse vos credo, me contemptui habentes atque ostentui irruitis
tamquam parieti inclinato et macerie depulse,[20] et exitum vite mee in
obprobriis et doloribus concludere festinatis. O bone Iesu, o suavis, o
45 dulcis, ubi est fides? Ubi est amor? Ubi est veritas? Ubi est actio
gratiarum? Ubi est qui beneficiorum sit memor et de retributione magna
vel modica meditetur? Audite celi que loquor, audiat terra verba oris
mei.[21] Generatio prava atque perversa,[22] heccine reddis avunculo tuo, qui
te per scholas multiplices circumduxit et docuit, que rependere non
50 auderes inimico te gravissime persequenti?

6. Veni mi Girarde in medium, veniatque in publicam audientiam
qualiter me de honorariis tuis aut potius de usuris crudelibus honorasti. A
Senonis Carnotenses profectus sum, et premissis litteris ad dilectum et
predilectum meum Girardum, immo ad cor meum et animam meam, ut
55 ibidem michi occurreret mecumque visus alterni et mutuum collocutionis
haberet commercium, venit quidem sed abscondit se, facileque potuit
invenire tenebras qui tenebrosus facie sed tenebrosior erat mente. Viderunt eum tamen quidam de concanonicis meis Carnotensibus, et cum eo
locuti sunt. Ipse autem verebatur ne de feneraticia pecunia eius michi
60 prestare in causam mutui cogeretur, sed pridie quam illuc veniret, deus
exuberanter aliunde providerat michi. Sicut ergo michi non visus accessit,
sic invisus iniussusque recessit.

7. Quid referam fraudes et astutias Petri de Sancto Martino, quem de
vilissima servitute[23] in titulum libertatis erexi? Ipse sub falso nomine
65 cuiusdam viri magnifici, sigilloque ipsius adulterino, epistolas meas et
omnia opera mea fraudulenter a me mirabili artificio exquisite dolositatis

---

45 veritas: caritas B   47–48 Audite . . . Generatio om. Ad   51 mi Girarde: migrande
AB   54 Girardum: G. codd.   54 et: ad add. B   56 haberet: habere codd.   56
venit: novit Ad   60 illuc: huc Ad   62 iniussusque: invisusque AB; om. Ad

---

18 Ioh. 17. 12.   19 Marc. 9. 43 and Glos. ad loc.   20 Ps. 61. 4.   21 Deut. 32.
1.   22 Deut. 32. 5.   23 For serfs at Blois, see J. Soyer, Étude sur la communauté des
habitants de Blois (Paris, 1897), pp. 17–20, 35–7.

extorsit. Absentabat se Girardus, Petrus iste meis se importunissime
negotiis ingerebat. Tunc agebam in Galliis, ipse autem michi hospitia
idonea et sufficientes promittebat expensas; sed sicut erat vanus in verbis,
sic eius fides evanuit in promissis. Quod enim cogitabat, quod adulatorie   70
loquebatur, quod proditorie procurabat, hoc fine conclusit: ut litteris ac
precibus omnium magnatum terre[24] me sic inflecteret atque obrueret
quatenus omnes redditus meos transmarinos pro eo resignans, eique
assignans quod michi deus misericorditer dederat in meos usus et
pauperum, ipse sibi converteret crudeliter in materiam usurarum.   75

8. Sane filius avaritie, idolatra pecunie,[25] servus mammone,[26] impe-
diente conditione servili nullum de beneficiis meis potuit vel debuit
adipisci. Licet enim a servili iugo per me videatur exemptus, adhuc tamen
in eo remanet originalis culpe fermentum,[27] ut ius patronatus[28] offendens
levi occasione de liberto redigatur in servum.[29]   80

9. Benedictus autem deus qui diligentibus se omnia cooperatur in
bonum,[30] et in temptationibus nostris facit etiam cum tempore proven-
tum.[31] Solebam enim pro maritatione et promotione parentum meorum
supra vires meas singulis annis expendere, totamque substantiam meam
pro suis necessitatibus profligare. Ego tamen nichilominus res meas   85
hereditarias faciebam publicis eorum usibus deservire.[32] Quodsi ad expensas et emolumenta hereditatis, ad annua beneficia gratie mee estimatio et
collatio fiat, totam obventionem patrimonii mea largitio incomparabiliter
transcendebat. Sic ambientes quod minus, amisere quod maius.

10. Illud in calce litterarum annecto, me duas fecisse prebendas de   90
facultatibus meis legitime acquisitis, earumque custodiam commiseram
fratri meo.[33] Numquam tamen eas resignavi nec propositum habui

67 Girardus: Grandus AB

24 In *Ep.* CXXX Peter denied having initiated a similar campaign to secure for himself the
provostship of Chartres.   25 Cf. Col. 3. 5.   26 Matt. 6. 24.   27 Cf. I Cor. 5. 7–8 and
Glos. ad loc.   28 *Dig.* 37. 14. 1.   29 Cf. Justinian, *Inst.* 1. 16. 1; Grat. C. 12. q. 2. c.
62.   30 Rom. 8. 28.   31 I Cor. 10. 13 (tempore: *rectius* temptatione).   32 See *Ep.*
LXXII.   33 Peter's brother William was abbot of Matina in Calabria while Peter was in
Sicily; he afterwards lived quietly as a monk in Blois (*Epp.* LXV, LXXVII, XC, XCIII). For
his literary work see *Guilelmi Blesensis Aldae Comedia*, ed. C. F. W. Lohmeyer (Leipzig,
1892); also F. J. E. Raby, *A History of Christian Latin Poetry* (2nd edn., Oxford, 1953), p.
306n., and *A History of Secular Latin Poetry* (2nd edn., Oxford, 1957), ii. 61–3.

resignandi. Si eas ab eo tamquam precarias accepistis, me ignorante et absente hoc factum est, ideoque sciatis me illas resumere. Cum enim me
95 non consentiente nullus ibi vos instituerit aut instituere potuerit, nulla ratione permittere possum ut ulterius gaudeatis de fructu earum; et hoc exigit nequitia vestre ingratitudinis, et quod de precario dominium facientes, mee possessionis titulum pervertistis.[34]

11. Denique veniant ad me de cetero parentes mei postulantes in sua
100 necessitate solatium, sed certe duras et inexorabiles aures invenient. Quod a vobis et parentibus vestris contra me attemptatum est, cedet omnibus in singultum. Facite autem ut spurcissimus et immundissimus omnium hominum cuius lectus ipsius sordes cotidie testabatur, Galfridum dico filium H., et procurate instanter quod inter libros physicales[35] quos michi
105 furtive surripuit michi saltem unum librum restituat rubeo cordewano impressum,[36] et in quo de auro scripta sunt initia capitalium literarum.

---

103 lectus: pectus Ad   104 H.: V. Ad

---

34 *Si . . . pervertistis*: cf. *Dig.* 43. 26. 1, 2, 8.   35 Probably texts from the medical school in Salerno. That Peter was acquainted with the teaching of the Salernitan masters has been demonstrated by C. H. Talbot, *Medicine in Mediaeval England* (London, 1967), p. 47; see *Ep.* XLIII.   36 Probably a typical 'stamped Romanesque binding', commonly used in the 12th c. for textbooks. See G. D. Hobson, *English Binding before 1500* (Cambridge, 1929).

7

Peter appeals to Innocent III for redress against the depredations of an unnamed bishop. 1198×1208[1]

QUERELA ANXIA CONTRA PRELATUM

1. Diutissime in hoc frixorio fui,[2] et adhuc in interioribus mei cordis hec sartago desevit. Videt hoc terribilis in iudiciis suis deus, longanimiter mala ista dissimulans; forte destruet eum in finem quia persecutus est hominem humilem ac devotum, compunctum corde mortificans.[3] Totus rapinis inhiat 5 ut pecunias accumulet infinitas, filius avaritie, idolatra pecunie,[4] servus mammone;[5] ibi legit, ibi studet,[6] ibi est cor eius ubi est thesaurus ipsius.[7] Talibus putat gladium Petri obtundere, elidere iustitiam, emollire arcum domini, et rigorem iudiciorum enervare. Inquisitionem que facta est semper vocastis negotium vestrum; absit ut degeneret in infamiam questus 10 et negotiationis opprobrium. Clamat clerus, clamat populus, clamant scripta et voces eorum qui de insufficientia et inutilitate ipsius sub iureiurando testificati sunt, nullusque ipsorum est numerus. Numquid ecclesia parcet ei qui totam ecclesiam prophanavit? Diebus fere singulis me

---

A 190ᵛ Ad 135ʳ B 89ᵛ N 233ᵛ   *Pr.* Giles CCXLIV *PL* CCXXXIX
1 QUERELA . . . PRELATUM *om.* Ad   2 in hoc: hoc N   2 mei *om.* AAdB   5
ac: et N   5 compunctum *om.* N   6 accumulet infinitas: infinitas accumulet N   7 ubi
est: qua AB; quia N   7 ipsius: eius N   9 iudiciorum enervare: iustiarum evacuare
N   10 in: et AB; *om.* Ad   10–11 questus et: et in N   13 numerus: nunc N

---

1 This letter was almost certainly written before Eustace, bishop of Ely (see § 4) left England in 1208, and possibly while Peter was still archdeacon of Bath. The language and reference to being suspended are reminiscent of Letter 8 below, written 1199×1200 or 1203×6. It is strange that Peter does not identify the bishop against whom he complains, though his conduct would be in character for Savary, bishop of Bath 1192–1205, who was in England 1199–1200; see J. A. Robinson, *Somerset Historical Essays* (London, 1921), pp. 67–70, 142; Adam of Domerham, *Historia de Rebus Gestis Glastoniensibus*, ed. T. Hearne (Oxford, 1727), ii. 352–425. Innocent ordered investigations into other complaints against Savary in 1199 and 1202 (Cheney, *Calendar*, nos. 159, 434, 437–8). Another prelate to be investigated was Geoffrey, archbishop of York; the bishop of Ely and dean of Lincoln (see § 4) were appointed for this on 31 May 1202 (Cheney, *Calendar*, no. 414). Peter's position as a canon of Ripon (*Rot. Lit. Cl.* i. 108b) could have made him vulnerable to Geoffrey's wrath, but his relations with the archbishop at this time seem to have been more friendly (see Letter 22 below).   2 Cf. Ps. 101. 4 with Aug. *Enarr. in Ps.* and Glos. ad loc.   3 Ps. 108. 17.   4 Cf. Col. 3. 5.   5 Matt. 6. 24.   6 Cf. Ierem. 6. 13.   7 Matt. 6. 21.

15 pugnare oportet ad bestiam.[8] Ego autem sic pugno quasi aerem verber-
ans,[9] nec repugnans impugnor, sed ethnici testimonio,

Non pugna est, ubi tu pulsas, ego vapulo tantum.[10]

2. Fruges abstulit, domos combussit. Supplicavi ut michi damna hec
repararet. Ipse afflicti et magnatum preces subsannans insultabat gravius
20 michi, damnumque et confusionem meam in publice derisionis theatrum
propalavit. In omnibus his non est aversus furor eius, sed adhuc manus eius
extenta.[11] Nunquam beneficium michi dedit nec in aliquo benefecit;
maleficia vero eius a primo tempore sue promotionis iugiter in libro
experientie legi. Quousque, domine Iesu, durabit iniquitas Palumbini
25 episcopi?[12] Ut quid terram occupat arbor inutilis?[13] Securis ad radicem
posita est,[14] nec est qui eam succidere velit; sed qui malefactorem non
corripit cum possit, omnia mala eius opera sua facit.[15]

3. Alia vice fruges violenter ablatas luto potius conculcari quam excuti
fecit; et enormi iactura me afficiens quia restitutionem michi fieri humiliter
30 postulabam, non conventum nec vocatum a se vel ab alio, post appellationem, sine omni causa, sine omni iudiciario ordine me suspendit. In
omnibus his non est aversus furor eius, sed adhuc manus eius extenta.[16]
Ecce ovicula[17] tua, benignissime pastor, rapitur, diripitur, affligitur et
torquetur. Qui enim eximis episcopos et abbates aliosque potentissimos
35 qui sibi sufficiunt nec suffragio indigent alieno, respice senem debilem,
incessanter afflictum, nec enim aliud querit nisi ut cum dolore canos
meos[18] deducat ad mortem.

---

15 autem *om.* N   17 ego: ego an Ad; et B   18 michi damna hec: damna hec michi
N   20–21 derisionis . . . propalavit: derisionis . . . pro AB; theatrum propalavit Ad;
theatrum publice derisionis publicavit N   21 In omnibus . . . manus *om.* AAdB   24
Palumbini: P. N   27 eius . . . sua: opera eius N   29 et: ut N   29 fieri humiliter:
humiliter fieri N   32 non . . . extenta: autem non sufficit quod N   35 qui sibi: quibus sua
B

---

8 I Cor. 15. 32 and Glos. ad loc.   9 I Cor. 9. 26.   10 Juvenal, *Sat.* 3. 289 (Non pugna:
rectius si rixa).   11 Is. 5. 25.   12 From a story first found in William of Malmesbury,
Gesta Regum (ed. W. Stubbs, RS 1887–9), ii. 256–8, and quoted in a similar context by
Giraldus Cambrensis, *De Invectionibus*, 1. 10 (*Y Cymmrodor*, 30 (1920), 116). I am grateful
to Professor C. R. Cheney for these references.   13 Luc. 13. 7.   14. Luc. 3. 9.   15
Cf. Ezech. 3. 18.   16 Is. 5. 25.   17 *ovicula*: cf. II Reg. 12. 3, *vers. antiq.*, cit. e.g. Aug.
Enarr. in Ps. 50. 5.   18 Gen. 42. 38.

4. Proinde, ne tuus Naboth pro vinea vel pro ecclesia sua potius occidatur, dura quidem sed sera est querela dicentis ad Achab: 'Occidisti, insuper et possedisti.'[19] Romani principes olim solo verbo servos emanci- 40 pabant quos domini sui malitiose vexabant.[20] Emancipet hunc miserum et intolerabili servitute oppressum pontifex urbis, dominus orbis, qui solus habes super omnes potentes plenitudinem potestatis.[21] Si videtur magnum emancipare simpliciter, eximatur saltem usque in quinquennium.[22] Iam enim in membris meis responsum mortis[23] accepi, certusque sum quod 45 excursus misere huius vite, nisi deus aliquid gratie vitalis adiciat, vix translimitabit hunc annum. Poteritne Innocentius ita esse crudelis ut ovicule[17] sue discrimen enorme dissimulet, nec eam de faucibus irruentis eruat leonis aut lupi?[24] Aut michi pacem providere velitis, aut quicquid habeo in manu vestra precise et sine ulla conditione et contradictione 50 resigno. Precepistis Eliensi episcopo[25] et Lincolniensi decano[26] ut super ablatis michi iustitiam exhiberent; ego autem ad terribiles eius minas, et ad certa discrimina vite mee, consilio amicorum coactus sum digito labella compescere,[27] et sicut a magistris suis pueruli coguntur, lacrimam ab oculo prorumpentem iterum oculo resorbere. 55

5. Vulgo dicitur eum flagellari infeliciter qui conqueri de flagello non audet.[28] Audite, celi, et auribus percipe, terra,[29] magna mala que patior et maiora que timeo et expecto, si misericordiam non invenio apud eum qui pre omnibus antecessoribus suis terribilis est apud reges terre,[30] ut sitis michi testes quod liberare me potest, et de faucibus bestie crudelis eripere 60

---

39 quidem: inquit N   43 potentes: pontifices N   45 responsum mortis: mortis responsum N   46 excursus: excussus *codd.*   47 hunc annum: unum annum N   48 de *om.* N   51 Eliensi . . . Lincolniensi: E. . . . L. N   52 autem ad: autem *om.* N   53 sum *om.* N   58 non invenio: inveniam N

---

19 III Reg. 21. 19.   20 Cf. *Dig.* 1. 6. 2.   21 *plenitudinem potestatis*: for Innocent's views on this see his consecration sermon (*Sermones de Diversis*, 2, *PL* ccxvii. 657–8) and sermon on St Silvester's day (*Sermones de Sanctis*, 7, ibid. 481–2).   22 Possibly a reference to the regular term of a lease or precarium (Pliny, *Ep.* 9. 37. 2), or 'manumissio censu' (Ulpian, *Regulae*, 1.8), where a freed slave's name was entered on the roll of citizens, from which it might theoretically be removed five years later.   23 II Cor. 1.9.   24 Cf. I Reg. 17. 34–5.   25 Master Eustace, 1198–1215.   26 Roger of Rolleston, 1195–1223. He and Eustace were frequently employed as judges delegate by Innocent III, several times serving together.   27 Juvenal, *Sat.* 1. 160.   28 Cf. *Proverbes français antérieurs au XVᵉ siècle*, ed. J. Morawski (Paris, 1925), no. 1191: 'Mar est batuz qui plorer n'ose.'   29 Is. 1. 2.   30 Ps. 75. 13.

uno verbo. O unum verbum, sis mea consolatio, sis honor et gloria eius, qui liberat pauperem a potente, ac senem et debilem cui non erat adiutor.[31]

    6. Infelix ego homo, quis me liberabit de carcere mortis huius?[32] Quam
65 infelici auspicio de dulci Francia, ubi natus et nutritus ac edoctus fueram, in hanc servilem barbariam sum translatus; sed Innocentio loquor, et certus sum quod omnem malitiam sua potest innocentia propulsare.

8

Peter appeals to Innocent III to save the office of archdeacon from the encroachments of bishops' officials. 1199×1200 or 1203×6[1]

ARCHIDIACONI QUERELA CONTRA OFFICIALES EPISCO-PORUM

    1. In Hispalensi et Niceno concilio[2] statutum est quod unaqueque dignitas suo privilegio gaudeat;[3] nec episcopus, qui solus beneficium dare
5 potest, honorem datum minuere vel auferre presumat.[4] Damasus papa[5] consilio beati Hieronymi cum omni senatu Romani ordinis statuit, et

---

62 erat: est N   65 ubi *suppl.* Giles; in ABN; *om.* Ad
A 191ʳ Ad 135ᵛ N 234ᵛ   *Pr.* Giles CCXIV *PL* CCIX
1–2 ARCHIDIACONI . . . EPISCOPORUM *om.* Ad   3 Hispalensi: Hispanensi A; Yspasien Ad; H. N   3 Niceno: C. N   4 nec: et N   4–5 beneficium . . . datum: *om.* A

---

31 Ps. 71. 12.   32 Rom. 7. 24.
1 Written after Peter accepted his second archdeaconry and presumably before the bishop of Ely left England in 1208, also while the see of Lincoln was occupied (see §§ 5 and 7), therefore 1199–1200 or 1203–6. For the rise in importance of bishops' officials in the late 12th c. and consequent decline of the status of archdeacons, see especially C. R. Cheney, *English Bishops' Chanceries* (Manchester, 1950), pp. 7–8, 20–21; id., *From Becket to Langton* (Manchester, 1956), pp. 145–6, 152–3. For the history of 'chorepiscopi' in Europe, and the long campaign to suppress them, see T. Gottlob, *Der abendländische Chorepiscopat* (*Kanonistische Studien und Texte*, 1, Bonn, 1928). See also Peter *Ep.* XXV, attacking an official of the bishop of Chartres.   2 The second Council of Seville, AD 619, and the second Council of Nicaea, AD 787.   3 Nicaea II, canon 6, in Grat. D. 65. c. 6.   4 Seville II, canon 6, in Grat. D. 67. c. 2.   5 Pope 366–84. The citation from him is a forgery (Gottlob, p. 119).

postea omnes episcopos orbis[6] ad consensum induxit, ut corepiscoporum
officium et officii memoria in perpetuum deleretur. Omni enim auctoritate
carebant,[7] et tanto vilius abiecti sunt quanto magis ambitiose et superbe
circa sacramenta spiritualia presumebant; et subiungit quod in comitiva 10
Christi duo tantum genera ministrantium statuta sunt: apostoli et diacones,
et alii discipuli qui sub iis in suo ministerio servierunt; et post multa
concludit: 'Quod ratione et auctoritate caret, extirpare necesse est.'[8] In
hoc differentia est, quod corepiscopi sacerdotes erant et tamen ministrare
sacramenta episcopis debita minime presumebant;[9] nunc autem acolyti vel 15
ad amplius subdiaconi episcopale officium contra deum et canonum scita
usurpare presumunt.

2. Nomen corepiscopi, a sede Romana iudicatum et damnatum et
exterminatum eternaliter, quodam nominis adventitii subornatu denuo
latenter obrepsit. Resuscitantur cineres iam sopiti,[10] et ova aspidum diu in 20
occulto basilisci confota latibulo in regulum eruperunt.[11] Hi sunt vipere
iniquitatis officiales, omnem malitiam aspidis et basilisci atque reguli
transcendentes. Vadit hodie solus ad synodum vel cum paucissimis archidiaconus. Officialis autem cum dracone, qui de celo cecidit, trahit secum
tertiam partem stellarum;[12] atque decanos et sacerdotes archidiaconi 25
secum trahens, cum nec se nec alios pascere sciat, querens que sua sunt,[13]
non que Iesu Christi, manifeste non ovium pastor est sed luporum. Vulgo
dicitur: 'Mala custodia pascit lupum.'[14] Quomodo custodiet animas
alienas, qui nec mores nec scientiam nec ordinem habet ut propriam
animam custodire sufficiat?   30

3. Item vulgariter dicitur quia archidiaconi sunt oculi pontificis[15] sui;

---

7 corepiscoporum: eorum N   11 tantum: sunt *add.* N   14 corepiscopi: coepiscopi
N   15 episcopis debita: debita episcopis N   15 minime *om.* A   16 ad *om.* N   16
scita: scripta N   17 presumunt: presumptuose *et spatium fere septem litterarum* A; *om.*
Ad   18 corepiscopi: coepiscopi N   22 iniquitatis officiales: officiales iniquitatis N   26
cum: dum N   31 quia: quod N

---

6 'De vana superstitione chorepiscoporum vitanda', Grat. D. 68. c. 5 (Damasus papa, *Ep.*
5, 'Ad episcopos Africae', in *Decretales Pseudo-Isidorianae*, ed. F. K. P. Hinschius (Leipzig,
1863), p. 510).   7 Ibid.   8 *duo . . . est*: ibid.   9 Grat. D. 68. c. 4 (Pseudo-Leo, *Ep.*
97, Hinschius, p. 628).   10 Virgil, *Aeneid*, 5. 743.   11 Is. 59. 5.   12 Apoc. 12.
4.   13 Cf. I Cor. 13. 5.   14 Cf. J. Morawski, *Proverbes français antérieurs au XVᵉ siècle*
(Paris, 1925), no. 1207: 'Mauvese garde pest le loup'.   15 Grat. D. 93. C. 6 (Pseudo-
Clemens, 'Ep. I ad Iacobum fratrem domini', Hinschius, p. 34). The statement originally
concerned deacons, but was applied to archdeacons e.g. by Innocent III in *Extra*, 1. 23. 7
(Potthast, no. 5031).

moderni autem pontifices oculos suos, id est archidiaconos, obstruunt et
confundunt; et noviter assumentes oculos Argi,[16] evangelistarum oculos,[17]
quos ad suam et suorum subiectorum salutem ante et retro et in circuitu[18]
35   habere debuerunt, in questum pecuniarium non sine sua damnatione
convertunt. Legi quandoque puerulus in Catone de hoc genere hominum
in hac forma:

Est genus hoc hominum quod dicitur officiperdi.[19]

Credo tale officium esse in perditionem, quod totum spirat et studet in
40   malitiam et rapinam. Innocentissime Innocenti, puto quod tales non ab
'officio' nomine, sed ab 'officio' verbo, nomen et nominis causam trahunt.
     4. Usus ecclesie hactenus fuit ut archidiaconus esset officialis episcopi, et
peccata hominum per archidiaconum inquisita, que per ipsum corrigi non
poterant, ad episcopos referrentur.[20] Eritne hic officialis inofficiosus aut
45   subepiscopus aut corepiscopus, cuius nomen atque memoria et officium a
totius ecclesie catholice matricula deletum est? Vocabitur forsan 'epiarchidiaconus', ad quem appellant omnes ab archidiacono qui profanas et
sacrilegas causas habent; quandoque nos archidiaconi diximus ei: 'Quis te
constituit iudicem super nos?'[21] Omnes enim archidiaconi dissentiunt et
50   appellant unanimiter ad thronum tue innocentie, Innocenti. Modernis
temporibus cessavit ab ecclesia Romana officium et nomen archidiaconi[22];
proinde quia multi contra deum hoc officio abutuntur, nomen et officium
hoc diebus meis in perpetuum deleatur.
     5. Certe nunquam habui archidiaconatum ad quem invitus non traherer
55   et coactus,[23] atque post multas indutias quas petebam a sanctis et religiosis
viris potius onus quam honorem suscipere sum compulsus. Et contra

---

32 oculos . . . archidiaconos: id est archidiaconos, oculos suos N   34 suorum subiectorum: subiectorum suorum N   35 debuerunt: debuerant A   36 quandoque: quando
N   39 perditionem: et scandalum *add.* AdN   39 spirat et studet: studet et spirat
N   42 episcopi: hominum N   44 aut: autem A   45 subepiscopus aut corepiscopus:
episcopus aut subepiscopus N   46–47 Vocabitur . . . epiarchidiaconus: dabitur forsan
episcopo archidiaconus N   49 constituit: constituet N   51 ab: in N   53 meis *om.*
N   56 compulsus: expulsus N

---

16 Cf. Ovid, *Met.* I. 625–7.   17 Glos. ad Apoc. 4. 6–8.   18 Apoc. 4. 6, 8.   19 Cf.
Disticha Catonis, 4. 42. 2 (Est . . . hominum: *rectius* ne nomen subeas).   20 Cf. Grat. loc.
cit.   21 Ex. 2. 14.   22 cf. Grat. D. 68. c. 5. (archidiaconi: *rectius* corepiscopi?)   23
Cf. *Ep.* CLI.

gloriam vestram est, pater sancte, ut imponantur homines supra capita
nostra, et qui heri sedebat ad pedes meos hodie sine meo et aliorum
archidiaconorum assensu, assumptis novis cornibus[24] ventilet totam ecclesiam[25] nostram, meque presente suspendat et excommunicet sacerdotes 60
meos, michique sententiam excommunicationis intentans antequam ad vos
iste litere veniant, indulta sibi hac tenebrarum potestate[26] in his et
gravioribus contra me abutatur. Hodie unus est et cras alius, et sic de
septimana in septimanam vices eorum episcopus alterabit.

6. Scio et infitiari non possum quod Ricardus Wintoniensis episcopus,[27] 65
qui in diebus meis nunc in Anglia, nunc in Normannia, iustitiarius domini
regis erat et prorsus omnis literature ignarus, potius secularis questus
occasione quam dei primus officiales constituit, cuius opus in hoc vel in aliis
nunquam alicui catholico ad exemplum vel consequentiam debet trahi.
Heus, heus, appellat oppressus ad iustitiam et misericordiam apostolice 70
sedis. Officialis autem appellatione dissimulata negotium suum agit, et
abusione superba opprobriis et comminationibus os appellantis violenter
obcludit. Numquid illiterati aut potius laici temeritas aut cupiditas imitatores habere debuit? Ad huius cupiditatis exterminium sufficere potest
quod questus in causa fuit, quod huius singularitatis auctoritatem ab 75
apostolica sede vel ab antiquorum canonum censura non habuit.

---

61 sententiam excommunicationis: excommunicationis sententiam N   62 iste litere:
litere iste N   65 Ricardus Wintoniensis: R.Eb. N   66 qui in: quia A; qui Ad   66 meis
om. N   67 erat: fuit N   67 omnis *om.* N   72 appellantis: appellationis N   73
obcludit: conclusit N   74 huius: igitur *add.* N   76 censura non *om.* N

---

24 Amos 6. 14.   25 Cf. Zach. 1. 19.   26 Luc. 22. 53.   27 Richard of Ilchester
(1174–88). He served as a justice in England during several years, including 1167 and 1179,
and as justiciar of all Normandy in 1176. For his career as an administrator see C. Duggan,
'Richard of Ilchester, Royal Servant and Bishop' (*Transactions of the Royal Historical
Society*, 5th ser., 16 (1966), 1–21). Although Roger of Pont-l'Évêque (MS N) archbishop of
York 1154–81, was probably employing officials before Richard became bishop (Cheney,
English Bishops' Chanceries, p. 20 n.), it is Richard's career that Peter describes.

7. Lincolniensis,[28] Eliensis[29] et ceteri suos archidiaconos[30] fovent; aut servetur hic status, aut eius nomen in perpetuum deleatur. Ego autem, sacerdos domini atque senior et contestis passionum Christi,[31] quodam
80   zelo iustitie et equitatis indignor quod hoc officium sic plebescit et vilescit in ecclesia dei ut honor archidiaconorum, qui a beato Stephano incepit[32] atque in beatis Laurentio et Vincentio[33] ceterisque martyribus usque ad sanctitatis perfectionem gloriose profecit, hodie supervenientibus novis officialibus datus est in contemptum, in opprobrium, in theatrum et
85   derisum.

9

Peter apologises to García, bishop of Pamplona in Navarre, for the delay in sending a gift of his letters. Probably 1204 (after April)

EXCUSATIO ET QUERELA EIUSDEM DE MENDACIO ET FALSI-
TATE SCRIPTORUM

---

78 eius . . . in perpetuum: in perpetuum nomen eius N   80 iustitie *om.* N   80 et vilescit *om.* N   84 est: sit A   84 in opprobrium: opprobrium A
A 191ʳ Ad 136ᵛ B 90ʳ N 236ʳ   *Pr.* Giles CCXV *PL* CCX

---

28 Either St Hugh, 1186–1200, or William of Blois, 1203–6. For Hugh's care for members of his chapter see *Magna Vita Sancti Hugonis*, 3. 12, ed. D. L. Douie and H. Farmer (2nd edn., 2 vols., Oxford Medieval Texts, Oxford, 1985), i. 123.   29 Master Eustace, 1198–1215. See Letter 7. 4 above.   30 The archdeacon of Ely was Richard Barre, occ. 1199–1208. The eight archdeaconries of Lincoln diocese were held as follows: *Lincoln*: Peter, half-brother of Geoffrey, archbishop of York, *c.* 1175–1217/8; *Huntingdon*: Master Robert de Hardres, *c.* 1192–1206; *Northampton*: Master Wimar, occ. 1194–*c.* 1198; Master Richard of Kent, occ. *c.* 1200–1; Master Robert de Manecestre, occ. *c.* 1206–31; *Leicester*: Master Reimund, occ. *c.* 1198–1224/5; *Oxford*: Master Walter Map, occ. 1197–1208; *Buckingham*: Master Roger, occ. *c.* 1198–1206; Master William of Blois (II), 1206–18; *Bedford*: Master Richard, occ. 1199–1203; Geoffrey, 1203–*c.* 1205; Master Alexander of Elstow, occ. 1206–18; *Stow*: Master Alexander, occ. *c.* 1187–98; Master William de Firsby (Frisby?) occ. *c.* 1200–18.   31 1 Petr. 5. 1.   32 Cf. Act. 6. 2–5.   33 These martyrs were all deacons.

1. Reverendo patri et domino Garcie dei gratia Pamplonensi episcopo,[1] Petrus Blesensis Londoniensis archidiaconus salutem et si quid dulcius aut desiderabilius est salute.   5

2. Ex eorum qui vos viderunt relatione multiplici,[2] vestri corporis staturam vultumque et lineamenta cognovi; honestissimos etiam mores vestros, matura eloquia, et quosdam bene composite mentis affectus in libro publice opinionis adhuc assidue lego; et plura que nec oculus meus vidit, nec auris audivit,[3] in anima mea michi quadam imaginaria represen- 10 tatione depingo.

3. Iacturam siquidem corporalis absentie caritas mirabili artificio recompensat; et quos videre corporaliter prohibemur, delectabilius intuemur et amplectimur oculis anime et brachiis caritatis. Redimat ergo dispendia visus et absentie corporalis dilectio que fortis est ut mors.[4]   15

4. Separantur enim morte presentes amici, et per indivisos dilectionis affectus uniuntur absentes atque in precordiis anime et in visceribus Christi[5] quasi quodam dulcissimo commeatu affectio media intercurrit. Amor enim caritas que non agit perperam,[6] sed et caritas nunquam excidit.[7] Hec est communicatio sancti spiritus,[8] que diversos counit 20 animos, que vere diligenti amicum representat absentem. Nulla enim tempora, nulla loca, nulla spatia, nulle aque poterunt extinguere caritatem.[9]

5. In ea igitur caritate, quam de vestra sanctissima opinione concepi, vobis offero si quid sum, si quid scio, si quid valeo, si quid habeo, si quid possum.[10]   25

---

3 Garcie: G. AB; *om.* N   3 Pamplonensi: P. N   4 Petrus . . . archidiaconus: P.B. N   4–5 aut desiderabilius *om.* N   1–5 EXCUSATIO . . . salute *om.* Ad   8 bene *om.* AB   9 nec: numquam N   13 corporaliter: carnaliter N   13 prohibemur: prohibemus *codd.*, *corr.* Giles   14–15 dispendia visus: visus dispendia N   15 dilectio: dilectatio N   18 quasi *om.* N   19 perperam *om.* N   19 sed et: Sed si N   20 sancti spiritus: spiritus sancti N   22 poterunt: possunt N   24 si quid scio *om.* AB   24 valeo . . . habeo: habeo . . . valeo N

---

1 García Ferrández was bishop of Pamplona 1194–1205; for his life see J. Goñi Gaztambide, *Historia de los Obispos de Pamplona* (Pamplona, 1979), i. 509–26. 'Post recessum vestrum' (§ 6) could refer to García's departure either from Aquitaine or from England. He had spent the winter of 1201–2 in France, negotiating a treaty between King John of England and Sancho VII of Navarre which was signed at Angoulême on 5 February 1202 (*Rot. Lit. Pat.* 5b–6). He was in England in the spring of 1204, returning home at the end of April (*Rotuli de Liberate*, ed. T. D. Hardy (London, 1844), pp. 90, 93, 96–7).   2 Among the witnesses to the treaty on the English side were Simon of Wells, Peter's old colleague; Peter des Roches (see Letter 26 below); and Henry, bishop of Saintes (see Letter 21 below).   3 I Cor. 2. 9.   4 Cant. 8. 6.   5 Phil. 1. 8.   6 I Cor. 13. 4.   7 I Cor. 13. 8.   8 II Cor. 13. 13.   9 Cant. 8. 7.   10 Cf. Letters 26. 4 and 80. 5 below.

6. Quidam post recessum vestrum ex parte vestra rogaverunt me ut epistolas meas, quas commodaveram aliis eas scribentibus, eisdem facerem commodari. Quesivi eis exemplar correctissimum,[11] quesierunt scriptorem, et datis omnibus que necessaria illi erant, ille, duobus aut tribus
30 quaternis mendose et turpiter scriptis, remotus est ab opere illo; nec postea invenire potuimus nisi falsarios et operarios iniquitatis.[12] Dabo tamen domino dante operam cum indigenis vestris,[13] ut illas epistolas correctas habere possitis.[14]

7. Noveritis autem quod quotiens se michi offert opportuna scribendi
35 occasio, libentissime scribo quod aliis ad edificationem, michi cedere debeat ad salutem; et ut utar Ovidii verbo:

Non emendo tamen; labor hic quam scribere maior.[15]

8. Plane quia magna est apud nos scriptorum raritas et falsitas, et epistole forsitan differentur, ad solatium expectationis vestre gratis et de
40 intimo amoris affectu mitto vobis quedam de aliis opusculis meis, processu temporis, domino dante, meliora et acceptiora missurus. Bene et diu et feliciter valeat dominus et amicus meus.

---

27 quas . . . eisdem: easdem Ad; quas commodaveram aliis eidem N   28 commodari: commendari B   31 potuimus: poterimus N   34 opportuna *om.* AAdB; michi *add.* N   35 scribo: scribus AB   36 ut *om.* AB   37 hic *om.* N   38–39 et epistole . . . differentur *om.* N   40 amoris: timoris N   41–42 Bene . . . meus *om.* N

---

11 Cf. Letter 23. 3 below.   12 Luc. 13. 27.   13 Possibly Pamplona merchants, several of whom received safe-conducts for trade and travel in King John's dominions in 1201–2 (*Rot. Lit. Pat.* 5b, 6; *Rot. Ch.* 77).   14 Pamplona Cathedral possesses a 14th–15th century parchment quarto (MS 42) of Peter's letters, described by J. Goñi Gaztambide in 'Catálogo de los manuscritos teológicos de la Catedral de Pamplona', *Revista española de teología*, 17 (1957), 561. This manuscript, which contains 169 items, written in a French-style *cursiva libraria*, may have been a copy of Peter's gift of letters, for it ends with a note that they are 'bene correcte'. The volume belonged formerly to Michael de Roncisdevallis, who bought it from John Brasardi.   15 Ovid, *Ex Ponto*, 1. 5. 17.

10

Peter relates the attempts of Baldwin and earlier archbishops of Canterbury to found a collegiate church for secular clerks, and the opposition of Christ Church monastery. 1192×1205[1]

ASSIGNATIO RATIONUM QUE INDUXERUNT BALDEWINUM ARCHIEPISCOPUM CANTUARIENSEM ECCLESIAM INSTRUERE CLERICORUM, ET DE QUIBUSDAM QUE CIRCA HOC MIRACU-LOSE ACCIDERUNT

1. Reverendis patribus et amicis Niveloni Suessonensi episcopo et 5 abbatibus de Igniaco et Pontiniaco,[2] Petrus Blesensis Bathoniensis archidiaconus devotissimus eorum salutem in eo sine quo non est salus.

2. Sollicite queritis que ratio induxerit Baldewinum gloriose recordationis, Cantuariensem archiepiscopum, clericorum ecclesiam de Lamhe'[3]

A 191ᵛ Ad 137ʳ N 236ᵛ S 112ʳ   *Pr.* Giles CCXVI *PL* CCXI Stubbs, *Epistolae Cantuarienses*, pp. 554–7

2 INSTRUERE: CONSTITUERE N   3 DE *om.* A   3–4 MIRACULOSE; MIRACULOSUM A   1–4 ASSIGNATIO . . . ACCIDERUNT: Cause pro quibus ecclesia de Lameth constructa est S   5 Niveloni Suessonensi: N. Suessonensi AS; N.S. N   6 Igniaco et Pontiniaco: N. et O. N   6–7 Bathoniensis archidiaconus: Londoniensis archidiaconus A; *om.* N   7 eo: quo N   1–7 ASSIGNATIO . . . salus *om.* Ad   8 Baldewinum: B. *codd.*   9 de Lamhe': ad Lamheya N; de Lameth' S

1 The latest event recorded in this letter is the funeral of Reginald FitzJocelyn, archbishop-elect of Canterbury, on 29 December 1191, and it is likely that Peter wrote this letter as archdeacon of Bath (MS S) in the 1190s. He eventually made his peace with the Christ Church monks in *Ep.* CCXXXIII; for a full account of the dispute see *Epistolae Cantuarienses*, ed. W. Stubbs (RS 1865). This letter and the next two are the only ones which show a significant difference between the texts of A and N. See especially what is said about Baldwin in §§ 7 and 9, and about the new church in §§ 11 and 12.   2 Nivelon de Chérisy was bishop of Soissons 1176–1205. Igny (near Soissons) and Pontigny were both Cistercian houses. The abbot of Igny was either Julian, *c.* 1190–1205, or Nicholas, 1205–32. The abbots of Pontigny were Menard from 1184 until after 1192, followed by John, who lived only a few months; then Gerard (afterwards cardinal-bishop of Praeneste), 1196–1201; and John, 1202–14. See J.-B.-E. Carré, *Histoire du monastère de Notre Dame d'Igny* (Rheims, 1884), pp. 148–88; P. L. Péchenard, *Histoire de l'abbaye d'Igny* (Rheims, 1883), pp. 171–224; V.-B. Henry, *Histoire de l'abbaye de Pontigny* (Auxerre, 1839), pp. 68–93.   3 Because of the opposition to his plan for a collegiate church at Canterbury, Baldwin changed the site to Lambeth, near the archbishops' London residence.

10 construere et in contumeliam Cantuariensis ecclesie, sicut quidam gar-
riunt, quasi altare contra altare erigere aut potius Dagon contra arcam
federis exaltare.[4] Movet vos quod archiepiscopus, qui approbatissime
religionis erat et inter ceteras columnas Cisterciensis ordinis sanctitate,
dignitate, et sapientia preminebat, ecclesiam secularium, quam quidam
15 monachi prostibulum Veneris et synagogam Sathane[5] vocant, satis secula-
riter, quadam perturbatione animi construebat. Et quicquid vox funesta
succenseat, ecclesia tamen est sanctorum martyrum Stephani et Thome,
martyris primi martyrisque primatis. Vos autem vidistis aliquem magni
nominis umbram[6] qui hanc ecclesiam martyrum, adhuc in infantie cunabu-
20 lis vagientem, a fundamento subvertit. Sed infra brevissimum tempus in
festo beatissimi Stephani mortuus et in festo sancti Thome sepultus est,
acsi unus peremisset eum et alius tumulo infodisset.

   3. Pensandum est quantus fuerit in operibus suis, qui[7] in omni tempore
vite sue vas suum in sanctificatione et honore[8] custodivit, qui a prima
25 lanugine[9] pubertatis Parisius inter cathedras magistrales precipuum obtinuit eminentie principatum. Qui etiam Exoniensis archidiaconus factus
non acquievit carni et sanguini[10] sed relictis omnibus[11] se in Christi
obsequium cingulo militie Cisterciensis accinxit. Consequenter invitus et
tractus promotus est in abbatem, deinceps in episcopum, demum in
30 archiepiscopum et primatem. Toties expertus et probatus in tantis aliquid
noverat archiepiscopus idem monachus et pontifex, qui clericos in Christi

---

10 construere et in: constituere in N   11 quasi *om.* S   12 archiepiscopus: archidiaconus N   13 Cisterciensis: C. N   14 et *om.* AdN   15 Sathane vocant: vocant Sathane
S   16 perturbatione: turbatione S   16 Et: ut N; sed S   18 martyris: martyrisque
N   18 martyrisque: et martyris S   18 aliquem *om.* N   19 in *om.* N   20 a. *om.*
AAd   22 peremisset: perimisset A   23 quantus: quantum N   23–24 omni . . . sue:
omnibus diebus suis S   24 in *om.* A   25 cathedras magistrales: cathedrales N; cathedrales magistrales S   26 Exoniensis: Oxoniensis NS   26 factus: est et *add.* N   29
demum in: demum N   30 Toties: tot AAdS; totus N   31 archiepiscopus *om.* AAdN; ar̄
S   31 qui: quod AAd; *om.* NS

---

   4 I Reg. 5. 2.   5 Apoc. 2. 9.   6 Lucan, *De Bello Civili*, 1. 135. This was Peter's friend
Reginald FitzJocelyn (see Letter 77 below), bishop of Bath 1174–91. He had actively sided
with the Christ Church monks and was elected archbishop by them on 27 November 1191,
dying within a month.   7 Baldwin, archbishop of Canterbury 1184–90, studied at Paris
under Robert Pullen, afterwards bishop of Exeter (A. Morey and C. N. L. Brooke, *Gilbert
Foliot and his Letters* (Cambridge, 1965), pp. 54–5). Baldwin was archdeacon of Totnes *c.*
1161–9 (A. Morey, *Bartholomew of Exeter* (Cambridge, 1937), p. 105), but resigned to enter
the Cistercian monastery of Forde now in Dorset. He was abbot by 1175 and became bishop
of Worcester in 1180. For his career as a teacher see Morey, op. cit., pp. 105–6.   8 I Thes.
4. 4.   9 Cf. Martial, *Epigr.* 2. 61. 1.   10 Gal. 1. 16.   11 Luc. 5. 11.

obsequium congregabat. Et ut propositum apertius expediam, ordiar paulo
remotius atque seminarium dissensionis inter eum et monachos compendio
succincte orationis excurram.

4. Prefecerat eum dominus ad dandam scientiam salutis plebi eius.[12] Ipse 35
vero spiritualibus exercitiis assuetus, provinciam indisciplinatam inveniens
correctionis sarculum generaliter exercere disposuit. Incepit itaque a
sanctuario domini,[13] a capite regni, ut, sicut ecclesia Cantuariensis fuerat
quandoque primipilaria fidei in regno et est metropolis provincie, ita
ceteris ecclesiis magistra fieret discipline. Suos itaque filios cohibebat a 40
firmis ruralibus quarum occasione quidam, pauci tamen, cum corporibus
suis turpe fedus inierant,[14] et sinistra opinione scholam claustralis innocentie pregravabant. Verba igitur vite eterne habens,[15] hanc et alias vitiorum
propagines quas abusione longa nutrierat insolentie mater, dissoluta
impunitas, radicitus extirpabat; summum captivitatis genus asserens vagam 45
excurrendi licentiam, et sub iugo dominice servitutis plenam esse anime
libertatem.

5. Cumque super creditum sibi gregem pastorales continuaret excubias,
oves in lupos mutate sunt et filii obedientie conversi sunt in arcum
pravum.[16] Porro vir dei, non in sermone sed in virtute reputans regnum 50
dei,[17] non solum verbis sed factis ita se iugiter omnibus mirabilem,
amabilem, imitabilem exhibebat ut redirent prevaricatores ad cor,[18] et
quidam timore, quidam amore, sui patris arbitrio consentirent. Remansit
tamen apud aliquos circa medullas anime plaga interior, quam dissimulatio
palliabat ad tempus donec occasio rebellionis erumperet, quod et rerum 55
postea indicavit eventus.

6. Elapso tamen modico temporis interiectu, quidam eorum suscitaver-
unt aquas contradictionis;[19] aquas Siloe, que silebant, verterunt in aquas
Rasyn,[20] et dimittentes aquas facti sunt capita iurgiorum.[21] Qui ergo
suspirabant ad ollas Egypti,[22] redeuntes ad firmas firmaverunt sibi ser- 60
monem nequam:[23] ut ad sedem apostolicam appellarent, ut iugum sui

---

32 ordiar *om.* N   35 prefecerat: prefecit N   39 quandoque: quondam S   39 in
regno *om.* AAdN   40 magistra fieret: fieret magistra S   41 quarum: qua A   43 hanc
et alias: has et aliorum N   44 abusione longa: longa abusione S   44 insolentie *om.*
N   48 continuaret: continuat S   52 imitabilem: immutabilem N   55 erumperet:
erumpet A   57 modico: modici NS

---

12 Luc. 1. 77.   13 Cf. I Petr. 4. 17.   14 Cf. Is. 28. 15.   15 Ioh. 6. 69.   16 Ps. 77.
57.   17 I Cor. 4. 20.   18 Is. 46. 8.   19 Num. 20. 24.   20 Is. 8. 6.   21 Prov. 17.
14.   22 Ex. 16. 3.   23 Ps. 63. 6.

pontificis et abbatis a sua cervice deicerent ut abiurarent obedientiam, et cum eo de pari contenderent. Profecti[24] ergo ad summum pontificem[25] nichil aut modicum profecerunt, nisi quod eundem adversus Cantuariensem usque ad inexorabile odium turbaverunt.

65

7. Protestor vobis, in eo qui summa veritas est, que audivi et vidi.[26] Urbano Papa Veronam[27] egresso et proficiscente Ferrariam, equitabam cum eo et coepi devotius pro archiepiscopo et instantius supplicare. Commendabam eidem virum dei tanquam vas a deo electum,[28] vas ornatum virtutibus tamquam gemmis, vas fide solidum, humilitate, prudentia, fortitudine, caritate quadratum. Ipse vero graviter excandescens, 'Nunquam', inquit, 'placeat deo quod descendam de hoc equo et ascendam in ipsum vel alium, si eum ab archiepiscopatu infra modicum tempus confusibiliter non depono.'

70

75

8. Vix verbum exierat, et crux aurea, que ante faciem eius a subdiacono ferebatur, ante pedes nostros fracta corruit. Cumque omnes turbati horrerent, quidam frater Templi, Reginaldus eius camerarius, accepta pallii sui fibula eandem sicut potuit crucem baculo alligavit. Ipsa vero die Ficurolium[29] venimus, ubi arreptus gravi dysenteria se navigio usque Ferrariam[30] ferri fecit; nec unquam postea ascendens in equum, ibidem brevi tractu temporis expiravit.[31] Que scimus loquimur et que vidimus testamur,[32] atque ipsum, cuius testimonia credibilia ac iudicia terribilia facta sunt nimis,[33] huius assertionis testem et iudicem invocamus.

30

62 ut: et AAdN   62 abiurarent obedientiam: obedientiam abiurarent N   64 nichil aut modicum: parum aut nichil S   64 quod *om.* N   64–65 adversus Cantuariensem *om.* S   66 vobis *om.* S   68 coepi: cepi NS   68 devotius pro archiepiscopo: pro archiepiscopo devotius N; devotius S   69 eidem: ei N   69–70 vas ornatum . . . gemmis *om.* N   70 fide: fidele S   71 prudentia: providentia S   75 exierat: emiserat NS   76 corruit: cecidit S   77 Reginaldus: R. N; nomine Reginaldus S   78 eandem: eadem S   78 crucem baculo: baculo suo S   79 Ficurolium: Vitlorum Ad: futoro N   79 se: de N   79–80 Ferrariam *om.* N   80 postea: posterum S   80 ibidem: alium N   82 ac: et N   83 testem et *om.* S

24 In December 1186.   25 Urban III, 1185–7.   26 I Ioh. 1. 3.   27 Urban had been in Verona ever since his election. Peter of Blois and William of St Faith, precentor of Wells, Baldwin's advocates, arrived in June 1187. It was September when they set out for Ferrara.   28 Act. 9. 15.   29 The modern Ficarolo is a village on the Po about twelve miles north-west of Ferrara.   30 Urban reached Ferrara before 3 October, when he sent his last mandate ordering Baldwin to demolish the new church. He died there on 19 October.   31 Peter did not mention this explanation for Urban's death in his report to Baldwin (*Ep. Cant.*, p. 107). The pope was generally held to have died from grief at the disasters of the crusade, but William of Newburgh expressly states that news of the defeat at Hattin and the fall of Jerusalem did not arrive until the time of Urban's successor; *Historia Rerum Anglicarum*, ed. R. Howlett (RS 1884), i. 266–7.   32 Ioh. 3. 11.   33 Ps. 92. 5.

9. Si queritis que me illuc traxisset occasio, dico, 'Amor amborum.' Olim eram enim domini Urbani conscholaris et socius,[34] nunc autem inter 85 commensales archiepiscopi Baldewini et eius familiares atque consiliarios quodam speciali dilectionis privilegio eram primus.[35] Volens ergo uni subvenire per alterum, non sine gravi discrimine vite mee misi me in illius controversie labyrinthum.

10. Sciebam enim quod magister omnium gratiarum, verbi divini preco, 90 tuba evangelii, sal terre,[36] patrie lumen, religiosorum gloria, delicie cleri, morum speculum, schola virtutum, monachorum quietem et publicum regni commodum procurabat. Bonarum enim mentium institutor spiritus sanctus sic eum adoptaverat et aptaverat sibi ut deo totus adherens unus cum eo spiritus esset,[37] nichil agens aut loquens quod caritas non condiret. 95 Et ut in campo huius materie pede inoffenso currat[38] expeditior intellectus, ad pleniorem evidentiam propositi quedam, que opportuna michi offert occasio, summatim interserenda decrevi.

11. Adhuc viventium memoria scriptisque probatur authenticis quod, cum beatus Anselmus[39] ab Anglie rege Willelmo secundo proscriptus in 100 Galliorum partibus exularet, soli clerici eius cum eo in suis temptationibus permanserunt,[40] nec a suffraganeis aut monachis suis ullum habuit in tam longa desolatione solatium. Morte ergo predicti regis eadem die qua in

---

84 traxisset: traxissent A; traxit N   84–87 Olim . . . primus: Nam in scholis Urbani socius et discipulus fueram Baldewini [Valdewyny N]. Tunc vero eiusdem archiepiscopi commensalis NS   88 mee misi: inieci N   89 controversie: controversionis N   90 enim *om.* NS   90 magister omnium gratiarum: magister gratiarum omnium A; vir omnium gratiarum S   91 cleri: clerum AAd; dei N   92 speculum: fama N; forma S   94 eum adoptaverat et aptaverat: adaptaverat et aptaverat N; eum adoptaverat et adaptaverat S   94 adherens: inherens N   96 in campo: campo A; campum N   96 materie: cursus N; ordinis S   97 pleniorem: planiorem A   97 evidentiam: nostri *add.* S   103 ergo predicti: igitur predicta N

---

34 Stubbs conjectures that this was at Milan or Melun; it may also have been in Bologna.   35 The reading of S and N probably represents what Peter first wrote, while that of A and Ad may derive from a marginal correction. The latter version, while using more amplified language, in fact claims a more modest connection with both pope and archbishop, and may therefore be more accurate. For Peter's standing in Archbishop Richard's household see William Thorne, *Chronica de Rebus Gestis Abbatum Sancti Augustini Cantuariensis* in *Historiae Anglicanae Scriptores X*, ed. R. Twysden (London, 1652), p. 1821; he no doubt continued this service under Baldwin. See Peter's *Tractatus de Fide* (Jesus College, Oxford, MS 38) whose closeness to Baldwin's *Liber de Commendatione Fidei* (*PL* cciv. 571–640) suggests a similarity in their outlook.   36 Matt. 5. 13.   37 I Cor. 6. 17.   38 Cf. Jerome, *Ep.* 77. 7.   39 Archbishop of Canterbury 1093–1109. Peter seems to have forgotten that Anselm's biographer, the monk Eadmer, was one of his companions in exile; *The Life of St. Anselm by Eadmer*, ed. and tr. R. W. Southern (Oxford, 1972), e.g. p. 123.   40 Luc. 22. 28.

Anglia peremptus est viro dei apud Lugdunum celitus revelata, sanctus ad
05 propria rediit; et receptus in exultatione universe terre,[41] in honore beati
Stephani ecclesiam clericorum Cantuariensis iuxta muros civitatis extrux-
it.[42] Cumque ibi prebendas de parochialibus ecclesiis ad suam donationem
pertinentibus ordinaret, vocatus est in celum a domino, quo mundus non
erat dignus,[43] et sic eius desiderium non implevit effectus.

10   12. Processu vero temporis beatissimus martyr Thomas, sicut publice
scitur, toto exilii sui septennio suffraganeis et monachis suis factus est
tanquam mortuus a corde;[44] nisi quia plerique illorum, a quibus remedia
pleniora sperabat, addiderunt dolorem super dolorem[45] illius.[46] Soli vero
clerici, cum eo et pro eo proscripti, eidem in agone suo fideliter et finaliter
15 astiterunt. Propterea, restituta ei simulatoria pace, regressus in Angliam
(sicut verba et scripta suorum publice perhibent) ad instaurationem
ecclesie beati Stephani, quam sanctus Anselmus inceperat, ferventiore
studio vota sua circumtulit. Sed martyrio consummatus in brevi, affectum
effectui non mandavit.

20   13. Vidimus successorem martyris Ricardum bone memorie, licet de
gremio ecclesie Cantuariensis ad archiepiscopatum fuisset assumptus eiusdem propositi desiderio estuantem.[47] In hoc tamen diversus a suis pre-
decessoribus erat, quod Meidestanum propter varias loci commoditates
transferre situm ecclesie disponebat. Verum homo simplex et mansuetus et

104 viro . . . Lugdunum: apud Lugdunum viro dei S   105 beati: beato N   106–107
iuxta . . . exstruxit: muros iuxta destruxit N   108 est . . . domino: a domino raptusque in
celum NS   108–109 mundus . . . dignus: dignus . . . mundus S   109 effectus: affectum
N   110 Thomas om. N   111 et monachis: suis et monachis N; om. S   112 plerique:
plurisque N   113 pleniora: meliora N   113 illius: eius NS   116 publice om. S   118
circumtulit: circumcisset S   119 effectui om. N   121 ecclesie Cantuariensis: Cantuariensis ecclesie N   121 ad . . . assumptus: fuisset N; fuisset assumptus S   122–123 predecesso-
ribus: decessoribus N   123 quod Meidestanum . . . commoditates: apud Meidestanum . . .
commoditates N; propter loci commoditates varias apud Meidestanum S   124 disponebat:
disposuit S   124 Verum: verumtamen S

41 Ps. 47. 3.   42 The church of St Stephen, Hackington, built beside a tournament
ground across from a former residence of the archbishops. The monks denied that either
Anselm or Thomas desired to found a collegiate church; (Gervase of Canterbury, Opera
Historica, ed. W. Stubbs (RS 1879), i. 369; Magna Vita Sancti Hugonis, III. 12. ed. D. L.
Douie and H. Farmer (Oxford, 1985), i. 121–3).   43 Hebr. 11. 38.   44 Ps. 30. 13.   45
Cf. Ps. 68. 27.   46 See M. D. Knowles, The Episcopal Colleagues of Archbishop Thomas
Becket (Cambridge, 1951), pp. 101–27.   47 I have found no other evidence for the desire of
Archbishop Richard (1174–84) to enlarge Anselm's foundation. According to Gervase of
Canterbury (op. cit., i. 536–7), Hubert Walter in 1192 was the first to suggest moving it to
Maidstone.

valde tractabilis ad urgentissimam sui prioris[48] atque conventus instantiam   125
suspendit negotium, et sic affectus ex dilatione torpuit et cecidit in
defectum.

14. Huic succedens beate recordationis Baldewinus archiepiscopus, opus
antecessorum, quod mors invida bonorum pervertrix operum quasi telam a
texente succiderat,[49] reformare studebat; et ecce inimicus homo superse-   13C
minavit zizaniam,[50] vertens in materiam scandali quicquid ad commune
compendium caritas ordinabat.

15. Pene a memorie mee sinu evolaverat quiddam, quod sine conscientie
scrupulo silentio claudere aut dissimulare non possem. Noveritis enim
quod cum ex antiqua et continua dignitate libertatem habuerit Cantuarien-   13.
sis archiepiscopus non solum in sua sed in qualibet diocesi Anglie ecclesiam
si voluerit edificare in suo, prius tamen quasi de habundanti cautela petiit
archiepiscopus edificandi licentiam ab Urbano iii°, qui eam gratanter
indulsit et solemniter confirmavit indultam. Rex etiam Henricus ii et filius
eius rex Ricardus huic operi favorem commodavere promptissimum et   14●
scripta confirmationis autentica super hoc indulserunt. Omnes itaque
conprovinciales episcopi et ex parte maxima regni comites et barones hoc
propositum suo roboravere consilio et assensu, ad hoc etiam auxilium
efficax promiserunt. Illud preterea quasi in sole et in fame publice
palpebris actum esse cognovimus, quod cum rex Anglie atque Iohannes   14.
Prenestinus episcopus[51] sedis apostolice tunc legatus, Cantuariensis et
Rothomagensis[52] archiepiscopi et episcopi Anglie universi convenissent
Cantuarie ut de pace inter Baldewinum archiepiscopum et monachos
reformanda tractarent,[53] ultimo utrique compromiserunt in arbitratores
qui habita negotii huius diligenti inquisitione statuerunt sententialiter quod   15.

125 atque . . . instantiam: atque instantiam conventus S   126 et sic affectus: autem
affectionis N; et sic affectus eius S   126 torpuit . . . in: corruit . . . ad N   128
archiepiscopus *om.* S   129 invida: invidia N   129 pervertrix operum: preventorum
operum A; operum pervertrix N; preventrix operum S   130 succiderat: succidit S   131
zizaniam: zizania N   134 silentio . . . possem: *desinit* N; silentio claudere non possum
S   135 antiqua: *desinit* A *et sequitur spatium fere quinque linearum; desinit* Ad   138 iii°:
ii° S   139 Henricus: H. S   145 palpebris: palpebre S   148 Baldewinum: B. S

48 During Richard's primacy the priors were Odo (afterwards abbot of Battle) 1168–75;
Benedict (afterwards abbot of Peterborough) 1175–7; Herlewin 1177–9; Master Alan
(afterwards abbot of Tewkesbury) 1175–86.   49 Iob 7. 6.   50 Matt. 13. 25.   51 John
of Anagni, cardinal-bishop of Praeneste 1191–4.   52 Walter of Coutances, 1184–
1207.   53 This meeting, which took place in 1189, is described in detail by Roger Howden,
iii. 24.

ubicumque archiepiscopus vellet in suo ecclesiam edificare, libera in hoc facultate gauderet. Extat hec sententia regis et Rothomagensis archiepiscopi, sedecim etiam aut plurium episcoporum sigillis et subscriptionibus coram legato Romane ecclesie roborata.

155   16. Ut autem in prefato archiepiscopo et antecessoribus eius huius rei pura et simplex intentio apertiore intelligentia ipsius etiam experientie argumento firmetur, quantis querelis obnoxia sit archiepiscoporum conditio, et quam necessaria sit eis ecclesia clericorum, verbo expediditiore percurro. Omnes qui in Cantuariensi cathedra sublimantur summo pon-
160   tifici fidelitatem iurant in receptione pallii; in sua etiam electione nichilominus iuramentum fidelitatis exibent suo regi. Qui autem sic iuravit iam perplexus est inter Christum et Cesarem, inter evangelium et consuetudines terre, inter ignominiam et bonam famam, inter odium dei hominumque favorem. Duobus itaque dominis obligatus, aut unum diliget
165   et alterum odio habebit, aut unum reverebitur alterumque contemnet;[54] perplexus est quia fidei sue periculum utrobique versatur. Si dicas quod perplexitas evacuata sit quia sine periculo anime assumere unum potest, adherere scilicet evangelio regemque et regni consuetudines habere contemptui, vides quod nec illud sapienter exequi potest sine consilio sapi-
170   entum. 'Ego in consiliis habito', dicit Sapientia, 'et eruditis intersum cogitationibus.'[55] Seditio quidem inter regnum et sacerdotium facile potest mitti, sed post pressuras ecclesie, post ignominiam cleri, post inquisitionem sancti ordinis, post communia et irreparabilia detrimenta. Pax quidem leviter optari sed graviter obtineri poterit. Ex simili occasione vidimus
175   pluries regem et principes terre convenire in unum adversus Christum domini.[56] Suffraganei eius prebebant arma iniquitatis peccato, et archiepiscopum simulatorie blandientes vel murmurantes aperte, suo principi familiarius intimabant omnes malitie modos quibus nocere poterunt innocenti. Nonne iste consilio indigere videtur ut testiculorum Leviathan
180   nervos[57] evadat ne ipsius occasione opprimatur ecclesia, innoxii proscribantur, contemnatur gladius Petri,[58] conculcetur religio, et ipse tamquam periurus et proditor diffametur?

---

153 subscriptionibus: subscriptionis S   154 Romane: Romano S   168 adherere: adhibere S   172 sed post: sed prius S   179 Septagies septies, id est de omni peccato et omni tempore S *marg.* (cf. Matt. 18.22 and Glos. ad loc.)

---

54 Matt. 6. 24.   55 Prov. 8. 12.   56 Ps. 2. 2.   57 Iob 40. 12 and Glos. ad loc.   58 Cf. Ioh. 18. 10.

17. Multa denique summus ei pontifex districte facienda iniungit que ipse si esset presens omnino non faceret; in eis enim aut dissimulando, aut differendo, aut aliis committendo, aut mutando negotium vel alias dispen- 185 saret. Quia ipse Romanus pontifex homo est, et nunc versutiis hominum, nunc regum precibus, sepe etiam lacrimis calamitosorum incurvari et decipi potest, nullus ambigit quin archiepiscopus in hiis et consimilibus egeat ut suam conscientiam salvet ac reatum inobedientie non incurrat.

18. De cunctis preterea partibus regni questiones graves et scrupulose 190 referuntur ad eum ut ambiguitates earum circumspecta responsione deci- dat. Interrogationes etiam temptative et sophistice proponuntur, ut quod inferior iurisdictio pro sua pusillanimitate attemptare non audet, ne aliquem de aulicis aut familiaribus regie potestatis offendat, mandato sui archiepiscopi confidentius exequatur; et quod forte sicut vidimus 195 malignandi animo fecit, humilitati et obedientie ascribatur. Sic totum belli pondus in archiepiscopum vertitur, et in materiam atque fomitem odii[59] contra ipsum omnia regni scandala colliguntur. Si linguis loquerer angelo- rum[60] non possem explicare ad plenum quanta consiliorum cautela indig- eat qui positus est quasi signum ad sagittam,[61] qui si bonus est non evadet 200 multiplicem invidie stimulum, si secus egerit ponetur omnibus in sibilum et derisum. Preter hoc autem sollicitudo omnium ecclesiarum[62] regni eidem gravis et importabilis imminet ut earum rectores regat et corrigat. Omnes enim excessus eorum quos per misericordiam relinquit impunitos, distric- tus iudex et terribilis ab eo exactissima discussione requiret. Quam 205 frequens, quam subitum, quam multiplex, quam enorme discrimen anima- bus ei creditis ingruat, ille solus sub numero claudit[63] qui stellas celi et guttas maris enumerat.[64]

19. In omnibus hiis non eius suffraganei, non abbates, non monachi Cantuarienses, non alii sapientes regni presentialiter ei assistere possunt. 210 Etsi forte vocandi essent, sed morbi tempestivo remedio indigentes productioris consilii aut deliberationis indutias non admittunt. Liquet igitur quam necessaria sit congregatio clericorum qui exercitatos habeant sen- sus[65] in discussione questionum, in consiliorum cautela, in legalium

189 inobedientie: obedientie S   190 graves: grave S   196 ascribatur: ascribitur S   211 Etsi: et S   214 legalium: leprarum S (cf. Lev. 13 and Glos. ad loc. passim)

59 Gen. 37. 8.   60 I Cor. 13. 1.   61 Lam. 3. 12.   62 II Cor. 11. 28.   63 Iob 9. 7.   64 Ierem. 33. 22.   65 Hebr. 5. 14.

15 distinctione, et decisione causarum. Cantuariensis autem hac necessitate specialiter coartatur. Non enim in ecclesia sua clerici, sicut in ceteris metropolitanis sedibus, sed soli monachi conversantur. Predictis autem accedit quod ecclesie que ad donationem archiepiscopi pertinent ab invicem remote sunt. Clerici vero qui eis president, si ab archiepiscopo 20 vocarentur, forte triduo convenire non possent. Consiliosius autem visum est prudentioribus viris clericos congregare in unum, ut qui in parochiis suis quasi in solitudine pro libitu suo nimis inordinate vivebant, reddant nunc testimonium[66] vite sue; quatinus bonorum conversatio erudiat alios; et qui perperam vivebant, assuescant honestati sub magisterio discipline. 25 Eligendi et preeligendi ad hoc ab archiepiscopis erant prudentiores et honestiores de regno, de quibus certa spes esset quod in ecclesia dei fructus facerent tempestivos.[67] Sic vero episcopi et abbates ceterique prelati, ipse etiam rex ac magnates terre, immo universi et singuli quotiens in magnarum rerum dubiis fluctibus natarent, in hac scola prudentum invenirent 30 consilia expedita, et rediret in usum illud proverbium vetus, 'Qui interrogat, interroget in Abela.'[68] Denique archiepiscopi, qui prius tres aut quattuor ecclesias suis nepotibus conferrebant, erunt a modo unius prebende collatione contenti; et effuse liberalitatis affectus, quos in parentibus caro et sanguis revelabat,[69] districtior observantia cohibebit. Sic in Christi 35 obsequio clerici solito diligentiores erunt, dediscent actus et cetus illicitos, et pro ipsis in eorum ecclesiis sacerdotes note fidei et scientie ministrabunt.

20. Nec nova est causa vel forma institutionis ipsius. Expresso enim similitudinis exemplari, quia summo pontifici conprovinciales episcopi non semper assistunt in partem sollicitudinis sue, cardinales[70] admittit qui nisi 40 urgentissima occasio flagitaverit, ab eius latere non recedunt. Habent autem et ipsi parochiales ecclesias, tituli quarum eorum nominibus ascribuntur, et, ut multa paucis absolvam, ista congregatio illi fere per omnia coaptatur. Verendum tamen et summopere timendum est ne cardinalium occasione summus pontifex alibi quam in ecclesia Sancti Petri consecret

---

215 Cantuariensis: Cantuariensium S   218 pertinent: spectant *add.* S   233 liberalitatis: libertatis S   234 cohibebit: cohibebat S

---

66 Cf. Luc. 16. 2.   67 Cf. Ps. 1. 3; Matt. 7. 17.   68 II Reg. 20. 18.   69 Matt. 16. 17.   70 The monks indeed claimed that with the new church Baldwin would establish himself like a pope with his cardinals, and so be independent of Rome's jurisdiction (*Ep. Cant.* pp. 80, 380).

episcopos aut crisma conficiat, ne ibi degentium deoque servientium 245
libertates abroget aut dignitatis antique privilegia intervertat.[71] Propter
hunc enim timorem, qui numquam in virum constantem cadere debuit,
gloriose opinionis hominem, qui semper fuerat Christi bonus odor[72] in
omni loco, verterunt in fabulam populi[73] et nomen eius fetere fecerunt. In
ecclesiis, in nundinis, in foris, in comitatibus et, ut verbo ystorie utar, in 250
triviis Geth et in compitis Ascalonis[74] revelabat semen Chanaan[75] turpitu-
dinem patris sui;[76] in eo tamen nichil turpe revelatum est, quia in omnibus
contra eum mentita est iniquitas sibi.[77] Licet autem ei pro modico esset ab
homine[78] iudicari– diem enim hominis non desideravit, tu scis[79] domine-
dens malitie tamen ad tempus cessit, contempsit cathedram,[80] elongavit 255
fugiens,[81] divitias maiores thesauris Egyptorum reputans improperium
Christi.[82]

21. Eum cui omne cor patet[83] testem invoco quod in apologie huius
excursu nichil preter conscientiam scribo. Scio tamen quod aliqui michi
propter hoc offendentur, sed tollerabilius est teste Gregorio ut veniant 260
scandala[84] quam ut veritas relinquatur.[85]

---

245 delicatum dicitur quasi domino dedicatum et consecratum. Qui lavat inter innocentes
manus suas [Ps. 72.13] nec movet pedes in affectus ut suas faciat voluntates celebrat domino
sabbata delicata [Is. 58.13] S *marg.*   255 elongavit: elongaū S

---

71 The monks particularly feared that these ceremonies would be moved to the new church;
see e.g. Gervase of Canterbury, *Opera Historica* (RS 1879–80), ii. 405.   72 II Cor. 2.
15.   73 Cf. Deut. 28. 37.   74 II Reg. 1. 20.   75 Dan. 13. 56.   76 Lev. 18.7; cf. Gen
9. 22–5.   77 Ps. 26. 12.   78 I Cor. 4. 3.   79 Ierem. 17. 16.   80 Cf. Ps. 1. 1; Luc. 11.
43 and Glos. ad loc. This may also refer to Baldwin's going to the crusade.   81 Ps. 54.
8.   82 Hebr. 11. 26.   83 Collect at beginning of the mass, Sarum use.   84 Matt. 18.
7.   85 Greg. *Homil. in Ezech.* 1. 7 (*PL* lxxvi. 842 C).

11

Peter complains that Benedict of Sawston, in the newly-created office of precentor of St Paul's, is encroaching on the privileges of the archdeacon of London. 1206×8[1]

ROGAT PETRUS BLESENSIS LONDONIENSIS ARCHIDIACONUS INNOCENTIUM PAPAM UT LIBERET EUM A NEQUISSIMA ET VERSUTISSIMA VEXATIONE BENEDICTI CANTORIS

1. Reverendo patri et domino Innocentio dei gratia summo pontifici, suus Petrus Blesensis Londoniensis archidiaconus salutem, et inter afflictorum pressuras esse iudicem et ultorem.

2. Solitus olim scribere dominis meis ex abundantia cordis[2] atque

---

A 192[r] Ad 138[v] N 238[v]   *Pr.* Giles CCXVII *PL* CCXII
3 BENEDICTI: B. *codd.*   4 Innocentio: I. *codd.*   5 Petrus . . . archidiaconus: P.B. N

---

1 This is the only letter in the present collection to which an answer has been found. It was sent by Innocent III on 31 May 1208 to the bishops of Ely and Worcester and refers specifically to Peter's request, giving judgement in his favour (Cheney, *Calendar*, no. 797A, p. 258). A second letter on the same subject (ibid. 840) was preserved in *Extra* 1. 4. 6. The two papal letters referred to below, authorizing the establishment of the precentorship, are Cheney, *Calendar*, no. 540 (not later than January 1204) and 733 (1206); neither of these has survived.

For the general reorganization and standardization of cathedral chapters in England and Normandy in the twelfth century, including the establishment of the office of precentor, see K. Edwards, *The English Secular Cathedrals in the Middle Ages* (Manchester, 1967), especially pp. 159–65; and for the order of precedence in choir, *Statutes of Lincoln Cathedral*, ed. H. Bradshaw and C. Wordsworth (3 vols., Cambridge, 1892–7), i. 136–8. In monastic cathedrals, including Canterbury, the precentor came behind the prior and cellarer (Edwards, p. 161). His position in St Paul's was uniquely low, being preceded by the dean, the four archdeacons, and the treasurer. See M. Gibbs, *Early Charters of the Cathedral Church of St. Paul* (Camden Society, 3rd ser., 58; London, 1939, pp. xxviii-xxxiv; and D. Greenway, *Fasti*, i. 22–3. Peter's victory for the archdeacon of London was lasting; see also W. S. Simpson, *Registrum Statutorum et Consuetudinum Ecclesiae Cathedralis Sancti Pauli Londinensis* (London, 1873), pp. 13, 24, 183, 283.

In A the word *cantor* and its derivatives are almost always capitalized, reinforcing the irony of Peter's tone. *Ep.* CXLIX shows some similarity in language and circumstances.

2 Luc. 6. 45.

spirituales aquas et haustas de fontibus salvatoris[3] derivare in plateas, nunc
de doloris atramentario lituras potius quam literas, non sine fletu et gemitu
singultuoso, exarare compellor. Indignatio enim domini totum ebibit   10
spiritum meum,[4] et inter molestias senectutis veteranus et emeritus invitor
ad bellum. Utinam aperirentur cataracte[5] miseri capitis mei, utinam
cerebrum meum ossiumque medulle liquescerent in aquas amaritudinis
fluerentque in fletum.

    3. Quidam nuntius domini Londoniensis episcopi,[6] vestram circum-   15
veniens sanctitatem, ex parte domini sui vobis falso suggessit predictum
episcopum habere in votis novam cantoriam in ecclesia Londoniensi
statuere, vestramque indulgentiam super hoc postulavit. In primo verbo
mentita est iniquitas sibi.[7] Gilbertus[8] enim bone memorie, tertius ante
istum,[9] Gualterum filium Gualteri[10] preclarissimi viri ecclesie predicte   20
canonicum instituit et cantorem; iste autem factus est cantor de nichilo.
Rex enim donavit episcopo nostro pauperem ecclesiolam[11] parochialem
sub ea forma, ut duo capellani inde viverent, quorum unus serviret illi

---

8–10 nunc . . . compellor: nunc de doloris atramento scribere atque fletu et gemitu
crebroque singultu verba interrumpere potius quam conferre compellor N   10 enim *om.*
A   12 cataracte: caractere N   13–14 liquescerent . . . fluerentque: liquescendo effluer-
entque N   15 Londoniensis: L. N   17 Londoniensi: L. N   18 indulgentiam super hoc:
super hoc indulgentiam N   19 Gilbertus: G. N   20 Gualterum . . . viri: G. filium viri G.
preclarissimi N   21 cantorem: autorem A   22 enim: autem N   22 episcopo nostro:
huic episcopo N   23 viverent: invenirentur N

---

    3 Is. 12. 3 and Glos. ad loc.   4 Iob 6. 4.   5 Cf. Is. 24. 18.   6 William of
Sainte-Mère-Église, 1199–1221.   7 Ps. 26. 12.   8 Gilbert Foliot, bishop of London
1163–87.   9 Counting inclusively: Richard FitzNeal (1188–98) came between Gilbert and
William.   10 Prebendary of Finsbury. He is first recorded as a clerk at St Paul's in
1183 × 4, and as cantor in 1189. He probably died in September 1203 (Greenway, *Fasti.* i.
23). The father of Walter son of Walter appears to have been Walter son of Robert, who
owned extensive properties in Essex from which he made gifts to the Hospitalers in Jerusalem
and to St Mary's Dunmow, among others (A. Morey and C. N. L. Brooke, *Gilbert Foliot and
his Letters* (Cambridge, 1965), 281; BL, MS Harley 662 (the Chartulary of Dunmow Priory),
ff. 11ᵛ–12). Giraldus Cambrensis called him 'baronem nobilem', and he was a relative of the
Clare family (*De Rebus a se Gestis* ii. 9 in G. Cambrensis, *Opera*, ed. J. S. Brewer (RS 1861),
i, 58; Chartulary, f. 68ᵛ). He is recorded as serving and attending on Henry II between 1155
and 1182 (L. Delisle and E. Berger, *Recueil des actes de Henri II* (Paris, 1909–27),
Introduction, p. 467; vols. i and ii *passim*). In 1175 Henry appointed him as one of the three
justices for East Anglia and the East Midlands, and he continued to serve as a justice in
England until at least 1181 (R. Howden, *Chronica*, ed. W. Stubbs (RS 1868–9), ii, 87).   11
On 26 March 1204 (Gibbs, *Early Charters*, no. 49). The church was St Leonard's, Shoreditch,
which ironically in 1254 was transferred to the archdeacon of London (see *Survey of London*,
viii (1922), 91–2; Gibbs, op. cit., p. xxx n.).

ecclesiole, alter in ecclesia Londoniensi singulis diebus pro anima domini
25 regis atque antecessorum et successorum illius celebraret missam cotidie
pro defunctis. Nec est redditus ibi de quo possint duo sacerdotes etiam
tenuissime sustentari. Unde ergo surget fundamentum et materia cantorie?

4. Non est ei data cantandi sed flendi occasio, nisi de antiquis redditibus
nostris ipsi redditus et honoris dignitas in nostram contumeliam assignetur.
30 Indulsistis episcopo ut ibi cantorem institueret eique largiretur omnes
dignitates et iura que alii cantores habent in stallis, in processionibus, in
sessionibus et aliis in ecclesiis Anglicanis.

5. Istarum pretextu literarum petit iste cantor stallum et alia iura
Londoniensis archidiaconi, qui maior est in ecclesia post decanum, et a
35 singulis personis ecclesie de suis dignitatibus aliquid auferri sibique conferri, quod expresse contrarium est illi clausule literarum vestrarum ubi
indulgetis episcopo ut hec fiant sine alicuius lesione vel damno. Sub
generali petitione sua et simplici petit ille,[12] qui omnium novissimus est et
quasi abortivus,[13] ut habeat primam vocem in electione decani et secun-
40 dam in electione episcopi, et alia multa que a primis fundamentis ecclesie
noscuntur archidiaconi civitatis illius quiete et honorabiliter hactenus
habuisse.

6. Ergo meas spectate cruces, et pio compassionis affectu michi viro iam
veterano et emerito benigne vestra misericordia condescendat. Absurdissi-
45 mum enim esset, non dico si tanti, sed si tam noti nominis virum iuvenis
ambitione et superbia sola ductus antiqua et debita dignitate ita crudeliter
spoliaret. Cum enim totius civitatis clerus et populus in omnibus post
episcopum soli archidiacono civitatis teneatur exhibere reverentiam et
honorem, quis videre siccis oculis poterit ignominiosam deiectionem

---

24 Londoniensi: L. N   26 Nec . . . etiam: Non est redditus ibi de quo duo sacerdotes
possunt N   28 ei *om.* N   30–31 ut . . . dignitates *om.* N   31–32 in sessionibus *om.*
N   34 Londoniensis: L. N   43 meas: suas N   43 michi *om.* N   44 vestra . . .
condescendat: vestra . . . conscendat AAd; condescendatis N   45 non . . . noti: quod tanti
N   46 ambitione: ambitiose N   47 in . . . post: post eum N   48–49 civitatis . . .
honorem: teneantur dilectionem exhibere N   49 ignominiosam: ignominiam N

---

12 Benedict of Sawston had probably been in the service of Prince John (see 'Benedict of
Peterborough', *Gesta Regis Ricardi*, ed. W. Stubbs (RS 1867), ii. 224 n.) and of the bishop of
London (Gibbs, *Early Charters*, nos. 103–4, 186). For his reputation in canon law see A. L.
Gregory, 'The Cambridge MS of the Questiones of Stephen Langton', *The New Scholas-
ticism*, 4 (1930), 189; Kuttner–Rathbone, p. 289. He was already a canon of St Paul's in 1201
(Cheney, *Calendar*, no. 348) and became precentor in 1204 (*Early Charters*, no. 58). He was
elected Bishop of Rochester in 1215.   13 I Cor. 15. 8.

archidiaconi, et omnem archidiaconatus honorem coram clero et populo 50
suo a iuvene, qui nondum plene creatus est et iam garrit, nondum mustum
est et iam acescit, tam crudeliter usurpari? Doleo et erubesco dicere verba
magnatum super hoc et querelam simplicium. Cum enim me peccatorem
profitear, deoque et proximo minus acceptabilem, communis eorum
querela et planctus est: sine iudicio, sine peccato, dilectus deo et homini- 55
bus, sicut simplices dicunt, tractatur ita enormiter, nec est qui moveatur
super contritione Ioseph.[14]

7. Proinde prospiciatis ad innocentiam afflictorum, innocentissime
Innocenti. Convertite iustitiam eorum in iudicium.[15] Facite diligenter
inquiri si litere prime quas indulsistis, si et secunde quas episcopo Eliensi[16] 60
misistis, vera vel falsa suggestione fuerint impetrate. Placeat vobis ut
locum habeat illa vestre indulgentie clausula, ut dignitates quas petit
habeat sine alterius lesione. Sane cum ecclesiam metropolitanam debeant
subiecte dioceses sequi, auferetur ab ecclesia nostra universe turbationis
occasio si secundum iura et dignitates cantoris Cantuariensis ecclesie 65
sustineret sue ambitionis insaniam limitari. Varie quidem sunt consuetudines in ecclesiis Anglicanis: quedam habent decanum, quedam non,
quedam thesaurarium, quedam non. In quibusdam cantor est minor, in
quibusdam thesaurarius maior; absit autem ut sponsa Christi amicta
varietatibus,[17] clericali, monacali, albi et nigri, linei et lanei,[18] pro unius 70
ambitione sustineat pallium Ioseph[19] aut Christi tunicam[20] ita scindi.

8. Dominus Londoniensis, previdens turbationem hanc ex literis sibi
misse indulgentie secuturam, suppressit eas triennio, nec unquam voluit eis
uti. Porro sepedictus Benedictus, literas indultrices clandestina surreptione
adeptus, fecit eas denuo renovari et mitti domino Eliensi. Quadam 75
inextricabili perplexitate artamur. Aut enim huic malo consentire aut

---

51 mustum *om.* N   52 acescit: accessit *codd.*   52 usurpari: usurpare N   52–55
Doleo . . . est: Intolerabile est apud bonos et graves quod N   55 dilectus: dilecto N   56
sicut . . . tractatur: excitatur N   58 afflictorum: eius N   59 eorum *om.* Ad; eius N   60
si et: et si N   60 episcopo Eliensi: C. episcopo N   62 vestre . . . clausula: vestre clausura
N   64 nostra: vestra N   65 si: ut N   65 Cantuariensis: cantor N   68–69 quibusdam
. . . quibusdam: quibus . . . quibus N   70 et lanei: aut lanei N   72 Londoniensis: L.
N   73 unquam . . . eis: eis unquam voluit N   74 Benedictus: B. N   74 indultrices:
indulgentes Ad   75 renovari: revocari N   75 Eliensi: G. N   76 perplexitate artamur:
prolixitate armamur N   76 Aut: Ut N

---

14 Amos 6. 6 and Glos. ad loc.   15 Ps. 93. 15.   16 Eustace, 1198–1215. See Letters 7.
4 and 8. 7.   17 Ps. 44. 10, 15 and Glos. ad loc.   18 Cf. Glos. ad Prov. 31. 13, Lev. 13.
47.   19 Gen. 37. 3 and Glos. ad loc.   20 Ioh. 19. 23–4 and Glos. ad loc.

contradicere nos oportet: consentientes, omni iure quod habemus in ecclesia spoliamur; contradicentes, auctoritate illarum literarum censura ecclesiastica percellemur. Sed volente deo, inde non procedent iniurie unde iura sumunter.[21]

9. Exploravit hostis occultus infirmitatem et defectum corporis mei, nec a persecutione cessabit donec vitam extorqueat michi, et eveniet quod Achab idolatre dictum est de vita et morte Naboth: 'Occidisti, insuper et possedisti.'[22] Unde archidiaconus Londoniensis ante creationem et in creatione istius cantoris, aut potius incantatoris, cum omnibus personis ecclesie contra eum solemniter appellavit. Audivit enim et adhuc memoriter tenet illud Sapientie verbum: 'Fili, si spiritus potestatem habens super te venerit, locum tuum non deseras.'[23] In hoc fine verborum idem commendat in dei et vestris manibus sortes[24] suas.

12

Peter attempts to reconcile Adam abbot of Colchester with Master John (?) of Colchester. 1200×11

EXHORTATIO ARCHIDIACONI AD ABBATEM NE FIDELI ET UTILI ATQUE HONESTO NIMIS AUSTERUS EXISTAT

1. Reverendo patri et domino Ade Colecestrensi abbati,[1] Petrus Blesensis Londoniensis archidiaconus salutem, et cum mansuetudinis observantia iracundie oblivisci.

---

77 iure . . . habemus: quod habemus iure N   77–78 in ecclesia *om.* N   82 eveniet: eveniat N   85 istius . . . incantatoris: illius cantoris Ad; illius causatoris N   88 hoc . . . idem: hac forma verborum N

A 192ᵛ Ad 139ᵛ Ar 137ᵛ B 90ᵛ N 240ʳ   *Pr.* Giles CCXL *PL* CCXXXV

1–2 EXHORTATIO . . . EXISTAT *om.* AdAr   3 Ade: A. *codd.*   3 Colecestrensi: Glocestr' Ar; C. N   4 Londoniensis archidiaconus *om.* N   3–5 Reverendo . . . oblivisci *om.* Ad

---

21 *inde . . . sumuntur:* echoed by Innocent III in his first reply, as are several other phrases of this letter (Cheney, *Calendar,* no. 797A, p. 258); cf. *Extra,* 5. 1. 17.   22 III Reg. 21. 19.   23 Eccles. 10. 4.   24 Cf. Ps. 30. 16.

1 Adam de Campes was abbot of St John's, Colchester (Benedictine) 1195–1238. The reading 'Glocestr'' in Ar is not a possible alternative, since no abbot during this period had the initial A.

2. Miror miranturque mecum plurimi quod, cum magister I. de Colecestria,[2] vir honeste opinionis et commendabilis literature, a primitiis adolescentie sue vobis et domui vestre fideliter et utiliter atque honeste servierit, nunc eum quasi abdicando et avellendo a sinu gratie vestre molestare intenditis; vosque illi durum et inexorabilem atque ingratum, 10 sicut publice dicitur, exhibetis. Sane inter omnia mala, que a primis parentibus vel potius peremptoribus nostris quasi successorio iure contraximus, nichil apud deum et homines gravius ingratitudine reprobatur. Ingratitudo enim alumna turpitudinis et noverca est honestatis. Ipsa testimonio sacri eloquii est ventus urens, siccans fontem[3] pietatis, rivulos 15 dilectionis obturans, et exsiccans fluenta gratie et beneficium societatis humane. Si deliquit aut in aliquo vos offendit, humanum est delinquere; inhumanum vero est se veniam postulanti pertinaciter obdurare.[4] Paratus est bonorum virorum consilio vobis satisfacere, et uberiore obsequiorum fenore culpam negligentie aut ignorantie sue humiliter compensare.   20

3. Non ergo sit ira vestra vehementior ad vindictam quam ipsius neglectus ad culpam. Culpe siquidem sunt in quibus culpa est totam persequi culpam, vestramque religionem precipue decet restringere et cohibere freno modestie concepte impetum ultionis. Si cecidit, domino dante adiiciet ut resurgat.[5] Forte alicuius detractoris iniqua suggestio vos 25 turbavit, vestrique amoris dulcedinem amaricavit in odium; sed absit ut alicuius rancoris amaritudo dominetur in corde prelati. Fiat potius quod apostolus ad Ephesios scribens dicit: 'Omnis amaritudo et indignatio tollatur a vobis ut sitis misericordes invicem, commissa donantes.'[6] Pater,

---

6 plurimi: quamplurimi ArN   6–7 I. de Colecestria: Alexander de Glocestria Ar; A. de C. N   11 que *om.* AB   14 Ingratitudo enim: Reprobatur enim ingratitudo N   14 est *om.* N   18 est se: est ABN; se Ar   19 vobis *om.* ArN   20 sue *om.* N   24–25 domino dante: dominus Ar; dominus date N   27 in corde prelati: in prelatum ArN   28 ad . . . scribens: scribens ad Ephesios ArN

---

2 Possibly the Master John of Colchester said by Giraldus Cambrensis to have incurred perdition in the service of Hubert Walter (*De Invectionibus*, 1. 4, ed. W. S. Davies, *Y Cymmrodor*, 30 (1920), 95). He was witness to the judgement of a commission appointed by Hubert Walter between 1201 and 1203, and may have been employed by him abroad (Cheney, *Hubert Walter* (London, 1967), pp. 72, 166). If Letter 63 below was addressed to the same Master I., it may have been connected with the trouble described here.   3 Os. 13. 15.   4 Cf. Aug. *Serm.* 164. 10. 14; also e.g. Fronto, *Ep. ad Verum Imperatorem* 2. 2. 2 ed. Naber = (Haines vol. ii, p.118) = 1. 1. 3, ed. M. P. J. van der Hout (Leipzig, 1988).   5 Is. 24. 20.   6 Eph. 4. 31–2.

30 si non audis apostolum, attende quid de principe gentili poeta commemorat:

Tu piger ad penas, princeps ad premia velox
    Quique doles quoties cogeris esse ferox.[7]

4. Dominica oratio,[8] immo totus fere evangelii textus nos ad debitum
35 misericordie obligat. Non remittetur tibi, pater, si non remiseris.[9] Si non
feceris misericordiam, sine misericodia punieris. Utere ergo Christi et
apostolorum consilio, nec verbum Prosperi contemptibile putes:

Det peccatori veniam peccator, ut equa
    Conciliet dominum conditione sibi.[10]

40 5. Fame, queso, atque honori et utilitati domus tue consule maturius,
amantissime pater. Magister I., notus et dilectus a multis, vir multarum
literarum et odorifere opinionis, tua negotia promovere aut impedire per
se vel per alios multipliciter potest. Hec tibi, carissime pater, dilectione
sincera succincte prelibare decrevi, ut tuo nutrito et fideli liberaliter parcas,

45   Et sibi si non vis parcere, parce tibi.[11]

---

33 Quique . . . ferox *om*. Ad   34 totus fere: vero totius Ad; totius fere Ar; fere totus
N   34 nos *om*. AB   35 remittetur: remittitur N   36 ergo: igitur N   37 verbum
Prosperi: Prosperi verbum Ar   41 amantissime: innocentissime ArN   41 I.: Alexander
Ar; A. N   43 tibi: michi AAdB   44 nutrito: nutritio AAdArB   45 sibi si: si sibi AB;
si N

---

7 Ovid, *Ex Ponto*, 1. 2. 121–2.   8 Matt. 6. 12.   9 Matt. 6. 14–15.   10 Prosper of
Aquitaine, *Ex Sententiis S. Augustini Epigrammatum Liber*, 38.   11 Cf. Ovid, *Heroides*, 4.
162 (sibi . . . tibi: *rectius* michi . . . meis).

13

Peter celebrates poverty and charity; the generosity of the Dean of Chartres, and the Virgin as Patroness of Chartres. Probably 1208×11[1]

DEVOTA GRATIARUM ACTIO EXHIBITA DECANO ET CAPITULO CARNOTENSI SUPER BENEFICIIS ARCHIDIACONO EXHIBITIS EIDEM EXULANTI

1. Viris honorabilibus domino G. decano[2] et capitulo Carnotensi, suus Petrus Blesensis Londoniensis archidiaconus salutem in eo sine quo non est 5 salus.

2. Habebam in votis precipuum ad ecclesiam nostram ante diem dominice ascensionis ascendere, sed me a desiderabili proposito revocarunt quidam nuntiantes tempestivum domini Cantuariensis adventum.

A 193ʳ (*imperf.*); Ad 139ᵛ Ar 137ᵛ N 240ᵛ   *Pr.* Giles CCXXXIV *PL* CCXXIX
1 ACTIO *om.* A   2–3 BENEFICIIS . . . EIDEM: beneficiis oblatis et exhibitis eidem archidiacono N   1–3 DEVOTA . . . EXULANTI *om.* AdAr   4 honorabilibus: venerabilibus ArN   4 capitulo Carnotensi: capellano C. N   4–5 Viris . . . Blesensis *om.* Ad   5–6 Londoniensis . . . salus *om.* Ad; salutem N   7 nostram: vestram AdArN   8 me . . . proposito: a desiderabili proposito me Ar

---

1 Peter's intended visit to Chartres before Ascension Day was prevented by the arrival of the archbishop of Canterbury, probably Stephen Langton who was in France at Ascension time from 1208 until the end of Peter's life, though his itinerary is not known. Hubert Walter was in France in the spring of 1202 and 1204, but returned before Ascension Day (Cheney, *Hubert Walter*, p. 111).

J. Armitage Robinson (*Somerset Historical Essays*, p. 112) wanted to make this letter contemporary with much earlier expressions of Peter's devotion to Chartres (*Epp.* XLIX, CXXX, CCXVIII). But as E. S. Cohn points out ('The Manuscript Evidence for the Letters of Peter of Blois', *EHR* 41 (1926), 60), there is no reason why Peter's title in the address should not be correct, and the references to exile, persecution, and seizure of goods suggest that the letter was written during the interdict. His goods were in fact restored to him on 4 April 1208 (*Rot. Lit. Cl.* i. 108b). Letters 20 and 24 below show that Peter was in England early in 1209; he may have left for a time after the interdict was pronounced, or after John's excommunication in October 1209. His visit to Chartres may be that described in Letter 6 above, when he had been staying at Sens, and he still held a prebend at Chartres. For more evidence of his difficulties in France, see Letter 76 below.   2 Probably William, 1206–12, who had been subdean at Chartres since at least 1195 (*Cartulaire de Notre-Dame de Chartres*, ed. E. de Lépinois and L. Merlet (Société Archéologique d'Eure-et-Loir, 3 vols., Chartres, 1862–5), i. 252). The necrology records in his obit a glowing tribute to his generosity, beginning 'hospitalitatis amator . . .' (Ibid. iii. 135–6). Otherwise, Geoffrey de Beroto (Berou), *c.* 1165–1201.

10 Scribo itaque vobis, ut officio scripture et devotione scribentis inter nos
quoquo modo iactura corporalis absentie redimatur. Amor equidem dei
qui deo adherere nos facit est quoddam ineffabile vinculum unionis. Teste
namque apostolo: 'Qui adheret deo, unus spiritus est cum illo,'[3] servans
cum deo et proximo 'unitatem spiritus in vinculo pacis'.[4]

15 3. Ab apostolo arguuntur homines seipsos amantes;[5] si enim caritas est,
esse solitaria dedignatur. Proinde se ultra se porrigit, nec volens aliquid
singulariter possidere, bonum proprium in commune deducit;[6] quodque
mirabilius est, quodam ineffabili artificio caritatis sepe quod homo non
habet in se, in alio diligit, nec solum que bona censentur, sed necessitates
20 et angustias alienas compassionis beneficio suas facit.[7] Nimirum sicut
gaudenti congaudet, ita flet cum flente,[8] et alterius scandala vel onera
communi humero portans,[9] quamvis singularitatem non diligat, tamen ut
proximi afflictio relevetur se singulariter preoptat affligi.

4. Duo in caritate notat apostolus Petrus, quod sit mutua et continua.
25 'Ante omnia', inquit, 'mutuam in vobismetipsis continuam caritatem
habentes'.[10] Mutua est que a me in te et a te transit in me; hec non verbo et
lingua diligit, sed opere et veritate.[11] Continua vero est que nullis
suspicionibus interrumpitur, nullis simulationibus adumbratur. In libro
etiam experientie legimus quod lex amoris mutui in membris nostris scripta
30 est. Si una manus leditur, altera manus eidem compatiens patienti blande
obsequitur.[12] Pedi aut tibie dolenti non dedignatur caput aut oculus
humiliter inclinari; venarum nervorumque compages sic amoris communione astringit quedam nature benignitas, ut tota illa operatio interior
etiam in nobis imitationis exemplo ad fructum socialis amicitie coalescat.

---

10 inter nos: interna ArN   12 deo adherere: adherere ei Ar; adherere N   13 cum illo:
in illo N   16 se ultra: ultra N   16 aliquid: aliquem A   15–17 est . . . commune *om.*
Ad   18 ineffabili; mirabili A   18 sepe quod: quod sepe N   19 in alio diligit: diligit in
alio N   19 nec . . . bona: non . . . bona A; non solum bona que Ad; non bona solum que
N   19 sed: et *add.* N   21 gaudenti: cum gaudente Ad   23 relevetur: reveletur
AAd   25 vobismetipsis: vobis AAdN   25 continuam caritatem: caritatem continuam
N   26 et a: vel a AAdN   26 hec: vero *add.* Ar   28 nullis simulationibus: nec
simulationibus Ar   28 adumbratur: obumbratur N   28–29 In . . . etiam: ac que dicatur
in libro Ad   29 nostris: meis ArN   30 una *om.* N   32 nervorumque: et nervorum
ArN   32–33 sic . . . communione astringit: si . . . unione constringit ArN   24–34 Duo
. . . coalescat: Nota A *marg.*

---

3 I Cor. 6. 17.   4 Eph. 4. 3.   5 II Tim. 3. 2.   6 Cf. Act. 2. 44–5.   7 *nec . . . facit*:
cf. Peter, *De Caritate Dei et Proximi*, 33; *sed . . . facit*: cf. I Cor. 12. 25–6.   8 Rom. 12.
15.   9 Gal. 6. 2.   10 I Petr. 4. 8.   11 I Ioh. 3. 18.   12 Cf. Peter, *De Caritate Dei et
Proximi*, 37.

5. Pater misericordiarum et deus totius consolationis[13] pater est misero- 35
rum. Proinde, etsi videar consolatoriis indigere, renuit tamen consolari
anima mea.[14] Nam ut verbo Iob utar, 'Etsi me occiderit deus, sperabo in
eo.'[15] Rapinam bonorum meorum equanimiter fero,[16] nec plango supellectilis terrene iacturam. Quid enim michi est preter te, deus, et a te quid
volui super terram?[17] Teste apostolo, divitie huius seculi sunt impedi- 40
menta[18] que faciunt miseros; nec solum impedimenta sunt, sed quasi aurei
compedes et catene, nisi quod aurum ferro est ponderosius, et gravius ad
ferendum. Dominus dedit, dominus abstulit.[19] Si ad data respicio, minor
sum cunctis miserationibus eius;[20] si ablata considero, excussus sum sicut
locusta,[21] et abiecta sarcina gravi ad currendum in via domini expeditior 45
sum effectus.[22]

6. Ille se miserum fateatur cui conscientie vermes interius scatent, qui
cum morte ineunt fedus et pactum feriunt cum inferno.[23] Ibi vere est
miseria, ubi nulla est consolatio, ubi dives guttam aque de digito leprosi
postulat et accipere non meretur.[24] Ve his qui nec exemplo aliene nec 50
proprie damnationis expectatione terrentur,[25] et utinam moneantur terribiliter gehennalis horrore supplicii, atque in iis compleatur quod scriptum
est, quia territi purgabuntur.[26] Sane de loco voluptatis parentes aut potius
peremptores nostros eiecit dominus[27] in vallem plorationis,[28] ubi nemo
postea natus est nisi in eiulatu et planctu, excepto solo Zoroaste qui in sua 55
nativitate risisse legitur, prodigioso et detestabili auspicio. Ipse enim
primus artem magicam invenisse et docuisse narratur.[29]

7. Verum non ideo paradisum nobis abstulit dominus, ut temporalem
paradisum nobis in seculo faceremus. Res magni discriminis est quod

38 eo: eum ArN   39 terrene: terre Ar   40–41 huius . . . impedimenta: sunt impedimenta huius seculi AAdN; salutis add. Ar   42 ferro . . . ponderosius: vero ponderosius est
AAd; est ferro ponderosius N   42 gravius: est add. AAdN   47 interius: interiores
Ad   48 feriunt: fecerunt AdN; faciunt Ar   48 est om N   49 ubi dives: ibi dives
Ar   49 aque om. Ar   50 postulat: postulabat N   53 potius: A ends here, at the end of
a line. The next line begins 'familiaritas illa' from the later part of Letter 15 below.   59
nobis om. Ar

13 II Cor. 1. 3.   14 Ps. 76. 3 and Glos. ad loc.   15 Iob. 13. 15.   16 Cf. Hebr. 10.
34.   17 Ps. 72. 25.   18 Cf. I Tim. 6. 9.   19 Iob 1. 21.   20 Gen. 32. 10.   21 Ps.
108. 23 and Glos. ad loc.   22 Cf. Hebr. 12. 1.   23 Cf. Is. 28. 15.   24 Luc. 16.
23–6.   25 Cf. Luc. 16. 27–31.   26 Iob 41. 16.   27 Gen. 3. 23.   28 Ps. 83. 7, cit. e.g.
Aug. *Sermo* 347. 2.   29 Aug. *De Civ. Dei*, 21. 14.

60 spiritus hominis vadens et non rediens[30] ita vento glorie sonorabilis et
ambitione ducatur ut intima sua miser abiiciat,[31] ut ad diripiendas huius
mundi sarcinulas currens et estuans obliviscatur sui et iudiciorum dei, nec
in Christo qui vita[32] est sed in morte obdormiat.[33] Ve misero cuius fides
mortua, cuius opus mors, cuius hereditas vermis,[34] cuius habitatio est
65 gehenna.

8. O quam horrendum est incidere in manus dei viventis,[35] ante cuius
tribunal omnes nos adstare oportet, ut unusquisque recipiat prout gesserit
in corpore, sive bonum sive malum![36] Ibi omnia erunt nuda et aperta,[37] ibi
nulla tergiversatio proderit, nulla ibi locum habebit exceptio. Sed sicut
70 distinguit dominus inter Lazarum et divitem epulonem: qui malum hic
sustinet cum Lazaro recipiet bonum, qui autem hic deducit in bonis dies
suos,[38] in momento descendet ad illud interminabile malum[39] ubi de
voluptuoso dicitur, 'Quantum exaltavit se in deliciis, tantum date illi
tormenta et luctum.'[40] Sternetur tinea subter eum, et operimentum eius
75 erit vermis.[41]

9. Porro bona est negotiatio, per quam transitoria subtrahuntur et
conferuntur eterna, ut qui emancipatus est a servitute peccati mittatur in
plenariam possessionem hereditatis eterne.[42] Vere vero miseri sunt qui
titulum sacre paupertatis abhorrent, et, ut damnabiles sibi accumulent
80 divitias, quasi sub iactu alee animas suas ponunt. O quam magna multitudo
dulcedinis tue,[43] deus, dum circa servos tuos adversa et prospera salubri
moderatione dispensas, nunc tanquam sapiens medicus utens cauterio,
nunc fomentis! Testimonio Salomonis medicinam dabit deus hominibus, et
stulti despiciunt eam.[44] Flagellum domini medicina est: hec hominis
85 insolentiam reprimit, vitium curat, per hanc innotescit hominis virtus et in

60–61 sonorabilis et ambitione: favorabilis et ambitiose AdN   61 miser: nusquam
N   63 misero *om.* N   67 adstare: stare N   67–68 prout . . . sive bonum: in corpore
suo bonum N   68 omnia *om.* AdN   70 distinguit dominus: dominus distinguit Ad   71
Lazaro: Lazarus Ar   72 ubi: ibi AdN; quod Ar   73 dicitur: dicetur N   73 illi: ei
AdAr   77 qui . . . est: emancipatus Ad   78 vero *om.* AdN   79 damnabiles sibi: sibi
damnabiles N   80 magna *om.* Ar   83 medicinam: medicamina Ad   83 hominibus:
homini N   84 Flagellum . . . hec: dei medicina Ad; hec *om.* N

30 Ps. 77. 39.   31 Ecclus. 10. 10.   32 Col. 3. 4.   33 I Cor. 15. 18.   34 Ecclus. 10.
13.   35 Hebr. 10. 31.   36 II Cor. 5. 10.   37 Hebr. 4. 13.   38 Luc. 16. 25.   39 Cf.
Luc. 16. 22.   40 Apoc. 18. 7.   41 Is. 14. 11.   42 Cf. Rom. 8. 15, 17.   43 Ps. 30.
20.   44 Cf. Ecclus. 38. 7, 9.

fructum glorie convalescit. Utiliter ergo adversitate corripitur qui prosperitate corrumpitur. Verbum prophete est: 'Increpationes domini sustinebo,
quia peccavi.'[45]

10. Hoc seculum quasi mare est spatiosum, ubi tanquam diluvio
inundante surgunt elationes maris, seviunt turbines procellosi, circum- 90
fluunt torrentes iracundie, ebulliunt abyssi cupiditatis et avaritie, colli-
duntur invicem tumores superbie, luxurie impetus, et voracitas gule.
Laborantibus in huius naufragio tempestatis patientia paupertatis portus
est et porta vite; nimirum quia si voluerimus strenue luctari seu natare, vel
viatores expediti fieri, vestimenta proiiciamus etiam si non sint onerosa. 95
Sanctum Ioseph adultera tenebat chlamydis apprehensa lacinia, sed relicto
pallio de manibus adultere liberatus evasit.[46] Diu vos tenuit adulterina
cupiditas; beati qui relinquunt chlamydem, magneque vel modice supellectili Christi preferunt nuditatem.

11. Nunquam a divitiis et deliciis huius mundi venitur ad delicias celi; 100
nullusque sanctorum appetiit simul florere in mundo et in eternum regnare
cum Christo. Qui divitias habent, habeant queso ut Abraham, ex iustis
causis[47] ad usus licitos, ad hospitalitatis gratiam;[48] non ad thesaurizandum,
sed ad distribuendum pauperibus, sustentatio enim pauperum substantia
est et redemptio locupletum. 105

12. Denique, paupertas potius ex humilitate animi quam ex censu tenui
estimatur. Et notandum quod dives sui sollicitus est, deus autem pauperis,
iuxta illud: 'Ego autem mendicus sum et pauper: dominus sollicitus est
mei.'[49] Parcet deus inopi et pauperi et animas pauperum salvas faciet;[50]
dicit autem divitibus: 'Ve vobis, divites, qui habetis hic consolationem 110
vestram.'[51] Sane titulus paupertatis, etsi despicabilis sit apud homines,

---

86–87 qui . . . corrumpitur *om.* N   87 Increpationes: increpatione Ar   89 seculum:
speculum Ar   92 tumores: tumore Ad; timore N   93 paupertatis: paupere leta venit
vicissima res est Ad   94–95 voluerimus . . . viatores expediti . . . proiiciamus: vis . . .
viator expeditus . . . proiicies AdN   96 lacinia: lascivia AdN   97 de *om.* N   97
liberatus *om.* Ar   98–99 vel . . . supellectili: et modice supellectilis N   98–99 chlamydem . . . preferunt *om.* Ad; chlamidem . . . proferunt N   100 et deliciis *om.* Ad   101
simul *om.* Ar   101 in mundo *om.* N   100–101 venitur . . . regnare: et deliciis seculi et
regnare in eternum Ad   104–105 substantia . . . redemptio: sustentatio Ad   109 Parcet:
parce N   109 faciet: adiutor *add.* N

---

45 Mic. 7. 9.   46 Gen. 39. 12.   47 Cf. Gen. 24. 35.   48 Gen. 18. 2–8.   49 Ps. 39.
18.   50 Ps. 71. 13.   51 Luc. 6. 24.

amabilis tamen et honorabilis est apud deum. Regnum celorum pauperum est, non solum ad habendum sibi[52] sed ad communicandum aliis, ut eos recipiant in eterna tabernacula.[53]

115   13. Iam celestis vite primitias pregustantes potantur non de torrente sed rivulo quodam voluptatis[54] interne. Sciunt autem quia quicquid in seculo affluit, defluit; ideo eius affluentiam dedignantur. Cum istis et de istis dicit apostolus: 'Tanquam tristes semper autem gaudentes, tanquam nichil habentes et omnia possidentes, sicut egentes alios autem locupletantes,
120 sicut morientes et ecce vivimus.'[55]

    14. Ceteri quidam, abundantes divitiis et vitiis, imitatores sunt Naaman divitis sed leprosi.[56] Nonne divites illi merito leprosi censentur, qui sunt diversitate et multitudine criminum velut quadam lepre varietate respersi? Isti palponum suggestione putant esse melius sustentare pauperes de
125 exuberantia huius mundi quam in paupertate Christum sequi; preferebat Naaman Damasci fluvios Abbana et Pharphar Iordani, qui interpretatur humilitas vel descensus,[57] et qui lepre spiritualis curationem suavius et efficacius operatur.[58]

    15. Porro non solum pauperibus beneficiorum humanitas exhibenda est.
130 Licet enim scriptum sit: 'Dispersit, dedit pauperibus',[59] tamen usu et experientia docente cognovimus aliquos divites nature subsidiis indigere, iuxta illud: 'Divites eguerunt et esurierunt',[60] et item: 'Qui multa possidet, multis eget.'[61] Sic etiam iustos et iniustos sagena caritatis includit;[62] nam quamvis legamus, 'Desudet elemosyna in manu tua, donec invenias iustum
135 cui des',[63] et item: 'Da misericordi et ne suscipias peccatorem',[64] tamen et iniustis et peccatoribus affectum pietatis, si egeant, exhibere debemus. Unde Augustinus: 'Sunt qui estimant elemosynas iustis tantummodo

---

115 de *om.* Ar   116 quia: quod AdN   117 affluentiam dedignantur: affluentia designatur N   119 alios: multum Ar   121 Ceteri: ceterum Ar   122 Nonne . . . leprosi *om.* N   123 lepre: leprose Ar   125 Christum: Christi N   127 humilitas: humanitas Ar   129 solum: solis N   132 iuxta illud *om.* N   134 iustum *om.* N   135 ne: non N

---

52 Matt. 5. 3.   53 Luc. 16. 9 and Glos. ad loc.   54 Ps. 35. 9.   55 II Cor. 6. 10, 9.   56 Cf. IV Reg. 5. 1.   57 Cf. Glos. ad Matt. 3. 5.   58 IV Reg. 5. 12–14.   59 Ps. 111. 9.   60 Ps. 33. 11.   61 Boethius, *De Consolatione Philosophiae*, 2. pros. 5. 23.   62 Matt. 13. 47–8.   63 Aug. *Enarr.* in Ps. 102. 6.   64 Ecclus. 12. 4.

conferendas, peccatoribus autem nichil. Sed debemus in malis iniquitatem
eorum persequi, et iisdem communi subvenire conditioni.'[65] Item
Iohannes Chrysostomus: 'Quiescamus ab hac absurda curiositate diabolica   140
et peremptoria. Si quis enim in clero electum se dicit, si vero pro
nutrimento postulat, in his non examines.'[66] Si Abraham scrutator fuisset
adventantium, nunquam fortassis angelos in suo hospitio recepisset,[67] sed
qui recipiebat omnes recepit et angelos.

16. Teste Ambrosio, 'Ordo caritatis est ut prius parentibus sociisque ac   145
fratribus, si boni sint sive a suis divitiis exciderint, sive carnales sive
spirituales sint, benigne compassionis affectio impendatur.'[68] Beneficia
tamen huiusmodi distinguit et dictat voluntas, non necessitas; consilium,
non preceptum; nemo enim in necessitatibus liberalis existit. Unde apostolus ad Corinthios scribit in hec verba: 'Non quasi imperans dico, sed per   150
aliorum solicitudinem et vestre caritatis ingenium bonum probans. Scitis
enim gratiam domini nostri Iesu Christi, quoniam propter vos egenus
factus est, cum esset dives, ut illius inopia vos divites essetis. Et consilium
in hoc do, hoc enim vobis utile est.'[69] Ecce non imperat sed approbat; dat
consilium, non preceptum; 'utile' dicit, non 'necessarium', hec autem   155
utilitas ex voluntate pensatur, Unde idem apostolus ad Corinthios: 'Si
voluntas prompta est, accepta est deo';[70] querit enim non datum sed
fructum, non questum sed pietatem.[71]

17. Ut ergo prophetico verbo utar: 'Ego vir videns paupertatem meam,[72]
misericordiam domini in silentio expectabo, quia silentium iustitie cultus   160
est,[73] eritque in silentio et spe[74] consolatio mea. Quare ergo tristis es,
anima mea, et quare conturbas me?[75] Quare cogitationes mee dissipate
sunt, torquentes cor meum?[76] Numquid resina non est in Galaad, aut
medicus non est ibi?[77] Numquid abbreviata est manus domini, ut me
salvare non possit[78] et collocare in tuto atque in pulchritudine pacis?'[79] Et   165

138–139 iniquitatem eorum: eorum iniquitatem AdN   139 et: in add. N   142 postulat:
postulet Ar   142 non examines: ne exanimes N   143 suo om. N   144 recepit: suscepit
N   145 Teste: beato add. N   146 sint . . . exciderint: sunt . . . exciderunt N   148
tamen om. N   151 et vestre: etiam nostre N   154 Ecce: enim add. N   157 deo:
domino N   159 ergo: verbo N   163 non est: est N   164 non est: non N   164 me: te
N

---

65 Cf. Aug. *Enarr.* in Ps. 102. 6.   66 Cf. Chrysostom, *In Epist. I ad Cor. Hom.* 11.
1.   67 Gen. 18. 1–5; Hebr. 13. 2.   68 Cf. Glos. ad Cant. 2. 4. (*non* Ambr. *sed* Origen *In
Cant. Hom.* 2. 8).   69 II Cor. 8. 8–10.   70 II Cor. 8. 12.   71 Cf. I Tim. 6. 5.   72
Lam. 3. 1.   73 Is. 32. 17.   74 Is. 30. 15.   75 Ps. 41. 6.   76 Iob 17. 11.   77 Ierem.
8. 22.   78 Is. 59. 1.   79 Is. 32. 18.

tu domine, forma pulchritudinis ac signaculum sanctitatis, signa tuo amore cor meum, deus cordis mei et pars mea deus in eternum.[80]

18. Tu etiam, o bone Iesu, o benigne, o amabilis, o suavis, o dulcis; o amor, o deus, o caritas! Deus, pro me Carnotensi decano respondere
170 digneris ad meritum, qui michi nec volenti nec petenti sui medietatem redditus gratis obtulit, atque ad misericordiam quosdam alios adsistentes exemplo sue liberalitatis induxit. De promisso eius non minus teneor quam de dono; et licet certum et fixum habeam nichil ab eo vel ab alio in hac persecutione recipiendi propositum, suum tamen esse profiteor si quid
175 sum, si quid habeo vel habere potero in futurum.

19. Virgo virginum[81] omnibus, qui ei devote serviunt et eam humiliter venerantur, formam diligendi deum et proximum in sue caritatis ordinatione prescribit. Rex enim, qui eam introduxit in cellam vinariam, ipsam poculo amatorio inebrians suam in illa ordinare studuit caritatem.[82]
180 O pulcherrima mulierum,[83] que vulnerata caritate[84] quandoque dicebas, 'Filie Hierusalem, dicite dilecto quia amore langueo';[85] numquid adhuc langues? Numquid caritas languor est? Certe potius deberet medicina censeri. Caritas enim operit multitudinem peccatorum;[86] quod manifeste liquet in ea de qua veritas dicit: 'Dimissa sunt ei peccata multa, quoniam
185 dilexit multum.'[87] Peccatum enim anime morbus est, et caritas medicina.

20. Caritas tamen quandoque languor est, dum amans anxio estuat et suspirat affectu, dum desideratur et differtur amplius. Proinde aliter habetur amor in desiderio utendi, et aliter in usu desiderii. Ille desiderat et nondum utitur, iste utitur desiderato nec tamen desiderium minoratur,
190 sicut scriptum est: 'Qui edunt me adhuc esurient, et qui bibunt me adhuc sitient.'[88] Habet desiderium utendi viator, habet usum desiderii comprehensor. Illud est vie, istud est patrie;[89] illud laborem Lye et Marthe, istud fruitionem atque quietem Rachelis[90] exprimit et Marie.[91]

---

167 deus *om.* N   168–169 o amor . . . caritas: amor N   169 Carnotensi: C. N   173 dono: bono N   173 alio: aliis Ad   174 esse profiteor: confiteor esse N   177 et: ac N   179 ordinare: ordinatione N   181 quia: quod N   187 affectu: affectum ArN   189 nondum: non N   190 Qui: enim *add.* N   191 desiderium utendi: utendi desiderium N

---

80 Ps. 72. 26.   81 Cf. Letter 16. 13 below.   82 Cant. 2. 4.   83 Cant. 5. 9.   84 Cant. 5. 8, *vers. antiq.*, cit. e.g. Ambr. *Expos.* in Ps. 118 (Sermo 15. 39).   85 Cant. 5. 8.   86 I Petr. 4. 8.   87 Luc. 7. 47, *vers. antiq.*, cit. e.g. Aug. *Tract.* 7. 19 in Ioh. 1. 47.   88 Ecclus. 24. 29 and Glos. ad loc.   89 Hebr. 11. 13–14.   90 Gen. 29. 16–30, Glos. ad Gen. 29. 21.   91 Luc. 10. 39–42.

21. Sed quid tibi, o dilecta, verbum ad filias Hierusalem, id est angelicas
potestates, ut de languore tuo aliquid ei nuntient[92] qui te vocat unicam   195
suam columbam,[93] suam sororem et sponsam?[94] Nonne ipse est cuius leva
sub capite tuo, cuius dextra amplexatur te?[95] Quis potest ei de te
familiarius loqui quam tu ipsa, que es mater illius et que speciali preroga-
gativa dicere potes: 'Ego dilecto meo et dilectus meus michi',[96] que favore
privilegiato petis et impetras ut osculetur te osculo oris sui?[97]   200

22. Quid est, o beata, quod conquerendo vel congratulando dicis, tulisse
pallium tuum custodes civitatis?[98] Quid est hoc pallium nisi hoc corpus
tuum, quod tres in Christo naturas, scilicet divinitatem, carnem, et
animam, palliabat? Hoc est illud aromaticum[99] in quo spiritus sanctus ex
tribus speciebus, id est tribus predictis naturis, illud thymiama confecit,[1]   205
quod Christus assistens pontifex deo patri sacrificium obtulit vespertinum.[2]
Custodes civitatis, id est angeli, hoc pallium, id est tuum corpus, conditum
virtutum omnium balsamo tulerunt in celum.

23. Sane qualitercunque pallium tuum tulerunt, scimus quia tuam
camisiam[3] non tulerunt. Reliquisti eam nobis quasi arrham, et pignus   210
caritatis illius quam habebat in passione sua Christus ad nos et tu ad
Christum, dolenti condolens et commoriens morienti. Credunt aliqui quod
secundum salvatoris caritatem erat in te caritas ordinata.[4] Transfigebantur
manus et pedes filii tui clavis ferreis; transfigebatur et anima tua, quod
acerbius est. Quando latus ipsius iam mortui lancea perforabat, nichil   215
sentiebat ille;[5] sed tuam ipsius animam gladius pertransibat.[6] O vere anima
tua erat ipsius, non eo duntaxat modo quo filius tuus dicit: 'Omnes anime

---

194 Sed: Si N   194 verbum *suppl.*   195 vocat: vocant N   197 amplexatur te:
amplexatur N   197 potest: poterit N   201 est *om.* Ar   201 quod . . . vel: ut . . . et
N   202 custodes: custodies N   203 tres *om.* N   204 in quo: de quo AdN   205
confecit: conficit N   212 condolens: dolens N   213 te: eo *codd.*   215 est *om.* N

---

92 Cant. 5. 8 and Glos. ad loc.   93 Cant. 6. 8.   94 Cant. 5. 1.   95 Cant. 2. 6.   96
Cant. 6. 2.   97 Cant. 1. 1.   98 Cant. 5. 7.   99 *aromaticum: sc.* vas? cf. Peter, *Serm.*
33, col. 662 B.   1 Cf. Ex. 30. 34–6.   2 Cf. Ps. 140. 2 and Glos. ad loc.   3 For an
account of this famous relic see L. Merlet, *Catalogue des reliques et joyaux de Notre-Dame de
Chartres* (Chartres, 1885), pp. 83–7; *Histoire des relations des Hurons et des Abnaquis du
Canada avec Notre-Dame de Chartres, suivie de documents inédits sur la sainte chemise*
(Chartres, 1858), pp. 49–78; and for its protective power, F. J. Doublet de Boisthibault, *Les
Vœux des Hurons et des Abnaquis à Notre-Dame de Chartres* (Chartres, 1857), pp.
52–77.   4 Cant. 2. 4.   5 Ioh. 19. 33–4.   6 Cf. Luc. 2. 35.

mee sunt',[7] et in Iob 'Omnem flatum' (id est omnem animam) 'ego feci';[8]
sed 'tuam ipsius animam' sanctus Simeon dicit, quia in omni sanctificatione
220 et gloria illam pretulit omnibus creaturis. Redeamus igitur ad camisiam
virginis, sub cuius protectione in omni necessitate confugimus, o vestis
deifica! Et cetera.

14

Peter offers encouragement to Herbert, bishop of Salisbury, whose goods
have been seized. Probably 1198 or 1207×8[1]

CONSOLATORIA PETRI BLESENSIS DIRECTA EPISCOPO SUO
GRAVITER IN ADVERSIS AFFLICTO
1. Reverendo patri et domino Herberto dei gratia episcopo Saresberiensi, Petrus Blesensis Londoniensis archidiaconus salutem et con-
5   stantiam in adversis.
2. Qui prius de vestra gloria gloriabar de vestra nunc afflictione affligor;
nec enim fidelis amicus est qui pressuras amici sui dissimulat, qui eas
condolentis affectu suas non efficit, qui onus adversitatis illius commu-
nicato compassionis humero non supportat. Proinde proposui quod valeo
10   et debeo facere; devote scilicet servitutis obsequium vobis exhibere
tamquam domino affectusque filiales ut patri, ne in hac rapina bonorum

220 pretulit omnibus: cunctis pretulit N   220 igitur *om.* Ar   222 Et cetera *om.* N
Ad 142ᵛ Ar 139ᵛ N 244ᵛ   *Pr.* Giles CCXLVI *PL* CCXLI
1–2 CONSOLATORIA . . . AFFLICTO *om.* AdAr   3 Herberto: H. *codd.*   3–4
episcopo Saresberiensi: S.episcopo N   4 Londoniensis archidiaconus *om.* N   3–5
Reverendo . . . adversis *om.* Ad   6 gloriabar: gloriabatur N   7 enim *om.* AdN   10
scilicet: senilis(?) Ad; *om.* N

7 Ezech. 18. 4.   8 Cf. Iob 12. 9–10.
1 Herbert Poore, bishop of Salisbury 1194–1217, was deprived of his goods and forced to
flee to Normandy in 1198 for defying Richard I, but was reconciled within a few months. In
1207 he and the bishop of Rochester (Gilbert de Glanville) fled to Scotland to escape the
wrath of King John, and returned the following spring. This letter does not seem to refer to
the interdict, when Herbert was deprived of the lands of his see until 1213. The language in
which he addresses the bishop suggests that Peter still held his prebend at Salisbury; see *Ep.*
CXXXIII.

vestrorum[2] mens insueta talibus absorbeatur a tristitia, sed salutaribus
monitis delinita in presenti flagello gratiam dilectionis divine agnoscat.

3. Utinam me et dominos meos corripiat iustus in misericordia,[3] non in
furore suo, ne vehementia verberum patientiam cordis frangat. Visitat   15
quidem electos suos oriens ex alto[4] nunc visionibus, nunc scripturis, nunc
beneficiis, nunc flagellis. Celestis medicus–nunc utens cauterio, nunc
fomentis–nunc adversa, nunc prospera circa nos saluberrima moderatione
dispensat.

4. Propterea in spiritu humilitatis[5] amplectenda est divina correctio etsi   20
fiat immissio eius per angelos malos,[6] nam apostolus, nisi eum Sathanas
colaphisasset, non audivisset a domino: 'Sufficit tibi gratia mea, nam virtus
in infirmitate perficitur.'[7] Pena quippe transitoria transigit cum eterna,
piusque iudex habita fustibus questione furem acerbe flagellat, ut abscisionem
capitis aut furcarum discrimen evadat.[8] Quocirca solerter esti-   25
manda sunt dei iudicia quibus nos examinat. Hominem enim quem diligit
visitat diluculo et subito probat illum,[9] mortificat et vivificat, deducit ad
inferos et reducit, pauperem facit et ditat, humiliat et sublevat,[10] hominis-
que salutem misericorditer in tanta vicissitudinum varietate procurat.

5. Quodsi deus convertit in auram incumbentis procelle[11] discrimen,   30
continuo concurrunt ad diripiendam huius seculi predam.[12] Ponunt animas
suas quasi sub iactu alee, nec habito respectu ad dei iudicia vel ad pericula
huius vite, curis secularibus se immergunt seque autumant obtinere deum
et mundum. Sed ve homini incedenti duabus viis,[13] quia nemo potest
duobus dominis servire.[14] Divisus est enim, nam amori mundano non   35
communicat amor dei. Audi poetam:

Secta bipertito cum mens discurrit utrimque
alterius vires subtrahit alter amor.[15]

---

12 sed: et *codd.*   13 dilectionis divine: divine dilectionis N   15 ne: in *add.* N   15
verberum: verum Ad; verborum N   17 Celestis: Celestisque Ad   21 malos: meos
ArN   21 nam: et *add.* AdN   23 quippe: namque Ad   24 habita: pro *add.* ArN   27
deducit: reducit Ar   27–28 deducit . . . reducit *om.* N   28 sublevat: sublimat Ad;
superbit N   31 concurrunt: circuit Ad; currunt N   33 deum *om.* Ar   35 Divisus est
enim: est enim divisus Ad   37 utrimque: utrumque Ad; ubique Ar

---

2 Hebr. 10. 34.   3 Ps. 140. 5.   4 Luc. 1. 78.   5 Dan. 3. 39.   6 Ps. 77. 49.   7 II
Cor. 12. 7, 9.   8 Cf. *Dig.* 48. 19. 28. 3.   9 Iob 7. 18.   10 I Reg. 2. 6–7.   11 Cf. Ps.
106. 29.   12 *ad diripiendam predam*: Ezech. 38. 13.   13 Ecclus. 2. 14 and Glos. ad
loc.   14 Matt. 6. 24.   15 Ovid, *Remedia Amoris*, 443–4.

6. Denique, his quos cupiditas excecavit immittit deus rotam malorum.[16]
40 Dum enim in avaritie laberyntho circumvolant et estuant importabilibus
curis, Samsonis experiunt miseriam privati oculis et ligati ad molam.[17]
Experientia vero cotidiana docemur quia quidquid homo laborat sub
sole,[18] quidquid in seculo molitur, ambit, congregat, quidquid per sollicitu-
dines et animarum discrimina suis usibus preparat aut conservat, totum ad
45 nichilum deveniet tamquam aqua decurrens.[19] Tamquam visio nocturna
transibit,[20] sicut fumus deficiet[21] et sicut somnium avolabit.[22] Dives
nimirum cum interierit non sumet omnia, neque descendet cum eo gloria
domus eius.[23] 'Dormierunt', inquit, 'somnum suum, et nichil invenerunt
omnes viri divitiarum in manibus suis.'[24]

50   7. Propterea viri sublimes, et in eminentia pontificalis specule constituti,
divitias abhorrere deberent sicut effeminatrices aquas Salmacis,[25] nam
apostolus vocat eas impedimenta huius seculi[26] eo quod salutem nostram
impediunt, enervant animos fortes, emolliunt constantissimos caritatis
affectus, a divinis beneficiis nos elongant, immo auferunt nobis deum. Et
55 quid prodest homini[27] si habeat divitias Cresi, gloriam Salomonis, quidquid et Iulius Cesar aut magnus Alexander ceterique potentes in terris[28] in
thesauris ac deliciis possederunt, si sue anime patiatur detrimentum?[29]

8. Porro sunt qui divitias congregant ut se per eas redimant a damnatione
terribili, sed Eliphas in libro Iob dicit: 'Non credat quis errore deceptus
60 quod sit aliquo pretio redimendus.'[30] Non enim corruptibilibus auro et
argento[31] se redimere homo potest, sed per mundi contemptum, per sui
abiectionem, per humilitatem, per fidem, per spem, per amorem et
compassionem proximi, per mortem Christi, et per eam qua deum tenemur
diligere[32] caritatem. Amor divitiarum sic hominem frequenter absorbet ut

---

39 excecavit: exsiccavit N   40 circumvolant *om.* Ad; volant N   42 docemur: cognovimus Ad   43 ambit: ambigit Ar   45 aqua *om.* N   46 avolabit: advolabit N   48
somnum: somnium N   49 omnes . . . divitiarum: suarum *add.* Ad; *om.* N   56 et: etiam
Ad; *om.* Ar   56–57 in thesauris: thesauris N   57 anime patiatur: patiatur anime Ad;
patiantur anime Ar   58–59 per . . . terribili: nota hoc Ar *marg.*   59 quis: in *add.*
Ar   60 sit . . . redimendus: aliquo pretio redimendus sit Ad (*lectio Vulgatae*); aliquo pretio
sit redimendus N   60 et: vel N   62 et: per *add.* Ad   63 deum tenemur: tenemur deum
Ad

---

16 Prov. 20. 26 (*vers. antiq.*, cit. e.g. Aug. *Enarr.* in Ps. 11. 9).   17 Idc. 16. 21.   18
Eccles. 1. 3.   19 Ps. 57. 8.   20 Iob 20. 8.   21 Ps. 36. 20.   22 Iob 20. 8.   23 Ps.
48. 18.   24 Ps. 75. 6.   25 Ovid, *Met.* 4. 285–6.   26 Cf. I Tim. 6. 9.   27 Matt. 16.
26.   28 Gen. 10. 8.   29 Matt. 16. 26.   30 Iob 15. 31.   31 I Petr. 1. 18.   32 Matt.
22. 37.

nec meditari nec audire nec annuntiare ipsi liceat verbum dei. In forma 65
eruditionis nostre mulier samaritana prius dereliquit ydriam, per quam
cupiditas huius seculi designatur, et cucurrit predicare populo verbum
dei.[33]

9. Sequamur queso prophete consilium dicentis: 'Divitie si affluant,
nolite cor apponere.'[34] Non divitie sed cordis cupiditas prohibetur, unde 70
apostolus non 'Qui habent divitias' inquit, sed: 'Qui volunt habere divitias
incidunt in temptationem et laqueum diaboli.'[35] Possunt ergo haberi divitie
sicut eas Abraham habuit ex iustis causis[36] ad usus licitos, ad gratiam
hospitalitatis,[37] ad sustentationem pauperum ut nos in sua tabernacula
recipiant.[38] Ipsorum enim est regnum celorum,[39] ita quod non solum sibi 75
habere sed communicare aliis possunt.

10. Consolamini, consolamini,[40] filii pauperis crucifixi,[41] discipuli Petri,
qui non habetis argentum et aurum;[42] sine argento redimemini.[43] Properate, emite et comedite.[44] Regnum enim hoc facilius sumunt nichil habentes
quam proprie omnia possidentes,[45] in sancta paupertate est rei tam 80
pretiose commercium confertque paupertas quod divitie conferre non
possunt. Vide homo quam lucrosum sit non habere partem in ruina huius
seculi ut partem habeas in Christi resurrectione,[46] ut recipias pro transito-
riis bona que tibi mansura sunt sine fine.

11. Scriptum est: 'Divites eguerunt et esurierunt.'[47] Ideoque deo dives 85
indigere non credens[48] semper sollicitus est sui, sed beatus qui dicere
potest: 'Ego autem mendicus sum et pauper, deus sollicitus est mei.'[49] Sic
dives sui, dominus autem sollicitudinem pauperum gerit; deus parcit
pauperi et inopi et animas pauperum salvas faciet.[50] David sciens quam
pretiosus et nobilis sit apud deum titulus paupertatis, licet sit despicabilis 90

65 ipsi *om*. N   69 prophete consilium: consilium prophete Ad   70 cordis cupiditas:
cupiditas cordis Ad   71 inquit . . . divitias *om*. N   73 Abraham habuit: habuit Abraham
Ad   75–76 sibi habere: habere sibi Ad   76 aliis: illud *add*. AdN   77 consolamini *om*.
ArN   78 habetis: et *add*. N   78 argentum et aurum: aurum et argentum Ad   79 et
om. Ar   80 proprie *om*. Ar   82 sit: est Ad   82–83 in . . . seculi: huius seculi in ruina
Ad   85 est: enim *add*. AdN   85 Ideoque deo dives: ideo dives deo Ad; ideoque dives
N   86 semper: sicut N   88 dominus autem: deus autem Ad; deus N   88 deus:
dominus Ad

33 Ioh. 4. 28–9 and Glos. ad loc.   34 Ps. 61. 11.   35 I Tim. 6. 9.   36 Cf. Gen. 24.
35.   37 Gen. 18. 2–8.   38 Luc. 16. 9 and Glos. ad loc.   39 Matt. 5. 3.   40 Is. 40.
1.   41 Cf. II Cor. 8. 9.   42 Act. 3. 6.   43 Is. 52. 3.   44 Is. 55. 1.   45 II Cor. 6.
10.   46 Apoc. 20. 6.   47 Ps. 33. 11.   48 Cf. Glos. ad loc.   49 Ps. 39. 18.   50 Ps.
71. 13.

apud mundum, inter divitias regales et in throno regio sedens, quia pauper
erat spiritu[51] secure dicebat: 'Inclina domine aurem tuam et exaudi me,
quia inops et pauper sum ego.'[52] Paupertas enim estimatur apud deum
magis ex humilitate animi quam tenuitate patrimonii, proinde Salomon
95 dicit: 'Substantia hominis secundum cor eius.'[53]

    12. Audi beneficia paupertatis. A se omnes curas mordaces eliminat, et
in proprio purgata camino ignem purgatorium non formidat. Pauper
certum pignus future iocunditatis habet in se; iamque primitias salutis
eterne pregustat et quasi de ligno vite colligens desiderabiles fructus,[54] qui
100 testimonio apostoli sunt iustitia, gaudium, et pax in spiritu sancto,[55] certus
est quod dominus in brevi eum in plenariam possessionem hereditatis
perpetue introducet, et cantabit exultans: 'Dominus pars hereditatis mee et
calicis mei, tu es qui restitues hereditatem meam michi.'[56]

    13. Dives moriens dolet a se suas divitias separari, pauper altitudinem
105 huius mundi calcans pedibus ad concupiscentiam vilis prede suos oculos
inclinare dedignatur, reputat enim divitias cenum.[57] Nam dum fiducialiter
aspirat in celum, abhorret divitiarum nomen, dum ipsum ad delicias
celestes festivus exercitus celorum expectat. Dives valedicens seculi
affluentie pauper exit. Quidquid enim in mundo affluit, defluit, suumque
110 amatorem pereffluere[58] facit.

    14. Audi queso apostolum de suis conpauperibus disserentem: 'Tam-
quam tristes', inquit, 'semper autem gaudentes, tamquam nichil habentes
et omnia possidentes, tamquam morientes et ecce vivimus.'[59] Insinuat
apostolus per hoc adverbium 'tamquam' quod mala que pauperes patiuntur
115 in hoc seculo vera mala non sunt, sicut nec bona divitum vera bona.
Quomodo vera bona esse possunt, quia transeunt ad momentum? 'Deducunt', inquit, 'in bonis dies suos, in momento autem ad inferna

---

93 inops et pauper: pauper et inops Ar   93–94 estimatur . . . deum magis: magis
estimatur . . . deum AdN   99 pregustat: degustat Ar   100 certus: eius Ar   101
dominus . . . eum: in brevi eum dominus Ad; in brevi eum deus N   102 perpetue: eterne
N   104 a se suas: suas a se AdN   105 calcans pedibus: pedibus calcitans N   105–106
oculos inclinare: inclinare oculos Ad   106 cenum: scenum AdAr   107 delicias: divitias
AdN   108 exercitus . . . expectat: expectat exercitus angelorum AdN   108 valedicens:
valete dicens Ad   109 exit: et nudus exiit Ad   111 conpauperibus: conpaupertatibus
N   112 semper autem: et semper ut Ar   114 apostolus: Paulus Ad   114–115 patiuntur . . . seculo: in hoc seculo patiuntur Ad; patiuntur mundo N   115 bona divitum: divitum
bona N

---

51 Matt. 5. 3.   52 Ps. 85. 1.   53 Ecclus. 38. 20 (hominis: *rectius* inopis).   54 Cf.
Apoc. 22. 2; *fructus*: cf. Gal. 5. 22.   55 Rom. 14. 17.   56 Ps. 15. 5.   57 Cf. Phil. 3.
8.   58 Cf. Hebr. 2. 1.   59 II Cor. 6. 10, 9.

descendunt.'[60] Existimat dives inter divitias et delicias suas se celo
equalem, sed cum dixerit 'Pax est et securitas', tunc repentinus ei
superveniet interitus,[61] eumque cum divite purpurato subito absorbebit   120
infernus.[62] Quod veritas in evangelio notans, 'Et tu,' inquit, 'Capharnaum,
usque in celum exaltaberis et usque ad infernum detraheris.'[63]

15. Sic preterit figura huius mundi;[64] sic dives epulo acerbissime
cruciatur et Lazarus in sinu Abrahe requiescit.[65] Sic Iacob cancellat manus
suas super filios Ioseph, ut ei sinistra manus imponatur qui dextram   125
expectabat;[66] per sinistram adversitas, per dextram prosperitas designatur.[67]

16. Recolite ergo inter hec prospera et adversa sufferentiam Iob[68] et
patientiam Christi,[69] eorumque constantiam qui rapinam bonorum suorum
cum gaudio[70] perferebant. Proinde nullus vestre paternitati subrepat   130
diffidentie motus, nec enim abbreviata est manus domini[71] ut ablata
restaurare non possit. Dominus qui dedit ipse abstulit, et sicut ei placuit ita
factum est,[72] et benedicendo nomini eius[73] dicite cum propheta: 'Iram
domini portabo quia peccavi.'[74] Eram filius ire,[75] et iram domini merui.
Scio tamen, domine, quod cum iratus fueris misericordie recordaberis,[76] et 135
cum Isaia cantabo: 'Confitebor tibi domine quoniam iratus es michi,
conversus est furor tuus et consolatus es me.'[77]

17. Absit, dulcissime pater, omnis murmuratio apud deum vel proximum, quia testimonio prophete: 'Bonum est prestolari cum silentio
salutare domini:[78] erit enim in silentio fortitudo vestra.'[79] Flagella queso   140
domini que vobis videntur amara in ipsius dilectione dulcescant; diligentibus autem deum omnia cooperantur in bonum,[80] nec permittet vos
temptari supra id quod potestis, sed faciet etiam cum temptatione proven-
tum.[81]

119 est *om.* Ad   121 Et *om.* N   128 sufferentiam: sufficientiam Ad   132 et *om.*
AdN   135 tamen . . . cum: tamen quod Ad; tum quod N   138 dulcissime: gloriosissime
Ad   138 deum *om.* N   141 videntur amara: amara videntur AdN   141 dulcescant:
dulcescunt N   142 autem: enim Ad   142 deum *om.* Ar   143 etiam *om.* Ad

60 Iob 21. 13.   61 I Thes. 5. 3.   62 Luc. 16. 19, 22.   63 Luc. 10. 15.   64 I Cor. 7.
31.   65 Luc. 16. 22–3.   66 Gen. 48. 13–19.   67 Cf. Glos. ad II Cor. 6. 10.   68 Iac.
5. 11.   69 II Thes. 3. 5.   70 Hebr. 10. 34.   71 Is. 59. 1.   72 Iob 1. 21.   73 Cf.
Iob 1. 21.   74 Mic. 7. 9.   75 Eph. 2. 3.   76 Hab. 3. 2.   77 Is. 12. 1.   78 Lam. 3.
26.   79 Is. 30. 15.   80 Rom. 8. 28.   81 I Cor. 10. 13.

15

Peter admonishes a bishop (Herbert of Salisbury?) not to repine at the loss of wealth and favour for himself and his family. Probably 1198 or 1207×8.[1]

ITERUM CONSOLATORIA EIUSDEM EPISCOPO SUO

1. Desolationi vestre filiali devotione compatiens, quantum scivi et potui salutaribus monitis vobis studueram suadere, ut ab huius mundi sarcinulis excussus sicut locusta[2] in viam mandatorum domini curreretis;[3] cumque
5 alii plures exhortationibus amicorum a consimilibus iniuriis et pressuris in animi sui tranquillitate pacifica respirent, vos, a tribulatione malorum et dolore[4] quasi abysso desperationis absorptus, ad omnem consolationem vestrum animum induratis, et rapinam bonorum vestorum,[5] quam alii domini iugum suave et onus leve[6] reputant, vos iram dei crudelem et
10 inexorabilem estimatis. Proinde quod aliis est oder vite vobis est odor mortis,[7] sic et quod aliis ad gaudium, ad supplicium vobis cedit; sic nimirum eodem sole carnes indurantur et manna liquescit.[8]

2. Porro dominus deus sabaoth, qui aperit et nemo claudit,[9] qui aperit manum suam et implet omne animal benedictione,[10] qui dives est in omnes
15 qui invocant eum,[11] qui dat omnibus affluenter et non improperat;[12] ipse qui surdos facit audire et mutos loqui,[13] nunc michi gratiam celestis eruditionis inspiret, vestrumque cor emolliat ut sit in hac exhortatiuncula mea capax consolationis et perceptibile discipline.

3. Quid est hoc quod in ore hominum plebescit, vos inconsolabiliter
20 vestra et parentum vestrorum damna plangere, cum et ista et illa teneamini

---

A 193[v] *imperf. (incipit.* §14, familiaritas illa); Ad 143[v] Ar 140[v] N 247[r]   *Pr.* Giles CCXXXII *PL* CCXXVII
1 ITERUM . . . SUO *om.* AdAr   5 exhortationibus: ex ditationibus ArN   5 in: et N   6 tranquillitate pacifica: pacifica tranquillitate AdN   6 vos *om.* N   9 domini iugum: iugum domini AdN   9 dei: domini N   11 sic et: et Ad   13 qui . . . claudit *om.* Ad   14 omnes: omnibus N   15 ipse: et N   16 mutos: mortuos N   16 gratiam: salutis et *add.* Ad   18 perceptibile: preceptibile AdN; perceptibilis Ar   19 hoc *om.* AdN   19 hominum: iam *add.* Ad

---

1 See Letter 14 above, to which this is probably a sequel. Although both letters are on the same theme, there is almost no duplication.   2 Ps. 108. 23 and Glos. ad loc.   3 Ps. 118. 32.   4 Ps. 106. 39.   5 Hebr. 10. 34.   6 Matt. 11. 30.   7 II Cor. 2. 16.   8 Cf. Letter 2. 24 above.   9 Apoc. 3. 7.   10 Ps. 144. 16.   11 Rom. 10. 12.   12 Iac. 1. 5.   13 Marc. 7. 37.

constanter et equanimiter sustinere? Compassio quam ad parentes habetis non ad nummorum oblationem sed ad morum correctionem porrigi exigebat, erant enim divites antequam eis aliquem redditum conferretis. Verum huius tempestatis episcopi, reprobatis viris prudentibus et honestis, cor suum et quicquid cum corde habent parentibus reprobandis insana 25 prodigalitate infundunt; nec implent vasa vacua,[14] sed plenis et ad summum exuberantibus mensuram confertam et coagitatem[15] supereffluenter accumulant. Pium quippe est proximo compati ne egeat, sed maior est misericordia compati proximo ne pereat. Bonum est condolere malis que proximus patitur, sed deo acceptius est condolere malis que proximus 30 operatur.

4. Scriptum est autem: 'Inimici hominis domestici eius.'[16] Multis enim perniciosa est affectio parentele, frequenter enim dum studet propitius esse parentibus, sibi crudelis efficitur. Christus pro amicis suis animam suam misericorditer posuit;[17] sollicitus amor parentum animam suam pro 35 amicis suis crudeliter ponit, nunc anxius et totus estuans in parentibus promovendis, sed cum diem extremum clauserit nulla erit anime sue consolatio de prosperitate viventium. Immo vereor ne peccata, que divitiarum occasione commiserint, cedant mortuis in singultam eternumque supplicium. Unde in parentibus suis prestitit materiam delin- 40 quendi, relevasse potuit multorum indigentias sueque anime salubrius in posterum providisse.

5. Verum blandissima seductrix est parentum affectio, 'nemo enim carnem suam odio habuit.'[18] Verba hec tamen circumspectum exigunt intellectum, nam cum idem apostolus alibi dicat: 'Qui suorum et maxime 45 domesticorum curam non habet, fidem negavit et est infideli deterior',[19] a

---

22 oblationem: ablationem AdAr   23 exigebat: exigebant Ar   25 quicquid cum corde: cum corde quidquid Ad   26 et *om.* Ar   28 quippe est: enim est Ad; quidem cum N   28 sed: et N   33 perniciosa est: periculosa Ad   33 frequenter enim: frequenterque N   34–35 animam . . . misericorditer: misericorditer animam suam Ad   35–36 pro . . . crudeliter: crudeliter pro amicis suis N   39 cedant: cedent Ar   40 in *om.* Ad   41 relevasse potuit: revelasse potuerit Ad; revelasse potuit N   41 sueque . . . salubrius: sueque salubrius Ad; que melius N   43 Verum blandissima *om.* Ad; verbum blandissima N   43–44 nemo . . . habuit *om.* N   44 Verba hec tamen: verba tamen hec AdN   45 cum *om.* Ad   46 negavit: negat Ad

---

14 Ierem. 14. 3 and Glos. ad loc.   15 Luc. 6. 38.   16 Matt. 10. 36.   17 Ioh. 15. 13.   18 Eph. 5. 29.   19 I Tim. 5. 8.

seipso dissentire videtur. Ex his plerique arbitrantur apostolum non solum permisisse sed arctius precepisse ut parentum exactissima sollicitudo geratur. Sed sciendum quod huic amori, quo se suosve parentes homines
50 diligunt, natura originem modumque prescribit. Facit natura ut gallina super pullos suos infirmetur,[20] ursa et leena fetibus blande immurmurent;[21] lamia etiam nudat mammas suas ut catulos alat.[22] In his et in omnibus animantibus natura quosdam dulces amoris operatur affectus; amat itaque homo naturaliter se, amat et parentes suos.
55   6. Sicut[23] autem utrumque hunc affectum non admittere impossibile est, sic eum non sequi maxime virtutis est. Quia ergo hic naturalis affectus est pronior et indulgentior sibi, ut tam suis quam anime saluti expediat oportet ut frenum rationis[24] habeat, cuius moderatione ducatur. Vult itaque apostolus ut in domesticorum amore, ratione dispensante, queratur aut
60 eorum necessitas aut estimatio meritorum. Quod autem naturalis affectus quandoque transgrediatur fines legitimos rationis, quodque nos dei et nostrum faciat oblivisci, experientie magisterio docemur assidue, dum quedam mollis et dulcis affectio carnis nostre ad suavia et illicita suis nos blandimentis inclinat. Hos indiscretos amoris affectus, quibus homines
65 diligunt se aut suos, apostolus ad Timotheum scribens inordinatos insinuat dicens: 'Scio quia in novissimis diebus instabunt tempora periculosa et erunt homines seipsos amantes, cupidi, elati, sine pace, criminatores, incontinentes, tumidi et protervi, voluptatum amatores magis quam dei.'[25]
       7. Utrumque amoris motum, secundum rationem et secundum affectum,
70 Christus brevi sermone distinguit. 'Qui amat', inquit, 'animam suam perdet eam';[26] notat amorem qui ex irrationabili affectione procedit. Item: 'Qui odit animam suam in hoc mundo, in vitam eternam custodit eam';[27]

---

48 permisisse: promisisse Ad   48 parentum: pereuntium Ad   47–49 Ex . . . geratur *om.* ArN   49 Sed: Et N   49 suosve: vel suos Ad   50 modumque: mosque N   50 Facit: enim *add.* Ad   51 leena: suis *add.* Ad   51 immurmurent: immurmuret ArN   52 etiam: et N   53 itaque: utique Ar; *om.* N   54 et: etiam Ad   56 sic . . . est: Nota Ar *marg.*   56 ergo: igitur N   57 sibi . . . suis: et suis Ad; sibi et suis Ar; et tam suis N   59 in *om.* ArN   61 legitimos *om.* Ad   62 magisterio: magistro AdN   63 quedam: quidem Ar; quidam N   63–64 suis nos blandimentis: suisque blandimentis nos Ad   68 tumidi: timidi N   69 motum: modum N   72 vitam eternam: vita eterna N

---

20 Cf. Aug. *Enarr.* in Ps. 90. 4.   21 Cf. Aug. *De Civ. Dei*, 19. 12.   22 Lam. 4. 3.   23 The next two paragraphs are similar to Peter, *De Caritate Dei et Proximi*, 58.   24 *frenum rationis*: Ambr. *De Abraham*, 2. 6. 27.   25 II Tim. 3. 1–4.   26 Ioh. 12. 25.   27 Ibid.

odium quippe vite presentis,[28] que per animam hic notatur, sequitur
rationem et ideo in eternum custoditur. Quod exponens Augustinus: 'Si
male', inquit, 'amaveris' (id est ex affectu non ex ratione) 'tunc odisti; si   75
bene oderis' (id est propter Christum et sic ex ratione, si vitam tuam
oderis) 'tunc amasti.'[29] Nimirum qui deligit iniquitatem, odit animam
suam.[30] Irregularis autem et iniquus est amor quo suavia et dulcia
diligimus; amor vero quo diligimus dura et aspera propter Christum anime
previus est ad salutem.   80

8. Proinde si ex paretum locupletatione videmus animabus nostris
imminere discrimen aut scandalum fame, pium et sanctum est eos a nimia
nostri amoris affectione precidere. Sic equidem pietatis auctor sanctusque
sanctorum[31] sub quadam membrorum nostrorum imagine nos informat. 'Si
oculus', inquit, 'tuus, aut pes tuus scandalizet te, erue et abscide eum a   85
te';[32] nec ab huius abscisionis seu odii sententia excipiuntur pater et mater,
quos ex legali decreto tenebamur accuratius honorare.[33] Quocirca longe
satius est michi amorem qui ex affectu et non ex ratione est patri et matri
viteque mee subtrahere, quod cuiusdam odii speciem in se habet, quam me
et ipsos sic diligere irrationabiliter ut sim Christo indignus et merear   90
incendium gehennale.

9. Quid agimus? Quid verba in ventum[34] iacimus? Lavamus laterem[35] et
aerem in vacuum verberamus?[36] Videmus namque illos qui rerum suarum
damna diu fleverant,

Fletur enim lacrimis amissa pecunia veris,[37]   95

videmus, inquam, quod in suis doloribus consepulti quasi a mortuis[38]
surrexerunt. Cumque esset in iis extinctus amor proprius et parentum,
reestuat antiquus amoris affectus in cineribus iam sopitis.[39] Sua nimirum et
parentum ducti affectione manibus et pedibus repunt iterum ad divitias et

---

73 quippe: quidem AdN   73 vite presentis: presentis vite N   74 eternum: perpetuum
AdN   74 custoditur: custodietur N   76 oderis *suppl.*   76 sic: ita N   76 si: sicut
Ad   75–77 tunc . . . tunc: tu . . . tu N   80 est *om.* N   82 aut . . . fame *om.* N   83
Sic: sed Ad   88 satius *om.* Ad; sanctius N   97 surrexerunt: resurrexerunt AdN   98
reestuat: et *add.* N   98 sopitis: persapitis Ad

---

28 Glos. ad loc.   29 Aug. *Tract.* in Ioh. 12. 25.   30 Ps. 10. 6.   31 *sanctus
sanctorum*: Dan. 9. 24.   32 Matt. 18. 8–9.   33 Ex 20. 12.   34 Iob 6. 26.   35 Cf.
Terence, *Phormio*, 186.   36 I Cor. 9. 26.   37 Juvenal, *Sat.* 13. 134 (Fletur enim: *rectius
Ploratur*).   38 Cf. Rom. 6. 4.   39 Cf. Virgil, *Aeneid*, 5. 743.

100 honores, et nunc eos insanius exagitat spiritus huius mundi,[40] spiritus
vertiginis et erroris.[41]

10. Solito ambitiosius ab hominibus querunt gloriam huius mundi, et non
gloriam que a deo est;[42] sed confusi sunt quoniam deus sprevit eos.[43]
Indicant enim quotidiani eventus quod eorum fama et memoria, qui
105 ventum secularis glorie captant, citius vento transit; eorum laus, quam
crediderant perpetuo duraturam, sepelitur oblivione damnabili; et peccata
eorum, que nulli fuisse revelata existimabant, in infamie maculam et
commune opprobrium publice recidivant. Nunc autem apparet quod
habebant oleum, sed amurca infectum; habebant scientiam, sed inflan-
110 tem;[44] intellectum, sed prestigiose versutum; memoriam, sed iniuriarum;
facundiam, sed in malum; et, ut brevius loquar, omnia que sibi ads-
cribebant ad magnificentiam et gloriam nunc eis cedunt in opprobrium
turpe et, quod gravius est, in gehennam.

11. O doxa, doxa, o gloria fallax! O ventus urens,[45] o aer pestilens, o
115 aura corrumpens, o inflatio aurium, o vesica intumescens[46] tam plena
vento quam nichilo, quomodo ludis et illudis magnatibus, quos adulatorie
beatificans in errorem inducis! Aliter sentiebat apostolus dicens, 'Non
nosmetipsos commendantes, carissimi',[47] et de seipso, 'Si quid sum, gratia
dei sum id quod sum.'[48] Ipse minimum apostolorum et quasi abortivum[49]
120 se reputat; prelatus autem, ecclesiastici honoris insufficiens et inutilis
usurpator seipsum magnificans et extollens, assentatores adulatores habet
qui proditoria laude auriculas eius palpant, eique persuadent de seipso
credere multa et magna quorum conscientia miseri penitus est ignara.

12. Fatuum enim ore glorificant et corde condemnant, et quandoque
125 retrorsum faciem avertentes, in derisionem ipsius canis Apuli linguam seu
rostrum ciconie vel auriculas asini manu mobili[50] representant. Si Terentii
comici recordaris, manifeste ibi poteris Thrasonis personam[51] exprimere et
generationis. Licet autem sacerdos domini debeat habere testimonium ab
his qui foris sunt,[52] gloria tamen eius hoc esse debet, testimonium

100 eos: eis Ar   102 Solito: solitus N   107 in: et N   114 gloria fallax: fallax gloria
N   119 id quod sum *om.* N   122 persuadent: suadent Ad   124 condemnant: contem-
nunt N   125 ipsius: miseri Ad   127 comici: comitis Ar   127 Thrasonis: faciem et *add.*
Ad   129 qui: que N

40 I Cor. 2. 12.   41 Is. 19. 14.   42 Ioh. 5. 44.   43 Ps. 52. 6.   44 Cf. I Cor. 8.
1.   45 Amos 4. 9.   46 Cf. Ex. 9. 10.   47 Cf. II Cor. 3. 1.   48 I Cor. 15. 10.   49 I
Cor. 15. 8–9.   50 Cf. Persius, *Sat.* 1. 58–60, 121.   51 Terence, *Eunuchus, passim.*   52
I Tim. 3. 7.

conscientie[53] sue. Vera quidem laus est de qua dicitur; 'In domino   130
laudabitur anima mea',[54] et sicut beatus Petrus apostolus dicit, 'Conscientie bone interrogatio in deum.'[55]

13. Campus huius materie latissime patet; sed ut sermo succingatur ad
compendium, illud totum curiositati mundane impenditur quod sibi
exigebat dei cultus et necessitas animarum. Petro, et omnibus prelatis in   135
eo, dictum est: 'Pasce oves meas';[56] non precepit ut clauderent et pascerent
in vivario pisces et in indagine feras. Lingua mea pruriens prosequi
gestiebat hoc verbum, sed ne videar gravis his qui oderunt corripientem in
porta,[57] digito compescam labellum.[58]

14. Vidi, pater, et doleo me vidisse quando eras cor et anima principis,   140
summus inter aulicos, deusque et dominus Pharaonis.[59] Sane familiaritas
illa diu stare non potuit, caduca enim est dilectio curialis, nec ad illam
pertinet caritatem que nunquam excidit.[60] Putastis vestris implere largitio-
nibus cupiditatis abyssum in hiis qui sequuntur munera et retributiones,[61]
sed apud eos auri et argenti fames insatiabilior est inferno. Dona ergo,   14.
quibus exactionum fiscalium angarias cupiebatis evadere, misistis in
saccum pertusum,[62] omnia etenim perdidistis.

> Sic, ut non perdat, non cessat perdere lusor,
> Et revocat cupidas alea blanda manus.[63]

Contritus et afflictus mendicabat in suis pauperibus Christus, nec erat qui   15
moveretur super contritione Ioseph,[64] sed, sicut quibusdam improperat
Augustinus, 'Tollit fiscus quod non recepit Christus.'[65]

15. Postremo effudit in vos apud regem venenum lingue detractorie
malitia viperarum, pacemque vestram turbavit in occulto omni serpente
crudelior invidia detractorum. Nimirum Achitofel[66] in universis fere curiis   1

---

130 domino: deo N   131 Petrus apostolus: apostolus Petrus Ad   132 deum: dominum
N   139 compescam: compesco Ad   140 Vidi: video N   141 aulicos: anglos Ad;
anglicos N   141 familiaritas: karitas A *et incipit.*   142 non potuit *om.* A   142 enim
est: est enim AdN   144 in: et N   145–146 Dona . . . quibus *om.* A   147 pertusum:
percussum Ad; pertrusum Ar   148 cessat: cessor Ar   151 improperat: imperat beatus
Ad   152 recepit: recipit AdN   154 turbavit in occulto: in occulto turbavit Ad

---

53 II Cor. 1. 12.   54 Ps. 33. 3.   55 I Petr. 3. 21.   56 Ioh. 21. 17.   57 Amos 5.
10.   58 Cf. Iuvenal, *Sat.* 1. 160.   59 Ex. 7. 1.   60 I Cor. 13. 8.   61 Is. 1. 23.   62
Agg. 1. 6.   63 Ovid, *Ars Amatoria*, 1. 451–2 (ut non perdat: *rectius* ne perdiderit).   64
Amos 6. 6 and Glos. ad loc.   65 Aug. *Quinquaginta Homiliae*, 48. 3 (*PL* xxxix. 1912,
Appendix, *Sermo* 86. 3).   66 Cf. II Reg. 15. 31; 16. 20–17. 4.

magnatum multos reliquit heredes; adhuc ibi sunt Iamnes et Mambre qui
resistunt Moysi[67] sanctoque spiritui contradicunt. Quia igitur experimento
novistis quanta sit amaritudo divitiarum et honorum huius seculi, quam
fallax et sophistica sit gloria huius mundi, gustate et videte quam suavis est
60 dominus,[68] et de maximis obventionibus reddituum quas habetis, id quod
quotidianis usibus superest per manus pauperum thesaurizate in celo.[69]
Fidelis enim est deus[70] quia veritas est,[71] nec in eius ore aut corde inventus
est dolus;[72] nichil ibi vobis poterit fur surripere vel raptor auferre,[73] seu
prepotentium violentia extorquere. Tunc denique cum apostolo plena
65 conscientie securitate dicere et cantare poteritis: 'Scio cui credidi, et certus
sum quia potens est depositum meum servare in illum diem iustus iudex.'[74]

16

Peter expounds the greater antiphons of Advent. 1200×11

1. Viro venerabili et amico in Christo Guidoni priori de Suthwike,[1]
Petrus Blesensis archidiaconus Londoniensis salutem et si quid dulcius et
cetera.

2. Rogastis me ut in scriptis redigerem quid significent ille antiphone[2]

---

156 magnatum: magnatos Ad   157 igitur: ergo Ad   159 sit *om.* AAdN   160 quas:
quos AdArN   162 est deus: deus est Ad   162 eius ore: ore eius N   162 aut: nec Ad;
aut in N   163 ibi: enim Ar   163 vel: aut ArN   165 poteritis: poteris N
    Ar 142ʳ N 250ʳ   *Pr.* Giles CCXLVIII *PL* CCXLIII
    1 Guidoni . . . Suthwike: G . . . Suthwike Ar; S . . . C. N   2 Petrus . . . Londoniensis:
P.B. N   2–3 et si . . . cetera *om.* N

---

67 II Tim. 3. 8.   68 Ps. 33. 9.   69 Matt. 6. 20.   70 II Cor. 1. 18.   71 Ioh. 14.
6.   72 I Petr. 2. 22.   73 Cf. Matt. 6. 20.   74 II Tim. 1. 12.
    1 Guy, a former canon of Merton, is recorded as head of the Augustinian priory in
Southwick, Hampshire, between *c.* 1186 and 1206, but probably lived longer. He was said to
have been a friend of John of Salisbury, of whose letters he made a florilegium (St John's
College Oxford, MS 126, ff. 79–91). His work on Confession is edited by A. Wilmart,
Recherches de Théologie ancienne et médiévale, 7 (1935), 337–52.   2 The greater antiphons, or 'O' antiphons, were sung before and after the Magnificat at vespers, one on each of
the days immediately preceding Christmas Eve. There were originally seven, probably dating
from the 7th c.: 'O sapientia', 'O Adonai', 'O radix Iesse', 'O clavis David', 'O oriens', 'O rex
gentium', 'O Emmanuel'. To these many churches, including Sarum, added 'O virgo
virginum', and there were others addressed to saints (*Breviarium ad Usum Sarum*, ed. F.
Procter and C. Wordsworth (3 vols., Cambridge, 1879–86), i, pp. cliv-clvi). Direct quotations
from the antiphons are given in small capitals.

que imminente Christi nativitate super Magnificat quadam speciali prero- 5
gativa cantantur, ut 'O SAPIENTIA', 'O ADONAI', et similes.[3] Ego autem
vobis viva voce respondi me a magnis doctoribus didicisse quod predicte
antiphone quasi voces patriarcharum et prophetarum erant, desiderantium
et petentium ut deus adventum suum accelerans eos de potestate inimici et
de angustia carcerali eriperet.[4] Verum petitioni vestre satisfacere non 10
poteram nisi responsum, quod verbo vobis feceram, sanctorum patrum
auctoritatibus confirmarem. Quod ergo sine fictione didici, sine invidia
communico.[5]

3. Lacrimosa vox cuiusdam desiderantis adventum domini erat: 'Putas
durabo, putas videbo, putas inveniet me hic illa nativitas?'[6] Unde et super 15
versum illum: 'Expectans expectavi dominum et intendit michi, et exaudivit preces meas'[7] legitur quod antiqui patres incarnationem Christi suis
precibus meruerunt. Isaias: 'Domine, utinam dirumperes celos atque
descenderes',[8] atque subiungit: 'Dirupisti et descendisti';[9] et David:
'Inclina celos tuos et descende';[10] dicit et auctoritas quod merita sanctorum 20
patrum dominum de celo traxerunt.

4. Dominus quidem propter duritiam et incredulitatem[11] quorundam
distulerat Christum suum; superbis enim resistit deus et humiles gratanter
exaudit.[12] Propterea super versum illum, 'Respexit in orationem
pauperum et non sprevit precem eorum',[13] verba hec expositoris sunt: 'Hic 25
loquitur in persona fidelium, qui humilitatis spiritu pleni orabant ut
Christus veniret.'[14] Item super versum 'Usquequo, domine, oblivisceris me
in finem?'[15] dicitur quod hic prius exponitur in persona antiquorum patrum
adventum Christi expectantium et desiderantium.[16]

5. Denique, sicut in libro Regum legimus, 'Rex Salomon dedit regine 30
Saba quidquid petiit'[17] et alia que non petiit, quia Christus ecclesie sue

---

11 nisi *om.* N   11 verbo vobis: vobis verbo N   12 didici . . . invidia: sine invidia vobis
N   16 versum: versiculum N   16–17 et exaudivit . . . meas *om.* N   19 atque: et
N   19 David *om.* N   20 tuos *om.* Ar   20 descende: descendas N   22 Dominus: Te
deus N   23 gratanter *om.* Ar   24 exaudit: exaudivit N   24,27 versum: versiculum
N   25 precem: preces N   26 loquitur: loquimur N   27 domine *om.* Ar   28 patrum:
plurium *add.* N   29 expectantium et *om.* N

---

3 *Breviarium Romanum*; *Dominica tertia adventus, ad vesperas*.   4 Iob 36. 15.   5 Sap.
7. 13.   6 Quotation untraced.   7 Ps. 39. 2–3, cf. Bede, *De Psalmorum Libro Exegesis*,
ad loc.   8 Is. 64. 1.   9 Is. 64. 3, cf. Glos. ad loc.   10 Ps. 143. 5 and Glos. ad
loc.   11 Marc. 6. 14.   12 Iac. 4. 6.   13 Ps. 101. 18.   14 Cf. Cassiodorus, *Expositio
in Psalt.* ad loc.   15 Ps. 12. 1.   16 Glos. ad loc.   17 III Reg. 10. 13.

donat non solum ea que petiit sed etiam que petere non presumit.[18] Item
Origenes super Cantica Canticorum in persona ecclesie loquens dicit:
'Quousque sponsus mittit michi oscula per Moysen et prophetas? Veniat
ille, osculetur me osculo oris sue',[19] et pater sponsam exaudivit eique
filium suum misit. Item super versiculum 'Confitebor tibi quoniam exau-
disti me',[20] legimus quod priores iusti auxilium Christi devote implo-
rabant.[21]

6. Non ergo sine causa sed alto dei consilio institutum est ut desideria
antiquorum de primo adventu Christi, quem puris affectibus et singultibus
crebris, ignitisque devotionibus ac suspiriis expectabant et petebant tam
celebri cantu, privilegiato applausu in ecclesia recitentur quatinus nos,
veterum patrum muniti presidiis et eruditi exemplis, eum in secundo
adventu ita recipiamus in nos venientem ne in tertio adventu eundem
timeamus contra nos venientem.[22]

7. In primo enim adventu venit humilis. In secundo venit in nos
desiderabilis et predulcis, sicut veritas testatur in evangelio de illo qui
diligit sermones dei: 'Pater', inquit, 'meus diliget eum, et ad eum veniemus
et mansionem apud eum faciemus.'[23] Venit in multos qui eum receptum
turpitudine sue iniquitatis eiciunt. Scriptum est autem quod tria eiciunt
hospitem de domo: scilicet litigiosa mulier (et hec est concupiscentia
carnis), stillicidium quod de celso stillat et inferius cadit (hoc est superbia
que de celo corruit), et fumus[24] (qui est concupiscentia oculorum que
carnis oculos excecat). Legimus autem quod

Turpius eicitur quam non admittitur hospes.[25]

36 versiculum: Ysayam Ar   36 tibi: domine *add.* N   37 auxilium . . . devote: devote
Christi auxilium Ar   39 ergo: igitur N   39 consilio: iudicio Ar   42 nos: vos N   44
venientem: veniente N   44 adventu eundem *om.* N   47 testatur in evangelio: in
evangelio testatur N   47 illo: qui dicit *add.* N   51 hospitem: hominem Ar   51 est *om.*
N   52 celso: excluso N   52 et inferius: inferius et N   52 hoc: hec N   53 et fumus
qui: fumus N   54 autem: etiam N

18 Glos. ad loc.   19 Origen, *Homiliae in Cant.* ad Cant. 1. 2.   20 Ps. 117. 21.   21
Glos. ad loc.   22 Cf. Peter, *Sermo* 3, cols. 569 B–571 C.   23 Ioh. 14. 23.   24 Cf.
'Golias de coniuge non ducenda', 173–4 (*The Latin Poems attributed to Walter Mapes*, ed. T.
Wright (Camden Society, Old Series, 16; (London, 1841), p. 83); Innocent III, *De Contemptu
Mundi*, 1. 18; Peter *Sermo* 2, col. 568 A.   25 Ovid, *Tristia*, 5. 6. 13.

8. Hec est de primo et secundo adventu; de tertio autem scribitur: 'Homo est et quis videbit eum?'[26] 'Quis poterit stare cum igne devorante, aut quis stabit cum ardoribus sempiternis?'[27] 'Ignis enim ante ipsum precedet, et inflammabit in circuitu inimicos eius';[28] 'Vermis eorum non morietur et ignis eorum non extinguetur.'[29]   60

9. Post querulas voces antiquorum patrum atque per eorum preces et merita dicuntur ipsi obtinuisse primum Christi adventum; videtur tamen quamplurimis redemptoris incarnationem non hominum meritis sed soli dei gratie ascribendam. Unde in epistola ad Romanos super locum illum: 'Qui factus est ei ex semine David,'[30] dicit auctoritas quod apostolus maluit   65 dicere Christum factum esse ex semine David, qui criminosus fuerat, quam de semine Abrahe iusti, ut non pro merito sed per gratiam dei natus de virgine crederetur.[31] Item Haymo: Deus multa facere potest que nemo peteret vel intelligeret, ut quod deus fieret homo, aut quod mortem pro homine pateretur.'[32] Item super illud verbum Isaie, 'Filius datus est   70 nobis',[33] subiungit auctoritas: 'Datus est nobis a deo sola gratia.'[34]

10. Solet autem scrupulosius queri utrum incarnationem Christi beata virgo meruerit, quia 'per illam meruimus auctorem vite suscipere, dominum nostrum Iesum Christum.'[35] Quod sic intelligendum est: 'per quam meruimus suscipere, id est, per cuius meritum suscepimus, auctorem vite'.   75 Nam quia consensit annuntiationi angelice videtur se matrem domini fieri meruisse. Et insuper oravit ut pareret dominum et promissio angeli impleretur, dicens: 'Fiat michi secundum verbum tuum;'[36] oravit autem pie et pro se atque ad salutem et perseveranter, quia in ipsa concepit. Est autem in theologia regula[37] generalis et irrefragabile argumentum, quod si   80 iustus petit aliquid a deo pie et pro se atque ad salutem et perseveranter,

---

56 est *om.* N   56 scribitur: scriptum est N   57 poterit: poterat N   58 enim *om.* N   59 inflammabit . . . inimicos: inflammantur . . . inimici N   61 patrum atque: at Ar   62 obtinuisse primum: primum obtinuisse N   62 tamen: tum N   63 redemptoris *om.* N   65 ei *om.* N   66 Christum *om.* N   66 criminosus: circumcisus Ar   69 vel: et N   69 aut quod: antequam N   71 sola: solum N   72 scrupulosius queri: scrupulosus querere Ar   73 meruerit: meruit N   74 Iesum Christum *om.* N   75 id . . . suscepimus *om.* N   78 dicens *om.* N   79–81 quia . . . perseveranter: ergo N

---

26 Cf. Iob 34. 29, *vers. antiq.*; Iob 9. 11 (Peter, *Sermo* 2, col. 567 C).   27 Is 33. 14.   28 Ps. 96. 3.   29 Is. 66. 24.   30 Rom. 1. 3.   31 Glos. ad loc. (Haymo).   32 Glos. ad Eph. 3. 20.   33 Is. 9. 6.   34 Glos. ad loc.   35 *Collecta in circumcisione domini*, etc.   36 Luc. 1. 38.   37 Cf. Letters 28. 39 and 61. 6 below; Glos. ad Ioh 15. 6 in Nicholas of Lyre.

exaudiri meretur. Secure autem dicimus eam meruisse quod ex ea dominus nasceretur.

11. Est tamen meritum tripliciter dictum: scilicet pro causa, quia meritum iusti causa est quare salvetur; dicitur etiam pro exigentia, exigebat enim miseria nostra ut misericors deus, qui laborem et dolorem considerat,[38] culpam nostram sua passione deleret; unde scriptum est 'Felix culpa Ade, que talem ac tantum meruit habere redemptorem'.[39] Dicitur etiam meritum pro dignitate, sicut cum dicitur virginem meruisse[40] quod de carne sua dei filium generaret.

12. Propter hoc enim prefigurata est signis et oraculis patriarcharum,[41] a prophetis preoptata et prenuntiata,[42] officiosissime ab angelo salutata.[43] consecrata virtute spiritus sancti[44] et in eius visitatione multiplici divinis muneribus uberantissime predotata. Nimirum oportebat virginem esse sanctam que paritura erat sanctum sanctorum,[45] quia sicut inter cetera membra solus oculus perceptibilis est luminis, sic sola virgo inter omnes mulieres[46] inventa est que in corpore suo clauderet divine magnificentiam maiestatis. Nam testimonio apostoli, 'Plenitudo divinitatis in eo corporaliter habitavit.'[47]

13. Proinde dignissime pertinet ad beatam virginem illa octo antiphonarum novissima, 'O VIRGO VIRGINUM', unde loquens ad filias Hierusalem, id est angelicas virtutes et animas sanctas,[48] 'FILIE HIERUSALEM', inquit, 'QUID ME ADMIRAMINI? DIVINUM EST MYSTERIUM QUOD CERNITIS'. Verum divinum mysterium absconditum a seculis[49] et quod deus revelavit in tempore opportuno, id est quando venit plenitudo temporis in quo misit deus filium suum.[50] De hoc mysterio sive sacramento[51] loquens apostolus dicit: 'Magnum est hoc pietatis sacramentum,[52] absconditum a seculis[53], manifestatum in carne, iustificatum in spiritu, revelatum angelis, creditum mundo, assumptum in gloria.'[52]

---

82 ea dominus: eadem deus N   84 Est . . . dictum: dicitur tamen meritum tripliciter N   85 iusti causa: iustitia Ar   85 salvetur: salvemur N   89 virginem *om.* N   93 visitatione: visione N   94 uberantissime: uberantissimis N   94 esse *om.* N   95 que: quia N   97 est *om.* N   100 beatam *om.* N   101 O . . . VIRGINUM: O virgo virginum Ar *marg.*   102 id . . . virtutes: *om.* N   102 HIERUSALEM *om.* N   103 ME *om.* Ar   105 id . . . plenitudo *om.* N

---

38 Ps. 9B 14   39 'Exultet iam angelica turba', *Missale Romanum: Benedictio ignis in sabbato sancto.*   40 Aug. *De Natura et Gratia*, 36. 42.   41 Cf. Gen. 22. 6–18 etc.   42 Cf. Is. 7. 14; Mic. 5. 3.   43 Cf. Luc. 1. 28.   44 Luc. 1. 35.   45 Cf. Dan. 9. 24.   46 Cf. Luc. 1. 42.   47 Col. 2. 9.   48 Cf. Cassiodorus, *Expositio in Cant.* ad Cant. 5. 8.   49 Col. 1. 26.   50 Gal. 4. 4.   51 Cf. Eph. 3. 9.   52 I Tim. 3. 16.   53 *absconditum a seculis* Eph. 3. 9.

14. Istarum ergo cantus antiphonarum est tamquam quedam vox preco- 11
nia et nostrarum excitativa mentium; ut quasi quoddam dominice nativitatis invitatorium precinamus, ac secundum multitudinem dolorum in
cordibus nostris consolationes dei letificent animas[54] afflictorum, et qui
fuimus in tenebris occurramus salvatori nostro dicentes: 'Benedictus qui
venit in nomine domini, deus dominus et illuxit nobis.'[55]   11

15. Ideo in prima antiphona, scilicet 'O SAPIENTIA',[56] postulat devotio
antiquorum ut VENIat sapientia dei AD eos et DOCEat eos VIAM PRUDEN-
TIE.[57] In secunda vocant ADONAY, id est 'dominum nostrum',[58] QUI MOYSI
APPARUIT IN IGNE[59] missurus eum pro redemptione Israel,[60] ut ipse nunc
VENIat et REDIMat eos. In tertia invocant eum qui est RADIX IESSE,[61] id est 12
Christum, de quo facta est promissio in figura Isaac patri eius Abrahe,[62] et
in figura Salomonis patri eius David filio Iesse.[63]

16. In quarta humiliter orant ut Christus, QUI APERIT ET NEMO CLAU-
DIT,[64] qui salvat et nemo condemnat, VENIat ET eos DE CARCERe et
exterioribus inferni[65] educat. In quinta clamant ad filium dei, qui est 1:
SPLENDOR LUCIS ETERNE[66] ET SOL IUSTITIE,[67] ut VENIat ET ILLUMINet
SEDENTEs IN interioribus ET UMBRA MORTIS.[68] In sexta sub persona
GENTILis populi[69] affectuose clamant et rogant ut duos populos, quasi duos
parietes,[70] in uno LAPIde ANGULARi[71] counire et eos SALVAre dignetur. In
septima humili iubilatione supplicant ut qui a deo patre per Isaiam vocatus 1
est EMANUEL,[72] id est 'nobiscum deus',[73] tamquam REX NOSTER ET LEG-
IFER[74] nobis a deo missus VENIat et SALVet NOS.[75]

110 ergo: igitur N   111 nostrarum: nostrorum N   111 quasi om. N   114 occurramus: occuramus Ar   116 scilicet om. N   116 O SAPIENTIA: O sapientia Ar
marg.   117 eos: ipsos N   118 ADONAY: O Adonay Ar marg.   120 RADIX IESSE:
O radix Iesse Ar marg.   121 patri . . . Abrahe: patriarche N   123–124 QUI . . .
CLAUDIT: O clavis David Ar marg.   125 inferni educat: deducat Ar   126 SPLEN-
DOR . . . IUSTITIE: O oriens Ar marg.   127 ET: in add. Ar   127 In sexta: O rex
gentium Ar marg.

54 Ps. 93. 19.   55 Ps. 117. 26–7.   56 Cf. Ecclus. 24. 1, 5.   57 Cf. Prov. 9. 6.   58
Ex. 6. 3. and Glos. ad loc.   59 Ex. 3. 2.   60 Ex. 6. 6.   61 Is. 11. 10.   62 Gen. 17.
19; Gal. 3. 16.   63 II Reg. 7. 13–14 and Glos. ad loc.; cf. Hebr. 1. 5.   64 Apoc. 3.
7.   65 Glos. ad Luc. 1. 79.   66 Sap. 7. 26; cf. Glos. ad Hab. 3. 4.   67 Mal. 4. 2.   68
Luc. 1. 79 and Glos. ad loc.   69 Cf. Agg. 2. 8.   70 Cf. Eph. 2. 14 and Glos. ad
loc.   71 Eph. 2. 20 and Glos. ad loc.   72 Is. 7. 14.   73 Matt. 1. 22.   74 Is. 33.
22.   75 Ibid.

17. Denique, quia plerique eorum deo inspirante prenoverant quod salutis humane dispensatio[76] per virginis filium impleretur, octavam anti-
35 phonam, quam ex certa causa incidenter premisimus, ad VIRGinem VIRGINUM dirigunt, ut ipsa virtutibus celi[77] et sanctis animabus annuntiet DIVINe sapientie salutare MYSTERIUM.

18. Hec de canticis veterum et antiphonis vespertinis que nativitatem domini antecedunt succincta brevitate transcurro, nec propter hoc omisi
40 vel distuli quin scriberem et cantarem que ad honorem dei et ecclesie atque edificationem proximi pertinere credebam. Scio quia longe dulcius et fructuosius cogitare et scribere que operantur ad salutem anime, quam ea quibus venamur pompam mundi et gloriam secularem.

19. Est autem inter hec duo quoddam medium, ut scribentes deum
45 reverenter habeamus pre oculis, atque proximum[78] ad edificationem anime salutaribus monitis instruamus. Eapropter iuxta sacram scripturam, et hec oportet facere et illa non omittere.[79] Etenim cum non habeam vasa aurea vel argentea seu lapides pretiosos quos offeram in opus tabernaculi,[80] duo tamen minuta offero cum paupere vidua,[81] honorem deo et edificationem
50 proximo, nec enim in dei facie vacuus apparere[82] presumo.

20. Canto novum canticum[83] cum modernis. Cantaverunt veteres canti-cum modo vetus, Christum scilicet incarnandum; cantamus et nos eundem cantum sed novum, quem enim cantabant incarnandum nos canimus incarnatum. Scriptum est enim: 'Et qui preibant et qui sequebantur'
5 cantabant 'Osanna in excelsis.'[84] Umbra veterum nobis in lucem conversa est, figura in veritatem, spes in certitudinem, promissio in plenariam hereditatis possessionem.

21. Si arguendus, immo quia multipliciter arguendus sum et de canticis et de rithmis, culpam mee levitatis agnoscens meipsum reprehendo; vos
) queso qui spirituales estis corripite huiusmodi levitatem in spiritu lenita-tis.[85] Humanis tamen vocibus et musicis instrumentis prophete usi sunt,

---

133 eorum: illorum N   134 dispensatio: mysterium Ar   134 virginis filium: filium virginis N   135 premisimus: premiserimus N   144–145 deum reverenter: reverenter deum N   148 seu: vel N

76 Eph. 3. 9.   77 Cf. Dan. 4. 32 and Glos. ad loc.   78 *deum, proximum*: cf. Matt. 22. 37–9.   79 Matt. 23. 23.   80 Cf. Ex. 35. 21–7 and Glos. ad loc.   81 Luc. 21. 2 and Glos. ad loc.   82 Ex. 23. 15.   83 Ps. 143. 9 and Glos. ad loc.   84 Marc. 11. 9 and Glos. ad loc.   85 Gal. 6. 1.

metriceque scripserunt.[86] Metra enim et cantica hominum corda fortius movent, et ubi sermo communis inutilis est, exquisita sententia verbis vestita elegantibus quandoque efficaciter edificat ad salutem.

22. Habebam pro amore vestro in votis de oneribus que Isaias proponit 165 et disponit[87] octo excipere, et eadem octo beatitudinibus[88] quadam proportione quasi contraria mutuo coaptare; ulterius etiam proficiscens fixeram in animo meo octo antiphonas que incipiunt per 'O', quasi octo vias ad octo beatitudines, quodam osculo et consensu predulcissimo counire,[89] atque per Christum virgam exactoris et iugum oneris eius auferre sicut in die 170 Madian.[90]

23. Christus enim panis ille est subcinericius qui sub figura Gedeonis subvertit castra Madian.[91] Ipse quidem sub nostre mortalitatis cinere in clibano[92] crucis tortus et coctus est, sed reversatus est iste panis[93] qui de celo descendit[94] per gloriam resurrectionis, per quam a carne sua cinerem 175 passibilitatis excussit.

24. Cumque voluntas hec in corde ferventius estuaret, dictum est michi a quodam magno et prudentissimo viro se vidisse et legisse tractatum quendam magistri Acardi de Sancto Victore[95] super octo Isaie oneribus, et ibi per preces et desideria antiquorum auferebantur onera et octo beati- 180 tudines succedebant. Ego autem, in ea veneratione et reverentia quam Statius in fine Thebaidos exhibuit Virgilio, magistro Acardo defero, dicens anime mee:

Non tu divinam Eneida tempta,
Sed longe sequere et vestigia semper adora.[96]   185

163–164 verbis vestita: vestita est verbis N   164 quandoque . . . edificat: edificat quandoque efficaciter N   169 quodam: quasi Ar   170 aufferre: offerre N   173 quidem: quibus Ar   173 nostre . . . cinere: cinere nostre mortalitatis N   174 iste: ille N   182 exhibuit: exhibet Ar

---

86 *metriceque scripserunt*: Jerome, *Praefatio in Librum Isaie*.   87 Cf. Is. 13. 1; 15. 1; 17. 1; 19. 1; 21. 1; 21. 11; 21. 13; 22. 1; 23. 1; 30. 6.   88 Matt. 5. 3–10.   89 Cf. Ps. 84. 11 and Glos. ad loc.   90 Is. 9. 4.   91 Iud. 7. 13–14.   92 *in clibano*: cf. Glos. ad Lev. 2. 4.   93 Os. 7. 8.   94 Ioh. 6. 33.   95 Achard was abbot of Saint-Victor 1155–61, and bishop of Avranches 1161–71. The work described here has not come to light and is not mentioned by J. Châtillon in his biography of Achard (*Théologie, spiritualité et métaphysique dans l'œuvre oratoire d'Achard de Saint-Victor* (Paris, 1969), pp. 11–150), nor is Achard mentioned by F. Stegmüller in his *Repertorium Biblicum Medii Aevi*, ii or viii (Madrid, 1950, 1976); but Achard's famous sermon, 'Tractatus de septem desertis', shows his fondness for play on numbers (*Achard de Saint-Victor, sermons inédits*, ed. J. Châtillon (Textes Philosophiques du moyen âge, 17; Paris, 1970), pp. 199–243).   96 Statius, *Thebaid*, 12. 816–17.

17

Peter urges the abbess of Wherwell during the interdict to pray for the church. 1208×9[1]

ABBATISSE DE WAREWELL' CONSOLATORIA

1. Venerabili domine et karissime sibi in Christo Matilde abbatisse de Warewell',[2] Petrus Blesensis Londoniensis archidiaconus salutem, et si quid dulcius aut desiderabilius est salute.

2. Licet sitis nobilis sapiensque virago fortiumque virorum animos constantia et consilio transcendatis, quia tamen nuntii fidelis vobisque et michi oblata est opportuna et grata occasio, vobis consolatoriam hanc festinanter destinare decrevi. Bonarum enim mentium est monitis salutaribus in melius excitari, et sicut poeta commemorat,

> Non nocet admisso subdere calcar equo.[3]

3. Videtis quia dies mali sunt[4] et tempora periculosa, bonusque reputatur hodie qui non est nimis malus; proinde iuxta nostrorum exigentiam meritorum videtur dominus ecclesie sue suam benevolentiam suarumque misericordiarum gratiam subtraxisse. Interdicta sunt vobis vivorum solacia et remedia mortuorum, sancte inunctiones,[5] cantica letitie, et precipua infirmorum fiducia corporis et sanguinis domini sacramentum et beneficium sepulture. Vie Syon lugent, eo quod non sit qui veniat ad solempnitatem.[6]

A 193ᵛ Ad 145ʳ B 91ʳ

1 CONSOLATORIA: EPISTOLA CONSOLATORIA B   2 Matilde: M. AB   1–4 ABBATISSE . . . salute *om.* Ad   6 tamen: non AB   8 festinanter *om.* AB   12 nostrorum: vestrorum AB   15 sancte: sicut Ad   15 inunctiones: innicciones Ad; in missiones B

---

1 Probably written between the proclamation of the interdict on 23 March 1208 and the relaxation of January 1209; see also Letters 20, 24, and 75 below. Possibly the messenger Peter mentions was carrying correspondence to Salisbury, see Letter 20.   2 Matilda is recorded as abbess of the Benedictine convent of Wherwell in Hampshire between 1194 and 1207; the election for her successor was ordered in 1213 (*Rot. Lit. Cl.* i. 148).   3 Ovid, *Ex Ponto*, 2. 6. 38.   4 Eph. 5. 16.   5 Extreme unction was forbidden under the interdict, although the use of chrism for baptisms was still allowed; see e.g. Innocent III, 'Forma Interdicti in Anglia', *PL* ccxvii. 190–2), and *Extra*, 5. 38. 11.   6 Lam. 1. 4.

4. Navis Petri gravissima tempestatis inundatione concutitur, dormit
autem Christus in navi nec est qui eum excitet atque dicat: 'Exurge, quare 20
obdormis domine? Adiuva nos quoniam perimus.' Navis operitur fluctibus,
et nisi, o Iesu, evigilas, absorbet nos profunditatis abyssus. Impera,
domine, ventis et mari.[7] Recordare quod olim inundante diluvio archa Noe
violentia fluctuum nunc deprimebatur inferius, nunc elevabatur in altum,[8]
tandemque propitiante domino super montes Armenie requievit.[9]   25

5. Archa etiam federis ab Allophylis[10] capta apud eos otiosa non fuit,
nam propter eam deus confregit Dagon hostesque suos percussit in
posteriora eorum,[11] prodigiisque et signis David coram archa saltante et
populo exultante in Hierusalem requievit.[12] Surge domine in requiem
tuam, tu et archa sanctificationis tue.[13] Quamvis enim dura sint nobis 30
flagella que patimur, nos tamen durioribus dignissimos reputamus.

6. Recole abbatissa, nobilis genere sed nobilior mente, quod rex
Assuerus suggestione et consilio Aman populum Israel morti addixerat,
eratque crux parata in supplicium et exitium Mardochei. Porro regina
Hester noctem illam deduxit insompnem,[14] regemque precibus et lacrimis 35
inclinans ad misericordiam revocavit a crudeli proposito, Aman quoque
affixus est cruci quam preparaverat Mardocheo.[15] Vigila et ora,[16] sponsa
regis altissimi, tuasque sorores ad orationem et cetera exercitia religionis
exemplo et salutaribus monitis opportune et importune[17] instiga, ut
dominus hanc ecclesie procellam convertat in auram.[18] Cor regis in manu 40
dei[19] est, qui ad pacem et benevolentiam vertet illud si procedent vestre
orationes ex intimo devotionis affectu.

7. Nichil est quod non possit sancta oratio. Leviter ascendit in celum,
celique dominum comprehendit. Oratione suscitatus est Lazarus;[20]
oratione celum clausit Helias ut non plueret, et ipse orando pluviam 45

22 o Iesu evigilas: Iesum evigiles AB   24 deprimebatur: deprimatur AB   30 nobis:
vobis Ad   32 nobilis: nobis A   35 deduxit: duxit AdB   41 procedent: procedant
A   45 ipse: ipsum AB   45 pluviam: pluvia A

7 Cf. Matt. 8. 24–6.   8 Cf. Gen. 7. 17.   9 Gen. 8. 4.   10 Glos. ad I Reg. 5. 6; cf. Ps.
55. 1.   11 I Reg. 5. 1–9.   12 II Reg. 6. 1–19.   13 II Par. 6. 41.   14 Est. 6. 1 (regina
Hester: *rectius* rex).   15 Est. 3. 8–11; 5. 14; 6. 1; 7. 2–10.   16 Marc. 14. 38.   17 II
Tim. 4. 2.   18 Cf. Ps. 106. 29.   19 Prov. 21. 1.   20 Ioh. 11. 41–4.

relaxavit.[21] Si virtutem orationis in centurione,[22] in regulo,[23] in Cha-
nanea,[24] in Ninivitis,[25] et in Ezechia rege[26] et in aliis antiquis exprimere
voluero per exempla, prius michi deficiet lingua quam loquendi materia.

50   8. Erigat queso in vobis fiduciam impetrandi quod petitis veritas que
mentiri non potest:[27] 'Ubi duo vel tres', inquit, 'congregati sunt in nomine
meo, ibi sum in medio eorum', et item; 'Si duo ex vobis consenserint de
aliqua re super terram, fiet illis.'[28] Et ne aliquis vel aliqua de sue petitionis
effectu desperet, promissionem duplici iuramento confirmat:[29] 'Amen
amen dico vobis, si quid petieritis patrem in nomine meo, fiet vobis.'[30]

55 Nomen itaque salvatoris invocetur super vos, quia sicut Salomon ait:
'Nomen domini plurima fortitudo.'[31]

    9. Honorent filie Syon regem pacificum,[32] ut fiat pax in virtute illius.[33] Et
qui testimonio Iob 'facit pacem in sublimibus suis'[34] regnum et sacerdotium
uniat et custodiat in vinculo pacis.[35] Et pax illa que exsuperat omnem

60 sensum custodiat cor vestrum et intellegentias vestras,[36] ut sit vestris
animabus forma pulchritudinis et signaculum sanctitatis, quatinus repleat
in bonis desiderium vestrum deus cordis nostri et pax nostra in eternum.[37]
Bene valete.

---

51 item: recte B   60 sit: si *codd.*

---

21 Iac. 5. 17–18.   22 Matt. 8. 5–13.   23 Ioh. 4. 46–53.   24 Matt. 15. 22–8.   25
Ion. 3. 5–10.   26 IV Reg. 20. 1–6.   27 Hebr. 6. 18.   28 Matt. 18. 20, 19.   29 Hebr.
6. 17–18.   30 Ioh. 16. 23.   31 Cf. Prov. 14. 26; 18. 10.   32 Cf. Zach. 9. 9; I Par. 22.
9.   33 Ps. 121. 7.   34 Iob 25. 2.   35 Eph. 4. 3.   36 Phil. 4. 7.   37 Ps. 72. 26.
(pax *rectius* pars).

18

Peter explains the principles he has followed in rewriting the life of St Guthlac of Crowland. 1196 or later[1]

HEC EPISTOLA EST PROLOGUS IN VITAM SUAM GUTHLACI QUAM PETRUS DICTAVIT

1. Reverendissimo patri et domino Henrico abbati Croylandie[2], Petrus Blesensis Bathoniensis archidiaconus salutem in eo sine quo non est salus.

2. Quia gesta virorum illustrium solet obscurare vetustas subtili artificio, 5 providentior cautela decrevit ea redigere in scripturam, ut beneficio literarum senescentis memorie dispendium relevetur. Iustum equidem a rebus humanis exemptum scriptura quodam modo vivificat, dum id agit ut tamquam liber inter mortuos vivat, et adversus gloriam eius nulla temporis longitudo prescribat. Propulsata itaque desidiose oblivionis iniuria, post- 10 eritas, que sanctorum patrum preconia laude prosequitur, eorum patro- cinia cotidie experitur et ad emulanda studia honestatis virtutum exemplaribus excitatur.

A 194[r] Ad 146[r] T 144[r]   *Pr.* C. Horstmann, *Nova Legenda Anglie*, ii. 698–9

1–2 HEC . . . DICTAVIT *om.* Ad; Incipit epistola Magistri Petri Blesensis ad dompnum Henricum abbatem Croylandie de vita beati Guthlaci T   3 Reverendissimo: Reverentiss- imo T   3 Henrico: H. *codd.*   4 Bathoniensis: Londoniensis A   3–4 Reverendissimo . . . salus *om.* Ad   6 ea redigere: redigere ea AdT   12 cotidie: assidue AdT

---

1 Probably Peter was still archdeacon of Bath when he wrote his life of Guthlac; he is given that title as author of *Vita Guthlaci* by both the *Chronicon Anglie Petriburgense*, ed. J. A. Giles (London, 1845), p. 135, and the Continuation of Pseudo-Ingulf's *Croylandensis Historia* attributed to Peter (*Rerum Anglicarum Scriptores Veteres*, ed. W. Fulman (Oxford), 1684, i. 108). Possibly this letter was composed in April (cf. 'Hodie . . . hodie' in § 6 and Peter, *Sermo* 11, col. 593B); Guthlac was commemorated on 11 April and his relics translated for the second time on 27 April 1196. A set of drawings of the saint's life, probably made for that occasion, is reproduced by G. F. Warner in *The Guthlac Roll* (Roxburghe Club, Oxford, 1928). Peter's source, the 8th-c. *Vita Guthlaci* by Felix, has been edited by W. de Gray Birch (Wisbech, 1881) and B. Colgrave (Cambridge, 1956), and Peter's version, together with this letter, is printed by C. Horstmann in his *Nova Legenda Anglie* (2 vols., Oxford, 1901), ii. 698–719. For the various reworkings of Felix's biography, and later of Peter's, see W. F. Bolton, 'The Latin Revisions of Felix's *Vita Guthlaci*' (*Mediaeval Studies*, 21 (1959), 36–52).   2 Henry de Longchamp, brother of William de Longchamp (bishop of Ely 1189–97), was head of the Benedictine abbey of Crowland 1190–1236. *Ep.* CCXVI was also addressed to him.

3. Vitam itaque beati Guthlaci,[3] quam celebris miraculorum gloria,
15 quam districtissime religionis austeritas finali perseverantia commendavit,
in materiam scribendi assumo. Ad hoc enim urget me vestre postulationis
instantia et imperiosa dilectio. Veteris autem historie superflua resecans et
obscura dilucidans nequaquam a tenore veritatis excessi, nec novum
aliquid, nisi quod publice edificationis exigentia dictabat, apposui.
20   4. Enarremus itaque magnalia beatissimi confessoris, qui dum peregri-
naretur in terris ventum favoris et laudis humane detestabiliter abhorrebat
ut in domino laudaretur anima sua.[4] Qui enim viventem laudat, adulationis
oleum vendit quo caput peccatoris inpinguat.[5] Non est equidem laus
hominis in hoc mundo secura, cuius nec vita secura est, cuius et intima et
25 novisima sunt ignota. Si enim non salvatur qui non perseverat,[6] si non
coronatur qui legitime non certat,[7] si in arenoso huius seculi stadio et in
lubrico huius vite pugnanti apostolus dicit: 'Qui stat videat ne cadat';[8] sicut
periculosa est lucta, sic dubia est corona.
        5. Non ergo glorietur accinctus eque ut discinctus,[9] seminator ut messor,
30 pugnator ut victor. Dum enim inhabitamus luteas domos[10] et in sudore
vultus nostri comedimus panem[11] nostrum, nichil apud nos tutum est,
nichil solidum aut perfectum. Paulus ad tertium celum raptus dicit:
'Nondum arbitror me comprehendisse.'[12] Et quis gloriatur se castum
habere cor? Quis novit utrum amore an odio dignus sit? Solus novit
35 dominus qui sunt eius.[13] Multi miserunt manum ad aratrum et retro
conversi sunt,[14] multi bene currentes[15] in virtutum stadio ceciderunt. Ideo
Iohannes in epistola sua dicit: 'Nunc filii dei sumus, sed nondum apparet
quid erimus.'[16]
        6. Porro beatus Guthlacus, Christi confessor egregius, tamquam fortis
40 miles a prelio servusve fidelis rediens a labore iam secure potest dicere cum
propheta: 'Convertere anima mea in requiem tuam, quia dominus
benefecit tibi; quia eripuit animam meam de morte, oculos meos a
lacrimis, pedes meos a lapsu.'[17] Hodie introductus est est in gaudium

---

15 austeritas: auctoritas T   18 novum: novimus T   26 arenoso: hoc arenoso Ad;
arenosa T   28 lucta: luctatio Ad   30 domos: domus A   34–35 novit dominus:
dominus novit Ad   35 manum: suam add. Ad   40 potest dicere: dicere potest Ad

---

3 Guthlac, a Mercian prince who abandoned a military career to enter the monastery of
Repton, spent the last fifteen years of his life as a hermit in Crowland, where he died in
714.   4 Ps. 33. 3.   5 Ps. 140. 5 and Glos. ad loc.   6 Matt. 10. 22.   7 II Tim. 2.
5.   8 I Cor. 10. 12.   9 III Reg. 20. 11.   10 Iob 4. 19.   11 Gen. 3. 19.   12 Phil. 3.
13.   13 II Tim. 2. 19.   14 Luc. 9. 62.   15 Gal. 5. 7.   16 I Ioh. 3. 2.   17 Ps. 114.
7–8.

domini sui,[18] et in pace factus est locus eius.[19] Hodie datur ei de fructu
operum suorum, et laudant eum in portis opera eius.[20] Ibi unusquisque 45
sanctus inter filios dei de torrente voluptatis eterne potabitur.[21] Ibi erit
unicuique laus a deo,[22] et dominus transiens ministrabit eis.[23] Ibi erit
mensis ex mense, sabbatum ex sabbato,[24] sabbatum delicatum[25] in quo nec
exultationis immensitas mensuram nec eternitas habet finem.

19

*Peter advises the new bishop of Bath on the cultivation of the spiritual life,
and presents a copy of his* Tractatus de Amicitia et Caritate (PL ccvii
871–958). *Probably 1206*[1]

MONETUR BATHONIENSIS EPISCOPUS VACARE LECTIONI ET CONTEMPLATIONI

1. Diu est qud vestra me preveniente gratia dilectio inter nos suos
primitiavit affectus; nam in domo regia ita vos exhibebatis mansuetum et
humilem, affabilem et iocundum, socialem, fidelem, et operibus timora- 5
tum, ita circumspectum in verbis et operibus et ad omnes liberalitates
effusum, ut non solum apud aulicos sed apud omnes prelatos et principes
regni singularem haberetis exuberantiam gratiarum. Salutata denique
pueritia, cum iam in facie vestra quidam favorabilis placor et pubescentis
adolescentie lanugo vernaret,[2] misistis manum ad fortia.[3] Industria enim 10
vestra, sensus habens exercitatos[4] atque super senes intelligens,[5] dies

45 laudant: laudent T   45 opera eius: eius A; opera sua Ad   48 delicatum: dedicatum
T   48 quo: qua AAd
A 194ʳ Ad 146ᵛ
1–2 MONETUR . . . CONTEMPLATIONI *om.* Ad   4 nam: iam Ad   7 apud omnes:
etiam apud Ad   10 misistis: insistis Ad

18 Matt. 25. 21.   19 Ps. 75. 3.   20 Prov. 31. 31.   21 Ps. 35. 9.   22 I Cor. 4.
5.   23 Luc. 12. 37.   24 Is. 66. 23.   25 Is. 58. 13.
1 This letter was probably addressed to Jocelyn of Wells, bishop of Bath 1206–42 (for his
predecessor, Savary, see Letter 7 n. 1). For its substance and occasion see Letter 78 below, of
which this is an expanded version. Jocelyn was a former canon of Wells and also a clerk of
King John, with whom he remained closely associated until the king's excommunication in
1209 (J. Armitage Robinson, *Somerset Historical Essays* (London, 1921), pp. 141–59).   2
Martial, *Epigr.* 2. 61. 1.   3 Prov. 31. 19.   4 Hebr. 5. 14.   5 Ps. 118. 100.

vestros moribus antiquabat, tempora preveniebat meritis, et quod deerat
etati virtutibus compensabat.

2. Sic, inter alias dignitates que portant orbem[6] et gemunt sub aquis,[7]
15 vos curialium sollicitudinum fluctibus immersistis. Denique, secundum
nomen magnorum qui sunt in terra,[8] reddituum et honorum affluentia
vestros coetaneos precessistis. Hec tamen omnia que apostoli testimonio
impedimenta huius mundi sunt,[9] quasi compedes aurei, licet minus
displicerent, vos tamen gravius onerabant.

20 3. Tandem a multiplicium pluralitate reddituum transtulit vos quasi
arborem preelectam celestis ille ortulanus ad irriguum superius[10] et ad
ortum aromatum,[11] ut ibi fructum faciatis et fructus vester maneat,[12] donec
vos inter lilia[13] paradisi transplantet in terra viventium.[14] Ipse ad vos et ad
alios, quos desuper irrigare[15] dignatur ut fructum afferant,[16] per organum
25 spiritus sancti loquitur dicens: 'Audite me divini fructus, date odorem et
frondete in gratiam, et quasi rosa plantata super rivos aquarum fructifi-
cate.'[17]

4. Hee sunt aque vive[18] que fluunt cum impetu de Libano,[19] divisiones
scilicet gratiarum,[20] de ventre fidelis anime[21] fluentes in vitam eternam.[22]
30 De hiis aquis loquente domino ad discipulos, evangelista subiungit: 'Hoc
autem dicebat de spiritu quem accepturi erant',[23] per quem diffusa est
caritas, id est dei amor, in cordibus[24] eorum. Amor enim seculi aqua
Iericontina est, cuius sterilitatem Helyseus salis appositione sanavit.[25] Hic
amor stultitia est apud deum,[26] hic amor suum professorem dei constituit
35 inimicum.[27]

5. Vos itaque rogo ut dominum, moneo ut patrem, consulo ut amico,
quatinus relegato procul aut prorsus exterminato in vobis mundiali amore,
omnes sensus, omnes affectus vestros omnemque intelligentiam vestram
transferatis in deum. Amor siquidem dei datum optimum donumque

14 que: qui *codd.*   16 honorum: bonorum Ad   17 Hec . . . testimonio *om.* Ad   24
fructum: plus *add.* Ad   25 loquitur: loquatur Ad   26 plantata: planta A   32 caritas:
dei *add.* Ad   38 omnes sensus *om.* Ad   38 affectus: affectiones Ad   39 dei: deo
codd.

6 Iob 9. 13.   7 Iob 26. 5. and Glos. ad loc.   8 II Reg. 7. 9.   9 Cf. I Tim. 6.
9–10.   10 Ios. 15. 19 and Glos. ad loc.   11 Cant. 4. 16.   12 Ioh. 15. 16.   13 Cant.
6. 2. and Glos. ad loc.   14 Ps. 26. 13.   15 Cf. Is. 45. 8.   16 Ioh. 15. 16.   17 Ecclus.
39. 17, 19.   18 Ioh. 7. 38.   19 Cant. 4. 15 and Glos. ad loc.   20 I Cor. 12. 4.   21
Ioh. 7. 38.   22 Ioh. 4. 14.   23 Ioh. 7. 39.   24 Rom. 5. 5.   25 IV Reg. 2. 18–22 and
Glos. ad loc.   26 I Cor. 3. 19.   27 Iac. 4. 4.

perfectum est, descendens a patre luminum.[28] Ipse est lignum vite, cuius 40
fructus[29] teste apostolo sunt gaudium et pax[30] in spiritu sancto,[31] pax
scilicet que exsuperat omnem sensum.[32] Benedicit apostolus omnibus qui
diligunt Christum et subiungit: 'Qui autem non amat dominum nostrum
Iesum Christum sit anathema Maran Atha.'[33] Dei amor, id est caritas, est
verbum abbreviatum,[34] consummatio legis,[35] omnium preceptorum imple- 45
tio,[36] iugum domini suavissimum,[37] imperturbabilis quies, et sabbatum
anime delicatum.[38]

6. Sane in omnibus requiem quesivi,[39] in omnibus laborem et dolorem[40]
inveni. Vidi enim omnia que sub sole sunt, et omnia vanitas et afflictio
spiritus.[41] Quomodo ergo sustineam ut anima tam preclari ac predilecti 50
domini mei turbis irruentium sollicitudinum opprimatur, et que vocata est
in libertatem filiorum dei[42] degeneret in opera Egyptie servitutis?[43] Ero
siquidem divine legis prevaricator[44] si permittam quod iuxta altare domini
nemus crescat,[45]quod conscientia domini mei, ager scilicet ille in quem ad
meditandum debet exire Isaac,[46] spinarum scmen dei suffocantium densi- 55
tate[47] silvescat. Maius est omni thesauro quod discrimini certo exponitur,
dum quorundam anime, pro quibus Christus mortuus est,[48] ad vanitates et
insanias falsas quadam spiritus vertigine[49] et mundani amoris ebrietate
rapiantur.

7. Humanis equidem mentibus lex divine dispensationis inscripsit ut 60
eorum quos diligimus pericula propria reputemus,[50] et quos prorsus
alleviare non possumus, eorum saltem onera iuncto humero suppor-
temus.[51] Licet autem frumento, vino, oleo,[52] ceterisque divitiis spiritualibus exuberantius affluatis, ego tamen vir videns paupertatem meam,[53]
nec habens nisi modicum olei quo ungar, illud vestre sanctitati communico; 65
non ut vos doceam, quem de omnibus divina unctio docet,[54] sed ut presens
De Amicitia et Caritate Tractatus vos a curis, sine quibus vix episcopalis
administratio esse potest, quasi quodam solemni sabbato ab illo negotiorum strepitu quandoque faciat feriari.

---

42 Benedicit: Benedictus *codd.*   45 verbum: verbis *codd.*   52 opera: operam
Ad   52 Ero: Ego *codd.*   57 Christus *suppl.*   63 vino: et *add.* Ad

---

28 Iac. 1. 17.   29 Apoc. 22. 2.   30 Gal. 5. 22.   31 Rom. 14. 17.   32 Phil. 4.
7.   33 I Cor. 16. 22.   34 Rom. 9. 28.   35 Rom. 13. 10.   36 I Tim. 1. 5.   37
Matt. 11. 30.   38 Is. 58. 13.   39 Ecclus. 24. 11.   40 Ierem. 20. 18.   41 Eccles. 2.
17.   42 Rom. 8. 21.   43 *opera servitutis*: cf. Gal. 4. 31–5. 1.   44 Rom. 2. 25.   45
Deut. 16. 21 and Glos. ad loc.   46 Gen. 24. 63.   47 Marc. 4. 18–19.   48 Rom. 14.
15.   49 Cf. Is. 19. 14.   50 Cf. I Cor. 12. 26.   51 Cf. Gal. 6. 2.   52 Ps. 4. 8. and
Glos. ad loc.   53 Lam. 3. 1.   54 I Ioh. 2. 27.

70   8. Sane hii quibus datur vacare et videre[55] quam suavis est dominus,[56] irrorante illis quadam celestis gratie suavitate, pregustant quasdam primitias regni, quasdam experientias visionis eterne. Sic eis permittitur quibusdam desideriorum pennis evolare[57] per contemplationis excessus usque in iubileas amenitates, quarum fruitio facit ut homo deo adherens efficiatur
75   unus spiritus cum eo,[58] distans a sanctis sanctorum solo huius mortalitatis obstaculo. Contemplatione huiusmodi mediante propheta ingrediebatur locum tabernaculi admirabilis usque ad domum dei,[59] atque in voce exultationis et confessionis, deficiens a se et totus transiens in amatum, 'Defecit', inquit, 'cor meum et caro mea, deus cordis mei et pars mea deus
80   in eternum.'[60]

      9. Licet autem sit momentanea hec voluptas, in una tamen quasi guttula istius dulcedinis experitur anima quam incomparabilis sit eorum beatitudo in quorum desiderii plenitudine torrens eterne voluptatis[61] exuberat. Ille enim de quo dicit per prophetam dominus: 'Apud te est fons vite et in
85   lumine tuo videbimus lumen',[62] ipse est quandoque quasi fluminis impetus letificans civitatem dei.[63] Unde et per Isaiam dicit: 'Ecce ego declino in vos ut flumen pacis, et ut torrens inundans glorie gentium.'[64]

      10. Ipse est lumen incircumscriptibile, cuius perceptibilis non est anima dum corpus hoc mortis[65] inhabitando circumfert; ei tamen splendor lucis
90   illius clam ct raptim et quasi alternantibus tenebris interlucet. Et hoc est quod credimus Iob sensisse cum dixit: 'Qui abscondit lucem in manibus, et precipit ei ut rursum oriatur; et annuntiat de eo dilecto suo, quod possessio eius sit et ad eam possit pervenire.'[66] Ac si dicat: 'Lumen illud divinum sic visione quadam transitoria mentibus interlucet, velut lucerna que defertur
95   in manibus ut non exsuffletur a vento, et illa quidem sic apparet ut vix appareat, et tamen in tenebris ambulanti[67] qualecumque solacium visionis exhibeat.' Hec autem enigmatica visio tantum distat a visione futura[68] quantum a veritate fides, quantum a luce umbra, quantum spes a re, quantum tempus ab eternitate.

---

70 est dominus *suppl.*   76 huiusmodi: huius A; *om.* Ad   78 exultationis et: exul et A; exultationis Ad   79 Defecit: deficiet Ad   83 desiderii plenitudine: desiderio plenitudinis Ad   83 eterne voluptatis: voluptatis eterne Ad   86 Unde *om.* Ad   98 quantum a luce: quanta a luce A

---

55 Ps. 45. 11.   56 Ps. 33. 9.   57 Cf. Ps. 54. 7 and Glos. ad loc.   58 I Cor. 6. 17.   59 Cf. Ps. 72. 17.   60 Ps. 72. 26.   61 Ps. 35. 9.   62 Ps. 35. 10.   63 Ps. 45. 5.   64 Is. 66. 12, *vers. antiq.*, cit. e.g. Aug. *De Civ. Dei*, 20. 21.   65 Rom. 7. 24.   66 Iob 36. 32–3, cf. Glos. ad loc.   67 Is. 9. 2.   68 Cf. I Cor. 13. 12.

11. Plerique tamen sunt qui se caritatem habere et deum diligere 100
presumptuose confidunt, eo quod inter penitentiales lacrimas, inter devota
susurria, inter singultus anxios, inter ignitas compunctiones et iubilationes
arcanas, se comprehendere atque tenere et amplecti dilectum quasi
brachiis pie devotionis ac feliciter delibare gloriam magnificentie suavitatis
eius existimant. Iam credunt frui deliciis filiorum, qui nondum inter 105
mercenarios[69] habent locum. Hec autem celestis gratie visitatio parum
meritoria est hiis qui cauteriatam habent conscientiam.[70] Concupiscentia
enim carnis, que prorsus videbatur aruisse, in istis revirescit ex causa
levissima. Frequenter artuum malitie quedam venenose propaginis recidiva repullulat, nam cum caritas exercitio militie spiritualis, studiis sacre 110
scripture et usu boni operis foveatur, intermissio talium sepe reviviscenti
vitio suggerit incentivum.

12. Homo igitur habeat caritatem, et faciat quicquid vult;[71] diligentibus
enim deum omnia cooperantur in bonum.[72] Secure descendat in lacum
leonum cum Daniele,[73] cum Ezechiele in Babilonem,[74] cum Ieremia in 115
Egyptum;[75] fit fiducialiter cum beato Iob draconum frater et socius
strucionum.[76] Caritas enim non agit perperam, caritas numquam excidit,[77]
quia deus caritas est.[78] Si deum diligimus, utique ab eo diligimur: 'Ego'
inquit 'diligentes me diligo.'[79] Teste apostolo: 'Gloriam illam nec oculus
vidit nec auris audivit, nec in cor hominis ascendit quam preparavit 120
diligentibus se.[80] Si deus nobiscum, quis contra nos?'[81] Vox prophete est:
'Si ambulavero in medio umbre mortis non timebo mala, quoniam tu
mecum es.'[82]

---

100 deum diligere: diligere deum Ad   102 susurria: suffragia *corr. in* susurria Ad   103
quasi: quibusdam Ad   104 feliciter: fideliter Ad   104 delibare: delibrare A; deliberare
Ad   109 artuum: artum A; actum Ad   110 repullulat: repullulant Ad   110 studiis:
studioque Ad   113 Homo igitur habeat: hunc igitur habeat A; habent ergo hanc
Ad   114 descendat: evadat Ad   114–115 in lacum . . . Daniele: cum Daniele in lacum
leonum Ad   116 beato Iob: Iob beato Ad   122–123 mala . . . es: quoniam deus mecum
est Ad

---

69 Cf. Luc. 15. 19.   70 I Tim. 4. 2.   71 Cf. Aug. *In Epist. Ioh. ad Parthos*, Tract. 7. 8
ad I Ioh. 4. 9.   72 Rom. 8. 28.   73 Dan. 6. 16.   74 Ezech. 1. 3.   75 Ierem. 43.
7–8.   76 Iob 30. 29 and Glos. ad loc.   77 I Cor. 13. 4, 8.   78 I Ioh. 4. 8.   79 Prov.
8. 17.   80 I Cor. 2. 9.   81 Rom. 8. 31.   82 Ps. 22. 4.

20

The dean and chapter of St Paul's explain their arrangements for Candlemas and Ash Wednesday, and some other matters arising from the interdict. About January 1209[1]

HIC RESPONDETUR QUESTIONI CANONICORUM SALESBER-
IENSIUM QUALITER DEBERENT SE HABERE TEMPORE
INTERDICTI

1. Reverendissimo patri et domino Herberto dei gratia Saresberiensi
5   episcopo,[2] Alardus decanus[3] et capitulum Londoniensis ecclesie salutem,
et devote humilitatis obsequium.

2. Fons a rivo petit aquam, et doctus ab indoctis consilium et doctrinam.
Nos autem habitantes cum habitantibus Cedar,[4] palpantes in tenebris[5]
ignorantie et sub modio fumigantes, lucerne super candelabrum posite[6]
10   vestra inducit auctoritas quod valemus, non quod volumus, respondere.
Proinde nostram excuset insufficientiam caritas, que nec excidit umquam
nec perperam agit,[7] sed ex sue liberalitatis impendio crescens, et dedignans
circa se omnes insufficientias et defectus, quod in se non habet mutuatur a
deo, sciens quod liberalis eius effusio detrimenta non sentit et quod
15   farinula vidue atque lecythus olei prophete communicatus beneficio exu-
berantie plenioris excrescit.[8] Ut ergo responsionis nostre seriem sub
recisiore verborum compendio coartemus, nullam vobis legem aut regulam
prescribentes, quod futuris diebus disposuimus facere vestre magnificentie
humiliter intimamus.

A 194ᵛ Ad 147ᵛ
1–3 canonicorum Saresberiensium qualiter deberent se habere tempore interdicti *add.* A
marg.   4 Reverendissimo: Reverentissimo A   4 Herberto: H. A   5 Alardus: A.
A   1–6 HIC . . . obsequium *om.* Ad   7 et doctus: ut et doctus Ad   7 consilium: et
devote humilitatis obsequium *add.* A   9 et: ut A   9 candelabrum: candebrum A

1 Ash Wednesday in 1209 was on 11 February. The bishop of Salisbury left England the
following October, the bishop of London had left the previous spring after publishing the
interdict. See also Letters 17 above and 24 below.   2 Herbert Poore, bishop of Salisbury
1194–1217. See Letters 14 and 15 above.   3 Alard of Burnham, Peter's predecessor as
archdeacon of London, was dean of St Paul's *c.* 1199–1216.   4 Ps. 119. 5 and Glos. ad
loc.   5 Iob 12. 25.   6 Cf. Matt. 5. 15.   7 I Cor. 13. 8,4.   8 III Reg. 17. 13–16.

3. In Purificatione beate Marie virginis cereos aut candelas non bene- 20
dicere in ecclesia vel extra ecclesiam nostram, habita inter nos collatione,
decrevimus. Domino dante in capite ieiunii cineres benedicemus in
capitulo nostro,[9] eosdem dantes solis canonicis et clericis ecclesie Londoniensis. Parochiales presbyteros instruemus quid eis faciendum sit, et
quod nichil solemniter apud eos sed solum humiliter fiat, et sic eos in 25
duobus predictis capitulis proprio eorum arbitrio committemus.

4. Solemniter vero penitentes non in ecclesiam admittemus nec
eiciemus, sed penitentiarius noster ante ostium ecclesie denuntiabit eis ut
in ecclesiam non intrent,[10] licet ante reconciliationem interdictum cesset,
donec publice absolutionis beneficium consequantur. Si qui vero contriti 30
corde et humiliati[11] voluerint sua confiteri peccata, seu disciplinam vel
alios penitentie fructus exegerint, in loco idoneo et honesto quem sacerdos
elegerit extra ecclesiam conveniant, ut anime de suis peccatis afflicte per
sollicitudinem sacerdotalis officii in Christi consolatione respirent.

5. De sententia vero a vobis et coepiscopis vestris lata, quam illi quaterni 35
rustici circa ecclesiasticorum horreorum custodiam nequiter excubantes[12]
incurrisse noscuntur, nichil certitudinis vobis ad tempus possumus
respondere. Erant enim super hoc diverse sententie plurimorum; verum in
id unanimi voluntate consensimus, quod si quis eorum ad eminentiam
vestram penitens ac devotus accedens et absolutionis beneficium cum 40
humilitate petierit, absolvatur a vobis vel ab aliquo cui vices vestras
duxeritis committendas secundum ecclesie formam, prestita cautione.
Nimirum vinculo ecclesiastico tales astringendi sunt, quia, quamdiu hec

---

23 eosdem: eosque A   24–25 eis . . . quod: faciemus et in hoc Ad   25 solum: tantum
Ad   28 ut *om.* A   31 sua confiteri: confiteri sua Ad   32 fructus: penitentie *add.*
A   33 ut: et Ad   36 rustici: qui *add. codd.*   36 excubantes: cubantes Ad   39 quod:
quia Ad   43 quia quamdiu: quod Ad

---

9 For the regular Purification and Ash Wednesday ceremonies at Salisbury, see C.
Wordsworth, *Ceremonies and Processions of the Cathedral Church of Salisbury* (Cambridge,
1901), pp. 99–101, 60–4.   10 See the 'Forma Interdicti in Anglia' (*PL* ccxvii. 190–1); this
likewise gives instructions about admitting laypeople to church and hearing confessions. See
also the additions to Innocent III's letter of 14 June 1208 in Gervase of Canterbury, *Opera
Historica*, ed. W. Stubbs (2 vols., RS 1879–80), ii, pp. xcii–xciii, and the *Annals of Dunstable,
Annales Monastici*, ed. H. R. Luard (5 vols., RS 1864–9), iii. 30.   11 Ps. 50. 19.   12 For
groups of four laymen taking charge of church properties, see *Rot. Lit. Cl.* 109b, 111b, and
Annals of Waverley (*Annales Monastici*, ii. 260–1). The advice given here corresponds to the
'Forma Interdicti' (*PL* ccxvii. 191–2).

45 presens ecclesia militat, in grege Iacob agni et hedi,[13] in sagena Petri pisces
boni et mali,[14] in orto Abrahe[15] possunt spine et lilia[16] inveniri.

6. Oramus denique ut imperfectum nostrum videant oculi vestri,[17] et
quia dies mali sunt[18] nos excusabiles habere, et pro ecclesie statu, seu
potius casu, domino supplicare velitis. Bene et diu valete.

21

On the strength of friendship in absence. Probably 1200×9[1]

LITTERE AMICALES

1. Reverendo patri et domino Henrico dei gratia Santoniensi episcopo,[2]
Petrus Blesensis Londoniensis archidiaconus salutem et si quid dulcius aut
desiderabilius est salute.

5   2. Recolens primitias adolescentie vestre, et in eis coniciens quedam
certa premature pronostica iuventutis, congratulabar pueritie vestre, que
iam super senes intelligens[3] etatem vita et moribus transcendebat.

3. Doleo, doleo, quod vos antequam moriar corporalibus oculis videre
non possum; sed quia celum terre preminet,[4] et eiusdem proportionis
10 intuitu corpori spiritus antecellit, michi solatio est quod oculis anime vos
contemplor, quod etsi non verbi, tamen habeo vobiscum scripti commercium. Osculor spiritualiter os et manus absentis, et ex intimis precordiorum
dulcius, elegantius, et sanctius vos amplector. Civilis possessio, que iuris
est et animi, naturali possessioni preiudicat;[5] Christus Magdalenam a
15 corporali tactu prohibens[6] tactum spiritualis amoris et fidei exigebat.[7]

---

46 denique: enim nunc Ad
A 195ʳ Ad 148ʳ
2 Henrico: H. A   1–4 LITTERE . . . salute *om.* Ad   5 coniciens *in* conspiciens
corr(?) A

---

13 Gen. 30. 32.   14 Matt. 13. 47–8.   15 Cf. Glos. ad Cant. 4. 12; 5. 1.   16 Cant. 2.
2 and Glos. ad loc.   17 Ps. 138. 16.   18 Eph. 5. 16.

1 Probably written before Peter saw any likelihood of returning to France. It has much in
common with Letter 26 below.   2 Henry, bishop of Saintes 1189–1217, died in 1219. He
had visited Richard I in captivity at Speyer, and the Patent and Close Rolls show him as a
loyal supporter of John.   3 Ps. 118. 100.   4 Cf. Ps. 102. 11.   5 Cf. e.g. Azo, *Summa
Codicis*, 7. 32. 1; 'Collectio Senensis', dist. 75, in *Antiquissimorum Glossatorum Distinctiones*, ed. J. B. Palmieri (*Bibliotheca Iuridica Medii Aevi*, ed. A. Gaudentius (3 vols.,
Bologna, 1888–1901), ii. 170–1).   6 Ioh. 20. 17.   7 Glos. ad loc.

4. Enumerat apostolus gladium, mortem, famem,[8] et cetera que solent divortium sancti amoris inducere; scio quod illa omnia me a caritate vestra que est in Christo Iesu non poterunt separare.[9] Licet mare et longa intercapedo terrarum, torrentes et flumina desideriis meis invideant, tamen aque multe non poterunt extinguere caritatem.[10] Commendo me   20 deo et orationibus vestris. Bene valete.

22

Geoffrey, archbishop of York, defends himself against accusations reportedly made by John of Salerno, papal legate to Scotland and Ireland. Probably early in 1204[1]

PER HANC EPISTOLAM PETRI SE EXCUSAT EBORACENSIS ARCHIEPISCOPUS APUD DOMINUM PAPAM

A 195[r] Ad 148[r]
1 EBORACENSIS: Ebrocensis A   1–2 PER . . . PAPAM *om.* Ad

---

8 Rom. 8. 35, 38.   9 Rom. 8. 39.   10 Cant. 8. 7.

1 John of Salerno, cardinal-priest of St Stephen's in Monte Celio *c.*1191–1210, arrived in England as papal legate for Ireland, Scotland, and the Isles in the summer of 1201. After passing through York, where he attempted to reconcile Archbishop Geoffrey and his chapter (Howden, *Chronica*, iv. 174–5), he held a council in Perth in December 1201 (J. D. Mansi, *Concilia*, xxii (Venice, 1778), 739–42). He then stayed at Melrose, and crossed to Ireland in 1202. He seems to have been about a year in Ireland and returned to England in 1203, spending Christmas at Ripon. He was back in Rome by April 1204. The present letter, sent to Innocent III after the cardinal's departure from Ripon, may have reached Rome at about the same time. For this chronology see *The Chronicle of Melrose*, ed. A. O. and M. O. Anderson (London, 1936), p. 51; *Chartularies of St Mary's Abbey, Dublin*, ed. J. T. Gilbert (2 vols., RS 1884), i. 113, ii. 29; 'The Letters of Innocent III to Ireland', ed. P. J. Dunning, *Traditio*, 18 (1962), pp. 240–1; and Potthast, pp. 464–5. Against this, William Thorne implies that the cardinal returned to Rome in 1202 (*Chronica de Rebus Gestis Abbatum S. Augustini Cantuariensis* in *Historiae Anglicanae Scriptores X*, ed. R. Twysden (London, 1652), pp. 1854–5).

1. Sanctissimo patri et domino Innocentio dei gratia summo pontifici, Galfridus, eadem gratia Eboracensis archiepiscopus,[2] salutem et tam
5   devote quam debite humilitatis et obedientie obsequium.

2. Non moveatur queso dignatio vestra si ex habundantia cordis[3] loquor. Nam ut verbo Iob utar, sagitte domini in me sunt, quare indignatio ebibit spiritum meum.[4] Publice dicitur quod dominus Iohannes cardinalis litteris et nuntiis opinionem meam apud vos gravare conatur; sed eum qui sedet
10   super cherubin et intuetur abyssos[5] invoco testem innocentie mee, et utinam eminentiam vestram non tedeat angustias cordis mei patienter audire.

3. Cum predictus cardinalis in Scotiam et Hiberniam proficiscens ad Eboracensis provincie partes accederet, premisi nuntios ad eum extra
15   provinciam, qui eum honorifice reciperent et per provinciam ipsam honorabiliter exhiberent. Ego autem ingressu suo eidem occurri, et eum quasi personam vestram sollicita veneratione suscepi. Ad civitatem autem Eboracensem me ducente veniens, admissus est cum exultatione universe terre;[6] nec eum poterant communi favore non prosequi, quem a me et a
20   meis videbant ita reverenter et favorabiliter honorari.

4. Porro veniens, et inveniens multos in ecclesia cathedrali excommunicatos auctoritate vestra et mea, renuit ingredi; et ad monasterium beate Marie in eadem civitate divertit, ubi omnia necessaria per biduum eidem honorifice ministravi. Denique, cum maiorem affectaret ecclesiam visitare,
25   ad preces eius tempore susceptionis sue sententiam interdicti et excommunicationis quam tuleram relaxavi, et sic ipsum in eadem ecclesia cum solempni processione suscepi. Sane postquam susceptus est non communicavi canonicis vel in pacis osculo vel in aliquibus ecclesie sacramentis. Postremo mecum alio biduo moram fecit, ubi visitavi eum donis et exeniis

---

3 Innocentio: I. A; Iohanni Ad   4 Galfridus: G. A   3–4 summo . . . gratia *om.* Ad   4 Eboracensis: Ebrocensis A   8 Iohannes: I. *codd.*   10 intuetur: tuetur Ad   11 tedeat: redeat A; cedant Ad   14 Eboracensis: Ebrocensis A   15 qui . . . provinciam: ut eum Ad   15 ipsam: ipsum A   18 Eboracensem: Ebrocensem A   23–24 omnia . . . honorifice: ei omnia necessaria ibidem honorifice per biduum Ad   26 ipsum . . . ecclesia: eum in ecclesia eadem Ad   29 mecum . . . biduo: alio biduo mecum Ad   29 exeniis: enceniis A

---

2 Geoffrey Plantagenet, archbishop of York 1191–1212. Peter had previously written on his behalf when he was elect of Lincoln (*Ep.* LXII). See also Letter 38 below. For his conflicts with his chapter see Howden, *Chronica*, vols. iii–iv; and D. L. Douie, *Archbishop Geoffrey Plantagenet and the Chapter of York* (York, 1960).   3 Luc. 6. 45.   4 Iob. 6. 4.   5 Dan. 3. 55.   6 Ps. 47. 3.

cunctisque insignibus que spectabant ad sue legationis ornatum. Demum 30
exeuntem de civitate in propria persona cum quanta potui veneratione
deduxi, et recessimus ab invicem cum plenitudine gratie et amoris.

5. Processu temporis, audiens eum de Hibernia redeuntem, premisi
quendam de familiaribus meis usque Scotiam in ipsius occursum, supplicans humiliter et obnixe ut in provincia Eboracensi ad maneria mea 35
diverteret, et sicut prius fecerat, excommunicatos evitans mecum tunc
instantem domini nativitatem celebraret. Postquam vero Eboracensem
provinciam ingressus est, quia graviter infirmabar, misi ad eum spectabiles
viros episcopum Insularie ecclesie[7] et magistrum Petrum Blesensem Londoniensem archidiaconum et alios magnos viros, qui eum honorifice 40
deduxerunt usque Riponam manerium meum; et eum in ecclesia canonicorum[8] ibidem cum celebri processione susceptum in meis domibus procurare splendide sollicite studuerunt.

6. A me igitur et a meis non semel sed secundo et tertio instanter et
humiliter exoratus ne apud Eboracum meis excommunicatis[9] commu- 45
nicaret, post prohibitionem et appellationem meam, in contemptum
apostolice sedis eis communicavit; et non sine gravi discrimine animarum
in tota Eboracensi provincia enorme scandalum suscitavit. Quis enim
deferat iam beati Petri clavibus aut aliquibus sententiis prelatorum cum
videat illos excommunicatos communicare, qui evaginato divini verbi 50
gladio vindictam debuerant exercere?

7. Ego tamen, licet michi suspectissimus esset qui nec mee nec meorum
prohibitioni aut appellationi deferret, in spiritu humilitatis,[10] volens in
bono vincere malum,[11] rogavi affectuose ut in maneriis meis hospitia sua
reciperet, nec me contempto ad alium declinaret. Verumptamen hec 55
omnia recusavit, unde et ipsum habens suspectiorem ne contra me aut

41–42 meum . . . canonicorum: et in ecclesia Ad   46–47 in . . . sedis: sedis in
contemptum apostolice Ad   50 videat: viderat A; viderent Ad   51 debuerant: debuerat
Ad   52 Ego: Ecce Ad

7 Michael, a Manxman, bishop of Man and the Isles, died after Christmas 1203 and was
buried at Fountains Abbey (*Monumenta de Insula Manniae*, ed. J. R. Oliver (The Manx
Society, 4; Douglas, 1860), i. 199). He had been with Archbishop Geoffrey and Peter two
years before, see Letter 38 below.   8 Peter was a canon there (*Rot. Lit. Cl.* i. 108b).   9
By the early spring of 1204 the hostility between Geoffrey and his chapter had reached such a
pitch that King John took the canons under his personal protection. Innocent's letter of 1
April 1204 ordering an inquiry may have been partly in response to this plea (Cheney,
Calendar, no. 552).   10 Dan. 3. 39.   11 Rom. 12. 21.

statum meum aliquid moliretur, per me et per meos iterum appellavi. Ipse autem diu ante depositis sue legationis insignibus et Eboracensem provinciam iam egressus, litteris suis precepit decano[12] et capitulo Eboracensi
60 ne michi obedientiam vel reverentiam impenderent; vestre patenter obvians iussioni, qua vestris eos litteris precipiebatis, ut michi appellatione remota obedientiam et reverentiam exhiberent.

8. Nimirum vestra michi auctoritate subiectos a iurisdictione mea non potest eximere. Ligatis enim et nemo solvit,[13] clauditis et nemo aperit,[14] et
65 non est qui de manu vestra possit eruere.[15] In omnibus hiis non est aversus furor eius, sed adhuc manus eius extenta.[16] Nam ad cumulum mee confusionis, immo dei et archiepiscopalis officii, precepit Dunelmensi[17] et clericis suis ne michi obedirent in aliquo, donec super hiis beneplacitum apostolice iussionis. Certum est autem quod homo, in hiis que ex lege vel
70 evangelio perpetuam habent causam, aliquid minuere vel addere aut immutare non potest.[18]

9. Ponamus autem quod omnia ei liceant, non tamen omnia expediunt.[19] Quomodo enim expediant, que animarum salutem impediunt?[20] Cum iuxta doctrinam apostoli Romana ecclesia ulcisci omnem inobedientiam[21]
75 teneatur, multis videtur absurdum quod prohibetur obedientia et inobedientia precipitur, et sicut alias scriptum est, 'Inde procedunt iniurie unde iura sumuntur.'[22]

10. Eo proficiscente in Hiberniam eramus cor unum et anima una,[23] eratque in votis michi precipuum in eius amorem perpetuum et continuam
80 obsequelam stabilire cor meum, atque mutuis amicitie vicibus fovere inter nos indefessos atque indivisos caritatis affectus. Quid ei debui facere et non feci?[24] Numquid reddit pro bono malum? Numquid amor degeneravit in odium, obsequium in rancorem et, contra cursam nature, fecit michi

70–71 minuere . . . immutare: comminuere . . . mutare Ad   72 tamen: ei *add.*
Ad   74–75 ulcisci . . . teneatur: ulcisci teneatur et omnem inobedientiam vindicare
Ad   79 precipuum *om.* Ad

12 Simon of Apulia 1193–1214, afterwards bishop of Exeter. For his skill in lawsuits see Kuttner–Rathbone, p. 306. I have been unable to trace the letters referred to.   13 Cf. Matt. 16. 19.   14 Cf. Apoc. 3. 7.   15 Deut. 32. 39.   16 Is. 5. 25.   17 Philip of Poitou, consecrated bishop of Durham 1197, died 1208. In October 1201 the pope had written commanding him to show respect to Geoffrey (Cheney, *Calendar*, no. 353).   18 Apoc. 22. 18–19.   19 I Cor. 6. 12.   20 Cf. Rom. 14. 15.   21 II Cor. 10. 6.   22 Cf. Letter 11. 8 above.   23 Act. 4. 32.   24 Is. 5. 4.

amicitia inimicum – si tamen fuerit amicitia, vel potius blanditiis adumbrata simultas. Caritas sane nunquam excidit,[25] et beati Ieronimi testi- 85
monio quisquis amare desiit amicus in veritate non fuit.[26]

11. Inter angustias itaque constitutus clamat ad vos, innocentissime
Innocenti, vestre innocentie servus. Supplicat vicario Petri, discipulo
crucifixi, ut cruces quas patior a filiis meis et eorum fautoribus excitent in
vobis viscera pietatis ut moveantur super contritione Ioseph.[27] Subiec- 90
torum enim obedientia et reverentia destitutus, que michi ex lege et
evangelio et apostolica constitutione debentur, restitutionis beneficium
peto, et sic postea lis inter nos suo Marte decurrat ut iustitia in iudicium
convertatur.[28] Bene et diu valete in domino, beatissime pater.

23

*Peter of Blois asks Peter Russinol to return the collection of his letters which
he has sent him, so that he can have accurate copies made for other friends.
1200×11*

LITTERE SOCIALES

1. Petrus Blesensis Londoniensis archidiaconus precordiali amico suo
magistro Petro Russinol,[1] salutem et si quid dulcius aut desiderabilius est
salute.

89 excitent: excitant *codd.*   93 suo Marte: suo martē A; suo marcu (?) Ad
A 195ᵛ
3 Petro: P. A

25 I Cor. 13. 8.   26 Jerome, *Ep.* 3. 6.   27 Amos 6. 6.   28 Ps. 93. 15.
1 One of King John's clerks, Peter Russinol was rewarded with the church of Preston
(Lancs.) in 1202 and the precentorship of York in 1213; he was dead by 1219 (C. T. Clay, 'The
Early Precentors and Chancellors of York', *Yorkshire Archaeological Journal*, 35 (1940–3),
126). He was also, some time between 1205 and 1210, keeper of the seal of Peter des Roches,
bishop of Winchester (*A Calendar of Charters and Documents relating to Selborne and its
Priory*, ed. W. D. Macray (2 vols., Hampshire Record Society; (London, 1891–4), ii. 2).
Possibly *Ep.* CXL, addressed to 'magistro Petro clerico domini regis Anglie', was also written
to him. For another example of Peter's sending a work to a friend for correction see *Ep.*
CXVI, and for complaints against faulty copyists see Letter 9 above.

5   2. Non vos, queso, moveat, nec mutue inter nos fedus amicitie turbet, si
quid scribo dilectioni vestre de quo, rationis et arbitrii mei iudicio, michi
potius quam vobis certus sum displicere. Scandalizor enim si quid vos
scandalizat,[2] et rogo ut necessitas, que me impellit ad culpam, innocentiam
meam apud vos habeat excusatam. Nimirum ita in epistolarum mearum
10   commodatione apud amicos et familiares diffusus et effusus aliquamdiu
fui, quod in confusionem vultus[3] mei confusio se ingessit. Omnes hodie
scriptores mendici et mendosi atque mendaces sunt; proinde multi veniunt
et conquerendo clamant ad me quod scripta mea legunt et non intelligunt,[4]
quia scripture prevaricatrices omnia scripta mea graviter et abhomina-
15   biliter perverterunt.

        3. Rogo igitur vos socialiter et devote quatenus epistolas meas, quas ad
litterarum correctionem vestre amicitie commodavi, velitis michi liberaliter
et amicabiliter transmittere, ut et easdem epistolas tempestive recipiatis, et
quam multas quas feci postquam non vidi faciem vestram, et singulis
20   diebus faciam, iuxta vestrum beneplacitum habeatis.

        4. Mitto vobis librum domini pape quem michi commodastis, et rogo
quod si aliquid apud me est sive liber sive aliud quod vobis placeat, michi
mandetis. Ego enim diu me optuli et adhuc offero ad obsequium vestrum;
michi adeo gratum esset vestris precibus consentire quam vestre dilectionis
25   prevenire mandatum. Bene valete.

8 ut *suppl.*   11 confusionem: fame (?) *add.* A   19 faciem: faciam A

2 Cf. II Cor. 11. 29.   3 Ierem. 7. 19.   4 Cf. Matt. 24. 15.

24

The dean and chapter of London ask their bishop for instructions on some relaxations in observing the interdict. January × October 1209[1]

CONSULTATIO DECANI ET CAPITULI LONDONIENSIS MISSA
EPISCOPO LONDONIENSI TEMPORE INTERDICTI

1. Reverendo patri et domino Willelmo dei gratia Londoniensi episcopo,[2] devotissimi filii sui Alardus decanus[3] et capitulum Sancti Pauli salutem, ac iuge compassionis et orationis obsequium.   5

2. Scitis quod filii Israel currebant in ambiguitatibus suis ad tabernaculum federis, et a Moyse, cuius successor estis, consilia et auxilia reportabant.[4] Veritatis testimonio 'Qui ambulat in tenebris nescit quo vadat.'[5] Nos autem ambulamus in tenebris donec vestra auctoritas iubeat, vel maioris, de tenebris lumen splendescere;[6] quia circa litteras indulgentie, 10 quas vestra dignatio nobis misit et quarum beneficio a tribulatione malorum et dolore cepimus aliquantulum respirare, multa dubia emerserunt que reduci ad certitudinem nostra interpretatione non possunt. Nam et olim non licebat filiis Caath inter utensilia tabernaculi que ferebant interponere aliquid, nisi constaret eis mandatum domini super hoc ema- 15 nasse.[7]

3. Enimvero, cum indultum sit conventualibus ecclesiis in Anglia semel in ebdomada missam celebrare, dubitatur a multis et queritur utrum eo die quo missa celebratur singuli aut duo vel tres seu plures sacerdotes de collegio eodem missam dicere permittantur,[8] et utrum liceat alicui plures 20

A 196[r]
3 Willelmo: W. A   4 Alardus: A. A   14 Caath: Gad A

---

1 On 13 January 1209 the pope had written to the bishops of London, Ely, and Worcester, allowing them to authorize conventual churches which had faithfully observed the interdict to celebrate mass once a week (Cheney, *Calendar*, no. 835). Letter 24 was probably written soon after, certainly before the bishop of London visited England in October. See Letter 20 above and C. R. Cheney, 'King John and the Papal Interdict' (*Bulletin of the John Rylands Library*, 31 (1948), 295–317).   2 William of Sainte-Mère-Église, bishop of London 1199–1221. See Letter 78 below.   3 *c.* 1199–1216. See Letter 20 above.   4 Ex. 33. 7; Num. 9. 6–14.   5 Ioh. 12. 35.   6 II Cor. 4. 6.   7 Num. 4. 1–20.   8 See *The Chronicle of the Election of Hugh Abbot of Bury St Edmunds*, ed. and tr. R. M. Thomson (Oxford Medieval Texts, Oxford, 1974), pp. 32, 44; also Innocent III's letter to the bishop of Paris (*Extra*, 5. 38. 11) referred to in § 8 below.

consecrare hostias, ut erogentur fratribus qui sunt de collegio sanis aut infirmis, vel etiam conversis eiusdem domus laborantibus in extremis.[9]

4. Dubitatur etiam an ipso die quo missa celebratur, hiis qui sunt de corpore conventus illius horas in eadem ecclesia dicere valeat indulgeri.[10]

5. Preterea dubitatur utrum indulgentia domini pape concedenda sit illis ecclesiis in quibus non sunt tredecim fratres, sed sex vel quatuor aut pauciores sub ordine et habitu regulari viventes. Multi etiam hesitant an eadem indulgentia concedenda sit hospitalibus in quibus unicus capellanus est annuus vel perpetuus, aut duo, cum ibi sint fratres leprosi vel alias infirmi et regulariter vivant; maxime cum pre ceteris indigere tali beneficio videantur.

6. Queritur etiam qui dici debeant 'interdicti' vel 'penitus interedicti',[11] asserentibus quibusdam neminem debere dici 'interdictum' cui, in eadem regione vel alia, celebrationi misse et aliorum divinorum liceat interesse, secundum quos nemo est interdictus nisi qui culpis suis exigentibus ab ecclesia per sententiam est eiectus, et ex hiis surgunt quidam ramusculi questionum. Sunt enim qui eos dumtaxat reputant 'penitus interdictos' qui nominatim excommunicati et solempniter ab ecclesia precisi sunt; plerique aliter sentientes asserunt eos esse 'penitus interdictos' qui violaverunt observantiam interdicti. Quidam denique dicunt quod hoc adverbium 'penitus' determinet hanc dictionem 'interdictos', distinguentes quosdam esse 'penitus interdictos', ut sunt laici et parochiales presbyteri, ad eorum differentiam qui de corpore conventuali sunt et ab interdicti rigore, saltem ad unum diem septimane, domini pape et vestra indulgentia sunt relaxati.

7. Item aliqui scire desiderant utrum aliquis a suo collegio proficiscens ad negotia sua, et iuxta conventualem ecclesiam transiens ubi missa celebratur, si divina ibi audire desideret, admittatur. De fonte igitur vestro

---

28 concedenda sit: concedenda *add.* A   37 Sunt: sunt Sunt A   38 sunt *suppl.*   41 interdictos: interdictis A

---

9 Ibid. See also the 'Forma' of St Michael's Mount (*PL* ccxvii. 190), which also forbids it.   10 Yes, according to the 'Forma' and the additions to Innocent III's letter of 14 June 1208 (Gervase of Canterbury, *Opera Historica*, ii, pp. xcii–xciii).   11 Those to be excluded from services were commonly called 'excommunicati et interdicti'; the Cistercians had offended by inviting outsiders to their masses. See e.g. Innocent III's letters of 22 August 1208 and 19 February 1209 (Cheney, *Calendar*, nos. 800 and 842). I have not been able to find the term 'penitus interdicti' in any documents connected with this interdict; it may have referred to those under a particular rather than a general interdict. See *Dictionnaire de droit canonique*, ed. R. Naz (7 vols., Paris, 1924–65), v. 1466.

profluant ad areolas vestras rivuli, et sterilitatem terre cordis nostri, que
culpis nostris exigentibus ignorantie maledicto subiecta est,[12] vestre fecundent irrigua pietatis.   50

8. Insuper, quia omnes tributarii mortis, simul et semel accidere potest
ut episcopus aut decanus aut persona dignitatis alterius ea die vel septimana qua divina celebraverit, vel divinorum celebrationi astiterit, ultimum
diem claudat. Nobis horrendum est, et aperte videtur iniuriosum recon-
ciliatrici hostie, quod viatico munitus et moriens proiciatur in fossatam et   55
ecclesiastice beneficio careat sepulture.[13] Moveat igitur vos ad opus
misericordie vestrorum fidelium mors incerta, et uti velitis illius decretalis
auctoritate[14] quam dominus Innocentius, qui nunc sedet, misit Parisiensi
episcopo,[15] indulgens post penitentiam debere viaticum sequi, et clericos
qui observaverunt inviolabiliter interdictum generale in sacro cimiterio,   60
cum silentio et sine solempnitate solita, tumulari.

9. Postremo, primores nostre civitatis graviter scandalizantur et murmurant quod, cum per episcopos et clericos, sicut asserunt, procuratum sit
interdictum et ipsi ab hoc penitus sint immunes, clericis aliqua relaxatione
gaudentibus, illi sine causa remanent obligati.[16] Proinde, quia vestrum est   65
tollere scandala de regno dei[17] quod est ecclesia, si placeret vobis et
dispensative fieri posset, nobis consiliosum videretur et pium ut laicis qui se
capellanis et clericis mansuetos et misericordes hactenus exhibuerunt,
eorundem necessitatibus sua liberaliter communicantes, impetraretis extra

51 semel *suppl.*

---

12 Gen. 3. 17.   13 For the burials of both bishops and lesser men see especially *Chronica Monasterii de Melsa*, ed. E. A. Bond (3 vols., RS 1866–8), i. 343; *Annals of Waverley, Annales Monastici*, ed. H. R. Luard (5 vols., RS 1864–9), ii. 273; Gervase of Canterbury, op. cit. ii. 101; Roger of Wendover, *Flores Historiarum*, ed. H. G. Hewlett (3 vols., RS 1886–9), ii. 46; *Annales Sancti Albani*, ed. F. Liebermann, *Ungedruckte anglo-normannische Geschichtsquellen* (Strasburg, 1879), p. 172.   14 A relaxation of the French interdict of 1200, now *Extra* 5. 38. 11. 'Peter probably knew it in the collection of Alanus (5. 20. 1) where it is addressed to the bishop of Paris (*Zeitschrift der Savigny-Stiftung für Rechtsgeschichte*, Kanon. Abt. 29 (1940), 301–2)', Cheney, 'King John and the Papal Interdict', p. 299n.   15 Odo de Sully, 1196–1208. For Peter's connections with him see Letter 80 and *Epp.* CXXVI–CXXVII, CLX.   16 For lay dissatisfaction see Roger of Wendover, op. cit. ii. 48; Matthew of Rievaulx, 'Mélanges', ed. A. Wilmart, *Revue Bénédictine*, 52 (1940), 84; Innocent III's letter of 22 August 1208 (Cheney, *Calendar*, no. 800); *The Political Songs of England*, ed. T. Wright (Camden Society, Old Series, 6; London 1839), 6–13.   17 Cf. Matt. 13. 41.

70 ecclesiam dum vivunt licentiam evangelium audiendi;[18] in extremis autem
agentibus et vere penitentibus non denegaretur gratia viatici salutaris.[19]
Bene valeat paternitas vestra in domino.

25

*Peter tells the bishop of Winchester why he hesitates to hand over his Rouen
prebend to his nephew. Probably 1208 or later*[1]

EXCUSATIO PETRI APUD QUENDAM QUI AD OPUS CUIUS-DAM PETEBAT PETRI PREBENDAM

1. Reverendo patri et domino Petro dei gratia Wintoniensi episcopo,
suus Petrus Blesensis Londoniensis archidiaconus salutem, et pontificalis
5 clementie reminisci.

2. Vobis viva voce sepe et in veritate predixeram me multorum
magnatum et amicorum meorum qui degunt in transmarinis preces
instantissimas et urgentissimas recepisse,[2] ut magistro Petro de Sancto
Martino,[3] sororis mee filio et tam in divina pagina quam in legibus et
0 canonibus expedito, conferri facerem prebendam meam in Rothomagensi
ecclesia.[4]

A 196ʳ Ad 133ᵛ
3 Petro: P. A   1–5 EXCUSATIO . . . reminisci *om.* Ad   8 Petro: P. A

---

18 Cf. the pope's affirmative answer to a similar question from Ferrara in the same year
(*Extra*, 5. 39. 43; Potthast, no. 3666); also the *Annals of Dunstable* (*Annales Monastici*, iii.
30). But the French 'Forma' referred to above suggests the contrary.   19 For conflicting
evidence as to whether this was granted see Matthew Paris, *Historia Anglorum*, ed. F.
Madden (3 vols., RS 1866–9), ii. 116; Roger of Wendover, op. cit. ii. 46; Innocent's letter of
14 June 1208 (Cheney, *Calendar*, no. 799); Geoffrey of Coldingham, in *Historiae Dunel-
mensis Scriptores Tres*, ed. J. Raine (Surtees Society, 9; London, 1839), 25; *Annals of
Waverley*, op. cit. p. 271; Ralph of Coggeshall, *Chronicon Anglicanum*, ed. J. Stevenson (RS
1875), p. 165.
1 Not before 1205, and probably after the beginning of the interdict in 1208 when Peter des
Roches (bishop of Winchester 1205–38) was one of the few bishops left in England; after 1209
he was the only one.   2 See Letters 6 above and 27 below.   3 For a different (and
probably later) view of this nephew see Letter 6.   4 See also Letter 27, and for earlier
trouble over this prebend see *Ep*. CXLI, where in one MS Peter is called archdeacon of
London. He was included in the Rouen necrology, so may still have been in possession of the
prebend when he died. (*Recueil des historiens de la France*, ed. M. Bouquet, xxiii (Paris,
1894), 364).

3. Me autem ab hoc negotio retardabat quod ille nepos meus in minoribus ordinibus constitutus est, nec voluntatem habet ad ulteriores ordines promoveri. Michique periculosissimum est commissas michi oves[5] vago et insipienti pastori committere, et me tamquam temerarium sacerd- 15 otem pastori pastorum et iudicum iudici de ipsius negligentia respondere.

4. Bonorum denique meorum primitias initiavit michi deus in prebenda mea predicta, ut in ea michi constituta essent primogenita mea. In scripture sacre testimonio late patet, in Ismahele,[6] in Esau[7] et Manasse,[8] quam grave sit et enorme discrimen primogenita perdidisse. 20

5. Preterea dies mali sunt,[9] nec ex malis tantum sed ex bonis operibus sinistra opinio frequenter emergit. Si nepoti meo prebenda hec datur, nimie carnalitatis arguor. Si autem alii concessa fuerit, dicetur 'Est cambium vel permutatio', que in omni iure species est emptionis et venditionis,[10] et habet in se manifeste implicitum vitium simonie. 25

6. Significaveram vero vobis quod per amicos meos liberarem me ab omni petitione, et cum res ista paululum quiesceret, per omnia sequerer consilium vestrum; vobisque nuntiis vestris promiseram in verbo sacerdotis quod nulli homini sine consilio et assensu vestro eam facerem vel permit- terem assignari. Nunc autem quidam turbavit gratiam vestram michi, unde 30 graviter confusus sum et factus sum michimetipsi gravis,[11] et ignoro quis me sic sagittaverit. Nam ut Ovidii verbo utar,

Non expectato vulnus ab hoste tuli.[12]

7. Penset queso vestra prudentia quantum hec mea resignatio in tali etate plena suspicionibus et scandalis erit, et innata vobis liberalitas michi 35 hac vice indulgeat hoc peccatum, ad quod et honor et fama vestra me impulit, et coegit honestas.

---

12 retardabat: retardabant *codd.*   14 commissas michi: michi commissas Ad   15 vago . . . committere: committere vago et insipienti pastori Ad   18–19 In scripture: Insr̄ A; insuper Ad   20 enorme *om.* A   20 discrimen: sua *add.* Ad   22 hec *om.* Ad   26 Significaveram: signaveram A   26 meos *om.* Ad   28 nuntiis vestris: et nostris nuntiis Ad   30 turbavit: turbant A   35 erit: erat *codd.*

5 Peter's prebend at Bayeux (see Letter 76 below) originally included a church, and this one may have done the same.   6 Cf. Gen. 21. 10; Gal. 4. 22–31.   7 Gen. 25. 29–34; Hebr. 12. 16–17.   8 Gen. 48. 14–20 and Glos. ad loc.   9 Eph. 5. 16.   10 Cf. *Dig.* 18. 1. 1; Gaius, *Inst.* 3. 141; Grat. C. 1. q. 3. c. 6–7.   11 Iob 7. 20.   12 Ovid, *Heroides*, 6. 82; cf. William of Blois *Alda*, 556.

26

Peter offers his friendship and service to Herbert, prior of Bury St Edmunds. Probably 1200 or soon after[1]

1. Viro venerabili et amico in Christo karissimo Herberto priori Sancti Edmundi, Petrus Blesensis Londoniensis archidiaconus salutem, et si quid dulcius aut desiderabilius est salute.

2. Licet non meminerim me corporalibus oculis vos vidisse, vestre tamen opinionis celeberrimus et fragrantissimus odor effecit ut corporalis defectus iacturam recompenset ac redimat inter nos spiritualis aspectus. Nimirum quanto elegantior est spiritus corpore, tanto delectabilius vos oculo mentis intueor; et quod carnalibus brachiis implere non possum, intimis anime precordiis vos amplector. Civilis possessio, que iuris est et animi, naturali possessioni preiudicat; Christus Magdalenam a corporali tactu prohibens tactum spiritualis amoris et fidei exigebat.[2] Paulus apostolus dicit: 'Et si cognovimus Christum secundum carnem, sed iam non novimus',[3] nos in hiis verbis exhortans ad notitiam Christi spiritualem.

3. Licet enim carnales amicitie ex aliquibus sepe causis libello repudii[4] distrahantur, eam tamen que in Christo est non multe provinciarum distantie seu aque multe poterunt extinguere caritatem.[5]

4. Noveritis autem quia vester sum, vestrumque est si quid scribo, si quid valeo, si quid possum.[6] Habeo equidem votivum precipuum inter huius

A 196ᵛ Ad 134ᵛ
1 Herberto: H. A   1–3 Viro . . . salute *om.* Ad   7–8 vos . . . mentis: oculo mentis nos Ad

1 Herbert was prior of Bury St Edmunds 1200–20. When elected he had been a member of the abbey for only four years, and Abbot Samson's chaplain for at least two (*The Kalendar of Abbot Samson*, ed. R. H. C. Davis (Camden Society, 3rd ser. 84; London, 1954), 110). Jocelyn of Brakelond's *Chronicle* shows the enthusiasm which Herbert's election evoked (ed. and tr. H. E. Butler (London, 1949), pp. 124–9). See also Letter 68 below. This letter has much in common with no. 21 above.   2 *Civilis . . . exigebat*: cf. Letter 21. 3 above.   3 II Cor. 5. 16.   4 *libello repudii*: cf. Deut. 24. 1.   5 Cant. 8. 7.   6 Cf. Letters 9. 5 and 80. 5.

mundi desiderabilia: vobiscum habere mutuum verbi commercium, et
videre hominem quem diligit anima mea,[7] quatenus homo exterior inter- 20
iori convenientia plene iocunditatis assurgat.

    5. Bene valete, dominumque abbatem[8] et fratres vestros michi exactiss-
ima diligentia salutate.

27

Peter resists pressures to hand over his Rouen prebend to his nephew.
Probably 1208 or later, see Letter 25 above

EXCUSATIO APUD I. DE MARA QUI PETEBAT EIUS PRE-BENDAM

    1. Viro venerabili et amico in Christo carissimo magistro I. de Mara,[1]
Petrus Blesensis Londoniensis archidiaconus salutem in vero salutari.

    2. Rogo vos ut si quid ex habundantia cordis[2] vobis scripsero, vos illud 5
equanimiter et amicabiliter sustinere velitis. Bonorum siquidem meorum
primitias initiavit michi deus in ecclesia Rothomagensi, ibique quasi
primogenituram meam ex eius benignissima dispensatione percepi. Lex
evangelica et canonum institutio in Ismahel, in Esau et Manasse manifeste
declarant quantum discrimen importet sua primogenita reliquisse.[3]   10

---

19 habere mutuum: mutuum habere Ad
A 196ᵛ Ad 134ᵛ
1–4 EXCUSATIO . . . salutari *om.* Ad   5 illud: vos *add.* A

---

    7 Cant. 1. 6.   8 Samson became abbot of Bury St Edmunds in 1182 and died 30
December 1211. In 1203 he and Peter (called archdeacon of Bath; Cheney, *Calendar*, no. 464)
were commissioned by the pope to investigate a grievance of G. de Perche, archdeacon of
Northumberland, to whom Peter wrote Letter 55 below.
    1 Possibly I. de Mara came from La Mare in Normandy, where Peter held his Bayeux
prebend (see Letter 76 below); his surname is found in the district (see *Antiquus Cartularius
Ecclesie Baiocensis*, ed. V. Bourrienne (Société de l'histoire de Normandie, 62, 64; Rouen,
(1902–3), *passim*). One 'John de Mara' witnessed a charter of Henry II at Bur-le-Roy in 1187
(R. W. Eyton, *Court, Household and Itinerary of Henry II* (London, 1878), p. 282). If the
bishop mentioned at the end of this letter was Peter des Roches (see Letter 25 above), I. de
Mara may have been a clerk in his service, perhaps one whom Peter suspected of turning the
bishop against him. A 'John de la Mare' witnessed a grant in the Selborne collection some
time before 1210 (*Selborne Charters*, ed. W. D. Macray (Hampshire Record Society, 2 vols.,
London 1891–4), ii. 63).   2 Luc. 6. 45.   3 *in Ismahel . . . reliquisse*: cf. Letter 25. 4
above.

3. Litteras domini Innocentii atque cardinalium quorundam, insuper archiepiscoporum et episcoporum qui sunt in Francia, omnium etiam magistrorum qui Parisius legunt, instantissimas preces frequenter accepi ut prefate prebendam ecclesie nepoti meo magistro Petro de Sancto Mar-tino,[4] qui multum favorabilis est in scientia sacre pagine legumque et canonum, eandem cum resignatione mea facerem assignari.

4. Proinde perplexus sum et nescio quo me vertam. Licet enim dicat apostolus quia nemo carnem suam odio habuit,[5] nullus tamen meipso germanior est michi. Insuper graviter me deterret iudicium Achab regis Iuda[6] de quodam proximo suo qui custodie fuerat mancipatus, captivus autem exivit et evasit. Fuit autem sententia regis quod custodis anima pro illius quem custodiebat anima dampnaretur.[7]

5. Ego autem sacerdos et senex, et alii conseniores, reputamus absurdum et peremptorium anime si nepoti meo, qui nondum subdiaconus est, committam animas que mee sollicitudini sunt commisse. Naute prudenti una de navibus domini sui commissa est; numquid poterit eam sua facultate relinquere, atque alii naute inexperto sollicitudinis commendare?

6. Denique dies mali sunt,[8] et non solum ex malis sed ex bonis operibus sinistra suspicio assidue latenter obrepit. Si dedero ei qui caro mea est, carnalis invenior; si alii dedero, dicetur permutatio ibi esse, que quoddam genus negotiationis est, et secum habet implicitam speciem simonie.[9]

7. Duo certa intelligens: contra me iram parentum meorum et magnatum indignationem et calumpniam suscitari, ac ex parte Anglie suspiciones et obprobriorum materiam suboriri, disposui deliberatione multa cordis mei, solius dei consilio invocato, ad presens facere quidquid possum dummodo scandalum et suspicio turpis de medio auferatur. Propterea mitto nuntium meum fidelem et discretum ad eos qui cotidianis petitionibus me infestant, ut ipsos ab omni spe et expectatione huius negotii extorres efficiat.

---

13 frequenter accepi: accepi frequenter Ad   14 magistro *om.* Ad   14 Petro: P. *codd.*   16 eandem: eidem A   17 dicat: dicit Ad   27 facultate: facilitate A   28 sed . . . bonis *om.* A   32 Duo certa: quocirca Ad   32 intelligens: parentum meorum *add.* A   33 et . . . suscitari: suscitari et calumpniam Ad   33 suspiciones: suspicionis Ad   37 cotidianis petitionibus: petitionibus cotidianis Ad

---

4 See Letters 6 and 25 above.   5 Eph. 5. 29.   6 Iuda: *rectius* Israel.   7 III Reg. 20. 38–42 and Glos. ad loc.   8 Eph. 5. 16.   9 Cf. Letter 25. 5 above.

Illudque in Christi veritate sciatis, quod si fieri potest sine sinistre opinionis
iniuria, libenter illi beneficio cedam, nec citra consilium et mandatum   40
domini episcopi prebendam illam alii assignari faciam aut permittam. Bene
valete.

28

*Peter writes five chapters criticizing contemporary attitudes to five theologi-
cal questions. The introduction urges that scripture be interpreted in the
spirit in which it was written. 1200×11*

THEOLOGICE QUESTIONES AUT POTIUS CONQUESTIONES DE DIVERSITATE SECTARUM

1. Reverendo patri et domino N.,[1] Petrus Blesensis Londoniensis
archidiaconus salutem in eo sine quo non est salus.

2. Veritas in evangelio dicit: 'Necesse est ut veniant scandala';[2] veritatis   5
autem discipulus magistro succinens et concordans ait: 'Oportet hereses
esse et schismata, ut qui probati sunt manifesti fiant.'[3] Proinde, quia ova
aspidum longo tempore occultata sunt in hypocrisi et quod in eis confotum
est nunc erumpit in regulum,[4] fere ubique terrarum nemus insilvescit iuxta
altare,[5] Dagon iuxta archam erigitur.[6] Contra evangelium Christi crude-   10
liter insurgit et inpingit iniquitas, et virulenta heresium seges que in
multorum perniciem coalescit. Nimirum magistri prurientes auribus,[7] non
dico super cathedram Moysi[8] sed in cathedra pestilentie sedent,[9] profa-
nasque verborum novitates et sequuntur et docent.[10]

3. Licet autem quecumque scripta sunt ad nostram doctrinam scripta   15
esse[11] dicantur, videtur tamen quandoque contrarietas esse in verbis

---

41 permittam: promittam Ad
A 200ʳ

---

1 *N.* most likely represents a real name as in Letters 10 and 67, either a bishop or an abbot
(see the heading to Question 1). MS A does not use *N.* as a formula elsewhere, but leaves a
blank if the name is missing (see Letters 66, 71).   2 Matt. 18. 7.   3 I. Cor. 11. 19.   4
ova aspidum, et . . . regulum: Is. 59. 5.   5 Cf. Deut. 16. 21.   6 I Reg. 5. 2.   7 II Tim.
4. 3.   8 Matt. 23. 2.   9 Ps. 1. 1.   10 For similar complaints see Peter Cantor, *Verbum
Abbreviatum*, 1, and Robert of Melun, *Sententiae*, praefatio, pp. 13–14.   11 Rom. 15. 4.

sententiisve scriptorum; unde etiam Augustinus in principio Ezechielis dicit quod prophete quandoque loquuntur a se, quandoque a spiritu sancto.[12] Proinde dicit apostolus: 'Dicit dominus non ego',[13] et idem alibi: 'Ego autem dico non dominus',[14] et in alio loco: 'Que loquor non loquor secundum deum.'[15] Scribit iterum Augustinus quod quandoque loquimur inquisitive, scilicet disputando; recitative, aliorum opiniones referendo; reprehensive, aliorum vel propria reprobando; assertive, docendo et dicta nostra rationibus et auctoritatibus confirmando.[16]

4. Cum autem scriptum sit eodem spiritu sacre scripture sunt exposite quo fuerunt edite,[17] plerumque tamen magni viri videntur in suis verbis et sententiis sibi mutuo contraire, sicut in epistola ad Galatas legimus Augustinum et Hieronimum plurimum dissentire.[18] Unus enim affirmat de Petro quod reprehensibilis erat, alter autem eum ab omni nervo reprehensionis excusat.

5. Denique et expositores hodie multiplicati sunt super numerum.[19] In multiloquio autem peccatum non deerit;[20] frequenter invenitur aliquid in eorum scriptis quod ab originali scriptura dissentit, et licet auctoritas clamet quod scripture et maxime prophetie eodem spiritu sint exposite quo fuerunt prius edite,[21] videtur tamen quod edite prophetico spiritu non prophetico sed expositorio spiritu seu magistrali prudentia explanantur. Legimus in libro experientie quod homines plurimi, licet in mortali peccato iaceant, subtiles tamen sententias de suo spiritu exponendo producunt; illi vero qui sunt vasa spiritus sancti minus desiderabiles et multis ingratas expositiones inveniunt, et forte propheta qui suam prophetiam edidit non omnes expositiones que superaddite sunt intellexit.

6. Ego etiam, qui nec propheta sum nec filius prophete,[22] videor michi palpare in tenebris[23] dum plene non sufficio explanare quorundam sententias magistrorum. Quocirca, quia sensus habetis exercitatos[24] et unctio docet vos de omnibus,[25] meas immo multorum ambiguitates que ex multiplici expositorum varietate procedunt ad plenum resolvite. Refluant

---

23 reprehensive: *sequitur spatium fere octo litterarum* A   23 aliorum *suppl.*   25 eodem: eorundem A   37 plurimi: plurimum A   39 sancti: .s. A   46 resolvite *suppl.*

---

12 *Non* Aug. *sed.* Greg. *Homil. in Ezech.* 1. 1. 16.   13 I Cor. 7. 10.   14 I Cor. 7. 12.   15 II Cor. 11. 17.   16 Cf. Aug. *De Trinitate*, 1. 3. 5; cited more accurately by Peter Lombard, *Sent.* 1. 2. 1.   17 Cf. II Petr. 1. 20–1.   18 Aug. *Epist. ad Gal. Expositio*, ad Gal. 2. 11; *Epp.* 28. 3. 3–4; 40. 3. 3–4. 6; 82. 2. 4–3. 29; Jerome. *Comment. in Epist. ad Gal.* ad loc.; *Ep.* 112. 4–17.   19 Ps. 39. 6.   20 Prov. 10. 19.   21 Cf. II Petr. 1. 20–1.   22 Amos 7. 14.   23 Iob 12. 25.   24 Hebr. 5. 14.   25 I Ioh. 2. 27.

ergo flumina unde fluunt, nec a fonte sapientie,[26] que deus est, rivus nobilis
theologie degeneret. Scitis quod gratia dei homini abest si non per ipsum
alii prodest. Denique, lecythus olei ex impendio crescit;[27] et qui talentum
domini in causam fenorum uberiorum expendit, plenius ei dabitur et   50
habundabit.[28] Vobis inquisitive loquor et ergo respondeam; opiniones
recito, contra quas si disputavero alicubi et erravero, vos corripite huiusmodi in spiritu lenitatis.[29] Dedit enim vobis dominus linguam eruditam, ut
sciatis eum sustentare qui lapsus est verbo.[30]

I.   PRIMA CONQUESTIO EST QUOD QUiDAM DICUNT QUOD
     NEC PASSIO MARTYRUM EIS PRODEST NEC PASSIO
     CHRISTI EOS LIBERAT A MORTALI PECCATO. INCIPIT EPI-
     STOLA PETRI BLESENSIS AD DOMINUM ET AMICUM ET
     VENERABILEM PATREM   5

7. Hii, de quibus tetigimus aliquantulum, gloriam et fructum passionis et
bravium pugne virginalis evacuant, et generaliter asserunt quod nulla
passio est meritoria vel demeritoria, quia velint nolint virgines et martyres
patiuntur. Christi etiam gratie invidentes dicunt quod sibi vel nobis sua
passione non meruit.[1] Numquid Christus passus est preter propriam   10
voluntatem? Recolant miseri verbum Isaie dicentis: 'Oblatus est quia ipse
voluit.'[2] Ipse etiam dicit: 'Potestatem habeo ponendi animam meam et
potestatem habeo iterum sumendi eam';[3] qui, ut dicit apostolus, predixerat
se capiendum, flagellandum et crucifigendum,[4] morti se sponte obtulit,[5] et
capientibus eum ut discipulos suos sinerent abire precepit.[6] Nec sine   1
magna providentie celestis dispensatione hoc fecit; si enim Petrus aut
Iacobus aut aliquis alius apostolorum crucifixus cum eo fuisset, processu
temporis diceretur quod Petrus vel aliquis apostolorum sua passione
hominem redemisset.

51 opiniones: opinionem A
A 200ʳ
3 PECCATO *suppl.*

26 Ecclus. 1. 5.   27 III Reg. 17. 16.   28 Matt. 25. 27–9.   29 Gal. 6. 1.   30 Is. 50.
4.
1 For other opinions on these topics see Peter Lombard, *Sent.* 3. 18. 1–4; Odo of
Ourscamp, *Quaest.* 2. 55, 240, 301; Robert of Melun, *Sent.*, i, p. 144, qq. 81, 88, p. 146, q. 12;
Simon of Tournai, *Disp.* 34. 3; 70. 1–2; 74. 2–3; Peter of Poitiers, *Sent.* 4. 15–17, 19; Stephen
Langton, *Quaest.*, St John's College, Cambridge, MS 57, 226ᵛ.   2 Is. 53. 7.   3 Ioh. 10.
18.   4 Matt. 20. 19.   5 Cf. Hebr. 9. 26 and Glos. ad loc.   6 Ioh. 18. 8.

20   8. Nonne prorsus infitiantur oracula prophetarum virtutemque passionis Christi, qui dicunt nullum peccatum mortale passione Christi remitti? Isti sunt perniciosi caupones qui aquam vino miscent,[7] aut potius in vino venenum. Hii carnes agni paschalis non assas comedunt sed elixas,[8] et os minuentes[9] ex eo virtutem dominice passionis evacuant et enervant.

5   9. Denique legitur quod Christus destruxit mortem,[10] unde: 'Ero mors tua, o mors.'[11] Si Christus mortem peremit, nonne fortius peccatum mortale destruxit? Verbum Zacharie prophete est: 'Tu, domine, in sanguine testamenti tui emisisti vinctos tuos de lacu in quo non est aqua',[12] id est de lacu inferni ubi nullum est refrigerium.[13] Sanguis qui liberat ab inferno, nonne potest liberare a mortali peccato? Denique loquens Ieremias de Christo dicit: 'Christus dominus captus est in peccatis nostris; sub umbra eius vivemus.'[14] Umbram vocat sacramentum corporis et sanguinis domini, sub quo dominici corporis et sanguinis veritas adumbratur. Unde sponsa in Canticis: 'Sub umbra eius quem desideravi sedi';[15] ibi vivimus, inde reficimur. Christus dicit: 'Hoc est corpus meum; hic est sanguis meus novi testamenti, qui pro vobis effundetur in remissionem peccatorum.'[16]

        10. Dominus donat, serviens plorat;[17] dominus peccata dimittit, iste remissionem peccati fieri non permittit? Christus dicebat beate peccatrici: 'Dimissa sunt tibi peccata multa';[18] Simon autem leprosus[19] de beneficio Christi submurmurat.[20] Apostolus dicit: 'Deus nobis filium suum dedit propitiatorem per fidem in sanguine suo.'[21] Habeas ergo fidem operantem cum caritate,[22] et certissime scias te per sanguinem Christi liberari ab omni mortali peccato.[23] Dicit Ionas ad dominum: 'Melior est michi mors quam vita';[24] quod mystice de filio intelligitur, quasi dicat: 'Vivens unam gentem salvare non potui, moriar et totus mundus salvabitur.'[25] Ecce quod per passionem Christi ab omni mortali peccato et morte salvamur. Sancti etiam dicunt quod passio Christi profuit diabolo.[26] Durum est dicere quod Christi passione que recensetur in missa non dimittitur mortale, unde apostolus ad

35–36 hic . . . testamenti *suppl.*

---

7 Ambr. *Expos. in Ps.* 118. 85, (Sermo 11. 20).   8 Ex. 12. 9 and Glos. ad loc.   9 Ex. 12. 46 and Glos. ad loc.   10 II Tim. 1. 10.   11 Os. 13. 14.   12 Zach. 9. 11.   13 Glos. ad loc.   14 Lam. 4. 20 and Glos. ad loc.   15 Cant. 2. 3.   16 Matt. 26. 26–8.   17 Cf. Matt. 18. 23–7.   18 Luc. 7. 47–8, *vers. antiq.*, cit. e.g. Aug. *Tract.* 7. 19 in Ioh. 1. 47.   19 Marc. 14. 3.   20 Luc. 7. 39–40.   21 Rom. 3. 25, *vers. antiq.* cit. e.g. Ambr. *De Fuga Saeculi*, 3. 16.   22 Gal. 5. 6.   23 I Ioh. 1. 7.   24 Ion. 4. 3.   25 Glos. ad loc.   26 Quotation untraced; cf. Jerome, *Ep.* 84. 7.

Hebreos: 'Christus natus est ad multorum exhaurienda peccata.'[27]
Nimirum Christi passio plus profuit quam obfuit peccatum Ade, unde 50
apostolus: 'Non sicut delictum ita et donum.'[28] Idem apostolus: 'Si unius
delicto multi mortui sunt, multo magis gratia dei in plures habundavit.'[29]

11. Martyrium meretur aureolam sicut confessio auream,[30] quia maior
difficultas est in martyrio quam in confessione; difficultas vero auget
meritum. Item martyrium est saltem opus operatum. Nonne tale opus 55
refertur ad deum quasi ad debitum finem et sic potest informari caritate, et
si hoc, martyrio seu passione potest quis mereri vitam eternam? Denique,
cum iste patiatur pro Christo, nonne passio eius caritate informatur? Si
enim martyrium est opus quod caritate informari non potest, ergo est de
genere malorum. 60

12. Sed opponis et dicis: si passio est meritoria, ergo est de voluntate et
sic libero arbitrio. Et addis quod non est ex libero arbitrio, quia non est in
me vel ex me quod patiar, sed ex persecutore. Porro sancta ecclesia in
contrarium sentit, quia in beati Laurentii et beati Vincentii aliorumque
martyrum libero arbitrio fuit pro Christo martyrium sustinere nulloque 65
modo impiis iudicibus consentire. Denique argumentaris dicens quod
passio martyrum est iniusta, auctoritate illa: 'Qui iniuste sunt passi, iuste
sunt coronati.'[31] Passio martyrum non est iniusta sed meritoria et gloriosa,
nam 'Pretiosa est in conspectu domini mors sanctorum eius.'[32]

13. Sed et Christus, sicut auctoritas dicit, merito passionis meruit 70
gloriam resurrectionis.[33] Quid efficacius ad salutem quam quod deus glorie
et dominus maiestatis, splendor et figura substantie[34] dei patris, stabat
stipiti affixus inter duos latrones[35] et dampnatissimos homicidas, extensis
manibus usque fideles quasi inter sanctos, et dulcissimos invitabat
amplexus? Exhibita est umquam homini tam debita dilectio, tam gratuita 75
miseratio, tam stupenda dignatio, tam necessaria caritatis affectio, ut qui in
forma dei erat,[36] in die eternitatis[37] sue inter delicias et delectationes, se in
forma servi pro nobis morti exponeret[38] ut a peccatis suo innocentissimo

---

61 si *suppl.*

---

27 Hebr. 9. 28 (natus: *rectius* oblatus).   28 Rom. 5. 15.   29 Ibid.   30 Cf. Ex. 25.
24–5 and Glos. ad loc. See also N. Wicki, *Die Lehre von der himmlischen Seligkeit in der
mittelalterlichen Scholastik* (Studia Friburgensia, NF 9; Fribourg, 1954), pp. 298–318; DTC
su. *auréole*; Simon of Tournai, *Disp.* 1. 1; Peter of Poitiers, *Sent.* 3. 24.   31 Cf. Simon of
Tournai, *Disp.* 70. 2.   32 Ps. 115. 15.   33 Cf. Glos. ad Phil. 2. 8–9.   34 Hebr. 1.
3.   35 Luc. 23. 33.   36 Phil. 2. 6.   37 II Petr. 3. 18.   38 Phil. 2. 7–8.

sanguine nos lavaret; non in baptismo, sed in sua passione dura et dira
sustineret causam nostre redemptionis sibi a patre delegatam tamquam
fidelissimus procurator? Post multas productiones testium, patriarcharum,
legis et prophetarum; post multimodas allegationes quas tempore sue
predicationis induxerat; tandem cum sanguine suo omni, illa hostia
reconciliatrice, dolores corporis et anime argumento necessario et irrefra-
gabili pro salute omnium allegavit. Lata est sententia nostre liberationis et
scripta in membrana corporis crucifixi; adhuc extat sigillum lateri eius
dextro lancea transfigente[39] impressum.

14. O lancea memoriali veneratione dignissima, per quam viscera
misericordie dei nostri in quibus visitavit nos[40] videre qui ibi aderant
potuerunt! O venerabiles manus, o speciosi pedes, per quorum vulnera et
livores passionem super omnia nobis necessariam per mortis angustias
inducebant! In manibus enim eius et pedibus clavorum transfixio malleis
desuper ferientibus et adigentibus usque in interiora crucis cutem corporis,
carnem, nervos, venas et arterias, ossa et cartilagines, omnemque
compagem pedum et manuum dirumpebant. Non erat dolor sicut dolor[41]
illius. Hec vilitas, hec mortis acerbitas que mortem destruebat[42] eternam,
non poterit delere mortale peccatum quod est una species mortis, nam a
vero esse nos separat? Quondam a serpentibus lesi respicientes in serpen-
tem eneum,[43] per quem figurabatur Christi passio,[44] sanabantur; nunc
autem non poterit abolere mortale peccatum tanta in Christo multiplicitas
passionum?

15. Denique, si remittuntur mortalia in baptismo,[45] qui habet virtutem
regenerationis ex eo quod Christus in suo sanctissimo corpore aquas lavit[46]
in quibus complantati sumus similitudini mortis Christi,[47] aperte insinuatur
quod baptismus a Christi passione sue virtutis efficaciam mutuatur. Quod
ex hoc etiam manifestius liquet, quia post passionem et resurrectionem
suam baptismi sacramentum instituit, suisque discipulis executionem illius
contradidit.[48] Ipse vero in die cene et in propria persona mentibus
discipulorum memoriam instantis passionis infixit;[49] baptismum quidem
instituens, hiis verbis post formam baptismi datam usus est: 'Qui crediderit

80 causam: causamque A   103 aquas: aqua A   105 efficaciam: efficacia A

39 Ioh. 19. 34.   40 Luc. 1. 78.   41 Lam. 1. 12.   42 II Tim. 1. 10.   43 Num. 21.
9.   44 Ioh. 3. 14–15.   45 Cf. Rom. 6. 4.   46 Cf. Glos. ad Luc. 3. 21.   47 Rom. 6.
5.   48 Matt. 28. 19.   49 Luc. 22. 19.

et baptizatus fuerit, salvus erit. Qui vero non crediderit . . . ', non repetit
'et baptizatus non fuerit', et coniungit hec duo: 'Qui vero non crediderit,
condempnabitur.'[50]

16. Christus autem de passione et sacramento sui corporis loquens dixit:
'Ego sum panis vivus qui de celo descendit. Si quis manducaverit ex hoc   115
pane vivet in eternum, et panis quem ego dabo vobis caro mea est pro
mundi vita.'[51] Et paucis interpositis repetit prius dicta, et quasi cum duplici
iuramento et quadam comminatione subiungit: 'Amen, amen dico vobis,
nisi manducaveritis carnem fili hominis et biberitis eius sanguinem, non
habebitis vitam in vobis. Qui manducat meam carnem et bibit meum   120
sanguinem habet vitam eternam.'[52] Insani quidem capitis est dicere quod
nullum mortale ibi dimittitur, ubi vita eterna prestatur. Christi corpus pro
nobis traditum est, Christi sanguis pro nobis oblatus est, nec poterit nos
mundare a mortali[53] cum in lege peccatores per cinerem vitule rufe
potuerint a sua iniquitate mundari?[54]   125

17. Numquid Isaie verba evacuabuntur dicentis de Christo per spiritum
sanctum: 'Vere languores nostros ipse tulit, et dolores nostros ipse
portavit'; et post: 'Ipse vulneratus est propter iniquitates nostras, attritus
est propter scelera nostra', et post: 'Livore eius sanati sumus', et post:
'Dominus posuit in eo iniquitatem omnium nostrum', et post: 'Sicut ovis ad   130
occisionem ducetur, et quasi agnus coram tondente se sic obmutescet, et
non aperiet os suum'? Pater est de filio loquens in Isaia: 'Propter scelus
populi mei percussi eum';[55] et post: 'Tradidit in mortem animam suam et
cum sceleratis deputatus est: et ipse peccata multorum tulit et pro
transgressoribus oravit',[56] ut non perierint. Post hec omnia sequitur: 'Dicit   135
dominus.'[57] Omnipotens dominus hec dicit, et servus domino contradicit?
Sane non efficax apud Christum misericordia 'et copiosa apud eum
redemptio'[58] si nos non redimeret a mortali peccato. In apostolo dicitur
quod homo 'venundatus est sub peccato';[59] sed Christus filius dei pretium
nostre redemptionis obtulit patri, et sic summus pontifex noster cum   140
sanguine semel introivit in sancta, eterna inventa redemptione.[60]

18. Est ergo hec redemptio generalis omnibus qui spem suam iactant in
passionem Christi sufficiens universis. Oratio martyrum quandoque
miraculose liberat homines a morte eterna, sicut oratio Stephani Paulum;[61]

---

142 iactant: iactum A

50 Marc. 16. 16.   51 Ioh. 6. 51–2.   52 Ioh. 6. 54–5.   53 Cf. Hebr. 9. 13–14.   54
Num. 19. 2–9.   55 *Vere . . . eum* Is. 53. 4–8.   56 Is. 53. 12.   57 Is. 54. 1.   58 Ps.
129. 7.   59 Rom. 7. 14.   60 Hebr. 9. 11–12.   61 Act. 7. 59 and Glos. ad loc.

145 passio vero Christi non poterit hominem liberare a peccato mortali?
Efficacior est enim Christi sanguis quam omnium martyrum, unde Isaias in
cantico vinee meri[62] dicit de Christo: 'Numquid iuxta plagas occisorum
tuorum percussus est, aut sicut interfecti tui occisus est?'[63] Numquam, quia
Deus pater ut redimeret nos proprio et unico filio non pepercit.[64] Certe
150 inter omnia opera dei nichil passione Christi melius factum est, nichil
dulcius ad amorem, nichil desiderabilius aut efficacius ad salutem, quia
nichil adeo ad mortem est quod mors Christi non sanet, effusoque sanguine
sine culpa omnium culparum cirographa sunt deleta.[65] Everso quippe
modio[66] figurativo unum pro omnibus holocaustum[67] oblatum est,[68] scilicet
155 passio redemptoris, opus sine exemplo, gratia sine merito, caritas sine
modo.

19. O benigne Iesu, quis consideravit opera tu et non expavit? Quis
gustavit de dulcedine misericordie tue, et te non amavit? O quam magna
multitudo dulcedinis tue, deus,[69] o quam confirmata est misericordia tua
160 super nos?[70] Isti vero non moventur super contritione Ioseph,[71] atque
dolores et angustias Iesu crucifixi nullius meriti arbitrantur. Porro in
memoria passionis sue Christus usque ad consummationem seculi
nobiscum est,[72] mirabili essendi modo et ineffabili artificio caritatis. Licet
enim impegerit mors in vitam, tamen victa est mors a vita et absorpta est
165 mors in victoria,[73] preterquam apud istos qui nimis presumptuose affirmant quod per passionem vel sacramentum misse mortalis non remittitur
culpa. Christi potentissima passio confregit infernum, mortuos suscitavit,
terram concussit et movit,[74] solem obtenebravit,[75] velum templi scidit a
summo usque deorsum, petreque scisse sunt, monumenta aperta.[76] Sic
170 virtutem dominice passionis insensibilia testantur; sensibiles vero et ration-
abiles viri pervicaciter negant tanto Christi beneficio mortale remitti.

20. Omne mortale peccatum per contritionem et penitentiam veram
dimittitur; numquid efficacior est ad vitam humiliatio penitentis quam
passio redemptoris? Hodie non consecrantur episcopi aut primates, reges

---

152 ad mortem *suppl.* (cf. Peter, *Serm.* 17, 610 B)   167 passio: *sequitur spatium fere
decem litterarum* A

---

62 Is. 27. 2.   63 Is. 27. 7 and Glos. ad loc.   64 Rom. 8. 32.   65 Col. 2. 14.   66
Cf. Matt. 5. 15 and Glos. ad loc.   67 *holocaustum*: cf. Lev. 1. 3 and Glos. ad loc.   68 Cf.
Ioh. 11. 50–2.   69 Ps. 30. 20.   70 Ps. 116. 2.   71 Amos 6. 6 and Glos. ad loc.   72
Matt. 28. 20.   73 I Cor. 15. 54   74 Matt. 27. 51–2.   75 Matt. 27. 45.   76 Matt. 27.
51–2.

quoque et augusti summique pontifices, nisi per signaculum crucis. Num- 175
quid in sola remissione mortalium crux, seu Christi passio, virtutem sue
potestatis amisit? Numquid mentitur apostolus dicens: 'Sanguis qui per
spiritum sanctum oblatus est emundavit conscientias nostras ab operibus
nostris (id est a mortalibus peccatis) ad serviendum domino viventi deo'?[77]
Sanguis agni figurativi, quo superliminaria domorum Egypti liniebantur, 180
poterat liberare a morte;[78] et sanguis veri agni neminem a peccato mortali
poterit liberare? Christus pendens in cruce poterat vere dicere cum
propheta: 'O vos omnes qui transitis per viam, attendite et videte si est
dolor sicut dolor meus,'[79] qui etiam si minimus dolor esset, sufficientissi-
mus dolor erat ut omne peccatum nostrum seu veniale seu mortale deleret. 185
Sanguis Abel,[80] sanguis Naboth,[81] sanguis martyrum[82] clamabat ultionem
de terra;[83] nonne Christi sanguis innocens melius[84] et efficacius nostra
potest delere peccata?

21. Filius dei pro salute nostra esurit,[85] sitit,[86] fatigatur,[87] palmis
ceditur,[88] conspuitur,[89] coronatur spinis,[90] clavis configitur,[91] aceto[92] et 190
felle potatur,[93] lancea perforatur;[94] hec omnia nostra redemptio sunt. De
omnibus hiis faciat quilibet Christianus sibi quasi fasciculum mirre, id est
amaritudinum passio, qui inter eius ubera, id est inter precordia,
commoretur;[95] et certus sit quod ille, qui pro nobis in innocentia sua
dampnatus est, nos per misse mysterium ab omni dampnatione defendet. 195
Ipse in cruce oravit pro crucifixoribus suis;[96] numquid sic sue mortis et
misericordie oblitus est ut virtutem tanti beneficii in nostris necessitatibus
exhibere dissimulet? Eramus diabolo debitis multipliciter obligati, proinde
omnis moneta eius est, nec solvendo eram ego filius ire[97] et venundatus sub
peccato.[98] Dedit Christus corpus et sanguinem suum in causam soluti, et 200
quod rapueram pro me solvit.

22. Cur igitur timebo in die mala?[99] Numquid resina non est in Galaad
aut medicus non est ibi?[1] Numquid abbreviata est manus domini ut salvare
non possit?[2] Sed si Christus nobiscum, quis contra nos?[3] Arripite ergo

---

190 configitur: confligitur A   200 corpus et: corpus in A   202 est in: est A

---

77 Hebr. 9. 14 and Glos. ad loc.   78 Ex. 12. 23.   79 Lam. 1. 12.   80 Gen. 4.
10.   81 IV Reg. 9. 26.   82 Apoc. 6. 9–10.   83 Gen. 4. 10.   84 Cf. Hebr. 12.
24.   85 Matt. 4. 2.   86 Ioh. 19. 28.   87 Ioh. 4. 6.   88 Matt. 26. 67.   89 Marc.
15. 19.   90 Ioh. 19. 2.   91 Ioh. 20. 25.   92 Ioh. 19. 29.   93 Matt. 27. 34.   94
Ioh. 19.34.   95 Cant. 1. 12 and Glos. ad loc.   96 Luc. 23. 34.   97 Eph. 2. 3.   98
Rom. 7. 14.   99 Eph. 6. 13.   1 Ierem. 8. 22.   2 Is. 59. 1.   3 Rom. 8. 31.

205 gladium spiritus, quod est verbum dei,[4] opponite vos murum pro domo[5]
domini et pro fide Christi tuenda. Precipuus estis inter angelos messores;
tollite cum eis scandala de regno dei.[6] Veritas triumphet, atque sub nostro
timore ora obstruantur iniqua.[7]

II. SUNT ALII QUI ASSERUNT QUOD DE PECCATIS QUORUM OBLITI SUMUS CONFESSIONEM VEL PENITENTIAM AGERE NON TENEMUR, ET QUOD A QUIBUSDAM MORTALIBUS PER INDULGENTIAS EPISCOPORUM PUBLICAS LIBER-

5   AMUR.[1]

23. Sunt quidam qui, suas et aliorum malitias excusantes, asserunt quod
eum qui suorum peccatorum oblitus est confessionem aut penitentiam
agere non oporteat; et hoc auctoritate illa confirmare nituntur; 'Anathema
sit qui dicit deum aliquod impossibile precepisse.'[2] Quia igitur peccata

10 oblivioni data rememorari non possumus, videtur eis quod huiusmodi
peccatores causa impossibilitatis absolvit, quod veritati contrarium est.

24. Etenim se in hanc necessitatem impossibilitatis inique et turpiter
deiecerunt, nam in sui recentia peccati poterant suam nequitiam confiteri;
neglexerunt veram confessionem et ex cursu temporis negligentia transiit

15 in contemptum, qui maius peccatum est quam fuerit principale peccatum.
Diutius ergo in variis excessibus delectati et quasi quodam peccatorum
diluvio inundante submersi sunt, turbeque iniquitatum precedentium ab
eorum memoria exciderunt. Denique obliti flagellorum et iudiciorum dei
terribilium, ad ulteriora vitia multipliciter irruentes, antiquorum criminum

20 et circumstantiarum, scilicet ubi, quando, quo tempore, quam diu et
quotiens offenderunt obliviscuntur, et crescente contemptu atque defi-
ciente timore districti iudicis in sua malitia obdurantur. Potestne tales
excusare aliquis a culpa, quos usque ad indurationem perduxerunt negligentia, superbia, et contemptus? Quod si respiciat eos deus ut desiderent

206 tuenda: ruenda A
A 201[r]

4 Eph. 6. 17.   5 Ezech. 13. 5.   6 Matt. 13. 39–41.   7 Ps. 62. 12.

1 Forgotten sins are discussed by Peter Lombard, *Sent.* 4. 15. 3; Simon of Tournai, *Disp.*
55. 2; Stephen Langton, *Quaest.* 313[r]. For contemporary views on indulgences see N. Paulus,
Geschichte des Ablasses im Mittelalter (3 vols., Paderborn, 1922–3), esp. i. 212–52; Peter
Abelard, *Ethics*, ed. and tr. D. E. Luscombe (Oxford Medieval Texts, Oxford, 1971), ch. 25,
pp. 108–10; Peter of Poitiers, *Sent.* 3. 6.   2 Cf. Aug. *De Natura et Gratia*, 43. 50.

penitere, possunt tam peremptoriam oblivionem et mortalem ignoran-   25
tiam,[3] negligentiam ac superbiam et contemptum atque indurationem, per
veram contritionem et lacrimabilem confessionem satisficiendo delere?
Non enim potest hec ignorantia que de iniquitatum multiplicitate procedit
aliquem excusare.

25. Proinde in eadem esse dampnatione videntur qui, largissimas   30
indulgentias facientes, recipiunt super se et dimittunt omnia peccata que in
parentes proprios committuntur, excepta sola iniectione manuum violenta.
Nonne omne peccatum, quod in veteri testamento fuerat mortale, in
evangelio mortalius esse solet? Lex autem dicit: 'Qui maledixerit patri aut
matri, morte moriatur',[4] et scitis quod hii contra moralia legis et evangelii   35
sine urgentissima necessitate dispensare non possunt. Illud etiam michi
venit in dubium, utrum indulgentie presulum qui a diebus decesserunt, et
iam forte sunt in penalibus locis, hodie retineant in hominibus sue
condempnationis effectum.[5]

III. TERTIA CONQUESTIO MEA EST QUOD DICITUR A QUIBUS-
DAM QUOD SI UNUM MORTALE REMITTITUR ET OMNIA
MORTALIA, SI UNUM VENIALE REMITTITUR ET OMNIA
MORTALIA, NON TAMEN SI UNUM VENIALE ET OMNIA
VENIALIA   5

26. Quidam magistri dicunt quod si unum mortale remittitur et omnia
mortalia, si unum veniale et omnia mortalia; non si unum mortale et omnia
venialia, non si unum veniale et omnia venialia.[1] Contra tales legitur in
Numeri ubi dicitur quod Iudei qui non transierunt Iordanem tantum duos
reges interfecerunt;[2] per reges peccata intelliguntur.[3] Item in Exodo dicitur   10
quod Iudei interfecerunt VII reges in terra promissionis, non simul sed

---

32 iniectione: invectione A
A 201[v]
1 QUOD DICITUR *suppl.*   3 MORTALIA: ET VENIALIA *add.* A

---

3 Cf. Letter 32. 2–9.   4 Ex. 21. 17.   5 Cf. Simon de Suwell, cit. in Kuttner–Rathbone,
p. 348.
1 For the remission of venial and mortal sins see especially Peter Lombard, *Sent.* 4. 14. 1; 4.
15. 1–7; Robert of Melun, *Sent.*, i, p. 138, q. 302; Simon of Tournai, *Disp.* 77. 1, and
Institutiones (Merton College, Oxford, MS 132) f. 152[r]; Peter of Poitiers, *Sent.* 3. 5–6.   2
Num. 21. 21–35; 32. 33.   3 Glos. ad Num. 32. 33.

successive.[4] Per terram promissionis intelligitur anima fidelis,[5] per VII reges VII principalia peccata,[6] et ita unum mortale remittitur sine alio.

27. Preterea dicit auctoritas quod dominus pluit super unam civitatem et super aliam non pluit,[7] unde Gregorius hoc exponens de eadem civitate dicit eam in parte esse complutam, in parte aridam; complutam dicit pro desertione unius peccati, aridam pro retentione alterius.[8] Saltem auctoritas dicit quod superbia eorum est primum peccatum recedentibus a deo, et ultimum redeuntibus;[9] ergo superbia remittitur ultima, ergo non omnia peccata remittuntur simul.

28. Item, prodigalitas et avaritia contraria sunt et mortalia, quomodo ergo possunt simul remitti? Quomodo potest aliquis confitens omnia peccata sua simul dicere? Non utique potest, quia circa singula oportet eum conteri, iuxta illud: 'Lavabo per singulas noctes (id est, per singulas iniquitates) lectum meum (id est conscientiam meam) lacrimis (penitentialibus).'[10] Ergo et successive dicuntur, et successive remittuntur. Amplius, hic fuit avarissimus, modo est prodigalissimus. Nonne avaritia remissa est in eo et prodigalitas manet? Ergo unum remittitur sine altero.

29. Dicis autem quod si reperiatur unum mortale remitti sine alio, de actu peccati non de reatu debet intelligi. Potest enim aliquis deserere actum peccati, sicut dicis, remanente reatu? Sicut e contrario dicitur originale remitti quia transit reatu et non actu;[11] sed hec solutio a magnis viris tamquam insufficiens reprobatur.

30. Magna vero videtur abusio dicere quod si unum mortale remittitur et omnia mortalia, si unum veniale et omnia mortalia. Ergo cum veniale multis auctoritatibus probetur modica contritione deleri aut pronuntiatione dominice orationis,[12] quid potest videri manifestius esse falsum quam si unum veniale deletur quod omnia mortalia dimittantur? Qui talia predicant arcum domini, scilicet sacram scripturam,[13] debilitant et enervant.

---

4 *Non* Ex. *sed* Ios. 10. 28–40; cf. Act. 13. 19.   5 Glos. ad Ios. 10. 19.   6 Glos. ad Act. 13. 19.   7 Amos 4. 7 and Glos. ad loc.   8 Greg. *Homil. in Ezech.* 1. 10. 23.   9 Quotation untraced.   10 Ps. 6. 7 and Glos. ad loc.   11 Aug. *De Nuptiis et Concupiscentia*, 1. 26. 29.   12 Cf. Aug. *Enchiridion*, 71.   13 Glos. ad Apoc. 6. 2.

IV. IN QUARTA CONQUESTIONE MICHI VALDE VIDETUR ABSURDUM QUOD PLERIQUE SENTIUNT ET PUBLICE PREDICANT QUOD QUI HABET UNAM VIRTUTEM HABET OMNES, ET QUI UNUM VITIUM HABET OMNIA VITIA

31. Item quidam dicunt quod omnes virtutes equales sunt et quod nulla 5
potest haberi sine omnibus,[1] et hoc videntur probare auctoritate Gregorii
dicentis: 'Quamdiu vivimus equales in nobis virtutes invenimus';[2] alia:
'Equalia sunt latera civitatis';[3] et quia in Deuteronomio legitur de tribus
civitatibus refugii quod erant divise inter se spatio coequali.[4] Sed nec
Gregorius dicit quod omnes virtutes equales sint, et secunda auctoritas 10
loquitur de lateribus unius civitatis, nec etiam tres civitates refugii ideo
sunt equales si equali spatio a se invicem distent. Quod si has tres civitates
vocas fidem, spem, caritatem,[5] audi contradicentem apostolum ac dicentem: 'Maior autem harum est caritas.'[6]

32. Alibi etiam scriptum est quod caritas omnium maxima est virtutum.[7] 15
Item: 'Qui tegis aquis superiora eius',[8] superiora vocat caritatem,[9] unde
apostolus de caritate loquens dicit: 'Adhuc excellentiorem viam vobis
demonstro.'[10] Item, 'Superextolletur super Libanum fructus eius';[11] dicit
auctoritas: 'Caritas super omnia alia dona.'[12] Item in evangelio, sinapis
crescens 'ascendit et fit maior omnibus oleribus';[13] caritas est sinapis,[14] 20
olera cetere sunt virtutes. Preterea caritas informat omnes alias virtutes et
non e contrario,[15] ergo ceteris caritas est maior. Amplius, nonne 'Fides
operatur per dilectionem',[16] et non aliter? Ergo sine caritate opera fidei
nichil valent.

A 201ᵛ
1 IN suppl. *Spatium fere duarum literarum* A

---

1 Discussion of this proposition goes back to classical times, see e.g. Cicero, *De Oratore*, 1.
18. 33; *De Paradoxis*, 3. 20; Aug. *Ep.* 167; Jerome, *Dialogus adversus Pelagianos*, 1. 19 (*PL*
xxiii. 512); Stephen Langton declared of it: 'Ad probandum hoc non oportet multum
laborare, cum nullus fere hodie sit in contraria opinione' (*Quaest.* 239ᵛ). See also Peter
Lombard, *Sent.* 3. 23. 8–9; 3. 36.1–2; Odo of Ourscamp, *Quaest.* 2. 313; Simon of Tournai,
Disp. 32. 1; *Inst.* 132ʳ; Peter of Poitiers, *Sent.* 3. 29–30; Stephen Langton, *Quaest.* 183ᵛ, 239ᵛ,
330ᵛ. For Peter's view, see R. W. Southern, 'Some New Letters of Peter of Blois', *EHR* 53
(1938), 416–19.   2 Greg. *Homil. in Ezech.* 2. 10. 18.   3 Apoc. 21. 16 and Glos. ad loc.;
cf. Ezech. 48. 8–10, 13–20.   4 Deut. 19. 2–7; cf. Num. 35. 4–6.   5 Glos. ad Deut. 19.
2.   6 I Cor. 13. 13.   7 Cf. e.g. Alan of Lille, *Theologicae Regulae*, 91.   8 Ps. 103.
3.   9 Glos. ad loc.   10 I Cor. 12. 31.   11 Ps. 71. 16.   12 Glos. ad loc.   13 Marc.
4. 32.   14 Glos. ad loc.   15 Alan, loc. cit.   16 Gal. 5. 6.

33. Item, Moyses commendatur de mansuetudine,[17] Iob de patientia,[18] et ceteri sancti de propriis virtutibus specialem meruere favorem; quare hoc nisi quia per illas ceteris specialiter preminerent? Denique in lege separabatur ab animali armus separationis et pectusculum elevationis;[19] per pectusculum intelligitur sapientia, que est in pectore, et hec pre aliis elevatur. Item, legimus quod oleum misericordie[20] superenatat, id est maior est caritas quam iustitia. Item, unum vitium est maius in aliquo quam aliud, quare non esset una virtus? Item, 'Miserationes eius super omnia opera eius.'[21] Manifeste videmus quod aliquis habet iustitiam et quasdam alias virtutes et non virginitatem, quam inter ceteras maxime commendat auctoritas.[22]

34. Legitur et super Exodum, quod sancti plus de illis virtutibus quas non habent gravius compunguntur quam de habitis gloriantur,[23] ergo habent quasdam et non alias. Sed opponunt quod unaqueque virtus habet vitium sibi oppositum, ergo si una virtute caret succedit ei vitium oppositum, ergo virtus et vitium simul erunt, quod non provenit. Respondeo autem quod pium et sanctum est aliquem unam habere virtutem aut multas, dum tamen habere alias non contempnat. Unde super Iudicum, non vult sacra scriptura ut quis aliquas virtutes habeat aliasque contempnat.[24] Ex hiis solutio huius contrarietatis habetur: non enim vel unitas vel paucitas virtutum arguitur sed eas habendi contemptus.

35. Quid si virtus et malum secundum diversos respectus in eodem sint? Nam quod mirabilius est, scimus quod in uno demoniaco per essentiam est spiritus, et spiritus malignus per inhabitationem, anima per compositionem (quia est pars illius compositi), et ita sunt tres diversi spiritus in eodem. Videmus preterea contrarios simul esse in anima,[25] 'Caro enim concupiscit adversus spiritum et spiritus adversus carnem',[26] et ita sensualitas movetur adversus rationem et ratio adversus sensualitatem, et ita contrarii motus in anima surgunt simul. Unde super hunc locum in Iob, 'Si in unum coartaverit omnia, quis contradicet?'[27] Gregorius: 'Celum et infernus simul coartantur cum eandem mentem et contemplatio sublevat, et temptatio

---

35 commendat: *sequitur spatium fere septem litterarum* A   35 auctoritas *suppl.*   37 gloriantur: glorientur A   40 quod non: non A

---

17 Num. 12. 3.   18 Iac. 5. 11.   19 Lev. 7. 29–34 and Glos. ad loc.   20 Cf. Glos. ad Lev. 2. 2.   21 Ps. 144. 9.   22 e.g. Glos. ad I Cor. 7. 26.   23 Quotation untraced.   24 Quotation untraced.   25 Cf. Peter Lombard, *Sent.* 1. 8. 4.   26 Gal. 5. 17.   27 Iob 11. 10.

aggravat et obscurat.'[28] Item in Iob super hoc verbum, 'Clangor tube personat',[29] Gregorius: 'Clangor tube tunc personat cum in bene gestis e vicino aliqua culpa terribiliter temptat.'[30]

36. Item in Numeri loquitur de progressione filiorum Israel.[31] Dicit auctoritas: 'Aliud est habere unam gratiam, aliud habere omnes',[32] quasi 60 qui habet unam non habet omnes. Item in secunda epistola Petri dicitur quod patientia sequitur abstinentiam,[33] et sic una precedit aliam. Preterea Gregorius dicit: 'Non est divine iustitie ut qui habet unam virtutem habeat omnes, quamvis visum sit hominibus boni ingenii.'[34] Hominibus tamen rursum quatuor sunt virtutes: iustitia, prudentia, fortitudo, temperantia. 65 Virtus est genus istarum et ita fortitudo est species virtutis, ergo ad predicationem speciei sequitur predicatio generis et non e converso. Ergo quicumque habet fortitudinem habet virtutem et non e converso, et sic aliquis habet virtutem qui non habet fortitudinem, ergo qui habet unam non habet omnes. Amplius, 'Abraham genuit Isaac, Isaac genuit Iacob',[35] 70 id est, fides genuit spem et spes caritatem.[36] Attende quia fides genuit spem et spes caritatem. In Levitico etiam sic legitur: 'Si hostia pacificorum fuerit eius oblatio';[37] super hanc: 'In modum scalarum ordinate sunt virtutes ut unus quasdam, alius alias assequatur.'[38]

37. Sicut dicunt quod qui habet unam virtutem habet omnes, sic asserunt 75 quod qui habet unum vitium habet omnia vitia, et 'Qui offendit in uno omnium est reus.'[39] Sed si verum est quod dicunt, ergo omnis qui est hypocrita est hereticus, omnis qui est adulter est simoniacus, et omnis qui est prodigus est avarus, et omnis qui est detractor est adulator. Ad illud autem verbum, 'Qui offendit in uno omnium est reus', respondemus quod 80 qui non habet caritatem omnium est reus, quia qui offendit caritatem offendit omnes filias eius.[40] Non tamen credo quod qui transgreditur hoc preceptum 'Non fornicaberis',[41] quod ipse sit transgressor istorum precep-torum: 'Non occides', 'Non accipies in vanum nomen domini' (id est, non

---

60 quasi: non *add.* A   61 qui . . . omnes: qui non habet unam habet omnes A   69–70 qui habet . . . omnes: qui non habet unam habet omnes A   83 fornicaberis quod: quod *add* A

---

28 Greg. *Moralia in Iob*, ad loc.   29 Iob 39. 24.   30 Greg. *Moralia in Iob*, ad loc.   31 Num. 10. 11–28.   32 Glos. ad Num. 10. 11.   33 II Petr. 1. 6.   34 *Non* Greg. *sed* Aug. *Ep.* 167. 10 (divine iustitie: *rectius* divina sententia).   35 Matt. 1. 2.   36 Cf. Glos. ad loc.   37 Lev. 3. 1.   38 Glos. ad loc.   39 Iac. 2. 10.   40 Glos. ad loc.; *filias eius*: cf. Jerome, *Ep.* 82. 11.   41 Os. 3. 3.

85 periurabis per nomen domini), 'Non furtum facies', et huiusmodi; nec ideo
transgressor est sabbati, nec propter hoc dehonorat patrem et matrem, nec
ob hoc committit homicidium.[42]

38. Quidam tamen in hoc verbo 'Qui offendit in uno, omnium . . . '
ibidem faciunt distinctionem, 'ipse est reus'; vel sic: 'aliud est esse reum
90 criminis, aliud esse reum capitis'; nam esse reum criminis est habere
crimen in se, esse reum capitis est esse dignum ut ei auferatur caput.
Perfecta quidem caritas caput est omnium virtutum,[43] et iustum est ut qui
malitiose peccat in uno precepto, ab eo virtutum caput, id est perfecta
caritas, auferatur.

V. IN QUINTA QUESTIONE VIDENTUR DISCREPARE A VERO ILLI QUI ASSEVERARE NITUNTUR QUOD NEMO SIBI MERERI POTEST PRIMAM GRATIAM. NAM SI EST IMPOSSIBILE QUOD ALIQUIS SIBI PRIMAM GRATIAM ACQUIRAT, MULTA INCONVENIENTIA SUBSEQUENTUR.[1]

39. Dicunt quidam quod nemo potest sibi acquirere primam gratiam;
non potest eam optinere nisi per alium. Sed contra eorum sententiam
videtur facere illa theologie regula que dicit: 'Quicumque orat pie pro se
perseveranter et ad salutem exauditur.'[2] Nonne potest sic orare ut habeat
0 primam gratiam? Ergo potest eam suis meritis optinere. Item, legitur super
Actus quod Cornelius per opera bona venit ad fidem,[3] que est prima gratia.
Item apostolus: 'Cum deus faciat nos sine nobis, non iustificat nos sine
nobis';[4] secundum hoc cooperamur deo in prima iustificatione, scilicet
infusione prime gratie. Unde idem apostolus: 'Coadiutores dei sumus',[5] et
5 idem: 'Non ego operor illud sed dei gratia mecum.'[6]

40. Iste etiam, qui non fuit prius de ecclesia bonorum, nunc orat cum
lacrimis et devotis desideriis ut fiat de ecclesia merito. Nonne iste meretur

---

93 malitiose: mali *sequitur spatium quattuor litterarum* A
A 202[r]

---

42 Cf. Ex. 20. 7–14.   43 Cf. Glos. ad Gal. 5. 22.
1 For conflicting opinions on this question see Peter Lombard, *Sent.* 3. 19. 1; Odo of
Ourscamp, *Quaest.* 1. 89–90, 110; Robert of Melun, *Sent.*, q. 328 (i. p. 139), Simon of
Tournai, *Disp.* 44. 1–2; 49. 4; 51. 2; 60. 1, 3, 4; 78. 3; Peter of Poitiers, *Sent.* 3. 3–4; Alan of
Lille, *Theologicae Regulae*, 86–7; Stephen Langton, *Quaest.* 175[r], 231[r], 240[r], 242[r].   2 Cf.
Glos. ad Ioh. 15. 6 in Nicholas of Lyre.   3 Act. 10. 1–4, cf. Glos. ad loc. (contra).   4
Non Paulus, *sed* cf. Aug. *Sermo* 169. 11. 13.   5 I Cor. 3. 9.   6 I Cor. 15. 10.

esse bonus? Ergo meretur sibi primam gratiam. Item, ubi dicit Ezechiel se
aperire os suum,[7] dicit Hieronimus: 'Aperto ore dominus cibos largitur, ut
initia bone voluntatis a nobis sint, perfectionem autem a domino conse-   20
quamur.'[8] Amplius super Leviticum: 'Armus dexter cedet in primitias
sacerdotis',[9] ibi auctoritas: 'Incipere nostrum bonum est, perficere autem
divine gratie est.'[10] Secundum hoc, initium gratie est a nobis, sed perse-
cutio est a deo. Item, ego deprecor sanctum virum quatenus oret dominum
ut infundat michi primam gratiam; iste orat pro me et datur michi prima   25
gratia. Nonne mea oratione feci ut iste oraret pro me, et orando michi
gratiam primam acquireret? Sicut si iste familiaris regis ab isto rogatus ut ei
optineret regis gratiam, et acquisivit, nonne iste per intercessorem gratiam
regis impetravit? Amplius, hic potest alii et non sibi mereri primam
gratiam; ergo numquid potest alii plus prodesse quam sibi?   30

41. Item, prima gratia est premium vel meritum et acquiritur merito
alterius. Quero cuius premium debeat hoc esse? Si illius qui proximo
acquisivit primam gratiam, habetne quis premium sine merito proprio?
Nonne hic per meritum suum facit illum habere primam gratiam? Et si hoc,
videtur quod sit premium eius qui pro alio impetravit; ipse tamen in hoc   35
sibi meruit, quia proximo profuit.

42. Item in evangelio dicitur: 'Dedit eis potestatem filios dei fieri',[11] ergo
habere primam gratiam. Item, potentia est in eo qua potest habere primam
gratiam et carere prima gratia, et illa potentia est liberum arbitrium, et ita
potest libero arbitrio habere primam gratiam ex merito proprio. Item,   40
potest facere ut non habeat primam gratiam, quare ergo non potest facere
ut habeat primam? Item, iste scit quod non potest habere primam gratiam;
quare ergo ei imputabitur si non habet? Nonne homo tenetur in nota
transgressionis habere primam? Ergo homo potest facere ut habeat
primam. Nonne clamat auctoritas, 'Anathema sit qui dixerit deum prece-   45
pisse impossibile',[12] id est, quod homo non possit facere? Item dominus in
evangelio dicit: 'Pulsate et aperietur vobis';[13] hinc videtur quod deus
propter pulsationem aperiat pulsanti gratiamque infundat. Item Christus:
'Ego sto ad hostium et pulso';[14] sed qui intus est aperire non potest, quia
primam gratiam nullus ei meretur. Quando Adam solus erat, poterat sibi   50
precibus devotissimis primam gratiam promereri?

---

21 Leviticum: auctoritas *add.* A   25 infundat: infundet A   50 sibi *bis* A

---

7 Ezech. 3. 2.   8 Jerome, *Comment. in Ezech.* ad loc.   9 Lev. 7. 32.   10 Glos. ad
loc.   11 Ioh. 1. 12.   12 Aug. *De Natura et Gratia*, 43. 50.   13 Matt. 7. 7.   14
Apoc. 3. 20.

43. Item, quid est hoc quod dicunt, aliquem posse promereri alii infusionem prime gratie et non remissionem culpe? Potestne aliquis mereri alii caritatem, et si hoc, utrum caritatis perfectionem? Potestne illi mereri fidem? Ille enim habet et habuit fidem, sed informem, potestne ei mereri politam et gratuitam? Item, sicut Adam meruit nobis culpam originalem, ita Christus nobis meruit gratiam seu iustitiam originalem, quare ergo non habet unusquisque originalem iustitiam? Item, iste qui baptizatur, nonne statim habet caritatem, nam illo opere datur caritas? Ergo est meritum caritate informatum, ergo qui baptizatur sibi caritatem meretur.

44. Item, iste potest sibi mereri culpam quia est spiritus vadens et non rediens,[15] quare non potest mereri primam gratiam? Item, iste pro peccato incidit in aliud peccatum et ita per primum peccatum meretur secundum, quo merito meruit primum? Item, iste qui nullum habet peccatum potest facere ut peccet, et sic ut habeat primum peccatum. Quidam dicunt quod secundum peccatum meretur quis primo, sed primum nullo meretur.

45. Preterea, angelus qui preest homini,[16] nonne potest ei apud deum primam gratiam optinere?

46. Item, dominus eiecit a beata peccatrice septem demonia,[17] id est septem peccata principalia quibus septem demonia presidebant. Quis autem ei contulit primam gratiam, quis in ea spiritum dilectionis accendit? Nonne videtur quod precessit eius dilectio et secuta est peccatorum remissio? Scriptum est enim: 'Dimissa sunt ei peccata multa, quoniam dilexit multum.'[18]

47. Adhuc autem sublato preiudicio sententie melioris, fervet ad hoc et ebullit animus meus ut scripturis autenticis probem quod aliquis humilis ac devotus, vel suffragio alieno vel proprie orationis instantia, primam sibi gratiam mereatur. Legitur nempe in Regum ubi Salomoni dicitur: 'Pete quod vis',[19] auctoritas dicens: 'Gratia dei liberum exigit hominis arbitrium',[20] nempe ut operetur in eo; et sic liberum arbitrium ibi, id est in acquisitione prime gratie, operatur. De prima quidem gratia que dicitur incipiens vel operans, scriptum est: 'Fides est in nobis sine nobis.'[21] Verumptamen non omnino sine nobis est cui proficimur cooperando. Nisi

---

56 politam: politicam A   80 nempe: nisi A

15 Ps. 77. 39 and Glos. ad loc.   16 Cf. Matt. 18. 10 and Glos. ad loc.   17 Marc. 16. 9 and Glos. ad loc.   18 Luc. 7. 47, *vers. antiq.*, cit. e.g. Aug. *Tract.* 7. 19 in Ioh. 1. 47.   19 III Reg. 3. 5.   20 Glos. ad loc.   21 Cf. Simon of Tournai, *Disp.* 78. 3; Aug. *De Patientia*, 20. 17.

enim proficeremur quodammodo, in nobis vacua esset. Unde apostolus
dicit: 'Gratia dei in me vacua non fuit',[22] et item: 'Coadiutores dei   85
sumus.'[23] Ipse autem uberioris gratie sentiens profectus dicit: 'Gratia dei
sum id quod sum.'[24] Ecce quedam gratie consolidatio, et ostendens in se
gratiam consummari: 'Stipendium', inquit, 'peccati mors est, gratia vero
vita eterna.'[25] Unde Iohannes, 'Gratiam pro gratia.'[26]

48. Item, multorum sententia sanctorum est quod infusionem gratie   90
antecedit quedam preparatio mentis bone, unde videtur quod illa preparatio causa est quare gratia infundatur. Proinde auctoritas dicit: 'A timore
tuo, domine, concepimus spiritum salutis.'[27] Quid est spiritus salutis nisi
prima gratia? Nonne servilis timor concipit iustificationem, et sic primam
gratiam, sicut etiam testatur quedam auctoritas: 'Quiddam precedit in   95
peccatoribus quo digni sunt iustificatione.'[28] Item, iste meretur precibus et
lacrimis non esse membrum diaboli, et sic meretur fieri membrum dei et
habere gratiam eius. Item, cum hominis iustificatio consistat in remissione
peccati et gratie collatione, quare non potest mereri collationem gratie qui
peccati remissionem potest lacrimis et bonis operibus optinere?   100

49. Item super Apocalypsim: 'Suadeo tibi emere a me aurum ignitum',[29]
id est caritatem, et sic aliquis pro pretio, id est merito, et caritatem et
primam gratiam promeretur. Item in Apocalypsi: 'Datum est sponse ut
cooperiat se bysso candido et splendenti, id est iustificatione',[30] et sic
aliquis potest prima gratia se vestire. Item, nonne aliquis existens in   105
mortali peccato potest alium baptizare, gratiamque conferre? Nonne
pseudoprophete oratione sua eiciebant demones,[31] eosque qui spiritualiter
mortui erant vivificare poterant? E diverso, quomodo plus poterit prodesse
michi fides aliena quam propria? Preterea maior est deus in gratia quam
Adam fuit in culpa; si ergo contraximus ab Adam culpam originalem,   110
quare a secundo Adam non contraximus originalem iustitiam? Donum
enim maius est quam peccatum,[32] maiorque est deus in suis beneficiis
quam Adam et tota eius posteritas in peccatis. Numquid posset in aliquo
esse actualis iustitia nisi precederet in eo prima gratia? Nam apostolus
dicit: 'Hortamur vos ne in vacuum gratiam dei accipiatis,'[33] id est ut habita   11

---

109 Preterea: propterea A

22 I Cor. 15. 10.   23 I Cor. 3. 9.   24 I Cor. 15. 10.   25 Rom. 6. 23.   26 Ioh. 1.
16.   27 Is. 26. 18, *vers. antiq.*, cit. e.g. Aug. *Enarr.* in Ps. 47. 7.   28 Aug. *De Diversis
Quaestionibus*, 68. 4.   29 Apoc. 3. 18 and Glos. ad loc.   30 Apoc. 19. 8.   31 Matt. 7.
15, 22–3.   32 Rom. 5. 15 and Glos. ad loc.   33 II Cor. 6. 1.

originali gratia statim sequatur iustitia actualis. Videtur tamen Cornelius
centurio prius institisse bonis operibus quam primam habere gratiam
mereretur.[34]

50. Et quia fecistis de prima gratia et de primo motu aliquantulam
120 questionem, primum quero utrum possim facere ne primus motus surgat in
isto? Nam possum facere ut primus motus deleatur in eo, possum enim
facere quod habere desinat primum motum, saltem penitentiam faciendo.
Item, possum facere quod primus motus surgat in me, et penitendo possum
facere ut desinat esse in me; possum etiam facere quod gratia repellatur a
125 me, quare facere non possum ut prima gratia veniat in me? Item, possum
facere ut prima gratia non detur michi, et ut si data est repellatur. Similiter
possum facere penitendo quod primus motus desinat esse in me, et possum
facere quod surgat in me, ergo principium et finis primi motus est a me.

51. Ceterum, cum primus motus sit ex sensualitate et non ex ratione,
130 maior quidem sensualitas est in bruto quam in homine, quare ergo primus
motus non est in bruto sicut in homine? Preterea, cum primus motus sit ex
sensualitate et sit ex carne, potestne diabolus ad invidiam vel superbiam
motus primos habere? Non enim habet carnem, quocirca videtur non esse
omnes motus primos ex carne. Item, estne possibile quod aliquis velit
135 primum motum habere ad fornicandum, et non velit consentire? Nonne
concupiscit? Nonne facit contra preceptum illud: 'Non concupisces',[35] et si
hoc, mortaliter peccat? Item, hic hereticus vult sibi persuadere quod deus
non est homo et inducit rationes suas: 'Est spiritus, ergo non est caro; est
deus, ergo non est homo. Non potest non esse impassibilis et immortalis,
140 ergo non potest esse passibilis et mortalis.' Nonne quidam primus motus
surgit in eum velit nolit ex huiusmodi ratione peremptoria? Sic ille motus
non est ex sensualitate.

52. Item, cum primus homo in primo statu habuerit posse peccare et
posse non peccare, in statu autem secundo inflictum est ei non posse non
45 peccare. Nonne tunc necessario peccabat, quia tunc peccatum vitare non
poterat? Unde ad Romanos: 'Ego venundatus sum sub peccato',[36] ibi
auctoritas: 'Cum Adam posset abstinere a peccato, noluit.'[37] Ideoque
inflictum est ei ut non possit peccatum evitare cum velit.

34 Act. 10. 4–6.   35 Ex. 20. 17, cf. Matt. 5. 28.   36 Rom. 7. 14.   37 Peter
Lombard, *Collect. in Epistolas D. Pauli*, ad loc.

29

Peter answers questions from the abbot of Coggeshall about the last judgement and life in heaven. 1200×11

RESPONSIO PETRI BLESENSIS AD MULTAS GRAVES ET VARIAS QUESTIONES[1]

1. Viro venerabili et amico in Christo karissimo abbati de Coggeshale,[2] Petrus Blesensis Londoniensis archidiaconus salutem in vero salutari.

2. Miror, nec ad plenum mirari sufficio, quod cum sitis vasa tabernaculi,[3] 5 organa sancti spiritus, filii olei[4] quos scilicet docet unctio magistra de omnibus,[5] michi graves et arduas proponitis questiones ut eas vobis diligenter explanem, qui nec ad momentum vacationem corporis habeo animive quietem. Mundus in maligno positus est,[6] cuius crebri et tumultuosi strepitus inde interminantur; hinc egritudines infinite atque 10 incommoda senectutis sic me rapiunt, deprimunt, distrahunt et affligunt ut, totus ab eis absorptus, tenear potius dolorem meum plangere quam pugnis verborum[7] et laberinto questionum me inextricabilium implicare. Olim equidem conversabar inter ortos aromatum[8] et de scripturis sacris quasi de deliciis paradisi[9] poteram michi et aliis ministrare, at nunc nulla exigit ratio 15 ut requiratis verborum flores et sententiarum fructus a stipite veternoso.

3. Quia tamen caritative hoc petitis — caritas vero numquam excidit[10] nec agit perperam[11] — licet hoc opus omnes ingenii mei conatus excedat, quod habeo in vera caritate communico, sequi desiderans illud Sapientie verbum: 'Sine fictione didici et sine invidia communicavi.'[12] Utinam ad 20

A 203[r] B 91[v]

1–2 ET VARIAS *om.* B   6 sancti spiritus: spiritus sancti B   6 magistra: magistri B   10 interminantur: me terminent *codd.*   13 me: mox *codd.*

---

1 For a survey of many of the points raised here, see N. Wicki, *Die Lehre von der himmlischen Seligkeit in der mittelalterlichen Scholastik* (Studia Friburgensia, NF 9; Fribourg, 1954), also Peter Lombard, *Sent.* 4. 43–4, 47–9; Odo of Ourscamp, *Quaest.* 2. 39; and Peter of Poitiers, *Sent.* 5. 18.   2 Either Thomas (1194–1207) or Ralph (the historian, 1207–18) of the Cistercian abbey of Coggeshall in Essex. Ralph had a particular interest in these topics, for he included two recent visions of heaven in his *Chronicle* and was probably also the author of *Visio Thurkilli*, a vivid account of purgatory; ed. P. G. Schmidt (Leipzig, 1978).   3 Ex. 27. 19 and Glos. ad loc.   4 Zach. 4. 14 and Glos. ad loc.   5 I Ioh. 2. 27.   6 I Ioh. 5. 19.   7 I Tim. 6. 4.   8 Cf. Cant. 4. 16.   9 Ezech. 28. 13.   10 I Cor. 13. 8.   11 I Cor. 13. 4.   12 Sap. 7. 13.

vestrarum precum instantiam detur michi manifestatio spiritus ad utilitatem,[13] nam imperfectum meum[14] profiteor. Et tamen preces vestras, que michi pro iussione sunt, humilis et devotus amplector; quod si omnium difficultates enodare non potero questionum, sufficit michi pro solutionibus assignare sanctorum auctoritates aut sententias magistrorum.[15]

I. PRIMA QUESTIO

4. In primis queritur utrum deus oculo carnis aut mentis videbitur in futuro, nam in primo Numeri ponuntur hec verba: 'De montibus videbo eum et de collibus considerabo ipsum.'[16] Ex hiis verbis conicitur quod deus videbitur oculo mentis, non corporis.[17] Tamen in Exodo leguntur hec verba: 'Qui sanctificatus fuerit corpore et spiritu',[18] et ex hiis intelligunt quod per glorificati corporis et spiritus puritatem videbitur deus. Unde in Iob: 'Quem visurus sum ego ipse et oculi mei conspecturi sunt',[19] super hoc auctoritas: 'Non tantum oculo cordis sed corporis';[20] unde idem: 'In carne mea videbo deum salvatorem meum.'[21] Ideo quidam asserunt quod deus sive divinitas et omnis spiritus oculo mentis, humanitas autem et omnia corpora corporali oculo videbuntur.[22] Sunt qui dicunt quod visus glorificatus penetrabit omne corpus glorificatum quia corpora sanctorum tunc erunt sicut vitrum, et sicut radius vitrum penetrat,[23] ita visus unius carnem alterius. Vides equidem, pater, quod visus penetrat vitrum vel aquam, et sic radius oculi corpora in futuro glorificata subtilitate propria penetrabit.

II. QUOD ANGELI ET HOMINES TUNC LOQUENTUR[24]

5. Dicitur de angelis quod non cessabunt clamare 'Sanctus, sanctus, sanctus'.[25] In psalmo etiam scriptum est: 'Beati qui habitant in domo tua, domine; in secula seculorum laudabunt te.'[26] Item, nonne habebunt homines omnia instrumenta ut vocem habeant et loquantur? Item in fine

---

26 QUESTIO: Utrum deus oculo carnis aut mentis *add.* B   28 montibus B; *spatium fere septem litterarum* A   45 habebunt: omnes *add.* B

---

13 I Cor. 12. 7.   14 Cf. Ps. 138. 16.   15 L. Ott in 'Hugo von St. Victor und die Kirchenväter', *Divus Thomas*, 3rd ser., 27 (1949), 306–10, has investigated the sources, mostly in Augustine and Gregory, used by Hugh of Saint-Victor in his discussion of the last things (*De Sacramentis* 2. 16–18), but Peter's preoccupations are different.   16 Num. 23. 9.   17 Glos. ad loc.   18 Cf. Glos. ad Ex. 19. 10.   19 Iob 19. 27.   20 Glos. ad loc.   21 Iob 19. 26.   22 Cf. Stephen Langton, *Quaest.* 194ᵛ.   23 Cf. Aug. *Serm.*, Appendix, 245. 4.   24 Cf. Peter Lombard, *Sent.* 4. 43. 2; 4. 47. 1, 4.   25 e.g. *Missale Romanum: praefatio de Pentecoste*; cf. Apoc. 4. 8.   26 Ps. 83. 5.

Isaie, linguis[27] cogitationes accusabunt vel defendent.[28] Item super
Regum: 'In patria angelorum visio et allocutio dei presentia nobis revelabitur',[29] unde: 'Veniet hora quando non in proverbiis loquar vobis.'[30] Ergo
Christus et angeli tunc loquentur, et sic erit vox materialis in patria. Patet si   50
tunc aer non esset nec esset vox,[31] nec sine aere formari posset. Dicunt
etiam sancti quod materiali voce denuntiabitur iudicialis sententia; apostolus tamen dicit quod iudicium fiet 'in novissima tuba',[32] id est in voce post
quam non erit alia.[33] Item apostolus: 'Sive prophetie sive lingue cessabunt',[34] et sic videtur quod non sit vox omnium glorificatorum.   55

III. DE SUBTILITATE ET AGILITATE GLORIFICATI CORPORIS

6. Asserunt etiam plerique quod gloria corporum beatorum erit equalis,
et quod sicut vox modo potest transire ad loca remota, vel sicut mens nunc
potest penetrare in celum, nunc in extremis maris[35] esse vel in remotissimis
locis, ita corpora glorificata nulla invenient obstacula. Tanta tunc erit   60
agilitas corporis quanta est nunc agilitas cogitationis aut vocis. Si queratur
an gloria corporis et anime tunc erit equalis, dici potest quod anima non
erit tunc magis immortalis quam corpus nec magis subtilis, nec aliquem
locum poterit subintrare anima quin et corpus. Preterea nonne splendor
corporis et anime tunc erit, splendorque corporis erit bonum anime,   65
tantumque glorificabitur corpus quantum anima? Videtur tamen quibusdam quod tunc erit maior gloria corporis quam anime, quia in Exodo per
auream intelligitur anime glorificatio, per aureolam[36] gloria corporis. Ibi
auctoritas: 'Aureola auree superponitur cum scriptura nos doceat quod ei
gloria sublimior in corporum resurrectione servetur.'[37] Quod sic intelligen-   70
dum est, scilicet quod maior erit hominis gloria cum glorificabitur in
corpore quam cum habuit stolam solius anime.[38]

IV. UTRUM QUISQUE SCIAT CONSCIENTIAM ALTERIUS

7. Quod autem queritur utrum conscientia unius alii pateat, legitur quod
libri tunc erunt aperti,[39] id est conscientie.[40] Sic est intelligendum, quod   75

---

57 beatorum B; *spatium fere quinque litterarum* A   69 quod ei: cui *codd.*

---

27 Is. 66. 18.   28 Glos. ad loc.   29 Quotation untraced.   30 Ioh. 16. 25.   31 Cf.
Priscian, *Institutiones Grammaticae*, 1. 1, ed. M. J. Hertz in *Grammatici Latini*, ed. H. Keil, ii
(Leizig, 1855), 5.   32 I Cor. 15. 52.   33 Glos. ad loc.   34 I Cor. 13. 8 and Glos. ad
loc.   35 Ps. 138. 8–9.   36 *auream, aureolam*: Ex. 25. 24–5 and Glos. ad loc.   37 Glos.
ad loc.   38 Glos. ad Apoc. 6. 11.   39 Apoc. 20. 12.   40 Glos. ad loc.

erit unicuique tunc revelatum quantam scientiam sive gloriam sive penam
habuerit alius. Nam sicut in apostolo legitur, post perpetrationem peccatorum quedam note remanebunt in homine que in iudicio apparebunt.[41] Et
notandum quod gustus et alii sensus erunt in patria, sed alios habebunt
80 usus quam habent modo.

V. DE STATU FUTURI IUDICII[42]

8. 'Pater omne iudicium dedit filio;'[43] id est omnis temporis iudicium,
scilicet temporis presentis, preteriti et futuri; vel solus filius in iudicio
iudicabit quia solus apparebit.[44] Quidam dicunt quod maiora crimina
85 iudicabit deus, minora minores iudices, apostoli et martyres, iuxta illud:
'Cum sederit filius hominis in sede maiestatis sue, sedebitis et vos in
duodecim thronis iudicantes duodecim tribus Israel.'[45] Paulus: 'Rapiemur
obviam Christo in aera et sic semper cum domino erimus',[46] non semper in
aere[47] sed in mansionibus preparatis a deo.[48] Quidam querunt an sicut
90 aliquis erit ibi pater, ita sit aliquis maritus alicuius, et nisi hoc, utrum ibi
corrumpatur vinculum coniugale? In evangelio autem veritas dicit: 'In
futuro neque nubent neque nubentur, sed erunt sicut angeli dei.'[49] Iudei
vero putant arcam Hierusalem tunc restituendam[50] et tunc sacrificia fieri et
coniugia.

95 9. Item unum quero: cum unusquisque sciat ante iudicium utrum ipse sit
salvandus aut damnandus, quare dicuntur in iudicio tantum scire iudicia
dei? Item videtur quod sancti iudicabunt in futuro, unde auctoritas:
'Iudicabunt sancti nationes.'[51] Item: 'Gladii ancipites in manibus eorum',[52]
id est potestas iudicandi[53] bonos et malos. Nec soli maiores 'facient in eis
100 iudicium conscriptum,'[54] sed 'gloria hec est omnibus sanctis eius,'[55] scilicet
maioribus et minoribus. Revelabitur sententia dei, et ab eis approbabitur
voce materiali vel assensu. Non solum homines sed angeli mali iudica-
buntur, iuxta illud Pauli: 'An nescitis quia angelos etiam iudicabimus?'[56]

---

80 habent: habeant A; *om.* B   86–87 in duodecim . . . Israel: i.d.t.i.d.d. A; iudi. duo.
tribus Israel dicit dominus B   93 arcam: auream *codd.*   97 quod: eidem *codd.*   99
iudicandi: iudicandos *codd.*   99 et: aut A

---

41 Cf. I Cor. 3. 12–13 and Glos. ad loc.   42 Cf. Peter Lombard, *Sent.* 4. 47. 2.   43
Ioh. 5. 22.   44 Glos. ad loc.   45 Matt. 19. 28.   46 I Thes. 4. 17.   47 Aug. *De Civ.*
Dei, 20. 20–2.   48 Ioh. 14. 2–3.   49 Matt. 22. 30.   50 Cf. II Mach. 2. 4–8, and Glos.
ad loc.   51 Sap. 3. 8.   52 Ps. 149. 6.   53 Glos. ad loc.   54 Ps. 149. 9.   55
Ibid.   56 I Cor. 6. 3.

VI. DE SESSIONE AD DEXTRAM PATRIS

10. Sunt etiam qui querunt utrum Christus ab eterno sederit ad dextram 105
patris. Legitur autem quod Christus secundum quod homo sedet ad
dextram patris,[57] sed si homo ille secundum quod deus est patri equalis,
sedet ad dextram patris quia est ei equalis? Sic ergo pater sedet ad dextram
filii, quia filio est equalis. Item etiam et spiritus sanctus sedet ad dextram
utriusque, quia est equalis utrique. Preterea cum filius sit patris dextra,[58] et 110
sedeat ad dextram patris, sedetne ad dextram sui? Demum filius sedet ad
dextram quia est in potioribus bonis patris, et ita secundum quod homo
sedet ad dextram spiritus sancti vel divine essentie vel totius trinitatis?

11. Queritur utrum angeli sedeant ad dextram patris, quod non legitur.

12. Item, Christus ab hora conceptionis fruebatur deo et sic habebat 115
potiora bona patris, ergo ex tunc sedit ad dextram patris? Sed contrarium
legitur in symbolo, scilicet: 'Descendit ad inferna, tertia die resurrexit a
mortuis, ascendit ad celum, sedet ad dextram patris',[59] et cetera. Item,
anima Christi habet potiora bona patris, numquid sedet ad dextram patris?
Item, Christus post resurrectionem habuit potiora bona quam prius, quia 120
bona corporis et anime, numquid nunc primo incepit sedere ad dextram
patris? Nota quod sedere ad dextram patris tripliciter accipitur. Quantum
ad equalitatem Christus secundum quod deus primo sedet ad dextram
patris; quantum ad prerogativam dolorum sedet Christus homo ad dextram
patris; iuxta tertium modum quantum ad communem gloriam sedet 125
quilibet sanctus ad dextram dei.[60]

VII. DE POSITIONE CHRISTI ET DE MODO POSITIONIS

13. Item diversa legitur positio Christi dei et hominis. Isaias vidit eum
sedentem super solium excelsum,[61] Stephanus vidit ipsum stantem a
dextris dei,[62] et in Canticis: 'En dilectus meus stat post parietem',[63] unde 130
etiam post resurrectionem apparuit stans in littore.[64] Preterea requiescit in
cordibus sanctorum et humilium, iuxta illud: 'Super quem requiescet
spiritus meus nisi super humilem?'[65] et cetera. Sic requiescit Christus in
spiritu sapientie et intellectus,[66] et secundum divisiones aliorum donorum

---

106–107 Legitur . . . patris: *om.* B   114 Queritur *suppl.*   123 sedet ad: sedet ad ad A

---

57 Matt. 26. 64 and Glos. ad loc.   58 Cf. Ps. 43. 4; 117. 16 and Glos. ad loc.   59
Symbolum Apostolicum.   60 Cf. Matt. 25. 33.   61 Is. 6. 1.   62 Act. 7. 55.   63
Cant. 2. 9.   64 Ioh. 21. 4.   65 Is. 66. 2, *vers. antiq.* cit. e.g. Aug. *Ep. ad Galatas Expos.*
45.   66 Is. 11. 2 and Glos. ad loc.

135 spiritualium et distributionem gratiarum.[67] Dicitur etiam sedere dum
iudicat[68] et stare cum adiuvat.[69]

VIII. DE QUALITATE ELEMENTORUM POST IUDICIUM[70]

14. Queritur utrum elementa tunc erunt. Legitur enim 'Celum et terra
transibunt',[71] id est in melius mutabuntur.[72] Unde in Apocalypsi: 'Vidi
140 celum novum et terram novam. Primum autem celum et prima terra abiit et
mare iam non est.'[73] Quod ideo ibi dicitur quia elementa in melius
mutabuntur, quasi eadem erunt sed meliorata.[74] Item legitur quod sol et
luna tunc septupliciter lucebunt,[75] et ita luna tunc erit plena, ergo tunc erit
in oriente et sic tunc advesperascet. Si obiciatur verbum Iohel dicentis: 'Sol
45 et luna obtenebrati sunt et stelle retraxerunt splendorem suum',[76] sic
intellige, quia tanta erit claritas divine maiestatis quod videbitur omnis
splendor alius obscurari.

15. Queritur etiam an signa tunc erunt in celo. Eritne sol in aliquo signo?
Si in primo, ergo tunc erit Ianuarius, et sic secundum positionem solis in
50 signis erit ver, estas, autumpnus, hyemps.

IX. UTRUM TUNC ERIT SUCCESSIO ET VICISSITUDO RERUM

16. Si tunc incedat homo, nonne prius movebit unum pedem et alium
postea, ergo ibi erit successio? Item, nonne quandoque claudet oculos,
quandoque aperiet? Nonne tunc spirabit, et sic attrahet spiritum et emittet,
55 ergo erit ibi vicissitudo? Cui videtur contrarium quod in fine Isaie legitur,
'Electi ad videndum egredientur non loco sed intelligentia',[77] nam ubicumque fuerint sancti habebunt omnia optata.[78] Dicunt magni viri quod nulla
erit ibi successio de hiis que pertinent ad beatitudinem, sed de aliis, ut de
apertione oculorum et similibus.

X. AN RESURRECTIO FIAT SIMUL

60 17. Deinde queritur utrum resurrectio fiat simul. Apostolus enim dicit
eam fieri in instanti, 'in momento, in ictu oculi',[79] eo quod res simplex ut
anima sociari corpori aut separari ab eo nisi in instanti et in momento non

---

157 sancti: sed *codd.*   161 Deinde: demum B

67 I Cor. 12. 4.   68 Ioel 3. 12 and Glos. ad loc.   69 Act. 7. 55. and Glos. ad
loc.   70 Cf. Peter Lombard, *Sent.* 4. 48. 5.   71 Matt. 24. 35.   72 Glos. ad Apoc. 21.
1.   73 Apoc. 21. 1.   74 Glos. ad loc.   75 Is. 30. 26.   76 Ioel 3. 15.   77 Glos. ad
Is. 66. 24.   78 Cassiodorus, *Expos.* in Ps. 1. 1.   79 I Cor. 15. 52.

possit. Apostolus tamen dicit: 'Mortui qui in Christo sunt resurgent primi;
deinde nos qui vivimus, qui relinquimur, simul rapiemur obviam Christo in   165
aera.'[80] Sed notandum quod in hac auctoritate apostoli hic terminus 'primi'
determinat hunc terminum 'mortui', non hunc terminum 'resurgent'. Item,
nonne anima que est remota a suo corpore tardius unietur quam anima
propinquior, ergo non resurgent omnes simul? Dicunt aliqui quod poterit
iudicium fieri successive sed non resurrectio, tamen hoc minus probabiliter   170
probant.

XI. DE QUINQUE SENSIBUS HOMINIS

18. Item certum est quod quinque sensus hominis sunt naturales, ergo
homo surget cum illis. Dicunt autem quidam quod quinque sensus erunt in
patria, scilicet visus, auditus, olfactus, tactus, et gustus, sed asserunt quod   175
tunc erit alius usus eorum. Magis enim pertinebunt ad dilectionem dei et
proximi quam ad desiderium cuiuslibet alterius rei.

XII. UTRUM HUMANITAS CHRISTI SIT UBICUMQUE EST EIUS DIVINITAS[81]

19. Eritne divinitas alicubi ubi non erit humanitas? Et si hoc, aliquis   180
videbit alicubi divinitatem ubi non videbit humanitatem, et alicubi videbit
illa duo; ergo alicubi videbit maiorem gloriam quam alibi, ergo non
uniformem habebit gloriam. Immo quia divinitas cum humanitate non est
maius bonum quam sola divinitas, sicut Christus non est magis sapiens
duabus sapientiis quam una.   18

XIII. UTRUM GUSTUS ERIT IN PATRIA[82]

20. Item legitur quod Christus comedit post resurrectionem,[83] et quod
angeli comederunt in domo Loth;[84] sed postea dixerunt se propter
familiaritatem hominum comedere simulasse, unde angelus ad Thobiam:
'Simulabam me comedere sed non comedebam.'[85]   19

---

176 usus: visus *codd.*

---

80 I Thes. 4. 16–17.   81 Cf. Odo of Ourscamp, *Quaest.* 2. 67; Simon of Tournai, *Disp.*
71. 3.   82 Cf. Robert of Melun, *Sent.*, i, p. 101, q. 115.   83 Luc. 24. 42–3.   84 Gen.
19. 3.   85 Tob. 12. 19 and Glos. ad loc.

XIV. DE CICATRICIBUS CHRISTI

21. Queritur de cicatricibus Christi utrum fuerint in eius corpore post resurrectionem? Ita,[86] sed fuerunt signa corruptionis preterite, non presentis. Item, eruntne in martyribus cicatrices post resurrectionem? Nescitur, sed in Christo fuerunt ut ostenderet discipulis veram carnem, ut appareret omnibus passionis et pugne gloria triumphalis, ut exorans ad patrem pro populo redemptor diceret: 'Ecce populus quem redemi per angustias mortis et crudele supplicium.'[87] Ibi enim fuit confirmatio apostolorum, quando qui Christi vulnera viderant, cicatrices vulnerum postea in eodem corpore conspexerunt.[88]

XV. UTRUM CORPUS RESURGENS ERIT IDEM CORPUS QUOD PRIUS[89]

22. Quibusdam autem visum est quod substantia mortui corporis eadem non resurget. Eruntne alie proprietates corporis naturalis glorificati quam corporis prius mortui? Differentia vero facit aliud, ergo post resurrectionem aliud corpus erit. Dicimus quod genus sive species predicatur in 'quid', differentia vero in 'quale'; proinde propter genus et speciem potest fieri aliud sed non propter differentiam, quamvis Aristoteles in *Topicis* dixerit quod hec differentia 'mortale' in divisione hominis non est substantialis, quia quod mortale est potest fieri immortale.[90]

XVI. DE RESURRECTIONE PARTIUM HOMINIS[91]

23. Querunt aliqui utrum in resurrectione hominis pes eius aut manus ad statum pristinum revertatur, ut sint eedem manus et idem pedes. Non, nam si statua enea vel argentea opere fusili renovetur, illa que incinerata est habuit manus et pedes de aliis partibus materie quam illa que noviter est formata.[92] Amplius dico quod in aere et in aqua, secundum varios motus aque et aeris, diu non possunt partes aque et aeris sibi invicem coherere, quod in vase modico pleno aqua poteris experiri. Sit enim aqua limpida et moveas eam, partes diverse vix aut numquam ad eandem redibunt postea stationem. Unde auctoritas: 'Ea que ad corpus redibunt non tamen ad

---

197 redemptor: redemptorum *codd.*

---

86 Cf. Ioh. 20. 27.   87 Cf. Apoc. 5. 9.   88 Ioh. 20. 25–8.   89 Cf. Simon of Tournai, *Disp.* 26. 1.   90 Arist. *Topica*, 4. 2 (122b 13–24), 4. 5 (126^b 35–127^b 2).   91 Cf. Peter Lombard, *Sent.* 4. 44. 2; Simon of Tournai, *Disp.* 26. 1.   92 Cf. Aug. *Enchiridion*, 89.

easdem partes iterum redire necesse est.'[93] Ideo generale est quod cum aer et aqua semper in motu sint, licet partes eorum transponantur, tamen semper eadem elementa persistunt.

XVII. DE OCULIS MIRACULOSIS

24. Item, si alicui oculi eruantur et eidem beatus Thomas alios res- tituat,[94] in resurrectione non quatuor oculos sed de substantia quatuor oculorum duos oculos poterit rehabere. Et ut multa paucis includam: cum in homine quedam sint necessaria, quedam superflua, necessaria rem- anebunt, superflua recidentur,[95] et sic in etate plenitudinis Christi[96] eidem in aere occurremus et sic semper cum eo erimus.[97] Non semper in aere,[98] sicut Paulo imputat Origenes,[99] sed unusquisque cum Christo in sibi assignata glorifica mansione.[1]

XVIII. UTRUM CORPUS CHRISTI TOTUM RESURREXERIT[2]

25. Cum certum sit quod veritas humane nature resurget, solet queri utrum Christo resurgente preputium eius et sanguis quem effudit in cruce, dens etiam domini qui apud sanctum Medardum,[3] cum eius substantia surrexerunt. Queritur etiam de costa Ade,[4] utrum resurget in Adam vel in Eva; et de carne virginis de qua facta est caro Christi, utrum resurget in homine et an cum Christo surrexit.

XIX. UTRUM RESURGAT SENSUALITAS CUM HOMINE

26. Queritur etiam, cum sensualitas sit naturalis, utrum resurgat cum homine? Quod videtur, sed alium tunc habebit usum quam modo, et quod modo quidam anime defectus est transibit in salutis effectum.

---

227 duos: duo A   236 dens: deus *codd.*; dicimus *superscript. add.* B   239 cum *om.* A   240 UTRUM . . . HOMINE *om.* B   242 quam modo *om.* B

---

93 Ibid.   94 At least two miracles of this kind were known in England; one occurring as early as 1174 was described in a letter of Hugh, bishop of Durham, to Richard, archbishop of Canterbury; the other was reported from Bedford (*Materials for the History of Thomas Becket*, ed. J. C. Robertson (7 vols., RS 1875–85), i. 155–8, 419–23).   95 Cf. Glos. ad Eph. 4. 13.   96 Eph. 4. 13.   97 I Thes. 4. 17.   98 Aug. *De Civ. Dei.* 20. 20.   99 Cf. Origen, *In Epist. ad Thes. I*, ad loc.   1 Ioh. 14. 2–3.   2 Cf. Simon of Tournai, *Disp.* 26. 1.   3 Presumably the famous Benedictine abbey at Soissons. Bishop Nivelon (see Letter 10 above) had enriched the churches of his diocese with numerous relics from the East, but I can find no mention of the Lord's tooth; see P. E. D. Riant, *Exuviae sacrae Constantinopolitanae* (3 vols., Geneva and Paris, 1877–1904), i. 8; ii. 44, 190–2.   4 Gen. 2. 21–2.

XX. DE DISTANTIA CORPORUM GLORIFICATORUM[5]

245   27. Videtur plerisque quod corpus habebit tres dimensiones, longitudinem, latitudinem et spissitudinem,[6] ergo faciet localem distantiam. Item, Christus nonne corpus suum palpabile monstravit discipulis post resurrectionem?[7] Ergo corpus eius fecit localem distantiam. Item, omne visibile est tangibile. Teste Gregorio corpus glorificatum erit visibile et palpabile,[8]
50 nam Christus corpus suum post resurrectionem palpabile ostendit discipulis, et in futuro videbitur tam a bonis quam a malis,[9] et sic erit visibile, palpabile et locale.

XXI.

28. Auctor quidam magni nominis dicit: 'Intellectus aliter comprehendens rem quam res se habeat cassus est et vanus.'[10] Sed Petrus plenius et
55 efficacius intelligit deum quam Linus,[11] numquid intellectus Lini cassus est aut vanus? Aut intellectus Petri et Lini? Nam uterque aliter quam res se haberet forsitan intellexit. 'Quis enim novit sensum domini, aut quis consiliarius eius fuit?'[12] Nam 'accedat homo ad cor altum, et exaltabitur
60 deus'.[13] Dionysius magnus omnesque philosophi pariter protestantur se nescire quid sit deus, sed hoc solum quid deus non sit, et hoc ipsum comprehendebant abstrahente intellectu.[14]

XXII. QUANTUM SCIAT FILIUS DE PATRE[15]

29. De ipso filio quero si sciat quantus sit pater et non maior? Scit enim
5 filius de se quantus est et quod equalis patri, ergo scit quod pater tantus est quantus filius est, ergo filius scit quod pater est aliquantus et non maior, scitne quod non est infinitus? Item, si deus non scit quantuscumque sit,

---

244 DE . . . GLORIFICATORUM *suppl. a capitulo sequente; spatium fere decem litterarum* A   253 *Tit*: DE DISTANTIA CORPORUM GLORIFICATORUM *codd.*   264 quero: quare A   264 et non maior *bis* A   265 quantus est: quantus sit B

---

5 Cf. Simon of Tournai, *Disp.* 71. 7.   6 Cf. Macrobius, *Comment. in Somnium Scipionis*, 1. 5. 9.   7 Luc. 24. 39.   8 Cf. Greg. *Hom. in Evang.* 2. 26. 1; *Moralia in Iob* 19. 26.   9 Apoc. 1. 7.   10 Cf. Boethius, *In Porphyrium Comment.* i (*PL* lxiv. 84B): cf. also Peter Abelard, *Logica 'Ingredientibus'*, ed. B. Geyer, *Peter Abaelards Philosophische Schriften*, i, Beiträge zur Geschichte der Philosophie und Theologie des Mittelatters, 21/1 (Münster in Westfalen, 1919), 25; Die *Logica 'Nostrorum petitioni sociorum'*, ed. Geyer, op. cit. ii, BGPTMA 21/4 (Münster i. W. 1933, 2nd edn. 1973), 530.   11 The first two popes. Their names occur in similar contexts in Simon of Tournai, *Disp.* 1. 1; Peter Lombard, *Sent.* 4. 49. 2; Peter of Poitiers, *Sent.* 5. 22.   12 Rom. 11. 34.   13 Ps. 63. 7–8.   14 Pseudo-Dionysius, *De Divinis Nominibus*, 1. 1.   15 Cf. Odo of Ourscamp, *Quaest.* 2. 49.

ergo est maior quam ipse intelligat, ergo deus non perfecte deum intelligit. Nota quod quilibet, sive viator sive comprehensor, scit quantuscumque deus est. Scit enim quod est trinus et unus, et super hoc nichil gloriosius est aut maius. 270

30. De corpore Christi, de penis inferni et aliis quibusdam capitulis[16] vobis alibi stilo pleniore rescripsi.

30

Peter discusses whether the merit of the will is augmented by action.[1] 1200×11

UTRUM VOLUNTAS PREIUDICET OPERI

1. Viro venerabili dominoque et amico in Christo carissimo abbati de Dorkecestria,[2] Petrus Blesensis Londoniensis archidiaconus salutem in vero salutari.

2. Queritis utrum de iure et ratione opus voluntati vel voluntas operi 5 preferatur. Michi autem videtur quod quandoque voluntas operi, quandoque opus preiudicet voluntati. Voluntas enim nomen imponit operi[3] ipsumque informat, ac teste Augustino: 'Nullum est peccatum nisi sit voluntarium.'[4] E diverso autem, 'Melior est finis quam id quod ad finem',[5] et ita opus est melius quam voluntas que ad effectum operis tendit. Videtur 10 autem velle apostolus quod hec duo sibi cooperentur ad invicem, ita dicens: 'Hoc utile est vobis, qui non solum facere sed etiam velle cepistis.'[6]

268 intelligit: diligit B
A 204ʳ B94ʳ
8 Augustino: Augꝰ *codd.*

16 These have not come to light.
1 This question is also discussed by Peter Lombard, *Sent.* 2. 38. 1–3; 2. 40–41; Odo of Ourscamp, *Quaest.* 2. 276, 289, 291; Robert of Melun, *Sent.*, i, p. 81, q. 80; p. 114, q. 156; Simon of Tournai, *Disp.* 11. 2; 19. 1; 34. 1–2; 93. 3–4; Peter of Poitiers, *Sent.* 2. 13–16; 3. 23; Stephen Langton, *Quaest.* 209ʳ.
In the MSS this letter appears to finish at § 5 and is then followed by a new title and address, but what follows is simply a continuation of this discussion. For another displacement of a title see Letter 29. 27 above.   2 Eustace is recorded as abbot of the Augustinian house at Dorchester, Oxon., *c.* 1181–1211.   3 Ambr. *De Officiis*, 1. 30. 147.   4 Aug. *De Vera Religione*, 14. 27 (73).   5 Cf. Eccles. 7. 9.   6 II Cor. 8. 10 and Glos. ad loc.

3. Credimus autem quod quandoque voluntas bona est sine opere, quandoque melior cum opere, aliquando autem eque bona cum opere et sine opere. Attendit etiam deus quandoque voluntatem plus quam opus, unde in Levitico ubi loquitur de menstruis[7] dicit auctoritas: 'Inique cogitationes, quamvis opere non impleantur, tamen pro facto habentur apud deum et pariter puniuntur.'[8] Sic et in Levitico, qui incipit offerre extra tabernaculum ita est puniendus sicut illi qui extra tabernaculum obtulerunt.[9] Hoc autem exemplum est de voluntate que nunc incipit et de illa que iamdiu incepit, unde ibi auctoritas: 'Qui incipit, et si potest facere facit, non differt ab eo qui fecit.'[10] Item Gregorius: 'Non intuetur deus quid possit homo sed quid velit',[11] et idem: 'Plus pensatur animus a deo quam opus.'[12]

4. Scimus autem quod ille qui habet voluntatem sustinendi martyrium, et non sustinet, minus meretur quam ille qui martyrium affectat et implet. Et videtur quod illa voluntas etiam in ipso martyrio augeatur; sic et iste gentilis magis meretur appetendo et suscipiendo baptismum quam si vellet baptizari nec baptismum susciperet. Simili modo, is qui vult confiteri peccatum et confitetur suum peccatum magis meretur quam qui vult et non confitetur. Similiter est de hiis qui volunt predicare et non predicant, minus enim merentur. Item iste qui vult bonum facere, si vult et potest, unde meretur? Si vult et non potest, meritorium est ei. Si vult et non facit cum possit, ei voluntas hec in posterum non valebit.

5. Preterea si sit par voluntas sustinendi martyrium, sit etiam par pena, par est in istis martyrium. Credo tamen illum qui tener est et delicatus plus mereri quam illum qui est fortis et durus. Similiter si unus est parcior et alius largior, unus dives, alius pauper, licet sit in eis par voluntas et par datum, distinguit tamen inter eos circumstantia qualitatum; videtur enim parcior et pauperior plus mereri. In delictis tamen consideratur peccati quantitas ex contemptu, unde non videtur homo plus peccare contemptu et peccato quam solo contemptu. Denique videtur quod iste qui fornicatur ferventior est in ipso actu peccati quam ante, estne ideo magis malus? Quidam dicunt quod, licet in actu magis peccet, non est tamen magis reus quam prius.

---

17 pro facto: profecto B   26 minus: non minus *codd.*; non *super lineam add.* A   34
non: postero *add. codd.*   35–36 sit etiam . . . martyrium *om.* B

---

7 Lev. 15. 19.   8 Glos. ad loc.   9 Cf. Lev. 17. 3–9; Glos. ad Lev. 17. 8.   10 Glos.
ad Lev. 17. 8.   11 Greg. *Moralia* in Iob 15. 20.   12 Ibid., et Greg. *Homil. in Evang.* 1.
5. 2.

30a

A further consideration of the relationship between will and act.[1] *1200 × 11*

UTRUM PECCATUM SIT MAIUS IN MENTE QUAM IN ORE[2]

1. Viro venerabili abbati de Osenaia,[3] Petrus Blesensis Londoniensis archidiaconus salutem in vero salutari.

2. Queritur etiam utrum peccatum sit maius in mente quam in ore. Dicit enim Gregorius super Iob: 'Peius est mendacium meditari quam loqui.'[4] 5 Item: 'Sub lingua eius labor et dolor', quasi peius est sub lingua quam in lingua.[5] Dicimus autem quod peccata cordis et oris sunt excedentia et excessa. Evenit autem ut voluntas maius peccatum est quam opus. Verbi causa: iste vult occidere patrem suum et Iudeum. Non potest habere oportunitatem occidendi patrem; si Iudeum occidit, magis est reus pro 10 voluntate quam habet contra patrem, quia inde parricida est, quam homicidio Iudei, et sic voluntas hic maius peccatum est quam opus. Item hic vult non diligere deum, et peccat mortaliter, et sic non diligit deum et sic ista voluntas ducta est ad effectum. Quidam dicunt quod hic idem est opus et voluntas, nam idem est velle non diligere deum et non diligere 15 deum, et sic non plus demeretur voluntate et opere quam sola voluntate.

3. De illo autem qui habet voluntatem occidendi feram et interficit hominem,[6] dicimus quod non habet voluntatem peccandi in agendo sed voluntatem agendi in peccando.

4. Videtur etiam quod voluntas et opus sint idem peccatum. Sic iste iurat 20 se redditurum isti centum usque ad illum terminum, et hoc habet in proposito. Ante terminum autem mutat propositum et tunc periurus fit

---

A 204ᵛ B 94ᵛ
8 ut: quod B   8 est *suppl.*   8 opus: est *add.* B   9 causa: gratia B   12 Iudei: videri A; videri *in* iudei *corr.* B   18 dicimus: deus A

---

1 For parallel discussions see Peter Lombard, *Sent.* 1. 48. 1; 2. 42. 1; 3. 39. 3; Odo of Ourscamp, *Quaest.* 2. 313, 326; Simon of Tournai, *Disp.* 7. 2; 19. 2; 59. 4; Peter of Poitiers, *Sent.* 2. 14; Stephen Langton, *Quaest.* 230ᵛ, 253ᵛ, 294ᵛ, 301ʳ.   2 In both subject and syntax this letter continues the preceding one. Possibly the address originally stood in the margin and has been inserted in the wrong column, a new title then being supplied for it. The sin of lying is merely the first example discussed; the main topic is that of Letter 30.   3 Either Hugh of Buckingham, 1184–1205, or Clement, 1205–21. Osney was an Augustinian abbey on the outskirts of Oxford.   4 Greg. *Moralia* in Iob 27. 3–4.   5 Ps. 9B. 7 and Glos. ad loc.   6 Cf. Stephen Langton, *Quaest.* 204ᵛ.

voluntate, sed conventione nullum actuale commisit, ergo illa voluntas non est actuale peccatum.

5. A doctoribus nostris varie distinguitur inter varias voluntates. Vult iste patrem suum diutissime vivere; vult eum deus citissime mori; et in epistola vult apostolus 'dissolvi et esse cum Christo',[7] vult coesse et prodesse discipulis suis.[8] Vult Christus ut calix mortis cito transferatur ab eo, totum autem committit paterne voluntatis arbitrio.[9] Nota triplex est velle: scilicet vitii, nature, et gratie.[10] Velle nature inefficax est sine velle gratie, in viro quandoque corrumpitur per velle vitii, unde apostolus: 'Velle michi adiacet, perficere autem non invenio.'[11] Quod iste vult peccatum, hoc est ex velle vitii; quod vult bonum est ex velle gratie; quod vult indifferens est ex velle nature.

31

Peter distinguishes between generosity and prodigality, economy and avarice, and attacks one Thomas, a champion of beer as the national drink of Britain. 1200×5?[1]

1. Omnes populos linguas et tribus[2] reos arguis avaritie, solos autem compatriotas tuos magnificas de ineffabili largitate. Tuus equidem populus

---

29 autem: enim *codd.*   33 hoc . . . vitii: ex velle vitii est B   34 nature: *sequitur epistola proxima sine intervallo*
   A 204ᵛ B 94ᵛ

---

7 Phil. 1. 23.   8 Phil. 1. 24.   9 Luc. 22. 42.   10 Glos. ad Rom. 7. 15.   11 Rom. 7. 18.

1 This letter continues from the previous one without a break in both MSS; however, it is clearly a separate work. More than the address is missing, see § 8. Three possible recipients of this letter are:

(1) the abbot of Osney, to whom it is apparently addressed in the MSS (see Letter 30a. 1 above), although possibly his name was connected with an intervening letter which has disappeared along with the beginning of this one (cf. the sequence of Letters 13–15 in A).

(2) Robert de Bellofago, a fellow canon of Salisbury, who was Peter's opponent in a poetical debate on the merits of wine and beer (E. Braunholtz, 'Die Streitgedichte Peters von Blois und Roberts von Beaufeu über den Wert des Weines und des Bieres', *Zeitschrift für romanische Philologie*, 47 (1928), 30–8). Giraldus Cambrensis, whose *Topographia* Robert praised, called him 'Magister' (though he never has this title in witness-lists) and 'litteratus plurimum et in scripturis affatim eruditus' (*De Iure et Statu Menevensis Ecclesie, Opera*, ed. J.

pre cunctis gentibus potator et vorator[3] est, omniumque bonorum temporalium temerarius profligator. In hiis et consimilibus tuam tuorumque
prodigalitatem reputas largitatem, convertens in abusionis vitium beneficia 5
creatoris que ipse hominum necessitati concessit ad usum. Dicis bonum
malum et malum bonum, ponis lucem tenebras et tenebras lucem,[4] dum
cecutiens oculus tui cordis[5] inter prodigalitatem et largitatem, inter parcitatem et avaritiam non distinguit.

2. Prodigalitas et avaritia vitia sunt, sibi contraria, fronte opposita. 10
Largitas autem et parcitas sunt venerande virtutes,[6] sibi occurrentes mutuis
amplexibus ut unius dextra sinistre alterius uniatur. Nam largitas dat danda
et retinet retinenda, parcitas vero retinenda retinet et dat danda. Expressa
similitudinis forma est inter trocheum et iambum:[7] trocheus enim constat
ex longa et brevi, iambus autem ex brevi et longa. Et scias quod tam 15
prodigalitas quam avaritia est mortale peccatum et tamen alterum alteri
contrarium est; unde Aristoteles, volens probare exemplo quod malum

---

3–4 omniumque . . . profligator *om.* B   5 prodigalitatem *suppl.*   17 exemplo: exemplum *codd.*

S. Brewer (8 vols., RS 1861–91), iii. 335). Other letters of Peter's addressed to Robert (*Epp.*
LXXIX and LXXXV) are, however, 'increpatorie' as is this. He was also married (*Fasti
Ecclesie Sarisburiensis*, ed. W. H. R. Jones (London, 1879), p. 393), and had possibly
inherited the rich prebend he held at Salisbury (*The Register of St. Osmund*, ed. W. H. R.
Jones (2 vols., RS 1883–4), i. 217–18; Greenway, iv, 77, 89n). He is first mentioned at
Salisbury 1155×64 and probably lived until 1219.

(3) Alexander Nequam, monk of Cirencester and abbot 1213–17. Peter wrote *Ep.*
CXXXVII to him as 'Master Alexander of St Albans', and possibly also *Ep.* VII and Letter 70
below. For his character, see R. W. Hunt's study of Alexander Nequam, *The Schools and the
Cloister* (Oxford, 1984), pp. 15–17. The poems by Peter and Robert de Bellofago mentioned
above are in a Cirencester MS (Cambridge University Library, Gg. vi. 42, ff. 222–3)
consisting largely of Alexander's works. It seems that he took an interest in the debate,
perhaps even took part in it, for a long poem by him, 'De Commendatione Vini', follows
immediately (ff. 223–31). This poem is written in a variety of hexameters, but is preceded by a
short 'Epistola abbati Claudie' (Gloucester) of nineteen monorhymed Goliardic lines, the
rhyme-scheme used by Peter in his first poem in the wine-and-beer debate and by Robert in
his reply. In Alexander's poem all the lines rhyme with 'Thoma', who is probably Thomas
Carbonel, abbot of Gloucester (see § 8 below).   2 Dan. 3. 7.

3 Cf. Matt. 11. 19, *vers. antiq.*, cit. e.g. Tertullian, *De Ieiuniis*, 2.   4 Is. 5. 20.   5 Eph.
1. 18.   6 Cf. Stephen Langton, *Quaest.* 163ᵛ, 297ʳ.   7 Cf. Quintilian, *Institutio Oratoria*,
9. 4. 80; Bede, *De Arte Metrica*, 1. 9.

non est semper contrarium bono, ponit in superhabundantia huius excep-
tionis exemplum.[8]

3. Magna igitur differentia est inter prodigum et largum, inter avarum et
parcum, iuxta

Prodigus a largo dissentit, parcus avaro.[9]

Querunt autem plerique utrum largitas ita possit crescere ut sit prodigalitas
et parcitas ut sit avaritia, vel e converso. Nam prodigalitas potest esse
remissior in tantum ut accedat ad largitatem, et avartia sic remitti potest ut
ad parcitatem ascendat. Multis tamen videtur impossibile quod virtus
transeat in vitium vel vitium in virtutem. Preterea, cum largitas habeat
duas partes, scilicet dare danda et retinere retinenda, potestne esse quod
largitas crescat secundum utrasque partes vel secundum alteram? Secundum utrasque non potest; quis enim potest simul velle magis dare quam
prius et magis retinere quam prius?

4. Denique, si quantum crescit secundum unam decrescit secundum
aliam, non crescit nec decrescit. Sicut hoc lignum, si tantum diminueretur
in una parte quantum cresceret in altera, neque cresceret neque decresceret. Videmus tamen in initiali timore qui duas habet partes, scilicet
timere penam et amare iustitiam, quod quanto magis amat iustitiam tanto
minus timet penam,[10] et tamen potest crescere vel decrescere et est satis
conveniens instantia. Item, prodigus nonne in eo quod dat danda facit
bonum et in eo quod dat non danda facit malum; ergo in eo quod dat danda
et dat non danda facit bonum et malum? Ergo prodigalitas non est

21–22 iuxta . . . largo: nam prodigus largo B   30 utrasque: utramque *codd.*   34 una
suppl.   35 initiali: filiali *codd.*   36 quod: sed B   40 dat non danda: non dat danda
codd.

8 Cf. e.g. Arist. *Ethica Nicomachea*, 2. 6–7 (1106ª36–1107ᵇ21). Books 2 and 3 were known
as the *Ethica Vetus*, of which a late-12th-c. copy (in Bodleian MS Selden sup. 24) was at St
Albans by the early 13th c. (*Aristoteles Latinus, Ethica Nicomachea*, ed. R. A. Gauthier
(Leiden and Brussels, 1972–4), fasc. 1, p. xix). But possibly Peter had seen a more complete
early translation whose existence is demonstrated by Gauthier (ibid., pp. cxv–cxxxix), since
his reference applies more aptly to *Eth. Nic.* 4. 1 (1119ᵇ21–1122ª17).   9 *Prodigus ut largo,
sic parcus distat avaro:* H Walther, *Carmina Medii Aevi Posterioris Latina,* i: *Initia Carminum
ac Versuum Medii Aevi Posterioris Latinorum* (Göttingen, 1959), no. 14787; iii: *Proverbia
Sententiaeque Latinitatis Medii Aevi* (Göttingen, 1965), no. 22570; cf. Hor. *Epist.* 2. 2.
194–5.   10 For the 12th-c. classifications and discussions of fear, see A. M. Landgraf,
Dogmengeschichte der Frühscholastik, (Regensburg, 1952–6), iv/1, 276–371; also Peter
Lombard, *Sent.* 3. 34. 4; Simon of Tournai, *Disp.* 36. 1–3; 75. 1. Cf. Aug. *Sermo* 154. 1.

quandoque simplex vitium. Item, prodigus convenit cum largo, quia in dare danda, et in eo quod quis est largus convenit cum avaro.[11] Quod impossibile est; sicut servilis timor convenit cum initiali in eo quod timet penam, initialis autem cum filiali in eo quod amat iustitiam, in nullo tamen convenit servilis cum filiali.   45

5. Item, in eo quod quis est largus convenit cum prodigo, quia in dare danda, et in eo quod quis est largus differt a prodigo, quia in retinere retinenda; ergo in eo quod quis est largus differt et convenit cum prodigo, quod quidam concedunt secundum diversas partes largitatis. Tamen acutius sentientes asserunt quod largus in nullo convenit cum prodigo, quia   50 ubi dare danda dicitur pars largitatis, ibi dare meritorium est; sed ubi dare danda dicitur pars prodigalitatis ibi dare non est meritorium, sed de genere bonorum et non bonum. Similiter, cum dicitur quod aliquis prodigus dat danda et non danda et ita facit bonum et malum, ibi 'bonum' dicitur de genere bonorum vel pro merito boni temporalis accipitur.   55

6. Item, cum largitas sit virtus, numquid tenetur quilibet largus esse? Numquid tenetur aliquid dare? Quid faciet pauper? Ideo videtur quod largitas non ex dando sed ex dandi voluntate pensatur.[12] Item, si aliquis ut apostolus tenetur omnia dare pauperibus,[13] eritne prodigus? Item, si iste est magis largus quam prius, nonne magis vult dare quam prius? Dicendum   60 quod iste terminus 'magis' potest determinare hoc verbum 'dare' et secundum hoc variatur sensus; quia si iste est magis largus quam prius, magis vult dare quam prius sed non vult dare magis quam prius.

7. Habemus ergo ex hoc et ex aliis quod largitas et parcitas, quod prodigalitas et avaritia, possunt intendi et remitti; sicut etiam quod avarus   65 est qui retinet non retinenda, prodigus qui dat non danda, et ita prodigus et avarus in nullo conveniunt cum largo et parco. Michi autem videtur quod prodigalitas et largitas, avaritia et parcitas, sibi contrariis qualitatibus adversantur.

8. Ille autem Thomas,[14] quem in exordio huius epistole tetigimus, inter   70 ceteras arreptitie passionis insanias cum sibi videatur sciolus,[15] eum tamen

---

59 tenetur omnia: omnia tenetur B   65 sicut B; *spatium fere quinque litterarum* A

---

11 Sc. *in retinere retinenda.*   12 Cf. Greg. *Hom. in Evang.* 1. 5. 2.   13 Luc. 18. 22.   14 Possibly Thomas Carbonel, abbot of St Peter's, Gloucester (Benedictine), 1179–1205, and before that Prior of St Guthlac's, Hereford, to whom Alexander Nequam addressed a poem (see n.1). Although that poem says nothing about beer, it hints at the other characteristics which Peter attributes to Thomas.   15 Cf. Jerome, *Ep.* 125. 16.

nichil aut parum prorsus existimo nisi quod de fonte caballino exhausit vel
quod forte somniavit in monte Parnaso.[16] Habet, ut asserit, a lege nature
pugnare pro patria; conversus vero in arcum pravum[17] imprudenter et
impudenter omnium hominum cervicosissimus pro cervisia pugnat. Vult
quod cervisia regina et domina sit, non solum omnium poculorum sed
etiam omnium populorum.[18] Nutritus a cunabulis cervisie fecibus,
inpinguatus etiam et dilatatus[19] illa cervisiali amurca seu furioso gesto quo
in conficiendis panibus quidam pro fermento utuntur, hic Stygie paludis
horrorem[20] ut nectareum odorem existimat et vinum reputat.

9. Legimus quod quidam nutritus ex aquis palustribus, Ravennam
veniens, vino modico sumpto incurrit vomitum et singultum, nec spem
sanitatis optinere potuit donec ad nutriciam paludem rediens ad lutosum et
fetidum potum continuo respiravit. De multis audivimus et de quibusdam
vidimus quod publicis fetoribus assueti non sine syncopi seu defectu cordis,
qui vulgariter dicitur spasmatio, species aromaticas poterant odorare;
pasmati autem leviter sanabantur si ad nasum eorum fimum fetidissimum
vel equorum stercora ponerentur. Decet igitur ut 'qui in sordibus est
sordescat adhuc',[21] et eum qui delicias virorum illustrium presumptione
temeraria dampnat habeamus 'Epicuri de grege porcum'.[22]

10. Asserit hic cervisiosus, aut potius cervicosus, quod sola cervisia
homines largos et liberales facit, totamque maioris Britannie gloriam soli
cervisie imprudenter et impudenter ascribit. Iuxta eius assertionem, potus

---

74 conversus: versus *post spatium fere quinque litterarum* A   78 gesto: gestu *codd.*   80
ut . . . reputat: Nota exemplum de consuetudine B *marg.*   82 vino: uno A   87 fimum:
fumum B   88 Decet: Docet *codd.*   90 habeamus: habemus B   91 cervisiosus . . .
cervicosus: servisiosus . . . servicosus A; fervisiosus . . . cervicosus B

---

16 Persius, *Sat.*, Choliambi, 1–3.   17 Ps. 77. 57.   18 A second reply to Peter's
commendation of wine, in the same style as that by Robert de Bellofago, has been edited by
A. Wilmart, 'Une suite au poème de Robert de Beaufeu', *Revue bénédictine*, 50 (1938),
136–40, but the opinions Peter here ascribes to Thomas resemble rather the praise of beer in
the only other known Latin example of the wine-and-beer debate, 'Altercatio Vini et
Cervisie' (ed. A. Bömer, 'Ein Vagantenliedersammlung des 14. Jahrhunderts', *Zeitschrift für
deutsches Altertum*, NF 37 (1907–8), 200–2). For the parallel and better-known opposition
between wine and water, see J. H. Hanford, 'The Mediaeval Debate between Wine and
Water', *PMLA* 28 (1913), 315–67.   19 Deut. 32. 15.   20 Cf. the oft-cited lines of Henry
of Avranches, printed by Du Cange under *cerevisia* (sic). They were part of a tradition going
back at least to Hildebert (B. Hauréau, 'Notice sur les Mélanges Poétiques d'Hildebert de
Lavardin', *Notices et Extraits des Manuscrits*, xxvii (1874, sect. 2, 289–448), 423–4).   21
Apoc. 22. 11.   22 Hor. *Epist.* 1. 4. 16.

iste liberalitatis et amicitie magister est et gloria sue gentis,[23] dum amicus
amicum abhominabili potu inebriat quem non respiceret   95

    bos, equus, aut asinus sitiens, vel amica luto sus.[24]

O fides infidelis, o amicitia inimica, o infausta et infesta convivorum
festivitas, ubi unus alterum sic potu infundit et perfundit ut eum confundat!
Prius eum balbutientem, postea mutum faciens, compellit spumare et
vomere ut quasi passione caduca laboret; nunc in lutum, nunc in fossatam, 100
in ignem vel in aquam ruens[25] spem vite per Lethei potus malitiam cogitur
exalare.

    11. Verbum Abakuc prophete est: 'Maledictus homo qui dat potum
amico ut videat nuditatem'[26] vel secundum aliam litteram 'nuditatem
illius'.[27] Et Isaias: 'Ve qui potentes estis ad bibendum et fortes ad 10[5]
miscendam ebrietatem.'[28] Salomon ebrietatis incommoda compendiose
communicat dicens: 'Cui ve? Cuius patri ve? Cui vulnera? Cui rixe? Cui
subfusio oculorum? Nonne hiis qui pugnant in calicibus epotandis?'[29]
Verbum propheticum est: 'Expergiscimini ebrii, et flete; et ululate omnes
qui bibitis in dulcedine',[30] et illud: 'Potus vester in nauseam et vomitum 1[10]
convertetur.'[31]

    12. O quam gloriosus est hic sue patrie propugnator, quam propugnando
impugnat dum eam singulariter in crapule et ebrietatis largitate magnificat!
Utinam virtutem largitatis et parcitatis agnosceres, sed prorsus utriusque
ignarus avaritiam in domo patris tui, prodigalitatem in conviviis curialium 1[15]
didicisti; semper in hospitio tuo largitatis immemor, sed ad magnatum
dapes infrunitus et impudens atque violentus intrusor.

    95–96 abhominabili . . . sus: nota contra potatores B *marg.*   104–105 nuditatem . . .
bibendum: Nota nomen potatoris B *marg.*   106 incommoda: incommodo *codd.*   115
domo: deo B   117 atque: at B

---

    23 The same national prejudices are repeated in Alexander Nequam's poem praising the
English (R. A. Browne, *British Latin Selections* (Oxford, 1954), p. 77); see also Nigel
Wireker's *Speculum Stultorum*, ed. J. H. Mozley and R. R. Raymo, (Berkeley, Calif., 1960),
ll. 1515–32.   24 Quotation untraced; *vel amica luto sus:* Hor. *Epist.* 1. 2. 26.   25 Cf.
Matt. 17. 14.   26 Hab. 2. 15.   27 illius: eius *Vulg.*   28 Is. 5. 22.   29 Prov. 23.
29–30.   30 Ioel 1. 5.   31 Cf. Hab. 2. 16.

32

After rebuking Geoffrey, bishop-elect of Nantes, for cultivating ignorance, Peter discusses general aspects of the subject. Probably 1199×1200[1]

DE DIVERSIS MODIS IGNORANTIE

1. Viro venerabili et amico in Christo karissimo Galfredo Namnetensi electo, Petrus Blesensis Londoniensis archidiaconus salutem in auctore salutis.

5   2. Cum scriptum sit quod sapientia vincit malitiam,[2] et in tantum sapientie gloria magnificata est ut unigenitus patris velit esse et vocari sapientia,[3] et insuper in libro eiusdem Sapientie dicit Salomon rex de illa sapientia: 'Venerunt michi omnia bona pariter cum illa',[4] videtur abhominabile quod quidam lucem sapientie fugientes sponte sua tenebris[5]

10 ignorantie se involvunt.[6] Inter quos sincera tibi dilectione compatior, quia dum addiscere poteras te totum seculi vanitatibus impendisti, nunc autem in sacerdotium sublimatus, quotiens argueris de sacrarum ignorantia litterarum refundis excusationes in peccatis,[7] asserens quod ignorantia est magnum bonum: scilicet diminutio peccati, excusatio a culpa, liberatio a

15 qualibet pena.

3. Proinde contra dei sapientiam et salutem anime tue quibusdam auctoritatibus te armasti, et credo quod te docuit inimicus homo superseminans zizania,[8] ut fructus mortis inde succresceret unde surgere deberet fructus vite.[9] Nolens igitur intelligere ut bene ageres,[10] hec in corde tuo ita

---

A 205^r B 95^v
2 Galfredo: G. *codd.*

---

1 The previous bishop of Nantes, Maurice, was translated to Poitiers on 29 November 1198. Geoffrey, a member of the Nantes chapter since 1166, was named bishop 'with the protection of the king of England'. A document of 12 April 1199 refers to him as 'electus, nondum consecratus' (*Gallia Christiana*, xiv. 818–19), but he probably was consecrated shortly after, since no later documents speak of him as elect. Although Peter implies here that Geoffrey was recently ordained, he had been in the priesthood since 1191. See A. de la Guère, 'Geoffroy évêque de Nantes', *Congrès archéologique de la France*, 53 (1887), 244–75.
Most of the points Peter touches on here are discussed in Peter Lombard, *Sent.* 2. 22. 5; Simon of Tournai, *Disp.* 16. 1; Peter of Poitiers, *Sent.* 2. 15, 19; Stephen Langton, *Quaest.* 231^v–232^v, 295^r–296^r. See also Letter 43 below.   2 Cf. Sap. 7. 30.   3 Cf. Prov. 8. 22–36; I Cor. 1. 24.   4 Sap. 7. 11.   5 Cf. Ioh. 3. 19.   6 Iob 37. 19 and Glos. ad loc.   7 Ps. 140. 4.   8 Matt. 13. 25.   9 Matt. 13. 30.   10 Ps. 35. 4.

fixisti memoriter ut omnium bonorum ignarus ad excusationem tue temeri- 20
tatis frequenter alleges, verbi gratia: 'Ubi donum est maioris scientie ibi
transgressor maiori subiacet culpe';[11] et illud apostoli: 'Veniam consecutus
sum quia ignoranter feci';[12] et illud: 'Servus sciens et non faciens voluntatem domini sui vapulabit multis',[13] quasi dicat: 'Si multa didicissem,
flagella domini multiplicia et graviora sentirem';[14] et illud ad Romanos: 25
'Per legem facta est cognitio peccati';[15] et illud in evangelio: 'Si non
venissem et non predicassem peccatum non haberent; nunc autem non
habent excusationem de peccato suo.'[16]

4. Amplius exultas et iactitas quod omnia peccata tua oblivioni tradita in
ecclesiarum dedicationibus remittuntur.   30

5. Licet autem quedam ignorantia simplex peccatum minuere videatur,
auctoritas tamen dicit quod ignorantia hominem non excusat quin ardeat
sed ut minus ardeat.[17] Et nota quod ignorantia est crassa vel supina[18]
quando vult ignorare quod expedit ne ipsum bene oporteat operari, unde
auctoritas: 'Non dicitur ignorantia nisi cum id sponte nescitur quod non 35
ignorare tenemur.'[19] Legitur autem quod apostolus merito ignorantie
incidit in maius peccatum, scilicet in persecutionem ecclesie,[20] ideoque non
diminuit peccatum apostoli sed potius augmentavit.

6. Audi, audi, queso, illiterate sacerdos, quod si es predicationis nescius
preco es mutus.[21] Audi quod ignorans ignorabitur.[22] Plango periculum 40
tuum et perditionem anime tue, quam tu ipse studuisti modis omnibus
procurare. Potuisti quandoque addiscere, sed tunc iuvenari et ludere
maluisti, inde orta ignorantia. Equidem peccatum tunc erat, sed in
sacerdote est mortale peccatum, quia per illam ignorantiam quam discendo
poteras removisse nunc datus es in reprobum sensum,[23] nimirum nunc 45
teneris scire quod non potes addiscere. Dic ergo qualiter de tanto peccato
poteris penitere, cum tu hac ignorantia carere non possis. Numquid poterit
penitentia vel confessione deleri? Credo tamen quod si vigiliis, ieiuniis,
disciplinis ignitisque compunctionibus, crebris et gemitibus et suspiriis
velles de hàc ignorantia penitere, deleri equidem posset — non quod 50

35 non *suppl.*   44 per *suppl.*   50 hac: hanc A

11 Cit. in Simon of Tournai, *Disp.* 49. 2; cf. Bede, *In Marci Evangelium Expositio* ad Marc.
9. 50.   12 I Tim. 1. 13.   13 Luc. 12. 47.   14 Cf. Glos. ad loc.   15 Rom. 3.
20.   16 Ioh. 15. 22.   17 Cf. Aug. *De Gratia et Libero Arbitrio*, 3. 5.   18 Cf. *Dig.* 22.
6. 6.   19 Quotation untraced.   20 I Tim. 1. 13.   21 Cf. Glos. ad Is. 56. 10.   22 I
Cor. 14. 38.   23 Rom. 1. 28.

auferretur ignorantia sed ut culpa non esset — et que prius erat pena et culpa nunc esse inciperet tantum pena; sicut in originali peccato, quod dum in baptismo deletur, reatu quidem transit et remanet actu.[24]

55 7. Ceterum, ignorantia quandoque est excusabilis et necesaria. Cum enim non possimus omnia scire tenemur aliqua ignorare,[25] cum sint immediata contraria. Preterea scientiam arcanorum dei non possumus habere, ergo eius oppositum, scilicet dei arcanorum ignorantiam, tenemur habere. Videtur ergo quod hec ignorantia sit a deo.

60 8. Item, cum ignorantia sit peccatum mortale, querunt aliqui utrum sit actuale vel originale, seu concupitum aut dictum vel factum seu contractum. Querunt etiam, cum ignorantia sit peccatum mortale et non originale, utrum sit ex libero arbitrio. Nam si hoc, ergo est ex voluntate, ergo ex scientia; quod si non est ex libero arbitrio, ergo non est in potestate hominis, ergo homo non potest se a peccato ignorantie abstinere.

65 9. Videtur autem hiis qui exercitatos habent sensus[26] quod hominis ignorantia minuit peccatum, id est omne peccatum quod cum ignorantia fit minus est quam si fieret sine ignorantia, et tamen peccatum et ignorantia faciunt magis reum quam alterum eorum. Ideo videtur quod peccatum Loth quod commisit cum duabus filiabus suis[27] non est penitus excusatum.

70 10. Deinde quidam asserunt quod scientia et ignorantia non sunt contraria immediata, nam puer nec sciens dicitur nec ignorans. Quidam etiam adulti, qui de aliqua re dubitant, nec se illam rem scire nec se ignorare affirmant. Magni preterea viri publice asserunt quod non scientia et ignorantia sed scientia et ignoratio sunt immediata contraria.

75 11. Hec tibi scribo sincerissimo caritatis affectu, et utinam quando de promotione tui sacerdotii cogitabas, tue vite et litterature defectum pensans cum Isaia dixisses: 'Non sum medicus et in domo mea non est panis.'[28] Qui non est medicus, quomodo sanabit vulneratas conscientias subiectorum? Et ille cui non est panis, quomodo se et suos celesti pane,[29] id est predicationis verbo, reficiet? Deest tibi farina Helisei unde pulmentum condias filiis prophetarum,[30] deest sal unde dulcoretur aqua in

---

60–61 seu concupitum . . . originale *om.* B   66 fit *om.* A   71 nec sciens: vel sciens B   74 sed . . . ignoratio *om.* B

---

24 Aug. *De Nuptiis et Concupiscentia*, 1. 26.   25 Cf. Aug. *Enchiridion*, 17.   26 Hebr. 5. 14.   27 Gen. 19. 30–38 and Glos. ad loc.   28 Is. 3. 7 and Glos. ad loc.   29 Cf. Ex. 16. 4 and Glos. ad loc.   30 IV Reg. 4. 38–41.

Marad[31] sterilis et sanetur.[32] Ut autem semper ignorantiam tuam plangas, illud verbum Danielis frequenter in corde tuo versetur: 'Qui ad iustitiam erudiunt multos quasi stelle in perpetuas eternitates reputabuntur',[33] et illud apostoli: 'Ve michi si non evangelizavero verbum dei.'[34]   85

33

Peter requests the prayers of the abbot and convent of Meaux against the terrors of death. 1200×10

PLANCTUS ET IMPLORATIO PRECUM

1. Viro venerabili et amico in Christo karissimo Alexandro de Meausa abbati[1] eiusque conventui, Petrus Blesensis Londoniensis archidiaconus salutem, et si quid dulcius aut desiderabilius est salute.

2. Temporales domini mei pro parte maxima defecerunt, nec iam 5 invenio dominos et amicos nisi spirituales viros qui, decedentibus aliis, dei spiritu illud agente ad solatium afflicti huius superstites remanserunt. Spero sane de vobis, quos michi unus spiritus, una fides, unum baptisma[2] sic ligat, ut in deo vobis adherens quasi unus spiritus[3] sim vobiscum. Multi siquidem unum corpus sumus, alter alterius membra.[4] Spiritus autem deus[5] 10 membra hec ipsorumque compages vivificat et, ne degenerent a vita celesti, unum alteri vinculo mutue dilectionis et quadam divine lege communionis astringit. Hinc est ut quod aliquis habet beneficio dei, fiat alterius utilitati boni communicati. Proinde beatus Petrus de communione hac loquens, 'Unusquisque', inquit, 'sicut accepistis gratiam ad alterutrum 15 administrantes. Si quis ministrat, sicut ex virtute quam administrat deus, ut in omnibus honorificetur deus.'[6]

A 205ᵛ B 96ᵛ
2 Alexandro: A. *codd.*

---

31 Ex. 15. 23 and Glos. ad loc.   32 IV Reg. 2. 19–22 and Glos. ad loc.   33 Dan. 12. 3.   34 I Cor. 9. 16.

1 Alexander, previously a monk of Ford, became Abbot of Meaux (near Beverley, Yorks.) in 1197 and withdrew in 1210 after refusing to pay the king's fine on the Cistercians; see *Chronica Monasterii de Melsa*, ed. E. A. Bond (3 vols., RS 1886–8), i. 289–348; C. T. Clay, 'The Early Abbots of Yorkshire Cistercian Houses', *Yorkshire Archaeological Journal*, 38 (1952–5), 29–30. For his connection with Hubert Walter see C. R. Cheney, *English Bishops' Chanceries* (Manchester, 1950), p. 36 n. 3.   2 Eph. 4. 4–5.   3 I Cor. 6. 17.   4 Rom. 12. 5.   5 Ioh. 4. 24.   6 I Petr. 4. 10–11.

3. Sic caritas patiens est[7] et compatiens, unde et communio caritatis alienas angustias suas facit, ut necessitas que tantum erat unius duorum sit:
20 unius dolendo, alterius condolendo. Quia igitur invenitur in ea si qua est iustitia, minus habens clamo ad iustos qui spiritualiter habundant frumento, vino, et oleo,[8] supplicans humiliter et obnixe ut de micis que cadunt de mensa[9] eorum dignentur in huius leprosi edulium[10] aliquid misericorditer indulgere. Vestra queso sufficientia meum suppleat imper-
25 fectum. Nullus tamen vestrum angustietur in visceribus suis,[11] hilarem enim datorem diligit deus.[12] Ideoque datum donantem multiplicat, ut possessio largientis, que apud avarum decresceret, apud dominos largiores ex impendio crescat.[13]

4. Nimirum caritas solitaria esse nescit, ideo semper se extra se porrigit,
30 dum id quod ipsa est in communionem largiendo transfundit. Porro apostolus arguit homines seipsos amantes;[14] ille vero seipsum diligit qui gratiam communionis in altero non agnoscit. Voluntas dei est ut invicem diligamus,[15] scimus enim quia vita est in voluntate eius.[16]

5. In seculo sum et seculum sequor, immo trahit me secum, ut nunquam
35 sim sine disceptationibus, sine iurgiis, sine scandalis, sine maledictionibus, sine cogitationibus pravis. Sane non bene orat qui turbatur erga plurima,[17] cuius cogitationes dissipate sunt et ideo non tendunt ad illud unum quod est necessarium.[18] Vos autem, quorum cor unum et anima una[19] est, orate pro me iuxta doctrinam apostoli, levantes manus puras sine ira et
40 disceptatione[20] ad deum. Ipse enim dat spiritum bonum petentibus se;[21] ipse dat spiritum suum vobis, ut per vos sanet spiritum meum. Videbitur forte alicui absurdum orare pro clerico seculari, sed eidem orandi assuetudo placebit. Nam testimonio sacre scripture, melior est finis orationis quam principium;[22] et si non habeo gratiam ut pro me vos exaudiat deus,
45 revertetur oratio vestra in sinum vestrum.[23] Moyses oravit pro populo ut averteret ab eo iram domini, et respondit dominus: 'Faciam secundum verbum tuum.'[24] Exultate, iusti, in domino,[25] quia per vos habemus accessum in gratiam in qua stamus, et gloriam in spe filiorum dei.[26]

18 Sic: Si *codd.*   29 porrigit: porrigitur B   37 unum: bonum B

7 I Cor. 13. 4.   8 Ps. 4. 8 and Glos. ad loc.   9 Matt. 15. 27.   10 Cf. Luc. 16. 20–1.   11 II Cor. 6. 12.   12 II Cor. 9. 7.   13 Cf. Glos. ad Rom. 13. 8.   14 II Tim. 3. 2.   15 Ioh. 15. 12.   16 Ps. 29. 6.   17 Luc. 10. 41.   18 Luc. 10. 42.   19 Act. 4. 32.   20 I Tim. 2. 8.   21 Luc. 11. 13.   22 Eccles. 7. 9.   23 Ps. 34. 13.   24 Ex. 33. 15–17.   25 Ps. 32. 1.   26 Rom. 5. 2.

6. Iratus est michi dominus[27] et adhuc manum percussionis extendit;[28] et
tamen querit aliquem qui resistat ei, et conqueritur dicens: 'Non est qui 50
consurgat et teneat[29] me ut non dissipem terram.'[30] Quocirca in tanto mee
necessitatis articulo inter deum et me pia queso legatione fungimini,
quatenus per vos divinum merear auxilium, cui denegatur humanum.
Nullam queso repulsam timeatis a veritate, que confirmat iuramento quod
dicit: 'Amen amen dico vobis, si quid petieritis patrem in nomine meo, 55
dabo vobis.'[31] Teste apostolo, quid orandum sit sicut oportet nescimus.[32]
Certum tamen est illam orationem esse acceptabilem deo in qua pro nobis
ut pro aliis petimus gratiam adiutricem, misericordiam indultricem,
gloriam consummatricem. Ceterum crudelis est, et conditioni humane
iniuriam facit, qui communionem gratie proximo non impendit.   60

7. Huius equidem seculi tumultuatio procellosa nunc erigens me in
altum, nunc deiciens in profundum, turbavit et movit me sicut ebrium, et si
quid habebam sapientie devoravit.[33] Adhuc vero de discrimine huius
naufragii ad vos clamo qui iam in portu tranquillissimo respiratis. Date
queso siceram merentibus et vinum hiis qui amaro sunt animo,[34] videlicet 65
illis qui gaudio et luctu inebriantur humano. Videte, domini et amici, ne in
vacuum gratiam dei recipiatis,[35] sed gratis date quod gratis accepistis.[36]
Defecit gaudium cordis[37] me, defecit caro mea et cor meum,[38] sed me
vestris orationibus consoletur deus cordis mei, et pars mea deus in
eternum.[39] Renuit consolari anima mea[40] nisi precibus vestris, pro me 70
directis ad eum qui est pater misericordiarum et deus totius consolationis.[41] Minor equidem sum cunctis miserationibus[42] eius quas michi exuberantissime cumulavit, et tamen elevatum allisit me.[43] Proinde adhuc
pascar lacrimis[44] et in singultibus, et expectabo salutare domini;[45] nam etsi
me occiderit, sperabo in eum.[46]   75

8. Ego denique, arbor sterilis et infausta, cotidie diem mee succisionis et
combustionis[47] expecto. Nam in anima mortuus in solo cadavere adhuc
vivo, nec mors corporis me terret nisi mors anime[48] precessisset. Nunc

---

65 videlicet *suppl.*; *spatium fere sex litterarum* A; valde B   76 infausta: et *add.* B   77
mortuus: et *add.* B

27 Deut. 3. 26.   28 Cf. Ex. 3. 20.   29 Is. 64. 7.   30 Ezech. 22. 30.   31 Ioh. 16.
23.   32 Rom. 8. 26.   33 Cf. Ps. 106. 26–7.   34 Prov. 31. 6 and Glos. ad loc.   35 II
Cor. 6. 1.   36 Matt. 10. 8.   37 Lam. 5. 15.   38 Ps. 72. 26.   39 Ibid.   40 Ps. 76. 3
and Glos. ad loc.   41 II Cor. 1. 3.   42 Gen. 32. 10.   43 Ps. 101. 11.   44 Cf. Ps. 41.
4.   45 Gen. 49. 18.   46 Iob 13. 15.   47 Cf. Matt. 3. 10.   48 *mors corporis, mors
animi*: cf. Aug. *Tract.* 49. 15 in Ioh. 11. 26.

autem terret me iudex terribilis et offensus, sententia immutabilis, carcer
80   inextricabilis, tortor infatigabilis, pena cuius non est moderatio neque
finis.[49]

9. Accusant me sordes conscientie mee. Accusant atque testificantur
meque iudicant et condemnant angeli et apostoli ceterique sancti, quorum
monita salutaria et exempla contempsi. Scio etiam quod stabunt contra me
85   demones in magna constantia et superbia, iniquitatum mearum testes
quarum fuerunt primitus incentores. Vix iustus salvabitur,[50] et ego quo
ibo? Apparere non audeo, latere non potero. Erit autem via iniquorum
tenebre et lubricum, et angelus domini persequens eos.[51]

34

*Peter discusses the terrors of death from both a personal and a scholarly
point of view. 1200×11*

ACCUSATIO SUI ET IMPLORATIO BENEFICIORUM CHRISTI AC DE PENIS INFERNI ET PERICULIS MORTIS

1. Sancto et venerabili viro abbati de Elemosina,[1] Petrus Blesensis
Londoniensis archidiaconus salutem, et pro salute scribentis orare.
5   2. Ubi estis torrentes aquarum,[2] ubi estis fontes lacrimarum,[3] ut lugeam
dies quos perdidi, quia in eis perdite vixi? Nam semper fui pronus in
malum ab adolescentia[4] mea, et ecce defecerunt in vanitate dies[5] mei. Hec
vox est sero gementium et dicentium: 'Lassati sumus in via iniquitatis et
perditionis';[6] et nunc, domine deus, in me transierunt ire tue et terrores tui
10   turbant me,[7] et ut verbo Iob utar, 'Sagitte domini in me sunt, quarum
indignatio ebibit spiritum meum, et terrores eius militant contra me.'[8] Ego
autem spiritus vadens et non rediens,[9] utinam possim optinere a Christo

---

A 206[r] B 97[v]
7 ab *om.* A   9 terrores: torrentes A   12 non *suppl.*

---

49 Cf. Marc. 9. 43.   50 I Petr. 4. 18.   51 Ps. 34. 6.
1 The Cistercian abbey of L'Aumône or *Cistercium Minus* was a few miles north of Blois.
Cf. *Ep.* CX, probably written to Abbot Serlo, elected in 1171. Later abbots were Reginald,
recorded in 1186, Ralph in 1203, and Hameric, first mentioned in 1206, who lived until at least
1222 (*Gallia Christiana*, viii. 1398).   2 Ierem. 31. 9.   3 Ierem. 9. 1.   4 Gen. 8.
21.   5 Ps. 77. 33.   6 Sap. 5. 7.   7 Ps. 87. 17.   8 Iob 6. 4.   9 Ps. 77. 39.

quatenus cerebrum capitis mei sanguisque ac medulle corporis, aut potius
cadaveris et morticini huius, deficiant et in lacrimas deficiendo liquescant.
Quomodo enim oculos meos, quos semper inimicos inveni, possim 15
diligere, quos torrente lacrimarum[10] debueram extinxisse, est res.

3. Abyssos peremptorias, scilicet peccatorum, iudiciorum, suppliciorum,
michi video imminere. Quo me vertam nescio, quia in hiis remedium
nullum invenio. Christus enim iam non moritur,[11] sed et penitentie locus[12]
aufertur, et in inferno nulla est redemptio.[13] Abite, abite consolatio, 20
securitas, gaudium et voluptas, ut iam incipiente celestis ire sententia iste
impius suppliciis penalibus futuris patienter assuescat. Ve, ve, heu, quanta
ve in regione illa tenebrarum, ubi nullus ordo sed sempiternus horror
inhabitat. Ibi vermis immortalis, ibi ignis inextinguibilis.[14] Ibi pondera
catenarum ardentium, deprimentium, stringentium. Ibi nullum est interpo- 25
lationis pacisve remedium, ubi dampnata humana conditio moriens semper
assidue reviviscit et crescit ad gehennale supplicium.

4. Numquid, domine, propter iniquitatem meam oblivisceris quod
proprium tibi est, scilicet misereri et parcere?[15] Numquid quia ego nequam
sum turbatur oculus[16] tuus? Numquid fel malitie mee tuam poterit 30
amaricare dulcedinem? Vince, domine, in bono malum.[17] Vincat sapientia
tua malitiam[18] meam, nec iniquitas huius miseri tuam evacuet bonitatem.
Ubi queso est 'Nolo mortem peccatoris, sed ut convertatur et vivat'?[19] Non
venisti pro iustis sed pro peccatoribus[20] redimendis; et licet mea iniquitas
michi sufficiat ad dampnationem, tua tamen, domine, bonitas longe 35
sufficientior est et efficacior ad salutem. Superhabundet in te, domine,
misericordia iudicio,[21] verbum enim tuum est: 'Misericordiam volo et non
iudicium';[22] et illud: 'Venit filius hominis non ut iudicet mundum, sed ut
mundus salvetur per ipsum.'[23]

5. Video divitias celestium gratiarum in ceteris, qui quasdam divine 40
suavitatis experientias in se formant. Hii iam primitias fruitionis eterne
percipiunt; ego autem, vir videns paupertatem meam,[24] maximum reputo
si detur michi sentire de domino in bonitate, si in simplicitate cordis mei

---

14 lacrimas: lacrimis A   22 patienter: patientiis *codd.*   32 meam *om.* A

10 Cf. Lam. 2. 18.   11 Cf. Rom. 6. 9; Hebr. 10. 26.   12 Hebr. 12. 17.   13 Cf.
Richard of Saint-Victor, *De Differentia Peccati Mortalis et Venialis*.   14 Marc. 9. 43.   15
Cf. Dan. 9. 9.   16 Cf. Matt. 20. 15; Ps. 6. 8.   17 Rom. 12. 21.   18 Cf. Sap. 7.
30.   19 Ezech. 33. 11.   20 Cf. Luc. 5. 32.   21 Iac. 2. 13.   22 Cf. Os. 6. 6 (iudicium:
recte sacrificium).   23 Ioh. 3. 17.   24 Lam. 3. 1.

dominum meum queram.[25] Hic miser in vita sua proiecit intima sua,[26] qui
45 de homine interiore[27] non curans se totum effudit ad vanitates et insanias
falsas.[28] Imminet misero puteus gehennalis, et tamen se ab eo non retrahit.
Vocat eum angelus magni consilii,[29] ille autem, more aspidis surde suas
aures obturantis,[30] nec viro nec angelo acquiescit.

6. Deus autem contra incertitudinem et subitationem mortis nos
50 admonens dicit: 'Videte, vigilate et orate';[31] et ut ad hec tria fortius nos
invitet, ponit magnum discriminis et terroris exemplum. 'Stulte,' inquit,
'hac nocte repetent animam tuam. Que preparasti, cuius erunt?'[32] Miseri
tanto dei tonitruo terreamur; dicit enim scriptura quia 'territi purgabuntur.'[33]

55 7. Deducunt quidam in bonis dies suos, et in momento ad inferna
descendunt;[34] illisque dicentibus 'pax et securitas' supervenit repentinus
interitus.[35] Infelix autem homo, totus ab egritudine absorptus, plus cogitat
de corporei doloris acredine quam de incendio ignis eterni, plus de medico
quam de Christo. Carorum consilia vel documenta sacerdotalia non
60 attendit. Sine confessionis beneficio transit; celestis enim iustitie regula est
quod qui confiteri noluit quando potuit, quando velit non poterit.[36] Sic
sepelietur impius asini sepultura,[37] quia sine spe melioris resurrectionis.[38]

8. Tunc dicetur tortoribus anime infelicis quod de meretrice purpurata
scriptum est: 'Quantum exaltavit se in deliciis, tantum date ei tormenta et
65 luctum.'[39] Qui modo dives et delicatissimus erat nunc miserrimus est,[40]
nimirum cuius fides mortua,[41] cuius opus mors, cuius hereditas vermis.[42] In
illa enim die obstruentur omnes sensus eius, in illa die peribunt omnes
cogitationes illius.[43] Sic preterit figura huius mundi,[44] sic carnales spiritus
miseram rapiunt animam, ut eam ad inferna detrudant que se celo
70 estimabat equalem, evenitque quod dominus in evangelio notat dicens: 'Et
tu Capharnaum usque in celum exaltaberis, et usque in infernum
detraheris.'[45]

48 viro: verbo B   59 vel: sed B

25 Sap. 1. 1.   26 Ecclus. 10. 10.   27 Rom. 7. 22.   28 Ps. 39. 5.   29 Is. 9. 6, *vers.
antiq.*, cit. in *Missale Romanum*, e.g. *introitus ad tertiam missam in nativitate.*   30 Ps. 57.
5.   31 Marc. 13. 33.   32 Luc. 12. 20.   33 Iob 41. 16.   34 Iob 21. 13.   35 I Thes.
5. 3.   36 Cf. Peter, *De Confessione Sacramentali*, 1081 C; cf. Letter 28. 52 above.   37
Ierem. 22. 19.   38 Hebr. 11. 35.   39 Apoc. 18. 7.   40 Cf. Luc. 16. 19, 25.   41 Iac.
2. 17.   42 Cf. Ecclus. 10. 13.   43 Ps. 145. 4.   44 I Cor. 7. 31.   45 Matt. 11. 23.

9. Anima exeunte a corpore nox incipit sempiterna nigrescere et horrescere. Insistunt et insultant ei dire facies infernalium ministrorum. Ab hiis apparitoribus mortis trahitur per hunc vastum et tenebrosum 75 aerem trans diem anima peregrina; sic malignorum spirituum crudeli agmine stipata ducitur et precipitatur in illud horrendissimum chaos, et exulans extra vitales spiritus nature, mortemque ante se habens, vitam post se relinquens, detruditur in profundissimum gehenne antrum, et aufertur peccator ne unquam videat faciem dei.[46] Ibi escas ardoribus crimina 80 ministrabunt. Ve qui hec lugenda in posterum nunc ridenda[47] existimant, quibus hec prius experienda sunt quam credenda.

10. Latissime quidem patet campus huius materie, sed quod de primo anime iudicio postulastis succingens ad compendium, de secundo iudicio[48] eius alias respondebo sicut in dulcedine sua ministrare voluerit pauperi 85 deus.

35

Peter examines the limits of love to God and one's neighbour.[1] 1200×11

DE DIVERSIS MODIS DILIGENDI

1. Dilecto socio et amico R. decano Rothomagensi,[2] Petrus Blesensis Londoniensis archidiaconus salubriter querere et sapere ad sobrietatem.[3]

2. Diversas contra me questionum et argumentorum machinas erigis, quibus obruere me conaris. Queris a primo tue disputationis egressu utrum 5

---

76 sic: sed *codd.*   78 spiritus B; *spatium fere sex litterarum* A   83 quod: quid A
A 206ᵛ B 98ʳ

---

46 Aug. *Tract.* 111. 3 in Ioh. 17. 24.   47 Cf. Luc. 6. 25.   48 The soul encountered the first (or individual) judgement immediately after death, the second (or universal) at the last day.

1 On this topic see Peter Lombard, *Sent.* 3. 29. 2–3; Robert of Melun, *Sent.*, i, p. 141, qq. 22, 25; p. 145, q. 99; Simon of Tournai, *Disp.* 77. 1; *Inst.* 154ʳ; Peter of Poitiers, *Sent.* 3. 5, 23; Stephen Langton, *Quaest.* 202ᵛ, 230ʳ, 302ʳ.   2 There were several deans of Rouen during this period, all with the initial R. Peter's old companion in Sicily, Master Roger the Norman (see *Ep.*. XLVI, also Kuttner–Rathbone, p. 289) is recorded 1199–1200. Richard de Malpalud is found 1200–7, an otherwise unknown Robert appears in a document of 1208, and Roger de Foucarmont 1210–20 (*Antiquus Cartularius Ecclesie Baiocensis*, ed. V. Bourrienne (Société de l'histoire de Normandie, 62, 64; Rouen, 1902, 1903), i. 283; ii. 26; *Gallia Christiana*, xi. 117).   3 Rom. 12. 3.

quis plus iusto diligens filios vel uxorem peccet, vel si peccat, utrum venialiter? Amor enim viri ad uxorem castus est, ergo est licitus, ergo non est peccatum. E diverso, si uxorem plus iusto diligit in diligendo excedit, et sic amor ille immoderatus est, ergo non est castus vel ergo est peccatum. Dico quod naturalia sunt in homine velit nolit homo, et ita velit nolit diligit filios, ergo in hoc non meretur vel demeretur. Iterum queris utrum hic peccet venialiter, et si hoc, concludis et dicis: Ergo in hoc meretur vel demeretur. Item argumentaris ita dicens: Pater istorum intrat purgatorium et dolet quia dilexit filios plus iusto, ille autem dolor informatus est caritate, nam penitet de illo excessu et ita illud peccatum non est in eo. Immo sicut aliquid peccatum michi displicet, tamen illud facio.

3. Nota quod tres amores sunt in isto qui diligit uxorem plus iusto: caritas, et carnalis amor qui est peccatum veniale, et amor naturalis quo iste nec meretur nec demeretur. Quidam dicunt de amore quo quis diligit uxorem plus iusto quod carnalis est et non castus, et tamen venialis est quia ratio huic consentit.

4. Obicis e diverso et queris utrum hoc preceptum, 'Diliges dominum deum tuum ex toto corde tuo, et ex tota anima tua, et ex totis viribus tuis',[4] datum sit viatori aut comprehensori. Si viatori datum est, ergo in hac vita potest hoc adimplere; auctoritas enim dicit: 'Anathema sit qui dixerit deum impossibile precepisse.'[5] Augustinus tamen asserit quod in hac vita preceptum hoc impleri non potest.[6] Secundum quod Augustinus illud exponit verbum. Clarevallensis non hoc ita. Explanat quod hoc viatori conveniat, ita dicens: '"Diliges dominum deum tuum ex toto corde tuo", id est dulciter, quod enim dulciter diligimus dulci cordis affectione amamus; "tota anima", id est sapienter, anima enim est sedes sapientie et hoc ei convenit qui diligit circumspecte; "diliges fortiter", ut pro eo non timeas mori.'[7] Sic apparet quod hoc preceptum potest hic a viatore impleri.

5. Queris preterea utrum in dilectione dei certos grados constituere debeamus. Nam si certi gradus ibi assignati sunt et aliqui non sequuntur graduum quantitatem, modus dilectionis prescriptus et non exhibitus quemlibet faciet transgressorem. Ceterum, si nullus gradus caritatis est vel esse potest in quo tenear deum diligere, ergo non teneor eum diligere aliquantum. Contra: teneor eque diligere deum patrem et filium, ergo

---

32 qui: quando B   35 ibi: illi B   39 aliquantum; aliquantulum B

---

4 Luc. 10. 27.   5 Cf. Aug. *De Natura et Gratia*, 43. 50.   6 Aug. *De Perfectione Iusti Hominis*, 8. 17–18.   7 St Bernard, *Sermones in Canticis*, 20. 5. 7–9.

teneor aliquantum diligere patrem et tantum filium, ergo utrumque teneor 40
eque diligere, ergo aliquantum. In hiis et consimilibus hec verba debemus
admittere, ut hic terminus 'aliquantum' vel 'eque' vel 'magis' vel 'minus'
determinet hoc verbum 'tenemur' sed non hoc verbum 'diligere'; secundum hoc hec est vera, 'Non aliquantum teneor diligere deum aliquantum.'

6. Item, deus nobis bona infinita largitur et de omnibus bonis suis 45
debemus eum diligere, ergo tenemur deum diligere in infinitum. Si iste
terminus 'in infinitum' determinet hoc verbum 'diligere', falsum est; si
determinet hoc verbum 'tenemur', verum est.

7. Queritis iterum an caritas dilectionem imminuat naturalem que
procedit a parentibus in filios. Sepe autem evenit quod iste qui non habet 50
caritatem, et diligit filium suum quoad bona temporalia, cras habebit
caritatem et diliget filium suum ad bona eterna. Crescet caritas patris ad
deum, et secundum caritatis incrementa omnino decrescet vel annichila-
bitur dilectio naturalis in patre. Unde videtur quod alius sit ordo caritatis,
alius ordo naturalis amoris. Naturalis enim dilectio filios anteponit parenti- 55
bus, unde auctoritas: 'Humor derivatur a radice ad ramos'[8] et non e
converso; unde apostolus: 'Patres thesaurizant filiis, non filii patribus',[9] et
sic patres magis diligunt filios quam filii patres. Ordo autem caritatis
preponit parentes filiis, unde in Canticis: 'Ordinavit in me rex caritatem.'[10]
Super hoc auctoritas: 'Primo diligendus est deus, secundo parentes, inde 60
filii, post domestici.'[11] Et nota quod de parentibus diligendis mandatum
speciale datum est, ut 'Honora patrem et matrem.'[12] Nullum autem tale
mandatum datur de filiis.

8. Inter hec opponis et dicis: Linus in patria diligit Petrum,[13] nonne
diligit Petrum sicut est diligendus? Sed magis est diligendus quam Linus, 65
ergo Linus magis diligit Petrum quam se. Item, nonne Linus maius bonum
magis diligit? Nam conformat se per omnia divine voluntati, et ita Linus
magis diligit Petrum quam se. Item, de quocumque gaudet Linus magis
gaudet Petrus, et ita Petrus magis gaudet de bono Lini quam Linus, ergo
magis diligit Linum quam Linus. Nimirum maior et ferventior est caritas 70

---

40 filium: ergo teneor deum diligere aliquantum [aliquantum *om.* B] vel eque magis vel
minus vel quantum determinet hoc verbum tenemur sed non hoc verbum diligere secundum
quam filium *add. codd.*   49 an: añ A   62 ut: ait B   64–65 nonne . . . Petrum *om.* B

---

8 Quotation untraced.   9 II Cor. 12. 14.   10 Cant. 2. 4.   11 Glos. ad loc.   12
Ex. 20. 12.   13 *Linus, Petrum*: cf. Letter 29. 28 above.

Petri ad Linum quam Lini ad seipsum, tamen sacre scripture testimonio, in
dispari caritate[14] par est gaudium.[15] Sed numquam in patria est par
omnium beatitudo et gaudium. Gaudium quidem par est sed non beatitudo; unde Linus tantum gaudet de minore bono suo quantum Petrus de
75   suo magno, sicut iste pauper tantum gaudet de uno ferculo quantum rex de
plurimis, sed non est par gloria regis et pauperis.

36

*Peter considers the merit of omitting good or evil acts as opposed to
committing them.[1] 1200×11*

UTRUM ABSTINERE A MALO SIT BENEFACERE

1. Viro venerabili et amico in Christo carissimo magistro Columbo[2]
subdiacono domini pape, Petrus Blesensis Londoniensis archidiaconus
salutem in auctore salutis.

5   2. Conquereris, amice carissime, quod in collatione nuper michi habita
cum sociis meis, cui presentialiter intereras, quedam verba te recolis
audivisse. Gratissima quidem tibi sunt, sed eorum sententia et ordo a tua
memoria exciderunt. Tunc autem, si bene recolo, mutuo querebamus
utrum declinare a malo sit meritorium, et utrum declinare a malo sit aliud
10   quam facere bonum. Sic enim tunc ibi aliqui opponebant: Et continentia et
abstinentia est virtus, ergo meritorium est continere a coitu et abstinere a

A 207ʳ B 99ʳ
5 nuper michi: nuperrime B

---

14 caritate: *rectius* claritate.   15 Cf. Glos. ad Ioh. 14. 2; Prosper of Aquitaine, *Ex
Sententiis S. Augustini*, 362.
1 This problem is discussed by Peter Lombard, *Sent.* 2. 42. 5; Odo of Ourscamp, *Quaest.* 1.
4; 2. 327; Robert of Melun, *Sent.*, i, pp. 136–7, qq. 271–86; Peter of Poitiers, *Sent.* 3. 23;
Stephen Langton, *Quaest.* 305ʳ.   2 In England in 1199 he acted as an arbitrator in the
controversy of Geoffrey Archbishop of York and his chapter before Cardinal Peter of Capua
(R. Howden, *Chronica*, iv. 98). Afterwards he was Geoffrey's proctor at Rome in two
unsuccessful disputes: in 1201 (*Howden*, iv. 177, and Cheney, *Calendar*, no. 304) against
Honorius, archdeacon of Richmond (see Letter 53 below); and some time between 1198 and
1204 against the priory of Thurgarton, Notts. (Cheney, *Calendar*, no. 588). This case was
concluded in April 1205; in December 1206 Columbus and Honorius both returned to Rome
as agents of the king (*Rot. Lit. Pat.* i. 57).

cibis. Item, nonne ieiunium est meritorium? Nonne silentium in claustralibus est meritorium? Unde illis dicitur 'In silentio et spe erit fortitudo vestra',[3] et sic non loqui, non fornicari et similia suum meritum habere videntur.   15

3. Item, auctoritas dicit quod 'omitto' et 'facio' pares[4] sunt ad opera,[5] ergo si hic omittit quod est faciendum malum facit, et sic illud omittere est meritorium pene. Amplius, ex eo quod hic omittit quod est faciendum peccat, ergo ex eo committit, ergo ex eo quod omittit, committit. Item, nonne peccatum est delictum?[6] Ergo peccare est delinquere, ergo omittere   20 est committere vel e converso. Item ad Romanos: 'Contritio et infelicitas in viis eorum quia viam pacis non cognoverunt',[7] ergo demeritorium fuit eis non cognoscere Christum, peneque eterne meritorium.[8] Item in evangelio legitur quod dominus arguet mundum de peccato, scilicet infidelitatis, id est de non credere.[9]   25

4. Item: 'Diverte a malo et fac bonum',[10] super hoc auctoritas: 'Parum est si non exspolies vestitum, nisi vestias nudum.'[11] Ibi alia: 'Est quidam modus declinandi a malo quo tantum pena vitatur; est quidam quo etiam vita acquiritur',[12] secundum hoc declinare a malo non est semper meritorium. Item in Levitico de duobus turturibus[13] dicitur quod duplex est   30 penitentie gemitus, scilicet recta neglexisse et prava egisse,[14] ergo declinare a malo non est facere bonum.

5. Nota quod cum dicitur 'Qui declinat a malo vitat penam et non meretur palmam',[15] intellige de vitatione servilis timoris qui vitat malum timore pene, non amore iustitie.[16] Cum autem dicitur: 'Declina a malo et   35 fac bonum',[17] quidam intelligunt primum de prohibitionibus, secundum de preceptionibus, id est 'Devita precepta negationis, observa mandata affirmationis.'[18] Quidam intelligunt 'et' pro 'id est', quasi dicat, 'Declina a malo, id est fac bonum'. Et notandum quod non fornicari, non occidere, non sunt meritoria nisi quando motus eorum intrinsecus surgunt.   40

---

17 hic: sic *codd.*   18 omittit: omittat *codd.*   27 exspolies: expoles A; expolies B   37
Devita: dempta B   37–38 observa mandata affirmationis *suppl.*

---

3 Is. 30. 15.   4 pares: *rectius* partes.   5 Cf. Glos. ad Rom. 7. 15.   6 Cf. Lev. 5.
15.   7 Rom. 3. 16–17.   8 Glos. ad loc.   9 Ioh. 16. 8–9 and Glos. ad loc.   10 Ps. 33.
15.   11 Aug. *Enarr.* in Ps. 36. 27.   12 Cf. Cassiodorus, *Expos.* in Ps. 33. 15.   13 Lev.
5. 7–10.   14 Glos. ad Lev. 5. 2.   15 Cf. Glos. ad Ps. 36. 27; Peter Lombard, *Sent.* 2. 24.
1.   16 Cf. Aug. *Serm.* 154. 1.   17 Ps. 36. 27.   18 Cf. Glos. ad loc. in Nicholas of
Lyre.

6. Postea, de illo quesitum est qui heri ieiunavit, quando incepit ieiunare: vel in principio diei, vel in medio, vel in fine? Item, quando meruit illo ieiunio, qua hora diei? Videtur quod omni, nam quare potius in una quam in alia? Dicunt quod ieiunio meruit quandocumque propositum habuit ieiunandi.

7. In fine collationis illius propositum est quod etiam perfectus semper delinquit, quia non semper quidquid debet facere facit. Unde ad Romanos auctoritas: 'Quanto magis caritas solvitur tanto magis debetur',[19] et ita quanto quis magis diligit tanto magis diligere tenetur, et ita semper minus diligit quam diligere debeat, ergo semper omittit. Item in Levitico: 'Olei pars offertur quia misericordia numquam impletur, nam etsi miserearis quantum potes, plus tamen velle debes.'[20] Unde auctoritas: 'Cum omnia bene fecerimus dicamus quod servi inutiles simus; quod debuimus facere, fecimus.'[21] Dicamus ergo quod caritas est donum quod semper solvitur, sed numquam persolvitur.

37

Peter sends an unknown correspondent a collection of questions compiled in his youth on whether punishment from God corresponds to desert[1]

1. Legimus Iob dixisse: 'Non peccavi, et in amaritudinibus moratur oculus meus.'[2] Ex hoc videtur quod maior erat ei pena quam precesserit culpa, et quod deus possit punire iuxta meritum vel supra. Unde dominus ad Abraham: 'Non possum quicquam celare Abrahe',[3] super hoc auctoritas: 'Poterat quidem de potentia sed non poterat de iustitia.'[4] Videtur itaque quod si deus punit aliquem supra meritum, ergo inmisericorditer

---

A 207ʳ B 99ᵛ
1 *spatium in loco tituli codd.*   1 moratur: meis A

19 Cf. Glos. ad Rom. 13. 8.   20 Glos. ad Lev. 2. 1.   21 Luc. 17. 10.

1 These questions are also discussed by Peter Lombard, *Sent.* 4. 46. 1–5; Odo of Ourscamp, *Quaest.* 2. 34; Robert of Melun, *Sent.* i. p. 74, q. 50; p. 122, q. 98; p. 148, q. 30; Simon of Tournai, *Disp.* 28. 1; 63. 3; Peter of Poitiers, *Sent.* 1. 12(11); 3. 8; Stephen Langton, *Quaest.* 148ʳ, 321ʳ.   2 Iob 17. 2.   3 Gen. 18. 17.   4 Cf. Robert of Melun, *Sent.* i. p. 74, q. 50; Peter of Poitiers, *Sent.* 1. 12.

punit eum, unde auctoritas: 'Plus reperitur in suppliciis quam commissum sit in peccatis.'[5] Item deus per gratiam remittit aliquid de pena, ergo per iustitiam totali pena posset punire, unde auctoritas: 'Quantitas pene respondet quantitati culpe.'[6]

2. Quod autem dixit Iob: 'Non peccavi, et in amaritudinibus moratur oculus meus',[7] intelligendum est de pena temporali que potius est examinatio quam dampnatio. Unde ipse adiungit: 'Utinam peccata mea et calamitas quam patior appenderentur in statera.'[8] Dicimus quod pena dampnationis semper est citra meritum, non pena examinationis; et quod Iob punitus est temporaliter, hoc ex gratia fuit propter subsequens bonum, id est propter virtutis augmentum. Auctoritas autem illa que dicit 'Plus reperitur in suppliciis quam commissum sit in peccatis',[9] sic intelligenda est, ut maioritas pene referatur ad acredinem, nam maior erit acredo in pena quam fuerit delectatio in culpa; vel 'plus' id est 'in pluribus', quia dumtaxat anima peccavit, postea vero in anima et in corpore punietur; vel 'plus' quia occidens hominem eum tantum punivit in corpore, sed ipse et in anima et in corpore punietur; vel 'plus' id est diutius.

3. Item, misericordia et iustitia sunt nomina essentialia et idem est opus misericordie et iustitie;[10] quod verum est si respicias ad naturam, diversa si respicias ad effectum. Super Ieremiam vero legimus quod omnis divina percussio aut est nobis purgatio vite presentis aut initium subsequentis.[11] Nota quod deus potest punire iuxta meritum sed tamen hoc impossibile est, quia multa potest facere que fieri est impossibile, sicut deus potest facere de trunco asinum. Item, videtur quod in verme male conscientie et in originali talis pena est quam misericordia dei minuere non potest, nam vermis male conscientie est peccatum quod numquam minuitur in inferno.[12]

4. Notandum quod in opere omni dei misericordia et veritas simul sunt, 'Misericordia enim et veritas obviaverunt sibi, iustitia et pax osculate sunt',[13] nec ab invicem postea recesserunt. Dicitur autem quandoque deus districte agere quando non putatur aliquid misericordie reservasse, et hoc

12–13 examinatio: exanimatio *codd.*   31 quam: quamvis B   31 minuere: mirare A; aliter mirare B *marg.*

5 Aug. *Enarr.* in Ps. 71. 14.   6 Cf. Glos. ad Matt. 3. 8; Peter Lombard, *Sent.* 4. 16. 1–2.   7 Iob 17. 2.   8 Iob 6. 2.   9 Aug. *Enarr.* in Ps. 71. 14.   10 Cf. Cass. *Expos.* in Ps. 100. 1.   11 Cf. Jerome, *Comment.* in Ierem. 30. 14.   12 Marc. 9. 43 and Glos. ad loc.   13 Ps. 84. 11.

totum est quia nullum peccatum impunitum[14] deserit, et quia personam
hominis non accipit,[15] et quia eternaliter punit. Porro deus dicitur miseri-
40   corditer agere propter tria: quia diu expectat, iuxta illud apostoli: 'Nonne
vides quod patientia dei ad penitentiam te adducit?';[16] et quia 'impium
iustificat',[17] iuxta illud: 'Mittit cristallum suum sicut buccellam';[18] et quia
citra meritum punit et ultra meritum retribuit, unde apostolus: 'Non sunt
condigne passiones huius temporis ad futuram gloriam que revelabitur in
45   nobis.'[19]

5. Sane quia quidam publice asserunt quod in omni opere dei sit
misericordia et iustitia, cum deus quandoque subtrahit gratiam homini
totam et tantam quanta est, in quo est ibi opus misericordie? Quidam enim
dicunt quod sicut in infusione gratie est sola misericordia, ita in subtrac-
50   tione gratie sola iustitia. Preterea, cum dominus puniat puerum pena
debita originali et nichil de ea relaxet, ergo eum punit sine misericordia.
Sed nonne salvari potest? Ipse autem nullum premium meruit, ergo sola
misericordia salvari potest. Ceterum, pena que dicitur vermis male conscientie[20] punitur homo iuxta meritum, ergo immisericorditer. Item deus
55   punit hominem minus quam meruit, et posset punire tantum quantumcumque meruit[21] (hoc enim dicit Augustinus in *Enchiridion*), ergo deus
posset punire immisericorditer. Si enim non posset punire hominem
tantum quantumcumque meruerit, et minus eum puniret quam meruisset,
non videtur hoc vero gratie ascribendum. Si enim ego non facio quod non
60   possum, quam gratiam michi mereor?

6. Denique, iudex ecclesiasticus quandoque aliquem punit quantumcumque meruit, et sepe plus punit. Nam mulieri que oppressit filium suum
septennium iniungit, et tamen illa venialiter peccavit; creditur autem quod
deus approbet tale iudicium quia fit a ministro dei. Item, iudex quandoque
65   infert penam qua non est maior in presenti, scilicet mortem, et ita punit
iuxta vel supra meritum. Deus autem approbat illud iudicium, quare ergo
non potest deus punire aliquem supra vel iuxta meritum? Item, vermis
male conscientie[22] est pena in inferno; habet enim ibi anima omnia peccata

---

42 suum *om.* A   56–58 hoc . . . meruerit *om.* B   59 vero: non *codd.*   59–60 quod
non possum *suppl.*

---

14 Cf. Anon (Pseudo-Hugh of Saint-Victor), *Summa Sent.* 5. 7; Aug. *De Diversis
Quaestionibus*, 24.   15 Gal. 2. 6.   16 Rom. 2. 4, *vers. antiq.*, cit. Aug. *Tract.* 33. 7 in
Ioh. 8. 11.   17 Rom. 4. 5.   18 Ps. 147. 17 and Glos. ad loc.   19 Rom. 8. 18.   20
Glos. ad Marc. 9. 43.   21 Cf. Aug. *Enchiridion*, 27.   22 Glos. ad Marc. 9. 43.

in conscientia sua, et tanta quanta prius habuerit. Cruciatur itaque illa
pena que non diminuitur, numquam enim delebitur illa peccatorum 70
memoria.

7. Si autem veniat in medium auctoritas que dicit 'Sicut iustitia sine
misericordia est austera, ita misericordia sine iustitia est remissa',[23] non
intelligas in hoc nomine 'austera' vitium sed vigorem, nec deum remissum
intelligas sed benignum. Item: 'Si iniquitates observaveris, domine, 75
domine, quis sustinebit?';[24] auctoritas: 'Quasi diceret nullus'.[25] Nam si
districte ageret, neminem salvaret, sed aliquem salvat et sic non agit
districte, ergo minus punit hominem quam meruerit. Videtur contrarium in
verbo illo 'Iudicabit orbem terre in equitate';[26] auctoritas: 'Ei qui non fecit
misericordiam fiet iudicium sine misericordia.'[27]   80

8. Item: 'Inclinavit ex hoc in hoc';[28] auctoritas: 'Omnes scient misericordiam et iudicium'.[29] Item Iacobus: 'Misericordia superexaltat
iudicium',[30] vel 'iudicio',[31] id est 'superponitur',[32] 'Nam si fuerit in eo
misericordie opus, ignis peccati quasi per aquam per misericordiam
extinguetur.'[33] Deus equidem magis est misericors quam iustus. Item: 85
'Vocem meam audi secundum misericordiam tuam, et secundum iudicium
tuum vivifica me';[34] auctoritas: 'Nec tempus misericordie modo est sine
iudicio, nec tempus iudicii sine misericordia.'[35] Item, nonne opus iustitie
est opus spiritus sancti? ergo est opus misericordie; sed opus misericordie
est opus filii, ergo est opus iustitie. Item: 'Cum exarserit in brevi ira eius';[36] 90
auctoritas: 'Non modo ardet sed in futuro, quia tunc nichil erit patientie.'[37]

9. Item: 'Prope esto,[38] domine, et omnes vie tue veritas';[39] auctoritas:
'Nullos immerito dampnat sed multos immerito salvat.'[40] Et hoc videtur
dici pro infusione prime gratie, que datur sine merito, vel pro pueris quos
salvat et hoc non meruerunt, vel dicitur hoc quia super meritum remu- 95
nerat. Item in evangelio: 'Mensuram confertam, coagitatam, supereff-
fluentem dabo vobis',[41] quasi trans omne meritum. Item, effectus
misericordie dei non ita potest intendi quin effectus iustitie tantum possit

---

86 iudicium: multitudinem iudiciorum B

23 Glos. ad Matt. 5. 7.   24 Ps. 129. 3.   25 Glos. ad loc.   26 Ps. 9. 9.   27 Glos.
ad Matt. 5. 7.   28 Ps. 74. 9.   29 Glos. ad loc.   30 Iac. 2. 13.   31 *iudicio* (sc.
superexsultat); cf. Cassiodorus, *Complexiones in Epistolas*, ad loc.   32 *superponitur*; Glos.
ad loc.   33 Glos. ad loc.   34 Ps. 118. 149.   35 Glos. ad loc.   36 Ps. 2. 13.   37
Glos. ad loc.   38 *esto*: rectius *es tu*.   39 Ps. 118. 151.   40 Glos. ad loc.   41 Luc. 6.
38.

intendi, sed effectus misericordie potest intendi ultra meritum, ergo
100 effectus iustitie.

10. Item, deus potest creare hominem et non de genere Ade et ita sine
peccato, et illum dampnare, et ita potest aliquem punire supra meritum.
Item ad Romanos: 'Omnes peccaverunt';[42] super hoc auctoritas: 'Si
omnibus debitum dampnationis supplicium redderetur, non iniuste redder-
105 etur';[43] hinc habes quod deus supra vel iuxta meritum dampnare posset.
Item effectus iustitie non ita potest intendi quin magis, non ita potest
remitti quin magis, numquid propter hec potest deus punire hominem vel
ei remittere supra meritum? Item, quemcumque punit deus de iustitia et
iuste punit, ergo eum nec de misericordia nec immerito punit. Item,
110 quantumcumque potest homo peccare, potest eum deus punire. Iste
peccavit in infinitum; potest eum deus punire in infinitum? Ita, si hic
terminus 'in infinitum' determinat hoc verbum 'potest', non hoc verbum
'punire'; minime, si deus potest punire ultra meritum, ergo iniuste.

11. Hec de rememoratione veterum questionum, quas in adolescentia
115 mea vel iuventute collegi, petitioni vestre communico, vobis domino dante
plenius responsurus tempore oportuno.

38

*Peter condemns the archbishop of York's unjustified excommunication of
William de Stuteville, and questions the purposes of excommunication.
Winter 1200×1*

DE VARIIS EXCOMMUNICATIONUM MODIS

1. Reverendo patri et domino Galfrido, dei gratia Eboracensi archiepiscopo,[1] suus Petrus Blesensis Londoniensis archidiaconus salutem, et in
excommunicationibus pie compassionis affectum.

---

102 supra; super *codd.*   109 immerito: merito *codd.*   113 minime: nimirum *codd.*
A 207ᵛ B 100ᵛ
2 Galfrido: G. *codd.*

---

42 Rom. 3. 23.   43 Peter Lombard, *Collectanea in Epistolas D. Pauli*, ad loc.
1 1191–1212. See Letter 22.

2. Non excidit nec excidet a memoria mea in eternum quod, cum [5]
dominus Michael episcopus Insularum[2] ac multi ecclesiarum prelati vobis
assisteremus apud Suuell',[3] crudelissima et exquisitissima sed minus
discreta excommunicatione Willelmum de Stutevilla,[4] candelis accensis
campanisque pulsatis, solempniter innodastis; et utinam plus ibi esset iuris
quam iniurie, plus amoris quam odii, maiorque respectus ad deum [10]
peccatorisque salutem quam ad indiscrete ultionis impetum et furorem.

3. Sane quod excommunicationes vel imprecationes soleant fieri, diversis
approbatur exemplis. Unde dominus: 'Maledicta terra in opere tuo',[5] unde
auctoritas ibi dicit: 'Sancti maledicentes non peccant, quia ab interno
iudicio non discordant.'[6] Verumptamen talis imprecatio procedere debet [15]
amore iustitie, non livore vindicte,[7] unde Petrus ad Simonem Magum:
'Pecunia tua tecum sit in perditione',[8] et illud: 'Vindica, domine, sanguinem servorum tuorum qui effusus est[9] super terram.'[10] Item ad
Hebreos: 'Accessisti ad aspersionem sanguinis Christi, melius loquentis
quam sanguis Abel.'[11] Super hoc auctoritas: 'Quia iste ad salutem, ille ad [20]
dampnationem clamat.'[12] Item apostolus: 'Ego iudicavi illum tradere
Satane in interitum carnis, ut spiritus eius salvus sit in die domini.'[13] O ira
benignissima, o iustitia plus habens misericordie quam vindicte, hominis
enim corpus Satane tradit ut salvetur spiritus eius in die domini!

4. Iob etiam dicit: 'Pereat dies in qua natus sum',[14] et in hoc plus arguitur [25]
corruptio conditionis proprie quam conditio creature.[15] Helias etiam oravit
ut descenderet ignis de celo et quinquagenos quos sciebat peccatores esse
combureret,[16] quod quidem multis durum videtur et grave, sed acto dei
consilio dicitur hoc fecisse. Fit ergo quandoque imprecatio ut qui salutaribus ecclesie monitis se indurat,[17] per flagella domini convertatur ad cor,[18] [30]

---

6 Michael: M. *codd.*

---

2 Died 1203. See Letter 22.   3 Southwell, Notts., where the archbishops of York had a
large estate.   4 A powerful magnate in the north, he was excommunicated in about
October 1200 for siding with the men of Beverley against the archbishop of York, and
absolved at the king's request the following March (*CRR* i. 385; Howden, *Chronica*, iv.
139–40, 158). For William's long career in the royal service and previous relations with
Archbishop Geoffrey see Howden, vols. iii–iv, *passim*, and *DNB*. He had had a similar clash
with Geoffrey in 1194 and brought a charge of unjust excommunication against him (F. W.
Maitland, *Three Rolls of the King's Court* (PRS 14, 1891), 50). There is a further discussion of
excommunication in Letter 62 below.   5 Gen. 3. 17.   6 Greg. *Moralia in Iob* 3. 2.   7
Ibid.   8 Act. 8. 20.   9 Ps. 78. 10, *vers. antiq.* and Glos. ad loc.   10 Matt. 23.
35.   11 Hebr. 12. 22, 24.   12 Glos. ad loc.   13 I Cor. 5. 5 and Ordo Excommunicationis.   14 Iob 3. 3.   15 Cf. Glos. ad loc.   16 IV Reg. 1. 9–15 and Glos. ad
loc.   17 Cf. Matt. 18. 17.   18 Bar. 2. 30.

et dura sentiens, duriora timens, ad fructum penitentie[19] humiliter emolle-
scat. Ideo Isaias dicit 'Ne ergo dimittas eis',[20] ac si dicat 'Non cessabunt a
sua malitia nisi temporaliter eos punias'; eos itaque puniri optabat. Unde
alibi: 'Letabitur iustus cum viderit vindictam, manus suas lavabit in
35 sanguine peccatoris',[21] ita quod non fiat ab ecclesia oratio pro eis, et ab
hominum memoria sint abscisi. Unde 'Pereat de terra memoria eorum',[22]
ut nec fiat inter eos intercessio pro eis. Item 'Veniat mors super illos et
descendant ad infernum viventes',[23] hoc magis est mali predictio quam
maledictio.

40   5. Item in psalmo: 'Domine, si feci istud (scilicet superbiam) et si est
iniquitas in manibus meis, decidam merito ab inimicis meis inanis',[24]
scilicet 'Absalon et sequacibus eius, inanis factus a fructu mansuetudinis
qui in me habundavit'.[25] Debetne aliquis sibi orare aliquod malum, sub
conditione vel aliter?

45   6. Item auctoritas, 'Maledicam benedictionibus vestris',[26] et in Iob,
'Obscurent eum' (id est diabolum) 'tenebre et umbre mortis';[27] super hoc
auctoritas: 'Ut ulterius ad lucem non resurgat penitentie.'[28] Numquid iste
diabolo imprecatur? Item, 'Ultio sanguinis servorum tuorum qui effusus
est in conspectu tuo';[29] auctoritas: 'Iustus delectatur de pena inimici, non
50 quia eum odit sed quia iustitie divine consentit.'[30] Item, 'Pereat dies in qua
natus sum.'[31] Non dicit 'in qua conditus sum'; homo enim in Adam
conditus bonus est, sed de Adam natus male natus est, quia in peccato et
ad penam.[32]

        7. Item, sacerdos excommunicat istum, necnon fiat invitus. Vultne istum
55 esse excommunicatum? Vultne istum separari ab ecclesia? Vultne istum
esse putridum membrum?

        8. Denique, prosunt vel obsunt huiusmodi excommunicationes hiis
contra quos fiunt.[33] Nonne fiunt ut eis noceant aut eis prosint? Nonne ut
excommunicarentur optare deberent? Nonne obsunt corpori et anime
excommunicationes? Denique, quomodo obsunt cum in fine debeat
spiritus eius salvus esse?[34] Nonne hoc ipsi excommunicati debent optare?

---

34 manus *om.* A   40 si feci: feci A   41 inimicis *om.* A   52 de: ad *add.* A   55
Vultne istum separari: vult istum separari *codd.*   58 Nonne ut: Nonne quod *codd.*

---

19 Matt. 3. 8.   20 Is. 2. 9.   21 Ps. 57. 11.   22 Ps. 108. 15.   23 Ps. 54. 16.   24
Ps. 7. 4, 5.   25 *Absalon . . . habundavit*: Glos. ad Ps. 7. 5.   26 Mal. 2.2.   27 Iob 3.
5.   28 Glos. ad loc.   29 Ps. 78. 10–11.   30 Aug. *Enarr. in Ps.* ad loc.   31 Iob 3.
3.   32 Glos. ad loc.   33 Cf. Simon of Tournai, *Disp.* 82. 5–6.   34 Cf. I Cor. 5. 5.

Preterea, si optamus eis penam anime, nonne peccavimus mortaliter? Et
sic excommunicationes excommunicatis prosunt aut excommunicantibus
obsunt, et ideo videtur quod faciende non sint.

9. Zelo igitur correctionis et pio compassionis affectu excommunicatio 65
facienda est, et post varias vocationes et exhortationes debet cum planctu
et gemitu ab ecclesie communione precidi, si in sua malitia pertinaciter et
incorrigibiliter perseveret.[35]

39

*Theological and legal problems connected with a return to life in this world.
1200×11*

QUESTIONES DE RESURRECTIONE LAZARI[1]

1. Venerabili viro priori de Ramesea,[2] Petrus Blesensis Londoniensis
archidiaconus salutem in vero salutari.

2. Circa Lazari resurrectionem varias et argutas michi obicis questiones;
et in primis, a quo statu revocatus sit? Si a patria, quis umquam exivit a 5
patria vel quis pro bono minimo maximum derelinquit? Quod si a
purgatorio vel a limbo inferni revocatus est, quia ante Christi mortem
omnes homines ad inferos descendebant, erat tamen in spe future salutis.[3]
Impositus autem in via, incertus factus est de salute sua, et ideo dicunt
aliqui in hac resurrectione Lazaro derogari. Quedam tamen auctoritas dicit 10
dominum non flevisse[4] Lazarum quasi mortuum sed tamquam ad huius
mundi miserias revocatum.[5] Item, Lazarus decessit cum caritate, ergo

---

62 Preterea: propterea A
A 208ʳ B 101ʳ
2 Ramesea; Ramesee *codd.*   10 derogari: derogati *codd.*

---

35 Cf. Tit. 3. 10–11.

1 For contemporary discussions of these problems see Simon of Tournai, *Disp.* 43. 2; 78. 4;
Peter of Poitiers, *Sent.* 5. 21; Stephen Langton, *Quaest.* 192ᵛ–193ʳ.   2 W. is recorded as
prior of the Benedictine abbey of Ramsey, Hunts., some time between 1180 and 1200,
Thurstan in 1207, and Hugh Foliot between 1214 and 1216 when he became abbot
(*Cartularium Monasterii de Rameseia*, ed. W. H. Hart and P. A. Lyons (3 vols., RS 1884–93),
i. 392; ii. 276, 318). The prior was head of the abbey from 1206 to 1214 while Ramsey was
without an abbot.   3 Cf. Ioh. 11. 23–4.   4 Ioh. 11. 35.   5 Quotation untraced.

necessarium erat eum esse salvandum; iterum autem positus in via poterat peccare et sic dampnari, ergo non erat tunc necessarium eum salvari, ergo in resurrectione derogatum est illi.

3. Item, originale peccatum deletur in baptismo quantum ad culpam, et numquam deletur quantum ad penam[6] nisi per mortem. Eo ergo mortuo, originale in eo purgatum est quantum ad culpam et quantum ad penam, quare ergo per mortem sit postea puniendus? Ceterum, originale perfecte punitum est in eo, nec per aliud peccatum revocatum est, quare ergo iterum est punitum? Denique, Lazarus semel solvit tributum nature; si ergo iterum solvere cogatur, nonne cum eo agetur iniuste?

4. Preterea, cum apostolus dicat: 'Si mortuus fuerit vir mulieris, mulier soluta est a lege viri,[7] nubat cui vult in domino',[8] nonne ergo uxor Lazari post mortem et ante resurrectionem potuit alii nubere?[9] Habebitne hec mulier in resurrectione Lazari duos viros, scilicet Lazarum et eum cui noviter supernupsit? Teneturne utrique reddere debitum?[10] Numquid secundus isto quatriduo[11] fuit, et est, vir eius, quia nec votum aliud intercessit propter quod vir eius esse desierit?

5. Queritur etiam utrum Lazarus ea que legavit possit modo repetere; legitur enim quod voluntas testatoris deambulatoria est usque ad mortem, confirmatur autem in morte.[12] Proinde non videtur quod possit legata repetere. Immo quia voluntas Lazari non fuit in prima morte ultima, quoniam adhuc fuit moriturus, ergo si Lazarus vult, revocanda est hec voluntas.

6. Item, recipienda est uxor sua, nam sicut in Actibus Apostolorum legitur: 'Mulieres acceperunt de resurrectione mortuos suos',[13] quos scilicet apostoli suscitabant. Quod autem dicitur 'Si mortuus fuerit vir mulieris'[7] et cetera, de morte ultima debet intelligi. Quero autem quamdiu Lazarus ab uxore sua debuit exspectari?

7. Item, sorores eius meruerunt quod ille homo resurgeret, ergo quod iterum esset homo, ergo quod esset homo; sed non provenit, sicut iste meretur illi primam gratiam, nec tamen illi meretur vitam eternam.

---

14 eum salvari: esse salvari *codd.*   26–27 cui . . . supernupsit: qui . . . supervixit B   27 utrique: uterque B

---

6 Cf. Aug. *Sermo* 152. 3.   7 Rom. 7. 2–3.   8 I Cor. 7. 39.   9 In the law schools Lazarus was used as a model for cases of the return of a person presumed dead. See H. Walther, *Das Streitgedicht in der lateinischen Literatur des Mittelalters* (Quellen und Untersuchungen zur lateinischen Philologie des Mittelalters, 5/2; Munich, 1920, 126–9, 234–48; Kuttner – Rathbone, p. 311 n.   10 I Cor. 7. 3.   11 Cf. Ioh. 11. 39.   12 Cf. Hebr. 9. 16–17.   13 *Non* Act. *sed.* Hebr. 11. 35.

40

Peter considers questions of merit in which the will has no part. 1200×11

INTERROGATUS PETRUS, UTRUM MEREATUR VEL DEMER-
EATUR ALIQUIS DORMIENDO,[1] RESPONDET

1. Viro venerabili et amico in Christo carissimo abbati de Ualeden',[2]
Petrus Blesensis Londoniensis archidiaconus salutem in eo sine quo non est
salus.   5

2. Cum testimonio sacre scripture prima gratia detur sine merito,[3]
potestne dari dormienti aut frenetico? Legimus enim quod sapientia in
sompnis data est Salomoni,[4] sic accepit sapientiam dormiendo. Numquid
dormiens libero arbitrio usus est? Nam Gregorius super Iob dicit: 'Non
vacat sompnus a merito.'[5] Item, legitur quod nocturna illusio, si sit ex   10
crapula vel premeditatione, peccatum mortale est[6], et sic dormiendo potest
quis mereri vel demereri. Nonne dormiens versificatur, disputat, currit,
irascitur? Quare ergo non meretur aut demeretur?

3. Item, hic in vigilia pentecostes tenetur surgere ad matutinas, sed
factus ebrius dormit et non vadit, et sic dormiendo transgreditur. Potestne   15
iste dormiendo incipere mereri, et sic primam suscipere gratiam et conteri
de peccatis?

4. Quidam dicunt quod nemo meretur dormiendo nec Salomon meruit,
sed quia in extasi quadam, scilicet nec dormiens nec vigilans, tunc fuit. Alii
dicunt quod nullus dormiendo primam gratiam meretur, licet multas   20
elemosynas faciat, licet omnibus renuntiare videatur in sompnis et flere ita
quod facies inveniatur humecta lacrimis. Ideo dicuntur posse dormiendo

---

A 208[r] B 101[v]

1 INTERROGATUS PETRUS *om.* B   2 RESPONDET *om.* B   7 aut: autem
A   9 est *suppl.*   14 hic *om.* B   21 faciat: faceret *codd.*

---

1 This topic is also discussed in Stephen Langton, *Quaest.* 247[r], 263[v], 302[v], 305[r].   2
Reginald became abbot of the Benedictine house of (Saffron) Walden, Essex, in 1190 after
ruling the establishment for twenty six years while it was still a priory. He had previously been
prior of Reading, and abbot there 1154–8. See *The Letters and Charters of Gilbert Foliot*, ed.
A. Morey and C. N. L. Brooke (Cambridge, 1967), p. 477 n., and the remarkable account in
The Book of the Foundation of Walden Abbey, ed. and tr. Herbert Collar and C. H. Emson,
Essex Review, 45–7 (1936–8), *passim*. He died in 1203/4, and was succeeded by Robert (d.
1210) and Roger (d. 1222).   3 Cf. Rom. 4. 5.   4 III Reg. 3. 5–15.   5 Cf. Greg.
Moralia in Iob 7. 14.   6 Grat. D. 6. c. 1, 3.

mereri, unde et Salomon, quia dormiens domino dixit, 'Domine puer sum, da michi sapientiam ut possim regere populum tuum',[7] et ideo dominus ei dedit.

5. Item, hic tenebatur in nota transgressionis ire ad matutinas et non ivit, ergo peccavit mortaliter. Illud peccatum fuit contractum, vel commissum non contractum, quia non originale. Si commissum, quando commisit illud? Quando inebriatus est? Non, tunc enim hora non erat eundi. Si quando pulsatum est ad matutinas, nonne tunc dormiebat? Fuitne ibi contemptus, vel fuit illud peccatum voluntarium? Fuit enim ibi mortale peccatum, ergo erat ex libero arbitrio, ergo ex voluntate et ratione. Dicimus quod illud peccatum, quando erat hora eundi ad matutinas, fuit ex voluntate precedente non comitante, et ibi fuit contemptus precedens non comitans.

41

Peter affirms that the 'hundredfold' promised by Christ to his followers will be received in this life, with even greater benefits for both body and soul in the life to come. 1200×11

DE PROMISSIONE CENTUPLI, ET QUOD DEUS REDDET CENTUPLUM NUNC ET PLENIUS IN ETERNUM

1. Viro venerabili socioque et amico dilectissimo Magistro R. de Cantia[1] et concanonicis eius de Ledis, Petrus Blesensis Londoniensis archidiaconus salutem et si quid dulcius aut desiderabilius est salute.

34–35 comitante . . . comitans: concomitante . . . concomitans B
A 208ᵛ B 101ᵛ

---

7 III Reg. 3. 7, 9.
1 I have found no trace of a Master R. de Cantia connected with the Augustinian Priory of Leeds in Kent, but a M. Robertus de Cantia witnessed two confirmations of land to Colchester Abbey during the reign of John, and a final concord in about 1180 (*Cartularium Monasterii Sancti Johannis Baptiste de Colecestria*, ed. S. A. Moore (London, 1897), ii. 350, 354, 527), also a document for Lewes Priory (Sussex) in the 1190s (*The Norfolk Portion of the Chartulary of the Priory of St Pancras of Lewes*, ed. J. H. Bullock (Norfolk Record Society, 12, London, 1939, p. 19). M. Richard de Cantia occurs as a canon of Lincoln c. 1197–1203; he was named subdean in 1197 and archdeacon of Northampton by 1200 (Greenway, *Fasti*, iii. 22, 31, 80); see Letter 8. 7. Possibly Peter intended a pun on *Kent* and *centuplum*, cf. *fons* and *Fountains* in *Ep. CV*, although he might have pronounced '*centuplum*' with a soft *c*.

2. Proponis michi verbum domini hiis qui pro eius amore temporalia deserunt ipsumque sequuntur, centuplum et eterne vite gloriam promittentis.[2] Verax quidem et fidelis[3] est qui promittit[4] hoc centuplum; ditissimus, etiam potentissimus est implere promissum. Cur ergo dubitat homo relinquere simpla pro centuplis? Ubi est cupidus, ubi ambitiosus, ubi 10 conquisitor huius seculi?[5] Quomodo ad tam questuosam negotiationem, ad tam lucrativas nundinas, cupiditas obdormit humana? Video filios avaritie, idolatras pecunie,[6] servos mammone,[7] qui Iudeo vel cuilibet sacrilego commodare quidquid habent pro centuplo minime dubitarent. Numquid tibi exerrabilis est veritas deus, qui abhorres ei communicare in ratione dati 15 et accepti[8] nullumque vis cum eo inire contractum, quasi eum de solvendo mutuo insufficientem reputes aut suspectum? Numquid difficile est ei reddere centuplum, qui omnium temporalium creator est, angelorum dominus, rex celorum?

3. Audivi, audivi quendam de hoc centuplo nequissime disserentem. 20 Dicebat enim se vidisse quamplurimos qui reliquerant omnia, et ad vomitum revertentes[9] nec centuplum nec quadruplum[10] acceperunt. Exurge, domine, iudica causam tuam,[11] non enim contra nos sed contra te murmurant[12] et latrant improbissimi canes.

4. Sane non omnia dereliquit qui non deserit seipsum, qui non est 25 mortuus a corde,[13] qui non reputavit se tamquam vas perditum[14] et ab omni pompe secularis affectione precisum. Vere centuplum hoc est datum optimum, descendens a patre luminum,[15] manna celeste,[16] sanctorum gloria et torrens voluptatis[17] eterne. O quam magna multitudo dulcedinis tue, deus, quam abscondisti timentibus te et perfecisti eis qui sperant in 30 te.[18] Securitas equidem quam quis habet de amore dei, de salutis sue certitudine, nec hostem metuit neque gladium neque mortem.[19] Nonne hoc est centuplum ad estimationem gaudiorum que de suis possessionibus habuisset? Nonne iam habet centuplum qui spiritu sancto plenus est,[20] cuius habitatio est in celis,[21] cui omnia cooperantur in bonum?[22]

---

15 ratione: oratione B   16 cum eo inire: inire cum eo B   30 in *om.* B

---

2 Matt. 19. 29.   3 Apoc. 19. 11.   4 Hebr. 10. 23.   5 I Cor. 1. 20.   6 Cf. Eph. 5. 5.   7 Cf. Matt. 6. 24.   8 Phil. 4. 15.   9 Cf. Prov. 26. 11.   10 Cf. Ex. 22. 1.   11 Ps. 73. 22.   12 Cf. Ex. 16. 8.   13 Ps. 30. 13.   14 Ibid.   15 Iac. 1. 17.   16 Cf. Ps. 77. 24.   17 Ps. 35. 9.   18 Ps. 30. 20.   19 Cf. Rom. 8. 35.   20 Cf. Eph. 5. 18.   21 II Cor. 5. 2.   22 Rom. 8. 28.

5. Hec enim adoptio filiorum dei,[23] conscientie libertas, primitie deliciarum celestium, regnum dei quod intra nos est,[24] non utique esca et potus sed iustitia et gaudium et pax in spiritu sancto;[25] hec est pax super pacem, pax que exsuperat omnem sensum;[26] unctio docens de omnibus,[27] quam expertus novit, inexpertus ignorat; hoc est manna absconditum, nomen in Apocalypsi quod nemo scit nisi qui accipit.[28] Audiant pauperes et letentur;[29] audiant que sit pars eorum et hereditas,[30] non terrena, non transitoria, sed incontaminata et immarcescibilis;[31] hic inchoans, consummanda in celis.

6. Nonne hoc centuplum est quedam experientia glorie dei delectationes habere in se? Nonne hec est vita eterna, deus, ut cognoscant te verum deum et quem misisti Iesum Christum?[32] Sane professor vite spiritualis recipit in presenti centuplum.[33] Omnia enim sua sunt, sive mundus, sive vita, sive presentia vel futura.[34] Teste namque apostolo: 'Qui nobis donavit filium suum, nonne omnia donavit cum ipso?'[35] Nonne centuplum iam tenet, cui sine omni suspicione et metu amor dei pre cunctis desiderabilibus celi et terre centupliciter placet? Sentiens hoc centuplum Isaias, 'Dabitur', inquit, 'oleum gaudii pro luctu et pallium laudis pro spiritu meroris.'[36] Sed hoc parum est, ideo adiungit propheta quod 'in terra sua duplicia possidebunt, et letitia sempiterna erit eis.'[37]

7. Adhuc habet minus ista promissio, 'Iustorum expectatio letitia est',[38] promissionem habens vite que nunc est pariter et future. Fulgebit enim anima summa beatitudine fruens, nullos cogitationum fluctus, nullos conflictus temptationum, nullos affectionum temporalium sentiens motus. Itaque in suo rationabili atque concupiscibili et irascibili[39] sabbatizabit in pulchritudine pacis, et a spiritu sancto prorsus absorpta, incommutabilitati divine adherens et innixa super dilectum,[40] transformabitur iuxta verbum apostoli de claritate in claritatem tamquam a domini spiritu.[41]

8. Quid erit anime cum angeli tamquam domestici, tamquam concives[42] et familiares amici similesque substantie et nature, occurrent, eritque ei inestimabilis letitia angelorum, quia a deo predestinati sunt ut restauretur

---

37 nos: vos B   38 sancto: est *add.* B

---

23 Rom. 8. 23.   24 Luc. 17. 21.   25 Rom. 14. 17.   26 Phil. 4. 7.   27 I Ioh. 2. 27.   28 Apoc. 2. 17 and Glos. ad loc.   29 Ps. 33. 3; 68. 33.   30 Ps. 15. 5.   31 I Petr. 1. 4.   32 Ioh. 17. 3.   33 Marc. 10. 30.   34 I Cor. 3. 22.   35 Rom. 8. 32.   36 Is. 61. 3.   37 Is. 61. 7.   38 Prov. 10. 28.   39 Cf. Arist. *Topica* 4. 5 (126ᵃ 6–15, Translat. Anon.); St Bernard, *In Festo Omnium Sanctorum Serm.* 4. 5.   40 Cant. 8. 5.   41 II Cor. 3. 18.   42 Cf. Eph. 2. 19.

per eos ruina angelorum qui de celo per superbiam corruerunt.[43] Homo
igitur renovatus in anima et corpore suo exultabit de gloria angelorum,
archangelorum, virtutum, dominationum, potestatum, thronorum, cherubim et seraphim. Erit etiam communis exultatio cum patriarchis et 70
prophetis, apostolis et martyribus, confessoribus et virginibus, et cum
omnibus electis dei fruentibus gaudio quod nec oculus viderat nec auris
audierat, quodque nullus hominum cogitare unquam aut sperare
potuerat.[44] Et hec quidem sunt quasi duplicia Isaie,[45] quasi rivuli defluen-
tes a plenissimo fonte.   75

9. Sed cum ventum fuerit ad illum qui est fons omnium bonorum,
abyssus omnium gratiarum, dominus et largitor spiritualium deliciarum;
cum viderit et intellexerit homo potentiam per quam creavit deus celum et
terram et omnia que in eis sunt;[46] cum cognoverit sapientiam per quam
deus instituit cursum solis et lune omniumque siderum, quorum motus et 8(
effectus ineffabili virtute ordinat et disponit; cum pro certo didicerit illam
ineffabilem maiestatem per quam totum mundum et omnia secula preterita, futura, presentia comprehendit; non sufficiat ei donec videat deum
sicuti est,[47] essentiam de qua omnia sunt, sine qualitate bonum, sine
quantitate magnum. Certe si per mille milia annorum desideranter 8
attenderet potentiam, sapientiam, dulcedinem et singula bona que in deo
sunt, ipsum non poterunt satiare quin eius desiderium semper crescat,
iuxta illud: 'Qui edunt me adhuc esurient et qui bibunt me adhuc sitient.'[48]

10. Non veniet guttatim illa iocunditas, sed quasi fluvius, quasi torrens,
iuxta illud: 'Torrente voluptatis potabis eos',[49] et ipse dominus in Isaia: 9
'Ecce ego declino in vos ut flumen pacis et quasi torrens glorie inundans.'[50]
Ibi omne bonum quod habuerimus erit gaudium nostrum, nostra etiam
erunt nobisque communia omnium gaudia beatorum. Sed cum deus suam
nobis revelaverit maiestatem eritque omnia in omnibus,[51] seipsum ministrabit nobis[52] ut sit vita nostra pax et gloria, beatitudo indeficiens et ⟨
eterna iocunditas. Gaudia que prius habebamus in nobis, in angelis aliisque
sanctis et in operibus dei, erant quasi quedam stelle in aurore diluculo; sed

---

69–70 cherubim: etiam A   77 deliciarum: gratiarum B   80 instituit *suppl.*   83
futura: et *add.* B   87 poterunt: potuerunt B   93 communia *del.* A; convivia *add. codd.*

---

43 Aug. *Enchiridion*, 29; Grat. 'De Consecratione', 1. 55.   44 Cf. I Cor. 2. 9.   45 Is.
61. 7 and Glos. ad loc.   46 Ex. 20. 11.   47 I Ioh. 3. 2.   48 Ecclus. 24. 29.   49 Ps.
35. 9.   50 Is. 66. 12 (*vers. antiq.*, cit. e.g. Aug. *De Civ. Dei*, 20. 21) and Glos. ad
loc.   51 I Cor. 15. 28.   52 Cf. Luc. 12. 37.

immensa solis eterni claritas superveniens, et se ubique diffundens, stellas plenitudine sue lucis obscurare videbitur; si tamen hec similitudo
100 admittenda est, cum enim sol dicitur creatura, sic creatori suo comparari non potest.

11. Veniant ergo sancti feneratores ut hoc centuplum pro simplo lucrentur, sed non est qui faciat bonum.[53] Ideo dominus graviter conquerebatur dicens: 'Non feneravi nec feneravit michi quisquam, et omnes
105 maledicunt michi',[54] qui veritati non credunt, qui dei promissiones aut falsas putant, et sic ipsum esse fallacem, vel non esse solvendo existimant. Venale omnibus exponitur regnum dei et leviter potest emi, sed ut verbo sapientis utar: 'Malum, malum est, dicit omnis emptor.'[55] Sic fere universos fascinat, infatuat et inebriat amor mundi.

110 12. Loquerer de gloria corporis[56] si michi facultas loquendi suppeteret, sed quomodo sermo quod mens non capit? Hereditabit corpus terram viventium. Absorbebitur enim mors a victoria et hoc mortale induet immortalitatem,[57] Christusque corpus humanitatis nostre configurabit corpori claritatis sue.[58] Tunc sanctificabitur tabernaculum corporis nos-
115 tri,[59] tabernaculum dei quod nos sumus[60] dedicabitur, et coronis aureis ornabitur facies templi.[61] Erit in illa regeneratione corpus ab omni necessitate liberum, ab omni corruptione securum.

13. Denique, gloria singulorum corporum glorificatorum erit in quatuor: in immortalitate, in agilitate, in splendore, in subtilitate.[62] In immortali-
120 tate, quia nec mori poterit nec aliquid pati. Agile, quia sicut mens vel animus hominis potest cogitare de quibuslibet locis quantumcumque remotis, ita corpus omnia penetrando glorificatum eadem agilitate gaudebit. Erit corpus splendidissimum; scriptum est enim: 'Fulgebunt iusti sicut sol in conspectu patris mei.'[63] Et subtile, quia sicut vox potest transire
125 per parietem, sic immo longe subtilius penetrabit omnia obstacula glorificatum corpus, et ad omnia perveniet ad que poterit anima pervenire. Illud etiam accedit ad cumulum glorie tam in anima quam in corpore, quod omnia bona corporis erunt bona anime et e converso; et hec sunt duplicia que anima possidebit in terra sua — id est in corpore suo — et erit eis letitia
130 sempiterna.[64]

---

106 ipsum esse: ipsum B

---

53 Ps. 13. 3.   54 Ierem. 15. 10 and Glos. ad loc.   55 Prov. 20. 14 and Glos. ad loc.   56 Cf. I Cor. 15. 40–44. For the glorification of the body see also Letter 29. 6.   57 I Cor. 15. 54.   58 Phil. 3. 21.   59 Cf. II Cor. 5. 4.   60 I Cor. 3. 16.   61 I Mach. 4. 57 and Glos. ad loc.   62 Glos. ad 1 Cor. 15. 42–4.   63 Matt. 13. 43.   64 Is. 61. 7 and Glos. ad loc.

42

Peter describes the principles he followed in preaching, and why he has given it up. 1200×10? Written while Peter was in England

EXCUSATIO PETRI QUARE NON PREDICAT SICUT SOLEBAT

1. Viro venerabili et amico in Christo karissimo priori Sancte Trinitatis,[1] Petrus Blesensis Londoniensis archidiaconus salutem in vero salutari.

2. Increpas me, amice, et arguis quod, cum in officio predicationis me solerem iugiter exercere, nunc ignava quiete consumor; vaco michi, et 5 commissum divini verbi triticum familie[2] Christi erogare dedignor. Recolo autem scripsisse apostolum et dixisse: 'Ve michi si non evangelizavero':[3] et propheta: 'Maledictus qui frumenta abscondit a populis';[4] et iterum Paulus ad Timotheum: 'Testificor te coram deo et Christo Iesu, per adventum et regnum eius, predica verbum, insta oportune, importune, opus fac evange- 10 liste, ministerium tuum imple.'[5]

3. Hec et similia mea michi ratio persuadere non cessat, unde et timore dei concipiens et parere[6] volens aborsum facio, quia vires non habet parturiens.[7] Sane quamdiu alios edificare potui, dei gratia in me vacua non fuit.[8] Nunc autem ab exercitio predicandi me retrahunt memoria fatiscens, 15 cecutiens oculus, ratio macilentior, ingenium obtusius, vocis exilitas, tussis et asma et cetere querele pectoris, variique anime et corporis defectus quos secum adducere solent infirmitas et senectus.

4. Et ut ex habundantia cordis profundius et efficacius loquar,[9] licet in initio singuli sermonis mei rogarem humiliter deum ut ministraret michi 2

A 209ʳ B 103ʳ
1 PETRI: BLESNENSIS *add.* B   1 SOLEBAT: SOLET A   5 solerem: soleam
codd.   15-16 memoria . . . ratio: Non predicator B *marg.*

---

1 This was probably the Augustinian priory of Holy Trinity Aldgate (London), of which Peter of Cornwall was head 1197–1221. He was the compiler of *Pantheologus*, a collection of distinctions for the use of preachers, and of a dialogue with a Jew which probably drew on Peter's *Invectiva contra Perfidiam Iudeorum*. See R. W. Hunt, 'English Learning in the Late Twelfth Century' (*Transactions of the Royal Historical Society*, 4th ser., 19, 1936), 33–42, and 'The Disputation of Peter of Cornwall against Symon the Jew', in R. W. Hunt (etc.) *Studies in Medieval History Presented to F. M. Powicke* (Oxford, 1948), pp. 143–56.   2 Luc. 12. 42 and Glos. ad loc.   3 I Cor. 9. 16.   4 Prov. 11. 26 and Glos. ad loc.   5 II Tim. 4. 1, 2, 5.   6 Is. 26. 17–18, *vers. antiq.*, cit. e.g. Aug. *Enarr.* in Ps. 47. 7.   7 IV Reg. 19. 3.   8 I Cor. 15. 10.   9 Luc. 6. 45.

verba edificationis[10] penitusque auferret a me omnem inanis glorie appe-
titum, occulte tamen gloriabar quotiens aliquis in sermone meo sententias
acutiores, ac subtiliores verborum iuncturas, et ornatum facundie
commendabat. Sic nescio quo ambitioso spiritu michi obrepebat gloria
quam furabar altissimo, et quamvis ei gratias redderem, quedam tamen
titillatio proprie commendationis a corde meo exalabat, sicut fetor tran-
sitorius de sentina lacuve cenoso.[11] Videbatur michi peccatori dicere deus:
'Quare tu enarras iustitias meas et assumis testamentum meum per os
tuum?',[12] et ad prophetam: 'Linguam tuam adherere faciam palato tuo.'[13]

5. Defectum igitur mee predicationis excusabilem habeat apud vos mee
insufficientia senectutis. Sicut enim facit quandoque excusabilem pueritia,
sic senectus. Dicebat equidem Ieremias 'A a a, domine deus, puer ego sum
et loqui nescio',[14] et ego in amaritudine anime mee loquar[15] deo: 'A a a,
domine deus, senex ego sum et loqui nequeo.' Predictis adicio quod
quidam familiares et domestici mei michi non solum occulte sed publice
detrahebant, sue malitie velamen habentes[16] quod, in tanta vocis tenuitate
et debilitate corporis et in defectu pedum, stare et ad tantum loqui
populum presumebam. Item a predicationis usu me retrahunt subsanna-
tores verbi dei, qui totam partem diei que expensa est in sermone se
omnino perdidisse reputant. Hii nolunt intelligere ut bene agant.[17] Alii
libenter intersunt predicationi: hii latitant in angulis et conciliabula sua ibi
faciunt, omnia que in sermonibus contra vitia proponuntur de se specialiter
dici credunt.

6. Hoc etiam michi adhuc ad excusationem superest, quod cum sim
francigena sepe loqui anglicis me oportet.[18] Et Ioseph quidem in Egypto
linguam quam non noverat audiebat,[19] ideo quandoque per interpretem
loquebatur.[20] Omnis autem homo expeditius loquitur in lingua consueta
quam insolita, quod potes videre in beati Pauli stilo quo utitur in epistola
ad Hebreos. Ipse enim dicit: 'Malo quinque verba cum sensu loqui quam
mille sine sensu',[21] ac si dicat: 'Fructuosius michi est unam scire linguam et

22 sermone: verbo *add.* A   27 cenoso: scenoso B   28 meum *om.* A   33 deo *om.*
B   41 conciliabula: conciabula *codd.*

10 Cf. Letter 56. 4.   11 Cf. Columella, *De Re Rustica*, 7. 10. 6.   12 Ps. 49. 16.   13
Ezech. 3. 26.   14 Ierem. 1. 6.   15 Iob. 10. 1.   16 I Petr. 2. 16.   17 Ps. 35. 4.   18
For this problem see Innocent III to the convent of St Mary, Beauport, in 1207 (Cheney,
Calendar, no. 772).   19 Ps. 80. 6.   20 Cf. Gen. 42. 23.   21 *Non* Hebr. *sed* I Cor. 14.
19.

ea loqui et intelligi quam scire plures linguas et eis loqui, meumque sensum
ab auditoribus non agnosci.'

7. Illud autem certissime noveris, quod singulis diebus aliquid scriptito
quod poterit cedere ad edificationem plurium, et sic modis omnibus quibus
possum laborem predicationis redimo, ipsiusque defectum.   55

43

Peter warns the bishop-elect of Auxerre of the dangers of undertaking an
office for which he is spiritually unprepared. Spring 1207

AD QUEMDAM ELECTUM MINUS SUFFICIENTEM

1. Viro illustri, venerabili domino et amico Guillelmo Autissiodorensi
electo,[1] suus Petrus Blesensis Londoniensis archidiaconus non plus sapere
aut capere quam oportet.[2]

2. Cum de filio dei specialiter et appropriato sermone dictum sit: 'Beatus 5
quem elegisti et assumpsisti: habitabit in atriis tuis,'[3] condelector electioni
et conglorior glorie tue, si tamen gloria est tibi onus honoris imponere,
quem nec regere sufficias nec valeas humeris supportare. Principem
constituerunt te fratres tui,[4] sed consulo quatenus ita presis ut prosis.[5] Res
enim magni discriminis est te presidere hominibus, nisi presideat tibi deus. 10

3. Teste quidem Gregorio, 'Ars artium est regimen animarum.'[6]
Verbum sapientis est: 'Fili, noli querere a principe honorem, nec velis tibi
accumulare peccata duplicia';[7] et item: 'Iudicium grave hiis qui presunt, et
potentes potenter tormenta patientur';[8] et iterum de illo qui nec electus est
canonice nec iuste exaltatus scriptum est: 'Exiguo enim conceditur miseri- 15
cordia,[9] in terra sanctorum iniqua gessit, et non videbit[10] lumen.' ('Terra
sanctorum' proprie dicitur ecclesiastice possessionis obventio.) Absurdum

---

A 209ʳ B 103ᵛ
2 Guillelmo: G. *codd.*   13 qui: que A   15 enim: ei *codd.*

---

1 William de Seignelay, dean of Auxerre since 1198, was elected bishop on 9 February 1207
and consecrated in April. He was translated to Paris in 1220, and died in 1223. For a very
favourable view of him see *Gallia Christiana*, vii. 90–3; viii. 1460; and xii. 300–303.   2 Cf.
Rom. 12. 3.   3 Ps. 64. 5.   4 Cf. Ex. 2. 14.   5 Bernard of Clairvaux, *De Considera-*
tione, 3. 1. 2.   6 Greg. *Cura Pastoralis*, 1. 1.   7 Ecclus. 7. 3, 4, 8.   8 Sap. 6.
6–7.   9 Sap. 6. 7, cf. Glos. ad loc.   10 Is. 26. 10.

est eum, qui numquam habuit curam anime sue, infinitas animas in cura
suscipere. Ideo sapiens dicit: 'Fili, noli velle fieri princeps si non habes
20 virtutem ut irrumpere possis aliorum iniquitates'.[11] Verbum Pauli est:
'Non dominamur fidei vestre, sed adiutores sumus gaudii vestri';[12] et
Petrus: 'Non dominantes in clero, sed forma facti gregis in populo.'[13]

4. Sponsa in Canticis dicit: 'Ve michi, quia posuerunt me custodem in
vineis.'[14] Vinea domini sabaoth ecclesia est, nos autem dei edificatio, dei
25 agricultura[15] sumus. Huius autem vitis pater est agricola,[16] episcopi sunt
cultores. O quantis, quam occultis et furtivis surreptionibus hec vinea
quandoque vastatur. Sunt enim in hac vinea plurimi non custodes aut
cultores, sed fures occulti et apertissimi desertores.

5. Porro districtissimus iudex requiret exactissime a prelatis crimina
30 subditorum. Fornicatur populus Israel cum Madianitibus, et principes
populi in patibulis suspenduntur.[17] Proinde, cum in Isaia quidam invitare-
tur ad principatum, dicit: 'Non sum medicus, et in domo mea non est panis
neque vestimentum, nolite me constituere principem populi.'[18] Habet
equidem medici prelatus officium, ut scilicet sanet verbo et exemplo
35 conscientias hominum vulneratas; oportet vero quod habundet panibus ut
pascat populum domini, deique triticum secundum fidei mensuram[19] pro
uniuscuiusque capacitate distribuat. Scriptum est enim: 'Maledictus qui
abscondit frumenta a populis;'[20] et illud; 'Parvuli petierunt panem; et non
erat qui frangeret eis.'[21] Legimus etiam quod cum Gedeon persequeretur
40 Madian venit in Socot civitatem, petiitque panes a senioribus civitatis ad
refocillationem hominum qui cum eo erant ieiuni et fessi. Passus autem
repulsam, triumphatis hostibus suis redit per Socot, omnesque seniores
predicte urbis spinis attrivit et tribulis.[22]

6. Paulus pro vinea sua paratus erat non solum in Hierusalem alligari,
45 sed mori.[23] 'Nichil' inquit 'horum vereor, nec animam meam' (id est vitam)
'pretiosiorem facio quam meipsum.'[24]

7. Extreme dementie est estimare honorem et non onus, gloriam et non
periculum, prelationem et non precipitium, hodie namque subversio est

---

25 sumus: Et dominus Ego sum vitis vera B *marg. superscript.*   37 uniuscuiusque:
unicuiusque A

---

11 Ecclus. 7. 6.   12 II Cor. 1. 24.   13 I Petr. 5. 3.   14 Cant. 1. 5 and Glos. ad
loc.   15 I Cor. 3. 9.   16 Ioh. 15. 1.   17 Num. 25. 1–4.   18 Is. 3. 7. and Glos. ad
loc.   19 Luc. 12. 42 and Glos. ad loc.; Rom. 12. 3.   20 Prov. 11. 26 and Glos. ad
loc.   21 Lam. 4. 4.   22 Idc. 8. 4–7, 12–16.   23 Act. 21. 13.   24 Act. 20. 24.

gregum quorundam prelatura pastorum. Vereor ne illis convertatur in
amaritudinem et singultum gradus sublimitas, spiritualium dispensatio, 50
libertas sui, potestas in alios, gloria popularis fame, parentum exaltatio,
sumptuum luxus, et multiplicitas clientele.

8. Ubi est queso animarum cura, ubi correctio peccantium, ubi pia
visitatio et consolatio infirmorum? Ad curam animarum curritur, sed de
cura pereuntium non curatur. Samaritanus committens stabulario vulnera- 55
tum, 'Curam' inquit 'illius habe.'[25] Utinam tanta esset quibusdam de
animabus cura quanta de bobus. Claudunt in vivariis pisces, obstruunt in
indagine feras; in molendinis, in palatiis construendis tota eorum sollicitudo absorpta est. Ambulant in stolis, primas cathedras amant,[26] in
ovibus non diligunt fructum sed questum, non eas pascunt sed pascuntur ab 60
eis.[27] Summus tamen pastor Petrum pastorem constituens ei tertio inculcat: 'Pasce oves meas.'[28] Quid est pascere? Iuvare orationis beneficio,
salutaribus monitis instruere et sancte operationis exemplo. Qui debuerant
esse carismatum emulatores[29] et contemptores temporalium corporalia
spiritualibus anteponunt, glutientes camelum culicemque liquantes.[30] 65
Dominam ancille subiciunt,[31] et de cibo ac vestimento carnis que putre-
dinis materia est solliciti, de anima famelica et nuda non curant, cuius
refectio sacra scriptura,[32] cuius vestimentum fides, spes, caritas, semper
esse debuerant.[33]

44

*Peter argues that no satisfaction can be found in the world, but one must
have the right motives to enter a monastery. 1210×11?*

AD QUENDAM QUI HESITABAT AD QUAM RELIGIONEM TRANSIRET

65 glutientes: glutiens *codd.*
A 209ᵛ M 165ᵛ
1 AD QUENDAM: Nota A *marg.*; Epistola Petri Blesnensis ad quendam M

25 Luc. 10. 35.   26 Marc. 12. 38.   27 Cf. Ezech. 34. 2–3.   28 Ioh. 21. 17.   29 I
Cor. 12. 31.   30 Matt. 23. 24, cit. Ambr. *Expos.* in Luc. 1. 2.   31 Gal. 4. 22–3,
30.   32 Cf. Deut. 8. 3.   33 Cf. I Thes. 5. 8.

1. Viro venerabili dominoque in Christo karissimo Rogero abbati Sancti Audoeni,[1] Petrus Blesensis Londoniensis archidiaconus salutem, et in
5 correctione fratris verum exhibere se fratrem.

2. Asseris te in omnibus requiem quesivisse,[2] et in omnibus dolorem et laborem[3] generaliter invenisse. Ubi queso poterit inveniri quies in hoc magno et spatioso mari,[4] scilicet mundo, ubi tamquam diluvio inundante fiunt mirabiles elationes maris,[5] turbines procellosi deseviunt, circumfluunt
10 torrentes iracundie, fluenta luxurie, voragines gule, abyssus avaritie, amor superbie, cupiditatis ardor, dignitatum abusus, ceca ambitio et inanis glorie appetitus? Si requiem vis habere, tibi exeundum est de mundo; et de mundo exiens semper mundum invenies. Ceterum, in curiis non requies, in curiis hodie conversantur Iamnes et Mambre[6] filii, et heredes Achitophel.[7]
15 In Zacharia legitur quod a minimo usque ad maximum omnes avaritie student.[8] Hec est amphora super talentum plumbi sedens, hic est oculus eorum in universa terra.[9]

3. Clamat Ieremias: 'Fugite de medio Babylonis, et salvet unusquisque animam suam.'[10] Relinquat homo cum muliere samaritana hydriam,[11]
20 reiciat cum evangelico adolescente sindonem,[12] et cum Ioseph abiecto pallio fugiat meretricem.[13] Si quietem vite claustralis appetis, sit tibi queso talis ingressus ut deus eius causa sit et non questus. Quid prodest seculi facultates relinquere, et in claustro cupiditate fervere? Quid prodest renuntiare divitiis et remanere in vitiis? Tolerabilius quidem est esse
25 divitem Christi quam pauperem Antichristi.

4. Et quidem de fratre tuo carnali qui beati Benedicti regule manum dedit, usque ad aures magnatum sermo egressus est relatu indignus, et doleo quia publice iam plebescit, quod facit in claustro conspirationes et

---

3 Rogero: R. *codd.*   5 exhibere se: se exhibere M   26 qui: nota A *marg.*; in *add.* M

---

1 There is disagreement over the documentary evidence as to when Roger, who ruled until about 1228, became abbot of the Benedictine monastery of Saint-Ouen at Rouen. A. Du Monstier gives the date as 1210 (*Neustria Pia* (Rouen, 1663), pp. 30–1); J. F. Pommeraye as 1212 (*Histoire de l'Abbaye Royale de S. Ouen de Rouen* (Rouen, 1662), pp. 271–3). Also, the address fits awkwardly with the title and main body of the letter. Perhaps it was written to Roger earlier in his career; perhaps he lived as a monk at court; possibly two letters have been run together, like nos. 30a and 31.   2 Ecclus. 24. 11.   3 Cf. Ierem. 20. 18.   4 Ps. 103. 25 and Glos. ad loc.   5 Ps. 92. 4.   6 Cf. II Tim. 3. 8.   7 Cf. II Reg. 15. 31; 16. 20–17. 4.   8 *Non* Zach. *sed* Ierem. 6. 13; 8. 10.   9 Zach. 5. 7, 8, 6 and Glos. ad loc.   10 Ierem. 51. 6.   11 Ioh. 4. 28 and Glos. ad loc.   12 Marc. 14. 52 and Glos. ad loc.   13 Gen. 39. 12 and Glos. ad loc.

frameas. Declinans autem in obligationem,[14] sacramento constringit quod
seniorum consilia non sequantur, quod abbati resistant unanimiter si   30
districte agere velit cum aliquo iuniorum. Maioribus et honestioribus
detrahit, ac detrahentes libenter audit. Adversus filios matris sue ponit
scandalum,[15] scurrilitate sua cachinnos a sociis elicit. Sed longe melius ei
esset adhuc inter huius mundi procellas versari et vexari quam in portu
tranquillissimo naufragari. Alii sacre lectioni affectuose se impendunt; iste   35
semper ad librum stertit, et celestis sapientie delicias indignando fastidit.

5. Per ipsum quidam ex vestris facti sarabaite[16] effrenes et vagi affectant
pro manna sanguineas dapes,[17] et pro mensura gomor[18] allia et pepones
Egypti.[19] Honoratur equidem monachalis professio non vestium cultu, non
epulis exquisitis, non pretiosis potibus, sed lucris spiritualibus studiisque   40
honestis.

6. O quanta consolatio est in hac valle miserie[20] si, contempto favore
humano, toto corde diligas deum, ut etiam propter hoc ab hominibus
diligaris! Gloria enim humana quam captas, quid aliud est quam ventus
urens,[21] aer pestilens,[22] et aura corrumpens? Quid tota mundi ambitio nisi   45
coluber in via, cerastes in semita, mordens ungulas equi ut cadat ascensor
eius retro?[23] Quid si homo floret[24] ac prosperatur in via sua; nonne prope
est ut quasi flos feni[25] deficiat? Quamplurimos novimus qui humiles et
mites in seculo fuerant, nunc autem impinguati et dilatati[26] de patrimonio
crucifixi, non attendunt unde venerint aut quo vadant. Existimant se supra   50
se, et proprie originis immemores parentelam sibi virorum illustrium et
cognomen impudenter usurpant. Vilescunt penitus apud istos sancta
vacatio, paradisus solitudines, contemplationis delicie et Rachelis[27]
amplexus. Ignoratur apud tales presepium Christi, fossa cubiti unius quam
vidit Ezechiel in altari.[28] Et licet confiteantur verbis se nosse deum, factis   55
tamen negant; et speciem quidem pietatis habentes virtutem[29] abdicant,
atque in vita et moribus eorum, in habitu et incessu et in gestu corporis,
statum sequioris conscientie representant.

29 frameas: id est vind'[?] A *marg.*; id est vindictam *superscript.* M   29 quod: ut
superscript. add. A; quod ut M   32 detrahit *om.* M   33 a *om.* M

14 Ps. 124. 5.   15 Ps. 49. 20.   16 Cf. St Benedict, *Regula*, 1.   17 Cf. Num. 11. 4, 6,
20.   18 Ex. 16. 16.   19 Num. 11. 5 and Glos. ad loc.   20 Cf. Ps. 83. 7.   21 Ezech.
17. 10.   22 Cf. Ierem. 51. 1.   23 Gen. 49. 17.   24 Cf. Ps. 89. 6.   25 Iac. 1.
10–11.   26 Deut. 32. 15.   27 Cf. Gen. 29. 21 and Glos. ad loc.   28 Ezech. 43.
13.   29 II Tim. 3. 5.

7. Sunt alii quorum conversatio est in celis,[30] qui spiritu dei aguntur,[31]
60 complantati similitudini mortis[32] Christi. In istis est caritas non ficta,[33]
humilitas vera, longanimis patientia, obedientia prompta, parsimonia cibi
et potus. Imitatores enim sunt Anthonii,[34] Macharii,[35] et aliorum sanctorum patrum, qui cum se invicem visitarent, tanta aviditate percipiebant
anime cibum ut mense corporalis obliti totam diem in sanctorum collatione
65 ieiuni expenderent. Hec autem emulatio est inter istos, ut unusquisque
fratrem ordinate viventem studeat vel assequi vel transire, ut sit in opere
dei expeditior, in lectione ferventior, in oratione devotior, parcior in
sobrietate, humilior in sermone, purior in castitate, in cohabitatione
suavior, in risu rarior, in contritione et compunctione ardentior, patientior
70 in duris, profusior in lacrimis, gravior in vultu et gestu, effusior in
muneribus caritatis.

8. Verbum Eliphaz est quia hii qui serviunt deo quandoque non sunt
stabiles, et in angelis suis reperit pravitatem.[36] Putas in hoc seculo requiem
invenire, dum in domibus luteis (id est corporibus) habitamus?[37] Aposto-
75 lus dicit: 'Scio quod non est in me bonum, hoc est, in carne mea';[38] ideo
exclamans ait: 'Infelix ego homo, quis me liberabit de corpore mortis
huius?'[39] Sciebat vir experientie multe quod numquam liberaretur ab illa
pessima radice que infixa est carni nostre per legem peccati que est in
membris[40] nostris donec dissolveretur morte, ideo dicebat: 'Cupio dissolvi
80 et esse cum Christo.'[41] Nobiscum gestamus laqueum nostrum, ignis eterni
materiam, et velimus nolimus nostrum circumferimus inimicum. Nonne
adversarius et hostis noster est spiritus animalis, carnalis affectus semper
concupiscens adversus animam,[42] et ea cogitans semper que nos precipitant in supplicium et gehennam?

85 9. Hec est terra corporis nostri que, subiecta veteri maledicto, semper
nobis germinat spinas et tribulos.[43] Hec est caro uxor nostra litigiosa,[44] id
est superba, murmurosa et rebellis, contumax, querula, inquieta, et hec est
illa meretrix que mavult puerum dividi Salomonis gladio quam quod

---

65 est *suppl.*   73 angelis: angulis A   85 subiecta: subiecte A   87 et hec: hec M

30 Phil. 3. 20.   31 Rom. 8. 14.   32 Rom. 6. 5.   33 II Cor. 6. 6.   34 St Anthony
of Egypt, 4th cent. See Athanasius, *Vita et Conversatio Antonii*.   35 St Macharius the
Great, 4th cent. See Rufinus, *Historia Monachorum*, 28–9.   36 Iob 4. 18.   37 Iob 4.
19.   38 Rom. 7. 18.   39 Rom. 7. 24.   40 Rom. 7. 23.   41 Phil. 1. 23.   42 Gal. 5.
17.   43 Cf. Gen. 3. 17–18.   44 Prov. 19. 13.

vivat.[45] Dicat ergo homo sue carni quotiens ei suggerit malum: 'Sicut una de stultis mulieribus locuta es.'[46] Sitque sub homine appetitus eius,[47] nec 90 Saram, que domina esse debet, superbie Agar ancillari permittat.[48]

10. Cum igitur mundum in maligno positum videas, et experiaris in pluribus cotidie humane conditionis incertum, quid tibi superest nisi vel in seculo vel in claustro flere et plangere bona que perdidisti, et opera malitie que fecisti? Sive pro Christo deseras, sive pro ipso tuas pauperibus 95 distribuas facultates,[49] tibi optimum constituis fundamentum. Apostolus autem ad perfectiora nos instruens docet non in spe sola, sed in tribulationibus gloriandum.[50] Asserens te passum rapinam bonorum tuorum[51] querelam intexis longissimam, sed divini regula iuris est quod multe sunt tribulationes iustorum.[52]   100

11. Quidquid sustines patienter purgatio tua est; verum quidam merentur prius destrui quam mundari, iuxta illud; 'Destruxisti eum ab emundatione',[53] et item: 'Curavimus Babylonem et non est sanata.'[54] Flagellat dominus filium quem diligit,[55] nam de hiis quos odit dominus scriptum est: 'Non est virga dei super eos';[56] et item: 'Dimisi eos secundum desideria 105 cordis eorum.'[57] Quod enim Satanas colaphizavit apostolum,[58] fecit eum audire: 'Virtus in infirmitate perficitur.'[59] Verbum prophete: 'Increpationes domini sustinebo, quia peccavi.'[60] Dampna igitur temporalia sustine patienter, ut patientie tue fructus remissio sit peccati.

12. De tua vero conversione et assumptione habitus hoc solum superaddimus, quod in manibus tuis est vita et mors,[61] aqua et ignis, campus et lepus, ut ad id quod deo acceptius tibique putas esse efficacius ad salutem tui arbitrii libertas dirigatur.   110

---

95 Sive: Sane *codd.*   101–102 merentur *suppl.*   106 enim: autem M   113 Explicit epistola Petri Blesnensis ad quendam qui hesitabat ad quam religionem transiret *add.* M

---

45 III Reg. 3. 26.   46 Iob 2. 10.   47 Cf. Gen. 4. 7 and Glos. ad loc.   48 Gen. 16. 5–6.   49 I Cor. 13. 3.   50 Rom. 5. 2–3.   51 Hebr. 10. 34.   52 Ps. 33. 20.   53 Ps. 88. 45.   54 Ierem. 51. 9.   55 Hebr. 12. 6.   56 Iob 21. 9.   57 Ps. 80. 13.   58 II Cor. 12. 7.   59 II Cor. 12. 9.   60 Mic. 7. 9, *vers. antiq.*, cit. Ambr. *Enarr.* in Ps. 1. 4.   61 Cf. Deut. 30. 15.

45

In urging the monastery of Cirencester to pray for him, Peter suggests a form of prayer to be used on his behalf. 1200×11

DEVOTA ET ANXIA PRECUM IMPLORATIO IN INSTANTIBUS PERICULIS MORTIS

1. Venerabili viro et amico in Christo carissimo Ricardo abbati Cirences-trie[1] et conventui, Petrus Blesensis Londoniensis archidiaconus salutem, et
5 in Christi memoria memores esse mei.

2. Ego infelix homo,[2] semper vadens et non rediens,[3] videor michi videre mortem pre oculis. Nescio quo me vertam: foris sunt pugne, intus timores.[4] Temptationes me undique circumvallant, sunt enim supra me, intra me, extra me, et omnes contra me. Quod appeto, quod abhorreo,
10 quod cogito, quod rememoror, quod futurum conicio, denique totum quod vivo temptatio mea est, ut probem experimento quod tota vita hominis temptatio est super terram. In me, domine, transierunt ire tue, et terrores tui conturbant me.[5] Sed dimittam adversum me eloquium meum, ut loquens in amaritudine anime mee dicam deo:[6] 'Dimitte, domine, me ut
15 plangam paululum dolorem meum.'[7]

3. Quare contristata es, anima mea, et quare conturbas me?[8] Nonne fuisti conscia et socia et consummatrix iniquitatis mee, per quam demerui gratiam redemptoris? O misera mea potius desperata, mea perdita, Christi perfida, Christi adultera et periura, fornicatrix impudens, meretrix obsti-
20 nata, que relicto salutis auctore[9] immunditie prostibulum virginali thalamo pretulisti! O peccata, quam blanda et quam proditoria michi fuistis; pretendebatis delicias, et erant ibi venenum et mors. O meror et dolor

---

A 210[r] B 104[r]

3 Ricardo: R. A; *om.* B   10 conicio: conicior B   12 terrores: torrentes A   13 meum: tuum *codd.*   18 misera: miseria *codd.*   19 Christi *om.* B

---

1 Richard was abbot of the Augustinian monastery of Cirencester, Glos., 1187–1213. Presumably he was also one of the recipients of *Ep.* CXXXIX ('R. abbati Cicestrensi' in the printed editions, 'Cirencestri' in BL MS Harley 3709). He had formerly been head of St Gregory's Priory in Canterbury for at least seventeen years. His successor at Cirencester was Alexander Nequam (see Letter 31 above); for Peter's relationship with the abbey see also Letter 52 below.   2 Rom. 7. 24.   3 Ps. 77. 39.   4 II Cor. 7. 5.   5 Ps. 87. 17.   6 Iob 10. 1–2.   7 Iob 10. 20.   8 Ps. 41. 12.   9 Hebr. 2. 10.

inconsolabilis, perturbate et perfundite hunc impium, torquete reum, vindicate deum. Deus animam meam sibi per fidem desponsaverat in baptismo; illa primam fidem irritam faciens misit sponso suo libellum 25 repudii,[10] et abiecto salvatoris amore se scortum spiritibus immundis exhibuit, suarumque sordium sentinam et volutabrum immuditie sue pretulit honestati et innocentie Christi. Sepius te a miseria revocavit pius et misericors[11] Christus, nunc prophetiis, nunc evangelicis scriptis, et frequenter inspirationibus occultis et sanctis; tu vero sicut aspis obturabas 30 aures[12] tuas, semperque salutaribus monitis resistere presumpsisti.

4. Sed veniet hora et nunc est[13] quando terribilis iudex tuus de te dicet apparitoribus suis quod quandoque de meretrice purpurata predixit: 'Quantum exaltavit se in deliciis, tantum date ei tormenta et luctum.'[14] Expectat te ignis, sulphur et turbo involvens. Non poterit ille ignis 35 extingui, nec male conscientie vermis mori.[15] Ibi sortis humane dampnata conditio sic morietur ut mori non possit, sic deficiet ut numquam deficiat, sed semper moriens semper suscitetur ut supplicia recidiva nascantur. De iecore Titii loquens Ovidius dicit:

Sic inconsumptum Titii semperque renascens   40
Non perit, ut possit sepe perire, iecur.[16]

5. O Eva infelix, que tantis malis initium et materiam prestitisti, temptatori te interroganti quare precepit vobis dominus ne comederetis de ligno scientie boni et mali respondisti 'Ne forte moriamur'?[17] Precisa erat sententia dei, et tu de veritate illius sententie dubitasti. Respondetque 45 temptator 'Nequaquam moriemini.'[18] O mendax et mendacii pater,[19] quia ecce omnes morimur, et non est qui vivat et non videat mortem.[20] Et que est vita nostra nisi 'vapor ad modicum parens',[21] sicut Iacobus scribit, et Isaias: 'Omnis caro fenum, et omnis gloria eius sicut flos feni.'[22] Vita hominis brevis est,[23] immo ipsa brevitas, et tamen miser homo se transito- 50 riis non cessat involvere et instare periculis, et pro hiis que sine modo

---

23 perfundite: perfundate *codd.*   23–24 torquete . . . vindicate: torquere . . . vindicare *codd.*   25 illa: illam *codd.*   28 miseria: misera A   35 Expectat: expectant B   42 O Eva: O Eva nota B *marg.*   44 erat: est B   51 instare: in instare *codd.*

10 Cf. Deut. 24. 1.   11 Ecclus. 2. 13.   12 Ps. 57. 5.   13 Ioh. 4. 23.   14 Apoc. 18. 7.   15 Is. 66. 24.   16 Ovid, *Ex Ponto*, 1. 2. 39–40.   17 Gen. 3. 1–3.   18 Gen. 3. 4.   19 Ioh. 8. 44.   20 Ps. 88. 49.   21 Iac. 4. 15.   22 Is. 40. 6, *vers. antiq.*, cit. Ambr. *Expos.* in Ps. 118. 9 (Sermo 2. 5).   23 Sap. 15. 9.

appetiit nunc sine modo et sine termino dolores incurrit. De talibus dicit Iob: 'Consumpti sunt absque spe.'[24]

6. Responde queso, anima, omnibus miserabilibus miserabilior, que teipsam totiens vanis simulationibus decipiebas et mentiebatur iniquitas sibi:[25] quid queso confusionis tibi erit, quid miserie, quid doloris, cum sublatis perizomatibus quibus tuam ignominiam occultabas[26] tua turpitudo tota nudabitur? Revelabitur abhominatio, vermisque conscientie[27] factus iam immortalis plena malignitate corrodet sed non consumet animam infelicem. Quid erit cum videris de primis novissimos et de novissimis primos[28] fieri, istos in infernum detrudi, illos sortiri locum inter filios maiestatis? Tu nuda et misera, solisque iniquitatibus onerata, felicitatis aliene spectaculo intabesces. Quid erit cum, ab ecclesia beatorum perpetua excommunicatione precisa, senseris in carne tua, tibi restituta in regeneratione scilicet, ipsam et interiores eius medullas peccatis infectas more ferventium et decoquentium metallorum eterno et inextinguibili incendio penetrari?

7. Sane quia ibi non recipit causa remedium, tormentum culpas inquirens finem numquam est habiturum. Vivet sententia, vivet pena, quodque durius est, dum certitudinem percipit anima quod etiam post immensa secula finem doloris habitura non sit, cedet ei ad cumulum pene acriorum expectatio sequentium seculorum. O quam lugubre erit videre simul et perdere deum, et eternaliter perire ante sui salvatoris aspectum!

8. Inter tanta ergo mortis eterne discrimina, que est spes aut expectatio[29] mea, deus, nisi tu solus, et per te filii excussorum,[30] qui volentes te sequi pro tuo amore omnia reliquerunt?[31] Iuravit dominus ad Abraham daturum se nobis,[32] iurasti et tu, Iesu, quod quidquid amici tui petierint in tuo nomine fieret eis,[33] et si duo ex tuis super aliqua re consentirent, fieret eis.[34] Memor esto antique misericordie tue:[35] non audebat populus Israel te audire, sed erat Moyses inter te et populum mediator.[36] Sic Ananias ad Saulum,[37] sic Petrus ad Cornelium missus est;[38] sic centurio[39] et Cananea[40]

---

66 inextinguibili: extinguibili *codd.*   71 non *suppl.*   75 mea: mei *codd.*   78 nomine fieret: nomine fiet *codd.*   81 Petrus ad Cornelium: ad Petrum Cornelius *codd.*

---

24 Iob 7. 6.   25 Ps. 26. 12.   26 Cf. Gen. 3. 7.   27 Cf. Glos. ad Is. 66. 24.   28 Cf. Matt. 20. 16.   29 Ps. 38. 8.   30 Ps. 126. 4 and Glos. ad loc. (cf. Letter 49. 8 below).   31 Cf. Luc. 5. 11.   32 Luc. 1. 73.   33 Cf. Ioh. 15. 15–16.   34 Matt. 18. 19.   35 Ps. 88. 50.   36 Ex. 20. 19–21.   37 Act. 9. 17.   38 Act. 10. 22.   39 Matt. 8. 5–6.   40 Matt. 15. 22.

fuerunt suis mortuis coadiutores. Quia ergo modo non sufficit oratio
propria, fac ut michi proficiat atque sufficiat intercessio aliena. Daniel vir
desideriorum[41] vires in se spirituales exprimit, quorum potius apud deum
clamant vota quam verba;[42] sic et Anna Samuelis mater[43] pariterque   85
Susanna.[44] Et iniuncto vobis officio pro vobis et pro hiis qui precibus
vestris egent orare tenemini. Monet nos Iacobus orare pro invicem ut
salvemur,[45] consulit Paulus sine intermissione orare,[46] suadet ipsa veritas
semper et non deficere.[47] Ubicunque sunt pericula, ibi semper oratio est
necessaria. Christus, qui nos orare docuit patrem qui in celis,[48] ad petenda   90
celestia et spiritualia nos invitat. Dabit enim spiritum bonum petentibus
se,[49] dabit spiritum suum ut sanet spiritum nostrum.

9. Porro aliquis dicit: 'Utinam pro me orare sufficiam; nemo michi
meipso germanior est.' Attende queso, karissime, quod si orare incipis pro
tuo proximo, qui iam tui oblitus eras excitaberis ut ores affectuosius pro   95
teipso, et sicut scriptum est, 'melior erit finis orationis quam principium.'[50]
Compassio enim, quam habebis ad afflictionem proximi, tibi potentissime
inclinabit divine propitiationis affectum. Veritas enim per organum sancti
spiritus Isaie dicit: 'Antequam clament exaudiam et illis adhuc loquentibus
ero presens.'[51] Non est abbreviata manus domini ut salvare non possit,[52]   10
nec angustieris in visceribus tuis,[53] sed experire confidenter divine
munificentiam et magnificentiam largitatis. 'Salus' inquit 'populi ego
sum.[54] De quacumque tribulatione clamaverint ad me, ego exaudiam[55]
eos.' Gratias, deus, tue gratuite pietati, per quam habemus accessum in
gratiam in qua stamus, et gloriamur in spe glorie filiorum dei.[56]   1

10. Sane devota et quodammodo improba orationis instantia lucta est.
Clamas ad Christum, nec exaudit te. Rapis eum, et repellit te. Eum tenere
existimas, et evasit a te. O pia dissimulatio, o dissimulatrix pietas, que tam
sincere diligis diligentes te,[57] et tamen illam similitudinem dulcedinis tue
abscondis timentibus te.[58] Ita congreditur et digrediens regreditur ut te in   1
studio spirituali exerceas, ut insistas ardentius. Vult enim pati vim,[59] et a te

---

86 iniuncto: in iniuncto B   94 germanior: gravior B   96 erit: est B   98–99 sancti
spiritus: spiritus sancti B   99 dicit: dicens A   105 gloriamur: gloriam *codd.*   111 ut:
et B

---

41 Dan. 10. 11. and Glos. ad loc.   42 Cf. Dan. 10. 12.   43 I Reg. 1. 10–11.   44
Dan. 13. 35.   45 Iac. 5. 16.   46 I Thes. 5. 17.   47 Luc. 18. 1.   48 Matt. 6. 9.   49
Luc. 11. 13.   50 Eccles. 7. 9.   51 Is. 65. 24.   52 Is. 59. 1.   53 Cf. II Cor. 6.
12.   54 Cf. Ps. 3. 9.   55 Cf. Ps. 90. 15.   56 Rom. 5. 2.   57 Prov. 8. 17.   58 Ps.
30. 20.   59 Matt. 11. 12 and Glos. ad loc.

superari affectat.[60] Qui igitur te repellit, facit ut animum tuum acuat, vires excitet, constantiam probet, multiplicet victoriam augeatque coronam. Sic quandoque pro peccatis nostris irascitur et erigit manum ut percutiat; vult
115 enim a Moyse vel ab alio cohiberi,[61] et si non invenit resistentem conqueritur per prophetam eo quod non sit qui eum teneat.[62]

11. Artetica gutta morbisque aliis percussit me dominus, tempestivumque mortis adventum michi prenuntiant varia incommoda senectutis. Miseremini ergo mei, miseremini mei, saltem vos amici mei, quia manus
120 domini tetigit me.[63] Tetigit me sicut benignissimus pater, sicut fidelissimus medicus, sollicitus adiutor, et circa me gratiarum suarum diligentissimus dispensator. Proinde rogate dominum non ut me sanet sed ut me salvet, flagella enim domini[64] gratanter amplector. Si me dominus vestra oratione salvaverit, lucrati estis animam meam michi. Si peccatorum meorum
125 interponitur nubes ut non transeat oratio,[65] revertitur in sinum[66] vestrum, et legetis in libro experientie proprium vos gessisse negotium. Qui pro sua vel proximi salute deum orat, sciat fiducialiter quod consequetur optata. Veritas enim hoc ipsum duplici iuramento confirmat: 'Amen amen dico vobis, si quid petieritis patrem in nomine meo, fiet vobis.'[67] Quis ergo
130 negligit petere, nisi qui contempserit impetrari?

12. Sit ergo forma petitionis vestre: 'Obsecro te Iesu Christe, ut in ea caritate quam habebas erga genus humanum inter angustias mortis, inter obprobria et contumelias Iudaice gentis, liberes animam Petri Blesensis ab omni surreptione diabolice temptationis. Obsecro te, domine, per illam
135 hostiam reconciliatricem quam in anima et in corpore[68] tuo deo patri in cruce optulisti pro nobis, ut animam et corpus Petri Blesensis custodias ad serviendum tibi in sanctitate et iustitia coram te diebus omnibus vite nostre.'[69]

13. Ego autem interim anxiis et occultis singultibus dicam deo: 'Noli me
140 condempnare.[70] Minor sum, domine, cunctis miserationibus tuis,[71] quarum dulcedine me fovisti et multitudine obruisti. Non possum respondere unum pro mille,[72] nam ad obsequium tuum etiam angeli se minus sufficientes existimant.[73] Commisi, domine, multa pro quibus dampnare

119 Miseremini: miserrimi A   131 Obsecro *etc.*: P.B. petit animam suam ab omni subreptione dyabolice temptationis eripi B *marg.*   133 contumelias: contumelia A

60 Cf. Gen. 32. 25–6.   61 Ps. 105. 23.   62 Is. 64. 7.   63 Iob 19. 21.   64 Idt. 8. 27.   65 Lam. 3. 44.   66 Ps. 34. 13.   67 Ioh. 16. 23.   68 Cf. Col. 1. 22.   69 Luc. 1. 75.   70 Iob 10. 2.   71 Gen. 32. 10.   72 Iob 9. 3.   73 Cf. Iob 4. 18.

me debes, sed non amisisti unde salvare me potes. Maior est benignitas tua quam iniquitas mea, vince, domine, in bono malum.[74] Obliviscere peccato- 145 ris, reminiscere creature. Ubi est queso, deus, 'Nolo mortem peccatoris, sed ut convertatur et vivat?'[75] Me totum tibi debeo quia me fecisti. Quid superaddam? Quia me per tue mortis angustias redemisti.

14. 'O bone Iesu, o benigne, o amabilis, o suavis, o dulcis, o amor deus, o bonitas deus, o caritas deus:[76] tu veniens ad nos et purgationem 150 peccatorum faciens[77] pro me passus es. Non eram solvendo nisi de beneficiis tuis, nec de malis a me commissis poteram meo iudici respondere. Posuisti te vadem pro me, et dedisti animam et corpus tuum in causam soluti; meque in tua effusissima caritate a crudelissimi exactoris et proditoris improbissimi malitia liberasti. Vidisti imperfectum[78] meum, et 155 quod non habebam de meo solvisti de tuo. Numquid fiet irritum testamen- tum redemptionis humane, quod pretiosi sanguinis[79] tui balsamo sancti- ficatum est? Scriptum est in membrana tui corporis crucifixi, atque in latere tuo dextro plaga lancee[80] tamquam sigilli impressione signatum, fedus reconciliationis humane et tue misericordie testamentum.' 160

15. Quis michi det ut sic inebrier[81] amore dilecti mei quatenus obliviscar mei fiamque tamquam vas perditum,[82] soli deo totus adherens[83] et totus transiens in amatum? Credo enim quod sicut modica stilla aque dolio vini magno infusa tota videtur a se deficere dum colorem et saporem induit vini, sicut ferrum ignitum et candens transit in naturam ignis, velut aer luce 165 solis perfusus adeo illuminatur ut et ipse lumen esse dicatur, sic iustus qui adheret deo unus spiritus[84] cum eo efficitur, et ita deus est cum iustis ut sit omnia in omnibus.[85]

16. Porro quia sperare talia non presumo, videtur sufficere michi si me faciat deus sicut unum de mercenariis suis;[86] si in huius mundi voragine 170 procellosa me miserum tueatur ut non demergat me tempestas aque, neque absorbeat me profundum, neque urgeat super me puteus os suum.[87] Fac, benignissime Iesu, ne obdormiam in morte;[88] dic anime mee, 'Salus tua ego sum.'[89] Interpretare nomen tuum ut sis salvator[90] et quies;[91] Iudex et

---

151 me: ma A   151 nisi: nec *codd.*   153 Posuisti: posuiste A   153 te: domine B   159 signatum *om.* B

---

74 Rom. 12. 21.   75 Ezech. 33. 11, *vers. antiq.*, cit. e.g. Ambr. *Liber de Lapsu Virginis*, 8. 33.   76 Cf. I Ioh. 4. 8.   77 Hebr. 1. 3.   78 Cf. Ps. 138. 16.   79 I Petr. 1. 19.   80 Ioh. 19. 34.   81 Cf. Cant. 5. 1.   82 Ps. 30. 13.   83 Cf. Glos. ad loc.   84 I Cor. 6. 17.   85 I Cor. 15. 28.   86 Luc. 15. 19.   87 Ps. 68. 16.   88 Ps. 12. 4.   89 Ps. 34. 3.   90 Cf. Matt. 1. 21.   91 Hilary, *Tract. de Titulo Psalmi 91*, 8.

175 ultor criminum, michi sis benignus indultor, quod si sanguis Abel,[92] sanguis Naboth,[93] sanguis martyrum[94] clamet ultionem, clamet queso vox
potentissimi et pretiosissimi sanguinis[95] tui liberationem huius miseri et
salutem.

46

*Peter considers whether God is obliged to love man more than man loves
God and how much charity is required in other circumstances.[1] 1210×11?*

UTRUM DEUS MAGIS DEBEAT DILIGERE HOMINEM QUAM
HOMO DEUM

1. Viro venerabili socioque et amico predulci Iohanni archidiacono
Oxonie,[2] Petrus Blesensis Londoniensis archidiaconus salutem in eo sine
5 quo non est salus.

2. Queris, amice carissime, utrum magis diligat et amplius diligere
debeat deus hominem vel homo deum; maxime cum tanta et tam gratuita
tamque ineffabiliter sit affluens et superexuberans erga hominem divina
benignitas; cumque dilectio dei de natura sue bonitatis sit dulcior, ferven-
10 tior, et efficacior erga hominem quam hominis erga deum. Petis an deus
tante benevolentie magis debeat diligere hominem, an ab homine magis
diligi teneatur.

A 211^r B 105^v

3 Iohanni: I. *codd.*   4 Oxonie: Ocsonie A; Ochsonie B   8 ineffabiliter: inefficabiliter
A   11 magis debeat: debeat *codd.*

---

92 Gen. 4. 10.   93 IV Reg. 9. 26.   94 Cf. Apoc. 6. 10.   95 Cf. Hebr. 12. 24 and
Glos. ad loc.

1 These topics are discussed by Peter Lombard, *Sent.* 3. 28. 2; Odo of Ourscamp, *Quaest.* 2.
334; Simon of Tournai, *Disp.* 6. 3; 54. 1; Peter of Poitiers, *Sent.* 3. 23, 25.   2 John of
Tynemouth, a prominent canon lawyer and member of the *familia* of Hubert Walter (C. R.
Cheney, *Hubert Walter* (London, 1967), pp. 164–5; Kuttner–Rathbone, 317–27). He joined
the Lincoln chapter in about 1206, and succeeded Walter Map as archdeacon of Oxford
1210×1212 (D. Greenway, *Fasti*, iii (Lincoln), p. 36). He died in 1221. Alternatively,
'Oxonie' may be a mistake for 'Exonie', as in Letter 10. 3; John son of John occurs as
archdeacon of Totnes (often called 'of Exeter', see Letter 10. 3 n) in 1198 (J. Le Neve, *Fasti*,
ed. T. D. Hardy (3 vols., Oxford, 1854), i. 401; Cheney, *Calendar*, no. 32).

3. Scimus quod tot misericordiis erga hominem deus affluit, tot eum beneficiis obruit, quod homo tante, tam magnifice, atque tam effuse munificentie respondere non possit. Quod autem impossibile est homini, 15 eidem ad culpam vel penam imputari non debet. Illud equidem constans est quod deus magis hominem diligit quam homo deum, ergo magis diligitur homo a deo quam deus ab homine. Sed quod magis fit a deo magis est faciendum, ergo magis diligendus est homo a deo quam deus ab homine, maxime cum homini sit impossibile tantum diligere deum quan- 20 tum a deo diligitur. Homo autem ad hoc vel ad aliud impossibile non tenetur.

4. Item, deus magis diligit hominem quam homo deum; deus autem nichil facit quod non debeat facere, ergo deus magis debet diligere hominem quam homo deum. Quomodo enim deum magis diligeret homo 25 quam e converso, cum homo nullatenus hoc facere posset?

5. Si autem magis diligendus est homo a deo quam deus ab homine, numquid magis dignus est dei dilectione homo quam dilectione ab homine deus? Humana enim ratio in contrarium sentit. Nam deus diligendus est ab homine super omnia,[3] nec homo super omnia diligendus est a deo, ergo 30 magis diligendus est deus ab homine quam homo a deo. Infitiari non possumus quin magis diligatur homo a deo quam deus ab homine, sicut filius istius hominis magis a suo patre diligitur quam pater diligatur a filio, et tamen minus meruit filius diligi a patre quam pater a filio. Deus autem quandoque magis promovet istum quam illum,[4] nec tamen promovendus 35 magis est iste quam ille.

6. Nota 'Deus magis debet diligere hominem quam homo deum.' Si hoc adverbium 'magis' determinat hoc verbum 'debet', falsa est; si hoc verbum 'diligere', vera est; ergo deus non magis debet diligere hominem quam homo deum, sed debet magis hominem diligere quam homo deum. Illud 40 etiam considerandum est: quod cum dicitur 'homo magis diligendus est a

---

35 istum: quam istum *add. codd.*   36 magis est: est magis B   38 determinat: determinet A

---

3 *Collect. ad Dominicam V. post Pentecosten.*   4 Cf. Ps. 74. 8.

deo quam e converso', 'diligendus' potest et participium esse et nomen,[5] et
secundum hoc mutatur eius significatio.

7. Illud etiam adicimus, quod inter dilectionem dei ad hominem et
45 hominis ad deum nulla est collatio. Sicut enim deus sapit ut sapientia,[6]
miseretur ut misericordia,[7] potest ut potentia, sic deus hominem diligit ut
caritas.[8] Homo autem deum diligit inspiratione divina.

8. Denique solet queri utrum homo tantum diligere teneatur proximum
suum quantum seipsum,[9] quod quidem humana ratio non permittit. Debet
50 tantum proximum diligere quantum seipsum, id est ad eam salutem et
gloriam quam desiderat sibi. Porro Christus proximus noster est sicut
legitur in psalmo: 'Ecce concupivi mandata tua, domine',[10] super hoc
auctoritas: 'Deus qui est homo proximus noster est.'[11] Alia: 'Quasi
proximum, quasi fratrem nostrum sic complacebam.'[12] Item, in parabola
55 de Samaritano[13] Christus proximus noster intelligitur. Numquid debemus
Christum diligere sicut nos ad salutem? Non; quia Christus exempte
actionis est nec indiget salvari, quia ipse vera salus est.

9. Preterea cum caritas, quantumlibet parva, sit sufficiens ad deletionem
cuiuslibet venialis,[14] queri solet utrum imperfecta caritas possit esse sine
60 aliquo veniali, ergo si decedat, volat statim ad terram viventium.[15] Et ita
videtur quod qui sine omni peccato est melior est quam qui habet
peccatum. Sed puer post baptismum sine omni peccato est, nec tamen est
melior perfecto qui habet aliquid peccatum. Quod autem dicitur, quod
imperfecta caritas possit esse sine omni veniali, per divisionem intelligen-
65 dum est: id est, sine hoc atque sine illo et illo, sed quod imperfecta caritas
sit sine omni veniali possibile non videtur.

---

50 salutem: salvum (?) A *marg.*   55 Samaritano: samaritana *codd.*   56 exempte:
excepte A

---

5 Cf. Macrobius, *De Differentiis et Societatibus Graeci Latinique Verbi*, 21 (*Grammatici
Latini*, ed. H. Keil, v (Leipzig, 1868), 626); Priscian, *Institutiones Grammaticae*, 8 (ed. M. J.
Hertz in *Grammatici Latini*, ed. Keil, ii (Leipzig, 1855), 409–10). Classical grammarians
classed adjectives under nouns, one of the eight parts of speech (see Letter 37.7); participles
(which included gerundives) were a separate class, 'participating' in the characteristics of both
nouns and verbs. *Diligendus* may be understood as *dignus qui diligatur*: Peter regards it as a
participle if *magis* modifies the verbal element, as a noun if it forms the comparative degree of
the adjectival element.   6 Cf. Ecclus. 1. 1.   7 Cf. II Cor. 1. 3.   8 Cf. I Ioh. 4. 8.   9
Marc. 12. 31.   10 Ps. 118. 40.   11 Glos. ad Luc. 10. 29.   12 Ps. 34. 14.   13 Luc.
10. 29–37 and Glos. ad loc.   14 Cf. I Petr. 4. 8.   15 Ps. 26. 13.

10. Denique cum maior satisfactio exigatur ad deletionem maioris peccati quam minoris nullumque peccatum adeo mortale sit ad cuius deletionem non sufficiat caritas, quantumlibet parva, ergo non maior exigenda est satisfactio pro maiore quam pro minore peccato.   70

11. Item, iste habet veniale tantum quantum ille, et ille habet cum veniali mortale. Contritio illius sufficit ad deletionem venialis sicut et contritio istius, sed istius contritio non sufficit ad deletionem mortalis, ergo sine mortali potest veniale dimitti, quod falsum esse asserunt quidam ex doctoribus nostris.[16] Nota quod maior exigitur caritas ad unius peccati 75 deletionem quam alterius, et tamen utriusque caritas ad deletionem utriusque peccati sufficeret; sicut caritas istius laici et caritas illius episcopi sufficerent ad utriusque salutem, et tamen ad maiorem tenetur episcopus quam laicus caritatem. Nota etiam quod maior exigitur satisfactio pro maiori peccato, sed non debetur maior contritio si informata sit caritate, 80 nec maior exigitur caritas. Quantulacumque enim caritas, sive contritio caritate informata, sufficit ad delendum.

47

Peter warns an eminent and elderly friend not to postpone repentance. 1200×11

CONTRA INCONTINENTIE MALUM

1. Illustri viro et amico sibi in Christo carissimo B.,[1] Petrus Blesensis Londoniensis archidiaconus salutem quam sibi.

2. Domestici et familiares tui me instantissime rogaverunt ut magnificentie tue commonitorias scriberem quibus cor tuum ad affectum et 5 fructum penitentie invitarem. Sciunt quod quandoque tecum conversatus sum, et ex longa cohabitatione credebam me tuum animum monitis

---

76 et tamen *bis* A
A 211ᵛ B 106ᵛ *imperf.* (see note to Letter 54)
3 Londoniensis archidiaconus *om.* B   5 commonitorias: comminatorias B

---

16 Cf. Letter 28. 26–30.
1 See *Ep.* CVII and Letter 69 below, also addressed to 'B'.

salutaribus ab operibus extraordinariis avulsisse; sed recidisti, ut publice
dicitur, in idipsum.[2] Proinde, si ex habundantia cordis os meum loquens[3] te
10 verbo notabiliore tetigerit, scias totum hoc ex intima caritatis affectione
procedere. Nam ut verbo Iob utar, testis meus in celis est et conscius in
excelso[4] me nichil aliud querere nisi quod studeam et exactissime
procurem te ab infamie nervo et a verme[5] cauteriate conscientie[6] revocare.

3. Iam processisti in diebus tuis, caputque tuum canis surgentibus
15 tempestive senectus aspersit. Verbum vero Pauli apostoli est: 'Quod
antiquatur et senescit prope interitum est.'[7] Iacob patriarcha, qui videbat
deum facie ad faciem[8] et cum eo habebat familiare colloquium,[9] reputat
dies vite sue paucos et pessimos.[10] Parvi seu pessimi sunt dies eius qui
pessime vixit. Mors iuvenibus est in insidiis, senibus vero in ianuis.
20 Verbum autem Salomonis est tam de iuvene quam de sene: 'Nescit homo
finem suum; sed sicut pisces capiuntur hamo et aves laqueo, ita capiuntur
homines tempore malo.'[11] Mali sunt dies nostri qui faciunt male mori,
apostolus autem dicit: 'Redimentes tempus, quoniam dies mali sunt.'[12]

4. Et quid queso est homo nisi spiritus vadens et non rediens?[13] 'Spiritus
25 enim pertransibit in illo et non subsistet, et non cognoscet amplius locum
suum.'[14] Sane modicum de tempore vite tue restat, et illud non stat. Si
respiciamus ad tuas et meas egritudines preambulas mortis, quibus nos et
alios quam plures deus celesti dispensatione premunit, nonne mors iam
cepit intrare? Quasdam enim partes corporis iam quasi premortuas occu-
30 pavit, propterea detestabiliter in membris iam tabescentibus concupiscentia mundi vivit. Vita finitur et crescit ambitio, motusque genitalis officii,
quem crebra egritudo prorsus debuerat extinxisse, in senio iuvenescit.
Heus, heus, percussimus fedus cum morte et cum inferno fecimus pactum.[15] Qui enim debuit iniquitatem deponere apponit iniquitatem super
5 iniquitatem,[16] sanguinem super sanguinem, et aggravat iugum[17] malitie
atque colligationes et fasciculos deprimentes.[18]

8 recidisti: recidistis *codd.*   24 non *suppl.*   30 detestabiliter *etc.*: Nota nota bene
sequius tamen religioso plus ceteris B *marg.*

2 Cf. I Cor. 7. 5.   3 Luc. 6. 45.   4 Iob 16. 20.   5 Cf. Marc. 9. 43 and Glos. ad
loc.   6 I Tim. 4. 2.   7 Hebr. 8. 13.   8 Gen. 32. 30.   9 Gen. 32. 26–9.   10 Gen.
47. 9, cf. *vers. antiq.* cit. Jerome, *Comment.* in Is. 26. 20.   11 Eccles. 9. 12.   12 Eph. 5.
16.   13 Ps. 77. 39.   14 Ps. 102. 16.   15 Is. 28. 15.   16 Ps. 68. 28.   17 Cf. III
Reg. 12. 10.   18 Is. 58. 6.

5. Fallit eos sua spes dum dolores eternos cogitatione et estimatione falsa
extenuant, dum tempora penitentie differunt, dum mala que agunt leviter
deserere ac brevi diluere penitentia sibi dampnabili opinione promittunt.
Peccant quidem in spe, sed eis in contrarium accidit. Qui enim deserit 40
penitendi oportunitatem, oportunitas eum fugit, unde Iob: 'Dedit eis
dominus locum penitentie, et ipsi ea in superbia abuntuntur.'[19] Nonne
abusio magna est delinquere, nec dei iudicia tremenda timere? In hac
abusione loquitur impius dicens: 'Peccavi, et quid michi accidit triste?'[20]

6. In filio prodigo experimur quam beata sit humilitas penitentis;[21] vera 45
enim penitentia cuiuslibet peccatoris iudicem in advocatum et exactorem
gravissimum convertit in patrem. Illud autem gratissimum est, quod
satisfactionem penitentie penitendi voluntas implevit. Dixit itaque propheta: 'Confitebor adversum me iniustitiam meam domino, et tu remisisti
impietatem peccati mei';[22] sic sola obtinuit voluntate quod non facile 50
posset vigiliis, ieiuniis, disciplinis, atque gemitibus et lacrimis obtineri.
Proinde dubitatum est a quibusdam utrum voluntas precellat operi,[23] vel e
converso. Nam sola voluntas de celo precipitavit angelum,[24] atque sola
voluntas hominem penitentem restituit paradiso.

7. Attende, homo, in filio prodigo superexuberantem misericordiam 55
patris,[25] et quod exemplo ipsius in nobis excitatur devotio filialis. Inspi-
rabat se pater filio penitenti, ut cum patre unus esset spiritus[26] qui cum
meretricibus fuerat unum corpus.[27] Gloriosum erat ei prostibulum eva-
sisse, sed gloriosius ei erat habitare et gloriari cum patre; gloriosum
penitere, sed gloriosius cum Christo et in Christo regnare. Quanta erit 60
gloria cum Christo regnantis in patria, cum tanta delectatio penitenti
prerogetur in via? Si tanti meriti est miseria presens, quanta erit gloria de
torrente divine voluptatis[28] affluens atque vasis misericordie[29] se inundans?[30] Porro hec eis conveniunt quos deus elegit in hereditatem sibi.[31]
Predestinatio quidem dei non omnes elegit quos misericordia eius vocat, 65
nam testimonio veritatis: 'Multi vocati sunt, pauci vero electi.'[32]

---

38 extenuant: exterminant B   38 dum tempora: de tempora A   47 gravissimum . . .
gratissimum: gratissimum . . . gravissimum *codd.*   48 itaque: inque A; inquit B   49–50
Confitebor . . . mei: Confitebor et m. re. A; Confitebor et tu B *et terminatur*

---

19 Iob 24. 23.   20 Ecclus. 5. 4 and Glos. ad loc.   21 Luc. 15. 11–24.   22 Ps. 31. 5,
cf. Glos. ad loc.   23 Cf. Letters 30, 30 A above.   24 Cf. Is. 14. 12–15.   25 Luc. 15.
20–4.   26 I Cor. 6. 17.   27 Luc. 15. 30; I Cor. 6. 16.   28 Ps. 35. 9   29 Rom. 9.
23.   30 Is. 66. 12.   31 Ps. 32. 12.   32 Matt. 22. 14.

8. Tu igitur iuxta consilium sapientis purga te de negligentia cum paucis,[33] ut inter illos paucos electos merearis admitti; et ut huius rei exemplum expressum habeas, vide tempore messis quod ad quantitatem stipule et furfuris parva est quantitas simule purioris.[34] Novi quosdam senes inveteratos dierum malorum,[35] qui sue prave conversationis exemplo verbisque scurrilibus a proposito salutari te retrahunt. Tales veritatem dei deducunt in mendacio,[36] spiritui gratie contumeliam faciunt,[37] spiritumque extingunt.[38]

9. Gloria tua queso sit respuere et conspuere omnia in quibus hodie gloriaris. Paulus autem non gloriabatur nisi in cruce domini nostri Iesu Christi,[39] sancta stigmata eius ferens in corpore[40] suo, et in fronte sua thau, id est quod non scriptum est manu hominum sed potius manibus angelo-rum.[41] Hoc est thau dolentium et gementium,[42] quod si gemere te aut dolere dicis in cordis occulto, et quod gemitus tuus non est a deo absconditus,[43] placet michi videre frontem tuam. Nolo enim ut erubescas coram hominibus thau crucis signum,[44] id est divine passionis exemplum. Angeli siquidem percussores occident homines in quorum fronte non invenient signum crucis,[45] et incipientes a sanctuario implebunt atria interfectis.[46]

10. Christus semel baptizatus est et semel mortuus;[47] nos autem in baptismo complantamur similitudini mortis[48] Christi. Sed quia non est nisi una fides et unum baptisma,[49] adhuc superest fons domus David profluens in ablutionem peccatoris et menstruate.[50] Hic fons est humilitas penitentie, per quam purgationem faciens[51] dominus nosque abluens tollit peccata mundi.[52] Penitentiam enim instituit deus ut fidei et baptismi suppleat imperfectum; nam licet in baptismo peccatum deleatur quantum ad culpam, remanet tamen quantum ad penam.[53] Penitentia est secunda tabula post naufragium,[54] ipsa est circumcisio que facta est in Galgalis eorum qui circumcisi non fuerant in deserto.[55]

---

67 iuxta *suppl.*   78 quod non: non quod A   90 tollit: tollitque A

33 Ecclus. 7. 34.   34 Cf. Luc. 3. 17.   35 Dan. 13. 52.   36 Cf. Rom. 1. 25.   37 Hebr. 10. 29.   38 I Thes. 5. 19.   39 Gal. 6. 14.   40 Gal. 6. 17.   41 Apoc. 7. 2–3 and Glos. ad loc.   42 Ezech. 9. 4 and Glos. ad loc.   43 Ps. 37. 10.   44 Glos. ad Ezech. 9. 4.   45 Ezech. 9. 5–6, cf. Apoc. 9. 4.   46 Ezech. 9. 6–7.   47 Cf. Rom. 6. 3, 10.   48 Rom. 6. 4–5.   49 Eph. 4. 5.   50 Zach. 13. 1 and Glos. ad loc.   51 Hebr. 1. 3.   52 Ioh. 1. 29.   53 Cf. Aug. *Sermo* 152. 3.   54 Hier. *Ep.* 84. 6.   55 Ios. 5. 2–9 and Glos. ad loc.

11. Fructum autem huius circumcisionis demoliuntur et destruunt contemptus penitendi et quantum ad honorem pertinet ambitio dominandi.
Nullus queso divitiarum aut deliciarum luxus cor tuum elevet; semper enim
in causam precipitii se super ventos erigit inanis glorie appetitus, abiec-
tionis autem vilitatem amica dei humilitas emulatur. Omnis equidem qui   100
publice peccat leprosus est et vita et fama, nec vereatur queso Naaman
Syrus leprosus et dives descendere de curru superbie in aquam Iordanis,⁵⁶
qui interpretatur humilitas vel descensus.⁵⁷

12. Non enim credo quod sine humilitate penitentie possit ecclesia vel
velit deus peccata dimittere;⁵⁸ et quod videtur gravius, etiam si Christus   105
alicui sua peccata dimittat, eadem peccata ingratitudo revocare poterit aut
contemptus.⁵⁹ Christus alicui per gratiam suos remittit excessus; ille
revertens ad vomitum⁶⁰ plus offendit. Gravior est enim fracti cruris afflictio
quod prius fractum fuerat et sanatum. Sic iuxta verbum sapientis: 'Qui
baptizatur a mortuo et iterum tangit mortuum, prodest ei lavatio?'⁶¹ et   110
illud: 'Unus edificans et unus destruens, quid est nisi labor?'⁶²

13. Periculosissimum est suum dissimulare aut fovere peccatum. Ova
enim aspidis, que negligentia vel dissimulatione diu confota sunt, cito
erumpunt in regulum.⁶³ De talibus scriptum est: 'Ve pregnantibus et
nutrientibus in illa die,'⁶⁴ nimirum quia quicumque hiis diebus penitere   115
differt aut dissimulat, sibi secundum cor impenitens iram in die tremendi
iudicii thesaurizat.⁶⁵ Terreor et torqueor in interioribus anime mee,
impenitentie tue pertinaciam videns, et quod securim non timeas que
infructuose arbori posita est ad radicem.⁶⁶ Expergiscere et audi novissima
tua, vel potius iudiciale tonitruum: 'Ite, maledicti, in ignem eternum.'⁶⁷   120
Ecce verbum asperum⁶⁸ et auditio mala; velit ergo deus quod anima tua
sententia tremendi iudicis terreatur, scriptum est enim quia territi pur-
gabuntur.⁶⁹ Illa siquidem sententia per appellationem suspendi non potest,
at per bonum penitentie declinatur, quod in Ezechia⁷⁰ et Ninivitis⁷¹ et
innumeris aliorum declaratur exemplis.   125

14. Diximus et adhuc dicimus magnum esse discrimen anime peccare in
spe. Deus enim hominis penitentiam acceptat, spem vero penitentie

---

113 negligentia: negligenda A

---

56 IV Reg. 5. 1, 9–14, and Glos. ad IV Reg. 5. 1.   57 Glos. ad Matt. 3. 5.   58 Cf. Luc.
13. 3.   59 Cf. Matt. 18. 23–35.   60 II Petr. 2. 22.   61 Ecclus. 34. 30.   62 Ecclus.
34. 28.   63 Is. 59. 5.   64 Luc. 21. 23.   65 Rom. 2. 5.   66 Matt. 3. 10.   67 Matt.
25. 41.   68 Ps. 90. 3.   69 Iob 41. 16.   70 IV Reg. 20. 5.   71 Ion. 3. 5–10.

spernit. Homo enim sub hac luxuriatur in Christo,[72] et protrahens penitentie tempus misericordiam in iudicium sibi vertit. Perditissime mentis est qui
30 penitentiam differt in horam perurgentis angustie, in discrimen extremum.
Non est enim penitendi libertas hominibus circa mortis ingressum; prorsus
enim absorbebuntur a tribulatione malorum et dolore.[73] In illa die
cogitationes illorum peribunt.[74] Propter hoc Paulus super peccato et morte
impenitentium habebat dolorem continuum cordi suo.[75] Sed quia dolor
35 Pauli vel alterius puri hominis non est tibi sufficiens ad salutem, salus
mundi Christus Iesus impenitentiam tuam auferat, teque salvet in illis
doloribus quos pro nobis in cruce dignatus est pati.

48

*Peter considers questions about the transmission and consequences of
original sin.[1] 1200×11*

QUID ET UNDE SIT ORIGINALE

1. Viro illustri dominoque in Christo karissimo thesaurario ecclesie Beati
Martini Turonensis,[2] Petrus Blesensis Londoniensis archidiaconus salutem
et continuos ad vota successus.

2. Venit ad me nuntius cum litteris tuis. Supplicabas humiliter et obnixe
ut tibi paucis apicibus declararem quare puer conceptus de parentibus
sanctissimis contrahat originale, cum firmissime constet parentes eius ab
ineunte etate secundum mandata dei sobrie ac iuste pieque vixisse. Alia
insuper proposuisti capitula que recenseri non expedit; plenius enim in ipso

134 Sed: si A   136 teque: neque A
A 212ʳ
7 sanctissimis: sanctissimus A

72 I Tim. 5. 11.   73 Ps. 106. 39.   74 Ps. 145. 4.   75 Rom. 9. 2.
1 For parallel discussions see Peter Lombard, *Sent.* 2. 18. 7; 2. 31. 1–6; 2. 32. 3–6; 4. 6. 7;
Odo of Ourscamp, *Quaest.* 2. 45; Robert of Melun, *Sent.* i, p. 116, q. 193; p. 117, q. 10; Simon
of Tournai, *Disp.* 25. 2; 31. 2; 59. 3; and *Inst.* 131ʳ; Peter of Poitiers, *Sent.* 2. 19; Stephen
Langton, *Quaest.* 175ʳ⁻ᵛ.   2 Probably Robert de Meung, occ. 1203–17. His predecessor was
Rotrou, occ. 1182–90 (E. R. Vaucelle, *La Collégiale de St-Martin de Tours* (Mémoires de la
Société Archéologique de Touraine, 46; Tours, 1907), 442). For the special dignities and
prerogatives of the treasurer of this collegiate church, see P. Gatineau, *Rituale seu Liber
Consuetudinum beatissimi Martini Turonensis* (Tours, 1873), esp. pp. vii–x, 47–50.

mee responsionis excursu quam in singulorum distinctionibus poterunt 10
expediri.

3. Videmus quod granum frumenti purum seminatur et mundum, postea
in herba nascitur et colligitur cum stipula et arista. Frequenter etiam
experimur quod aliquis contrahit febrem ex cibo in quo non est febris;[3] sic
anima contrahit peccatum ex carne in qua non est peccatum. Adam 15
siquidem peccando totus corruptus est, et eius tota posteritas. Caro enim
generatur antequam anima infundatur, sed ante infusionem anime nec in
carne est corruptio nec in anima. Unde ergo contrahit anima peccatum?
Ideo sic proponit hereticus: 'Nec peccat qui gignit neque qui gignitur vel
que concipit, per quas ergo rimulas peccati fingis ingressum?'[4] Nota quod 20
corruptio que est in carne est tantum pena, et ex illa corruptione provenit
corruptio anime que pena et culpa est. Illud etiam attende, quod originale
peccatum est meritum mortis ante baptismum.

4. Nec est hoc peccatum contractum, nam si hoc, ergo est propagatum,
sed auctoritas dicit: 'Non propagatio sed libido peccatum transfundit in 25
parvulos.'[5] Sed in premissa propositione apponendum est 'tantum', ut
dicatur: 'Non tantum propagatio sed libido transfundit peccatum in
parvulos.' Scriptum est autem: 'Filius non portabit iniquitatem patris',[6] et
item, 'Qui mundus est a suis non capitur alienis';[7] et tamen iste dampnatur
pro peccato Ade et suo, Ade ut facientis, suo quia illud ab Adam contrahit. 30
Nota etiam quod si Eva post voluntatem comedendi et ante comestionem
penituisset, ad plenum restituta esset, ita quod qui creandi erant ex ea non
haberent originale. Quod non videtur; quia voluntas illa fuit mortale
peccatum, ergo fecit in ea necessitatem moriendi. Dicimus tamen quod si
post voluntatem et ante comestionem penituisset restituta fuisset, nam 35
decreto dei prohibita est comestio, non voluntas.

5. Item, si particule corporis humani abcise infunderet deus animam,
non haberet originale, quia non esset libidinose concepta. Ideo in Christo
non fuit originale, quia corpus eius non fuit libidinose conceptum. Item, si

---

24 Nec est *suppl.*; *spatium fere quinque litterarum* A   34 Dicimus: Deus A

---

3 Probably (following the comparison to grain) a reference to St Anthony's fire or
erysipelas. See the description of the hospital at Vienne in *Magna Vita Sancti Hugonis, The
Life of St Hugh of Lincoln*, 5. 13, ed. D. L. Douie and D. H. Farmer (Oxford, 1985), ii.
159–60; also C. H. Talbot, *Medicine in Mediaeval England* (London, 1967), pp. 159–60.   4
Cf. Aug. *De Nuptiis et Concupiscentia*, 2. 28. 48.   5 Pseudo-Aug. (Fulgentius), *De Fide ad
Petrum*, 2. 16.   6 Ezech. 18. 20.   7 Cf. Grat. *Decret.* C. 24. q. 1. c. 7.

0 anima contrahit originale ex corruptione carnis, ergo originale est ex corruptione carnis. Auctoritas dicit quod originale fuit in Adam ab anima in carnem, in nobis autem a carne in animam.[8] Possumus etiam dicere quod originale est in nobis ex corruptione carnis que est ex libidine, sed alie corruptiones, scilicet omnes defectus nostri et pene, sunt ex originali.

5   6. Preterea dicit Augustinus quod cum cetera peccata transeant actu et remaneant reatu, originale transit reatu et remanet actu.[9] Et alibi: 'Originale deletur in baptismo, non ut non sit sed ut peccatum non sit.'[10] Secundum hoc originale peccatum ante baptismum est pena et culpa, post baptismum est tantum pena, ergo aliquid quod fuit peccatum est, et non est, peccatum; sicut ignorantia sacerdotis est culpa et pena, sed si graviter inde peniteat remanet tantum pena. Quidam tamen dicunt quod originale in baptismo deletur actu et reatu, sed dicitur remanere actu quia principalis causa remanet, scilicet corruptio carnis.

    7. Preterea queritur utrum debeamus confiteri sacerdoti originale. Facit enim hominem dignum eterna morte, quod etiam propheta confessus est suum originale peccatum dicens: 'Ecce in iniquitatibus conceptus sum'.[11] Dicendum quod quamvis non teneamur confiteri originale, bonum tamen est confiteri, quoniam habundans cautela non nocet.

    8. Item, deus creat animam mundam vel immundam. Si mundam, ergo quando creatur est munda; sed auctoritas dicit quod infundendo creat,[12] et quam cito infunditur immunda est contactu corporis corrupti; si immundam, ergo est auctor immunditie. Dicitur quod deus creavit mundam, id est ex creatione non contraxit anima ut esset immunda; sed non creavit mundam, id est in creatione non fuit munda. Item, deus unit animam carni corrupte, et nichil facit nisi volens, ergo deus vult quod anima uniatur carni corrupte. Item anima per coniunctionem dei unitur carni, et per illam coniunctionem contrahit originale peccatum.

    9. Nota quod duplex est corruptio, scilicet pene et culpe: pene, ut animam descendere in corruptionem istam voluit deus, sed non culpe corruptionem. Item, caro que generatur habet corruptionem a corruptione patris, et propriam ex libidinosa conceptione; ergo maior est corruptio in

69 animam descendere: ibi dum descendo A

8 Cf. e.g. Simon of Tournai, *Inst.* 130ʳ.   9 Aug. *De Nuptiis et Concupiscentia*, 1. 26. 29.   10 e.g. Aug. *Sermo* 152. 3.   11 Ps. 50. 7.   12 Pseudo-Aug. *De Ecclesiasticis Dogmatibus*, c. 14.

filio quam in patre, unde vulgo dicitur quod de die in diem nascuntur filii
deteriores parentibus et seriores.[13]

10. Item, anima non habet corruptionem ex se nisi ex carne, nec esset
corrupta nisi hoc haberet ex carne, ergo magis punienda est caro quam   75
anima. Quare ergo homine defuncto statim punitur anima et non caro?
Item notandum peccatum actuale non est ab Adam, sed illud peccato
originali homines addiderunt. Preterea nonne habemus omnes defectus
nostros ab Adam, et maxime propter originale quod in eo contraximus?
Dicitur quod omne peccatum originaliter contraximus ab Adam, quia fuit   80
omnium peccatorum origo, sed non essentialiter, unde peccatum Ade
dicitur originale active, passive[14] vero ab eo ad nos est derivatum. Item, et
caro et infirmitas carnis est ex traduce, anima autem non est ex traduce,[15]
quare infirmitas anime est ex traduce, scilicet originale?

11. Denique, cum originale non habeat aliquam penam nisi carentiam   85
visionis divine, quomodo intelligemus quod originale peccatum materiali
subiacet pene? Augustinus enim dicit *Tractatu de Consecratione*: 'Firmissime tene non tantum ratione utentes sed pueros pro originali eterno igne et
materiali puniendos.'[16] Item, hic puer habet originale pro quo tam corpus
quam anima est dignum pena; puer resurget in corpore et in anima, pro   90
originali punietur in anima, quare non in corpore? Et si hoc, ergo pena
materiali. Item, originale maculat tam corpus quam animam. Anima pro
originali punietur, quare non corpus?

12. Nota quod 'Pueri qui tantum cum originali decedunt nulla pena
materiali punientur.'[17] Si autem hoc invenias scriptum, sic intellige: 95
'Punientur pena materiali, id est in loco ubi est pena materialis.' Attende
preterea quod pueri punientur quantum ad dampnum non quantum ad
sensum; id est sicut anima pro suo originali carebit sua gloria, scilicet
splendore, agilitate, subtilitate et huiusmodi, non quod habeat aliquam
penam materialem. Nota quod iuxta universorum fere opinionem nec   1
originale nec pena originalis potest minui, quomodo ergo puer potest
misericorditer a deo puniri? Per hoc plane videtur quod deus misericorditer puerum punire non potest.

---

82 vero: nam A   86 intelligemus quod *bis* A   99 subtilitate: scā A

---

13 Cf. Peter of Poitiers, *Sent.* 2. 19.   14 *active, passive*: Peter Lombard, *Sent.* 2. 35.
14(6).   15 Aug. *De Peccatorum Meritis*, 3. 10. 18.   16 Pseudo-Aug. (Fulgentius), *De
Fide ad Petrum*, cap. 27, cit. in Grat. 'De Consecratione', 4. 3; *et materiali* add. Peter.   17
Cf. Aug. *Enchiridion*, 93.

13. Item, cum libido peccatum transfundat in parvulos et sic ex libidine
05 sit peccatum,[18] una vero libido maior est alia, quare non potest unum
originale alio maius esse, et sic maiori subiaceat pene? Ubi est enim maior
libido, et maius originale; quod tamen non provenit. Quantus enim calor
naturam conservet, tamen calor intensior naturam destruit et non fovet.
Item, iste per XX annos habuit originale, ille autem per diem vel per
10 horam; nonne maius est originale illius, quia in originali longius fuit,
diutius enim baptizari contempsit? Item, hic adultus et discretissimus magis
tenetur vitare omne peccatum mortale quam hic puer, et ita originale; et
non vitat originale quia uterque habet originale, ergo adultus est magis
reus pro originali quam puer, ergo originale est maius in adulto.

15   14. Item, exorcismus et cetera que fiunt ante baptismum, numquid
prosunt puero, sicut quidam asserunt, nisi sequatur baptismus? Sed tunc
prosunt, sicut sponsalia nullius momenti sunt nisi matrimonium subse-
quatur. Item, cum sacerdos dicit: 'Exi, spiritus immunde',[19] estne immundus spiritus in illo? Estne puer demoniacus? Non, sed sacerdos hiis verbis
20 et aliis malignum spiritum exsufflat, ut impedire baptismum pueri non
presumat. Proinde scias quod ea que fiunt circa puerum ante baptismum
dicimus sacramentalia esse, non sacramenta. Sacramenta enim sunt ea que
efficiunt quod figurant.[20]

15. Possumus autem pro certo dicere quod omnia originalia sunt equalia;
25 sicut omnes prime gratie, id est originales, que dantur pueris sunt equales.

16. Brevi petitioni tue me multa prolixitate verborum respondere
oportuit. Materia enim sententiis gravida erat; earumque multiplex gravi-
tas de fontis quietissimi rivulo in profundum et procellosum pelagus[21] me
deiecit.

125 sicut: scilicet A

18 Pseudo-Aug. *De Fide ad Petrum*, 2. 16.   19 Cf. e.g. 'ordo ad cathecuminum
faciendum', *Manuale Sarum*, ed. A. J. Collins (Henry Bradshaw Society, 91, London, 1960),
p. 28.   20 Cf. Peter Lombard, *Sent.* 4. 4. 1.   21 Cf. Esth. 11. 10.

49

Peter urges the Cistercians of Robertsbridge (Sussex) to take joyfully the
spoiling of their goods. 1210×11?

1. Carissimis fratribus et amicis R. abbati[1] et conventui de Ponte
Roberti, Petrus Blesensis Londoniensis archidiaconus salutem in eo sine
quo non est salus.

2. Inter Divitem et Lazarum deus iudicium utriusque celesti examin-
atione diffinit: Lazarus mala susceperat, Dives bona. Afflictio Lazari 5
transivit in gloriam, consolatio Divitis in cruciatus eternos.[2] Adhuc divina
comminatio divitibus 've' intentat eternum: 'Ve', inquit, 'vobis divitibus,
qui habetis hic consolationem.'[3] De consolatione hac David loquens dicit:
'Renuit consolari anima mea.'[4] Et vos queso renuite consolari, et magis
eligite cum Moyse et veris Israelitis affligi quam transitoriam habere 10
iocunditatem.[5] Quid queso tibi ad divitias, que teste apostolo non sunt nisi
impedimenta salutis?[6] Etenim plene sunt aculeis sollicitudinum,[7] elongant
a te dulcissimos divine caritatis affectus, et auferunt tibi deum.

3. Respice, homo, si tamen homo; nam ab homine degenerat qui cum in
honore esset non intellexit, sed iumentis comparatus est et similis factus est 15
illis.[8] Iumenta non querunt nisi ut sustentationem corporis habeant; satiata
iacent in stercoribus suis.[9] Nonne in tua conversione huius mundi omnia
reputasti in stercora?[10] Sed qui iam croceis nutriebaris, nunc stercora
amplexaris.[11] Quis umquam sanctorum voluit habundare divitiis in hoc
mundo, et in eternis deliciis regnare cum Christo? Numquid deus de 20
paradiso voluptatis eiecit hominem[12] ut homo alterius paradisi sibi hic
acquireret voluptatem?

A 212[v]

1 *manet spatium sesquilineare pro titulo*   1 Ponte: Fonte A   17 Nonne: non A   17
omnia *suppl.*   18 nutriebaris *suppl.*

---

1 The only name of an abbot found during the period of the late letters is William (occ.
1195, 1203–4, 1215). Letter 66 may have been written later to the same recipient, both letters
probably referring to King John's exactions of large sums from the Cistercians, which began in
1210.   2 Luc. 16. 25.   3 Luc. 6. 24.   4 Ps. 76. 3, cf. Glos. ad loc.   5 Hebr. 11.
25.   6 Cf. I Tim. 6. 9–10.   7 Cf. Luc. 8. 14.   8 Ps. 48. 13.   9 Cf. Ioel 1. 17.   10
Cf. Phil. 3. 8.   11 Lam. 4. 5 and Glos. ad loc.   12 Gen. 3. 23.

4. Adhuc regnum dei intra vos est;[13] etsi ipsum renuitis, tamen vobis a domino instanter offertur. Si non habetis vel argentum[14] vobiscum unde possitis ipsum emere, paratum habetis ex ipsa vestra paupertate commercium. Vos igitur, discipuli Petri, filii crucifixi pauperis, properate, emite et comedite.[15] Facilius enim regnum dei emunt nichil habentes, nimirum quam omnia possidentes.[16] Ubi deficit facultas, sufficit devota voluntas. Curre, pauper, ne recuses ingratus quod gratis offertur. Noli partem habere in ruina mundi, ut partem habeas in gloria Christi. Noli ergo emulari copias divitum; hii enim sunt quos exagitat spiritus[17] huius mundi, spiritus vertiginis et erroris,[18] qui ab hominibus gloriam querunt, non gloriam que a deo[19] est, sed confusi sunt, quoniam deus sprevit eos.[20]

5. Filii hominum, usque quo gravi corde? Ut quid diligitis vanitatem et queritis mendaces[21] divitias? Currant alii ut diripiant predam huius seculi, vos autem rapinam bonorum vestrorum[22] in omni patientia supportate. Sancta paupertas verum bonum est, divitiarum desiderium procul dubio est verum malum:[23] 'Divitie si affluant, nolite cor apponere.'[24] Quid si evanescant et defluant? Cor queso tuum non evanescat in concupiscentiam acquirendi. Potes tamen habere divitias ut Abraham, ex iustis causis[25] ad usus licitos: pro pauperum sustentatione, pro prehibenda hospitalite,[26] non ad thesaurizandum,[27] non ad negotia mercature.

6. Quem queso fructum habetis[28] per impatientiam vestram, deum arguendo, maledicendo prelatis aut principi, vestramque inopiam populis predicando? Vereor ne vobis conveniat quod de impatientibus propheta deo quandoque dicebat: 'Confitebuntur tibi cum benefeceris eis.'[29] In duris autem deficient, et 'in miseriis non subsistent.'[30] Non sic apostolus! 'Non solum', inquit, 'hoc, sed et gloriamur in tribulationibus nostris';[31] et idem: 'Pro me autem nichil gloriabor nisi in tribulationibus meis.'[32] Sane in conversione vestra fortes fuistis dulces affectus et pignora cara deserere et quasi odire; nunc autem infirmi et debiles estis dum supellectilis mundane iacturam summa desolatione lugetis. Vobis funes ceciderunt in preclaris;[33] deus in domibus vestris cognoscebatur[34] et erat gloria totius ecclesie ordo

---

36 autem: cum A   36 supportate: supportantes A   41 prehibenda: perhibenda A

13 Luc. 17. 21.   14 Is. 55. 1.   15 Ibid.   16 II Cor. 6. 10, cf. Matt. 19. 23.   17 I Reg. 16. 14.   18 Is. 19. 14.   19 Cf. Ioh. 12. 43.   20 Ps. 52. 6.   21 Ps. 4. 3.   22 Hebr. 10. 34.   23 Cf. I Tim. 6. 10.   24 Ps. 61. 11.   25 Cf. Gen. 20. 16.   26 Cf. Gen. 18. 1–8.   27 Matt. 6. 19.   28 Rom. 6. 21.   29 Ps. 48. 19 and Glos. ad loc.   30 Ps. 139. 11.   31 Rom. 5. 3.   32 II Cor. 12. 5.   33 Ps. 15. 6.   34 Ps. 47. 4.

vester. Nunc autem pro querela et desolatione vestra reputamini animales,
spiritum non habentes.[35] Mutatus est hodie color optimus;[36] versum est in   55
scoriam aurum vestrum,[37] et impletum est in vobis verbum lamentatoris
prophete: 'Filii Sion, incliti et amicti auro, reputati sunt in vasa testea.'[38]
Sunt enim in temporalibus debiles, in spiritualibus fragiles, ad patientiam
graves, ad iram precipites.

  7. Scriptum est: 6●

Exigua est virtus quam non patientia firmat.[39]

Nonne testimonio Christi per multas tribulationes oportet intrare in
regnum celorum?[40] Vos autem, sicut dicit apostolus, nondum restitistis
usque ad sanguinem.[41] Recolite constantias martyrum, et videbitis vos
nondum attigisse primum patientie gradum. Res corporis est necessitas seu   6
paupertas, et illa vos purgat; res spiritus est cupiditas, et multorum animas
ipsa contaminat.

  8. Sanctus quidam quia spreverat divitias huius mundi dicebat: 'Excussus
sum sicut locusta.'[42] Vere excussus est qui pauper est, quia etsi Egyptia
meretrix Ioseph pallium tenere contendit, ipse tamen abiecta lacinia a se   7
quasi excutiendo evasit.[43] Reputa te queso beatum et noli de divitiis
cogitare, peccatores enim et habundantes in seculo obtinuerunt divitias.[44]
Esau quem dominus reprobaverat[45] cum quadringentis gradiebatur,[46] et
Iacob Iordanem in baculo pertransibat.[47] Lege omnes antiquitatis libros, et
semper ditiores et potentiores deteriores invenies. Confortat quosdam
apostolus dicens: 'Sustinetis si quis devorat, si quis accipit, si quis in faciem
vos cedit',[48] hec est enim gratia. Scriptum est: 'Ve hiis qui perdiderunt
sustinentiam.'[49]

  9. Mundus in maligno positus est,[50] plenus peccatis, periculis, scandalis,
colloquiis pravis, iniquis consiliis, et exemplis pessimis. Non revertaris ad
vomitum,[51] qui seculi pompas et nundinas omnino relinquens te ad Christi
obsequium professionis vinculo astrinxisti. Alii desiderantes locupletari

---

81 relinquens: relinques A

---

35 Cf. I. Cor. 2. 14 and Glos. ad loc.   36 Lam. 4. 1 and Glos. ad loc.   37 Is. 1.
22.   38 Lam. 4. 2 and Glos. ad loc.   39 Prudentius, *Psychomachia*, 177.   40 Act. 14.
21.   41 Hebr. 12. 4.   42 Ps. 108. 23.   43 Gen. 39. 12.   44 Ps. 72. 12.   45 Hebr.
12. 16–17.   46 Gen. 33. 1.   47 Gen. 32. 10.   48 II Cor. 11. 20.   49 Ecclus. 2. 16
and Glos. ad loc.   50 I Ioh. 5. 19.   51 II Petr. 2. 22.

multis anxietatibus se immergunt,[52] sed beatus vir cuius est nomen domini spes eius, et non respexit ad vanitates et insanias falsas.[53]

10. Publice dicitur quod tenentes seu subditos vestros affligitis et, ut innocentes vestre pressure participes fiant, eos suis bonis temporalibus violentissime spoliatis. Quis queso vobis dedit civilis gladii potestatem? Si veritas verum dicit, qui potestate sua presumptuose gladium accipit, gladio peribit;[54] et credit ecclesia quod pena huius criminis consummabitur in inferno.

11. Nolite queso de dampnis vobis illatis esse solliciti. Ea enim qui dedit abstulit,[55] et accumulata vobis gratia restaurabit. Religiose conversioni manum dedistis, non licet vobis primam fidem irritam facere[56] ut mundo iterum serviatis;[57] nemo enim duobus dominis servire potest.[58] Scitis autem quod figura mundi preterit[59] et sapientia eius, que inimica est deo.[60] O quam detestabile est sapere mundana,[61] et per hec dei fieri inimicum.

12. Iusto sufficit deum pure diligere mundique divitias finaliter abhorrere; non sic impius,[62] non sic de quo scriptum est: 'Fecit divitias non cum iudicio; in medio dierum suorum relinquet eas et in novissimo suo insipiens erit.'[63] Ad eorum exemplar qui perfecti esse debuerant, corruptibilibus auro et argento[64] nobilia corda degenerant, et evenit quod scriptum est: '"Erubesce Sydon", ait mare.'[65] Navis autem magister, dum in hac seculi procella submergitur, periclitantis hominis formam gerit qui herbas et terram, viminaque et cetera omnia sive aliquem de suis connaufragis apprehendens, secum in periculum mortis trahit donec ipsi cum aliis in puteum interitus demergantur. Domine, 'non me demergat tempestas aque, neque absorbeat me profundum, neque urgeat super me puteus os suum.'[66] Proinde beati sunt qui contempnunt divitias, estimantes maiorem et securiorem substantiam[67] thesauris Egyptiorum improperium Christi.[68]

13. O pastor et idolum, derelinquens (aut potius dispergens et dissipans) gregem suum![69] Pastor est quia bene se pascit, ovesque suas ad aliena pascua pretextu magne indulgentie mittit; idolum vero est quia, cum sit mercenarius,[70] sola in eo apparentia est pastoris. Idolatra erat dum

---

89 credit: credat A   94–95 Scitis . . . preterit *bis* A   98 divitias: iustitias A

---

52 I Tim. 6. 9.   53 Ps. 39. 5.   54 Matt. 26. 52 and Glos. ad loc.   55 Iob 1. 21.   56 I Tim. 5. 12.   57 Cf. Gal. 4. 9.   58 Matt. 6. 24.   59 I Cor. 7. 31.   60 Rom. 8. 7.   61 Phil. 3. 19.   62 Ps. 1. 4.   63 Ierem. 17. 11.   64 I Petr. 1. 18.   65 Is. 23. 4.   66 Ps. 68. 16.   67 Hebr. 10. 34.   68 Hebr. 11. 26.   69 Zach. 11. 17 and Glos. ad loc.   70 *mercenarius*: cf. Ioh. 10. 12.

serviebat avaritie;[71] nunc idolum faciens a pastorali degenerat veritate.
Qui reliquerat mundum ut fieret pauper nunc abhorret sancte titulum 11
paupertatis; et qui de rapina bonorum suorum debuerat cum apostolo
gloriari,[72] de hoc ipso publice in populo querebatur. Porro si hodie pascua
vel nemora venalia vel mariscum pro mille libris pretium emptionis haberet
ad manum, utinam quilibet avarus sibi pretiosior esset omni pecunia, nec
in hac vita proiceret intima sua,[73] sed diligentius et cautius negotium sue 12
anime procuraret ac fame.

14. Bene valete, et si quid scripsi sequius quam deceret, processit tamen
de caritate intima, ideoque misericorditer indulgete.

50

Peter answers questions from an unknown correspondent about the separation of Christ from the Father and of his humanity from his divinity, and considers also the separation of the human body and soul in death.[1]
1200×11

1. Cum litteris tuis michi nuntium transmisisti,[2] querens instanter et
anxie quomodo intelligenda sunt verba illa dominice passionis: 'Pater ut
quid dereliquisti me?',[3] abhorrens filium dei a patre suo derelictum fuisse
cum pater numquam recesserit a filio nec filius a patre. Nonne dicit filius:
'Ego et pater unum sumus'?[4] Ideoque miraris quo sensu intelligenda sint
hec verba. Numquid is qui cum patre unum est potest esse a patre divisus?

2. Queris insuper, cum Christus assumpserit animam et carnem, utrum
anima vel caro postea separata sit a Christo? Nam sanctorum patrum
sententie videntur in hoc sibi invicem convenire, unde super verbum illud:

A 213[r]
1 *manet spatium sesquilineare pro titulo*

71 Cf. Col. 3. 5.   72 Cf. Hebr. 10. 34.   73 Ecclus. 10. 10.
1 For parallel discussions see Peter Lombard, *Sent.* 3. 19. 3; 3. 21. 1; Odo of Ourscamp,
Quaest. 2. 51, 200; Robert of Melun, *Sent.* i, p. 132, q. 178; Peter of Poitiers, *Sent.* 4. 19; also
Letters 71 and 74 below.   2 Peter's correspondent was a member of a religious community
(see § 8) possibly the treasurer of Saint-Martin, Tours (see Letter 48 above), who is addressed
in similar terms. The final paragraph must be misplaced from another letter, or refer to an
additional document.   3 Matt. 27. 46.   4 Ioh. 10. 30.

10   'Pater, in manus tuas commendo spiritum meum',[5] dicit auctoritas:
'Potestati tue commendo spiritum meum, cito eum recepturus.'[6] Sed si
eum recepturus erat, videtur ipsum deposuisse quandoque. Item legitur
quod 'emisit spiritum',[7] ergo spiritus tunc recessit a Christo. Item auctoritas: 'Carnem sub celo creatam deus eadem potestate deposuit et assumpsit
15   qua angelus speravit',[8] secundum hoc carnem deposuisse videtur a se. Item
Hilarius:[9] 'Clamat caro separatione divinitatis moritura', et sic fuit separata caro a divinitate.

3. Ex premissis sompniant quidam filium derelictum a patre et carnem a
divinitate, quod falsum est, et ideo sanum et providum exigunt intellectum.
20   Auctoritas enim maximi viri dicit quod Christus ex quo assumpsit hominem
non postea deposuit;[10] alia: 'Anathema sit qui dixerit[11] denuo Christum
hominem assumpsisse';[12] alia: 'Mirabiliter unita est divinitas humanitati,
non postea passura discidium';[13] alia: 'Semel assumpta a divinitate humanitas nec postea divortium passa est nec accepit libellum repudii.'[14] Manet
25   illud benedictum connubium, et quos coniunxit deus nulla postmodum
separavit[15] occasio. Item Hesychius super Leviticum 'Vestimenta non
scindet'[16] dicit: 'Ex quo verbum caro factum est totus in carne sua est
Christus, nec umquam ab ea crucifixa seu sepulta postea est separatus.'[17]
Deus ex quo assumpsit carnem et animam non separavit illas a divinitate,
30   sed unam ab altera.

4. Quod autem dicitur; 'Emisit spiritum',[18] sic intelligitur: emisit
spiritum a carne, non a divinitate. Illud vero quod dicitur: 'Clamat caro
separatione divinitatis moritura',[19] sic intelligi debet: videbatur hominibus
secundum communem opinionem quod Christus qui patiebatur purus
35   homo erat, et sic anima separabatur a corpore; nec solum a corpore sed a
deo. Derelinquebat enim deus hominem illum, quia non liberabat eum
sicut liberare poterat a passibilitate et morte. Sustinebat enim quod filius
suus, qui erat verus homo et verus deus, moreretur ut homo et se ut deus

---

23 assumpta: assumptam A   29–30 illas . . . unam: illa . . . unum A

---

5 Luc. 23. 46.   6 Cf. Aug. *Enarr.* in Ps. 140. 2.   7 Matt. 27. 50.   8 Quotation
untraced.   9 *Rectius* Ambr., *Expos. secundum Evang. Luc.* ad 23. 46; cf. Hilary,
Comment. in Matt. cap. 33. 6.   10 Cf. Hilary, *De Trinitate*, 8. 13.   11 dixerit: *rectius* non
confitetur, cf. Peter Lombard, *Sent.* 3. 21. 2(1).   12 Vigilius of Thapsus (Pseudo-
Athanasius), *De Trinitate*, 6.   13 Quotation untraced.   14 Quotation untraced; *libellum
repudii*: Deut. 24. 1.   15 Cf. Matt. 19. 6.   16 Lev. 21. 10.   17 Glos. ad loc.
(Hesychius, *Comment. in Lev.*).   18 Matt. 27. 50.   19 Ambr. *Expos. sec. Evang. Luc.*
ad 23. 46.

liberaret a morte. Hec hominis-dei passio in morte et resuscitatio eius a morte significatur in Levitico per duos hircos, quorum unus 'apopom- 40 peius', id est immolaticius, offerebatur pro peccato.[20] Alius mittebatur[21] in desertum, ubi XCIX oves dereliquerat bonus pastor;[22] sed ascendendo in celum ubi semper fuerat naturam nostram quam assumpserat potestativum et maiestativum in celesti gloria collocavit.

5. Quia vero aliquid de anime separatione a corpore tetigimus, scias 45 quod queritur frequenter in scholis utrum anima coniuncta corpori sit in singulis partibus corporis. Nam si est in quibusdam, quare non in aliis? Quod si est, aut simul aut successive ab illis partibus separatur, separatio autem anime a carne mors est. Numquid sunt tot mortes corporis quot sunt anime separationes a membris? Certum est quod anima, que simplex est, 50 successive a corpore separari non potest, nam compositum a simplici aut simplex a composito nisi in instante nullatenus separatur. De cetero, communis experientia docere videtur quod anima in instante a corpore separari non potest. Prius enim membra frigescunt extrema, et prius exteriora quam interiora, in morte vero circa nares remanent aliqua 55 deficientis vite vestigia. Quod si separatio anime a qualibet parte corporis esset mors, ergo tot essent hominis mortes quot sunt corporis partes.

6. Item, iste graviter infirmatur, et beneficio medicine aut nature moriens ab egritudine liberatur, et per XX annos victurus plenissime convalescit. Fuit autem in isto mors unde moriens; possumne dicere 60 mortem fuisse in isto, vel quomodo mors in isto fuit nisi habuerit plenum mortis effectum? Christus equidem moriebatur inter angustias crucis, et erat mors eius unde moriens; eo autem mortuo, mors erat eius unde mortuus. Quero autem que mors Christi magis profuerit nobis, unde moriens aut unde mortuus? Nam et moriens et mortuus nos a morte 65 redemit. Ipse autem dicit: 'Ero mors tua, O mors.'[23] Sed non destruxit

---

66 Sed non destruxit: Subdestruxit A

---

20 Lev. 16. 5–28.   21 unus 'apopompeius' . . . peccato. Alius mittebatur rectius: unus, id est immolaticius . . . peccato. Apopompeius mittebatur: Glos. ad Lev. 16. 5; cf. Letter 71. 5 below.   22 Luc. 15. 4 and Glos. ad loc.; Ioh. 10. 11.   23 Os. 13. 14.

temporalem mortem; omnes enim morimur, nec est 'qui vivat et non videat mortem.'[24] Si mortem destruxit eternam, ergo in predestinatis et prescitis, et vita predestinatis provisa est ab eterno.

70   7. Opponunt autem sic aliqui: Christus pro nobis mortuus nos liberavit a morte, ergo ab omni morte vel non ab omni. Si non destruxit omnem mortem, ergo mors eius insufficiens fuit; si destruxit omnem mortem, ergo suam propriam mortem, ergo salutis et glorie nostre causam. Dicat queso aliquis michi utrum mors unde moriens destruxit mortem unde mortuus vel

75   e converso? Sed neutra earum fuit quando altera erat, ergo una mors destruebat alteram que non erat. Sodes dic michi:[25] nonne Christus morte sua privatus est vita sua, et sic propria morte destruxit propriam vitam? Legitur tamen quod gloriam resurrectionis per meritum sue obtinuit passionis.[26] Quomodo igitur morte suam vitam reparavit? Nam sicut multi

80   asserunt, mors Christi vitam eius et mortem vita ipsius absorbuit.[27]

      8. Hec de pedibus[28] sedentis in throno,[29] de vultibus cherubin mutuo respicientium in propitiatorium,[30] et de fossa quam se in altari vidisse testatur Ezechiel,[31] tibi et carissimis dominis meis fratribus tuis mitto; atque in spiritu humilitatis, ob salutem anime mee vestre suffragia

85   congregationis imploro.

---

68 et: ut A   73 Dicat: Dico A   75 earum: eorum A

---

24 Ps. 88. 49.   25 Cf. Plautus, *Bacchides*, 837; *Trinummus*, 562; Terence, *Andria*, 85.   26 Cf. Phil. 2. 8–9 and Glos. ad loc.   27 Cf. I Cor. 15. 54 and Glos. ad loc.   28 Cf. Apoc. 1. 15 and Glos. ad loc.   29 Apoc. 4. 10.   30 Ex. 25. 18–20.   31 Ezech. 43. 13.

51

In a display of linguistic and theological virtuosity, Peter attacks the flattery of address in the plural. 1200×11

IN HAC EPISTOLA RESPONDETUR CUIDAM MAGNATI ARGUENTI PETRUM QUIA SCRIPSERAT IN SINGULARI NUMERO[1]

1. Viro illustri T. magnificis dignitatibus multipliciter honorato,[2] Petrus Blesensis Londoniensis archidiaconus salutem in vero salutari.   5

2. A quibusdam relatum est michi vos moleste ferre et graviter indignari quia in quadam epistola mea non pluraliter sed singulariter vobis scripsi, et quod privata persona nulli magno viro scribere aut dicere debet: 'Tu queso fac hoc', 'Tui honoris interest', 'Tibi expedit', 'Te humiliter moneo', 'A te[3] misericordiam devotus imploro.' In hiis et consimilibus me presumptionis   10 arguunt, asserentes magnam esse iniuriam prelatorum sic eos tuare quos vostrare[4] deceret, ita quod eis pluraliter scriberemus et loqueremur, inferioribus autem vel nostris equalibus singulari numero uteremur. Sane si novissem quod magnatis promotio de homine uno faceret duos aut unum caput multiplicaret in capita ita ut Hydra fieret, vel in pluralitate manuum   15

A 213ᵛ

---

1 For the change to the plural form of address for both bishops and magnates in the late twelfth century see C. R. Cheney, *English Bishops' Chanceries* (Manchester, 1950), pp. 58–9. See also Innocent III, writing in 1200 (Potthast, no. 1184; *Extra*, 5. 20. 6). In his *Libellus de Arte Dictandi* (Cambridge MS Dd. ix. 38, f. 118ᵛ) Peter accepts this conventional usage, but he makes pointed use of the singular in *Epp.* XV and XLII and uses it very freely in letters of rebuke or admonition. Here, as in many other letters, after beginning in the plural he slips into the singular part way through (§8).

Part of Peter's argument about the Trinity in the Old Testament is derived from the *Dialogi Petri Alphonsi ex Iudeo Christiani* (*PL* clvii, 535–672), but the abundance of quotations from the Vetus Latina suggests that Peter had an additional source, which he had also used for his *Contra Perfidiam Iudeorum* (*PL* ccvii. 825–70), especially chs. 2–5. See also his *Sermo* 26.   2 Probably T. held some of his appointments in collegiate churches, since I cannot find any T. who was simultaneously treasurer, provost, and dean in the cathedrals of England and France.   3 Note the declension of the pronoun.   4 'Tuare' is cited by R. E. Latham from *c*. 1440 and 'vosare' from *c*. 1483, *Revised Mediaeval Latin Word List* (London, 1965); Du Cange does not list *tuare* but mentions it under *vosare*, *Glossarium Mediae et Infimae Latinitatis* (Niort and London, 1882–7); *vostrare* appears in neither. Du Cange gives *tuisare* and *vosare* as the sources of the forms used in later mediaeval French, also, from the fifteenth century, *vobisare*.

similis Briareo, libenter scriberem loquererque gratanter uni tamquam pluribus. Sed hec loquendi sartago[5] sive abusio in sacra scriptura et a sanctis patribus reprobatur.[6]

3. Tamen poeta dicit 'Omnia Cesar erat',[7] quia omnium magnatum dignitatibus occupatis erat imperator, rex, princeps, summusque dictator. Ideoque vocabatur 'dunus', id est 'dominans unus'. Hinc etiam quedam castra causam sui nominis acceperunt, ut Castridunum[8] 'castrum duni', Lugdunum 'locus duni', Laudunum 'ludus duni', et multa huiusmodi. Quia igitur propter administrationem omnium dignitatum quas usurpaverat sibi, sicut diximus, ita scriptum est 'Omnia Cesar erat', ex tunc inolevit consuetudo ut in numero plurali scriberent homines et loquerentur pluraliter, mentiendo magnatibus vel potius adulando, unde Lucanus:

nomina per que
Mentimur dominis ea primum repperit etas.[9]

Ita etiam hii qui olim dicebantur reges Persarum nunc vocantur 'soldani',[10] id est 'soli domini'. Ratio autem dictare videtur quod ei qui censetur nomine 'soldani' deberent homines scribere singulariter, tamquam soli, vere quilibet talium solus erat. Sed ve soli; unusquisque illorum cecidit, nec obsequium sublevantis[11] invenit.

4. Porro rex regum et dominans dominantium[12] cum sit unus non est solus, cum sit trinus non est triplex, cumque sit in pluribus personis non tamen vult pluraliter sed singulariter[13] invocari. Unde est, Moyse attestante, qui dicit: 'Audi Israel, dominus deus tuus unus est.'[14] Ipse etiam dominus dicit: 'Ego dominus deus solus extendi celum et firmavi terram.'[15] Moyses in Deuteronomio: 'Scito hodie et cogita in corde tuo quod dominus ipse est deus in celo sursum et in terra deorsum, et non est alius.'[16]

5. Deus autem in sacra scriptura loquitur quasi in duabus personis et quandoque in tribus, ut in Ieremia pater loquens de filio dicit: 'Si stetissent

---

23 Lugdunum: Lugdunus A   23 Laudunum: Lugdunum A

---

5 Pers. *Sat.* 1. 80.   6 *reprobatur*: i.e. *'non usurpatur'*, cf. *Ep.* XV (58B).   7 Lucan, *De Bello Civili*, 3. 108.   8 *Castridunum*: Châteaudun; *Lugdunum* (occasionally Lugdunus): Lyon; *Laudunum* (originally also Lugdunum): Laon. 'Dunum' is from the Celtic word for hill.   9 Lucan, op. cit. 5. 385–6.   10 Found written 'solidompni' about 1200 (Latham, op. cit.).   11 Eccles. 4. 10 and Glos. ad loc.   12 I Tim. 6. 15.   13 *pluraliter . . . singulariter* etc.: cf. Peter Lombard, *Sent.* 1. 2. 4.   14 Deut. 6. 4 Vet. Lat., cit. Ambr. *Enarr.* in Ps. 1. 2. 23.   15 Is. 44. 24 Vet. Lat., cit. Ambr. *De Fide*, 5. 2. 30.   16 Deut. 4. 39.

in substantia mea et audissent verbum meum, avertissem eos a studiis suis
pessimis.'[17] Et filius in libro Sapientie: 'Dominus possedit me in initio   45
viarum suarum.[18] Quando preparabat celos, aderam, quando appendebat
fundamenta terre, cum eo eram, cuncta componens.'[19] Item filius: 'Dixit
dominus ad me: "Filius meus es tu; ego hodie genui te."'[20]

6. De spiritu sancto dicit Isaias: 'Descendit spiritus de eo et eduxit eos,
tibi facere nomen glorie.'[21] Et David: 'Irritaverunt spiritum domini.'[22] In   50
Zacharia: 'Sermones meos, legitima mea percipite, que ego mandavi in
spiritu meo servis meis prophetis.'[23]

7. Quandoque dixit dominus: 'Faciamus hominem ad similitudinem
nostram',[24] pluralitatem indicans personarum; quandoque legitur de illo
'dixit', 'fecit', 'benedixit',[25] ut unitas substantie designetur.[26] In Genesi   55
autem Abraham tres vidit et unum adoravit.[27] In Aggeo tota trinitas
exprimitur ubi dominus dicit: 'Ego sum vobiscum, et spiritus meus et
verbum meum.'[28] Item in psalmo de domino: 'Emittet verbum suum et
liquefaciet ea, flabit spiritus eius et fluent aque.'[29] Et illud: 'Verbo domini
celi firmati sunt, et spiritu oris eius omnis virtus eorum.'[30]   60

8. Cum igitur tres persone in deo sint et cum tamen velit singulariter et
non pluraliter invocari, arreptitie temeritatis est desiderare quod homo
singularis plurali numero in scriptis honoretur aut dictis, et dicatur:
'Obsecro vos', 'Supplico vobis', 'Imploro misericordiam vestram.' Nonne
orantes dicimus 'Miserere mei, deus',[31] et illud: 'Tu, domine, salvabis   65
nos',[32] atque illud: 'Et tu, domine, miserator et misericors',[33] et cetera
huiusmodi? Numquid debes erubescere aut contemptibiliter fastidire singula verba que gratanter admittit deus, cum sit beata trinitas, cum sit
omnia in omnibus[34] ac sua potestate impleat universa?

9. Verumptamen deus,[35] volens revelare homini unitatem substantie in   70
tribus personis et in una substantia trinitatem, permisit quod in Hebreo

---

65 domine *bis* A

17 Ierem. 23. 22 Vet. Lat., cit. Vigilius of Thapsus (Pseudo-Athanasius), *De Trinitate*,
5.   18 Prov. 8. 22.   19 Prov. 8. 29–30.   20 Ps. 2. 7.   21 Is. 63. 14, Vet. Lat., cit.
Vigilius of Thapsus, *De Trinitate*, 2.   22 Is. 63. 10, Vet. Lat., cit. Vigilius of Thapsus, loc.
cit.; cf. Ps. 105. 32.   23 Zach. 1. 6, Vet. Lat., cit. Vigilius of Thapsus, *De Trinitate*,
12.   24 Gen. 1. 26.   25 Cf. Gen. 1. 26–8, Vet. Lat., cit. Aug. *De Genesi ad Literam*, 3.
1. 1.   26 Cf. Glos. ad Gen. 1. 27–8 (Aug. op. cit. 3. 19. 29; Bede, *Hexaemeron*, 1, ad Gen
1. 26).   27 Glos. ad Gen. 18. 2.   28 Ag. 2. 5–6 and Glos. ad loc.   29 Ps. 147. 18 and
Glos. ad loc.   30 Ps. 32. 6 and Glos. ad loc.   31 Ps. 50. 3.   32 Quotation untraced; cf.
Ps. 35. 7.   33 Ps. 85. 15.   34 I Cor. 15. 28.   35 *deus* etc.: Peter Alfonsi, *Dialogi*, 6.

quandoque vocaretur 'El' singulariter, id est 'deus', quandoque 'Eloym',
quod plurale est;[36] interdum vero 'Adon', quod singulariter sonat 'dominus', sepe etiam 'Adonai', quod interpretatur 'domini', ut in hiis et
75   consimilibus et substantie unitas in deo et personarum trinitas designetur.[37] Habes in Genesi ubi dicitur: 'Locutus est dominus ad Iacob:
"Surge et ascende in Bethel, et fac altare deo qui apparuit tibi quando
fugiebas a facie fratris tui."'[38] Hic et nomen dei et actus dei profertur
singulariter in Hebreo, ponitur enim ibi 'El', id est 'deo', et 'nigla' quod est
80   'apparuit'. Cum autem legitur: 'Convertit et edificavit ibi altare deo qui
apparuit ei',[39] pluraliter ibi profertur 'deo' et 'apparuit', id est 'Eloym' et
'niglu'. Item in libro Samuelis dicit David laudans deum: 'Que est qutem ut
populus tuus gens in terra, propter quam ivit deus ut redimeret eam sibi in
populum?'[40] Hic 'deus' et 'ivit' pluraliter in Hebreo dicuntur 'Eloym' et
85   'alcu', que si singularia essent poneretur ibi 'El' et 'alca'.

10. Hebreis igitur licuit de deo nunc singulariter nunc pluraliter loqui, ut
ex ipsa natura idiomatis Hebraici posset ab eis unitas essentie in deo et
personarum pluralitas apprehendi.[41] Verumptamen peccatis eorum
exigentibus non poterant intelligere quod legebant[42]donec venit agnus qui
90   signa libri aperuit,[43] Christus qui trinitatis gloriam apostolis revelavit
dicens: 'Ite baptizate omnes gentes in nomine[44] patris et filii et spiritus
sancti, Amen.'[45]

11. Preterea illud nomen dei[46] quod in secretis secretorum apud Hebreos
ineffabile est et 'tetragramaton' dicitur, licet sit quatuor figurarum, trium
95   tamen tantummodo est elementorum: 'io he vath he', 'he' namque bis
ponitur. Si ergo diligenter hoc nomen inspicias, trinum est in Hebreo et
unum. Nam si tantum primam et secundam litteram coniunxeris, scilicet
'io' et 'he', unum dei nomen in Hebreo efficitur. Si vero secundam et
tertiam simul posueris, id est 'he' et 'vath', habes alterum dei nomen. Si
100   autem copulaveris tertiam litteram atque quartam, id est 'vath' et 'he',
habebis tertium. Rursus si omnes simul in ordine connexueris, tantum
invenies nomen unum.[47]

86–87 ut ex: u ex A   100 copulaveris: depulaveris A   101 ordine: omnem A   101
connexueris: connexeris A

36 Cf. Peter Lombard, *Sent.* 1. 2. 4.   37 Cf. Robert of Melun, *Sent.* i, p. 301, q. 9.   38
Gen. 35. 1, Vet. Lat., cit. Aug. *Quaest. in Heptateuchum*, 1. 110.   39 Gen. 35. 7.   40 II
Reg. 7. 23.   41 Cf. Peter Lombard, loc. cit.   42 II Cor. 3. 14–16; cf. Act. 8. 30.   43
Apoc. 5. 1–8 and Glos. ad loc.   44 *in nomine*: cf. Peter Lombard, *Sent.* 1. 2. 5.   45
Matt. 28. 19.   46 Cf. Ex. 3. 14.   47 Peter Alfonsi, loc. cit.; cf. Innoc. III, *Ep. ad
Iohannem quondam Lugdunensem archiepiscopum* (Potthast, no. 2067; *PL* ccxv. 213–20).

12. Denique, catholici doctores in hoc nomine repererunt quiddam ineffabile divine revelationis arcanum. Cum enim 'io' littera certa ratione patri convenire dicatur, 'he' vero littera filio, 'vath' littera spiritui sancto, littera que filio competit bis ponitur.[48] Nec enim pater bis fuit pater, nec spiritus sanctus bis fuit spiritus sanctus; illa vero persona que fuerat dei filius ab eterno, ex tempore virginis filius cepit esse, non ut ex hac filiatione 'filius' simpliciter censeatur, sed 'filius matris virginis'. 'Persona' enim nomen iuris est nomenque privilegiatum,[49] ut in eo quod est a patre genitus sit una in trinitate persona, non ex eo quod in virtute altissimi[50] et operatione spiritus sancti ad salutem totius humani generis natus est ex Maria.

13. Ad huius rei confirmationem plurimum cooperatur quod dominus in Deuteronomio, instruens Moysen qualiter populo benedicat, dicit, cum in omni benedictione debeat illud nomen tetragramaton invocare,[51] nominando ipsum palmas suas ante faciem suam tenens debet utriusque manus pollicem et indicem atque medium erigere, submissis medico et auriculari; expressoque illo nomine ineffabili decet palmas ad suam integritatem statumque reduci. Nonne illa digitorum erectio signum crucis insinuat?[52] Nonne omnis benedictio vel consecratio sacramentorum ecclesie seu summorum pontificum vel imperatorum aut regum ab hac antiqua benedictione suum videtur mutuasse initium?

14. Credo autem quod ea occasione petitis pluraliter vobis scribi quia inter eos qui 'nomina sua vocaverunt in terris suis'[53] habetis nomen trium personatuum,[54] in quibus estis thesaurarius, prepositus et decanus, et quasi quarta figura est quod usurpatis vobis in duabus ecclesiis decanatum.

15. Ceterum quia quidam principes aliique magnates hodie in suis litteris pluraliter scribunt et tamen in singulari loquuntur ad homines, possum ex sententia dicere quod hoc ex vitio palponum et adulantium fraudulentia, nichilominus ex magnatum presumptuosa ambitione, procedit; quod si religiosi per pluralem numerum sibi invicem vel aliis colloquantur, verbis eorum modestia et humilitas formam prebent. Nullus enim habet aliquod proprium et sunt eis cuncta communia;[55] voluntas enim obedientie alligata est, et ideo tam in operibus quam in verbis eorum bonum mutue inter eos communionis apparet.

107 dei: de A

---

48 Cf. Innoc. III, loc. cit.   49 Cf. Cassiodorus, *Varia*, 6. 8.   50 Luc. 1. 35.   51 Num. 6. 23–7; cf. Deut. 21. 5.   52 *Ad . . . insinuat*: cf. Peter Alfonsi, loc. cit. (ad Num. 6. 23–6).   53 Ps. 48. 12.   54 Cf. Grat. *Decretum*, D. 89. c. 1.   55 Cf. Act. 4. 32.

52

Peter discusses gentile auguries of the births of Mary and Jesus. 1200×11

TRACTATUS BREVIS DE NATIVITATE BEATE VIRGINIS MARIE

1. Dilecto fratri et amico in Christo carissimo G. precentori Cirencestrie,[1] Petrus Blesensis Londoniensis archidiaconus salutem in vero salutari.

5   2. Conqueror amicitiam inter nos mutuam ex parte vestra graviter claudicare. Venistis enim cum abbate vestro[2] Londonium ibique moram diutinam facientes, cum ego iacerem in lectulo meo angustiis artetice passionis afflictus, vos nec visitastis infirmum nec saltem per aliquem garcionem vestrum michi revelastis adventum. Sed si dominus me versus
10   partes vestras destinaverit ire, inurbanitatem aut potius occupationem[3] vel negligentiam vestram equa puniam talione. Ibo enim, dante domino, nullumque de congregatione vestra visitans absque salutatione transibo.

3. Nunc autem instanter et obnixe ac velut importune rogatis ut reducam ad sinum memorie vestre verba quedam de beata virgine Maria, que me de
15   ipsa dixisse proponitis et a vestra memoria excidisse. Ego vero quasi per nebulam et somnium recolo me in quodam sermonis excursu[4] tetigisse de mensura ephi,[5] quod in libro Numeri legitur, et de gloria sacratissime virginis que in signo et constellatione virginis legitur sedere super solium stratum duasque tenere spicas et lactare puerum, castumque sponsum
20   virgini matri et filio virginis officiose et ministerialiter assidere.

A 214[r]
18 legitur: *suppl.*   20 virgini matri: virginis mater A

---

1 The only precentors recorded from this period are Robert, *c.* 1183–7, and Nicholas de Donet, occ. 1200×5 (*Cirencester Cartulary*, ed. C. D. Ross and M. Devine (3 vols., London, 1964–77); i. 228, 296, ii. 667). The precentor was one of the officers appointed to advise the abbot under the new rules drawn up as a result of Hubert Walter's visitation in 1205; the concluding paragraph may refer to these.   2 Richard, 1187–1213; see Letter 45 above.   3 *occupationem*: i.e. 'state of being busy', or else *praeteritio*, a rhetorical figure. See e.g. Geoffrey de Vinsauf, *Documentum de Modo et Arte Dictandi et Versificandi*, 2. 3. 167 (*Les Arts poétiques du 12ᵉ et 13ᵉ siècle*, ed. E. Faral (Bibliothèque de l'École des Hautes Études, 238; Paris, 1923), p. 317).   4 Cf. Peter *Sermo* 38, 'In nativitate beate Marie' (*PL* ccvii. 672–7).   5 Num. 15. 4; Lev. 6. 20 and Glos. ad loc.

4. Porro hec in primitiis adolescentie mee, non studendo sed legendo et excurrendo, precepto magistri Simonis Podiensis avunculi mei[6] in libro Albumasor[7] memoro me cursim et quasi in transitu quandoque legisse. Sane frequenter audivi a prefato magistro Simone avunculo meo, qui in studio Toletano magnam gloriam fuerat assecutus, quod trecentis annis ante ortum beate Marie virginis Ptolomeus[8] rex Egypti scripsit in libro Albumasar quedam verba de beata virgine et filio eius ac de nutricio pueri aliquantulum subobscura, que in Alcorano suo numquam obscuritatis interpres et ambiguitatis expositor plenius et fidelius explanavit.

5. Verba obscura hec sunt: 'Virgo est duum corporum, suntque ei tres species, et ascendit in primam faciem illius puella quam vocamus Elchius Chorasta, et est virgo pulchra atque honesta et munda, prolixis capillis et pulchra facie, habens in manu sua duas spicas; et ipsa sedet super sedem stratam et nutrit puerum dans ei ad comedendum ius in loco qui vocatur Abrie, et vocant ipsum puerum quedam gentium Iesum, cuius interpretatio arabice est Eicob. Et ascendit cum ea vir sedens supra ipsam sedem, et ascendit cum ea stella virginis que est posterior serpentis et sic et caput corvi ac caput leonis.'[9]

25

30

35

---

23 cursim: cresim A   31–32 Elchius Chorasta: echius doresta A   36 Eicob: eice h A

---

6 Master Simon of Le Puy was perhaps related to Peter, archdeacon and then bishop of Périgueux (1169–82), another relative of Peter's in south-west France (see *Ep.* XXXIV).   7 Abu Ma'shar (d. AD 886) wrote his *Introductorium Maius in Astronomiam* in Baghdad in AD 848; see R. Lemay, *Abu Ma'shar and the Latin Aristotelianism of the Twelfth Century* (Beirut, 1962). The printed translation (Augsburg, 1489; Venice, 1506) is by Hermann of Carinthia (*c.* 1140), but Peter reproduces almost word for word the earlier and more literal version by John of Seville (*c.* 1133), from which the section 'ascendit . . . virginis' is printed in *Die Wundergeschichten des Caesarius von Heisterbach*, ed. A. Hilka (3 vols., Bonn, 1933–7), i. 71. This 'prophecy' was cited by several twelfth- and thirteenth-century writers (ibid., pp. 70–3; Lemay, *Abu Ma'shar*, pp. 70–3); see also Peter, *Contra Perfidiam Iudeorum*, 12 (*PL* ccvii. 841 C). A copy of 'Albumazoris Astrologia', bound together with 'Aristotelis Philosophia', was recorded among the St Paul's manuscripts in the seventeenth century (Oxford, Bodley, Rawlinson MS D. 888, f. 3v).   8 Claudius Ptolemaeus of Alexandria (evidently conflated with the Kings Ptolemy of Egypt familiar from the books of Maccabees). The statements attributed to him by Peter are not found in his *Tetrabiblos*, ed. with an English translation by F. E. Robbins (Loeb Classical Library: London and Cambridge, Mass., 1940), or in his *Almagest*, ed. J. L. Heiberg, *Claudii Ptolemaei opera quae exstant omnia*, i. *Syntaxis Mathematica* (2 vols., Teubner, Leipzig, 1898, 1903); English translation by G. J. Toomer, *Ptolemy's Almagest* (London, 1984).   9 Albumasar, *Introductorium in Astronomiam*, 6. 2; (*gentium*: rectius *gens; corvi*: rectius *cervi*).

6. Explanationis autem verba, et que liberiorem faciunt intellectum, ista
40 sunt. Nascitur primo virginis decano mater et virgo puerumque lactat,
assidet eidem solio vir eam non attingens. Virgo est quoddam signum sive
constellatio in celo; unumquodque autem signum habet XXX gradus et ita
ibi sunt tres decani, id est tres decades. In prima decade, id est in septembri
quando sol est in signo virginis, nata est beata virgo, unde et nativitatem
45 eius colimus in septembri[10] quando sol est in signo virginis. In libro vero
Ptolomei regis simul notantur virginitas beate Marie et innocens infantia
Christi et castitas Ioseph, qui erat sponsus Marie et nutricius infantis, qui
bene dicitur eidem solio assidere quia in signo virginis natus, et ut assideret
matri et infanti sponsus virginis et nutricius infantis est a deo electus.

50 7. Benedictus autem sit deus, qui non solum per iudeos sed etiam per
paganos docere nos voluit; qui non solum pro salute iudeorum sed pro
salute omnium gentium venit. Sibylla virgo et gentilis erat; ipsa de filio
beate virginis dicit:

De celo Rex adveniet per secla futurus,
5   Scilicet in carnem.[11]

Et Virgilius ethnicus scribit:

Ultima Cumaei venit iam carminis etas . . .
Iam nova progenies celo dimittitur alto.[12]

8. Inter philosophos gentiles egregius erat Lepidus Plautus,[13] qui in
) cronicis suis scribit quod regnante Augusto, cuius tempore natus est
Christus, fons olei de terra egrediens Rome tota nocte et tota die profluxit
in Tiberim,[14] significans quod Roma consecraretur baptismo Christi, et
fieret magistra fidei que fuerat discipula superstitionis et infidelitatis. Ipse
in eodem libro scribit quod in eadem nocte qua effluxit oleum, et in eadem

10 8 September.   11 From an acrostic on the name of Jesus (*Sibyllinische Weissagungen*,
ed. A. Kurfess (Berlin, 1951), 8. 218–19; cit. Aug. *De Civ. Dei*, 18. 23; Peter *Contra
Perfidiam* (870A).   12 Virgil, *Eclogae*, 4. 4. 7, cit. Aug. *De Civ. Dei*, 10. 27.   13 An
Epitome of History by one Lepidus, otherwise unknown, is quoted by the sixth-century
grammarian Stephanus of Byzantium in his *Ethnica* (ed. A. Meineke, (Berlin, 1849), pp. 578,
610). Or the name may be a misreading of 'a Pompeio et Lepido' in Orosius, *Historiae*, 6. 20,
see below.   14 Eusebius, *Chronicon*, lib. 2 (s.a. 43 BC); cf. Orosius, *Historiae*, 6. 20.

civitate, corruit Diane templum,[15] in cuius superliminari scriptum erat   65
quod templum illud numquam caderet donec virgo pareret,[16] unde et
partus virginis videtur idolatriam destruxisse.

9. Preterea, tribus paganis regibus apparuit stella dominice nativitatis
indicativa.[17] Balaam quoque gentilis ariolus de sancta virgine et filio eius
predixerat: 'Orietur stella ex Iacob, et homo de Israel qui subvertet regna   70
Moab',[18] et subiungit: 'O quam beati qui visuri sunt eum.'[19]

10. In Numeri etiam legitur de duabus decimis:[20] prima decima de massa
omnium frugum collecta solvebatur sacerdotibus et levitis, de decimis
autem sacerdotum et levitarum eligebatur quedam decima que vocabatur
ephi.[21] Illam autem offerebat summus sacerdos in sacrificium deo. Prima   75
decima est caro virginis, quam deus elegit et preelegit de massa universitatis humane et exuberantissime implevit eam spiritu sanctificationis sue,
ut esset sancta sanctarum[22] que paritura erat sanctum sanctorum.[23] Sicut
autem de carne Ade creata est Eva,[24] sic et eadem peccante deus de
sacratissima carne virginis creavit infantulum, creandoque sanctificavit et   80
sanctificando assumpsit in unitatem eiusdem persone, ut una persona
essent deus et homo, simul in unum dives et pauper.[25]

11. Prima decima pertinebat ad sacerdotes et levitas; caro enim Marie ab
eis traxit originem.[26] Caro autem Christi quasi decima decime de sanctissima carne virginis sumpta est; hec autem caro non solum sanctificata erat   85
sed sanctificatio nostra.[27] Hanc enim Christus assistens pontifex futurorum
bonorum[28] in ara crucis[29] optulit deo patri pro salute humana in sacrificium
vespertinum.[30]

---

73 solvebatur: de *add.* A   79 Eva: et *add.* A

---

15 Cf. 'templum eternum' ('Anonymi cuiuspiam Sermo 61, olim Petro Damiano attributus'
PL cxliv. 848); 'templum pacis' (Petrus Comestor, *Historia Scholastica*, 'Historia Evangelica',
V). The principal temple of Diana, on the Aventine, was rebuilt during the reign of Augustus
(S. B. Platner and T. Ashby, *A Topographical Dictionary of Ancient Rome* (Oxford, 1929),
pp. 149–50). For the destruction of the temple of Diana at Ephesus on the night of
Alexander's birth, see Cicero, *De Divinatione*, 1. 47.   16 Cf. Peter *Instructio Fidei ad
Soldanum Iconii*, *PL* ccvii. 1074A.   17 Matt. 2. 1–2.   18 Cf. Num. 24. 9, 17 and Glos. ad
loc.   19 Cf. Num. 24. 9; Ecclus. 48. 11.   20 Num. 18. 26–32.   21 Cf. Lev. 6. 20 and
Glos. ad loc.   22 *sancta sanctarum*: cf. Lev. 6. 17 (*sanctum sanctorum*).   23 *sanctum
sanctorum*: Dan. 9. 24 (*sanctus sanctorum*).   24 Gen. 2. 21–3.   25 Ps. 48. 3.   26 Cf.
Luc. 1. 5, 36 and Glos. ad locc.   27 I Cor. 1. 30.   28 Hebr. 9. 11.   29 'Ad cenam agni
providi', l. 6 (A. S. Walpole, *Early Latin Hymns* (Cambridge, 1922), no. 109).   30 Cf. Ex.
12. 6, Ps. 140. 2 and Glos. ad locc.

12. Credo autem hanc virginem esse mulierem illam de qua Ioannes in
90 Apocalypsi scribit: 'Signum magnum apparuit in celo, mulier amicta
sole.'[31] Vere amicta erat lumine sicut vestimento[32] cui sol iustitie[33] obum-
bravit,[34] cui lux eterna infulsit; dum ille qui erat splendor et figura
substantie dei patris,[35] panis angelorum et manna celeste,[36] in corpore
virginis quasi sub cinere mortalitatis nostre sue gloriam maiestatis
95 abscondit. Ideo ipse dicitur panis subcinericius[37] qui subvertit castra
Madian. Reversatus tamen est idem panis subcinericius,[38] quando
resurgens a morte omnem cinerem humane corruptionis excussit.

13. Bene valete et salutate dominum abbatem atque universos et
singulos fratres nostros. Ego autem rogo eos humiliter ac devote ut
100 orationibus suis et in vita michi subveniant et in morte. Christus vero, qui
est pax illa que exsuperat omnem sensum, corda[39] et conscientias vestras in
illa pace et unanimitate custodiat ut schismata non sint in vobis, sed
unusquisque fratri suo unitatem spiritus in vinculo pacis[40] et vere caritatis
exhibeat.

53

Peter considers theoretical and practical problems connected with oaths.[1]
Probably 1200×8

DE DIVERSITATE VOTORUM PROMISSIONUM ET IURAMEN-
TORUM

1. Viro venerabili et amico in Christo carissimo Magistro Honorio

99 ut: et A
A 214ᵛ
3 Magistro Honorio: M. A

31 Apoc. 12. 1.   32 Ps. 103. 2.   33 Mal. 4. 2.   34 Luc. 1. 35.   35 Hebr. 1.
3.   36 Ps. 77. 24–5.   37 Idc. 7. 13 and Glos. ad loc.   38 Cf. Os. 7. 8.   39 Phil. 4.
7.   40 Eph. 4. 3.
1 Most of the following problems are discussed by Peter Lombard, *Sent.* 3. 39. 1–9; Simon
of Tournai, *Disp.* 13. 2; 42. 1; 101. 1; Peter of Poitiers, *Sent.* 4. 6; Stephen Langton, *Quaest.*
236ʳ⁻ᵛ.

archidiacono Divitis Montis,[2] Petrus Blesensis Londoniensis archidiaconus
salutem, et si quid dulcius aut desiderabilius est salute.   5

2. Proponis michi casum qui tibi videtur ita inextricabilis et perplexus ut
de ipsius solutione sis omnino, sicut asseris, desperatus. Inter alios
parrochianos sunt Petrus et Willelmus, sunt boni et divites viri. Petrus
vovet cum iuramento quod edificabit ibi ecclesiam novam si Willelmus non
edificaverit eam. Similiter Willelmus iurat et vovet se ibi edificaturum 10
ecclesiam si Petrus hoc non fecerit. Uterque habet facultatem edificandi
ecclesiam et neuter edificat; uterque tamen habet edificandi propositum.
Nonne uterque tenetur edificare et non edificat? Ergo videtur quod
uterque reus sit voti. Quomodo est reus voti qui vovit sub conditione se
edificare, scilicet si reliquus non edificaret, et uterque habet propositum 15
edificandi nec simpliciter vovit se edificaturum? Quomodo ergo transgressor est voti? Numquid ambo tenentur simul edificare unam ecclesiam,
vel uterque unam?

3. Dici potest quod iste tenetur edificare si ille non edificat, ut iste
terminus 'tenetur' determinet hoc totum 'edificare si ille non edificat'. Si 20
autem determinat hunc terminum 'edificare' falsum est, sicut in hac
propositione 'si iste currit necesse est istum moveri', si iste terminus
'necesse' determinet necessitatem consequendi, non consequentis.

4. Item, moritur unus istorum, reliquus edificat. Est iste mortuus
transgressor voti, vel est in potestate edificantis ut mortuus sit vel non sit 25
transgressor voti?

5. Item, iste vovet aut iurat quod dabit tibi centum, tamen non est
transgressor voti donec habeat propositum non solvendi promissum. Item,
iste vovet aut iurat quod dabit sacerdoti hunc equum, vel centum pro equo
reddere promittit. Sed equus moritur, et queritur ad quid principalis 30
debitor teneatur? Nam videtur quod sit absolutus a voto, equum enim qui
mortuus est non potest reddere nec aliquis tenetur ad impossibile. Abso-
luto autem principali debitore secundarius debitor, scilicet fideiussor,

---

13 edificat: edificant A   24 reliquus: Reliquus add. A   25 ut: vel A   28 habeat
suppl.   30 Sed: se A   30 ad suppl.

---

2 Presumably this was the celebrated Master Honorius, appointed archdeacon of Richmond, Yorks. in 1198, and finally confirmed in office by the pope in 1202 after a long conflict
with Archbishop Geoffrey. After his alienation from Geoffrey, Honorius joined Hubert
Walter's familia. For his career and work in canon law see Kuttner–Rathbone, pp. 304–16,
also Benno Grimm, Die Ehelehre des Magister Honorius, Studia Gratiana, xxiv (Rome, 1989).
The last record of Honorius is his imprisonment in 1208; his successor, Richard de Marisco, is
first mentioned in 1213.

multo fortius absolutus esse videtur, quod multi non credunt. Nam
35   fideiussor promisit quod illum equum daret aut centum, et adhuc potest
dare quod promisit, ergo fortius tenetur ad hoc quam debitor principalis.
Sed lex dicit quod fideiussor tenetur ad solvendum equale vel minus, sed
numquam tenetur ad maius.[3] Ratio autem dictat quod fideiussor solvere
tenetur aut equum aut centum, non ut fideiussor sed quia obligatione
40   fideiussionis factus est debitor principalis.

6. Item iste iurat licitum, et quod licite potest fieri et sine omni peccato,
nec tamen hoc adimplere tenetur, ut si aliquis tibi iurat quod ibit tecum
apud sanctum Iacobum nec tamen tenetur ire tecum si tu illuc non eas.

7. Item, hic illicitum iurat et illicite, nec tamen tenetur ire contra
45   iuramentum licet scriptum sit 'in turpi voto muta decretum'.[4] Instantia: iste
iurat se facturum veniale si tamen aliquis iuraverit se facturum mortale.
Numquid tenetur peierare?

8. Item, esse periurium est inevitabile. Verbi causa: iste est periurus vel
non. Si est periurus et iurat se esse periurum, ergo in hoc non est periurus;
50   si non est periurus et iurat se esse periurum, ergo est periurus.[5]

9. Item, iste iuravit se fornicari vel ire ad ecclesiam, sed tenetur non
fornicari, ergo tenetur ire ad ecclesiam. Sed quare ad hoc teneretur quia
hoc non iuravit?

10. Item, iste iurat quod accipiet hanc in uxorem, sed ipsa fornicatur
55   ante matrimonium. Nonne iste iuravit licitum et licite, ergo tenetur facere
quod promisit? Sed e diverso legitur in evangelio quod propter fornicationem dimittenda est uxor,[6] ergo fortius facit fornicatio quod non
recipiatur in uxorem. Unde Salomon: 'Stultus est qui copulatur meretrici.'[7]

11. Et nota quod iuratio non est mala si sit necessaria, unde apostolus ad
60   Hebreos:[8] 'Testis est michi deus.' Item in Deuteronomio: 'Per nomen dei
tui iurabis',[9] ad differentiam falsorum deorum.[10] Non est mala iuratio si sit
vera. Item apostolus: 'Testem deum invoco quod parcens vobis non veni
Corinthum.'[11] Christus quod perfectius est docuit, scilicet non omnino
iurare;[12] quod infirmitatis est indulsit, scilicet pro necessitate iurare; quod
65   superstitiosum est resecavit,[13] scilicet assuefactionem iurandi.

---

46 iuraverit: iurans A   48 esse: est A   48 iste: item A   53 hoc: *duas litteras illeg.*
add. A

---

3 Justinian, *Inst.* 3. 20. 24.   4 Isidore, *Synonyma*, 2. 58.   5 Cf. Letter 55. 7
below.   6 Matt. 19. 9.   7 Prov. 18. 22.   8 *Non* Hebr. *sed* Rom. 1. 9.   9 Deut. 6.
13.   10 Glos. ad loc.   11 II Cor. 1. 23.   12 Matt. 5. 34.   13 Glos. ad Matt. 5. 37.

12. Item, dominus precepit cuilibet non peccare[14] mortaliter.[15] Quare
ergo non potest quis iurare quod non peccabit mortaliter? Quod si fecisset,
nonne peieraret quotiens peccaret? Essetne quodlibet peccatum eius
periurium? Non, licet cum periurio esset; sicut omne peccatum est cum
superbia, nec tamen est omne peccatum superbia.   70

13. Item, peierare est maius malum quam mentiri, ergo non peierare est
maius bonum quam non mentiri. Quia sicut philosophus dicit, 'Omne quod
est maius malum maiori bono est oppositum',[16] et ita melius est non
peierare quam non mentiri. Quod falsum est, quia non mentiri est
perfectorum. Item, quicumque non mentitur non peierat et non e con-   75
verso, ergo melius est non mentiri quam non peierare. Postrema instantia:
'Melius est scire grammaticam quam elementa artis grammatice',[17] ergo
maius malum est ignorare grammaticam quam elementa grammatice, quod
est falsum.

14. Nota quod periurium quandoque dicitur falsa iuratio, quandoque   80
iuramenti transgressio, quandoque reatus periurii. Transgressio liciti
iuramenti facit peccatum mortale; transgressio illiciti facit veniale vel
nullum.[18] Nota etiam quod periurium dicitur quando quis iurat esse verum
quod scit falsum esse, vel e converso. Est etiam periurium quando quis
quod est verum indiscrete iurat esse verum, et ita indiscretio facit esse   85
periurum. Debetne iudex recipere iuramentum alicuius quem scit esse
reum? Nam scit eum esse periurum; tamen in re dubia licet recipere
iuramentum quod a malo est recipientis, scilicet ab incredulitate illius.[19]

15. Iuramentum institutum est contra duo: contra sacrilegium idolatran-
tis et infirmitatem dubitantis. Voluit equidem deus sibi fieri sacrificia ne   90
demonibus fierent, ita etiam concessum est iurare per deum,[20] ne homines
iurando per creaturas ibi aliquid esse numinis estimarent.[21] In veteri
testamento iurabatur sic: 'Vivit dominus',[22] quasi sol et alii planete qui
putabantur esse dii non vivebant, sed solus deus. Hodie sic iuratur: 'Sic me
deus adiuvet.' Iuramenta fiunt pro pace firmanda, fiunt etiam ut testes   95
fidem faciant. Denique etiam fiunt pro amicitia servanda, postremo ut
omnes non convicti vel confessi iuramento se purgent.

67 fecisset: esset A   76 peierare: quia non mentiri est perfectorum *add.* A   76
instantia: insta A   87 scit: sic A

14 Ioh. 8. 11.   15 Cf. Letter 60. 4. below.   16 Arist. *Topica*, 3. 2 (117ᵇ3–7).   17
Quotation untraced.   18 Cf. Aug. *Sermo* 308. 3.   19 Cf. Aug. *Expos. Epist. ad Gal.* ad
1. 20.   20 Cf. Glos. ad Matt. 5. 33.   21 Cf. Deut. 4. 19.   22 Ierem. 12. 16.

16. Preterea, cum legatur dominum precepisse Iosue et omnibus iudeis ut in terra promissionis nulli gentili parcerent sed omnes occiderent,[23]
100　gentiles autem qui erant in Gabaon mentiti sunt iudeis quod non erant de terra promissionis, et sic iudei iuraverunt eis pacem.[24] Quare ergo dolo comperto tenuerunt iuramentum? Nonne illud iuramentum erat contra deum, ergo illicitum? Sed interfecerunt eos civiliter, non corporaliter,[25]quia facti sunt iudeorum servi;[26] servitus autem est maxima capitis
105　diminutio.[27]

17. Solet queri utrum recipienda sint infidelium iuramenta, ut iudeorum super rotulum vel gentilium super idolum vel super Machometi librum, et ecclesia quidem sic solet eos compellere ad iurandum. Item in Amos propheta: 'Iuravit dominus in sancto suo';[28] super hoc auctoritas: 'Omnis
110　sermo dei pro iuramento debet accipi.'[29] Numquid minus malum est, sicut auctoritas dicit, per falsos deos iurare veraciter quam per ipsum deum iurare fallaciter?[30] Nonne iurare per falsos deos est idolatria, que maius peccatum est quam falso iurare per deum? Estne semper mortale peccatum recipere iuramentum illius quem scimus iurare falsum? Nam iudices
115　moderni recipiunt iuramenta eorum qui purgant eum quem iudices non dubitant esse reum.

18. Item, sit hec virgo et iurat se servare virginitatem, postea corrumpitur. Nonne licite vovit? Ergo votum servare tenetur, sed hoc est impossibile. Nam cum deus omnia possit, corruptam tamen non potest
120　virginem facere.[31]

19. Item, licet isti vovere quod accipiet sacerdotium, ergo ordinem annexum perfectioni, ergo perfectionem; ergo non posset salvari imperfecta caritate, nam si haberet imperfectam faceret contra votum. Item iste vovet imperfectionem, faceretne contra votum si haberet perfectam cari-
125　tatem? Quidam dicunt quod quilibet tenetur ad perfectam vel imperfectam caritatem sed ad neutram determinate, et si alteram voveret videretur indiscrete vovisse.

---

104 servitus: servus A

---

23 Deut. 7. 1–2.　　24 Ios. 9. 3–26, cf. Glos. ad loc.　　25 Cf. Glos. ad Ios. 9. 19, in Nicholas of Lyre.　　26 Ios. 9. 27.　　27 Justinian, *Inst.* 1. 16.　　28 Amos 4. 2.　　29 Glos. ad loc.　　30 Aug. *Ep.* 47. 2.　　31 Jerome, *Ep.* 22. 5.

54

Peter pleads for help by prayer, fearing the loss of his own soul and others for which he was responsible. 1200×11

IMPLORATIO PRECUM, ACCUSATIO SUI, ET DE TURPI VITA QUORUNDAM

1. Viro venerabili et amico in Christo carissimo subpriori de Fontibus,[1] Petrus Blesensis Londoniensis archidiaconus salutem in vero salutari.

2. A primitiis iuventutis mee frequenter expugnabant me[2] vane cogi- 5 tationes et desideria huius mundi; motus tamen illicitos et immissiones que fiebant per angelos malos[3] poterant demoliri contritio humilis, confessio simplex, ac devota oratio. Sic spiritus malitie suggestiones sepe expug-naverunt me a iuventute mea, sed non poterant[4] michi obesse cui deus dignabatur adesse; propterea quandoque solebam dicere confidenter 10 'Discedite a me, operarii iniquitatis.'[5] Adhuc tamen me in senio perse-quuntur, et de iam semimortuo laborant degenerem ac vilem reportare victoriam. Proinde michi ipsi suspectus sum in omnibus operibus meis. Quis enim confidit se habere castum cor, cum ad perditionem anime non solum opus malum sufficiat sed voluntas?[6] Sola voluntas de celo precipita- 15 vit angelos;[7] sola voluntas homines angelorum loco constituit.[8]

3. Video quosdam senes iacere in sordibus suis et adhuc sordere plus appetunt, ideo nondum completa sunt peccata Amorreorum.[9] Nam qui in sordibus est sordescit adhuc,[10] et sanguis sanguinem tangit.[11] Vident benevolentiam dei magnam esse, sueque malitie magnitudinem non 20 attendunt. Fallit eos sua spes dum dolores eternos falsa estimatione

A 215ᵛ B 107ʳ *imperf.* (B contains only the last quarter of this letter, on the first page of a new gathering, the three pages before it having been cut out.)
10 propterea: preterea A

1 Names·of subpriors of the Cistercian abbey of Fountains, Yorks., recorded in the first half of the thirteenth century are Ralph, Stephen, Thomas, and William (W. T. Lancaster, *Abstracts of the Charters and Other Documents contained in the Chartulary of the Cistercian Abbey of Fountains* (2 vols., Leeds, 1915), *passim*). Peter had earlier written *Epp.* XXXI and CV to Ralph Haget, abbot 1190–1203, and other members of the convent.   2 Cf. Ps. 128. 1.   3 Ps. 77. 49.   4 Ps. 128. 2.   5 Luc. 13. 27.   6 Cf. Matt. 5. 28 and Glos. ad loc.   7 Cf. Is. 14. 13–15.   8 Cf. Ioh. 17. 24.   9 Gen. 15. 16 (cit. Greg. *Moralia* in Iob 34. 25) and Glos. ad loc.   10 Apoc. 22. 11.   11 Os. 4. 2 and Glos. ad loc.

abbreviant, et penam que sine fine est sub termino concludentes tempora
penitentie pro suo libitu metiuntur. Ideo subita et terribilia dei iudicia non
metuunt, dum quod agunt malum facile deserendum atque brevi penitentia
25 diluendum sibi dampnabili presumptione promittunt. Isti sine labore et
pugna se coronam mereri existimant; abhorrent vinum myrrhatum quod in
cruce pro nobis dominus bibit,[12] et se deliciis mundi huius vinoque luxurie
atque calice Babylonico purpurate meretricis inebriant.[13]

4. Christus in cuius morte baptizati sumus[14] semel mortuus est,[15] ideo-
30 que non est nisi una fides, unusque baptismus.[16] Verumtamen sicut
secunda circumcisio in Galgalis facta est, eorum scilicet qui circumcisi non
fuerant in deserto,[17] sic recurrere me oportet ad secundam tabulam
naufragii,[18] secundum baptismum, et relinquere me oportet iter distortum
viarumque circuitum, quoniam audivi vituperationem multorum commo-
35 rantium in circuitu.[19]

5. Quid faciam? Quo me vertam? Qualiter docente apostolo redimam
tempus, quoniam dies mali sunt?[20] Ubi estis, fontes lacrimarum, ut lugeam
damna vite mee? Sensus enim mei proni fuerunt ad malum ab adolescentia[21] mea, et ecce defecerunt in vanitate dies mei, et anni mei cum
40 festinatione.[22] Est autem vox sero dicentium et gementium: 'Lassati sumus
in via perditionis, et ambulavimus vias difficiles.'[23] Circumdederunt me
multiplices temptationum laquei, et expavesco, Salomone dicente: 'Sicut
pisces hamo et aves laqueo, ita homines capiuntur tempore malo.'[24]

6. Et ut verbo lamentatoris prophete utar: 'Ego vir videns paupertatem
45 meam'[25] atque divitias et delicias gratie in ceteris habundare et michi
abesse, deploro, confidens ut vestra intercessione consequar quod
orationibus meis obtinere despero. Lego quia multum valet deprecatio
iusti assidua,[26] et secundum testimonium beati Petri, mutua et continua
caritas[27] que nichil perperam agit,[28] etsi non exauditur pro alio, saltem in
50 sinu suo meritum sue orationis[29] abscondit.

7. Scio quia sum spiritus vadens et non rediens,[30] et secundum verba
Iob, per viam qua ingredior non revertar.[31] Configuro in me quod video

46 quod: quo A

12 Marc. 15. 23, cf. Glos. ad loc. 13 Apoc. 17. 4. 14 Rom. 6. 3. 15 Rom. 6.
10. 16 Eph. 4. 5. 17 Ios. 5. 2–9 and Glos. ad loc. 18 Jerome, *Ep.* 84. 6. 19 Ps.
30. 14 and Glos. ad loc. 20 Eph. 5. 16. 21 Gen. 8. 21. 22 Ps. 77. 33. 23 Sap. 5.
7. 24 Eccles. 9. 12. 25 Lam. 3. 1. 26 Iac. 5. 16. 27 I Petr. 4. 8. 28 I Cor. 13.
4. 29 Ps. 34. 13. 30 Ps. 77. 39. 31 Iob 16. 23, cit. Aug. *Adnotationes in Iob*, ad loc.

aliis evenisse. Namque in mortis articulo, cum oculis meis clausis nox sempiterna inhorrescere ceperit, cum suum commilitonem, id est corpus, in terram viderit infodi et anima violenter abstrahetur ab area huius mundi, 55 odio habebit consodalem suum quem videt datum putredini atque a deo et hominibus derelictum. Ambo separabuntur ab invicem, et filia perditionis[32] anima portabit iniquitates amborum.

8. Dicet anima despectissimo corpori: 'Ubi sunt, o infelix, animositates tue, ubi sunt honores et delicie quibus insatiabiliter inhiabas? Remanes 60 futura esca vermium. Rapiunt et diripiunt me crudelissimi exactores, carnales spiritus, adversarii et testes conscientie mee ducunt me ad gehennalem puteum, ubi numquam intervallum erit requiei sue, aut finis eternalium tormentorum. Utinam cum corpore mortua remanerem, michique esset pro maxima beatitudine posse mori. Sed miserrime inflic- 65 tum est eternaliter vivere, non ut habeam vitam eternam quam perdidi, sed ut in me misera continuetur sententia mortis et perditionis eterne.'

9. Ignis equidem ille penalis, quia tantum anime iniquitates inquirit et punit, non consumit substantiam, et quia non recipit anime causa remedium, in sua substantia que mori non potest patietur sine fine tormentum. 70 Sane in iudicio corpus suum sibi socium habebit in penis; sed non minus arsurus est qui cum multis ardebit,[33] nam sicut iusti ornandi sunt duabus stolis, corporis et anime,[34] ita reprobi duplici confusione induentur, et anima non solum in se punietur sed patietur supplicia carnis sue.

10. Hec me monent et terrent, et ut implorem a vobis spirituale 75 beneficium ad salutem me compellunt obnixe instanterque perurgent. Naturam queso vestram in proximo vestro diligite, vestre conditionis et fidei consorti compassionis fraterne solatium exhibete. Spero quod ope vestrarum precum sic me a mundanis expediam, ut in die bona domini et in hora beneplaciti[35] eius merear audire vocem spiritus tamquam sibilum aure 80 tenuis[36] affectione pura et intellectu fideli ac suavitate predulci, 'Beatus homo qui miseretur et commodat.'[37] Miseremini ergo, amici, et commodate michi sacrificio labiorum[38] vestrorum; deus enim fructum impense

65 miserrime: miserere A   72 ardebit: arcebit A   76 compellunt: compellent A   83 michi: ad add. A

32 Cf. Ioh. 17. 12.   33 Aug. Sermo 351. 4. 11; cf. Grat. Decretum, C. 2, q. 1. c. 18.   34 Cf. Apoc. 6. 11 and Glos. ad loc.   35 Cf. Ps. 68. 14.   36 III Reg. 19. 12.   37 Ps. 111. 15.   38 Cf. Hebr. 13. 15.

michi misericordie retribuet vobis cum multiplici fenore gratiarum. Con-
85 queritur autem dominus quod nemo feneratur ei, et dicit: 'Non feneravi
nec feneravit me quisquam, et omnes maledicunt michi.'[39] Deus equidem
se reputat maledictum quoniam, cum velit flagellare aliquem, non est qui
teneat[40] manum eius, non est qui stet in confractione coram eo cum
Moyse.[41]

90   11. In lege preceptum est ut si quis viderit asinum proximi sui lapsum et
iacentem sub onere, ut eum erigat[42] a luto. Ego qui vobiscum, licet sim
peccator, creatus sum ad imaginem dei,[43] quem vobis associat unus
spiritus, una fides, unumque baptisma,[44] infixus sum in limo profundi, et
non est substantia.[45] Non enim ita subsisto per me ut surgam per me,
95 quoniam iniquitates mee supergresse sunt caput meum.[46] Maligni etiam
spiritus insibilant michi: 'Incurvare ut transeamus.'[47] Non transeant super
me, bone Iesu, incircumcisi et immundi;[48] et qui me doces quod si spiritus
potestatem habens venerit super me, locum meum non deseram,[49] tu,
dulcissime Iesu, michi gratiam tuam clementer inspira, quia ante te est
00 omne desiderium meum et gemitus meus a te non est absconditus.[50] Qui
das michi surgendi affectum, da effectum, operi manuum tuarum porrige
dextram,[51] pigrum excita. De profundis clamo ad te[52]: 'Non urgeat super
me puteus os suum.'[53] Erige misericorditer iam fere absorptum. Defecit
caro mea et cor meum, deus cordis mei et pars mea in eternum.[54] Succurre
05 michi festinantius, quia sine te nichil possum.[55]

   12. Obsecro te piissime Iesu, per memoriam vulnerum et obprobriorum
tuorum, per ineffabilem caritatem quam nobis exhibebas, universa
disponens[56] in celo et crudeliter affixus in ligno, si non est digna exau-
ditione oratio mea, saltem exaudi eos qui pro me orant. Fac, domine, in
10 bona voluntate tua ut virtus tue crucis cruciatus quos merui potenter
absorbeat, et animam meam mors illa vivificet per quam eterne mortis
imperium destruxisti.[57] In anima quidem mortuus in solo cadavere vivo.
Iniquitates mee fecerunt me tibi odibilem et angelis tuis, et scio quia dignus
sum odio non amore. Sed te michi pacificet illa reconciliatrix hostia, quam

---

87 se *suppl.*   91 erigat: erigas A   101 porrige: porriges A   106 obprobriorum:
obprobrium A

---

39 Ierem. 15. 10 and Glos. ad loc.   40 Is. 64. 7 and Glos. ad loc.   41 Ps. 105.
23.   42 Ex. 23. 5.   43 Gen. 1. 27.   44 Eph. 4. 4–5.   45 Ps. 68. 3 and Glos. ad
loc.   46 Ps. 37. 5.   47 Is. 51. 23 and Glos. ad loc.   48 Is 52. 1.   49 Eccles. 10.
4.   50 Ps. 37. 10.   51 Iob 14. 15.   52 Ps. 129. 1.   53 Ps. 68. 16.   54 Ps. 72.
26.   55 Ioh. 15. 5.   56 Cf. Prov. 8. 30, *vers. antiq.*, cit. Hilary, *Tract. de Titulo Psalmi
91*, 8.   57 Hebr. 2. 14.

deo patri non pro iustis sed pro peccatoribus[58] obtulisti. Sit apud te 115
miserabilis miser iste, et fac ut qui demeritorum meorum exigentia
proscribor ad mortem, in numero redemptorum tuorum conscribar ad
vitam.[59]

13. Scio quod si respicis ad iniquitates meas,[60] quibus feci pactum cum
morte et fedus inii cum inferno,[61] eveniet michi quod de quibusdam dicit 120
Iob: 'Consumpti sunt absque ulla spe.'[62] Si vero respicias ad tue
munificentiam et magnificentiam bonitatis, iugum quo me pregravat
inimicus computrescet a facie olei;[63] et ad eorum instantiam qui pro me
precantur pacta et colligationes impietatis[64] et omnia exactorum meorum
cyrographa delebuntur.[65] Infitiari non possum quin animas quamplures 125
michi commissas et meam perdiderim, sed gemitus Helie et Helisei
mortuos iam frigidos fecerunt stare,[66] et penitentiales lacrime, que de mei
doloris angustia et amicorum meorum ferventissima devotione procedunt,
sunt ille aque calide quas invenit Ana filius Sebeon cum custodiret asinas
patris sui.[67] 130

14. Plurium siquidem animarum michi cura commissa est, non salvatio;
michique sufficere videtur ad meritum si curam seu sollicitudinem quam
circa salutem anime mee habeo commissis michi animabus studiosius
exhiberem. Verbum Samaritani eum qui inciderat in latrones stabulario
committentis[68] non est 'Sana eum' sed 'Curam illius habe.'[69] Non excuso 135
me sed accuso. Scio enim quod animam meam et multas alias interfeci,
verbo videlicet atque consilio et in pravis operibus pessime imitationis
exemplo.

15. Heus, heus, quod dixi parum est, nam me non solum de perditione
animarum sed corporum coram districto iudice respondere oportet. Anima 140
que peccavit in corpore suo, nec egit penitentiam, in eo eternaliter
punietur.[70] Et ut transeam sub silentio raptores, fornicatores, adulteros,
homicidas, quid queso speramus de illis qui abhominationem, que in lege

119 quod: *hic incipit* B   126–128 gemitus . . . devotione: gemitus et penitentiales lacrime que de mei doloris angustia et amicorum meorum ferventissima devotione procedunt Helie et Helisei mortuos iam frigidos poterunt stare. Quia lacrime que de ferventissima devotione *codd.*   139 quod . . . est: quid . . . est A; quid dixi. Parum est. B

58 Cf. Matt. 9. 13.   59 Cf. Apoc. 20. 12, 15.   60 Ps. 129. 3.   61 Is. 28. 15.   62 Iob 7. 6.   63 Is. 10. 27 and Glos. ad loc.   64 Is. 58. 6.   65 Col. 2. 14   66 III Reg. 17. 21–2; IV Reg. 4. 33–4.   67 Gen. 36. 24; cf. Peter Damian, *Expositio Libri Geneseos*, ad loc.   68 Luc. 10. 30, 33, 35.   69 Luc. 10. 35.   70 Cf. II Cor. 5. 10.

Moyse[71] et in subversione quinque civitatum[72] manifestissime dampnata
145 est, de puellis et pueris pro insanissima corporis voluptate committunt?
Quam presumptuosum est tales estimare quia dei gloriam habituri sunt in
celo, qui ardore et fetore sue libidinis effecerunt ut anime innocentes, et
qui pro hiis mortuus est Christus,[73] dolores atque fetores et ardores eternos
sustineant in inferno.

50   16. Si cum Ezechiele propheta parietem foderemus maiores videremus
abhominationes,[74] sed sufficiat diei malitia sua,[75] et abbreviemus cursum
epistole sicut quandoque a cultore seges et tela succiditur a texente.[76]

55

Questions about moral responsibility in lying.[1] 1200×11

DE DIVERSO GENERE MENDACIORUM

1. Venerabili socio et amico G. Dunelmensi archidiacono,[2] Petrus
Blesensis Londoniensis archidiaconus salutem et prosperos ad vota successus.

2. Otiosum me reputas nullisque curis aut cogitationibus occupatum,
ideo me petitionibus oneras infinitis. Ratio siquidem mea vehementie
studiorum non sufficit, sacreque scripture delicias, quibus me et alios
quandoque pascebam, mea senectus quasi stomacho languente fastidit.
Ingenii mei vena induruit, nec viroris gratiam potest arbor exhibere cuius
radix exaruit. Quedam vina sunt, scilicet phalerna et greca, que quanto

146 quia: qui *codd.*   151 sufficiat: sufficit B
A 216ʳ

71 Lev. 18. 22; 20. 13.   72 Gen. 19. 25; cf. Gen. 14. 2.   73 Rom. 14. 15.   74 Ezech.
8. 8–9 and Glos. ad loc.   75 Matt. 6. 34.   76 Iob 7. 6.
1 For similar conclusions see Peter Lombard, *Sent.* 3. 38. 1–4; 3. 39. 3; Odo of Ourscamp,
Quaest. 2. 143; Simon of Tournai, *Disp.* 69. 2; Peter of Poitiers, *Sent.* 4. 5.   2 G. de Perche
was archdeacon in the junior line, which about this time came to be known as the
archdeaconry of Northumberland. He himself is mentioned between 1197 and 1203, his
successor first in 1211 (D. Greenway, *Fasti*, ii, *Monastic Cathedrals*, p. 40). In 1203 the pope
appointed Peter (called in the letter archdeacon of Bath) along with Abbot Samson of Bury St
Edmunds (see Letter 26 above) and Roger, dean of Lincoln (see Letter 7 above), to enquire
into a dispute between the archdeacon and his bishop over rights and duties (Cheney,
Calendar, no. 464).

vetustiora sunt tanto meliora. Ideo Hieronimus de quibusdam conqueritur qui sic ingenia senum probant ut vina, et gratiam studiorum ex tractu temporum metiuntur.[3]

3. Legitur quidem quod deus est fidelis in omnibus verbis et operibus suis,[4] et e diverso omnis homo mendax.[5] Cumque 'os quod mentitur occidat   15 animam',[6] queris qualiter possimus sine mendacio loqui, et cuiusmodi mendacium debet summo studio evitari. Scias quod mentiri est 'contra mentem loqui',[7] aliter etiam dicitur: 'Mendacium est falsa vocis significatio cum intentione fallendi.'[8] Hic autem intendit mentiri, ergo intendit ire contra mentem, et ita contra intentionem, et ita contrarie intentiones sunt   20 in isto vel eadem sibi est coι.ᵗraria. Item, iste mentitur, ergo loquitur contra mentem, ergo mens est contraria ei quod habet in ore, ergo mens contradicit ei quod habet in ore, ergo non consentit ei quod habet in ore, ergo mens non mentitur. Item, aliud habet in ore et aliud in corde, et ita id quod est in corde contrarium est ei quod habet in ore, ergo mens non   25 consentit ei, ergo non est rea propter peccatum oris. Nam si ego non consentio peccato alterius, quare essem reus pro peccato illius? Ideo mens non est rea pro peccato lingue nec propter aliud, ergo mens non est rea nec lingua, unde auctoritas: 'Linguam ream non facit nisi mens rea.'[9]

4. Item, hic mentitur qui scienter dicit falsum et cum intentione fallendi,   30 ergo loquitur contra mentem. Si dicit falsum contra mentem, ergo mens non consentit falso quod est in ore, ergo non est rea propter peccatum oris. Item, si dicat falsum contra intentionem, ergo falsum non est ex intentione, ergo non intendit dicere falsum, quod est contra positionem. Quod autem dicat verum contra intentionem non videtur. Quidam dicunt quod mens et   35 consentit et contradicit ei quod est in ore, sed dissimiliter. Nam consentit ut hoc proferatur ore, sed non ut fiat in opere; consentit dicto, non facto.

5. Gregorius: 'Summopere cavendum est mendacium. Perdet enim deus omnes qui loquuntur mendacium,[10] ut nec vita cuiuslibet per eorum mendacia defendatur ne noceant anime sue dum suffragantur carni aliene.   40 Quamquam hoc peccati genus facile relaxetur, nam si aliquis sequente pia operatione purgatur a culpa, tanto facilius abstergitur quanto illud mater boni operis pietas comitatur.'[11]

---

3 Cf. Jerome *Ep.* 52. 3.   4 Ps. 144. 13.   5 Rom. 3. 4.   6 Sap. 1. 11.   7 Cf. Ugutio, *Magnae Derivationes*, cit. in F. Blatt etc., *Novum Glossarium Mediae Latinitatis* (Copenhagen, 1957–).   8 Aug. *Contra Mendacium ad Consentium*, 12. 26.   9 Aug. *Sermo* 180. 2. 2.   10 Ps. 5. 7.   11 Greg. *Moralia* in Iob 27. 3–4 (Glos. ad Ex. 1. 19).

6. Ideo excusatur a quibusdam mendacium obstetricum;[12] sed nonne hec
contra mentem locute sunt et scienter, ergo mortaliter peccaverunt? Unde
auctoritas: 'Quidquid sit contra conscientiam edificat ad gehennam.'[13]
Tamen super illud verbum: 'Perdes omnes qui loquuntur mendacium',[14]
auctoritas: 'Sunt quedam mendacia non malitia sed bonitate prolata, ut
mendacium obstetricum.'[15] Dicitur tamen quod mendacia sine culpa non
sunt. E contra dicit Augustinus quod tria sunt genera mendacii et unum fit
ex bonitate,[16] et sic non peccaverunt obstetrices, quoniam arbor bona non
potest facere fructum malum.[17] Quidam dicunt quod si opus illud fecissent
in caritate, vero esset merces earum eterna nec mutaretur in temporalem.
Fecit enim eis dominus domos[18] luteas,[19] et sic facta est merces temporalis,[20] que si habuissent caritatem fuisset eterna.[21] Item in Levitico
auctoritas: 'Forsitan obstetrices remunerate sunt non quia mentite sunt sed
quia infantes liberaverunt. Mentita est Raab[22] et liberata est.'[23] Ideo cum
obstetrices non essent perfecte, nec Raab, videtur quibusdam quod fuit
peccatum hoc veniale.[24]

7. Item in Levitico, 'Non mentiemini', auctoritas, 'aliquo modo.'[25] Ibi
alia: 'Absolute dicitur "Non mentiemini", sicut "Non facies tibi idolum."'[26][27]
Secundum hoc omne mendacium videtur prohibitum a deo et esse
mortale. Quod falsum est, deus enim non prohibet nisi mortale mendacium. Item dicitur quod perfecto non licet mentiri,[28] sed iste perfectus,
credens se habere mortale et illud confitens sacerdoti, dicit se esse in
mortali. Nonne dicit verum vel falsum? Si verum, ergo habet mortale, ergo
non est perfectus; si falsum, ergo peccat mortaliter quia nullo modo licet ei
mentiri. Dicendum quod non peccat mortaliter sed loquitur indiscrete.
Quod autem dicitur: 'Imperfecto licet mentiri pro salute alicuius et non
perfecto',[29] sic intellige: minus licet perfecto quam imperfecto, nulli tamen
mentiri licet.

---

53 vero: nõ A   67 si falsum *suppl.*

---

12 Ex. 1. 15–21, cf. Aug. *Contra Mendacium*, 15. 32.   13 Quotation untraced; cf. Letter
57. 3.   14 Ps. 5. 7.   15 Glos. ad loc. (Aug. *Contra Mendacium*, 15. 32).   16 Cf. Aug.
Enarr. in Ps. 5. 7.   17 Matt. 7. 18.   18 Ex. 1. 21.   19 Iob 4. 19.   20 Cf. Greg.
Moralia in Iob 27. 3–4.   21 *Quidam . . . eterna*: cf. Aug. *Contra Mendacium*, 15. 33.   22
Ios. 2. 1–16.   23 Ios. 6. 22–3.   24 *Forsitan . . . veniale*: Glos. ad Lev. 19. 11.   25 Lev.
19. 11 and Glos. ad loc.   26 Ex. 20. 4.   27 Glos. ad Lev. 19. 11.   28 Glos. ad Ps. 5. 7,
cit. in Grat. *Decretum*, C. 22. q. 2. c. 14. See Letter 53. 8.   29 Cf. Glos. ad Ex. 1. 19 (Aug.
Enarr. in Ps. 5. 7).

56

Peter sends the monks of Saint-Mesmin a treatise on the origins of sin, and how to resist it. 1200×11, possibly written while Peter was in France

RESPONSIO AD QUOSDAM QUI QUEREBANT QUOMODO
POSSET EVITARI PECCATUM ET UNDE PECCATUM HABERET
ORIGINEM[1]

1. Viro venerabili et amico in Christo carissimo abbati Sancti Maximini,[2]
Petrus Blesensis Londoniensis archidiaconus salutem in vero salutari.   5

2. Venit ex parte vestra nuper ad me subprior vester, quem antequam
monachus fieret semper videram macilentem et tenuem. Nunc autem non
agnovi: mutatus enim erat in virum alterum, nec in eo videbam hominem
sed monstrum aut potius, dicere si fas est, 'Epicuri de grege porcum.'[3]
Exiens enim a domo penurie et in loco pascue collocatus,[4] incrassatus,   10
impinguatus, dilatatus,[5] nunc ventrem preambulum gestat, et vereor ne sit
de numero illorum quorum deus venter est et gloria eorum in confusione.[6]
Invenit me studiis honestioribus occupatum et inter amicabiles Rachelis
amplexus[7] suaviter quiescentem; subito autem irrumpens, non dico voce
clamosa sed horribili tonitruo me salutans, graviter mei cordis interiora   15
concussit meeque contemplationis delicias nimis importune turbavit. Et
utinam illud verbum Salomonis didicisset: 'Qui alta voce benedicit amico
dormienti similis est maledicenti.'[8]

3. Statim vero cepit de continentia et abstinentia disputare, et inter
varias questiones contra concupiscentie carnalis incursus instabat mee   20
parvitatis auxilium et consilium implorare. Misi eum ad epistolas Hiero-
nimi, in quibus elegantissime docet qualiter professorem religionis deceat

---

A 216[v]

2 EVITARI: EVITARE A   2 HABERET: HABEBAT A

---

1 The central part of this letter has parallels in Odo of Ourscamp, *Quaest.* 2. 326; Robert of
Melun, *Sent.* i, p. 112, q. 128; p. 114, qq. 161–3; p. 141, q. 26; Simon of Tournai, *Disp.* 44. 1;
50. 1; 72. 3; Peter of Poitiers, *Sent.* 2. 21. See also Letter 48 above.   2 The Benedictine
abbey of Saint-Mesmin was at Micy near Orléans. The name of the first abbot during this
period is variously read as Lancelinus, Jancelinus, and Laurentius (1182–1202). His successor
was Humbald, 1202–18 (E. Jarossay, *Histoire de l'abbaye de Micy-Saint-Mesmin* (Orléans,
1902), pp. 197–214).   3 Hor. *Epist.* 1. 4. 16.   4 Ps. 22. 2.   5 Deut. 32. 15.   6 Phil.
3. 19.   7 Glos. ad Gen. 29. 21.   8 Cf. Prov. 27. 14.

in monasterio conversari.[9] Querebam ab eo unde illa ventris arvina procederet, et subridens insinuabam ei verbum illud quod dicit Hieronimus de seipso: 'Nutritus in paupere tugurio vix ventrem meum rugientem pane rusticano poteram satiare; factus vero monachus nunc placentas et liba fastidio.'[10]

4. Testis est michi deus in celo et conscius in excelso,[11] quod secundum estimationem meam nichil utilius aut efficacius est homini contra extraordinarios carnis motus quam 'Hoc sentire in nobis quod et in Christo Iesu',[12] ut cum apostolo feramus in carne nostra stigmata crucis eius.[13] Non enim iudicabat se aliquid scire nisi Christum Iesum et hunc crucifixum;[14] et quia sapientibus et insipientibus debitor sum,[15] occasione subprioris et ad instantiam eius toti congregationi vestre scribere compellor invitus. Non enim michi vita suffragatur ad sanctitatem, nec ad corrigendum conscientia, nec ratio ad docendum. Paulus equidem inter perfectos loquebatur[16] in doctrina spiritus, spiritualia spiritualibus comparando.[17] Ego autem, ut verbo eius utar scribentis in prima ad Corinthios: 'Non venio ad vos per subtilitatem sermonis aut sapientie',[18] sed 'qui aperit et nemo claudit',[19] qui 'aperit manum suam et implet omne animal benedictione',[20] os meum dignanter aperiat. Ipse idem, qui facit surdos audire et mutos loqui,[21] det michi sermonem rectum bene sonantem in apertione oris mei,[22] et in lectione epistole vestrum ad celestia erigat desiderium, et mentibus singulorum instillet divine unctionis effectum.

5. Sane primitivi concupiscentie motus, qui de corruptione nostre carnis procedunt originaliter, mentes hominum graviter inquietant. Peccatum enim originale communis animarum corruptela est et generale perditionis initium. Porro si quis sanari vult conscientiam suam ab operibus mortuis,[23] prius diligenter inquirat proprie corruptele originem. Scrutetur accidentia morbi, et sic sibi medelam adhibere poterit competentem, expressa similitudinis forma. Prius nos investigare oportet unde initium habeat originale peccatum, ab anima vel a carne, unde surgant in homine primi motus; et sic intelligetis quibus modis originale vel actuale, contractum seu

---

29 aut: autem A   41 aperiat: aperit A   42 oris: operis A

---

9 e.g. Jerome, *Epp.* 52, 125.   10 Jerome, *Ep.* 52. 6.   11 Iob 16. 20.   12 Phil. 2.
5.   13 Gal. 6. 17.   14 I Cor. 2. 2.   15 Rom. 1. 14.   16 I Cor. 2. 6.   17 I Cor. 2.
13.   18 I Cor. 2. 1.   19 Apoc. 3. 7.   20 Ps. 144. 16.   21 Marc. 7. 37.   22 Eph. 6.
19.   23 Hebr. 6. 1.

commissum, prima gratia seu primi motus sue causam essentie habeant, si tamen peccata aliquam dicantur habere essentiam. 55

6. Dicit autem beatus Augustinus quod cum cetera peccata transeant actu et remaneant reatu, originale transit reatu per baptismum et remanet actu;[24] carnis enim corruptio non deletur baptismo. Ecce noster Cananeus[25] qui semper militat et pugnat contra nos, unde et tota vita hominis militia est super terram.[26] Hic est Iebuseus[27] noster qui dicitur 60 fomes peccati, tyrannus membrorum, concupiscentia carnis,[28] languor nature, angelus Satane.[29] De hoc fomite Paulus quandoque conqueritur dicens: 'Scio quia non est in me bonum, hoc est in carne mea',[30] et idem: 'Condelector legi dei secundum interiorem hominem, video autem aliam legem in membris meis repugnantem legi mentis mee et captivantem me in 65 lege peccati.'[31] Proinde idem dicit: 'Quod nolo malum hoc facio, et iam ego non operor illud sed quod habitat in me peccatum',[32] et exclamans addit: 'Infelix ego homo! Quis me liberabit de corpore mortis huius? Gratia dei per dominum nostrum Iesum Christum.'[33]

7. Plurimum timendum est nobis ubi trepidare videmus columnam 70 fortissimam ecclesie, militem egregium Christi Paulum, qui ex sententia conscientie sue loquens asserebat quod neque mors, neque vita, neque gladius, neque angelus, nec presentia, nec futura, nec aliqua creatura poterat eum separare a caritate dei que est in Christo Iesu.[34] Sciebat vir experientie multe quod numquam liberaretur ab illa pessima radice, que 75 originaliter infixa est nostre carni, donec solveretur morte, unde et ipse dicebat: 'Cupio dissolvi et esse cum Christo.'[35]

8. Sic circumferimus hostem nostrum et gestamus laqueum iugulationis nostre, carnem nostram ignis eterni materiam. Caro nostra uxor litigiosa,[36] superba, murmurosa, rebellis, contumax, querula, inquieta. Semper 80 spiritum dominari contendit;[37] porro 'Spiritus est qui vivificat, caro non prodest quidquam.'[38] Ideoque spiritualis homo cohibeat insolentiam carnis dicens cum beato Iob: 'Locuta est quasi una de stultis mulieribus.'[39] Sane 'Quicumque spiritu dei aguntur, hii sunt filii dei',[40] hii sunt qui spiritu facta

57 actu . . . remaneant: *suppl.*   66 nolo: volo A

24 Aug. *De Nuptiis et Concupiscentia*, 1. 26.   25 Cf. Deut. 7. 1–4; Ios. 16. 10 and Glos. ad loc.   26 Iob 7. 1.   27 Cf. Ios. 15. 63; II Reg. 5. 6.   28 I Ioh. 2. 16.   29 II Cor. 12. 7.   30 Rom. 7. 18.   31 Rom. 7. 22–3.   32 Rom. 7. 19–20.   33 Rom. 7. 24–5.   34 Rom. 8. 38–9.   35 Phil. 1. 23.   36 *uxor litigiosa*: Prov. 19. 13.   37 Cf. I Tim. 2. 12.   38 Ioh. 6. 64.   39 Iob 2. 10.   40 Rom. 8. 14.

5 carnis mortificant.[41] Spiritualis autem homo omnia diiudicat et a nemine iudicatur;[42] animalis vero seu carnalis homo, teste apostolo, non percipit ea que dei sunt, quia stultitia est ei et non potest intelligere.[43] Iste servit tabernaculo carnis;[44] sed sciat quod qui seminant in carne solam inde metent corruptionem.[45]

0   9. Primus carnalis concupiscentie motus non potest evitari quin surgat, sed facere possumus ut non crescat[46] nec polluat conscientie nostre lectum, ut dicamus cum Iacob: 'Primogenitus meus Ruben, non crescas, quoniam ascendisti et maculasti cubile patris tui.'[47] Isti motus sunt parvuli Babylonis qui allidendi sunt ad petram,[48] petra enim est Christus.[49] Isti sunt extremitates manuum et pedum Adonibezech quas Simeon et Levi in gladiis absciderunt.[50]

    10. Istos motus volens non potens a se prorsus avellere, Paulus clamat dicens: 'Ego carnalis sum, venundatus sub peccato.'[51] Nimirum qui venundatus est non omnino est liber sed quodam modo servus, qui enim

0 facit peccatum servus est peccati.[52] Mirumque est quod asserit se facere et se non operari hoc malum quod non vult.[53] Nonne motus ille primus est aliqua voluntas, ergo apostolus simul idem vult et non vult? Vult quia sentit se velle, non vult quia liberat eum gratia dei per dominum Iesum Christum.[54] Unde ipsi ter roganti dominum ut auferret ab eo stimulum

5 carnis responsum est: 'Sufficit tibi gratia mea, nam virtus in infirmitate perficitur.'[55] In virtute huius verbi apostolus quandoque dicebat: 'Quando infirmor, tunc fortior sum, et potens',[56] et gloriabatur in infirmitatibus suis.[57] 'Omnia', inquit, 'possum in eo qui me confortat.'[58]

    11. Iugis equidem pugna est inter carnem et spiritum, 'Concupiscit enim caro adversus spiritum et spiritus adversus carnem.'[59] Quod vult apostolus et quod concordat legi dei suggerit ei spiritus, quod autem non vult et quod pertinet ad legem peccati suggerit ei caro. Lex ergo membrorum[60] seu fomes peccati movet hominem ut concupiscat malum, sic ergo malum quod non vult facit, id est concupiscit;[61] et tamen non operatur illud sed

---

88 sciat: sciant A   114 sed: scilicet A

---

41 Rom. 8. 13.   42 I Cor. 2. 15.   43 I Cor. 2. 14.   44 Hebr. 13. 10 and Glos. ad loc.   45 Gal. 6. 8.   46 Aug. *Sermo* 154. 6. 8.   47 Gen. 49. 3–4.   48 Ps. 136. 9; Aug. *Enarr. in Ps.* ad loc.   49 I Cor. 10. 4.   50 Idc. 1. 3. 6 (*Levi*: rectius *Iudas*): cf. Gen. 34. 25–6 and Glos. ad loc.   51 Rom. 7. 14.   52 Cf. Rom. 6. 16.   53 Rom. 7. 20.   54 Rom. 7. 24–5   55 II Cor. 12. 7–9.   56 II Cor. 12. 10.   57 II Cor. 12. 9.   58 Phil. 4. 13.   59 Gal. 5. 17.   60 *Quod ... membrorum*: cf. Rom. 7. 22–3.   61 Cf. Rom. 7. 7–8.

peccatum quod habitat in eo,[62] id est corruptio quam contraxit ex originali 11.
peccato. Quod peccati motum sentio infirmitas est, quod non consentio
virtus est. Sentire et non consentire est meritorium, sentire et consentire
peremptorium. Sunt isti motus in me sed non a me, quod 'si mei non
fuerint dominati, tunc immaculatus ero',[63] sed 'observabo me ab iniquitate
mea'.[64] 'Mea' dico non quam facio sed quam patior, circumferens corpus 12
mortis[65] carnemque peccati.

12. Huiusmodi primi motus a bonis et malis communiter sentiuntur, sed
non equaliter nisi consentiatur equaliter. Videtur tamen quod sentiens et
non consentiens non est omnino a culpa innocens, quia nonne concupiscentiam carnis sentit, ita malum quod non vult concupiscit? Malum 1
enim concupiscere[66] malum est. Sed e diverso, quando temptatur a
concupiscentia non consentit, quia invitus patitur. Omne autem peccatum
pendet ex arbitrio voluntatis,[67] quia ergo contra voluntatem concupiscit
non operatur peccatum, ut apostolus de se dicit. Movetur ergo in homine
lex illa peccati, sed non adeo ut eum moveat ad consensum. Sapiens enim 1
qui temptatur domino dicit: 'Confige, domine, timore tuo carnes meas.'[68]
Sane concupiscentia hoc nobis ostendit quod infirmi et miseri sumus, et
ipsa per abstinentiam et continentiam sanctasque cogitationes et pietatis
opera preveniente dei gratia cohibetur. Sic 'virtus in infirmitate perficitur'.[69]   1

13. Solus autem Christus et beatissima virgo mater eius semper fuerunt
ab hac infirmitate omnino immunes. Sunt vero quidam, qui licet numquam
concupiscentie carnis consentiant, eam tamen sentire metuunt ne succum-
bant. Quidam vero eam libenter admittunt, quia sciunt quod ex tali
conflictu victoria proveniat triumphalisque corona. Illi quidem qui timent 1
provident sue tranquillitati et paci; isti vero volunt congredi et temptari ut
maior veniat ex temptatione proventus.[70] Tutius tamen est non temptari;
varius est enim eventus belli et anceps victoria in discrimine huius lucte.
Ideo dominus dicit discipulis et alibi docet eos orare ne inducantur in
temptationem.[71]

14. 'Temptatio vos non apprehendit nisi humana.'[72] Ecce humana
conditio a variis temptationibus obsessa est et oppressa; quas si non

126 quando: quia A   146 apprehendit: apprehendat A

62 Rom. 7. 17.   63 Ps. 18. 14.   64 Ps. 17. 24 and Glos. ad loc.   65 Rom. 7.
24.   66 Cf. I Cor. 10. 6.   67 Cf. Aug. *De Vera Religione*, 14. 27.   68 Ps. 118.
120.   69 II Cor. 12. 9.   70 I Cor. 10. 13.   71 Matt. 6. 13; 26. 41.   72 I Cor. 10. 13.

vellemus expellere, sicut Israel subiecit sibi Cananeum[73] sic et nos temptationes illas ad nostrum possumus obsequium subiugare. Sic potest virtus in
50 infirmitate perfici, sic ancillari poterit caro et spiritus dominari. Noster
quidem, testimonio salvatoris, spiritus promptus est, caro autem infirma.[74]
Hanc infirmitatem nos firmiter expugnare oportet, et quis queso audivit
quod homo cum sua infirmitate pugnaret? Cogitat et dicit aliquis: 'Non est
gloriosum infirmitatem meam vincere.' Respondeo: 'Immo plane, cum
55 enim infirmitas tua sit teipso fortior magnum est si vincas illam, cum sis ea
infirmior. Cum autem viceris eam non est ex virtute tua sed ex virtute illius
qui dominus est virtutum.'[75]

15. Domine, tu es qui das infirmo ut omnia in te possit,[76] qui adiuvas
infirmitates[77] electorum tuorum quoniam gloria virtutis eorum tu es.[78]
60 Propheta in se non sperans dicit: 'In domino sperans non infirmabor.'[79]
Quod si dominus virtus est et fortitudo plebis sue,[80] sicut est maior
infirmitas nostra quam nos, sic fortior nobis fortitudo nostra est. Cum ergo
deus infirmitatem nostram vincat, deo ascribenda est hec victoria et non
nobis;[81] ei detur gloria per quem datur victoria. Dominus enim virtutum
65 ipse est rex glorie,[82] dominus fortis in prelio[83] gloriam habeat in triumpho.
Iuxta verbum prophete: 'Fortitudo et laus mea dominus';[84] fortitudo in
pugna, laus in victoria.

16. Varia genera istorum motuum vero in homine quolibet fere invenio.
Videt quis mulierem quasi in ictu oculi,[85] et avertens oculos dolet se vidisse
70 quod vidit. Iam ceperat mors intrare per fenestras[86] oculorum, sed viriliter
eam expellit et domino dicit: 'Averte oculos meos ne videant vanitatem.'[87]
Hic motus non nocet, immo nobis est utilis si non consentiamus, si non
regnet peccatum in nostro mortali corpore,[88] si non exhibeamus membra
nostra arma iniquitatis.[89] Hec est autem humana temptatio que diabolica
75 fit si transeat in consensum.

17. Et nos quidem scilicet ire filii[90] sumus, ideo non possumus irasci et
non peccare.[91] Peccamus enim si graviter et diu irascimur; scriptum est
autem: 'Ira viri iustitiam dei non operatur.'[92]

---

156 viceris: vinceris A   168 vero: non A   176 possumus: non *add.* A   177
irascimur: irascimus A

---

73 Ios. 16. 10.   74 Matt. 26. 41.   75 *dominus virtutum*: Ps. 23. 10.   76 Phil. 4.
13.   77 Rom. 8. 26.   78 Ps. 88. 18.   79 Ps. 25. 1.   80 Ps. 27. 8.   81 Ps. 113B.
1.   82 Ps. 23. 10.   83 Ps. 23. 8.   84 Ps. 117. 14.   85 *in . . . oculi*: I Cor. 15.
52.   86 Ierem. 9. 21. and Glos. ad loc.   87 Ps. 118. 37.   88 Rom. 6. 12.   89 Rom.
6. 13.   90 Eph. 2. 3.   91 Eph. 4. 26.   92 Iac. 1. 20.

18. Tertius motus est suspicio quam declinare non possumus. Aliquis religiosus est, suspicor ipsum esse hypocritam; dilectionem dei habet, 180 suspicor simulationem; largitur bona sua pauperibus, credo ipsum facere hoc ad apparentiam. Video aliquos invicem corridentes, puto me irrideri; video aliquem innuentem, existimo subsannantem; loquitur quis cum alio qui me forte non diligit, puto proditionem; corripit aliquis aliquod crimen, puto propter me totum dici. Correctionem opinor odium, laudem adu- 185 lationem. Iste motus pestilentior est aliis. Alii enim ex quadam levitate animi procedunt; iste de rubigine invidie et iniquitatis quasi de sentina fetoris exalat. Propterea nec primus motus facit luxuriosum aut cupidum, nec secundus iracundum aut turbidum; iste vero suspiciosum facit, quod est commune obprobrium. Ideo supplicat psalmista et dicit: 'Amputa 190 obprobrium meum quod suspicatus sum, quia iudicia tua iocunda.'[93] Iocunda sunt quia iocundos efficiunt, iuxta illud: 'Exultaverunt filie Iude propter iudicia tua, domine.'[94]

19. A domino dictum est homini: 'Erit subter te appetitus tuus',[95] id est 'primis motibus viriliter imperabis',[96] et sic in originali et in actuali totum 195 peccati corpus destruetur[97] in vobis.

57

Peter answers questions concerning the validity of marriage vows and the payment of the marriage debt.[1] 1200×11

RESPONSIO AD DIVERSAS QUESTIONES CIRCA MATRI-MONIUM

179 declinare: destinare A   191 quia iudicia . . . iocunda: q.ī.v.t.i. A
A 217ʳ

93 Ps. 118. 39 and Glos. ad loc.   94 Ps. 96. 8.   95 Gen. 4. 7.   96 Glos. ad loc.   97 Rom. 6. 6.
1 See A. L. Smith, *Church and State in the Middle Ages* (Oxford, 1913), pp. 57–100, 'The Papacy and the Mediaeval Law of Marriage', and J. Dauvillier, *Le Mariage dans le droit classique de l'église* (Paris, 1933), for the developments in canon law which took place in Peter's lifetime. See also Peter Lombard, *Sent.* 4. 27. 1–8; 4. 28. 1; 4. 32. 1–2; 4. 33. 1; 4. 34. 5; 4. 35. 3; 4. 38. 2; 4. 39. 1–5; Odo of Ourscamp, *Quaest.*2. 260; Simon of Tournai, *Disp.* 15. 1; 98. 3, 5; *Inst.* 162ʳ; Peter of Poitiers, *Sent.* 3. 25; 5. 16–17; Stephen Langton, *Quaest.* 318ᵛ–320ʳ; Honorius, archdeacon of Richmond (see Letter 53), *Die Ehelehre des Magister Honorius*, ed. B. Grimm, *Studia Gratiana*, xxiv (Rome, 1989).

1. Viro venerabili et dilecto socio ac concanonico Henrico Carnotensi archidiacono,[2] Petrus Blesensis Londoniensis archidiaconus salutem in domino.

2. Recepi questiunculas tuas in quibus satis acute moveris, quarum quibusdam que determinatione indigent quanto compendiosius potero respondere decrevi. Queris instantius utrum consensus faciat matrimonium,[3] et qualis consensus, mentium aut verborum? Tibique videtur quod si vir coram sacerdote et bonis hominibus dicat mulieri: 'Ego te recipio in meam', et illa simili utitur verbo, et non consentiant voluntate, quod ecclesia hoc pro matrimonio habet quia non iudicat de occultis sed tantum de manifestis.[4] Nam si aliquis dicat: 'Vendo tibi equum', et alter det pecuniam, licet non consentiat animo, tamen ibi sine consensu rata est venditio. Quodsi iste numquam in istam consenserit et nichilominus ducat eam per verba de presenti, et precepto ecclesie cognoverit eam, aut maritus eius est aut fornicator. Sed ecclesia nullo modo vult esse occasio fornicandi, ergo licet iste non consenserit tamen iudicio ecclesie est maritus. E diverso: consensus qui est efficiens causa matrimonii non est ibi, ergo non est ibi matrimonium.

3. Sed sciendum quod consensus cohabitationis, carnalis commixtionis, et coniugalis, nec primus nec secundus matrimonium facit sed tertius, id est coniugalis; sic tamen si sit legitimus, si certus, si liber, si per verba de presenti vel per signa inter mutos.

4. Item, iste certissime comperit quod sua uxor est soror eius. Probatur autem legitime coram episcopo quod hec uxor illius est, et ideo precipit episcopus viro ut solvat debitum uxori, nam scit eam esse suam uxorem. Quidam dicunt quod prelatus debet hoc illi precipere sed vir non debet obedire, sicut sacerdos tenetur ad instantiam reprobi Christi corpus ei dare sed ille non debet accipere. Quidam dicunt quod prelatus non debet hoc precipere quia hoc est peccatum, licet hoc prelatus ignoret.

---

3 concanonico Henrico: canonico H. A   13 alter *suppl.*   15 nichilominus: non A   19 diverso: diversus A   23–24 sic . . . presenti: sic tamen si sit legitimus si de presenti vel verba vel signa si certus si liber liber a presenti A   25 est *suppl.*   27 eam *suppl.*

---

2 Henry de Beroto (Berou) was a subdeacon at Chartres in the 1180s and is recorded as archdeacon between 1194 and 1221 (E. de Lépinois and L. Merlet, *Cartulaire de Notre-Dame de Chartres* (Chartres, 1862–5), *passim*).   3 Cf. Grat. *Decret.* C. 27. q. 2, 1a pars.   4 Glos. ad Rom. 14. 4 (cf. Aug. *Expositio quarundam propositionum ex epistola ad Romanos*, ad loc.).

5. Preterea si consensus animorum matrimonium facit, cum nemo sciat consensus hominum, ergo nescitur utrum in toto mundo sit aliquod matrimonium.

6. Denique, consentiant aliqui tantum verbo infra annos discretionis, 35 processu temporis consentiant animo.[5] Quero quando matrimonium cepit esse inter istos? Non incepit quandoque consenserunt verbo quia non habebant annos discretionis. Si facti discreti consentiant animo, quid valet consensus qui numquam verbo exprimitur, quia tunc neuter loquebatur?

7. Item hic est surdus est non mutus, illa muta et non surda. Ille dicit in 40 facie ecclesie adhibitis cunctis solemnitatibus 'Accipio te in meam', estne ille ligatus illi mulieri? Illa enim potest probare legitimis testibus quod consensit in eam. Contra eam probari non potest quod ipsa verbo consenserit, quia muta est; sed nec animo, quia animus eius cognosci non potuit. Ideoque iudicant quidam quod ille est maritus nec illa est uxor. 45

8. Item, hic iurat se ducturum illam et post accipit aliam, deinde sufficienter penitet de periurio. Itaque periurium quantum ad culpam et quantum ad penam penitus est deletum, ergo iste non tenetur eam accipere. Moritur propria uxor, nonne tenetur illam accipere quam iuravit? Potest enim iuramentum hoc servare sine omni peccato; sed nuperrime 50 non tenebatur eam accipere, sed postea meruit vel demeruit quare eam accipiat. Cur ergo eam cogeretur accipere?

9. Preterea, hic iurat se accepturum istam et non determinat quando accipiet, modo accipit aliam. Quibusdam videtur non esse periurus, sicut si ego iuravi me daturum tibi decem, non sum statim periurus quia non do 55 licet alii donem. Alii dicunt quod quam cito aliam accipit vel habet propositum accipiendi aliam periurus est, et mortua uxore tenetur primam quam iuravit accipere. Sicut si tu debeas michi centum iuramento et nichil habes interim, absolutus es donec possis centum habere que solvas.

10. Item, hic iurat se non cogniturum istam; post ipsam accipit in uxorem 60 et eam cognoscit, quotiens cognoscit eam numquid peierat? Prima vice peccat, vel quam cito habuit propositum accipiendi, et inde quotiens eam cognoscit peierat, id est contra iuramentum facit, non tamen totiens peccat.

---

32 si: sine A   39 numquam: neuter A   43 in eam: in eum A   46 iurat *suppl.*   46 ducturum: ducturus A   46 accipit: accipiet A   52 ergo: ego A

---

5 Cf. Grat. *Decret.* C. 30. q. 2. c. 1.

65   11. Item, hic tenetur reddere uxori exigenti debitum; vir vellet quod non exigeret et tamen reddit debitum et ex caritate, ergo ex voluntate? Non, quia invitus hoc facit. Item, cognoscendo uxorem meretur, ergo illud opus est ex voluntate, quia penes voluntatem stat omne meritum,[6] ergo vult eam cognoscere? Non. Quia voluntate eam cognoscit potest dici quod cogno-
70 scere istius procedit ex voluntate istius, nec tamen iste vult cognoscere istam; sicut iste suspenditur ex precepto regis, tamen rex non precepit quod iste suspenderetur.

12. Item, ponis quod dominus papa dispensaverit inter aliquos in quarto gradu pro bono concordie coniugaliter copulari. Sequens papa potest
75 abolere quidquid suus fecerit antecessor, potest ergo facere quod non sit inter eos matrimonium, ergo quod inter eos rumpatur vinculum coniugale.

13. Potest enim statuere ut quidquid non est contra quatuor evangelia vel quatuor concilia debet precepti sui efficaciam optinere, unde falsum esse videtur quod coniugatorum preter fornicationem et contumeliam
80 creatoris nulla possit esse matrimonii solutio.

14. Addis insuper quod cum votum privatum matrimonium impediat contrahendum, solemne vero contrahendum impediat contractumque dissolvat, queris quid iuris sit? Posito quod duorum unus faciat votum privatum de continentia servanda et alius votum solemne, et ambo ex pari
85 voluntate, nonne quantum ad deum tenentur pariter continentiam obser- vare, et si hoc, quare unum votum magis impedit et dissolvit matrimonium quam alterum? Numquid solemnitas voti, scilicet assistentium presentia, matrimonium dirimit, quia multi contrahendo matrimonio affuerunt?

15. Ceterum, hic premisso continentie voto duxit uxorem; tenetur ergo
90 continere ex voto ac debitum uxori non reddere? Non; si tamen uxor eius obierit tenebitur continere, sicut de debitore supra scriptum, quod ex quo poterit solvere debitum de illo debito tenebitur respondere.

16. Item, si aliquis intrat claustrum sine assensu uxoris, uxor potest eum revocare;[7] sed sicut in quadam epistola mea legitur, que a quibusdam in
95 duas divisa est decretales, post mortem uxoris claustrum intrare cogetur.[8]

---

80 esse *suppl.*   90 Non *suppl.*

---

6 Cf. Alan of Lille, *Theologicae Regulae*, 72.   7 Cf. Grat. *Decret.* C. 27. q. 2. c. 21–2.   8 See *Ep.* XIX, which argues the opposite conclusions for a woman, and the comments of Kuttner–Rathbone, p. 286.

17. Queris inter cetera utrum aliquis ad continentie observantiam sit compellendus, maxime in ordinum susceptione; legitur enim Aaron voluntate propria, non precepto Moysi, femoralia induisse.[9]

18. Quod autem interrogas me de illo qui post votum continentie duxit uxorem, respondeo quod absolutus est a voto non quantum ad reatum sed   100 quantum ad essentiam. Sicut episcopus, qui ab episcopatu suo depositus est aut dimissus, absolutus est quantum ad essentiam ab hiis que oportet episcopum scire, non tamen liber est a reatu. Sed quomodo potest esse quod aliquis per contractum matrimonii liberetur a continentie voto, cum longe sit melius bonum votum continentie quam copule coniugalis, maxime   105 in casu isto ubi peccatum, id est incontinentia, dederit causam isti contractui? Nam regulare est quod peccatum hominis eidem patrocinari non debet.

19. Queritis iterum utrum ille qui peregrinationem Hierosolimitanam vovit, eique postea eruti sunt oculi pedesque abscisi, pro sui corporis   110 impossibilitate sit absolutus a vinculo voti.[10] Ius enim publicum est hominem contra impossibilitatem ab obligatione aliqua non teneri.

20. Quia vero superius casum induximus in quo maritus obligatus est uxori et non uxor viro, hiis aliquid addere decrevimus, maxime de gentilibus et iudeis. Convertatur infidelis uxoratus ad fidem, uxor non   115 convertitur, solviturque matrimonium propter contumeliam creatoris. Conversus uxorem ducit, nec iam prime obligatus est uxori.[11] Iudea elapso longi tractu temporis convertitur ac virum suum petit, non admittitur tamen illa, quia conversionem suam distulit in contumeliam Christi; nec ipsa potest alii nubere in sue dilationis penam, sed si mortua fuerit   120 supradicta, conversus potest eam revocare et habere ut suam. Nisi tamen voluerit non accipiet eam, et hic est casus ubi iudea est uxor conversi, sed ipse non est maritus eius.

21. Preterea, Iacob licite habuit duas uxores,[12] licite potuit unam cognoscere sine assensu alterius, ergo illa non habuit potestatem sui   12 corporis,[13] scilicet Iacob. Immo, quia hoc non est 'habere potestatem corporis' alterius, sed non posse vovere continentiam sine assensu

---

99 post *suppl.*; vovit *delet.* A   110 sunt *suppl.*   121 Nisi: si A   127 continentiam *suppl.*

---

9 Glos. ad Lev. 16. 4, Ex. 28. 42.   10 For contemporary examples of difficulties with crusading vows, see C. R. Cheney, *Hubert Walter* (London, 1967), pp. 131–2.   11 Cf. Grat. *Decret.* C. 28. q. 2. c. 1–2.   12 Gen. 29. 24–8.   13 I Cor. 7. 4.

alterius.[14] Item, quando Iacob duas habuit uxores videtur quod in illo
coniugio non fuit fides, scilicet bonum coniugii;[15] nam assensu unius uxoris
130 potuit cognoscere aliam,[16] etiam causa fornicationis.

22. Item, legitur etiam in fine Isaie[17] quod Abraham habuit tres
uxores;[18] sed videtur quod non nisi duas habuit, scilicet Saram et Agar sive
Ceturam; Agar enim fuit binomia et facta est uxor Abrahe que prius fuerat
concubina.[19]

135 23. Item, rex aut alius princeps potest ipsum suspendere aut detrudere in
claustrum sine uxoris assensu, aut ei genitalia amputare, ergo potest fieri
quod iste sine uxoris assensu continentiam servet in seculo vel in claustro.

24. Adam et Eva ex quo creati sunt facti sunt coniuges,[20] sed iuvenes
erant, sicut luna creata est panselenos que numquam menoydes fuerat aut
140 amphicirtos.[21]

25. Item, uterque istorum potest votum facere de non exigendo debitum
et non reddendo, sed si uterque post votum non potest exigere ergo neuter
potest facere votum de non reddere, quia si neuter potest exigere neuter
potest reddere, cum neuter possit reddere nisi ab alio exigatur.

145 26. Quod autem dicitur 'Vir non habet potestatem sui corporis sed
mulier et e converso',[22] sic intelligitur: quod nec vir nec uxor habet
potestatem vovendi continentiam sine consensu alterius.

27. Item, aliquis est quandoque reus criminis alicuius, licet hoc per se
minime facere videatur, sicut legitur de illo qui cognovit matrem uxoris
150 sue. Ideoque illi pena hec infligitur quod non potest exigere debitum ab
uxore,[23] vir autem si uxor exegerit tenetur ei solvere. Sed quid erit si dicat
uxori ut petat a viro debitum, vel si dicat sacerdoti ut moneat uxorem
petere debitum, vel si licentia maritali possit licite nudam tangere et loca
illa palpare, estne hoc exigere? Est utique, nec talibus arbitror hec licere.

55 28. Item, si vir votum emisit quo impeditur uxori debitum reddere,
nonne peccavit? Etiam, nisi hoc fecerit desiderio fidei Christiane, ut
conversus ad fidem iam secum non habeat infidelem.

---

132 non *suppl.*   143–144 neuter potest: et neuter A   151 exegerit: exigerit A

---

14 Cf. Grat. *Decret.* C. 27. q. 2. c. 24–6.   15 Cf. Aug. *De Bono Coniugali*, 4. 4.   16
Gen. 30. 14–16.   17 Quotation untraced.   18 Gen. 16. 1–3; 25. 1.   19 Jerome *Liber
Hebraicarum Questionum in Genesim* ad loc.   20 Gen. 2. 24–5.   21 *panselenos . . .
amphicirtos*: cf. Martianus Capella, *De Nuptiis*, 7. 738; 8. 864; also Peter, *Ep.* VIII.   22 I
Cor. 7. 4 and Glos. ad loc.   23 Cf. Grat. *Decret.* C. 27. q. 2. c. 30.

29. Item, cum secundum evangelium pro sola fornicatione relinquenda sit uxor,[24] nonne etiam pro sola suspicione relinquitur? Ita, si vehemens fuerit presumptio et violenta; matrimonium enim solvit suspicio talis cum sit quasi fornicatio putativa. 160

30. Videmus quandoque iudeum conversum petentem in coniugium sibi si iudea converteretur ad fidem, et sub ista coniunctione convicti sunt. Numquid potest fidelis contrahere cum infideli et e contra? Nam infidelitas que matrimonium dirimit impedit fortius contrahendum. 165

31. Opponunt etiam quidam: nonne uxor est ista illius si ipse maritus est eius?

32. Preterea, quando vir votum fecit quod non solveret ulterius uxori sue debitum, nonne mortaliter videtur peccasse?

33. Item, iste conversus qui christianam duxit uxorem relicta iudea, numquid habet duas uxores,[25] nam et iudea et christiana uxor eius est? Quod si est, ergo est bigamus, vel earum altera est concubina. 170

34. Numquid pro sola fornicatione dimittitur uxor, sicut evangelium dicit, non pro suspicione dimittitur? Ita, si non fuerit violenta. Solvit etiam vinculum matrimonii contumelia creatoris.[26] 175

35. Pro paucis sermonibus vobis multa rescripsi, et vos queso, ad preces meas, pro me et vivo et mortuo apud deum preces precibus affectuose et instanter accumulare velitis.

---

165 impedit *suppl.*   168 solveret: votum *add.* A   168 uxori: uxoris A

---

24 Matt. 5. 32.   25 Cf. Grat. *Decret.* C. 28. qq. 2–3.   26 Ibid. C. 28. q. 2. c. 2.

58

Peter finds Jacob guilty of deception rather than simony, which leads to a consideration of motive and intention.[1] 1200×11

RESPONSIO AD QUESTIUNCULAS PROPOSITAS DE IACOB ET ESAU

1. Viro venerabili et diu desiderato archidiacono Andegavensi,[2] Petrus Blesensis Londoniensis archidiaconus salutem in eo sine quo non est salus.

5   2. Queris utrum in illa venditione, qua Esau vendidit primogeniture sue dignitatem fratri suo Iacob pro lentis edulio,[3] fuerit simonia; dedit enim temporale pro spirituali. Super locum autem illum 'Speciem Iacob quem dilexit'[4] dixit auctoritas quod per 'speciem Iacob' significantur qui terrena dant pro celestibus.[5] Primogenitura consistit in benedictione patris ultima,[6]

10 in duplici portione hereditatis,[7] in duplici portione in mensa, in veste talari[8] que dicebatur ephod.[9]

   3. Nonne falsum loquebatur quando Iacob Isaac patri suo dixit: 'Ego sum Esau primogenitus tuus'?[10] Nonne mentiebatur mortaliter? Auctoritas enim dicit: 'Omne quod sit contra conscientiam edificat ad gehennam'.[11]

15 Nonne decepit patrem suum? Isaac enim dicit ad Esau: 'Frater tuus fraudulenter venit ad me.'[12] Si dicis quod per fraudem fecit bonum opus, audi Ieremiam contradicentem: 'Maledictus qui opus dei facit fraudulenter.'[13] Preterea fecit contra legem nature decipiens fratrem suum, lex enim nature est: 'Non facias alii quod tibi non vis fieri.'[14] Item, si dicitur quod

20 Iacob habuit primogenita ex emptione, tamen habuit iniuste; nam ultra

A 218[r]
12 falsum *suppl.*   15 decepit: accepit A   18 fecit: sicut A

---

1 Questions arising from Jacob's career are considered by Peter Lombard, *Sent.* 3. 38. 6; 4. 30. 1; Peter of Poitiers, *Sent.* 4. 5; and especially Stephen Langton, *Quaest.* 206[v], 314[r], 333[r-v]; and Hugh of Saint-Victor, *Quaestiones in Epistolas D. Pauli*, ad Romanos qq. 235–8; ad Hebreos, qq. 99–100, 108.   2 Robert occurs as archdeacon of Angers in 1180 and 1199–1200; Herbert and Stephen were named as archdeacons along with Robert in 1180 (*Cartulaire de Saint-Aubin, Angers*, ed. A. Bertrand de Broussillon, (3 vols., Paris, 1903), ii. 88, 96, 254).   3 Gen. 25. 29–34.   4 Ps. 46. 5.   5 Glos. ad loc.   6 Gen. 27. 4.   7 Deut. 21. 17.   8 Cf. Glos. ad Gen. 25. 31; 37. 3.   9 Cf. I Reg. 2. 18.   10 Gen. 27. 19.   11 Quotation untraced.   12 Gen. 27. 35.   13 Ierem. 48. 10.   14 Matt. 7. 12. and Glos. ad loc.

medietatem pretii fratrem defraudavit,[15] ergo iniuste eam habuit, ergo peccavit.

4. Contra, de Iacob dicitur quod fecit dolum sine dolo et ibi fuit pia fraus, ergo ibi non fuit peccatum. Item auctoritas: 'Fratrem non decepit, quia hereditatem sibi debitam consilio matris et patris concessione 25 accepit.'[16] Hec autem verba dicit:[17] 'Ego sum filius tuus', et facit ibi distinctionem,[18] postea sequitur 'primogenitus tuus Esau'.

5. Utrum autem Isaac crederet se benedicere Esau, et utrum cum aliquo loqueretur et illum crederet esse Esau, potius ad dialecticam quam ad theologiam pertinere videtur. Item benedixit Iacob, ergo volens vel nolens; 30 si volens, ergo voluit benedicere Iacob, non Esau. Item, voluit iterum benedicere Esau cum benedixit Iacob et non Esau.[19] Penituitne de bono quod fecerit? Quod non videtur, quia non est penitere nisi de malo.

6. Quidam dicunt Iacob non fuisse mentitum; non enim dixit se esse Esau in persona, sed dixit se esse verbum cui debebantur primogenita, 35 ratione emptionis et expressa suorum forma. Sic in evangelio Christus dicit de Iohanne baptista: 'Iohannes ipse est Helias',[20] non persona sed virtute[21] et gratia. Sicut enim Helias arguebat regem Achab et Iezabel,[22] sic erat Iohannes Helias, non essentia sed similitudine et figura.

7. Queritur autem cur Esau gratiam paterne benedictionis amiserit, nam 40 benedictionis virtus provenire solet ex vi verborum, ut in sacramento altaris, vel ex vi ordinis, vel ex merito benedicti vel benedicentis. Si autem Iacob habuit premium benedictionis ex meritis, ergo etsi non haberet benedictionem tamen haberet premium benedictionis; si autem ex virtute verborum, ergo si Isaac eadem verba super Esau proferret Esau gratiam 45 eiusdem benedictionis haberet.

8. Item, si habuit benedictionem ex ordine benedicentis, numquid si post benediceret alium haberetne benedictionis effectum? Scimus quod intentio hominis operi suo nomen imponit.[23] Cum ergo Isaac intenderet Esau

---

26 dicit *suppl.*   32 cum: et A   33 penitere *suppl.*   43 premium: primum A

15 Cf. Justinian, *Codex*, 4. 44. 2; 4. 44. 8. For the mediaeval development of this concept of *laesio enormis*, see J. W. Baldwin, *The Mediaeval Theories of the Just Price* (Transactions of the American Philosophical Society, New Series, 49/4, 1959), pp. 18–19, 22–7, 42–6.   16 Cf. Glos. ad Gen. 25. 31, in Nicholas of Lyre; Aug. *Contra Mendacium*, 10. 24.   17 Gen. 27. 19.   18 *facit . . . distinctionem*: cf. Glos. ad loc. in Rabbi Salomon; Buoncampagno, *Rhetorica*, 7. 3 (*Bibliotheca Iuridica Medii Aevi*, ed. A. Gaudentius (Bologna, 1888–1901), ii. 275).   19 Gen. 27. 35, 39–40.   20 Matt. 11. 14.   21 Glos. ad loc.   22 III Reg. 18. 16–18; 21. 20–24.   23 Ambr. *De Officiis*, 1. 30. 147.

50 benedicere, nonne benedictio erat Esau et non Iacob?[24] Si sacerdos
intenderet benedicere hanc hostiam et non illam, nonne consecraret hanc
et non illam? Preterea, si qua mulier decepta errore persone consentiret in
alium cui se crederet nubere, potius eius uxor esset cui verbo mediante
pluribus assistentibus consentiret?[25] Quid erit de illo qui, pro pascendis
55 pauperibus, feram intendebat occidere et hominem qui supervenerat
interfecit?[26] Iuramentum debet recipi secundum intentionem illius cui fit.
Numquid ergo assertio Iacob secundum paternum debuit recipi intellectum? Sed aliud est in iuramento, aliud in simplici verbo.

9. Preterea videtur culpabilis esse Iacob, qui fratrem suum primogeni-
60 tum volentem sue dignitatem primogeniture vendere non correxerit, immo
fratrem suum esurientem in venditione cibi vilissimi circumvenerit. Denique, fraudes Esau non legimus, sed quam dolose Iacob circa Laban
versatus sit[27] frequenter in ecclesia recensetur. Nonne videbat Iacob
fratrem suum errare in venditione dignitatis, nec eum correxit?

65 10. Tetigimus simoniam, sed nondum erat tunc prohibita, vel forte non
fuit spirituale quod emit; ac si erat spirituale cum multis temporalibus
potest emi, quia transit cum universitate.

11. Si sequius aliquid dixi quam expediret et quod officio correctionis
indigeret, vos qui spirituales estis, instruite vel excusate huiusmodi in
70 spiritu lenitatis.[28]

59

Peter considers questions about the use of force by the Church and its
members in their secular relationships.[1] 1200×11

QUEREBATUR UTRUM GENERALITER VIM VI REPELLERE
LICEAT

59 Preterea: propterea A   65 simoniam: simonica A   68 Si: sed A   68 quam: quod
A
  A 218[v]

---

24 Cf. Glos. ad Gen. 27. 33.   25 Cf. Glos. ad Gen. 29. 27.   26 Cf. Letter 30a.
3.   27 Gen. 30. 31–43.   28 Gal. 6. 1.

1 Some of these questions are discussed by Odo of Ourscamp, *Quaest.* 2. 296; Simon of
Tournai, *Disp.* 29. 1; 82. 4; *Inst.* 145[v]. See also Honorius, archdeacon of Richmond (see
Letter 53) *Summa Quaestionum*, 3. 2. 1, quoted by Kuttner–Rathbone, 346–7.

1. Viro venerabili priori de Messa,[2] Petrus Blesensis Londoniensis archidiaconus salutem quam repromisit deus diligentibus se.[3]

2. Cum scriptum sit quod vim vi liceat repellere,[4] repulsio tamen hec 5 facienda est cum moderamine inculpate tutele, vel in instante et flagrante maleficio possumus repellere violentiam. Perfectus tamen nec vim repellere nec sua repetere[5] potest, cum teneatur aliorum necessitatibus subvenire.[6] Perfectis enim dictum est: 'Nolite resistere,[7] nolite vestra repetere.'[8] Nonne Abraham perfectus erat, qui non solum sua bello repetiit, sed etiam 10 ea que quinque reges abstulerant Loth nepoti suo repetiit et obtinuit, reges captivavit?[9] Quis est magis perfectus quam summus pontifex, qui movet arma quandoque et suis hostibus bella indicit? Sane Moyses et patres antiqui non solum in resistendo sed etiam in persequendo plurimos occiderunt.[10]   15

3. Item, ecclesia recipit monomachiam;[11] numquid potest duellum fieri salva caritate? Uterque enim habet fraternum odium, iuratque unus quod reliquus est periurus. Nonne uterque est in mortali? Item, non debemus reddere lesionem facti pro lesione verbi aut pecunie; tamen si laicus est, potest lesionem verbi pro lesione verbi reddere, sed si lederet percussione 20 pro lesione verbi nullum moderamen ibi esset. Ideoque legitur de iudicio et monomachia quia diabolo falsante inventa sunt.[12]

4. Item, iste dux et episcopus, vel comes et episcopus, vel summus pontifex qui est episcopus et rex, nonne istorum quilibet in eo quod est rex aut dux aut comes sanguinem humanum fundere potest? Unde apostolus: 25 'Time potestatem, non sine causa gladium portat.'[13] Scriptum est: 'Ecce duo gladii',[14] hic materialis et ille ecclesiasticus. Nonne Petrus gladio

---

5 scriptum sit: scripsit sit A   12 movet: moveat A   20 percussione: percussionem A   27 ille *suppl.*

---

2 Probably the prior of Missenden (Messenden, see Letter 75 below) or Meaux (Melsa, see Letter 33 above). Hugh was prior of Meaux for five years or more and became abbot in 1210 (*The Heads of Religious Houses: England and Wales, 940–1216*, ed. D. Knowles, C. N. L. Brooke and V. C. M. London (Cambridge, 1972), p. 138). William is named as prior of Missenden in 1200, and Geoffrey in 1228 (*The Cartulary of Missenden Abbey*, ed. J. G. Jenkins (3 vols., Buckinghamshire Archaeological Society, Records Branch; London, 1938–62), ii. 76; iii. 96).   3. Iac. 1. 12.   4 Grat. *Decret.* D. 1. c. 7.   5 I Cor. 13. 5.   6 Cf. I Cor. 10. 24.   7 Matt. 5. 39 and Glos. ad loc.   8 Luc. 6. 30; cf. Grat. *Decret.* D. 46. c. 8.   9 Gen. 14. 14–24; cf. Grat. *Decret.* C. 23. q. 8. c. 14.   10 Cf. Num. 21. 23–35; Ios. 10. 10, 19, etc.   11 Cf. e.g. 'Duella . . . sunt archiepiscopi, si fuerit inter homines suos', *Cartulaire de l'archévêché de Tours*, ed. L. de Grandmaison (Mémoires de la Société Archéologique de Touraine, 37; Tours, 1892), 215.   12 Quotation untraced.   13 Rom. 13. 4.   14 Luc. 22. 38.

materiali usus est cum Malcho auriculam amputavit?[15] Tamen dominus reprehendit eum dicens: 'Mitte gladium tuum in vaginam.'[16] Nonne rex accipit gladium materialem ab ecclesia,[17] et in hoc est minister ecclesie? Estne ecclesia auctor sanguinem effundendi?[18] De hoc dicitur super Ieremiam: 'Homicidas et sacrilegos punire non est effusio sanguinis sed ministerium regis.'[19]

5. Item, dum latro ducitur ad suspendium, si quoquo modo tunc evaderet sequentibusque fortiter resisteret, licetne hoc ei? Nam apostolus dicit: 'Qui resistit potestati, dei ordinationi resistit.'[20] Item, potestne aliquis effundere sanguinem nisi sit iudex iudicisve minister? Item, cum aliquis sit homo regis, non tenetur regi servire in huiusmodi bellis; numquid peccant pontifices regibus in talibus servientes?[21] Item, dominus precipit dicens 'Nolite resistere.'[22] Rex dicit: 'Movete arma'. Nonne tenetur deo potius obedire quam regi?[23] Item, cui debet quis maiorem facultatem: vel principi cuius est homo liber, vel prelato? Videtur quod prelato, nam plus debet deo quam homini, sed si modo aliquis vocaretur a rege et a prelato, potius iret ad regem quam ad prelatum, et hoc sustinet ecclesia. Peccatne ecclesia in hoc?

6. Item, dominus in evangelio: 'Qui percusserit te in unam maxillam, prebe ei et alteram.'[24] Sed hoc preceptum dominus non adimplevit, non enim legitur quod percutienti se in maxillam[25] preberet ei et alteram.[26] Nota, 'maxillam percutienti iterum prebere' est si ille repercusserit patienter sustinere, non ut iterum percutiat rogare.[27]

7. Item in Lamentationibus: 'Mandavit dominus Iacob hostes in circuitu.'[28] Super hoc auctoritas: 'Non consurget gens adversus gentem nisi precipiente domino.'[29] Secundum hoc bellum quandoque est iustum, unde auctoritas: 'Ubi ius belli ibi ius nature.'[30] Item super Iosue, ubi fit mentio de insidiis eius,[31] auctoritas: 'Cum quis bellum iustum susceperit, utrum

---

35 sequentibusque: seque resistentibus A   40 Rex dicit: dominus dicit movet Rex precipite A   54 Iosue: Osee A

---

15 Ioh. 18. 10.   16 Ioh. 18. 11.   17 Cf. the Coronation Order in *The Pontifical of Magdalen College*, ed. H. A. Wilson (Henry Bradshaw Society, 39, London, 1910), 92; and Richard I's coronation in Howden, *Chronica*, ed. W. Stubbs (RS 1868–71), iii. 10.   18 Cf. Grat. *Decret.* C. 23. q. 8, 2 pars.   19 Jerome, *Comment.* in Ierem. 22. 3, cit. in Grat. C. 23. q. 5. c. 31 (*regis*: rectius *legum*).   20 Rom. 13. 2.   21 Cf. Grat. C. 23. q. 8.   22 Matt. 5. 39.   23 Cf. Act. 4. 19.   24 Matt. 5. 39.   25 Cf. Matt. 26. 67–8; Luc. 22. 63–4.   26 Aug. *Ep.* 138. 2. 13, cit. in Grat. C. 23. q. 1. c. 2.   27 Cf. Glos. ad Matt. 5. 39.   28 Lam. 1. 17.   29 Glos. ad loc.   30 Quotation untraced.   31 Ios. 8. 2.

aperta pugna vel insidiis vincat nichil interest ad iustitiam.'[32] Secundum
hoc bellum quandoque iustum est, nec malum est contra hostes agere
fraudulenter.

8. Item, videtur quod quamlibet melius esset non resistere quam
resistere, tam esse perfectum quam non esse, et iam esse illius perfectionis   60
in qua non licet resistere quam minoris. Item, sint hic due virgines, una
perfectissima ex voto et abbatissa, et altera imperfecta, et utraque vi
corrumpitur. Queri solet que magis teneatur repellere corruptionem. Si
perfecta, ergo tenetur resistere etiam magis quam imperfecta, quod falsum
est, quia non resistere est opus perfectionis, ad quod tenetur. Item si   65
imperfecta, magis tenetur resistere ne amittat virginitatem, ergo magis
tenetur servare virginitatem quam perfecta, quod falsum est.

9. Nota ordinem et progressum imperfectionis: deus precepit Hebreis
auferre ab Egyptiis vasa aurea,[33] post precepit non concupiscere rem
proximi,[34] postea precepit talionem oculum pro oculo,[35] postremo precepit   70
nobis quod si percutimur in unam maxillam percutienti alteram pre-
beamus.[36]

10. Bene valeat dominus prior omnesque fratres et amici nostri.
Delectari soleo mellifluam scripturarum dulcedinem insatiabiliter degustare, nunc studeo lingere meorum ulcera[37] peccatorum. Utinam vere   75
esuriam et sitiam iustitiam[38] famemque patiar ut canis,[39] ut non solum mea
sed etiam aliena feda et horrenda michi lingere liceat, ut iste multis qui et
gravibus conscientie laborat ulceribus in suis et alienis egritudinibus
officium lingue exerceat. Si quid queso in vobis est caritatis aut gratie, pro
me queso devote et instanter studeatis orare.   80

---

60 tam: nam A   74–75 degustare: degestare A   76 sitiam: sentiam A   76 ut non:
non ut A   78 alienis: laborat *add.* A

---

32 Glos. ad loc., cit. in Grat. C. 23. q. 2. c. 2.   33 Ex. 3. 22.   34 Ex. 20. 17.   35 Ex.
21. 24.   36 Matt. 5. 38–9.   37 Luc. 16. 21 and Glos. ad loc.   38 Matt. 5. 6.   39 Cf.
Glos. ad Marc. 7. 28.

60

Problems in defining final perseverance and impenitence.[1] 1200×11

DE IMPENITENTIA FINALI VEL INFINALI

1. Dilecto socio et amico in Christo carissimo Magistro Leonio,[2] Petrus Blesensis Londoniensis archidiaconus salutem et gaudium visionis eterne.

2. Cum nuper invicem conferremus de virtutibus et usu virtutum, et utrum virtutum opera sint virtutes, incidimus in hunc casum: utrum perseverantia bene agendi esset virtus opusve virtutis. Publice namque dicitur quod perseverantia est qualitas mentis bene constitute et difficile mobilis, et ita est habitus mentis bene constitute, ergo est virtus,[3] locus a difinitione. Item, perseverantia in malo est vitium, ergo perseverantia in bono est virtus. E diverso, quelibet virtus potest haberi sine hac, ergo hec non est virtus. Quidam dicunt quod perseverantia finalis non est virtus sed opus virtutis, et quod idem est perseverantia et perseverare. Item in evangelio: 'Qui perseveraverit usque in finem, hic salvus erit';[4] hic dicitur quod finalis perseverantia exigitur ut quis habeat vitam eternam. Item, nonne iste tenetur habere caritatem usque in finem, ergo tenetur habere perseverantiam finalem, quia non salvabitur nisi finaliter perseveret?

3. E contra, iste heri cepit habere in proposito perseverare in bono finaliter, et perseveravit heri et hodie et usque in dimidium annum. Nonne

A 218ᵛ
2 socio *suppl.*

---

1 These questions are also considered by Odo of Ourscamp, *Quaest.* 2. 47; Simon of Tournai, *Disp.* 24. 1; 53. 1–2; 93. 1–2; Peter of Poitiers, *Sent.* 2. 17.   2 Probably Leonius, dean of Wells 1213–15; see C. R. Cheney, 'King John and the Papal Interdict', *Bulletin of the John Rylands Library*, 31 (1948), 305 n; repr., with the same pagination, as item ix in id., *The Papacy and England 12th–14th Centuries: Historical and Legal Studies* (Variorum Reprints; London, 1982). Between 1190 and 1210 he witnessed two grants of land at Burton Fleming in Yorkshire; in one he is called vicar of Burton (*Early Yorkshire Charters*, ed. W. Farrer (3 vols., Edinburgh, 1914–16), ii. 458, 480). Burton Fleming was so called from being in the fee of the Gant family from Flanders; possibly Leonius also came from Flanders, a 'Leonius notarius' being mentioned in a grant from Count Philip to the abbey of Saint-Bertin in 1177 (*Cartulaire de l'abbaye de Saint-Bertin*, ed. B. E. C. Guérard (*Collection des Cartulaires de France*, 3; Paris, 1840), 355–6). According to the *Annals of Dunstable* (*Annales Monastici*, ed. H. R. Luard, iii (RS 1866), 40), Leonius was one of the three preachers sent by the pope in 1213 to promote the crusade in England. Possibly he was a substitute for John of Kent, designated in the papal register (Cheney, *Calendar*, no. 918), who probably died that year.   3 Cf. Cicero, *De Inventione Rhetorica*, 2. 159.   4 Matt. 10. 22.

poterit se dicere finaliter perseverasse? Nam hoc habuit in proposito, et
sunt qui dicunt quod licet iste non perseveret finaliter tamen perseverantia 20
eius est finalis, quia finaliter facere hoc proponit, licet forte hoc ei non
sufficiat ad salutem. Non enim sufficit bene velle nisi sequatur bene facere.
Quidam faciunt differentiam inter perseverantiam et perseverationem, ut
perseverantia sit finalis et perseveratio quandoque sit non finalis. Alii
dicunt quod est perseverantia ad finem et est perseverantia in fine; 25
perseverantia finalis est que manet in fine, non illa que tendit ad finem.

4. Item dominus dixit ad mulierem: 'Vade et noli amplius peccare';[5]
subaudi 'mortaliter'. Exemplo Christi, sacerdos iniuncta confitenti penitentia septennii precepit ei quod de cetero non peccet; penitens totam
suam penitentiam implet, nec tamen videtur satisfacere pro peccato quia 30
postea peccat, et ita quod ei a sacerdote iniunctum est non observat.
Dicimus quod sacerdos non precepit ei ut de cetero non peccet, sed ut
habeat in proposito de cetero non peccare.

5. Item, cum dominus in evangelio dicat: 'Penitentiam agite',[6] et alibi
dicat: 'Qui perseveraverit usque ad finem, hic salvus erit',[7] videtur 35
precipere quod de omni peccato penitentia finalis fieri debeat. Ergo iste
debet et potest penitere de impenitentia finali; anathema enim est qui dicit
deum aliquod impossibile precepisse.[8] Preterea, cum in isto sit impenitentia finalis nec salvari possit nisi peniteat de hac impenitentia finali, et iste
potest salvari, ergo potest penitere de impenitentia finali. Alioquin non 40
esset ei imputandum, nec teneretur de hoc peccato penitere.

6. Item, si penitet de impenitentia finali, impenitentia finalis fuit in eo et
modo non est in eo, et si hoc, non fuit finalis; ergo impenitentia finalis fuit
et non fuit in eo. Consequens est impossibile ergo antecedens, et ita
impossibile est istum penitere de impenitentia finali. 45

7. Quidam dicunt quod possibile est istum penitere de hoc peccato, sed
impossibile est ipsum penitere de impenitentia finali. Nam accidentale est
huic peccato esse impenitentiam finalem, quia si peniteat de hoc peccato
illa impenitentia non est finalis, si autem non peniteat est finalis. Cum ergo
dicitur: 'Potest penitere de hoc peccato', fit sermo de re et tunc est 50
possibile; cum autem dicitur: 'Potest penitere de impenitentia finali', fit
sermo de dicto et est impossibile.

51 possibile: impossibile A

---

5 Ioh. 8. 11.   6 Matt. 4. 17.   7 Matt. 10. 22.   8 Cf. Aug. *De Peccatorum Meritis et Remissione*, 2. 3. 3.

8. Quidam tamen dicunt quod impenitentia non est nec est peccatum nec ponitur in subiecto,[9] immo tantum remotive intelligitur ut sit sensus: 'Hic
55 est impenitens, id est non est penitens.' Videtur autem Augustinus dicere super Romanos quod impenitentia est peccatum, et est peccatum in spiritum sanctum.[10] Nam ubi debet exemplificare de peccato in spiritum sanctum exemplificavit de impenitentia, et ita videtur asserere quod impenitentia finalis sit peccatum in spiritum sanctum, ergo quod sit
60 peccatum.

9. Sic de modica scintilla magnus ignis[11] progreditur, de fontibus parvulis magna flumina[12] oriuntur, sic opus grande de collatione minima est elicitum, et vereor ne pro sua prolixitate sit apud vos delicatis auribus tediosum.

61

Peter answers questions from the archdeacon of Dorset on confession and penance.[1] 1200×11

RESPONSIO AD VARIAS QUESTIONES QUE PROPONEBANTUR A MAGISTRO R.

1. Dilecto socio et amico Magistro R. archidiacono de Dorset,[2] Petrus Blesensis Londoniensis archidiaconus salutem in auctore salutis.

---

54 ponitur: ponit A   56 super *suppl.*   58 exemplificavit: exemplicavit A
A 219[r]

---

9 Cf. Arist. *Categoriae*, 2(1ᵃ20–1ᵇ9).   10 Aug. *Epist. ad Rom. Inchoata Expositio*,
14.   11 Ecclus. 11. 34.   12 Cf. Esth. 10. 6.

1 See Peter Lombard, *Sent.* 4. 16. 1–2; 4. 17. 1; Odo of Ourscamp, *Quaest.* 2. 34; Robert of Melun, *Sent.* i, p. 199, q. 15; Simon of Tournai, *Disp.* 95. 1–3; *Inst.* 153ʳ; Peter of Poitiers, *Sent.* 3. 6; 3. 15–16; Stephen Langton, *Quaest.* 313ᵛ; the contemporary *Liber Poenitentialis* of Robert of Flamborough, ed. J. J. F. Firth (Toronto, 1971); also P. Anciaux, *La Théologie du Sacrement de pénitence au XIIᵉ siècle* (Universitas Catholica Lovaniensis, Dissertationes ad gradum magistri in Facultate Theologica vel in Facultate Iuris Canonici consequendum conscriptae, Series II. tom. 41; Louvain, 1949).   2 Adam occurs as archdeacon of Dorset 1200–15; Richard is recorded in 1196 and 1179 × 85, and Ranulph son of Robert in 1194 × 1206 (Greenway, iv, 26).

2. Cum diversis articulis michi proponas multiplices et varias questiones, 5
non sufficio simul et semel linguis respondere. Michi cederet ad plenitudinem voti mei si secundum ordinem et seriem proposite petitionis possem
tue discretioni satisfacere, vel in omnibus vel in paucis.

3. Hec est autem prima questio, que quasi subsequentium primipilaria et
magistra procedit in campum. Duo sunt homines, quorum uterque credit 10
se homicidium commisisse, sacerdos etiam scit alterum istorum occidisse
hominem et quod unus tantum occidit eum, sed nescit uter eorum.
Uterque eorum confitetur homicidium, sacerdos iniungit penitentiam
utrique, sed quare hoc facit cum sciat quod alter eorum est ab homicidio
immunis? Videtur ergo quod iniuste iniungit penitentiam utrique, et sic 15
peccat. Si non iniungit utrique et iniungit uni, quomodo iniungit penitentiam cum ignoret cui penitentia sit iniungenda? Simile est si quis iurat
aliquid esse faciendum et alius iurat illud non esse faciendum; scimus
alterum esse periurum, sed quia nescitur quis sit periurus uterque legitimus
reputatur. Sic baptizamus eum quem nescimus baptizatum, non enim 20
dicitur iteratum quod nescitur esse factum. Sic videtur quod sacerdos debet
utrique penitentiam iniungere pro homicidio. Si autem sacerdos sciat quis
eorum non commiserit homicidium et uterque confiteatur credens se
homicidium commisisse, debetne illi penitentiam iniungere? Nam si
iniungit peccat, et si non iniungit homicidium confitenti, peccat. 25

4. Quid si ille qui non commisit homicidium sine confessione decedat?
Nonne decedit cum cauteriata conscientia[3] et ideo damnabitur, non pro
homicidio sed pro contemptu penitendi? Quod si sacerdos ei dicat quod
non est homicida et ille nolit acquiescere, penitentia iniungatur. Sicut si
aliquis indigne accedens ad corpus Christi cum instantia ipsum petat, 30
dispensator non prohibeat manducare sed moneat exactorem timere.

5. Si queratur utrum omnis penitentia iniuncta sit adimplenda, dicimus
quod si maior est penitentia quam peccatum, quandoque facienda est,
quandoque non. Facienda est ad cautelam, sicut quando septennium
iniungitur mulieri que filium oppressit. Ipsa quidem satis doluit, penitentia 35
tamen peccato maior est et eam adimplere tenetur. Dominus in evangelio
dicit: 'Super cathedram Moysi sedebunt scribe et pharisei', et post:
'Imponunt hominibus[4] onera gravia et importabilia', et post: 'Que dicunt

10 magistra: magis A

3 I Tim. 4. 2.   4 Cit. e.g. Ambr. *Enarr.* in Ps. 1. 1.

facite, que autem faciunt nolite facere.'[5] Per hoc videtur quod quantam-
40 cumque penitentiam sacerdos iniungat, penitens debet eam suscipere, sed
si eam sustinere non potest, sacerdoti ostendat suam impotentiam, et
sacerdos minorem iniungere debet ei penitentiam.

6. Solet etiam queri de illo qui habet caritatem et credit se esse
homicidam cum non sit, et ut ei remittatur homicidium orat pie, per-
45 severanter, pro se et ad salutem, ergo debet exaudiri;[6] sed quomodo
exaudietur et remissione potietur cum peccatum non habeat? Item, cum
iste dicat sacerdoti se esse reum homicidii, sufficit hoc dicere peccatori?

7. Preterea, iste habet in una diocesi aliquem sacerdotem qui optime scit
de simonia et non de homicidio iudicare, alium sacerdotem habet in alia
50 diocesi qui non de simonia sed de homicidio scit optime iudicare; licetne
isti dividere peccata sua,[7] ut simoniam suam ei qui scit de simonia iudicare,
alii autem confiteatur homicidium qui circa homicidii penitentiam usum et
ingenium exercitatius habet? Peccata sic dividere peccatum grave est.[8]
Bonum est ergo ut omnia peccata sua simul confiteatur utrilibet, et postea
5 si velit poterit confiteri peccatum suum ei qui de illo scit melius iudicare.

8. Item, sacerdos iste credit hunc penitentem conteri ideoque penitentiam iniungit, quod si confitentem non crederet conteri ei penitentiam
iniungere non deberet. Sed si sacerdos credit eum esse vere contritum iam
credit peccatum suum ei esse dimissum, nec deberet dicere: 'Misereatur tui
deus', sed: 'Misertus est tui deus'. Sed hoc verbum sacerdotis est referen-
dum ad deletionem peccati quod iam dimissum est, propter quatuor:
scilicet ut habeat pleniorem absolutionem venalium, ad augmentum virtutis, ad robur, ad perseverantiam boni.

9. Queritur etiam de muto qui mortale peccatum habuit: illud ex toto
5 deletum est quantum ad culpam et quantum ad penam, ergo pro eiusdem
accusatione peccati non debet coram eodem iudice ulterius satisfacere; sed
quid erit si ei loquela reddatur? Teneturne confiteri et ita satisfacere? Item,
aliquis in tempore legis per contritionem a peccato suo liberatus est.
Supervenit lex Christi, precipitur oris confessio, teneturne iste peccatum
quod deletum est ore confiteri?

46 potietur: potitur A   50 scit: sciat A   54 utrilibet: utrique A   58 eum: esse
A   64 Queritur: Querit A

5 Matt. 23. 2, 4, 3.   6 orat . . . exaudiri: cf. Glos. ad Ioh. 15. 16 in Nicholas of
Lyre.   7 Cf. Grat. Decret. C. 33. q. 3. c. 1.   8 Cf. Aug. De Vera et Falsa Penitentia, 15.
30–31.

10. Item, iste qui commisit adulterium in diocesi ubi pro adulterio iniungitur triennium, confitetur in diocesi ubi pro adulterio iniungitur septennium. Quando adulteratus est non meruit nisi penam triennem, ergo in secunda diocesi penitentia maior peccato suo iniungitur iniuste penitenti. Dicimus quod utramque penam meruit secundum diversos locorum 75 respectus, sicut ille qui fecit furtum in Italia ubi furtum punitur tantum pena pecuniaria; si venerit in Franciam, de eodem furto convictus furcarum suspendio puniretur.

11. Item, iste furatus est heri huic homini centum libras; fur peccavit mortaliter. Quero utrum mortaliter peccaverit pro quolibet nummo, et 80 utrum teneatur conteri et confiteri pro quolibet nummo. Dicimus quod sufficit una contritio vel confessio pro omnibus.

12. Item, legitur quod preceptum, si non fiat ex caritate, non fit;[9] ita dicitur quod penitentie que ex caritate non fiunt fieri non videntur; sed si hoc, numquid tenetur iterum quadragesimam ieiunare? Teneturne iterum 85 Hierosolimam ire, quia sine caritate ivit vel caritatem in eundo amisit? Item, si iniungitur isti a sacerdote ut reddat ablatum, et reddit, sed non ex caritate, numquid iterum tenebitur ablatum restituere? Dicimus quod duo precipiuntur in confessione: iniuncte penitentie impletio, et peccati desertio. Penitentiam egit sed peccatum non deseruit, et ideo adhuc 90 tenetur satisfacere de peccato.

62

Peter discusses the priest's power to bind and loose, including its relationship to excommunication and to civil justice.[1] 1200×11

IN HAC EPISTOLA AGITUR DE SACERDOTIO, ET DE POTENTIA SACERDOTUM ET DE EXCOMMUNICATIONE

72 triennium . . . iniungitur *suppl.*   74 suo: suō A
A 219ᵛ B 107ʳ
1 IN . . . AGITUR: AGIT B

9 Cf. I Tim. 1. 5.

1 For similar problems see Letter 38, also Peter Lombard, *Sent.* 4. 16. 1–2; 4. 18. 1–6; Odo of Ourscamp, *Quaest.* 2. 296; Simon of Tournai, *Disp.* 63. 2; 82. 5; Peter of Poitiers, *Sent.* 3. 16; Stephen Langton, *Quaest.* 217ʳ, 252ʳ.

1. Viro venerabili et amico in Christo carissimo abbati Sancti Augustini,[2] Petrus Blesensis Londoniensis archidiaconus salutem mentis et corporis.

2. Cum de Christo legatur: 'Tu es sacerdos in eternum secundum ordinem Melchisedech',[3] dicimus quod Christus secundum quod deus non fuit sacerdos, sed secundum quod homo; et in hoc fuit sacerdos, quia panem et vinum in cena consecravit[4] et in ara crucis[5] seipsum sacrificium obtulit[6] deo patri. Item, videtur quod sacerdos fidem vel peccati ablutionem in homine operetur, unde apostolus: 'Ego plantavi', id est, vobis fidem dedi predicatione mea; 'Apollo rigavit', id est baptizavit; 'Deus autem incrementum dedit', scilicet fidei.[7]

3. Videtur quod homo possit peccatum suum remittere sibi, unde super primum septem penitentialium assignantur septem modi remissionis peccatorum[8] quorum unus est remittere sibi peccanti. Unde apostolus: 'Cum deus faciat nos sine nobis non iustificat nos sine nobis';[9] item: 'Non ego operor illud,[10] sed gratia dei mecum';[11] item: 'Coadiutores dei sumus.'[12] Preterea, quid mali est si deus iustificat nos ut auctor,[13] nos vero ut ministri? Item, nonne per contritionem meremur peccati remissionem?[14] Legitur enim quod aliquis sibi meretur remissionem culpe. Nonne videtur remittere sibi peccatum qui per se facit ut immunis sit a peccato? Scriptum est: 'Dimittite, et dimittetur vobis.'[15] Si facio quod dimitto, quare non facio ut dimittar?

4. Nota quod in necessitate potest quilibet alii peccatum dimittere, unde auctoritas: 'Confitemini alterutrum peccata vestra.'[16] Deus quidem dimittit auctoritate sua peccatum; sacerdos ostensione, unde 'Ostende te sacerdoti';[17] privata persona reconciliatione, dum ei a quo Iesus est animi rancorem dimittit.

5. 'Quodcumque ligaveris'[18] etc.: apponendum est 'iuste' quantum ad ligantem et quantum ad ligatum, quia quandoque sacerdos credit aliquem

---

16 non . . . nobis *om.* B   30 quantum ad *om.* B

---

2 Roger was abbot of the Benedictine house of St Augustine, Canterbury, 1175–1213. See *Ep.* CLVIII for Peter's clash with him in Rome while acting as proctor for Archbishop Richard.   3 Hebr. 5. 6 and Glos. ad loc.   4 Matt. 26. 26–7 etc.   5 'Ad cenam agni providi', l. 6 (A. S. Walpole, *Early Latin Hymns* (Cambridge, 1922), no. 109).   6 Hebr. 7. 27.   7 I Cor. 3. 6 and Glos. ad loc.   8 Cassiodorus, *Expos.* ad Ps. 6 (Intro.).   9 Aug. *Sermo* 169. 11.   10 Rom. 7. 17.   11 I Cor. 15. 10.   12 II Cor. 6. 1.   13 *auctor:* cf. Hebr. 12. 2.   14 Cf. II Cor. 7. 9–10.   15 Luc. 6. 37.   16 Iac. 5. 16, cf. Glos. ad loc.   17 Matt. 8. 4. and Glos. ad loc.   18 Matt. 16. 19.

habere contritionem veram et ideo iuste absolvit eum, sed ille non est absolutus iuste. Potest etiam accidere quod aliquis iuste excommunicetur, et tamen sacerdos iniuste excommunicet eum. Nimirum ecclesia quandoque errat, quia non iudicat nisi de manifestis.[19] Approbatne deus iudicium in quo ecclesia ligat non liganda vel absolvit non absolvenda? Dicunt aliqui 35 quod deus approbat iudicium ecclesie in quo quandoque ligat solvendum, nec tamen approbat iudicium ecclesie quo ab ecclesia ligetur aliquis qui erat absolvendus, iuxta illud:

Actio displicuit, passio grata fuit.[20]

Ceterum, cum scriptum sit 'Quodcumque ligaveris' etc., videmus ecclesiam 40 in suis ligationibus et absolutionibus frequenter errantem.[21] Nonne melius posset dici: 'Quodcumque erit ligatum in celis erit ligatum in terris,' et non e converso?

6. Nota insuper quod triplex est excommunicatio: una est subtractio sacramentorum, quam potest facere quilibet sacerdos; est alia excommu- 45 nicatio subtractio divine protectionis, hec dei est, non hominis; tertia excommunicatio est quod orationes et suffragia ecclesie subtrahuntur homini et non prosunt. Prima est hominis, due sequentes solius dei; nec enim potest homo separare hominem iustum a protectione gratie vel a suffragiis ecclesie quin ei prosint, licet possit hominem a sacramentis 50 ecclesie separare.

7. Solet queri utrum magis excommunicatus est a duobus quam ab uno, vel absolutus a pluribus quam ab uno, a meliore quam a minus bono; nam sacramenta que dantur a meliore non sunt meliora quam que dantur a minus bono. 55

8. Queritur etiam utrum aliquis possit excommunicare seipsum, utrum episcopum suum vel papam. Nemo debet mittere falcem suam in alienam messem;[22] excommunicantur tamen a sacerdotibus qui non sunt de ovibus

31–32 sed . . . iuste *om.* B   42 ligatum: et *add.* B   50 possit: per *add. codd.*   56 possit *om.* B   57 Nemo: tamen *add. codd.*   57–58 alienam messem: messem alienam B   58 sunt *om.* A

19 Glos. ad Rom. 14. 4 (Cf. Aug. *Expositio quarundam propositionum ex epistola ad Romanos*, ad loc.).   20 Quotation untraced. Peter's meaning here may not be as clear as it should be. He seems to say that God disapproves the binding wrongfully but not the being wrongfully bound and that God disapproves the action of wrongful excommunication but approves the response of the one excommunicated.   21 Cf. Grat. C. 11. q. 3. c. 1.   22 Deut. 23. 25 and Glos. ad loc.

suis, ut incendiarii, sortiarii, iugulatores hominum publicique raptores.[23]
Apostolus etiam excommunicat angelum dicens: 'Anathema sit qui aliud
predicaverit, etiam si angelus fuerit de celo.'[24] Bonus sacerdos optat suo
excommunicato non spiritualem excommunicationem sed corporalem, ut
sit separatus ab ecclesia numero sed non merito. Notandum etiam est quod
aliquis ligat maiorem se in tribus casibus: si a papa fiat cause commissio, si
sacerdos generaliter excommunicat omnes qui fecerunt hoc furtum, si
episcopus participat ei quem sacerdos eius excommunicaverit. Numquid si
dominus papa esset excommunicatus posset alium excommunicare?
Potestne sacerdos absolvere alienum parochianum, sortilegum vel incen-
diarium, quem ligavit? Eius est enim velle cuius est nolle.[25]

9. Attende etiam quod qui communicat excommunicato est excommunicatus, sed non qui communicat cum communicante cum excommunicato.[26] Videtur tamen cum in Levitico scriptum sit: 'Qui tetigerit immundum
super mortuum non vescetur panibus',[27] id est: 'Qui tetigerit eum qui est
immundus quia tetigit immundum, scilicet mortuum . . .', secundum hoc
excommunicatio transit in tertiam personam.

10. Item in Levitico, ubi agitur de purificatione mulierum, dicit auctoritas: 'Dum mulieres in utero habent, ab ingressu templi arceri non debent.
Incertum est enim an feminam sit paritura an masculum.'[28] Secundum hoc,
quamdiu peccatum est occultum nemo excommunicandus est. Item in
Levitico ubi fit mentio de lepra hominis, dicitur quod non statim eiciendus
est a consortio aliorum sed septem et septem diebus probandus est,[29] nec
pro suspicione nisi vehementi aliquis excommunicandus est. Est enim
suspicio simplex, maior et vehemens.

11. Quid erit de iudice qui scit aliquem esse iustum, et tamen coram eo
de furto convincitur testibus re vel opinione legitimus? Numquid damnabit
iudex contra conscientiam suam? Leges enim et decreta illum secundum
meritum cause damnant. Bonum esset si causam alii delegaret.

12. Item, iste commisit furtum, sed post confessionem et veram contritionem quo ad culpam et quo ad penam peccatum ei dimissum est. Si

---

67 posset . . . excommunicare: alium excommunicare posset B   72 cum *suppl.*   83 et
om. A   87 alii: mali *codd.*   89 ei: enim *codd.*

---

23 Cf. *Extra.* 5. 39. 21.   24 Gal. 1. 8.   25 *Digest.* 50. 17. 3.   26 Grat. *Decret.* C. 11.
q. 3. c. 103.   27 Lev. 22. 4, 6.   28 Glos. ad Lev. 12. 4.   29 Lev. 13. 4–8.

conveniatur coram civili iudice super eodem peccato et legitime convin- 90
citur, numquid potest iudex suspendere innocentem?

13. Quidam dicunt quod quamdiu peccatum occultum fuit, non debuit
pena crescere, sed postquam publicatum fuerit crescit pena, non peccatum.
Sicut ille qui commisit adulterium, facta confessione et accepta penitentia
redit ad sacerdotem confitens se illud adulterium commisisse in sacro 95
loco;[30] sacerdos ei auget penam, non culpam. Denique, iudex qui habet
utrumque gladium istum absolvit confitentem quantum ad culpam et
quantum ad penam. Postea, coram eodem et super eodem crimine
convincitur legitime, potest eum iudex iterum punire? Ibi augetur pena et
non culpa. Dicimus quod tribus casibus potest iterum punire: si peccatum 100
redeat, et coram alio iudice vel etiam coram eodem si utrumque gladium
habeat, vel si quod prius fuit occultum modo sit manifestum.

14. Item, si aliquis convincitur coram iudice de furto iudex tenetur eum
suspendere, et ita non potest ei parcere. Sed nonne dominus pepercit
adultere, dicens: 'Vade et noli amplius peccare?'[31] Item, 'Dimitte nobis 105
debita nostra . . .'.[32] Non sunt nisi duo vincula quibus homo ligatur, pena
et culpa. Iste est ligatus pena et culpa; sit quod offenderit iudicem in
latrocinio. Iudex non potest dimittere peccatum, quia hoc facit solus deus,
nec penam, quia faceret contra instituta huius regni. Quid ergo potest ei
dimittere?   110

15. Item, iste sufficienter contritus est de furto quod commisit, post
trahitur in causam quia suspectus habetur. Precipit ei iudex ut purget se
iuramento vel confiteatur furtum. Quid faciet? Si iurat se non commisisse
furtum, peccat mortaliter; si confitetur se commisisse, suspenditur.

16. Item, hic sacerdos excommunicat hominem qui furtum committit. 115
Nullus ante diem crastinum furtum facit, sed iste cras facit furtum. Simus in
crastino; estne iste excommunicatus? Sacerdos enim hodie nullum excommunicat, nec iste heri furtum commisit, unde ergo est excommunicatus?
Dici potest quod iste est excommunicatus ut excommunicatus sit, non quia
incidit in canonem late sententie.   120

17. Item, iste papa excommunicat omnes illos qui alienaverunt predia
sancti Petri. Successor alienat; numquid eum predecessoris sententia ligat?

---

113 Si iurat *suppl.*

---

30 *illud . . . loco*: cf. Aug. *De Vera et Falsa Penitentia*, 14. 29.   31 Ioh. 8. 11.   32
Matt. 6. 12.

Nonne abrogare potest omnia predecessoris decreta, illis solis exceptis que in quatuor principalibus conciliis sunt statuta?

25   18. Hic epistole finem facio; sentio enim michi farinam illam deficere qua proposueram condire pulmentum et illud exhibere filiis prophetarum.[33]

63

A previous letter on penitence having produced no results, Peter now writes on the dangers of impenitence. 1200×11

EXHORTATIO AD PENITENTIAM

1. Magistro I.[1] amico carissimo, Petrus Blesensis Londoniensis archidiaconus salutem, et dignos penitentie fructus.

2. De penitentia scripseram vobis, sed quia illa scriptura non fecit apud vos fructum vite, videtur michi quia eandem vel similem exhortationem ad confringendam consuetudinem peccandi, que in corde vestro longo abusu induruit, iterare et diutius debeam inculcare. Non sum sapiens, utar tamen sapientis verbo dicentis: 'Monita prudentis sunt quasi clavi defixi in altum.'[2] Sic et cor hominis induratum salutaribus monitis transfigendum est, donec sermo dei, vivus et efficax et penetrabilior omni gladio[3] et clavo, usque ad anime interiora quasi crebris tunsionibus adigatur. Semper et continue agenda est penitentia ut salvemur. Si enim Noe centum annis in arce fabricatione iugiter laboravit ut se suosque salvaret,[4] longe diligentius arcam, id est animam tuam pro qua Christus mortuus est,[5] debes preparare et mundare penitentia, ut eam deo exhibeas tempore oportuno sine macula, sine ruga.[6]

3. Consuetudo peccandi quasi gutta massata est, ideoque usus peccati egre dediscitur. Talisque quasi cum Lazaro iacens fetet;[7] clamet queso

---

A 220[r] B 108[r]

5 vos *om.* A   11 adigatur: agitatur *add. superscript.* B   17 massata: mossata *codd.*   17 usus: usu *codd.*   18 dediscitur: desistitur B

---

33 IV Reg. 4. 38–41 and Glos. ad loc.

1 Possibly Master I. of Colchester; see Letter 12.   2 Eccles. 12. 11 and Glos. ad loc.   3 Hebr. 4. 12.   4 Gen. 5. 31; 7. 11.   5 Rom. 14. 15.   6 Cf. Eph. 5. 27.   7 Ioh. 11. 39 and Glos. ad loc.

dominus: 'Lazare, veni foras.'[8] Nisi enim hiis qui mortui sunt in peccato[9]
vox domini vehementius intonet, sanguis sanguinem tanget,[10] et donec   20
impleantur Amorreorum peccata[11] miser secundum cor suum impenitens[12]
in sue prave conscientie vermibus computrescet.[13] Ideo veritas deus,
animarum putredinem sue volens doctrine balsamo[14] prevenire, 'Agite',
inquit, 'penitentiam.[15] Videte, vigilate, orate, nescitis enim quando dominus veniet.'[16] Cuidam cogitanti de domo construenda, non de penitentia   25
facienda, dictum est: 'Stulte, hac nocte repetent a te animam tuam.'[17] 'Si
autem iustus a morte preoccupatus fuerit, in refrigerio erit',[18] iniustus vero
in eterno supplicio, quia 'Virum iniustum mala capient in interitu.'[19] Mors
enim peccatoris pessima.[20] In inferno quidem nulla est redemptio,[21] sed
'Nec sapientia nec ratio nec aliquid boni est apud inferos quo tu   30
properas.'[22]

4. Noli, queso, tibi thesaurizare iram in die ire,[23] abyssus enim peccatorum abyssum invocat[24] tormentorum. Acquire, queso, amicos tibi de
mammona iniquitatis,[25] mitte per pauperum manus quod tibi fenore[26]
centuplo[27] a divina largitate reddatur. Collige in sexta etate gomor, ut in   35
septima celeste tibi affluat manna.[28] Differs penitentiam ut cures morbum
insanabilem, sed morbus te totum sic absorbebit ut de corpore magis quam
de anima, de medico potius cogites quam de Christo. Tota illuc rapietur
mentis intentio, et vix tunc aliud cogitare poteris nisi quod tibi suggeret vis
doloris. Videtur tibi quod per ignem purgatorium cito transeas et ita evoles   40
ad delicias beatorum; sed quod nunc purgare posset brevis hora forte tunc
purgabunt multa secula. Insuper, ille ignis inestimabiliter transcendet
omnium afflictorum martyrumque supplicia. Scias quod non punit homo,
punit deus; 'Horrendum est autem incidere in manus dei viventis.'[29]

5. Duo ad penitentiam te invitant, scilicet desiderium interminabilis vite   45
et formido perditionis eterne. Hec sunt due mole,[30] quibus assidue moli et

---

24 vigilate: et *add.* B   27 iustus *suppl.*   42 ille: iste B

---

8 Ioh. 11. 43.   9 Eph. 2. 5.   10 Os. 4. 2. and Glos. ad loc.   11 Gen. 15. 16 and
Glos. ad loc.   12 Rom. 2. 5.   13 Cf. Ex. 16. 20 and Glos. ad loc.   14 Cf. Glos. ad
Ecclus. 24. 21.   15 Matt. 4. 17.   16 Marc. 13. 33, 35.   17 Luc. 12. 20.   18 Sap. 4.
7.   19 Ps. 139. 12.   20 Ps. 33. 22.   21 Cf. Richard of Saint-Victor, *De Differentia
Peccati Mortalis et Venialis.*   22 Eccles. 9. 10.   23 Rom. 2. 5.   24 Ps. 41. 8 and Glos.
ad loc.   25 Luc. 16. 9 and Glos. ad loc.   26 Cf. Prov. 19. 17.   27 Matt. 19. 29.   28
Ex. 16. 22 and Glos. ad loc.   29 Hebr. 10. 31.   30 Cf. Deut. 24. 6 and Glos. ad loc.

conteri debet anima peccatoris. Verbum prophete est: 'Pone illos ut clibanum ignis in tempore vultus tui',[31] id est vultuositatis. In clibano ignis nemo potest exire aut quiescere. Ibi dominus in ira sua conturbabit eos et devorabit eos ignis,[32] et quis poterit iram tuam, domine, dinumerare?[33] Quis poterit habitare cum igne devorante, aut quis stabit cum ardoribus sempiternis?[34] Sententia domini erit: 'Ite maledicti in ignem eternum',[35] et illud propheticum: 'Sicut oves in inferno positi sunt, mors depascet eos.'[36]

6. Exurge ergo qui dormis, exurge ne obdormias in morte,[37] quia mors illa non moritur nec finis hic finem habet. Substantiam nostre misere conditionis ita cruciatus absumit ut corruptionem carnis, id est pecctum, flamma gehennalis incessanter exquirat, itaque hominem semper mori, semperque resurgere ad eternos cruciatus oporteat. Proinde mortis eterne immortalitatem Naso quandoque presagiens, iecur Titii perhenni adaptabat supplicio dicens:

Sic inconsumptum Titii semperque renascens
Non perit, ut possit sepe perire, iecur.[38]

64

Peter comments on some passages in the Old Testament where an apparent contradiction requires a spiritual interpretation, and shows how to refute the claim of the Jews that Jesus was only a man.[1] 1200×11

INSTRUCTIO CUIUSDAM DUBITANTIS DE VARIA MUTATIONE QUE FACTA EST CIRCA LEGEM MOYSI

47 est *suppl.*   54 dormis: domine *add.* B   59 quandoque: quando *codd.*
A 220ᵛ

31 Ps. 20. 10.   32 *In clibano . . . ignis*: Glos. ad loc.   33 Ps. 89. 11–12.   34 Is. 33. 14.   35 Matt. 25. 41.   36 Ps. 48. 15.   37 Eph. 5. 14 and Glos. ad loc.   38 Ovid, *Ex Ponto*, 1. 2. 39–40.

1 For the development of this theme see B. Smalley, 'William of Auvergne, John of La Rochelle and St. Thomas Aquinas on the Old Law', *St. Thomas Aquinas Commemorative Studies*, ii (Toronto, 1974), 11–71. Peter continues his discussion in the next letter.

1. Viro venerabili priori de Novoburgo,[2] Petrus Blesensis Londoniensis archidiaconus salutem et habere in sacra scriptura simplicem intellectum.

2. Cum in libro Ezechielis prophete legatur dixisse dominus de iudeis: 5 'Dedi eis legem non bonam et precepta in quibus non vivant',[3] queris quomodo hec intelligi debeant. Nam a primitiva rerum creatione 'vidit deus cuncta que fecerat et erant valde bona';[4] legem vero bonam et omnia que in ea precepta sunt bona[5] esse publice profitemur, sed in hoc aliqua varietas ibi esse videtur quia quandoque litteralis, quandoque spiritualis 10 exigitur intellectus. Proinde[6] si quedam animalia dicuntur munda, quedam vero immunda,[7] quomodo est 'valde bonum' quod iudicatur immundum? Dixit dominus ad primos parentes: 'Ecce dedi vobis omnem herbam afferentem semen super terram et universa ligna que habent in semetipsis sementem generis sui.'[8] Quare ergo deus universa ligna homini sine 15 exceptione prius in escam dedit, postea ne de ligno scientie boni et mali comederent sub mortis incriminatione prohibuit?[9]

3. Iterum dominus in Exodo Moysi loquens: 'Altare', inquit, 'de terra facietis michi',[10] postea subiungit: 'Quod si de lapidibus altare facere volueris, de insectis lapidibus illud edificabis.'[11] In constructione vero 20 tabernaculi et vasorum atque utensilium eius, legimus quod Moyses 'fecit altare thymiamatis de lignis sethim'[12] et post 'fecit altare holocausti de lignis sethim'.[13] Iterum in eodem fudit bases eneas[14] in introitu tabernaculi et altare eneum cum craticula sua,[15] fecit nichilominus altare aureum[16] in quo adolebatur incensum coram arca testamenti.[17] Quid est ergo quod 25 iubet dominus fieri altare de terra super quod offerantur holocausta, Moyses e diverso facit altare holocausti ligneum, facit etiam de lignis sethim altare thymiamatis; item facit eneum, facit aureum, et quandoque lapideum?[18]

4. Rursus, cum Moyses dicat dominum omnia creasse ad usum hominis 30 et ei omnia subiecisse ita ut presit piscibus maris, volatilibus celi et

---

15 deus *bis* A

2 The names of heads of the Augustinian priory of Newburgh, Yorks., recorded during this period are M. 1199, D. 1202, and Walter, 1205–14, his successor being first mentioned in 1225.   3 Ezech. 20. 25.   4 Gen. 1. 31.   5 Cf. Rom. 7. 12.   6 *Proinde . . . prohibuit*: cf. Richard of Saint-Victor, *Declarationes Nonnullarum Difficultatum Scripture*, 1.   7 Cf. Gen. 7. 2 and Glos. ad loc.   8 Gen. 1. 29.   9 Gen. 2. 17.   10 Ex. 20. 24.   11 Ex. 20. 25.   12 Ex. 37. 25.   13 Ex. 38. 1.   14 Ex. 38. 8.   15 Ex. 38. 1, 4.   16 Ex. 37. 25–8.   17 Ex. 30. 6–7.   18 Cf. Stephen Langton, *Quaest.* 230[r].

animantibus terre et omni reptili in terra,[19] quorum unum animal reputat
mundum ut bovem,[20] immundum vero reputat equum, asinum et
camelum,[21] cur queso prohibetur quis arare cum bove et asino[22] nisi quia in
huiusmodi cerimonialibus sensus spiritualis exquiritur? Non est enim in
opere predicationis honesta societas iusti hominis et immundi. Natura
siquidem cuiuslibet animalis in se bona est, sed quia per suillam carnem
suilla voluntas significatur immunda, non caro suilla sed voluptas prohibetur immunda.[23] Non enim iuxta veritatem evangelicam quod intrat in
os coinquinat hominem, sed que de corde exeunt, ut fornicationes et cetera
concupiscentiarum genera que ibi enumerantur, inquinant hominem.[24]
Quod valde bonum est, secundum ea que predicta sunt, nemo debet
immundum reputare opus dei,[25] unde apostolus Paulus: 'Omnia que vobis
apponuntur ad vescendum, sumite[26] cum gratiarum actione.'[27]

5. Quia vero iudeus dicit nos dei nomen in vanum accipere atque homini
cultum divinitatis impendere, respondere potes quod Christus in quem
credimus duas habet naturas, unam in qua est deus eternus et omnipotens
ante omnia secula. In altera est homo iustus, innocens, impollutus,
sanctus[28] sanctorum[29] in quem credimus sicut dominus docet nos in Isaia
dicens: 'Ecce ponam in fundamentis Sion lapidem probatum, angularem,
pretiosum; qui crediderit in eum non confundetur.'[30] Hoc ad litteram
exponi non potest, credere namque in lapidem idolatria et nefarium est.
Oportet ergo per hunc lapidem hominem aliquem intelligi sanctum:
probatum, qui peccatum non fecerit;[31] angularem, qui iudeos et gentes in
unum populum coniunxerit;[32] pretiosum, qui morte sua et sanguine
pretioso[33] tollat peccata totius mundi;[34] qui crediderit in eum non confundetur.[35]

6. Quod autem deus factus est homo et cum hominibus conversatus,
Ieremias manifestissime declarat, dicens de eo: 'Hic est deus noster et non
estimabitur alius ab eo: hic adinvenit omnem viam discipline et dedit eam
Iacob puero suo et Israel electo suo.[36] Post hec' (id est post legem datam,

---

55 coniunxerit: coniunxit A

---

19 Gen. 1. 26.   20 Deut. 14. 4.   21 Deut. 14. 7.   22 Deut. 22. 10 and Glos. ad
loc.   23 Deut. 14. 8 and Glos. ad loc.   24 Matt. 15. 11, 18–20.   25 Cf. Act. 10.
13–15.   26 I Cor. 10. 27.   27 I Tim. 4. 4.   28 Hebr. 7. 26.   29 *sanctus sanctorum*:
Dan. 9. 24.   30 Is. 28. 16 and Glos. ad loc.   31 I Petr. 2. 22.   32 Cf. Eph. 2.
14–15.   33 I Petr. 1. 19.   34 Ioh. 1. 29.   35 I Petr. 2. 6.   36 *Non* Ierem. *sed* Bar. 3.
36–7 and Glos. ad loc.

viam scilicet discipline) 'In terris visus est et cum hominibus conversatus est.'[37] Et hoc est quod sapientia in libro sui nominis dicit: 'Quando deus appendebat celos et firmabat terram eram cum eo universa disponens, et erant delicie mee esse cum filiis hominum.'[38] Sic illud grave improperium, quod deus pater de primo prevaricatore dixerat filio et spiritui sancto:[39] 'Ecce Adam factus est quasi unus ex nobis, sciens bonum et malum'[40] – hec irrisio, hoc opprobrium,[41] nobis conversum est in risum et gaudium ut cum plena exultatione dicamus: 'Ecce deus factus est quasi unus ex nobis, sciens reprobare malum et eligere bonum.'[42]

65

70

65

How the old law has been superseded by the new. 1200×11

IDEM EIDEM SED NON DE EISDEM

1. Viro venerabili priori de Novoburgo,[1] Petrus Blesensis Londoniensis archidiaconus salutem et sapere ad sobrietatem.[2]

2. Quia in quadam epistola precedente[3] tetigi de quibusdam animalibus, que iudeis immunda videntur et ideo non esse idonea ad vescendum, sacra scriptura testatur hodie quod omnia munda sunt mundis.[4] Nam Abraham et Isaac et reliqui patriarche usque ad Moysen licite omnia comedebant, erat enim quasi lex verbum illud: 'Omne quod movetur et vivit erit vobis in cibum.'[5] Suas ergo distingunt immunditias iudei ut in mortuis[6] et leprosis[7] et in morticinis,[8] quorum quedam non mundantur nisi sole occidente et aspersione cineris vitule rufe.[9]

5

3. Moyses[10] autem liberam carnium licentiam post Christi adventum protestatur esse futuram dicens: 'Quando dilataverit dominus terminos tuos, sicut locutus est tibi, et volueris vesci carnibus quas desiderat anima

---

A 220ᵛ
8 erat: erit A

37 Bar. 3. 38.   38 Prov. 8. 29–31.   39 Glos. ad Gen. 3. 22.   40 Gen. 3. 22.   41 Cf. Glos. ad loc.; Rupert of Deutz, *Comment. in Gen.* ad loc.   42 *sciens . . . bonum*: Is. 7. 15 and Glos. ad loc.

1 See Letter 64 above.   2 Rom. 12. 3.   3 i.e. Letter 64.   4 Tit. 1. 15.   5 Gen. 9. 3.   6 Num. 19. 11.   7 Lev. 13. 44–6; 14. 44–7.   8 Lev. 11. 24.   9 Num. 19. 1–10, 17–22.   10 *Moyses . . . spiritualis Israel*: cf. Peter Alfonsi, *Dialogi*, 12.

5 tua, occides de armentis et pecoribus que habebis et comedes in oppidis
tuis sicut tibi placuerit. Sicut caprea et cervus comeditur, ita mundis et
immundis in commune vesceris.'[11] Sane ante adventum Christi termini
Israel angustissimi erant, nec unquam totam terram quam dominus eis per
Moysen promiserat[12] habuerunt. Christus autem Christique apostoli
dilataverunt terminos spiritualis Israel, quia cum tantum notus esset in
Iudea deus,[13] nunc est ab ortu solis usque ad occasum laudabile nomen[14]
domini. Nec hodie morticina vel animalia immunda sed fornicationes et
adulteria, furta et blasphemie et falsa testimonia prohibentur, hec sunt que
coinquinant hominem.[15] Apostolis autem preceptum est ut operarii Christi
mercedem recipiant 'comedentes et bibentes que apud illos sunt',[16] 'nichil
interrogantes propter conscientiam',[17] 'dignus est enim operarius mercede
sua'.[18]

4. Est[19] notandum quod precepta domini frequenter mutata sunt;[20] nam
preceptum quod dederat dominus Noe de carnibus comedendis[21] superveniente Moyse mutatum est,[22] et in comestione carnium facta est distinctio
nova. Denique Christo adveniente cessavit Moysi discretio[23] in cibis, et per
eum qui novam legem attulit renovatum est preceptum quod tempore Noe
erat institutum. Sicut enim Moyses legislator, sic et testimonio Moysi
propheta similis Moysi suscitatus est Christus,[24] id est legislator.[25]

5. Lex Moysi data est in Sina,[26] lex autem Christi in monte Sion, Isaia
dicente: 'Quia de Sion exibit lex et verbum domini de Hierusalem.'[27] Nam
in Sion spiritus sanctus super apostolos venit,[28] et hec est lex ignea de qua
verbum prophetarum fuerat quia 'Veniet dominus de monte Pharan, et in
manu eius ignea lex.'[29] Verbum etiam exivit de Hierusalem quia in omnem
terram exivit sonus apostolorum, et in fines omnis terre verba eorum.[30] De
hac nova lege predixerat Isaias:[31] 'Ecce dies veniunt', dicit dominus, 'et
feriam fedus novum domui Israel et domui Iuda, non secundum pactum
quod pepigi cum patribus eorum quando eduxi eos de terra Egypti.' Ubi

---

22 morticina: morticinia A   22 sed: scilicet A   38 verbum *suppl.*   42 novum:
dicunt *add.* A

---

11 Deut. 12. 20–2.   12 Deut. 11. 24.   13 Ps. 75. 2.   14 Mal. 1. 11.   15 Matt. 15.
19–20.   16 Luc. 10. 7.   17 I Cor. 10. 27.   18 Luc. 10. 7.   19 *Est . . . venit* (§ 5): cf.
Peter Alfonsi, loc. cit.   20 Cf. Robert of Melun, *Sent.* i, pp. 140–1, qq. 11–13, 18.   21
Gen. 9. 3–4.   22 Lev. 11. 2, etc.   23 Cf. Gal. 3. 23–5.   24 Deut. 18. 15.   25 Cf. Ps.
83. 8 and Glos. ad loc.   26 Ex. 24. 12–18.   27 Is. 2. 3.   28 Act. 1. 4.   29 Deut. 33.
2 and Glos. ad loc.   30 Ps. 18. 5 and Glos. ad loc.   31 *Non* Isaias *sed* Ierem. 31. 31–2.

autem in Latino habetur 'fedus novum' in Hebreo legitur 'berith hadasa',
quod interpretatur 'lex nova', unde et Moyses in multis locis vocat precepta   45
sue legis 'berith'.[32]

6. Et hic apparet manifesta differentia inter legem que data est Moysi in
deserto et legem que data est apostolis in Hierusalem: hec autem lex
spiritualis continebatur in illa lege carnali, sicut rota in rota iuxta visionem
Ezechielis.[33] Hanc legem que latebat in lege Moysi desiderabat David   50
intelligere: 'Legem pone michi, domine, viam iustificationum tuarum, da
michi intellectum,[34] domine, ut discam iustificationes tuas',[35] et multa
huiusmodi. Christus autem venit non legem solvere sed implere[36] et
docere. Lex dicit: 'Non occides';[37] Christus dicit: 'Qui irascitur fratri suo
reus erit iudicio.'[38] Lex dicit: 'Oculum pro oculo, dentem pro dente';[39] lex   55
nova dicit: 'Si quis te percusserit in maxillam prebe ei et alteram, et si quis
abstulerit tibi tunicam prebe ei pallium.'[40] Lex vetus dicit: 'Diliges amicum
tuum[41] et odio habebis inimicum tuum';[42] lex nova superaddit: 'Si esurierit
inimicus tuus ciba illum, et si sitierit . . . .'.[43]

7. Denique, magna in veteri lege facta est mutatio quando circumcisio   60
cessavit, superveniente baptismo.[44] Circumcisio[45] enim neminem salvabat
nisi die octava fieret[46] et nisi circumcisus totam legem servaret.[47] Sane sine
circumcisione multos salvatos esse credimus, ut Adam, Seth, Enoch,
Mathusalem. Quid dicemus de mulieribus, de Sara, de Rebecca, de Lia et
Rachel, de Sephora[48] et de illa uxore Moysi que Madinita[49] erat,[50] et de   €
Ruth Moabitide?[51] Nec circumcise nec de circumcisis hominibus nate
fuerunt. Certum est autem quod cicumcisio facta est non ad animarum
salvationem sed ad gentis discretionem, ne quis de aliena tribu uxorem
duceret. Et sciebant Christum nasciturum de semine Abrahe[52] et de tribu
Iuda,[53] unde et Christus in carnem veniens circumcidi voluit,[54] iudicans se   ꞏ
natum fuisse de semine Abrahe et de tribu Iuda, et ideo post baptismum

---

44 hadasa: adasa A   53 huiusmodi: huius A   62 servaret: salvaret A

---

32 Peter Alphonsi, loc. cit.   33 Ezech. 1. 16 and Glos. ad loc.   34 Ps. 118. 33–4 and
Glos. ad loc.   35 Ps. 118. 71.   36 Matt. 5. 17.   37 Ex. 20. 13.   38 *Lex . . . iudicio*:
Matt. 5. 21–2.   39 Ex. 21. 24.   40 *Lex . . . pallium*: Matt. 5. 38–40.   41 Lev. 19.
18.   42 *Lex vetus . . . tuum*: Matt. 5. 43.   43 Rom. 12. 20, cf. Prov. 25. 21.   44 Cf.
Gal. 5. 1–2; Peter Lombard, *Sent.* 4. 1. 7, 8, 10; Stephen Langton, *Quaest.* 214ᵛ–215ʳ.   45
Circumcisio . . . duceret: cf. Peter Alfonsi, loc. cit.   46 Gen. 17. 10–12.   47 Gal. 5.
3.   48 Ex. 2. 18–21.   49 Madinita: *rectius* Ethiopissa.   50 Ex. 18. 1–2, cf. Num. 12.
1.   51 Ruth 1. 4.   52 Gen. 22. 18.   53 Matt. 2. 6.   54 Luc. 2. 21.

eius circumcisio non debebat manere ulterius. Proinde oportebat quod viris et mulieribus communis esset salvatio;[55] propterea quia circumcisio non pertinebat nisi ad mares congrue successit baptismus, in quo tam vir quam mulier ab omni peccato mundatur.[56]

66

Peter reminds an abbot that suffering in this life may preserve him from worse agonies in the next. Probably 1208×11, during the interdict

CONSOLATORIA MISSA CUIDAM AMICO QUI NULLAM CONSOLATIONEM ADMITTEBAT SUPER REBUS SIBI ABLATIS

1. Viro venerabili et sibi dilectissimo R. abbati[1] de —, Petrus Blesensis Londoniensis archidiaconus salutem et sancti spiritus consolationem.

2. Putabam vos, modica epistola mediante quam vobis scripseram, aliquantulum respirasse a tribulatione malorum et dolore. Sicut autem dicitur, inconsolabili angustia publice atque continue suspiratis, gemitis, et lugetis. Alii rapinam bonorum suorum[2] cum patientia sustinent, nec opus est eis consolatione qui per omnia divine dispensationi congaudent. Iubilant enim in corde suo verba beati Iob recolentes: 'Dominus dedit, dominus abstulit; sicut domino placuit ita factum est, et sit nomen domini benedictum.'[3] Deus equidem per adversa et prospera suos probat, ita quod momenta rerum et temporum sue deserviunt voluntati, quin etiam et hominum mores, non solum bonorum iustitia sed et malitia perversorum. Cogitant impii ecclesiam deprimere, deus eam cogitat exaltare. Iuravit enim deus exercituum dicens: 'Si non ut putavi ita erit, et quomodo mente tractavi sic eveniet',[4] quasi diceret: 'Sicut volo, sic erit. Ecclesia enim domus mea est, templum meum mirabile in equitate.'[5]

A 221ʳ B 108ᵛ
1 MISSA, AMICO *om.* B   3 abbati de: *spatium fere quattuor litterarum add.* A; N. *add.* B   6 autem: enim *codd.*   11 et *om.* B   13 etiam: enim B

55 Cf. Gal. 3. 28.   56 I Ioh. 1. 7.
1 Possibly the abbot of Robertsbridge, see Letter 49.   2 Hebr. 10. 34.   3 Iob 1. 21.   4 Is. 14. 24–5.   5 *domus . . . equitate:* Ps. 64. 5–6.

3. Totum mare huius seculi in ira et furore suo montibus aut scopulis se illidat. Si principum comminationes intonent, si magnis coruscationibus, si 20 grandine lapidum ecclesiam Christi deterreant, Christus ambulans super aquas dicit hiis qui sunt in navi ne timeant,[6] quodsi etiam dormiret in navi excitatus surgeret,[7] et qui dominus maris[8] est et educit ventos de thesauris suis,[9] ipse imperat ventis et mari.[10] Si magne sunt elationes maris maior est in altissimis dominus,[11] quo precipiente stabit spiritus procelle et deducet 25 afflictos in portum voluntatis[12] sue. Sic ecclesia sub protectione dei sui locum requietionis[13] inveniet, donec superborum humi colla propria virtute conculcans dicat in deliciis suis: 'Stipate me malis, fulcite me floribus',[14] et innixa dilecto suo[15] filiis et amicis suis fructus distribuat paradisi. 30

4. Omnes quidem perierunt in diluvio preter eos qui in arca Noe collecti sunt,[16] significante spiritu sancto nullam eos habere fiduciam salutis qui ab unitate ecclesie sunt precisi. Arca etiam federis licet per varia loca distracta sit,[17] in hoc varios ecclesie status prefigurans, a rege David translata est in Hierusalem;[18] transferenda a filio David, id est Christo,[19] in Hierusalem 35 que sursum est que est mater nostra,[20] cuius participatio eius in idipsum.[21] Et ideo elegit dominus Sion in habitationem sibi[22] propter arcam sanctificationis sue, de qua David quandoque dicebat: 'Surge, domine, in requiem tuam, tu et arca sanctificationis tue.'[23]

5. Nunc autem non est qui consoletur ecclesiam ex omnibus caris eius.[24] 4(Inimici eius in capite facti sunt,[25] filiique ipsius conversi sunt in arcum pravum.[26] Verumtamen adhuc respondebit exprobrantibus sibi verbum,[27] adhuc enim mamillas regum lactabitur[28] eruntque reges nutritii eius,[29] atque secundum multitudinem dolorum in corde eius consolationes dei letificaverunt[30] filios et amicos ipsius. 4

6. Convertemur enim ad cor[31] et intelligemus pium flagellum domini, ne desperata vehementia verberum frangat patientiam cordis nostri. Flagella

---

19 aut: autem *codd.*   20 illidat: illidant B   27 humi: humilium *codd.*   37 arcam: abraham *codd.*; tabernaculum *add. superscript.* B

---

6 Marc. 6. 48–50.   7 Marc. 4. 37–9.   8 Marc. 4. 40.   9 Ps. 134. 7.   10 Matt. 8. 26.   11 Ps. 92. 4.   12 Ps. 106. 25, 30.   13 Act. 7. 49.   14 Cant. 2. 5.   15 Cant. 8. 5.   16 Gen. 7. 23; I Petr. 3. 20–1 and Glos. ad loc.   17 I Reg. 5. 6–11.   18 II Reg. 6. 12.   19 Matt. 1. 1.   20 Gal. 4. 26.   21 Ps. 121. 3, cf. Glos. ad loc.   22 Ps. 131. 13.   23 Ps. 131. 8.   24 Lam. 1. 2.   25 Lam. 1. 5.   26 Ps. 77. 57.   27 Ps. 118. 42.   28 Is. 60. 16.   29 Is. 49. 23.   30 Ps. 93. 19.   31 Ecclus. 21. 7.

quidem domini[32] desideria excitant electorum. Sicut enim ignis dum plus
flatu premitur fortius surgit, ita ecclesia in adversitate liberius et efficacius
convalescit. Deus equidem virum iustum visitat diluculo et subito probat
illum.[33] Nunc mortificat, nunc vivificat; nunc humiliat, nunc sublevat; nunc
ditat, nunc pauperem facit; nunc deducit ad inferos, nunc reducit.[34] In
tanta vicissitudinum varietate deus vult nos sibi servire in timore et spe, in
sanctitate et iustitia coram ipso omnibus diebus vite nostre.[35] Quocirca
lacrimabiliter et inconsolabiliter penitebit miseros flagella domini con-
tempsisse, quando illis ad celestis agni nuptias[36] intrare volentibus precise
dicetur: 'Amen, amen dico vobis, nescio vos.'[37] Quem autem contempser-
unt in flagellis cognoscent in iudiciis, iuxta illud: 'Deus in iudiciis suis
cognoscetur';[38] qui cum acceperit tempus[39] non solum iniustitias sed etiam
iustitias iudicabit.[40]

7. Disponamus sermones nostros in adventum iudicii terribilis. Tunc
enim arripiet iudicium[41] orbis terre, nec solum regina austri et Ninivite
consurgent[42] in ultionem creatoris sed omnia elementa pugnabunt pro eo,
et assistent omnia verbo dei quia omnia facta sunt verbo eius.[43] Quis
sapiens ut intelligat[44] prius flagella, postea iudicia dei? Qui enim non
flagellantur cum hominibus, cum demonibus torquebuntur. Erit autem
quando reddet ultionem hostibus suis; tunc inebriabit sagittas suas sanguine et gladius eius devorabit carnes.[45]

8. In die tremenda preter alios accusatores et testes erit propria
conscientia hominis ipsius accusatrix et testis, nec ibi erit excusationi aut
iustificationi locus ubi erunt libri aperti,[46] et omnia interiora hominis
publice videbuntur. Quid ergo faciet anima cum ante tribunal iudicis et
ante celestis militie fuerit presentata consessum? Urgebitur enim testibus,
et ineffabiliter dolebit se respuisse penitentie bonum per quam omnia
peccata sua poterat expiasse. Sic impius sepultura asini sepelietur,[47] quia
sine spe resurrectionis eterne sententia inevitabili et morte infinibili
confundetur. Iob loquens ad dominum, 'Sciebam', inquit, 'quod non

---

54 et iustitia *bis* A   55 inconsolabiliter: inconsociabiliter A   56 illis: illos *codd.*   65
ut: et *codd.*

---

32 Idt. 8. 27.   33 Iob 7. 18.   34 I Reg. 2. 6–7.   35 Luc. 1. 75.   36 Apoc. 19.
9.   37 Matt. 25. 12.   38 Cf. Ps. 9. 17.   39 Ps. 74. 3.   40 Ibid.   41 Deut. 32.
41.   42 Luc. 11. 31–2.   43 Ioh. 1. 3.   44 Ierem. 9. 12.   45 Deut. 32. 41–2.   46
Apoc. 20. 12.   47 Ierem. 22. 19.

parceres delinquenti',[48] quasi diceret: 'Prius me punire debueram spiritualibus exercitiis, ne manum iudicis aggravaret super me contemptus aut
negligentia delinquentis.'[49]   80

9. Defecit hodie a terra sanctus atque imminute sunt veritates a filiis
hominum,[50] atque optimus estimatur qui non est nimis malus. Quis queso
non contremiscat a furore offensi iudicis, ab elementorum concussione, a
fragore ruentis mundi, a voce archangeli,[51] a verbo aspero,[52] a rugientibus
preparatis ad escam,[53] ab auditione mala,[54] a verme immortali,[55] a ventre   85
inferi,[56] ab irremeabili suppliciorum abysso, ubi vita est mors, ubi nec
videtur nec sentitur nec speratur nisi cruciatus et dolor?

10. O quam beati qui mala hic tolerant, ut ibi sint immunes ab omnibus
malis! O quam perditi qui hic deducunt in bonis dies suos,[57] ut ibi cruciatus
recipiant sempiternos! Ve, ve hiis qui modo delectantur cum male fecerint,   90
et exultant in rebus pessimis.[58] Heus, heus, si hec non creduntur, obsecro
cur leguntur, aut si leguntur, quomodo non timentur? Sed sic vana gloria et
cupiditate absorpti sunt, ut quasi palpantes in meridie[59] non videant talia
vel intelligant, donec experiantur sensibiliter que nunc dissimulant negligenter. Ea tamen, etsi modo non sunt, procul dubio non tardabunt.   95

11. Vidi hominem nec de subitatione mortis nec de terribilibus dei
iudiciis cogitantem; hunc ignarum sui nichilque timentem crudelissimus
hostis gravi obsidione valloque circumdat. Vallo clausus exire non potest,
irruentibus inimicis remanere non potest. Sic eo moriente oculi obturantur,
aures clauduntur,[60] manus et pedes immobiles fiunt, lingua obmutescit,   1C
ratio desipit, memoria transit in oblivionis abusum, obstruuntur omnes
sensus, et in illa die pereunt omnes cogitationes[61] illius. Sic a mortuo
tamquam ab eo qui non est perit confessio,[62] atque in inferno sepelitur, ubi
nec a deo nec ab homine speranda est ulla redemptio.[63] Et ideo hec assidue
legenda et numquam negligenda precordiis vestris ingero et infigo.   1(

79–82 ne manum . . . hominum: Nota bene incitamenta devotionum B *marg.*   84
fragore: frigore *codd.* (cf. Zach. 14.6)   98 circumdat: circumcidat *codd.*   99 oculi
suppl.   103 est *suppl.*

---

48 Iob 9. 28.   49 Cf. Glos. ad loc.   50 Ps. 11. 2.   51 I Thes. 4. 16.   52 Ps. 90.
3.   53 Ecclus. 51. 4.   54 Ps. 111. 7.   55 Marc. 9. 43.   56 Ion. 2. 3.   57 Iob 21.
13.   58 Prov. 2. 14.   59 Iob 5. 14.   60 Cf. Ps. 57. 5.   61 Ps. 145. 4.   62 Ecclus.
17. 26, Septuagint, cit. e.g. Cassiodorus, *Expos. in Ps.* 113. 26.   63 Richard of Saint-
Victor, *De Differentia Peccati Mortalis et Venialis.*

67

Peter discusses difficulties connected with the prophecy in Is. 7.14, including the arguments of the Jews.[1] Probably 1200×9

RESPONSIO FACTA CUIDAM DE HAC PROPHETIA: 'ECCE VIRGO CONCIPIET'

1. Viro venerabili Nicholao decano Cicestrie,[2] Petrus Blesensis Londoniensis archidiaconus salutem in auctore scientie salutaris.[3]

5   2. Queris scrupulose et anxie quare Achaz idolatre et sacrilego renuente signum sue liberationis a domino petere, Isaias conversus ad domum David[4] dat ei signum de alia re, scilicet de Emanuel filio virginis,[5] quod sicut potero declarabo in paucis. Refert equidem Isaias in libro Regum[6] quod Rasin rex Syrie et Phacee rex Israel filius Romelie veniebant
10 debellare civitatem Hierusalem,[7] et Achaz rege deiecto aut perempto regem ibi alium subrogare.[8] Pre timore autem huius periculi commotum est cor Achaz et populi eius, quomodo moventur ligna silvarum a facie venti.[9] Missus est ergo Isaias ut auferret hunc timorem, et in argumentum liberationis proposuit signum in arbitrio postulantis: 'Pete', inquit, 'tibi
15 signum a domino deo tuo, sive in profundum inferni sive in excelsum supra.'[10] Achaz vero ex magna iniquitate putans offendere idola sua si a domino deo signum sue liberationis peteret,[11] sue malignitatis propriam idolatriam religione[12] simulatoria palliavit, et maluit diu trepidare quam dei gloriam exaltare.
20 3. Et nota quod signum liberationis oblatum regi Achaz erat tam de instanti quam de futuro, si signum petere voluisset. Liberatus enim fuisset

---

A 221ᵛ

1 CUIDAM: *sequitur spatium fere quattuor litterarum* A   3 Nicholao: N. A   4 auctore: auctorem A   5 quare: dominus *add.* A

---

1 For a scholastic treatment of this prophecy see Simon of Tournai, *Disp.* 66. 2; 100. 9.   2 Master Nicholas de Aquila, Dean of Chichester *c.*1197–1217, was a canon lawyer who had probably taught at Avranches and Oxford (Kuttner–Rathbone, 317, 327). In 1209 he was elected bishop of Chichester, but apparently never consecrated. See *Annals of Dunstable* and *Annals of Osney, Annales Monastici*, ed. H. R. Luard (RS 1865–9), iii. 31; iv. 54.   3 Cf. Hebr. 2. 10; Luc. 1. 77.   4 *conversus . . . David*: cf. Jerome, *Comment.* in Is. 7. 13.   5 Is. 7. 1–16.   6 Cf. Glos. ad I Reg. 1. 1.   7 IV Reg. 16. 1–5.   8 Is. 7. 6.   9 Is. 7. 2.   10 Is. 7. 11.   11 Cf. Glos. ad Is. 7. 12 in Rabbi Salomon.   12 Cf. IV Reg. 16. 2–4.

a Rasin rege Syrie et a Phacee rege Israel, et nichilominus liberata esset
successio eius a diabolica potestate. Emanuel enim, qui nobis a deo
promissus et datus est, populum suum a tyrannica diaboli oppressione post
diversa seculorum curricula liberavit, nec fuit promissum minus validum 25
licet fuerit a longi temporis antiquitate promissum.

4. Achaz equidem idolatra erat apostata pessimus,[13] legitur enim de ipso
quod in dei contumeliam altare eneum de templo abstulit,[14] altare vero
idolorum ibi ponens[15] ianuas templi clausit.[16] Adoravit autem et coluit
Baalim, filiumque proprium per ignem traiciens ipsum idolis obtulit,[17] 30
deique prophetas contempsit atque subiectos suos idolatrare coegit.[18] Propterea non solum hominibus sed deo molestus[19] existens, non signum
liberationis sed sue confusionis accepit.[20] Ideoque propheta convertitur ad
domum David,[21] dans signum de filio virginis qui futuris temporibus
malitiam et idolatriam aboleret. Unde idem propheta regi incredulo et 35
imitatoribus eius qui credere Isaie nolebant dicit: 'Videte et credite, quia
nisi credideritis non intelligetis.'[22]

5. Nec commoveat quemquam quod de una re oblatum est signum et de
alia datum. Huius rei habemus exemplum in Exodo, ubi Moyses loquens
ad dominum, 'Quis ego', inquit, 'sum, domine, ut vadam ad Pharaonem et 40
educam filios Israel de Egypto?' Et dixit dominus: 'Ego ero tecum et
habebis signum quod miserim te. Cum eduxeris populum meum de
Egypto, immolabis deo super montem istum.'[23] Videatur itaque signum
esse missionis Moysi a domino quod immolaturus erat super montem, sed
non erat huius rei signum.[24] Educto enim populo de Egypto et Moyse 45
immolante super montem illum,[25] iamdiu ante noverat populus et Moysen
prophetam esse et a domino missum. Erat autem signum illius verbi quod
deus Moysi predixerat: 'Ego ero tecum.'[26]

6. De[27] hoc autem signo, quod virgo pareret filium et vocaretur
Emanuel, opponit iudeus[28] quod si de Christi nativitate tunc datum signum 50
esset, Christus in illis temporibus conceptus natusque fuisset. Debet enim

44 quod: quo A

13 Glos. ad Is. 7. 12 in Rabbi Salomon.   14 IV Reg. 16. 14.   15 IV Reg. 16.
10–12.   16 II Par. 28. 24.   17 IV Reg. 16. 4, 3.   18 IV Reg. 16. 15.   19 Is. 7.
13.   20 Is. 7. 17–25.   21 Jerome, *Comment.* in Is. 7. 13.   22 Is. 7. 9, cit. e.g. Aug. *Ep.*
120. 3.   23 Ex. 3. 11–12.   24 Cf. Glos. ad loc. in Nicholas of Lyre.   25 Ex. 24.
4–8.   26 Ex. 3. 12.   27 *De . . . evanescit* (§ 8): cf. Peter Alfonsi, *Dialogi*, 7.   28 Cf.
Peter of Blois, *Contra Perfidiam Iudeorum*, 12 (*PL* ccvii. 840–1).

signum rem precedere et postea signata res sequi, quingentis autem annis
et amplius ante nativitatem Christi oblata est hec promissio Achaz. Dicit
autem iudeus: 'Quomodo regi et populo datum est signum rei quod
55 numquam viderant nec quod umquam visuri erant?' Si enim dato signo, ut
dicunt iudei, deus metum illum ab Achaz tollere voluit, quare distulit tanto
tempore, ipsumque et populum eius interim timere permisit? Dicimus
quod domui David facta est huiusmodi promissio, cui etiam iam predictum
fuerat: 'De fructu ventris tui ponam super sedem tuam.'[29] Eratque magna
60 gloria domus David quod in tempore Achaz, regis pessimi, Messias dei et
hominum mediator[30] de tribu David prophetabatur nasciturus; signum
tamen tante prerogative futuri temporis hominibus servabatur.

7. Et nota hoc verbum 'Dominus ipse vobis dabit signum':[31] scilicet per
semetipsum, non per hominem, non per angelum aut prophetam, sed per
65 propriam presentiam in propria substantia propriaque persona: 'Ego',
inquit, 'qui loquebar ecce assum.'[32]

8. Quod autem sequitur, 'Ecce virgo concipiet et pariet filium, et
vocabitur nomen eius Emanuel',[33] iudei mentiuntur Isaiam predixisse hoc
de uxore Achaz et eius filio Ezechia,[34] quod esse contrarium veritati
70 breviter arguo et convinco. Constat enim ex testimonio libri Regum quod
rex Achaz primo die regni sui erat XX annorum et regnavit annis XVI.[35]
Ezechias autem filius eius, qui proximus ei successit in regno, erat XXV
annorum quando regnare incepit,[36] sicut in eodem libro Regum scriptum
est, ergo Ezechias erat IX annorum quando pater eius regnare incepit.[37]
75 Preterea nullus filius Achaz vocatus est Emanuel,[38] et ideo sicut hic error
ab iniquitate iudaica temere surgit, ita superveniente testimonio sacre
scripture penitus evanescit.

9. Sane non erat Achaz dignus tanto signo et tam gloriosa liberatione,
quia propheta in sequentibus dicit eum et populum suum non esse
80 liberandos, sed in ultionem malitie regis Achaz ipsos sub manu regis
Assyriorum graviter opprimendos. 'Adducet', inquit, 'dominus super te et
populum tuum et super domum patris tui dies qui non venerunt a diebus
separationis Effraim a Iuda cum rege Assyriorum.'[39]

---

71 xx: xxx A   73 quando: quandoque A

---

29 Ps. 131. 11.   30 I Tim. 2. 5.   31 Is. 7. 14.   32 Is. 52. 6 and Glos. ad loc.   33
Is. 7. 14.   34 Cf. Glos. ad loc. in Nicholas of Lyre.   35 IV Reg. 16. 2.   36 IV Reg. 18.
2.   37 Glos. ad Is. 7. 14.   38 Cf. II Par. 28. 7.   39 Is. 7. 17.

10. Contra oppositionem iudei congrue habemus instantiam et exemplum responsionis. Dominus enim promisit Abrahe terram Cananeorum 85 hereditario iure dandam,[40] nec tamen unquam habuit eam Abraham nisi in heredibus suis, quod post quadringentos fere annos[41] in suis completum successoribus fuit. Quocirca non mireris quia domus David post sescentos annos liberationem humani generis per partum virginis acceperit. Nam si de temporali, scilicet de terra Cananeorum, facta est tam diu expectanda 90 promissio, quanto dignius expectandum erat promissum illud per quod deus homo factus est et homo deus, per quod de diabolo triumphavit homo[42] et diabolus de suo eiectus est regno. Per illam promissionem fuerunt filii Abrahe heredes tereni et transitorii, per istam facti sumus 'filii et heredes dei, coheredes autem Christi'.[43]   95

11. Denique, per regem Syrie et filium Romelie spiritualiter designatur spiritus malitie,[44] qui quandoque dicitur in evangelio 'princeps mundi',[45] et in alio loco sacre scripture vocatur 'rex super omnes filios superbie'.[46] Huiusmodi vero reges, videlicet demones, regnasse dicuntur in illis regionibus in quibus sue pravitatis magisterium usque ad tempora Christi 100 exercuisse leguntur. Proinde in libro Iudicum, loquente Iepte ad Sion regem Amorreorum, terra illa dicitur possessio illius demonis qui ibi colebatur ut deus. Dicit enim Iepte: 'Nonne illa que possidet Chamos deus tuus tibi iure debentur? Que ergo dominus deus noster victor optinuit cedent in nostram possessionem.'[47]   105

12. Et nota: secundum veritatem historie duo reges a quorum facie Achaz rex Iuda trepidavit occisi sunt, unus ab Assyriis,[48] alter ab Osee filio Elan trucidatus.[49] Prius equidem auferuntur mali ut postea glorificentur iusti, scriptum est enim: 'Tollatur impius ne videat gloriam dei.'[50]

---

94 transitorii: Per illam facti sumus filii et heredes terreni et transitorii *add.* A

---

40 Gen. 17. 8.   41 Ex. 12. 40.   42 Cf. Gen. 3. 15.   43 Rom. 8. 17.   44 Glos. ad
Is. 7. 1.   45 Ioh. 12. 31.   46 Iob 41. 25 and Glos. ad loc.   47 Idc. 11. 24 and Glos. ad
loc.   48 IV Reg. 16. 9.   49 IV Reg. 15. 30.   50 Aug. *Tract.* in Ioh. 17. 24.

68

Peter considers to what extent God can be called the source of evil.[1]
1200×11

SOLUTIO QUARUNDAM QUESTIONUM QUAS PROPONEBAT
PRIOR SANCTI EDMUNDI

1. Viro venerabili et amico in Christo carissimo priori Sancti Edmundi,[2]
Petrus Blesensis Londoniensis archidiaconus salutem in vero salutari.

5   2. Plures et varias questiones quasi in unum fasciculum colligatas sub una
petitione proponitis ut animus meus, si in una satisfacere possit, in aliis
obruatur. Queritur utrum scientia mali, utrum potentia peccandi, denique
utrum omnis actio mala sit a diabolo? Actio vero bona universaliter fit a
deo. Dicit sane quedam auctoritas quod omnis compago omnisque
10 iunctura partium a deo est,[3] unde Augustinus: 'Quidlibet in quantum est a
deo est',[4] et idem: 'Omne peccatum in quantum est pena a deo est',[5] alia:
'Malum non est nisi in re bona.'[6] Item auctoritas: 'Omnis surgit ab
immobili, id est a deo',[7] iuxta illud:

stabilisque manens das cuncta moveri.[8]

15 Item, si dicat quis quod deus est auctor cuiuslibet boni et diabolus auctor
cuiuslibet mali, ergo incidit in heresim eorum qui duos rerum auctores esse
damnabiliter asserebant.

3. Item, hec actio mala aut est ex aliquo aut ex nichilo. Numquid
creatur? Sed si creatura est, ergo est a deo. Item, hoc genus 'actio' est
20 genus generalissimum, ergo predicatur de qualibet specie actionis, et ita
omnis actio est res huius generis, et sic res predicamentalis, et sic res

---

A 222[r]

1 QUARUNDAM: QUORUNDAM A   12 auctoritas: aut A   15 auctor . . . auctor:
actor . . . actor A

1 See Robert of Melun, *Sent.* i, p. 83, qq. 8–9; p. 111, qq. 99, 104; p. 118, qq. 29, 35–6;
Simon of Tournai, *Disp.* 7. 1; 39. 1–2; 69. 1; *Inst.* 106[v]: Peter of Poitiers, *Sent.* 2. 12, 23;
Stephen Langton, *Quaest.* 215[v]–216[r].   2 Herbert, Prior of Bury St Edmunds, 1200–20. See
Letter 26 above.   3 Glos. ad Ioh. 1. 3.   4 Simon of Tournai, *Disp.* 39. 1; cf. Aug. *De
Vera Religione*, 18. 35.   5 Pseudo-Hugh of Saint-Victor, *Allegoriae in Novum Testamen-
tum*, ad Rom. 1. 24.   6 Cf. Peter Lombard, *Sent.* 2. 34. 4.   7 Cf. Aug. *Enchiridion*,
23.   8 Boethius, *De Consolatione Philosophiae*, iii, metr. 9, l. 3.

naturalis, ergo est a deo. Si dicas quod male actiones non continentur sub
hoc predicamento, quia bona actio et mala non sunt in eodem predicamento, et hoc nomen 'actio' utrique convenit, ergo est equivocum.[9]

4. Legimus autem dominum dixisse: 'Quis decipiet michi Achab?' Et ait 25
Sathan: 'Ego.' Et dominus ad eum: 'Vade et obtinebis.'[10] Fuitne dominus
auctor illius peccati? Item apostolus: 'Propterea tradidit illos deus in
passiones ignominie, ut faciant ea que non conveniunt.'[11] Estne a deo quod
aliqui faciunt que non conveniunt? Sic enim peccatum esset a deo. Item in
apostolo: 'Nemo loquens in spiritu sancto dicit "Anathema Iesu".'[12] Super 30
hoc auctoritas: 'Omne verum, a quocumque dicatur, a spiritu sancto est.'[13]
Sed nonne possum vere dicere et peccare,[14] et sic peccatum potest esse a
deo? Ideo quidam dicunt quod omnis actio est a deo sed non peccatum.
Item cogita malam actionem hinc et inde diabolum, utrumque istorum est a
deo, sicut dicunt. Nam sicut diabolus ex sui natura est bonus sed ex suo 35
vitio est malus, ita hec actio. Porro sicut concedunt quod diabolus est a
deo, sed quod est diabolus non est a deo, ita deberent dicere quod
peccatum est a deo, sed non est a deo quod est peccatum.

5. Item, duo sunt in peccato, forma et essentia. Dignior est essentia que
est a deo quam sit forma que est a diabolo, ergo deberet magis dici 40
peccatum esse a deo quam a diabolo. Item, apostolus dicit quod 'idolum
nichil est'.[15] Super hoc auctoritas: 'Naturam deus creavit sed stultitia
hominum formam dedit.'[16]

6. Propterea videtur quod aliqua actio partim est a deo, partim a
diabolo. Aliquis enim bona intentione vadit ad ecclesiam et eundo gravem 45
incidit culpam; sicut iste qui putat cognoscere suam uxorem, et deceptus
per omnia cognoscit alienam; vel iste qui iacit sagittam ut occidat feram
unde pascat pauperes, et occidit hominem.[17] In hiis et similibus videtur
actio partim esse a deo et partim a diabolo. Dici tamen potest quod
quelibet actio que est a deo tota est a deo, et que est a diabolo tota est a 50
diabolo, et quod ex bona et mala actione non potest esse una actio. Quod
autem dicitur actio aliqua bono principio inchoari et malo fine terminari,[18]

23–24 quia . . . predicamento *add. in marg.* A   46 sicut: sed et A   46 et *suppl.*

---

9 *equivocum*: cf. Arist. *Categoriae* (*Predicamenta*), 1(1ᵃ1–7).   10 III Reg. 22.
20–2.   11 Rom. 1. 26, 28.   12 I Cor. 12. 3.   13 Glos. ad loc.   14 Cf. Aug. *De
Mendacio*, 3. 3.   15 I Cor. 8. 4.   16 Glos. ad loc.   17 Cf. Letter 30a. 3.   18 Cf.
Simon of Tournai, *Disp.* 69. 1.

dicimus quod non est eadem actio in essentia; dicitur autem eadem quia consimilis.

55   7. Denique scientia mali videtur esse bona, testante auctoritate quod scientia mali bono deesse non potest.[19] Apostolus autem dicit: 'Omnia probate, quod bonum est tenete.'[20] 'Probate', dicit auctoritas, 'per scientiam, non per experientiam.'[21] Ergo scientia cuiuslibet rei est bona. Quid dicemus de scientiis trivii et quadrivii, et de scientia Iustiniani?

60   Dicimus quod omnis scientia bona est, sed usus eius quandoque est malus.

8. De potentia vero peccandi vel homines puniendi dicit dominus ad Pilatum: 'Non haberes in me potestatem nisi tibi datum esset desuper';[22] et super illum locum: 'Dedisti nos tamquam oves escarum'[23] ait expositor: 'Hoc dicit quia omnia sunt ex dei potestate',[24] quam scilicet dat deus. Et

65   alia: 'Omnis potestas cuiuscumque est, a deo est';[25] alia: 'Voluntas nocendi a nobis est, potestas nocendi a deo est.'[26] Contra in apostolo: 'Qui gloriatur in domino glorietur',[27] id est domino attribuat gloriam suam, quod non potest qui non habet a domino potestatem. Ergo non omnis potestas a deo est, nec dicitur diabolus habere potestatem a deo vel a se

70   super homines, sed eum nostra peccata fecere potentem.[28] Alia in evangelio: 'Diabolus merito sue pravitatis prepositus est amatoribus huius mundi';[29] alia, 'Diabolus numquam meruit habere potestatem super hominem, sed homo per culpam meruit diaboli sustinere tyrannidem'.[30]

9. Item, de presbytero qui simoniace ordinatus est queritur utrum a deo

75   potestatem habeat conficiendi corpus et sanguinem Christi.[31] Cum enim iniuste hanc potestatem habeat, quomodo consentit divina voluntas? Tamen potest dici quod deus vult illi dare hanc potestatem, sed non vult quod recipiat vel habeat eam; sicut sacerdos vult dare corpus Christi ei qui est in mortali, vellet tamen quod non reciperetur ab eo. Et quia hec alibi

80   tractatu diffusiore tetigimus,[32] nunc eadem sub censura silentii cohibemus.

---

67 gloriatur . . . glorietur: gloriantur . . . glorientur A

---

19 Quotation untraced.   20 I Thes. 5. 21.   21 Quotation untraced.   22 Ioh. 19. 11.   23 Ps. 43. 12.   24 Glos. ad loc.   25 Cf. Rom. 13. 1.   26 Glos. ad loc.   27 I Cor. 1. 31.   28 Glos. ad Ps. 71. 12.   29 Cf. Glos. ad Luc. 16. 13.   30 Cf. Glos. ad Ioh. 14. 30.   31 Cf. Grat. Decret. D. 32. c. 6.   32 These topics are briefly referred to in Letters 57, 58, and 61 above, but the 'tractatus' is lost.

69

Peter explains the three monastic vows to a new monk who is chafing against discipline. 1200×11

DE MALO INOBEDIENTIE ET ARROGANTIA SUBDITORUM

1. Carissimo amico suo B. monacho,[1] Petrus Blesensis Londoniensis archidiaconus salutem et debitam prelatis humilitatem.

2. Sepe rogavi vos ut fugeretis a facie arcus.[2] 'Tetendit enim dominus arcum suum, et in eo paravit vasa mortis',[3] varias scilicet causas et diversa 5 genera moriendi.[4] Arcus de longinquo minatur, sed veniet tempus quando de vicino pugnabit. Cum acuerit tamquam fulgur gladium suum et arripiet iudicium manus eius reddetque ultionem hostibus suis, tunc inebriabit sanguine gladium suum qui devoraturus est carnes.[5] Gratulor et gratias ago deo quia fugistis a facie arcus, nec fuit fuga vestra in hieme nec in sabbato,[6] 10 sed in plena libertate arbitrii, in virtute divini consilii et auxilii. Ideoque nullo carnali affectu, nulla instantia dehortantium potuistis a sancto proposito revocari.

3. Testimonio divine legis, non eligitur levita vel sacerdos in domo domini[7] nisi prius dixerit patri et matri 'Nescio vos.'[8] Vos autem, totius 15 vestre parentele oblitus,[9] cum Iohanne sindonem[10] et cum Ioseph pallium[11] abiecistis. Sancti viri Abraham[12] et Iacob,[13] Martinus, Egidius, Benedictus,[14] exierunt de terra et cognatione[15] sua ut liberius domino deservirent. Ieronimus etiam quasi voce preconia regis edictum pronuntiat dicentis: 'Qui non est mecum contra me est.'[16] 'Si parentes', inquit, 20 'iaceant in limine domus ut ad religionem properantis propositum impediant, si sororum filii ab earum uberibus pendeant, si scissis vestibus

---

A 222ᵛ B 109ᵛ

3 prelatis: exhibere *add.* B　　　7 vicino: evicino *codd.*　　　11 libertate: libertata A　　　11 Ideoque: ideo B　　　18–19 exierunt . . . deservirent: nota religiose observant [*sic*] iste B *marg.*

---

1 Possibly the brother of the abbot of Saint-Ouen, deplored in Letter 44. 1, 4 above.　2 Ps. 59. 6.　3 Ps. 7. 13–14.　4 Cf. Glos. ad loc. in Nicholas of Lyre.　5 Deut. 32. 41–2.　6 Cf. Matt. 24. 20 and Glos. ad loc.　7 Cf. Deut. 33. 10.　8 Deut. 33. 9.　9 Cf. Matt. 10. 37.　10 Marc. 14. 52 and Glos. ad loc.　11 Gen. 39. 12 and Glos. ad loc.　12 Gen. 12. 1–4.　13 Gen. 28. 10, 15.　14 *Martinus . . . Benedictus:* cf. *Breviarium Romanum*, lessons for 11 November, 1 September, 21 March.　15 Gen. 12.1.　16 Matt. 12. 30.

crinibusque divulsis tuam studeant impedire salutem, contemptis et calcatis
cervicibus omnium ad tuum propera salvatorem.'[17] Nulla nimirum estima-
25 tio est salutis eterne. Preterit figura huius mundi,[18] atque omnibus divitiis
ac disideriis et deliciis huius vite dulcior et salubrior est amor Christi.

4. Certus sum quod, in primitiis conversionis huius, diversis temptationum iaculis innocentiam vestram crudeliter irruet humani generis
inimicus. Sed iuxta consilium sapientis: 'Si spiritus potestatem habens
30 veniret super te, locum tuum non deseras',[19] sed exhibitione humilitatis,
obedientie et munditie cordis quasi triplici vinculo deo firmiter te astringas.
Hic est funiculus triplex qui non potest facile rumpi,[20] cuius virtutem et
efficaciam Christus, ut nos suo informaret et confirmaret exemplo, in
seipso dignatus est experiri. Verbum ipsius est ad apostolos: 'Discite a me
35 quia mitis sum et humilis corde';[21] patri obediens factus est usque ad
mortem[22] crudelem et ignominiosam; de munditia cordis dicit: 'Quis ex
vobis arguet me de peccato?'[23] Hec tria que premissa sunt totius religiose
conversationis fundamentum et anchora clavisque censetur.

5. Si quis in te humilitatis gratiam attenuare voluerit, recole qualiter
40 Michol, filia Saul et uxor David, ipsum psallentem coram arca federis de
turpitudine nuditatis arguerit. Ipse vero respondens: 'Fiam', inquit, 'vilior
et humilior in conspectu domini dei mei.'[24] Sauli vero a Samuele dictum
est: 'Melior est obedientia quam victime';[25] nam in victimis carnes alienas
offerimus, in exhibitione autem obedientie deo non solum corpora sed
45 animas immolamus.[26] Ideo nos apostolus monet ut sicut portamus
'imaginem terreni' hominis, scilicet per inobedientiam, ita per obedientiam
'imaginem celestis'[27] hominis reformemus in nobis.

6. Que est ergo vox ista profitentis religionem et diffitentis obedientie
bonum? 'Abbas', inquit, 'poterit michi quod voluerit precipere, sed ad
50 faciendum quod iubet me non poterit inclinare. Plus laboris imponitur
michi quam alii. Non sum servus aut asinus; laboravi, laboret nunc alius.'
Suoque prelato precipienti aliquid procaciter et superbe respondens, 'Non
possum', inquit, 'hec ulterius pati; liber sum et recedo.'

33 informaret *om.* B   33 et *suppl.*   40 Michol: Michor A   42 domini *om.* B   45
portamus: portavimus B

17 Cf. Jerome, *Ep.* 14. 2.   18 I Cor. 7. 31.   19 Eccles. 10. 4 and Glos. ad loc.   20
Eccles. 4. 12.   21 Matt. 11. 29.   22 Phil. 2. 8.   23 Ioh. 8. 46.   24 II Reg. 6. 20–2
and Glos. ad loc.   25 I Reg. 15. 22.   26 Cf. Glos. ad loc.   27 I Cor. 15. 49 and Glos.
ad loc.

7. Miser, in quo es liber nisi quia Iesu Christi sanguine pretioso redemptus[28] es? O misera et infausta libertas, que diaboli servos[29] facit! De 55 talibus autem apostolus dicit: 'Cum servi essetis inobedientie, liberi fuistis iustitie.'[30] Tu qui dicis 'recedo', nonne renuntias iugo Christi?[31] Sed rebellionem tuam iniquitates tue alligant nec exire te sinunt, quia te mortis eterne vinculis circumvallant. Etsi recedas a loco non recedis a te, tecum tuorum peccatorum onera circumportas. Utinam illuc fugeres ubi diabo- 60 lum invenire non posses; dicit autem apostolus: 'Resistite diabolo et fugiet a vobis.'[32] Nonne hiis qui delinquunt enormius pro gravi pena infligitur ut a sue congregationis consortio abscidantur? Temerarium est pro remedio amplecti quod pro crimine irrogatur.

8. Verum qui inobediens esse incipit non credit nisi sibi, et hoc solum 65 rectum esse arbitratur quod in corde suo obstinata et obdurata iniquitate firmavit. Sed sicut dicit sapiens, 'Vie sunt que videntur homini recte, et novissima earum ducunt[33] ad profundum inferni.' Nempe ex inobedientia et contemptu nascitur quedam mentis iniqua libertas. Deinde rapiunt eum quedam violentia consuetudinis et impetus voluntatis, ut enormiter pec- 70 cans se peccare non credat. Ad hoc autem miserum deducunt vane et superbe cogitationes, ut eo ipso quod se non humiliat suo preposito nocere se credat. Ideoque iactitat se viriliter et audacter suo respondisse prelato eumque turpiter confutasse, sibique ascribit ad gloriam unde ad penam proscribitur gehennalem. 75

9. Sane quantum sit obedientie bonum experiuntur humiles, qui omnia dura sibi covertunt ad lucrum, et quanto sunt devotiores tanto eis est dulcius et levius Christi iugum.[34] Porro si quis obediens est senioribus suis, ipsum sentiet obedientem orationibus suis. Quidam ieiunio se macerantes arguuntur a domino, quia inveniuntur eorum voluntates[35] in eis. Tu velle 80 tuum per omnia sequeris tuique auctoritatem prepositi fastu cervicoso contempnis, at filius dei dicit: 'Non veni facere voluntatem meam sed voluntatem eius qui misit me patris.'[36] Quam damnabile sit voluntatem

---

60 fugeres: fugures A   62 qui delinquunt: derelinquunt B   69 rapiunt: rapiat *codd.*   81 sequeris: sequens A   82 at: ac *codd.*

---

28 I Petr. 1. 18–19.   29 *diaboli servos*: cf. Rom. 6. 16.   30 Rom. 6. 20.   31 *iugo Christi*: Matt. 11. 29.   32 Iac. 4. 7.   33 Prov. 16. 25.   34 Cf. Matt. 11. 30.   35 Is. 58. 3.   36 Ioh. 6. 38.

propriam sequi notat propheta de talibus dicens: 'Dimisit eos secundum
85   desideria cordis eorum.'[37] Obedite ergo amice carissime prepositis vestris,
nec vos dedeceat obedientia que decuit deum.

10. Denique de munditia cordis transeo sub paucitate verborum. Scio
enim quod omnia mundi oblectamenta et lenocinia favoris humani tamquam stercora reputatis.[38] Cor mundum habenti est videre[39] et cognoscere
90   quam suavis est deus;[40] quod autem nosse deum sit vita eterna[41] nemo
infitiari potest. Hii vero quibus datum est enigmatice et quasi per speculum[42] contemplari virtutem dei, et nunc de operibus potentie ipsius aut
misericordie aut sapientie quadam ratione imaginaria cogitare, iam pregustant in spiritu sancto voluptatis eterne primitias; et hoc est quod multi
95   credunt sensisse apostolum et dixisse: 'Gloriam domini speculantes in
eandem imaginem transformamur de gloria in gloriam tamquam a domini
spiritu.'[43]

11. Ac ubi spiritus ibi libertas;[44] nec solum libertas quam Christus nobis
donavit ex obedientia causam habet, sed etiam popularis libertas quietior
00   existit si suis obedire studeant prelatis. Unde Lucanus:

'Libertas' inquit 'populi quem regna coercent
Libertate perit; cuius servaveris umbram
Si, quidquid iubeare, velis.'[45]

Sub regibus equidem umbratilis est libertas, sed vere liberi eritis si filius vos
05   liberaverit.[46] Ipse est terribilis apud reges terre, qui aufert spiritum
principum[47] mandatque salutem regibus,[48] immo illos reges facit[49] qui ei
studuerint obedire.

---

101 quem: quam *codd.*   103 quidquid: quid B

---

37 Ps. 80. 13.   38 Cf. Phil. 3. 8.   39 Cf. Matt. 5. 8.   40 Ps. 33. 9.   41 Ioh. 17.
3.   42 I Cor. 13. 12.   43 II Cor. 3. 18, *vers. antiq.*, cit. e.g. Aug. *De Civ. Dei*, 22.
29.   44 II Cor. 3. 17.   45 Lucan. *De Bello Civili*, 3. 145–7.   46 Ioh. 8. 36.   47 Ps.
75. 13.   48 Ps. 43. 5; 143. 10.   49 Cf. Apoc. 5. 10.

70

Peter attacks the views of Master A. on the guilt of sins returning. 1200×11

HIC RESPONDETUR QUIBUSDAM QUERENTIBUS UTRUM ORI-
GINALE ET ACTUALE PECCATUM REDEAT ET QUALITER ET
IN QUANTUM[1]

1. Dilecto socio et amico Magistro A.,[2] Petrus Blesensis Londoniensis
archidiaconus salutem, et ossa regis Idumee[3] integra conservare.   5

2. Habet doctorum communis assertio quod originale peccatum non
exigit gemitum aut planctum. Cum ergo testimonio Rabani[4] non solum
actualia peccata redeant per mortale seu per ingratitudinem, videtur quod
originale peccatum, quod in isto punitum est, sit rursum a domino
puniendum, quod absurdum videtur. Scriptum est enim: 'Non iudicat 10
dominus bis in idipsum',[5] et illud: 'Non consurget duplex tribulatio.'[6]
Queris autem importune et forsitan opportune[7] quomodo redeat peccatum
quod quantum ad culpam et quantum ad penam est in isto deletum, et illud
peccatum rediit per mortale. Argumentaris et infers: 'Ergo est', inquis,
'actum vel contractum.' Dico autem quod non est actum vel contractum, 15
sed iteratum. Instas et vis asserere quod peccata que redeunt per ingratitudinem non redeunt in tanta quantitate in quanta prius fuerunt. Prius enim
fuerunt in actu et voluntate, modo autem non sunt in actu nec in voluntate
sed in reditu tantum.

3. Proinde graviter stomacharis et ex motu iracundie asseris vanum esse 20
et nugatorium quidquid dicitur de reditu peccatorum, sed ut ab isto errore
desistas recole auctoritatem que dicit: 'Donate invicem si alter in alterum

---

A 222a[r]

1 For other discussions of this topic see Peter Lombard, *Sent.* 4. 15. 7; 4. 22. 1; Odo of
Ourscamp, *Quaest.* 2. 321;. Simon of Tournai, *Inst.* 152[r-v]; Peter of Poitiers, *Sent.* 2. 19; 3. 12;
3. 25; Stephen Langton, *Quaest.* 222[r], 297[r], 300[v]; A. M. Landgraf, *Dogmengeschichte der
Frühscholastik* (4 pts in 8 vols., Regensburg, 1952–6), iv/1. 193–275.   2 Possibly Master
Alexander of St Albans (Nequam), to whom Peter had written *Ep.* CXXXVII and perhaps
Letter 31 above. The reprobatory tone and mention of prodigality agree with the latter, cf.
also the discussion of 'servus nequam' in § 3 and § 8.   3 Amos 2. 1 and Glos. ad loc.   4
Cf. Raban, *Comment.* in Matt. 18. 35, cit. in Grat. *De Penitentia*, D. 4. c. 1.   5 Glos. ad
Na. 1. 9.   6 Na. 1. 9.   7 II Tim. 4. 2.

peccat,[8] alioquin deus repetet dimissa'.[9] Dominus etiam a servo nequam, cui totum dimiserat, repetit debitum universum.[10] Item dominus dicit:

25 'Dimittite et dimittemini.[11] Nam si non dimiseritis, quidquid dimiseram replicabo.' Item, sicut bona opera que per peccatum fuerant mortua reviviscunt, quare peccata deleta pari censura non redeunt? Preterea magister Hugo de Sancto Victore dicebat: 'Homo redit ad culpam, quare culpa non redit ad hominem?'[12] Item, si sequentia bona preterita mala

30 excusant, quare non permittas quod per sequentia mala preterita iterentur? Item ad Hebreos: 'Non est iniustus deus ut obliviscatur operis nostri.'[13] Super hoc auctoritas: 'Sicut priora bona propter sequentia mala mortua fuerant, ita eadem per penitentiam et per bona cetera reviviscunt';[14] a simili ergo vides iterari peccata.

35   4. Cum ergo constet quod mortale redeat pro mortali, queritur utrum veniale redeat pro mortali, utrum similiter veniale pro veniali, quod non videtur. Nam mortale dimittitur eo pacto quod si homo iterum peccet mortaliter redeat etiam mortale dimissum. Unde 'Vade et amplius noli peccare',[15] quasi dicat: 'Habeas in proposito firmo de cetero non peccare

40 mortaliter.'[16] Veniale autem non dimittitur hoc pacto, ideoque veniale non redit pro veniali.

     5. Denique cum peccatum sit in isto reatu et transeat actu, potestne idem peccatum redire actu? Item, cum peccatum sit in isto reatu et non actu, potestne redire actu et reatu? Item, si propter fornicationem homicidium

5 redit, ergo fornicatio est causa homicidii. Item, iste olim hereticus nunc est catholicus et peccat mortaliter, numquid heresis redit? Numquid est iste hereticus? Bene enim sentit de omnibus articulis, quem ergo habet effectum in isto heresis que redit? Item, fornicatio facit quod homicidium fit in isto, rediit enim, ergo fornicatio facit istum reum homicidii et fornicationis.

0 Denique iste qui solet esse prodigus efficitur nunc avarus, et sic in eum redit prodigalitas. Quomodo denominabitur a prodigalitate? Eritne prodigus et avarus?

     6. Pro hiis et similibus videtur esse miraculum aut portentum seu prestigium quod aliquid desinat esse et iterum ad esse tendat, et ita

5 miraculum est quod peccatum prius dimissum post redeat. Unde super

---

23 dimissa: divulsa A

---

8 Eph. 4. 32; Col. 3. 13 and Glos. ad loc.   9 Glos. ad Eph. 4. 32.   10 Matt. 18. 32–5.   11 Luc. 6. 37.   12 Hugh of Saint-Victor, *De Sacramentis*, 2. 14. 9.   13 Hebr. 6. 10.   14 Glos. ad loc.   15 Ioh. 8. 11.   16 Cf. Letter 60. 4 above.

Numeri, ubi fit mentio de eo qui fecit se nazareum ad tempus,[17] dicit
auctoritas: 'Si forte tetigerit mortuum, id est si peccaverit, vita presens in
irritum reducetur, et oportebit eum purgari et iterare abstinentiam quam
primitus inchoavit.'[18]

7. Item quibusdam videtur quod opera facta sine caritate, cum redeunt, 60
valeant ad habendam vitam eternam, vel quod opera facta ante mortale
cum redeunt valeant ad idem. Unde in Levitico: 'Si per hoc redimi non
potest, anno iubileo egredietur.'[19] Super hoc auctoritas: 'Si se presentibus
bonis redimere non poterit, per bona que fecit ante peccatum liberabitur et
in hoc iubileo liber erit.'[20] Dicimus quod penitentia est quedam obligatio 65
sive pactio hominis ad deum, unde scriptum est quod penitere est acta flere
et flenda non committere.[21] Sic ex pacto dimittuntur peccata, et si denuo
peccaverit, eidem iterum imputantur.

8. Et notandum quod diversi diversa sentiunt de reditu peccatorum.
Quidam enim peccata redire asserunt hiis duntaxat qui se penituisse 70
penitent.[22] Alii dicunt quod pro omni peccato mortali redeunt peccata,
quandoque tamen minora prioribus aut maiora. Ceteri vero dicunt peccata
redire, sed tantum propter apostasiam[23] odiumve fraternum,[24] de istis
enim tantum in evangelio habemus exemplum. Alii vero autumant quod
non pro uno mortali redeunt omnia mortalia sed tantum peccata eiusdem 75
generis, ut pro fornicatione fornicatio, pro homicidio homicidium, nullumque genus peccati pro alio.

9. Quorundam vero sententia est quod peccata non redeunt, sed
ingratitudo que provenit ex peccatis preteritis. Licet enim sepe et sepius
infideles et incorrigibiles puniat deus, pro eodem tamen peccato infideli- 80
tatis et inobedientie multos in veteri testamento permittebat affligi,[25] nec
diversa erat pena ubi erat eadem pene culpa. Sic sacerdos iniungit
quandoque penitentiam de occulto peccato confitenti, et tamen si publicum
factum fuerit peccatum illud eidem observantiam penitentie gravioris
infligit. Sancti etiam patres dicunt quod non oportet peccata que redeunt vel 85
originalia confiteri sacerdoti. Tutius tamen est coram sacerdote se accusare
de illis, et a timore dei concipere spiritum gratie et salutis.[26]

---

62 redeunt: redeant A

17 Num. 6. 2–12.   18 Cf. Glos. ad Num. 6. 6–9.   19 Lev. 25. 54.   20 Glos. ad
loc.   21 Ambr. *Sermo* 25. 1, cit. in Grat. *De Penitentia*, D. 3. c. 1.   22 e.g. Simon of
Tournai. *Inst.* 152ʳ.   23 Cf. Luc. 12. 9–10.   24 Cf. Aug. *De Baptismo contra Donatistas*,
1. 12. 20 (ad Matt. 18. 27–34).   25 Cf. Idc. 2. 11–15; 3. 7–8; 4. 1–2 etc.   26 Is. 26. 18,
vers. antiq., cit. e.g. Aug. *Enarr.* in Ps. 47. 7.

71

Peter attacks the theory that Christ's soul was separated from his divinity in death, and other arguments that his human nature did not survive in the grave.[1] 1200×11.

IN HAC EPISTOLA RESPONDETUR QUIBUSDAM ASSEREN-
TIBUS CHRISTUM IN TRIDUO SUE SEPULTURE HOMINEM NON
FUISSE

1. Viro venerabili abbati[2] —, Petrus Blesensis Londoniensis archidia-
5 conus salutis eterne beneficium in eo qui solus est nostre fidei firma-
mentum.

2. Sicut testimonio sapientis 'in multiloquio non deerit peccatum',[3] sic
multos in errorem ducit vehementia studendi et multiplicitas questionum.
Verbum apostoli est: 'Non plus sapere quam oportet sapere, sed sapere ad
10 sobrietatem.'[4] Eius etiam sententia est quod 'si quis non acquiescit
doctrine Christi, superbus est et languens circa pugnas verborum',[5] huius
grave est iudicium. Non arguo vos de superbia, nam gloriose opinionis est
apud bonos et graves vestra humilitas, et vestra modestia nota est omnibus
hominibus[6] terre vestre.

15 3. Porro displicet michi quod minus provide maiusque pertinaciter
asseritis quod anima Christi separata sit ab eo in triduo dominice sepulture,
et ad hoc intenditis auctoritatem Christi loquentis in cruce: 'In manus tuas
commendo spiritum meum.'[7] Est etiam auctoritas que dicit: 'Potestati tue
commendo spiritum meum, cito eum recepturus',[8] ergo illum deposuit.
20 Item legitur quod 'emisit spiritum',[9] et ita spiritus recessit a Christo. Item

A 222aᵛ
4 abbati: *sequitur spatium fere septem litterarum* A   11 est *suppl.*

1 The first part of this letter uses the same material as the first part of Letter 50; see also Peter Lombard, *Sent.* 3. 21. 1; 3. 22. 1–3; Odo of Ourscamp, *Quaest.* 2. 290; Robert of Melun, *Sent.* i, pp. 151–2, qq. 121–8, 139–40; Simon of Tournai, *Inst.* 143ᵛ; Peter of Poitiers, *Sent.* 4. 22; Stephen Langton, *Quaest.* 251ᵛ; and the *Eulogium ad Alexandrum Papam* of John of Cornwall, ed. N. M. Haring, *Mediaeval Studies*, 13 (1951), 253–300.   2 Possibly the head of the house to which Peter sent Letter 50, on a closely related topic.   3 Prov. 10. 19.   4 Rom. 12. 3.   5 I Tim. 6. 3–4.   6 Phil. 4. 5.   7 Luc. 23. 46.   8 Cf. Aug. *Enarr.* in Ps. 140. 2.   9 Matt. 27. 50.

Ambrosius: 'Clamat caro separatione divinitatis moritura',[10] et ita caro separata est a divinitate.

4. Sane vobis, amice carissime, timenda et vitanda est sententia super hoc lata. Scriptum est enim: 'Anathema sit qui dixerit denuo Christum hominem assumpsisse';[11] alia: 'Mirabiliter unita est divinitas humanitati, 25 nullum postea passura divortium.'[12] Item in Levitico: 'Vestimenta non scindet.'[13] Super hoc auctoritas: 'Ex quo verbum caro factum est, Christus numquam ab ea crucifixa vel sepulta separatus est.'[14] Est autem sententia omnium illorum qui exercitatos habent sensus,[15] quod ex quo verbum assumpsit carnem et animam non separavit eas a divinitate, sed unam ab 30 altera.[16] Quod autem dicitur: 'Emisit spiritum',[17] subintelligere debes: emisit spiritum a carne, non a divinitate.

5. Quod vero scriptum est: 'Clamat caro separatione divinitatis moritura',[18] ibi videtur quod divinitas sit separata a carne quia non liberabat carnem a passibilitate. Unde Christus videbatur a deo derelictus, quia non 35 auferebat ab eo mortis passionem nec parcebat proprio filio quem pro nobis[19] offerebat ad mortem. Unde et Christus dicit: 'Pater ut quid dereliquisti me?'[20] cum ille homo-deus patiebatur. Et quia patiebatur, videbatur ille homo secundum opinionem hominum derelictus a deo. Hoc significatur in Levitico per duos hircos, quorum unus erat 'apopompeius', 40 id est emissarius, qui emittebatur et ibat in desertum, alter dicebatur 'immolaticius'.[21] Videbatur itaque ille homo derelictus a deo quia non liberavit eum de manibus iudeorum. Item ubi dicitur in evangelio: 'Heli heli quare me dereliquisti?'[22] dicit auctoritas: 'Pater reliquit Christum, id est virtutem suam cohibuit, non liberans a supplicio Christum suum.'[23] Fuit 45 ergo in illo triduo divinitas unita carni et anime iuxta auctoritatem que dicit: 'Semel assumpta a divinitate humanitas nec divortium passa est nec accepit libellum repudii.'[24] Manet illud benedictum connubium, et quod deus semel coniunxit nulla postmodum occasio separabit.[25]

---

23 est: vobis *add.* A   30 eas . . . unam: eum . . . unum A   34 ibi: ubi A

10 Ambr. *Expos. Evang. sec. Luc.* ad 23. 46; cf. Ambr. *De Trin.* 13.   11 Vigilius of Thapsus, *De Trinitate*, 6.   12 Cf. Ambr. *De Trin.* 12.   13 Lev. 21. 10.   14 Glos. ad loc.   15 Hebr. 5. 14.   16 Aug. *Tract.* 47. 10 in Ioh. 10. 18.   17 Matt. 27. 50.   18 Ambr. *Expos. sec. Evang. Luc.* ad 23. 46.   19 Rom. 8. 32.   20 Matt. 27. 46.   21 Lev. 16. 5–10 and Glos. ad loc.   22 Matt. 27. 46.   23 Peter Lombard, *Sent.* 3. 21. 1, cf. Hesychius, *Comment.* in Lev. 16. 10.   24 Quotation untraced; *libellum repudii*: Deut. 24. 1.   25 Cf. Matt. 19. 6.

6. Propterea dicunt multi quod Christus in illo triduo fuit homo, et hoc sic probant. Christus in hoc triduo descendit ad inferos;[26] non secundum quod deus quia deus non movetur, et ita secundum quod homo tunc descendit, ergo tunc fuit homo. Alii vero contraria sentientes opponunt et dicunt: in triduo fuit homo, ergo animal, ergo substantia animata, ergo tunc fuit animatus, ergo anima vegetatus. Sed qua anima tunc fuit vegetatus, cum anima esset remota a carne? Item, non fuit tunc vegetatus anima rationali vel irrationali, ergo tunc non fuit animal. Item, quomodo potest aliquis homo esse cuius corpus est in sepulchro et anima in inferno? Item, videtur quod in triduo non fuerit homo nec habuit in anima sua naturalia bona.

7. Item, illa persona tunc vivebat, et ita tunc erat vivus homo, et ita tunc non erat mortuus homo, et tunc non erat opus resurrectione. Quidam dicunt quod illa persona humanata tunc vivebat, nec tamen ille homo. Item, cum in sepulchro habuerit carnem et animam divinitati coniunctam, nonne ex hiis erat homo, et verus homo? E diverso tunc videbatur corpus esse sine anima, quia non erat cum anima. Dicunt quidam quod Christus in sepulchro, id est manens in sepulchro, erat homo; sicut cum dico: 'Ego in terra video solem', id est manens in terra.

8. Item, Christus tunc erat homo, ergo mortalis vel immortalis. Si mortalis, ergo poterat mori; si immortalis, ergo tunc erat glorificatus. Si tunc erat homo, eratne rationalis, poteratne tunc loqui? Nonne rationalitas anime in eo erat? Item, in illo triduo non habuit officium quinque sensuum, et ita tunc non poterat videre et audire. Eratne tunc cecus et surdus? Non. Nam et dormiens habet quinque sensus, nec tamen audit aut videt. Item, aut tunc fuit mortalis aut immortalis, mortalitas enim et immortalitas contraria immediata sunt. Dicimus hoc verum esse circa hominem vivum, non circa hominem mortuum. Sunt qui dicunt Christum in illo triduo neque defectum neque gloriam aliquam habuisse, sicut Adam nec defectum habuit ante peccatum neque glorificatus erat. Videtur autem aliquibus quod sicut Christus ex coniunctione anime et corporis incepit esse homo, ita ex separatione anime et corporis desiit esse homo. Ratio enim esse mortuum est non esse hominem.[27]

53 Alii: alia A   62 et: vel A   82 non *suppl.*

26 *Symbolum Apostolicum.*   27 Cf. Hugh of Saint-Victor, *De Sacramentis*, 2. 1. 11.

9. Item, Christus secundum humanam naturam erat in sepulchro, quia secundum carnem, et secundum naturam humanam erat in inferno, quia secundum animam. Erantne due nature tunc in Christo? Erantne tres? Ita   85 scilicet natura carnis, natura anime, natura divinitatis. Item legitur quod Christus totus erat in sepulchro, sed non totum, totus in inferno, sed non totum.[28] Totus in sepluchro quia secundum utramque naturam, sed non totum quia non secundum utramque totam, quia non secundum humanam naturam totam.   90

10. Ecce de modica questione grandis epistola prodiit, sicut de fonte parvulo magnum flumen[29] et de modica scintilla vehementissimus crescit ignis.[30]

72

Peter explains to the abbot of Keynsham why human virtue could never atone for Adam's transgression. 1200×11.

CONTRA EOS QUI DICUNT QUOD SICUT GENUS HUMANUM PERDITUM FUIT PER SUPERBIAM PURI HOMINIS, ITA PER HUMILITATEM ET PENITENTIAM ADE VEL ALTERIUS PURI HOMINIS POTERAT SALVARI.[1]

1. Viro venerabili abbati de Keinesham',[2] Petrus Blesensis Londoniensis 5 archidiaconus salutem et sanctorum venerari scripturam.

2. Sicut ex literis vestris novi, plurimum vos verba illa movent que leguntur in Iohanne ubi dominus dicit: 'Sic oportet nos implere omnem iustitiam',[3] id est humilitatem sine qua nec iustitia nec virtus alia esse

A 223[r]
1 HUMANUM *suppl.*   5 Keinesham': reinesham(?) A   9 id est *suppl.*

28 Cf. Pseudo-Aug. *De Trinitate et Unitate Dei*, 2.   29 Cf. Esth. 11. 10.   30 Ecclus. 11. 34.

1 For similar opinions on this topic see Peter Lombard, *Sent.* 3. 18. 5; Odo of Ourscamp, *Quaest.* 2. 261; Robert of Melun, *Sent.* i, p. 147, q. 21; Simon of Tournai, *Inst.* 137[r]; Peter of Poitiers, *Sent.* 4. 14.   2 William is recorded as abbot of the Augustinian house of Keynsham, Somerset, 1173–1205, Morgan in 1206. The abbey was vacant in 1208 (*Rot. Lit. Cl.* 107) and the next known abbot is Richard, elected in 1214. There was, however, an unnamed abbot after 1208, involved in litigation in 1213 (CRR vii. 13, 46). The version of *Ep.* CXXXIX in MS Bodley 303 was addressed to abbot William and the convent (see Letter 45. 1 n. above).   3 *Non* Ioh. *sed* Matt. 3. 15.

10   potest.[4] Ibi distinguitur triplex humilitas: prima est debita, scilicet subdere
     se maiori; secunda habundans, scilicet subdere se pari; et tertia superha-
     bundans, scilicet subdere se minori.[5] Hanc vero aggravat questionem
     quedam auctoritas que dicit: 'Nisi tanta sequeretur humilitas in homine
     quanta precessit superbia in Adam, non redimeretur genus humanum.'[6]
15   3. Sed nonne potuit in homine puro tanta esse humilitas quanta fuit
     superbia in Adam? Quare ergo non potuit redimi genus humanum
     humilitate puri hominis? Nam nec Ade superbia fuit infinita nec istius puri
     hominis humilitas est infinita; utraque vero potuit crescere et decrescere et
     ita potuerunt sibi pariter coequari. Preterea potuit Adam sufficienter
20   penitere de peccato suo et ita potuit se tantum humiliare quantum
     superbierat, quia si hoc non posset, facultatem perfecte penitendi non
     haberet.
        4. Porro hec auctoritas sic intelligenda est: 'Nisi tanta sequeretur
     humilitas que sufficeret ad redemptionem, sicut precessit superbia que
5   suffecit ad dampnationem, non redimeretur genus humanum', quod si in
     puro homine tanta esset humilitas quanta fuit superbia in Adam, non esset
     sufficiens ad redimendum. Superbia quidem alicuius puri hominis potens
     fuit ad perdendum. Nulla humilitas alicuius puri hominis potuit tanta esse
     ut esset sufficiens ad redimendum, ergo non tanta potuit esse humilitas
)   quanta fuit superbia. Instantia: aliquid amarum sufficit ad perdendum hoc
     vinum. Nichil dulce potest sufficere ad reparandum hoc vinum, ergo nichil
     potest esse ita dulce sicut aliquid est amarum.
        5. Sicut de humilitate diximus, a simili per contrarium dicimus de
     superbia, quia superbia exhibetur contra minorem, contra parem, contra
5   maiorem, ita quod hec ultima respondeat illi speciei humilitatis que
     inferiori exhibetur, quia quanto maior est humilitas que exhibetur minori
     tanto maior est superbia que exhibetur contra maiorem. Pone hominem ex
     una parte, ex altera parte deum: vides quia non potest aliqua res esse ita
     parva ad hominem sicut deus magnus est ad hominem. Ergo nullus potest
     ita se humiliare erga hominem ut erga deum, sicut magna est superbia
     cogitata contra deum. Ideo quantacumque sit humilitas in homine non
     potest sufficere ad habendam vitam eternam, si deus nobiscum districte
     ageret vel nisi deus meritum augeret. Sed superbia in homine puro potest

---

36 exhibetur *suppl.*   40 ut: vel A

---

4 Cf. Glos. ad loc.   5 Glos. ad loc.   6 Cit. in P. Lombard, *Sent.* 3. 18. 5, 'ut ait
Ambrosius'; cf. Ambr. *Expos.* in Ps. 118. 141 (Sermo 18. 32).

sufficere ad habendam penam eternam, ergo non tanta potest esse
humilitas quanta superbia.   45

6. Item, sit iste servus domini sui et debeat ei servire humiliter in omni
servitio; si offendit eum, quomodo potest ei satisfacere? Nam si servit ei
modo quantum potest, hoc primo debebat ei etsi non offendisset eum, nec
magis debet ei modo servire quam prius, quia et ante et post debebat ei
omne servitium quod poterat facere. A simili, si homo offendit deum, 50
quomodo potest ei satisfacere? Nam si servit ex toto corde et incensa
caritate, hoc etiam ei ante debebat. Unde auctoritas: 'Cum omnia bene
fecerimus dicamus quoniam servi inutiles sumus,quod debuimus facere
fecimus.'[7] Proinde nullus potest deo satisfacere, nisi gratia dei eius
suppleat imperfectum.   55

7. Verum gratia dei potest esse pro merito, nam sive in via sive in patria
sumus, augmentum premii de sola gratia est et tamen de nostro merito, sed
ita de merito nostro quia totum meritum nostrum ex gratia.

8. Potestis perpendere ex premissis quod quantacumque hominis puri
humilitas ad redimendum genus humanum sufficere non potuit; potuit 60
tamen superbia puri hominis sufficere ad perdendum. E diverso autem
humilitas dei-hominis, id est Christi, omnem superbiam quasi eam concul-
cando et delendo sua benignitate transcendit. 'Non enim sicut delictum ita
et donum',[8] nam delictum ex delectatione et superbia causam traxit,
donum vero in humilitate et crudeli supplicio[9] nos redemit.   65

73

Peter defines free will, and discusses the extent of Adam's freedom before the
fall. 1200×11.

HIC RESPONDETUR QUIBUSDAM QUESTIONIBUS DE LIBERO
ARBITRIO ET UTRUM CHRISTUS LIBERUM ARBITRIUM
HABUERIT, ET QUALITER PER PECCATUM ADE OCULI SINT
APERTI[1]

A 223[r]

7 Luc. 17. 10 and Glos. ad loc.   8 Rom. 5. 15.   9 Cf. Phil. 2. 8.

1 For similar opinions see Peter Lombard, *Sent.* 2. 25. 1–18; Odo of Ourscamp, *Quaest.* 2.
254, 331; Simon of Tournai, *Disp.* 10. 1–2; 49. 5; Peter of Poitiers, *Sent.* 2. 10, 22.

1. Viro venerabili et amico in Christo carissimo abbati de Feversham',[2] Petrus Blesensis Londoniensis archidiaconus salutem.

2. Circa liberum arbitrium varias michi questiones ingeritis, et utinam ad prosequendum voluntatem vestram haberem plenam mei arbitrii libertatem. Est autem triplex libertas: a pena, a culpa, a necessitate. Quamlibet istarum habuit Adam ante peccatum, et omnis qui erit in patria habebit istas tres. Christus autem in via tantum duas habuit, scilicet libertatem a culpa et a necessitate; boni viri unam tantum habent in via, scilicet libertatem a culpa. Quia vero inter cetera queritis in quibus liberum consistat arbitrium, sciatis quod in voluntate et ratione. Ex voluntate habet quod sit liberum, ex ratione vero quod sit arbitrium.

3. Scire autem vultis utrum Christus liberum habuerit arbitrium. De hoc nobis respondet auctoritas super illum locum: 'Non iustificabitur in conspectu tuo omnis vivens.'[3] 'Solus', inquit, 'deus est in quem peccatum cadere non potest; cetera cum sint liberi arbitrii ad utrumque flecti possunt.'[4] Secundum hoc non videtur Christus liberum arbitrium habuisse. Tamen super illud verbum apostoli: 'Dividens singulis prout vult',[5] dicit auctoritas: 'Pro libero voluntatis arbitrio, non pro necessitatis obsequio.'[6] Sed notandum quod omnes boni et mali habent liberum arbitrium, sed boni liberius quam alii, Christus autem liberrimum. Nam Christus habuit libertatem a coactione necessitatis, et hoc liberum arbitrium fuit in solo Christo. In aliis autem dicitur liberum arbitrium in utramque partem flexibile.

4. Queritis etiam utrum Adam fuerit quandoque immortalis, et si hoc, quomodo sit damnatus? Scimus quod super 'Diligam te, domine, fortitudo mea'[7] dicit auctoritas: 'Nisi mortales essemus nichil nobis faceret inimicus.'[8] Dicimus quod Adam potuit mori et potuit non mori,[9] sed non fuit immortalis ita quod non posset mori. Dicimus etiam quod fuit damnatus temporaliter, non eternaliter. Sententia vero quorundam est quod Adam, quamdiu fuit extra paradisum, habuit naturalia tantum; quando vero deus

---

25 coactione necessitatis: coactione/necessitate A

---

2 Ailgar was elected head of the Benedictine house of Faversham, Kent, in 1189, and last mentioned by name in 1206. Nicholas was chosen in 1215. The Curia Regis Rolls refer to an unnamed abbot engaged in lawsuits in 1206–7 and 1213–14 (CRR iv. 115, 299, 309; v. 33, 97; vii. 36, 54).   3 Ps. 142. 2.   4 Glos. ad loc. (Jerome, *Ep.* 21. 40).   5 I Cor. 12. 11.   6 Cf. Glos. ad loc.   7 Ps. 17. 2.   8 Cf. Glos. ad loc.   9 Cf. Aug. *De Genesi ad Litteram*, 6. 25. 36.

eum in paradisum tulit,[10] ei gratuita contulit. Si queritis utrum quando 35
habebat tantum naturalia peccare potuerit, quare non? Tunc enim potuit
mori; mors autem non est nisi pro peccato,[11] ergo peccare tunc potuit.

5. Dicitis etiam quod Adam ante peccatum habebat unde stare posset,
sed non habebat unde proficeret.[12] Videtur tunc habuisse unde poterat
vitare malum sed non unde posset facere bonum. Dicite queso,nonne tunc 40
habuit liberum arbitrium? Ergo tunc potuit facere bonum et malum.
Nonne servare innocentiam suam et continuare esset ei proficere? Videtur
quod Adam ante peccatum poterat cadere, erat enim 'spiritus vadens et
non rediens'.[13] Poterat tamen, si stetisset, confirmari in bono a domino
sicut dicit Gregorius super Ezechielem de angelis: 'Celestes virtutes prius 45
per liberum arbitrium sicut aqua in quamlibet partem poterant labi. Sed
aliis cadentibus ille que perstiterunt quasi de aqua cristallus facte sunt, et
peccare non possunt.'[14] Item, 'Expulsi sunt nec potuerunt stare vi sua
diabolus et Adam.'[15] Secundum hoc Adam unde posset stare non habuit.
Nonne solis naturalibus potuit stare? Dicimus quod non potuit eis semper 50
stare, vel diu. Item, si naturalibus potuit demereri et eis solis mereri non
potuit, ergo ei confirmata erant in malum. Nonne potuit tunc Adam
temptari et resistere temptationi? Dicunt quod habens sola naturalia
poterat stare, sed non temptationi resistere.

6. Item, auctoritas dicit quod posse credere natura est hominum, sed 55
credere gratia fidelium;[16] et ita posse credere, sperare, diligere, proficere,
hoc est de natura; sed quod credit aut proficit,hoc est de gratia. Ideo
dicimus quod Adam habuit unde potuit stare et proficere, ut iste terminus
'unde' determinet hoc verbum 'potuit', non hoc verbum 'proficere'. Nam
de natura potuit proficere de gratia.   60

7. Denique scire vultis utrum Adam potuit mori ante peccatum. Potuit
enim interfici, et si hoc, haberetne penam ante peccatum? Augustinus dicit
super Genesim quod si Adam multum comedisset de ligno vite beata
immortalitate firmaretur,[17] sed quia parum comedit cito mori potuit.
Helias[18] enim et Enoch[19] non diu vixerunt quia de ligno vite comederunt. 65

46 sicut *suppl.*   47 perstiterunt: persteterunt A

10 Gen. 2. 8.   11 Cf. Rom. 5. 17.   12 Aug. *Enchiridion*, 105–7; Peter Lombard, *Sent.*
2. 24. 1.   13 Ps. 77. 39.   14 Cf. Greg. *Homil. in Ezech.* 1. 7. 18 (ad Ezech. 1. 22).   15
Quotation untraced.   16 Quotation untraced.   17 Cf. Aug. *De Gen. ad Lit.* 8. 5.
11.   18 IV Reg. 2. 11.   19 Ecclus. 49. 16; Hebr. 11. 5.

8. Quod autem queritis quid sit quod primis parentibus post peccatum oculi sunt aperti, dicimus quod non erant ceci, sed sicut Gregorius dicit super Iob: 'Culpa oculos claudit, pena aperit.'[20] Culpa claudit oculos intelligentie sed pena eos aperit, 'dat enim vexatio intellectum.'[21]

74

Peter discusses the relationship of Christ's humanity to his divine nature and to his mother.[1] 1200×11.

HIC QUERITUR UTRUM DUE NATIVITATES FUERINT IN CHRISTO, UTRUM PROPRIETATE ILLA QUA DE MATRE NATUS EST SIT FILIUS, ET DE QUIBUSDAM ALIIS

1. Carissimo socio et amico Magistro R. de Pavelli,[2] Petrus Blesensis Londoniensis archidiaconus salutem et amicitie sinceros affectus.

2. Verbum est apostoli ad Romanos: 'Qui predestinatus est filius dei in virtute';[3] auctoritas vero ibi dicit quod ille homo ex quo esse cepit filius dei esse cepit,[4] et ex hiis multi arguunt quod ille homo cepit esse et non fuit ab eterno. Ibi etiam alia dicit auctoritas quod ille homo credere nos fecit in Christum qui nobis fecit in quem credimus Christum.[5] Proceditis etiam et dicitis si deus factus est Christus ergo non ab eterno est Christus, ergo hoc nomen 'Christus' non est proprium nomen persone.[6] Alia ibi auctoritas: 'Aliquando habuit dei filius quod nondum habuit idem homo',[7] filius ergo

---

A 223ᵛ

1 NATIVITATES: NATIONES A   6 Verbum est *suppl.*; *spatium fere quattuor litterarum* A   7–8 die esse: dei A   8 multi arguunt: multis arguere A

---

20 Greg. *Moralia* in Iob 21. 19.   21 Ibid. (Is. 28. 19).

1 For other opinions see Peter Lombard, *Sent.* 3. 6. 1; 3. 7. 1–2; 3. 8. 1–2; 3. 10. 1; Robert of Melun, *Sent.* ii, p. 29, q. 3; Simon of Tournai, *Disp.* 17. 1; 48. 1, 5; 102. 4; Peter of Poitiers, *Sent.* 4. 10.   2 The name R. de Pavelli (from Pavilly near Rouen) occurs frequently in the Pipe Rolls; there were branches of the family in Norfolk and Sussex. A Reginald de Pavelli was attached to the court of Henry II and witnessed charters between 1171 and 1181 (R. W. Eyton, *Court and Household of Henry II* (London, 1878), *passim*). In about 1210 a 'Master Robert de Paville' witnessed a charter of Peter des Roches (see Letter 25 above) copied by Peter Russinol (see Letter 23 above): *A Calendar of Charters relating to Selborne*, ed. W. D. Macray (Hampshire Record Society; 2 vols., London, 1891–4), ii. 2.   3 Rom. 1. 4.   4 Aug. *Enchiridion*, 36, cit. in Glos. ad Rom. 1. 4.   5 Quotation untraced.   6 Cf. Glos. ad Rom. 1. 1.   7 Aug. *Tract.* 106. 5 in Ioh. 17. 6.

ille homo non fuit ab eterno. Ibi alia: 'Christus noster etiam si recens homo
est, tamen est eternus deus';[8] sed si est recens homo non est eternus homo, 15
ergo ille homo non fuit ab eterno.

3. Quidam dicunt quod est eternus homo sed non ab eterno homo,
Veritas autem in evangelio dicit: 'Antequam Abraham fieret ego sum';[9]
itemque: 'Abraham desideravit videre dies meos; vidit et gavisus est.'[10]
Sicut in diebus Abrahe potuit esse, nonne ratione simili esse potuit ab 20
eterno? Nonne auctoritas dicit quod 'Ille puer creavit stellas'?[11] Item,
simus ante incarnationem. Aliquis homo incipiet esse deus vel non; si non
incipiet esse deus et erit deus, ergo est deus, et ita homo est deus, quod
nondum verum est. Si ille homo incipiet esse deus, quando? In nativitate.
Sit nunc nativitas: iste homo ab eterno fuit deus, ergo non incipit esse deus. 25

4. Item: 'Quoniam tu perfecisti destruxerunt';[12] expositio: 'Me Christum
quoniam fecisti destruxerunt Iudei',[13] ergo pater Christum fecit, ergo
Christus non fuit ab eterno. Item in Levitico: 'Hec est unctio Aaron et
filiorum eius',[14] ibi auctoritas: 'Ungitur ipse Aaron, id est Christus,
substantialiter; nos vero eius adoptione et gratia.'[15] Sed si Christus 30
substantialiter est unctus ergo substantialiter est Christus, ergo quamdiu
fuit, fuit Christus. Item ad Romanos: 'Qui factus est ex semine David
secundum carnem.'[16] Ibi auctoritas: 'Factus est ut ita dixerim humanatus
deus';[17] et ita non est ab eterno humanatus deus, ergo nec ista persona
humanata ergo nec iste homo.   35

5. Item, iste homo fuit quando solus Adam fuit. Numquid duo homines
tunc fuerunt? Sed unus tunc fuit homo et non reliquus, sicut hec albedo fuit
quando non fuit album. Item, si homo est ab eterno deus, homo est ab
eterno unitus deo, ergo homo ab eterno est deus humanatus non sequitur.
Item, homo est ab eterno, ergo humanatus est ab eterno. Instantia: senex 40
fuit puer, ergo senectus fuit in puero. Item, iste homo prius fuit quam esset
iste homo, ergo prius fuit se et posterius se, quod verum est.

6. Iterum queritis utrum Christus filius virginis filiatione temporali
referatur ad matrem, et utrum mater aliqua relatione, scilicet maternitate,
referatur ad filium. Ille proprietates sunt due relationes quarum una facit 45
aliquid esse matrem, ergo altera facit aliquid esse filium; et ita Christus

37 hec albedo: hoc album A

8 Aug. *Enarr.* in Ps. 80. 10.   9 Ioh. 8. 58.   10 Ioh. 8. 56.   11 Glos. ad Matt. 2.
2.   12 Ps. 10. 4; cf. Glos. ad loc.   13 Cf. Jerome, *Breviarium in Psalmos*, ad loc.   14
Lev. 7. 35.   15 Glos. ad loc.   16 Rom. 1. 3.   17 Glos. ad loc.

filiatione temporali est filius, ergo secundum hoc est quarta persona in trinitate.[18] Legitur quidem quod due sunt nativitates in Christo,[19] numquid due filiationes? Nam si hoc, utraque est filius, temporali scilicet et eterna. Secundum hoc Christus aliquo est filius quo non ab eterno est filius, et sic aliquo est persona in trinitate quo nec est dei filius nec persona. Nonne filiatione quam habet a matre est filius matris virginis? Est utique, sed non simpliciter filius. Christo enim esse filium est esse filium dei et secundam in trinitate personam.

7. Proinde quidam magni doctores reliquerunt in scriptis et dogmatibus suis quod esse filium virginis non est esse filium simpliciter, sed filium matris, et quod amplioris admirationis causa est dicunt quod illa filiatione materna nichil est filius et tamen illa filiatio est, et instant in istis terminis: aliquid est insensibilitas, ergo aliquid esse est insensibile, vel albedine sub qua est corpus Christi nichil est album.[20] Sic dogmatizare presumunt quod illa filiatione nichil est filius, nam debet dici filius a digniore proprietate, scilicet ab eterna.

8. Item interrogatis utrum due nativitates in Christo sint, quod si verum est, utrum sit bis genitus? Nam si hoc, ergo semel et iterum. Item queritur utrum eterna generatione sit pluries vel centies vel milies genitus, utrum heri, utrum circa vesperas. Sed cum quod agitur est continuum et eternum, nulla interpolatio vel temporum diversitas habet locum.

9. Ego autem via regia[21] incedere votive desiderans, 'confitebor tibi, domine, in toto corde meo in consilio iustorum et congregatione'[22] quod Christus et dei filius et una in trinitate persona est ab eterno, et quod idem filius eademque persona est filius matris virginis ex moderno. Et notandum quod ex coniunctione duarum naturarum est tantum una persona. Nam crevit numerus naturarum, non personarum, nec debet dici persona quia homo sed quia deus. Unde auctoritas: 'Natura non consumpsit naturam sed persona personam',[23] quia sicut dicit auctoritas: 'Nomen est iuris',[24] id est, persona verbi aufert homini ne dicatur persona quia homo sed quia verbum, quia est nomen iuris[25] et dignitatis, id est a digniori sumit denominationem.

---

63 nativitates: nationes A   72 persona: personarum A

18 Cf. Isidore, *Sent.* 1. 3. 1.   19 Cf. Pseudo-Aug. *De Fide ad Petrum*, 10.   20 Cf. Peter of Poitiers, *Sent.* 2. 23; see also Letter 3. 6, 15.   21 Cf. Num. 21. 22 and Glos. ad loc.   22 Ps. 110. 1.   23 Quotation untraced.   24 Cf. Iustinian, *Inst.* 1. 3.   25 *nomen iuris*: cf. Cassiodorus, *Varia*, 6. 8.

10. Proinde multi religiosi molestissime ferunt quod, cum deus beatissi-
mam virginem de massa universitatis humane[26] preelegerit et sancti- 80
ficaverit ut esset sancta sanctarum que paritura erat sanctum sanctorum,[27]
et per eam disposuerat nostre redemptionis gratiam et effectum, eam
frequentius non 'matrem' sed 'mulierem' vocare videtur. Iuxta illud in
nuptiis architriclini, quasi petenti miraculum dicit: 'Quid michi et tibi est,
mulier?'[28] (ac si diceret: 'Quid habeo a te unde miracula faciam?');[29] 85
'Nondum venit hora mea'[30] (quasi dicens: 'Cum venerit hora mortis mee,
tunc passibilitas quam a te habeo declarabitur manifeste'). Unde in cruce
pendens et dolorem quem habebat a matre ostendens ei de seipso dicit:[31]
'Mulier, ecce filius tuus.'[32] Sic mulieri clamanti et dicenti: 'Beatus venter
qui te portavit et ubera que suxisti',[33] elective et quasi adversative 90
respondit: 'Quin immo', (id est, potius) 'beati qui audiunt verbum dei et
custodiunt illud.'[34] Sic dum Christo diceretur: 'Ecce mater tua et fratres tui
foris sunt, querentes tibi loqui'; 'Que est', inquit, 'mater mea, et qui sunt
fratres mei? Quicumque fecerit voluntatem patris mei, ipse mater mea et
frater aut soror mea est.'[35]   95

11. Ideoque sacratissima virgo verba omnia observabat ad Christum
pertinentia, conferens de omnibus in corde suo.[36] Repleta enim virtute
altissimi,[37] sciebat quod filius eius pre cunctis temporalibus spiritualia
gratius acceptabat. Ipse Mariam penitentem volentem eum tangere manu,
non spiritu, spiritualem tactum fidei postulabat.[38] Nec dubitandum quin 10
matrem suam pre omni creatura angelica et humana dilexerit, sed contra
carnales parentele affectus dei filius et sapientia dei[39] in schola celesti nos
misericorditer instruebat, scire nos volens quod eterna filii de patre
genitura tanto gloriosior est omni generatione temporali quanto deus
melior est et preminentior qualibet creatura.   1

---

102 celesti: celeste A

---

26 Cf. Glos. ad Lev. 16. 16.   27 *sanctum sanctorum*: cf. Dan. 9. 24.   28 Ioh. 2.
4.   29 Cf. Glos. ad loc.   30 Ioh. 2. 4.   31 *quasi . . . dicit*: cf. Glos. ad loc. and ad Ioh.
19. 26.   32 Ioh. 19. 26.   33 Luc. 11. 27.   34 Luc. 11. 28.   35 Matt. 12. 47, 48,
50.   36 Luc. 2. 19.   37 Luc. 1. 35.   38 Ioh. 20. 17 and Glos. ad loc.   39 I Cor. 1.
24.

75

Peter rejoices in a new experience of God's love for the Church during the interdict. Probably 1209 or later.

CONSOLATIO QUORUNDAM DE PACE ECCLESIE DESPERANTIUM[1]

1. Viro venerabili Ade abbati de Messenden',[2] Petrus Blesensis Londoniensis archidiaconus salutem, et recolere illos quos olim contraximus dilectionis affectus.

2. Miraris quomodo sponsa Christi flagellata et a custodibus civitatis pallio spoliata[3] de suis deliciis gloriatur; sed nos modice fidei[4] motus illos celestis amoris experiri non possumus quos sentit ecclesia redemptoris cum dicit: 'Vulnerata caritate ego sum,[5] fulcite me floribus, stipate me malis.'[6] Terra[7] siquidem corporis nostri, que tribulos et spinas sub maledicto veteri producebat,[8] per Christi resurrectionem in vite novitatem[9] refloruit.[10] Hiems enim transiit, imber abiit et recessit. Flores apparuerunt in terra nostra, vox turturis audita est[11] que diu sui cantus et letitie passa est interdictum.

3. Ille qui dicit 'Ecce nova facio omnia'[12] reformat in nobis vernalis gratie novitatem. Flos campi,[13] qui in Nazareth concipi voluit, ita gloriam sui odoris inspirat ecclesie ut sit fragrantia virtutum ipsius sicut odor agri pleni cui benedixit dominus.[14] Sic floribus fulcitur[15] ecclesia dum rosis et liliis circumquaque vallatur,[16] et reficitur aromatibus infinitis. Malis autem

A 224[r]
3 Ade: A. A

1 This letter was possibly written soon after the interdict was relaxed in favour of conventual churches in January 1209. The language suggests spring, especially the Annunciation and Easter; in 1209 Easter was only four days after the Annunciation. For similar expressions see the letter 'De Interdicto' of Matthew of Rievaulx (A. Wilmart, 'Les Mélanges de Mathieu préchantre de Rievaulx', *Revue bénédictine*, 52 (1940), 83–4). 2 Adam became abbot of the Augustinian monastery of Great Missenden, Bucks., in about 1173. He is last mentioned in 1212, his successor first in 1219. *Ep.* CXV was also written to him. 3 Cant. 5. 7 and Glos. ad loc. 4 Matt. 6. 30. 5 Cant. 5. 8, *vers. antiq.*, cit. e.g. Ambr. *Expos.* in Ps. 118. 9 (Sermo 2. 5). 6 Cant. 2. 5. 7 Cf. Peter, *De Caritate Dei et Proximi*, 63. 8 Cf. Gen. 3. 18. 9 *in . . . novitatem*: Rom. 6. 4. 10 Ps. 27. 7. 11 Cant. 2. 11–12; cf. Glos. ad loc. 12 Apoc. 21. 5. 13 Cant. 2. 1. and Glos. ad loc. 14 Gen. 27.27. 15 Cant. 2. 5. 16 *liliis vallatur*: cf. Cant. 7. 2.

stipatur[17] dum veteris anni fructus percipit,[18] dum recolit beneficia domi- 20
nice passionis, et ne sponsa in sui dilecti amore torpescat, non solum in spe
futurorum sed in usu temporalium certissime sperans quod ab eo qui nunc
eam in leva supportat amplexus dextre[19] merebitur in futuro. Tunc de leva
sumetur ad dextram, et post temporalem quietem delicias eternales
inveniet, et de torrentibus affluentium voluptatum[20] gustabit quam suavis 25
est dominus,[21] atque in amplexibus sponsi centuplum accipiet,[22] non visum
oculis et auribus non auditum.[23]

76

*Peter denounces the premature rumours of his death circulating at Bayeux,
and asks the dean and chapter to protect his interests. 1206×11.*

ARGUUNTUR QUIDAM CANONICI BAIOCENSES QUOD
PETRUM LONDONIENSEM ARCHIDIACONUM VERBO MOR-
TUUM FACIEBANT, CUM TAMEN IPSE MORIENDI ANIMUM
NON HABEBAT

1. Reverendo patri et domini Roberto dei gratia Baiocensi episcopo,[1] 5
decano etiam eiusdem ecclesie,[2] Petrus Londoniensis archidiaconus et
canonicus Baiocensis[3] salutem in eo sine quo non est salus.

2. Frequenter et graviter conquestus sum de quibusdam fratribus nostris
qui, bonis que deus sola sua gratia michi contulit invidentes, cum nichil de

---

A 224[r]
5 Roberto: R. A

---

17 Cant. 2. 5.   18 *fructus percipit*: cf. II Tim. 2. 6.   19 Cant. 2. 6; cf. Glos. ad
loc.   20 Ps. 35. 9.   21 Ps. 33. 9.   22 Matt. 19. 29.   23 I Cor. 2. 9.

1 Robert des Ableiges, 1205–1231, consecrated in 1206 (see *Gallia Christiana*, xi. 366–7).
Peter had corresponded with his predecessor, Henry (*Epp.* L and CLIX).   2 Richard de
Saint-Amand, formerly a clerk of Richard I. He became dean between 1200 and 1205, and
died in 1213: *Antiquus Cartularius Ecclesie Baiocensis*, ed. V. Bourrienne (Société de
l'histoire de Normandie, 62, 64; 1902–3), *passim*. He had led a minority party in opposition to
Robert's election, possibly glanced at in the concluding paragraph.   3 For a description of
Peter's Bayeux prebend, that of La Mare at Douvre, see U. Chevalier, *Ordinaire et coutumier
de l'église cathédrale de Bayeux* (Paris, 1902), pp. 334–5. As established in 1153 it included
also the church of Sainte-Marie de Froide-Rue in Caen (Bourrienne, op. cit., i. 143, 257).
After Peter's death the bishop reserved this prebend, along with five others, for priests able to
take part in the services of the cathedral (Bourrienne, i. 318).

0 mea egritudine noverint me verbo non morbo fingunt mortuum, et vivere cupientem vivere non permittunt. Legimus autem in parabolis de invido, quod similitudine arioli et coniectoris existimat quod ignorat.[4] Isti, licet non sint prophete aut filii prophetarum,[5] de suo corde vaticinantes[6] nescio quo prestigioso spiritu frequentissime mortem meam presagiunt; et prema-
5 ture currentes ad diripiendum predam[7] adhuc viventis, me esse mortuum mentiuntur.

3. Sane sicut scriptura testatur, vita et mors a domino deo sunt,[8] et est in sue iussionis arbitrio vel vitam meam quasi texendo succidere[9] vel mortis mee terminum prorogare. Ad utrumlibet presto sum, nec mortem metuo
) quia in recordatione cruciatuum Christi. Senectus iam in me semimortua nichil aut modicum debet morti. Diu est quod in membris meis responsum mortis[10] accepi; immo quod amplius est, ex quo cepi vivere cepi mori.

4. Nimirum secundum sacram scripturam duplex est mors: mors unde moriens, mors unde mortuus.[11] Hominem qui gravi morbo affligitur sepe
dicimus morientem, et deus dat ei convalescere et XX vel XXX annos superadicit eius vite.[12] Mors autem unde mortuus nullum nisi in resuscitatis habet productioris vite remedium.[13] Porro nostri fratres qui de vita seu morte mea solliciti sunt mortem meam unde moriens in mortem meam unde mortuus converterunt. Convertant autem aut pervertant quod vol-uerint, sed in manibus tuis, domine, sortes mee.[14] Tibi dixi 'Cor meum in vita mea[15] es, deus cordis mei et pars mea deus in eternum.'[16]

5. Verbum Senece est: 'Quidquid retro est de vita vel etate nostra mors prematura iam tenet.'[17] Gregorius autem dicit: 'Clepsedram non tantum ultimum stillicidium exhaurit',[18] sed totum quod a prima gutta liquoris exeuntis effluxit; nec mors est in ultimo vite tantum sed in toto quod de vita precessit.[19] Denique teste Seneca, mors est hominis natura, non pena,[20] et maxime senibus qui cotidiano defectu ita insensibiles fiunt quod moriendo nichil aut modicum sentiunt angustie, immo potius sibi videntur in domino suaviter obdormire.

---

33 Clepsedram: Clepsedra A   38 aut: autem A   38 videntur: videtur A

---

4 Prov. 23. 7 (Parabole Salomonis).   5 Amos 7. 14.   6 Cf. Ierem. 23. 26.   7 Ezech. 38. 13.   8 Cf. Deut. 32. 39.   9 *texendo succidere*: Iob 7. 6.   10 II Cor. 1. 9.   11 Cf. e.g. Ioh. 11. 11–14.   12 Cf. IV Reg. 20. 1–6.   13 Cf. Ioh. 11. 23–4, 44.   14 Ps. 30. 16.   15 Iob 27. 6.   16 Ps. 72. 26.   17 Seneca, *Ep.* 1. 2.   18 *Non* Greg. *sed* Seneca, *Ep.* 24. 20.   19 Ibid.   20 Cf. Hans Walther, *Carmina medii aevi posterioris latina*, ii/8 (Göttingen, 1983), 768, no. 38968a.

6. Gravi quartana Turonis laborabam, et exiit fama inter fratres meos 40
per Angliam et Normanniam quod eram mortuus; ego tamen iam in bona
convalescentia eram. Rumore autem plebescente, misse infinite pro salute
mea sunt ab hiis qui me cognoverant, vel aliqua de me audierant,
solemniter celebrate. Quocirca, certissima experientia mediante, cognovi
quod illarum virtute missarum in vita et moribus omnibusque spiritualibus 45
exercitiis sum vehementer et inestimabiliter emendatus.

7. Proinde, si oportet, rogabo dominum pro hiis qui ridere affectant in
interitu meo ut det eis illam vitam eternam quam velint nolint habent
iniquorum anime in inferno. Illi enim ut inveniant finem aut remedium sui
doloris super omnia desiderant mori, quia mors illa qua moriuntur 50
numquam moritur, et vita illa semper incipit semperque desinit. Nam
vermis prave conscientie ibi semper vivit, ignisque peccatum puniens, non
naturam, sic semper ardet ut miserie humane dampnata conditio iugiter
deficiens semper ad supplicia recidivet.[21]

8. Verumtamen Christus vi illius reconciliatricis hostie quam in suis 55
vulneribus et doloribus, in contumeliis et obprobriis gentis sue pro nobis
optulit deo patri, sicut in anima et in corpore passus est, sic animas et
corpora eorum qui mortem meam desiderant regat et protegat et, exemp-
tos a vita eterna inferni, consortes sibi faciat in gloria paradisi.

9. Rogo autem reverendum ac venerabilem pontificem vestrum et vos, ut 60
in hac tempestate, in hoc diluvio aquarum multarum,[22] cogitetis quod, cum
sint mirabiles elationes maris, mirabilior est in altis dominus.[23] Ipse autem
imperabit ventis et mari,[24] et deducet nos per gratiam suam in portum
requietionis optate.[25] Et quia idem episcopus noster modo cum Maria[26]
descendit ad ortos aromatum,[27] ad lignum vite[28] et lilia[29] gaudiorum; modo 65
autem Marthe sollicitudinibus occupatur;[30] si negotiorum varietate distractus mearum litterarum lectioni non poterit interesse, vos, decane, cum
fratribus nostris ita de prebenda mea per latorem presentium disponere
studeatis, ut in tempore necessitatis[31] huius manifeste appareat vestre
fraternitatis debitum et affectio socialis.   70

10. Specialiter et universaliter diligite pontificem nostrum, nam secundum ea que oculata fide et experientia rerum atque fama et virorum
illustrium relatione cognovi, honestatem morum et vivendi formam nobis

---

61 cogitetis: cogitent A   63 ventis: venti A

21 Cf. Is. 66. 24.   22 Ps. 31. 6.   23 Ps. 92. 4.   24 Matt. 8. 26.   25 Cf. Ioh. 6.
21.   26 Luc. 10. 39.   27 Cf. Cant. 4. 16 and Glos. ad loc.   28 Cf. Prov. 3. 18 and
Glos. ad loc.   29 Cf. Cant. 2. 16 and Glos. ad loc.   30 Luc. 10. 40.   31 Ecclus. 8. 12.

omnibus eius vita prescribit. Nam ipsius exemplo eritis liberales, affabiles,
75 mansueti, in consiliis providi, in agendo strenui, in iubendo discreti, in
loquendo modesti, mites inter dyscolos, cum hiis qui oderunt pacem
pacifici,[32] in operibus misericordie ferventes, circumspecti ad omnia,
illorum quatuor animalium imitatores qui ante et retro et in circuitu habere
oculos[33] providentie describuntur.

SUPPLEMENT A. TWO PREFATORY LETTERS

77

Peter sends an unknown correspondent his Tractatus de Fide. *Probably in the 1190s.*[1]

EPISTOLA PETRI BLESENSIS ANTE PROLOGUM

1. Quia de domino sentire in bonitate et in simplicitate cordis eum
querere[2] nos oportet, illos equanimiter tolerare non possum qui catholice

---

A 175ᵛ F (San Daniele del Friuli 264), p. 2   J (Jesus College, Oxford, 38) 84ᵛ
1 EPISTOLA . . . PROLOGUM: EPISTOLA PETRI BLESENSIS BATHONIENSIS
ARCHIDIACONI ANTE PROLOGUM UT TRACTATUM A   3 illos equanimiter *om.*
A

---

32 Ps. 119. 7.   33 Apoc. 4. 8 and Glos. ad loc.

1 Peter is called Archdeacon of Bath in all three MSS in the titles and explicits of the
Tractatus.

This letter, probably addressed to a bishop or pope (compare § 15 with Letter 1.1) attacks
the heresies multiplying in Europe. Peter's friend Reginald (bishop of Bath 1173–91) a
leading campaigner against the Albigensians; he was one of the commissioners sent by the
Kings of France and England in 1178 to put down the heretics in Toulouse. But the unprinted
Tractatus de Fide was probably written after the death of Archbishop Baldwin at Acre in 1190.
Peter had accompanied Baldwin to the Holy Land, and was still there when Baldwin died. For
Peter's response to the crusade see R.W. Southern, 'Peter of Blois and the Third Crusade',
Studies in Mediaeval History presented to R.H.C. Davis, ed. H. Mayr-Harting and R.I. Moore
(London, 1985), pp. 207–18. The contents of the *Tractatus* seem to reflect Peter's growing
interest in doctrine and devotion in the 1190's. The first part is based on Baldwin's *Liber de
Commendatione Fidei* (*PL* cciv, 571–640) and deals with practical aspects of faith. The second
part traces the development of various heresies, culminating in the Cathars' denial of the
humanity of Christ, and is drawn from the authors mentioned in this letter. See also Peter's
Contra Perfidiam Iudeorum, 1 (*PL* ccvii, 828 A). The *Tractatus* is incomplete in A (ff. 175–86,
the next four folios having been removed) but preserved entire in Jesus College, Oxford, MS
38, ff. 84–104, and San Daniele del Friuli, MS 264, pp. 1–64.   2 Sap. 1. 1.

fidei puritatem fermento malitie[3] et exquisite fictionis impostura perver-
tunt. Zelo quidem fidei et amore veritatis accensus, compellor contra 5
hereses earumque versutias sumere officium advocati. Nam ut verba que in
Iob leguntur assumam, 'Plenus sum sermonibus et coartat me spiritus uteri
mei. Venter meus quasi mustum absque spiraculo, quod novas lagunculas
disrumpit.'[4]

2. Sane, meum sentiens imperfectum,[5] consultius cogitavi sedere soli- 10
tarius et tacere fideique iniuriam dissimulare ad tempus, quam conten-
tiosum funem cum multis trahere,[6] atque fidei sacramenta non sine
periculo in occasionem litigii et in campum pugne vulgaris et publice
contradictionis extrudere. Distractus itaque et divulsus in varia nescio quo
me vertam. Si enim tacuero, ut verbo Iob utar, 'os meum condemnabit 15
me';[7] si locutus fuero, meam insufficientiam emulus irridebit et dicet: 'Quis
est hic involvens sententias sermonibus imperitis?'[8]

3. Porro urget me Christiana professio fidei mee testimonium reddere,
nec ea sustinet cum patientia tolerari que scandalum generant, que
redundant in salutis publice dispendium, que inducunt generale discrimen 20
et statum ecclesiastice libertatis inclinant. Verbum sapientie est: 'Noli esse
humilis in sapientia tua, ne humiliatus in stultitiam seducaris.'[9] Et in
eodem: 'Fili, conserva tempus, et pro anima tua non confundaris dicere
veritatem.'[10]

4. Incipiam ergo non in sublimitate sermonis, non in persuasibilibus 25
humane sapientie verbis,[11] sed si parare voluerit in dulcedine sua pauperi
deus,[12] fiduciam consummandi operis de illius concipiens bonitate qui
dicit: 'Aperi os tuum et ego implebo illud.'[13] Si non implevero mensuram
gomor,[14] ipse meum suppleat imperfectum. Scio quia de plenitudine eius
omnes accepimus.[15] Unicuique enim datur manifestatio spiritus ad utili- 30
tatem: alii datur per spiritum sermo sapientie, alii sermo scientie secundum
eundem spiritum, alii fides in eodem spiritu,[16] et cetera que testimonio
apostoli spiritus sanctus pro sui beneplaciti mensura distribuit.[17]

---

5 quidem: siquidem FJ   8 mustum: mustura F   20 inducunt: inducerit J   26 si *om.*
A; sicut F

---

3 I Cor. 5. 8.   4 Iob 32. 18–19.   5 Ps. 138. 16.   6 Jerome, *De Perpetua Virginitate
B. Marie*, 14.   7 Iob 9. 20.   8 Iob 38. 2.   9 Ecclus. 13. 11.   10 Ecclus. 4.
23–4.   11 I Cor. 2. 4.   12 Ps. 67. 11.   13 Ps. 80. 11.   14 Cf. Ex. 16. 18 and Glos. ad
loc.   15 Ioh. 1. 16.   16 I Cor. 12. 7–9.   17 Cf. I Cor. 12. 9–11.

5. Ambulent alii in magnis et mirabilibus super se,[18] coturno utentes et
35 stylo grandiloquo; iuxta eloquium tuum, domine, da michi intellectum,[19]
non ultra, non contra, non plus sapere quam oportet sapere.[20] Sufficit michi
insolentiam versute infidelitatis stylo simpliciore obruere, nam et David
contra Goliam pugnaturus armis humilioribus graviora posthabuit.[21] In
funda igitur cum David,[22] in mandibula asini cum Samsone,[23] in vomere
40 rusticano cum Sangar,[24] michi pugna est contra eos qui arcem catholice
veritatis impugnant. Hii in curribus et hii in equis,nos autem in nomine
domini[25] et in spiritu humilitatis cum hoste congredimur. Utinam cum
puero Amalechita, famelico et lassato, pedestrium ductor[26] efficiar. Utinam
salutem Samarie cum leprosis annuntiem,[27] et in gazophilacium cum
45 paupere vidua duo minuta offerre sufficiam[28] — ingressu enim tabernaculi
se indignum constituit qui in opus tabernaculi aliquid non impendit.

6. Proposui ergo ad honorem dei et edificationem simplicium, perpe-
tuamque memoriam nominis vestri, redigere in scripturam quibus et quot
et quantis utriusque testamenti auctoritatibus status fidei confirmetur, ut,
50 iuxta verbum Petri apostoli, sciat unusquisque reddere rationem de spe[29]
et fide que in eo est. Hereticorum quoque proditorias simultates revelare
decrevi; iacula enim que previsa sunt minus ledunt, frustraque iacitur rete
ante oculos pennatorum.[30]

7. In hoc autem opere sequor, immo adoro, vestigia[31] venerabilium
5 patrum qui tractaverunt de fide, et contra hereses victrices aquilas[32]
erexerunt. Inter quos celebrioris fame titulis effulsere Eusebius Cesarien-
sis, Athanasius, Ruffinus, Ireneus, Hilarius, Ieronimus, Augustinus, Epi-
phanius, et primas Anglie Baldewinus, qui licet sit posterior tempore non
multum tamen ab eis degenerat vita, scientia, sanctitate. In istorum et
aliorum quamplurium libris, quasi in ortis aromatum, sententiarum floscu-
los collegi[33] de quibus mellificavi modicum quid his qui adhuc in fide sunt
parvuli. Et quia delicatis auribus solet esse onerosa prolixitas de illa

34 Ambulent alii: Alii ambulent J   34 super: supra A   39 cum David: est David F;
eum David J   42 et . . . congredimur: cum hoste congredimur et in spiritu humilitatis
F   43 Amalechita: amalethica F; amalachia J   47 ergo: enim F   47 et: ad add.
FJ   48 redigere: indigere J   49 ut: ubi F   50 Petri om. A   52 enim om. F

18 Ps. 130. 1.   19 Ps. 118. 169.   20 Rom. 12. 3.   21 I Reg. 17. 39–40.   22 I Reg.
17. 49.   23 Idc. 15. 15.   24 Idc. 3. 31.   25 Ps. 19. 8.   26 I Reg. 30. 11–17
(Amalechita: rectius Aegyptio).   27 IV Reg. 7. 3–11.   28 Luc. 21. 1–4.   29 I Petr. 3.
15.   30 Prov. 1. 17.   31 Statius, Thebais, 12. 817.   32 Lucan, De Bello Civili, 1.
339.   33 Cf. Cant. 6. 1.

pluralitate voluminum, ea duntaxat que moderne utilitatis exigentie congruebant contra hereticorum blasphemias quasi in fasciculum coartavi.

8. Sane preter Valentinum, Menandrum, Saturninum, Basilidem, 65
Carpocratianum, Cerinthum, Marcionem, Montanum, Apollinarem et
Arrium,[34] quos venerabilis damnavit antiquitas, noviter[35] surrexerunt qui
cineres iam sopitos excitant[36] atque in arcem orthodoxe professionis arma
et machinas iniquitatis intentant. Isti sunt quos publicanos, paterinos,
humiliatos, cruciatos sive aliis nominibus censent, qui nec in parvulis 70
baptismum credunt nec in sacerdotibus gratiam spiritus sancti, nec in
sacrificio altaris corporis et sanguinis dominici veritatem; in laicis vero
fidelibus detestantur consortium copule coniugalis.

9. Sunt etiam aliqui qui publice negant Christum esse aliquid secundum
quod est homo. Sunt qui perhibent Christum non animam cum corpore, 75
sed divinitatem pro anima suscepisse. Sunt item qui diabolum mundi
auctorem et omnium que sub lunari globo sunt dispensatorem esse
detestabiliter fabulantur. Isti et consimiles hodie multiplicati sunt super
numerum.[37] Hinc est quod in Italia, Gotia,[38] Provincia et in magna parte
Hispanie cultus et decor divine domus evanuit, pestisque cancerosa latius 80
serpens a partibus illis beneficium confessionis et sacre communionis
exclusit.

10. Paulus apostolus ista quandoque presentiens Timotheum diligentius
instruebat, 'Noli', inquiens, 'erubescere testimonium domini nostri[39] Iesu
Christi. Exhibe teipsum probabilem deo, operarium inconfusibilem, recte 85
tractantem verba veritatis. Eorum autem vaniloquia devita, quorum sermo
ut cancer serpit.'[40] 'Mali enim homines et seductores proficiunt in peius,
errantes et in errorem mittentes.'[41] 'Nemo adolescentiam tuam contemnat.
Esto exemplum fidelium.'[42] 'Si quis autem aliter docet, et non adquiescit
sanis sermonibus domini nostri Iesu Christi et ei que secundum pietatem 90

---

63 pluralitate: plurimitate F; plurali J   64 quasi in fasciculum *om.* A; quasi fasciculum
F   67 noviter· surrexerunt: novi recentesque venerunt FJ   77 que: qui F   88 et in
errorem mittentes *om.* F   90 et ei que: et ei qui AJ; at que F

---

34 Čerinthus (c. 2) and Arius (c. 3) denied the divinity of Christ, and Apollinaris (or
Apollinarius, c. 4) his humanity. Marcion (c. 2) rejected the Old Testament; Montanus (c. 2)
led an apocalyptic sect; the others were first- and second-century Gnostics.   35 *noviter* . . .
coniugalis: cf. Peter *Sermo* 61.   36 Cf. Virgil, *Aeneid*, 5. 743.   37 Ps. 39. 6.   38
Gotia: probably Catalonia.   39 II Tim. 1. 8.   40 II Tim. 2. 15–17.   41 II Tim. 3.
13.   42 I Tim. 4. 12.

est doctrine, superbus est et languens circa pugnas verborum';[43] huius grave est iudicium.

11. Ad Titum etiam scribens, 'Oportet', inquit, 'episcopum sine crimine esse sicut dei dispensatorem, amplectentem eum qui secundum doctrinam
95 est fidelem sermonem, ut potens sit exhortari in doctrina sana, et eos qui contradicunt arguere.'[44] 'Hereticum', inquit, 'hominem post unam et secundam correctionem devita, sciens quia subversus est qui huiusmodi est, et proprio iudicio condemnatus.'[45] 'Increpa', inquit, 'eos dure.'[46] Et hoc est quod psalmista quandoque predixerat: 'Increpa feras harundinis.'[47]
100 Hec est enim 'congregatio taurorum in vaccis populorum',[48] dum tumide, immo crudeliter et malitiose sentientes de Christo, simplicioris vite homines quasi vaccas seductibiles heretica pravitate corrumpunt.[49]

12. Isti sunt caupones pessimi qui vino domini aquam miscent, adulterantes[50] sacre scripture intergritatem matronalem, sicut Ieremias con-
105 querendo deplorat: 'Contritum est', inquit, 'cor meum in medio mei a facie domini et a facie sanctorum verborum eius, quoniam adulteris repleta est terra.'[51] Isti sunt Palestini, iurgantes et terra implentes puteos quos fodit Abraham.[52] Isti sunt qui edificant Babel,[53] circueuntes montem Seir,[54] quibus ventilator impiorum rex sapiens immittit rotam malorum;[55] quibus
110 testimonio Isaie immiscuit dominus spiritum vertiginis, et errare fecit eos sicut ebrius errat et vomens.[56] Isti ponunt archam domini iuxta Dagon,[57] quia detestabiles et profanas adinventiones suas apostolice sanctioni comparant et coequant, sed percussit eos dominus in posteriora,[58] quorum posteritas damnata est, quorum finis interitus,[59] cuius rei figura est ignis
115 adiunctus caudis vulpium per Samsonem,[60] unde et dominus dicit: 'Ego demetam posteriora Baasa.'[61] Hee sunt vulpes de quibus sponsa in Canticis dicit: 'Capite michi vulpes que demoliuntur vineas.'[62] Isti sunt qui afferunt

91 est et: et *codd.*   93 etiam *om.* A   95 ut . . . sana: *om.* FJ   99 hoc est: est hoc J   100 est *om.* F   103 aquam: aqua J   104 integritatem matronalem: matronalem integritatem FJ   107 et: in F   109 quibus . . . malorum *om.* A   110 immiscuit: miscuit F   111 ebrius errat: erat ebrius F   117 afferunt: auferunt J

43 I Tim. 6. 3–4.   44 Tit. 1. 7, 9.   45 Tit. 3. 10–11.   46 Tit. 1. 13.   47 Ps. 67. 31 and Glos. ad loc.   48 Ps. 67. 31.   49 Cf. Glos. ad loc.   50 Ambr. *Expos.* in Ps. 118. 85 (Sermo 11. 20).   51 Ierem. 23. 9–10.   52 Gen. 26. 14–15 and Glos. ad loc.   53 Gen. 11. 2–9.   54 Deut. 2. 1. and Glos. ad loc.   55 Prov. 20. 26, *vers. antiq.*, cit. e.g. Aug. *Enarr.* in Ps. 11. 9.   56 Is. 19. 14.   57 I Reg. 5. 2.   58 Ps. 77. 66; I Reg. 5. 12.   59 Phil. 3. 19.   60 Idc. 15. 4–5 and Glos. ad loc.   61 III Reg. 16. 3 and Glos. ad loc.   62 Cant. 2. 15 and Glos. ad loc.

stateras dolosas,[63] ponentes lucem tenebras et tenebras lucem, dicentes
bonum malum et malum bonum.[64]

13. Flumina istorum dominus convertit in sanguinem,[65] deditque ipsis 120
dominus terram eneam ut fructum in terra non faciant, et celum ferreum[66]
ut quasi montes Gelboe pluvie celestis extorres[67] perpetua sterilitate
dampnentur. Nonne montes sunt, quorum superbia semper ascendit?
'Superbia eorum qui te oderunt, deus, ascendit semper.'[68] Posuerunt enim
in celum os suum, et lingua eorum transivit in terra.[69] Porro sicut Salamon 125
in parabolis dicit: 'Qui in altum mittit lapidem, super caput eius cadet.'[70]
Omnis enim fraus in se reversa colliditur: Golias gladio interfectus est quo
David occidere conabatur,[71] Aman suspensus est in patibulo quod preparaverat Mardocheo.[72] Isti etiam, dum laqueos heretice fraudis in capturam
simplicium tendunt, pariter illaqueantur et cadunt in foveam quam fecer- 130
unt.[73]

14. Scio quia huic opusculo, sicut et ceteris tractatibus meis, non deerit
emulus et detractor.[74] Iam enim sibilant vipere, iam circumvolant cynomia
et cynifes,[75] et musca Egypti gravissima[76] pungens et murmurans. Sep-
ulchrum patens est guttur eorum quorum os malis et maledictione et 135
amaritudine plenum est,[77] qui si pergunt dicere que volunt, audient que
non volunt:

> Qui me commorit (melius non tangere, clamo)
> Flebit et insignis toto cantabitur orbe.[78]

15. Porro dentem livoris[79] et urentes oculos correctio vestra preveniat, 14(
ut his que brevitas obscuravit lucem infundat, emungat superflua,
omnemque suspicionem doctrine sequioris extinguat. Sunt enim in cande-
labro tabernaculi instrumenta infusoria, emunctoria, extinctoria.[80] Vos
autem constituit deus quasi candelabrum in medio tabernaculi,[81] lucernam

---

124 ascendit semper: semper ascendit A   125 in celum os suum: os suum in celum
F   128 quod: ipse *add.* J   128–129 preparaverat: apparaverat F   135 malis et *om.*
F   136 est *om.* F   138 Qui: Quia F   138 commorit: commoverit J   143 infusoria:
infuriosa J

---

63 Amos. 8. 5.   64 Is. 5. 20.   65 Apoc. 16. 4–6 and Glos. ad loc.   66 Lev. 26.
19–20.   67 Cf. II Reg. 1. 21 et Glos. ad loc.   68 Ps. 73. 23.   69 Ps. 72. 9.   70
Ecclus. 27. 28.   71 Cf. I Reg. 17. 44, 51.   72 Esth. 7. 10.   73 Ps. 7. 16.   74 Cf.
Peter, *Invectiva in Depravatorem*, *PL* ccvii. 1115 C.   75 Ps. 104. 31.   76 Ex 8. 21 and
Glos. ad loc.   77 Ps. 13. 3.   78 Hor. *Sat.* 2. 1. 45–6 (toto . . . orbe: *rectius* tota . . .
urbe).   79 Cf. Ovid, *Tristia*, 4. 10. 123–4.   80 Cf. Ex. 37. 23.   81 Ex. 37. 17.

145 in medio⁸² ecclesie, lunam sine macula in medio firmamenti.⁸³ Date ergo
lucem et auctoritatem huic operi, ascendite mecum ex adverso, et opponite
vos murum⁸⁴ inexpugnabilem pro fide, ut genimina viperarum⁸⁵ atque
virulentas heresium propagines sic eminentie vestre censura cohibeat, ne
capita hydre semel abscisa repullulent,⁸⁶ ne avulsa iniquitatum plantaria
150 recidivent.

78

Peter sends the bishop of London his Tractatus de Amicitia et Caritate *(PL
ccvii.871–958). Probably 1199 or soon after, about the time Peter became
archdeacon of London.*

INCIPIT EPISTOLA MAGISTRI PETRI BATHONIENSIS ARCHI-
DIACONI AD DOMINUM WILLELMUM DE SANCTE MARIE
ECCLESIA LONDONIENSEM EPISCOPUM DE VERA AMICITIA.

1. Reverendo patri et domino Willelmo dei gratia Londoniensi episco-
5 po,¹ Petrus Blesensis archidiaconus suus salutem, et si quid dulcius aut
desiderabilius est salute.

2. Diu est quod vestra me preveniente gratia mutua inter nos dilectio
suos primitiavit affectus. Sic autem solida semper erga me fuit vestri amoris
integritas ut ei non excursus temporis vel absentie longitudo prescriberet,
10 non ei preiudicaret honoris assumptio, non eam denique interstitio terrarum aut fluminum seu marium deferveret. Scriptum est enim: 'Aque multe
non potuerunt extinguere caritatem.'²

3. Ab eo tempore cepistis unctione magistra³ super senes intelligere,⁴
etatis imperfectum compensare prudentia, et gratiam adolescentie

149 iniquitatum: iniquitatis F
L (Bodley Laud Misc. 368) 9ᵛ   R5 (BL Royal 5. A. ix) 73ʳ   R7 (BL Royal 7. C. i) 397ʳ
1–3 INCIPIT . . . EPISCOPUM: EPISTOLA AUCTORIS AD AMICUM SUUM L   4
Willelmo: W. R7   5 archidiaconus: Bathoniensis archidiaconus et L   5 aut: et L   7
mutua *om.* L   9 ei non: enim L   10 eam: ea R5R7

82 Matt. 5. 15.   83 Gen. 1. 14.   84 Ezech. 13. 5.   85 Matt. 23. 33.   86 Cf.
Ambr. *De Fide*, 1. 6. 46.
1 William of Sainte-Mère-Église was bishop of London 1199–1221. Compare a similar
presentation to the bishop of Bath, Letter 19 above.   2 Cant. 8. 7.   3 I Ioh. 2. 27.   4
Ps. 118. 100.

pubescentis moribus antiquare. Ex tunc misistis manum vestram ad fortia,[5]   15
ut rei publice negotia tractaretis. Sic inter gigantes qui portant orbem et
sub aquis gemunt,[6] vos violenti fluctus fiscalium sollicitudinum rapuerunt.
Denique, secundum nomen magnorum qui sunt in terra,[7] vos affluentia
reddituum et honorum regumque familiaritas, que omnia sicut dicit
apostolus impedimenta sunt huius mundi[8] tamquam compedes aurei, etsi   20
minus displicerent vos tamen gravius onerabant.

4. Porro a pluralitate multiplicium dignitatum vos quasi arborem
elegantem celestis ille ortolanus transplantavit[9] in locum glebe uberioris, et
posuit vos ut eatis et fructum qui maneat faciatis.[10] Prudentia siquidem
huius mundi[11] fructum habet non manentem sed superficialem, sed   25
vacuum, sed inanem. Prudentie huius formam exprimunt poma que supra
mare mortuum colliguntur. Hec aspectu siquidem grata sunt sed nichil in
eis nisi pulvis et fumositas invenitur.[12] Hec est aqua Iericontina, cuius
sterilitatem Heliseus salis appositione sanavit.[13] Hec prudentia stultitia est
apud deum,[14] hec mundi amatorem dei constituit inimicum.[15] Quocirca   30
secundum quod in vobis mutatio dextre excelsi[16] benigne operata est,
oportet vos iuxta apostolum emulari carismata meliora,[17] quorum fructus
sunt caritas, gaudium, et pax[18] in spiritu sancto.[19]

5. Caritas equidem sive amor dei datum optimum donumque perfectum
est, descendens a patre luminum.[20] Ipsa est lignum vite[21] et pax que   35
exsuperat omnem sensum,[22] iocundissima dei fruitio, desideratissima quies
anime et sabbatum delicatum.[23] Sane ego in omnibus requiem quesivi,[24] et
in omnibus laborem et dolorem[25] inveni. Vidi enim omnia que sub celo
sunt, et ecce omnia vanitas et afflictio spiritus.[26] Sola caritas eximit
hominem a rota malorum[27] et ab illa furiali vertigine qua corda hominum   40

---

15 vestram *om.* L   16 negotia tractaretis. Sic: tractaretis negotia sicut L   17 rapuerunt: rapiunt L   21 onerabant: onerabunt R5R7   23 transplantavit: complantatam
L   24 eatis et *om.* L   24 siquidem *om.* L   26 supra; super L   26–27 Prudentie . . .
colliguntur: prudentia mundi pomis Sodome comparatur L *marg.*   34 datum: donum
L   35 Ipsa: ipse L   39 Sola caritas *om.* R7

---

5 Prov. 31. 19.   6 Iob 26. 5 and Glos. ad loc.   7 II Reg. 7. 9.   8 Cf. I Tim. 6.
9.   9 Cf. Ierem. 17. 8.   10 Ioh. 15. 16.   11 Cf. I Cor. 3. 19.   12 Cf. Iosephus, *De
Bello Iudaico*, 4. 8. 4 (484); Aug. *De Civ. Dei*, 21. 8. 4.   13 IV Reg. 2. 19–22 and Glos. ad
loc.   14 I Cor. 3. 19.   15 Iac. 4. 4.   16 Ps. 76. 11.   17 I Cor. 12. 31.   18 Gal. 5.
22.   19 *gaudium . . . sancto*: Rom. 14. 17.   20 Iac. 1. 17.   21 Apoc. 22. 2.   22
Phil. 4. 7.   23 *sabbatum delicatum*: Is. 58. 13.   24 Ecclus. 24. 11.   25 Ierem. 20.
18.   26 Eccles. 1. 14.   27 *rota malorum*: Prov. 20. 26, *vers. antiq.*, cit. e.g. Aug. *Enarr.
in Ps.* 11. 9.

dementata raptantur, sola facit hominem feriari ab humanarum sollicitudinum strepitu, sola dat vacare et videre[28] quam suavis est dominus.[29] Per
hanc diligentibus deum ipse mutuos remetitur affectus. 'Ego', inquit,
'diligentes me diligo',[30] et quod amplius est, qui adheret deo unus spiritus[31]
45 cum eo efficitur. Ad hoc superaddit apostolus quod diligentibus deum
omnia cooperantur in bonum,[32] et quod nec oculus vidit nec auris audivit[33]
quante sit glorie illa felicitas quam preparavit deus diligentibus se.[34]

6. Deus equidem diligentibus et eum contemplantibus se quasi enigmatice frequenter ad modicum tempus exhibet, et quasi lumen quod fertur in
50 manibus, eis raptim et subito et quasi momentanee interlucet. Huiusmodi
visionem dei beatus Iob patenter insinuat dicens: 'Qui abscondit lucem in
manibus et precipit ei ut rursum oriatur, et annuntiat de ea dilecto suo
quod ipsa possessio eius sit et ad eam possit pervenire.'[35]

7. Hinc est quod plerique in orationibus suis inter penitentiales lacrimas,
55 inter singultuosos gemitus, inter ignitas compunctiones, inter iubilationes
arcanas, gaudent se comprehendere et tenere dilectum, ipsumque devotionis brachiis amplectendo delibare gloriam magnificentie suavitatis ipsius. Hii siquidem se reputant felices ad tempus, eternaliter beatificandi, si
ex hac visitatione celesti eorum affectio erga deum exercitio militie
60 spiritualis studioque sacre scripture et usu boni operis instantius foveatur.
Intermissio siquidem talium sepe resuscitat veteris concupiscentie cineres
iam sopitos,[36] dum propago veternosa repullulans reviviscenti malo suggerit incentivum.

8. Propterea quasdam de caritate sententias que ad diligendum deum
5 virtutem habeant commotivam quasi de dispersione collegi et in unum
fasciculum coarctavi, ut possimus in eis familiarius legere et gustare
quasdam primitias regni, quasdam breves sed delectabiles divine visionis
experientias, ut in una suavitatis istius guttula metiamur quam incompa-
rabilis sit eorum beatitudo in quorum desiderium torrens eterne volupta-
0 tis[37] exuberat.

---

44 diligentes me: me diligentes R5R7   47 quante: quanta L   48 diligentibus et eum
contemplantibus se: diligentibus se et eum contemplantibus L; diligentibus et contemplantibus eum se R5R7   52–53 de . . . quod: dilecto suo de eo quod L   54 plerique: plurimi
L   58 si: sed L   61 sepe resuscitat veteris: resuscitat veteres L   62 repullulans:
pullulans L   64 deum *om.* L   69 sit *om.* R7   69 desiderium: desiderio L   69–70
voluptatis: beatitudinis L

---

28 Ps. 45. 11.   29 Ps. 33. 9.   30 Prov. 8. 17.   31 I Cor. 6. 17.   32 Rom. 8.
28.   33 I Cor. 2. 9.   34 I Cor. 2. 9.   35 Iob 36. 32–3.   36 Virgil, *Aeneid*, 5.
743.   37 Ps. 35. 9.

9. Ceterum, quia mendaces sunt hodie plerique filii hominum in stateris[38] staterasque dolosas[39] afferunt in commercium diligendi, et sic in eis amicitie libra vacillat vel a sua prorsus integritate degenerat, aut quod enormius est, sub pretextu amoris est adumbrata simultas, libro De Caritate quedam De Amicitia Christiana tractatu recisiore premitto. Sed   75 vos illud opusculum non contingit, cuius amorem sincerissimum in libro experientie lego, cuius magnificam munificentiam usu sentio, devotione amplector, teneo fructu, prerogativa honoris ac multiplici gratiarum actione protestor. Bene valete.

SUPPLEMENT *B. TWO STRAY LETTERS*

79

Peter instructs his deputy in the cure of souls. 1192×8.

MONET VICARIUM SUUM UT DILIGENTER SUPPLEAT VICES SUAS[1]

1. Magister Petrus Blesensis Bathoniensis archidiaconus G. vicario suo, salutem in eo qui salus est animarum.

2. Licet circa debitum ecclesiastice administrationis sis instructus ad   5 plenum, quia tamen vices meas exequeris in hac parte, plurimum interest mea tanto consideratius te solicitudinem animarum gerere quanto certius

---

71 mendaces: voluntatis *add.* L   71 plerique *om.* L   76 contingit: contigerit L
E (Paris BN lat. 2607) 33ᵛ   H (BN lat. 2955) 81ᵛ   I (BN lat. 18588) 37ᵛ   K (Brussels BR lat. 647–50) 148ᵛ   *Pr.* Vet., Merl., Bus., Gous., Giles, *PL* CLVII

---

38 Ps. 61. 10.   39 Amos 8. 5.

1 Peter is clearly concerned here with G.'s suitability to replace him as priest, not as administrator; hence he refers to him as 'vicar', not 'official' or 'vice-archdeacon' (see *Ep.* LVIII). In *Ep.* CLI Peter states that he carries out the duties of a priest as well as those of archdeacon of London, and after his ordination he regarded the priestly care of souls as an integral part of his work (see Letters 25. 3 and 27. 5). *Ep.* CXXIII shows that Peter was still a deacon after Celestine III (1191–8) became pope, but he was ordained a priest while still archdeacon of Bath (Ep. CXXXIX), probably after his return from the Crusade. Since this letter never occurs in MSS. of the fourth or later recensions, I assume that it was written before 1198.

est huius officii negligentiam in commune salutis nostre dispendium
redundare. Salus quidem animarum, quarum custodiam suscepisti, de tuis
10 manibus in districto et summo examine requiretur; nec materiam excu-
sationis habebo legitimam, qui, etsi curam animarum[2] non habuerim, eis
tamen idoneum debui providisse pastorem. Ea propter moneo te frater et
exhortor in Christo, vineam domini sabaoth,[3] cuius tutela providentie tue
commissa est, vigilanter et circumspecte custodias. Sunt enim vulpes que
15 demoliuntur latenter hanc vineam,[4] occulti videlicet inimici versutie, qui
non solum subiectorum pernicie delectantur,[5] sed electorum observant
calcaneum[6] et prelatos sibi delicatius acceptant in cibum, sicut scriptura
testatur, quia cibus Behemoth[7] cibus electus.[8]

3. O perditos homines, qui non attendentes quantum eis ex animarum
20 cura discrimen immineat, sic se ad susceptationem huius honoris cum
aviditate precipitant! Et cum apostolus dicat, 'Nemo sibi sumit honorem,
sed qui vocatur a deo tamquam Aaron',[9] ipsi non electi, non vocati,
periculose administrationi se ingerunt et important. Infelicissimus sacerdos
ad anime sue providentiam omnino non sufficit, et multarum animarum
25 curam attentare presumit; procul dubio mercenarius[10] est, burse lucrum
querit, non anime. Cum enim sentiat se peccatis oneratum, mole huius
miseri corporis aggravatum,[11] terrenis curis implicatum, carnalibus
desideriis[12] occupatum, contra persecutiones infirmum, timoribus tre-
pidum, anxium suspicionibus, obnoxium infinitis necessitatibus, aerum-
30 nosum, proclivum ad vitia, invalidum ad virtutes, qua presumptione
aggreditur onus ferre quod per horam non sufficit sustinere? Sed excecat
miserum execranda ambitio, qui, dum obventiones altaris percipit, dum
viduarum lacrimis et patrimonio Christi pascitur, non attendit quod hec in
die tremenda a domino exactissime requirantur. Propter hoc irritavit

---

11 eis: ei EIK *Edd.*   16–17 delectantur . . . observant . . . acceptant: delectatur . . .
observat . . . acceptat EHI Vet. Merl.   20 huius *om.* Bus. *etc.*   22 deo: domino
EHK   22 ipsi non: ipsi vero Vet. Merl.   22–23 ipsi . . . important: hoc aug. importabile
est cura animarum ut imponunt se non vocati I *mg.*   27 miseri *om.* Bus. *etc.*   25–27
procul . . . aggravatum: nota I *mg.*   29 anxium: periculis *add.* H   32 dum viduarum: de
viduarum EIK *edd.*   34 requirantur: requirentur I Merl.

---

2 *curam animarum*: see also Letters 5. 10–11; 54. 13–15.   3 Is. 5. 7, *vers. antiq.*, cit.
Hilary, *Tract.* in Ps. 146. 8.   4 Cant. 2. 15 and Glos. ad loc.   5 Cf. Tob. 3. 22.   6 Ps.
55. 7.   7 Iob 40. 10 and Greg. *Moralia in Iob*, ad loc.   8 Hab. 1. 16 and Glos. ad
loc.   9 Hebr. 5. 4.   10 Cf. Ioh. 10. 12–13.   11 Cf. Sap. 9. 15.   12 I Petr. 2. 11.

impius deum: dixit enim in corde suo, 'Non requiret.'[13] Certe requiret   35
dominus usque ad novissimum quadrantem.[14] Ipse tamen, longanimis et
multum misericors,[15] ad tempus cum patientia sustinet nequitiam sacerdotum; sed cum dixerint 'Pax et securitas', tunc repentinus superveniet
interitus sicut dolor in utero habentis, et non refugient.[16]

4. Hec ideo tibi, dilectissime frater, intimanda decrevi, ut statum vite tue   40
consilio maturiore disponas, et si circa curam dominici gregis te negligenter
hactenus habuisti, redimatur iactura temporis,[17] et quod perperam factum
est in melius reformetur. Si vis alios regere et docere, prius teipsum regas
et doceas. 'Cepit Iesus facere et docere';[18] prius fac et postea doce. Male
doces, si male agens bene loqueris; fortior est enim vox operis quam vox   45
oris. In ordinatione sacerdotis labia eius et manus domino consecrantur.
Labia enim sacerdotis custodiunt iustitiam;[19] manus vero mundissimas esse
oportet, que mundissimam carnem et sanguinem Christi tractant.[20] Sint
ergo verba tua subiectis ad fructum, sint opera ad exemplum.[21] Teste
Gregorio, si perverse agis, tot mortibus te dignum constitui, quot ad   50
subditos tuos perditionis exempla transmittis.[22]

5. Sane vitam singulorum, qui de tuo grege censentur, diligenter
explora. Si quid inveneris corrigendum, primum illud corripias in spiritu
lenitatis;[23] si te non audierit, dic ecclesie; et si plaga incurabilis adhuc

---

35 impius *om.* EI Vet. Merl.   37 multum: multis E Vet. Merl.; in multis H; in multos
Bus. *etc.*   39 refugient: effugient EI; effugiet H   45 male: mala K   45 est enim: enim
est E; enim K Vet. Merl.   45–46 fortior . . . oris: fortior est vox operis quam sermonis I
mg.   46 eius: *om.* I Bus. *etc.*   49–51 Teste . . . transmittis: nota I *mg.*

---

13 Ps. 9B. 13.   14 Matt. 5. 26.   15 Ps. 102. 8.   16 I Thes. 5. 3.   17 Cf. Eph. 5.
16.   18 Act. 1. 1 and Glos. ad loc.   19 Mal. 2. 7 (iustitiam *rectius* scientiam).   20
Peter's own ordination was probably fresh in his mind, and as archdeacon he may often have
presented the candidates for priesthood to the bishop. After the bishop had laid his hands on
the new priests, he anointed and consecrated their hands as Peter describes. But I can find no
equivalent consecration of the lips. Peter may have in mind the combined ministry of word
and sacrament, as referred to in the bishop's prayer during the laying on of hands, that the
new priest may have effective power to instruct his people, and to perform the rite of
transubstantiation. See e.g. *The Pontifical of Magdalen College*, ed. H. A. Wilson (The Henry
Bradshaw Society, 39; London, 1910), p. 68; M. Andrieu, *Le Pontifical romain au moyen-âge*,
iii, (*Studi e testi*, 88; Rome, 1939), 366–9.   21 Cf. the bishop's prayer in ordaining priests,
as above, n. 20.   22 Greg. *Cura Pastoralis*, pt. iii, ch. 4.   23 Gal. 6. 1.

55   exhortationum fomenta non senserit, ferrum abscisionis appone.[24] Argue,
      insta, obsecra, opportune importune.[25] Si quod tuum est feceris, et
      increpatio tua id non fecerit ad quod missa est, sed vacua revertetur
      tamquam iaculum[26] feriens et resiliens, non est quod tibi de cetero
      imputetur ad culpam. Ille enim te excusat qui dicit, 'Nolunt audire te, quia
60   nolunt audire me.'[27] Et, 'Qui vos spernit, me spernit.'[28] Si exhortatio tua
      fructum fecerit, animam tuam lucraberis cum anima aliena.[29]

      6. His et similibus te ad frugem vite melioris invitare poteram; sed, ut
      multa concludantur in paucis, consilium meum est ut te a solicitudine
      animarum omnino exoneres, aut te talem studeas efficere, qui ante
65   terribile tribunal[30] summi iudicis de tua et aliorum animabus sufficias
      respondere.

80

*Peter begs the new bishop of Paris to rescue him from exile in
England.1196×7.*

URBANA IMPLORATIO BENEFICII

55 exhortationum *om.* Vet. Merl.; adhortationum Bus. *etc.*   59–60 te quia nolunt audire
me *om.* EK; te quia me nolunt audire I Vet. Merl.

   P (BN lat. 2961) 162ʳ Pp (Pamplona 42) 176ᵛ Q (Paris BN lat. 2605) 147ʳ S (Seville
7.3.20) 116ʳ U (BN lat. 14486) 147ᵛ V (BN lat. 14879) 255ʳ W (Brussels BR lat. 9608–19)
120ʳ X (Munich lat. 5831) 245ʳ Y (Munich lat. 14196) 118ʳ Z (Munich lat. 18382)
219ʳ *Pr* Vet. CCVI; Merl. CCV; Bus., Gous., Giles, *PL* CLX

   1 URBANA . . . BENEFICII Supplicat ut ad suum natale solum habeat reverti P; *om.*
QU; Blanditur autem Parisiensi episcopo pro eius gratia obtinenda W; Hortatur episcopus ad
ulteriorem profectum cui et Petrus supplicat ut revocetur ad natale solum XZ; Petit ab exilio
revocari Y; Rogat Petrus ut ad suam patriam revocetur Vet. Merl.

---

24 Cf. Matt. 18. 17.   25 II Tim. 4. 2.   26 Cf. Is. 55. 11; Ierem. 50. 9.   27 Ezech. 3.
7.   28 Luc. 10. 16.   29 Cf. Matt. 18. 15.   30 II Cor. 5. 10.

1. Reverendo patri ac domino Odoni dei gratia Parisiensi episcopo,[1] Petrus Blesensis suus devotissimus salutem, et si quid desiderabilius est salute.

2. Glorie vestre conglorior,[2] quia sicut ex multiplici commeantium 5 relatione agnovi, fame vestre titulus, laus et honor incessanter accrescit. Sicut unguentum effusum est nomen[3] vestrum; effundite tamen et dilatate amplius eius gloriam, ut sicut Abram in Abraham,[4] sic Odo transeat in odorem,[5] quatenus Christi bonus odor sitis[6] in omni loco. Descendat de capite Aaron in oram vestimenti eius[7] generose liberalitatis unguentum, ut 10 nos, qui ad vestre tactum fimbrie aspiramus,[8] trahamur post vos et curramus in odorem unguentorum vestrorum.[9] Oleum siquidem gratie

---

2 Odoni: O. *codd.*   2 Reverendo . . . episcopo: Domino suo P; Suo domino QSXYZ Vet. Merl.; *om.* UV; Domino suo O. dei gratia Par. episcopo W   3 Petrus . . . devotissimus: suus devotissimus PQXYZ; P. Ble. suus devotissimus PpW; sui devotissimi S; *om.* UV   5 conglorior: glorior Pp; congratulor XYZ   5 commeantium: communicantium S   6 agnovi: audivi XYZ   6 fame . . . accrescit: pro illis quibus titulus fame accrescat Q *mg.*   8 sic Odo: odor PPpQUVXYZ; Odo W *edd.*   12 in odorem: in odore *edd.*

---

1 Odo de Sully, bishop of Paris 1196–1208, came from a family based at Sully-sur-Loire, about 40 miles north of Bourges where he served as precentor to his brother Henry, who was archbishop 1183–1200. The previous bishop of Paris, Maurice de Sully, who died in September 1196, was no relation, but Odo had powerful connections elsewhere. He was grandson to William, the eldest son of Adela, daughter of William I of England, and of Stephen-Henry, count of Chartres and Blois. This William was excluded from the succession and married into the de Sully family, but his descendants enjoyed the advantages of the Chartres–Blois connection. The second son of Stephen-Henry and Adela, Theobald, became count of Champagne as well as of Blois; the third, Stephen count of Mortain, became king of England; the fourth, Henry of Blois, was abbot of Glastonbury 1126–71 and bishop of Winchester 1129–71. A daughter, Agnes of Blois, married Hugh de Puiset III, viscount of Chartres, and became mother of his namesake, the future bishop of Durham (G. V. Scammell, *Hugh de Puiset* (Cambridge 1956), p. 4). Theobald's daughter Alix married Louis VII and became the mother of Philip Augustus, but in spite of their kinship Odo courageously withstood Philip Augustus during the interdict of 1200. The sources quoted in Odo's biography (GC vii. 78–86, reprinted with his synodical constitutions and other documents in *PL* ccxxii. 47–92) show him as an active and conscientious administrator, but much of our information on his earlier life comes from two other letters of Peter (*Epp.* CXXVI and CXXVII), written probably shortly before this one. *Ep.* CXXVI describes the new bishop of Paris for the abbot of Gloucester. Peter had known Odo in Paris when Odo was the student of Peter's pupil Peter de Vernon; later, in 1187, he had seen Odo honourably received in Rome. The present letter reproduces some of the language of *Ep.* CXXVI, e.g. the word-play and the emphasis on Odo's spiritual gifts, but it does not echo the wording of *Ep.* CXXVII, addressed to Odo himself with more restrained congratulations and requests for favour.   2 Cf. *Ep.* CXXVI.   3 Cant. 1. 2; *vers. antiq.*, cit. Vigilius of Thapsus, *De Trinitate*, 12.   4 Gen. 17. 5.   5 Cf. *Ep.* CCXXVI.   6 II Cor. 2. 15.   7 Ps. 132. 2 and Glos. ad loc.   8 Marc. 6. 56.   9 Cant. 1. 3.

crescit ex impendio,nec exuberantiam ignorabit donec vasis deficientibus
desinat erogari.[10]

15   3. Viginti sex annis in Anglia peregrinans,[11] linguam quam non noveram
audivi.[12] Heu michi, quia incolatus meus prolongatus est[13] tanto tempore,
et non est qui compatiatur exuli, et non est qui moveatur super contritione
Ioseph.[14] Numquid semper ero vagus et profugus super terram?[15] Nemo
finem imponet peregrinationi mee, ut saltem semel ante supremi spiritus
20 exhalationem in aere nativo michi liceat respirare? Plerique peregrinationi
diutine assueti patrie preacceptant exilium, factique vitula Ephraim docta
diligere trituram,[16] tedium exilii palearum solatio recompensant.[17] Ego
aliter sentio:

Me natale solum quadam dulcedine tangit
25   Semper, et immemorem non sinit esse sui.[18]

4. Presules Galliarum, apud quos factus sum tamquam mortuus a corde,
tamquam vas perditum,[19] michi nimis obduruerunt ad gratiam; sed surgat
aquilo, et veniat auster perflans[20] cor vestrum. Veniat verbum dei et
liquefaciat illud, et flante spiritu misericordie fluant[21] in me vestrarum
30 aromata[22] gratiarum. Nescio sane unde veniat aut quo vadat[23] benignus
quidam spiritus suggerens assidue michi quod deus gratie vestre specialiter
mee revocationis ministerium reservavit. Obdurentur igitur contra me qui
carnaliter sapiunt,[24] et ille michi ad misericordiam liquefiat qui spiritu dei
agitur;[25] nam et in deserto carnes olim obdurari ad solem[26] et manna
35 liquescere[27] scriptura testatur. Propterea expectabo in silentio salutare[28]
meum, et audiam quid in me loquatur dominus meus.[29] Sepe enim me

---

15 Viginti . . . peregrinans: auctor iste fuit in Anglia XXVI annis peregrinus. Nota W
mg.   17 moveatur: commoveatur PU *edd.*   23 aliter: autem XYZ   24–25 Me . . . sui:
versus. me natale solum Q *mg.*   36 Sepe enim me: spem me P; spem enim PpQVWXYZ;
S. enim S; septem enim U

---

10 IV Reg. 4. 1–6.   11 This would fix the date of Peter's arrival in England as 1170 at the
earliest. At about that time he entered the service of Reginald, archdeacon of Salisbury; in
1172 he was in France with Rotrou, archbishop of Rouen, and in 1174 began to work for
Richard, archbishop of Canterbury (R. W. Southern, *Medieval Humanism*, p. 112). For his
desire to return to 'dulcis Francia' see also Letter 7. 6 and *Epp.* CXXVIII, CLXII.   12 Ps.
80. 6.   13 Ps. 119. 5 and Glos. ad loc.   14 Amos 6. 6.   15 Gen. 4. 14.   16 Os. 10.
11, cf. Glos. ad loc. in Nicholas of Lyre.   17 Cf. Luc. 15. 13–16 and Glos. ad loc.   18
Ovid, *Ex Ponto*, 1. 3. 35–6.   19 Ps. 30. 13.   20 Cant. 4. 16.   21 Ps. 147. 18.   22
Cant. 4. 16.   23 Ioh. 3. 8.   24 Rom. 8. 5.   25 Rom. 8. 14.   26 Cf. Pliny *Hist. Nat.*
28. 264; Ex. 16. 12 and Glos. ad Ex. 16. 21 in Nicholas of Lyre.   27 Ex. 16. 21.   28 Gen.
49. 18.   29 Ps. 84. 9.

iacentem erigit, et fiduciam michi exhilarat languescentem, quod magni
episcopi contribules vestri,[30] quorum memoria in benedictione est, me
quodam gratie specialis privilegio coluerunt,et exempti de terra in vobis
plantaria veteris amicitie reliquerunt. Cum Bituricensis ecclesie precentor   40
essetis, ad solatium alienigenarum manum munificentie vestre usque ad
novissimos fines Anglie porrexistis;[31] nec abbreviata est manus [32] vestra,
sed tanto facta est ex consecratione protensior quanto precentore maior est
presul:

> Quis nescit longas presulis esse manus?[33]   45

5. In promptu est quantum vobis ex mea revocatione honoris et utilitatis
accedat; credo enim quod, sicut apostolus dicit, data sit vobis manifestatio
spiritus ad utilitatem.[34] Sane, ut prophetico verbo utar, 'Panem nostrum
comedemus, et vestimentis nostris operiemur, tantummodo invocetur
nomen tuum super nos, aufer opprobrium nostrum.'[35] Auferat innata   50
vobis liberalitas ignominiam peregrinationis et exilii mei, ut me prorsus
vendicetis in vestrum, totumque vestro militet honori et obsequio si quid
sum, si quid valeo, si quid scio, si quid habeo, si quid possum.[36] Quidquid
michi feceritis quoddam breve precarium erit, vestrumque beneficium cum
multa gratiarum actione dei et hominum tempestive redibit. Cui non licet   55
in patria vivere, saltem liceat sepeliri, et, ut in versu Lucani claudatur
epistola,

> liceat tumulo scripsisse: 'Catonis
> Marcia',[37]

sic liceat michi scribere, 'Petrus Odonis'.   60

39 gratie specialis: specialis gratie PWXYZ; spiritualis gratie S; gratie spiritualis
V   58–59 Catonis Marcia: Cathonis materia XYZ; Cathonis Marcio Vet. Merl.

30 In *Ep*. CXXVII Peter names the relatives of Odo who benefited him as King Henry II;
Hugh de Puiset, bishop of Durham 1153–95; and Henry de Sully, who had sought preferments
in England since 1140, becoming abbot of Bermondsey *c*.1186–9, abbot of Glastonbury
1189–93, and bishop of Worcester 1193–5.   31 Cf. Ecclus. 7. 36. In *Ep*. CXXVI Peter
states that Odo used his English income to endow three poor deserving scholars.   32 Is. 59.
1.   33 Ovid, *Heroides* 17. 166 (presulis: *rectius* regibus).   34 I Cor. 12. 7; cf. *Ep*.
CXXVI. 376 A, 377 A.   35 Is. 4. 1.   36 Cf. Letters 9. 5; 26. 4.   37 Lucan, *De Bello
Civili*, 2. 243–4.

INDEX LOCORUM
SACRAE SCRIPTURAE

339

16. 14: 49.4.
17. 34–5: 7.4; 39–40: 77.5; 44: 77.13; 49: 77.5; 51: 77.13.
30. 11–17: 77.5.

II REGUM
1. 20: 4.2, 10.20; 21: 4.4*, 77.13*.
5. 6: 56.6.
6. 1–19: 17.5; 6–7: 3.21; 12: 66.4; 20–2: 69.5*.
7. 9: 19.2, 78.3; 13–14: 16.15*; 23: 51.9.
12. 3: 7.3,4.
15. 31: 5.14, 15.15, 44.2.
16. 20–3: 5.14, 15.15, 44.2.
17. 1–4: 5.14, 15.15, 44.2.
20. 18: 10.19.

III REGUM
3. 5: 28.47*; 5–15: 40.2; 7: 40.4; 9: 40.4; 26: 44.9.
10. 13: 16.5*.
12. 10: 47.4.
16. 3: 77.12*.
17. 13–16: 2.13, 20.2; 16: 28.6; 21–2: 54.13.
18. 16–18: 58.6.
19. 12: 2.20, 54.10.
20. 11: 18.5; 38–42: 27.4*.
21. 19: 7.4, 11.9; 19–23: 6.3; 20–24: 58.6.
22. 20–2: 68.4.

IV REGUM
1. 9–15: 38.4*.
2. 11: 73.7; 18–22: 19.4*; 19–22: 32.11*, 78.4*.
4. 1–6: 80.2; 33–4: 54.13; 38–41: 32.11, 62.18*; 40–1: 2.13*.
5. 1: 13.14, 47.11*; 9–14: 47.11; 12–14: 13.14.
7. 3–11: 77.5.
9. 26: 6.3, 28.20, 45.16.
15. 30: 67.12.
16. 2: 67.8; 2–4: 67.2; 3–4: 67.4; 9: 67.12; 10–12: 67.4; 14–15: 67.4.
18. 2: 67.8.
19. 3: 42.3.
20. 1–6: 17.7, 76.4; 5: 47.13.

I PARALIPOMENON
22. 9: 17.9.

II PARALIPOMENON
6. 41: 17.5.
28. 7: 67.8; 24: 67.4.

TOBIAS
3. 22: 79.2.
10. 4: 6.2.
12. 19: 29.20*.

IUDITH
8. 27: 45.11, 66.6.

ESTHER
3. 5–9: 5.14; 8–11: 17.6.
5. 14: 17.6.
6. 1: 17.6.
7. 2–10: 17.6; 10: 17.13.
10. 6: 60.9.
11. 10: 48.16, 71.10.

IOB
1. 21: 13.5, 14.16, 49.11, 66.2.
2. 10: 44.9, 56.8.
3. 3: 38.4*, 6*; 5: 38.6*; 14: 5.14*; 18: 5.14*.
4. 18: 44.8, 45.13; 19: 18.5, 44.8, 55.6.
5. 14: 66.10.
6. 2: 37.2; 4: 1.2, 11.2, 22.2, 34.2, 37.2; 26: 15.9.
7. 1: 56.6; 6: 10.14, 45.5, 54.13, 16, 76.3; 18: 14.4, 66.6; 20: 25.6.
9. 3: 45.13; 7: 10.18; 11: 16.8; 13: 19.2.
9. 20: 77.2; 28: 66.8*.
10. 1: 4.5, 42.5; 1–2: 45.2; 2: 45.13; 20: 1.8, 45.2.
11. 10: 28.35.
12. 9–10: 13.23; 25: 20.2, 28.6.
13. 15: 13.5, 33.7.
14. 15: 54.11.
15. 31: 14.8.
16. 20: 47.2, 56.4; 23: 54.7.
17. 2: 37.1, 2; 11: 13.17.
19. 21: 45.11; 26–7: 29.4*.
20. 8: 14.6 (bis); 27: 4.3.
21. 9: 44.11; 13: 4.7, 14.14, 34.7, 66.10.
24. 23: 47.5.
25. 2: 17.9.
26. 5: 19.2*, 78.3*.
27. 6: 76.4.
29. 18: 1.9.
30. 29: 19.12*.
32. 18–19: 77.1; 19: 1.1.
34. 29: 16.8.
36. 15: 16.2; 32–3: 19.10*, 78.6.
37. 19: 32.2*.
38. 2: 77.2.
39. 24: 28.35.
40. 10: 79.2; 12: 10.16*.
41. 7: 4.3*; 16: 13.6, 34.6, 47.13; 25: 67.11*.

PSALMI
1. 1: 10.20, 28.2; 3: 10.19; 4: 49.12.
2. 2: 10.16; 7: 51.5; 13: 37.8*.
3. 9: 45.9.
4. 3: 49.5; 8: 19.7*, 33.3*.
5. 7: 55.5,6*, 7†.
6. 7: 28.28*; 8: 34.4.

8. 6: 10.6.
9. 2: 19.10; 4: 16.22; 6: 16.9*, 34.5.
10. 27: 54.13*.
11. 2: 29.13*; 10: 16.15.
12. 1: 14.16; 3: 2.19, 11.2*.
13. 1: 16.22.
14. 11: 13.8; 12–15: 47.6; 13–15: 54.2; 24–5: 5.11, 66.2.
15. 1: 16.22.
17. 1: 16.22.
19. 1: 16.22; 14: 3.1, 5.3, 15.9, 19.6, 49.4, 77.12.
21. 1: 16.22; 11: 16.22; 13: 16.22.
22. 1: 16.22.
23. 1: 16.22; 4: 49.12.
24. 18: 11.2; 20: 12.3.
26. 10: 43.3; 17: 42.3; 18: 28.48, 42.3, 70.9.
27. 2: 28.18; 7: 28.18*.
28. 15: 10.4, 13.6, 47.4, 54.13; 16: 64.5*; 19: 73.8.
30. 6: 16.22; 15: 13.17, 14.17, 36.2; 26: 29.14.
32. 17–18: 13.17.
33. 14: 16.8, 63.5; 22: 16.16.
40. 1: 14.10; 6: 45.5.
44. 24: 51.4.
45. 8: 19.3.
46. 8: 10.5.
49. 23: 66.5.
50. 4: 1.1, 28.6.
51. 23: 54.11*.
52. 1: 54.11; 3: 14.10; 6: 67.7*.
53. 4–8: 28.17; 7: 28.7; 12: 28.17.
54. 1: 28.17.
55. 1: 14.10, 49.4 (bis); 11: 79.5.
56. 10†: 32.6†.
58. 3: 69.9; 6: 4.3, 47.6, 54.13; 13: 10.21n, 18.6, 19.5, 78.5.
59. 1: 1.9, 6.2, 13.17, 14.16, 28.22, 45.9, 80.4; 5: 4.6, 8.2, 28.2, 47.13.
60. 15–16: 5.9; 16: 66.5.
61. 3: 41.6; 7: 41.6,8*,13*.
63. 10: 51.6; 14: 51.6.
64. 1: 16.3; 3: 16.3*; 7: 33.6, 45.10, 54.10*.
65. 24: 45.9.
66. 2: 29.13; 12: 19.9, 41.10*, 47.7; 18: 29.5*; 23: 18.6; 24: 29.16†, 45.4,6†, 76.7.

IEREMIAS
1. 5: 5.8; 6: 5.8, 42.4.
5. 8: 4.4.
6. 13: 7.1, 44.2.
7. 19: 23.2.
8. 10: 44.2; 22: 13.17, 28.22.
9. 1: 34.2; 12: 66.7; 21: 56.16*.
12. 9: 4.7; 16: 53.15.
13. 23: 4.4.

14. 3: 15.3*.
15. 10: 41.11*, 54.10*.
17. 8: 78.4; 11: 49.12; 16: 10.20.
20. 9: 1.1; 18: 19.6, 44.2, 78.5.
22. 19: 34.7, 66.8.
23. 9–10: 77.12; 22: 51.5; 24: 1.16; 26: 76.2.
31. 9: 34.2; 31–2: 1.10, 65.5.
33. 22: 10.18.
43. 7–8: 19.12.
48. 10: 58.3.
50. 9: 79.5.
51. 1: 44.6; 6: 44.3; 9: 44.11.

LAMENTATIONES
1. 2: 5.10, 66.5; 4: 17.3; 5: 5.10, 66.5; 12: 28.14,20; 13: 1.7; 17: 59.7*.
2. 18: 34.2.
3. 1: 13.17, 19.7, 34.5, 54.6; 12: 10.18; 26: 14.17; 29: 4.5; 44: 45.11.
4. 1–2: 49.6*; 3: 15.5; 4: 43.5; 5: 49.3*; 20: 28.9*.
5. 15: 33.7.

BARUCH
2. 30: 38.4.
3. 36–7: 64.6*.

EZECHIEL
1. 3: 19.12; 16: 65.6*.
3. 2: 28.40; 7: 79.5; 18: 7.2; 26: 42.4.
8. 8–9: 54.16*.
9. 4–7: 47.9*.
13. 5: 28.22, 77.15.
17. 10: 44.6.
18. 4: 13.23; 20: 48.4.
20. 25: 64.2.
22. 30: 33.6.
28. 13: 29.2.
33. 11: 34.4, 45.13.
34. 2–3: 43.8; 11: 5.11.
38. 13: 14.5, 76.2.
43. 13: 4.9, 44.6, 50.8.
46. 1: 5.13.
48. 8–10: 28.31; 13–20: 28.31.

DANIEL
3. 7: 31.1; 39: 14.4, 22.7; 55: 6.3, 22.2.
4. 32: 16.17*.
6. 16: 19.12.
9. 9: 34.4; 24: 15.8, 16.12, 52.10, 64.5, 74.10.
10. 11–12: 45.8*.
12. 3: 32.11.
13. 35: 45.8; 52: 47.8; 56: 4.6, 6.2, 10.20.

28.35, 44.8, 56.11; 22: 14.12, 19.5, 28.38†, 78.4.
6. 1: 1.1, 16.21, 28.6, 58.11, 79.5; 2: 13.3, 19.7; 8: 56.8; 14: 47.9; 17: 47.9, 56.4.

AD EPHESIOS
2. 3: 14.16, 28.21, 56.17; 5: 63.3; 14: 16.16*; 14–15: 64.5; 19: 41.8; 20: 16.16*.
3. 9: 16.13 (bis), 16; 20†: 16.9†.
4. 3: 13.2, 17.9, 52.13; 4–5: 33.2, 54.11; 5: 47.10, 54.4; 13: 29.24*, 26: 56.17; 31–2: 12.3; 32: 70.3*.
5. 5: 41.2; 14: 63.6*; 16: 17.3, 20.6, 25.5, 27.6, 47.3, 54.5, 79.4; 18: 41.4; 27: 63.2; 29: 15.5, 27.4.
6. 13: 28.22; 17: 28.22; 19: 56.4.

AD PHILIPPENSES
1. 8: 9.4; 23: 30a.5, 44.8, 56.7; 24: 30a.5.
2. 5: 56.4; 6–8: 28.13; 7: 2.22; 8: 69.4, 72.8; 8–9: 28.13†, 50.7*; 15–16: 1.6.
3. 8: 14.13, 49.3, 69.10; 13: 18.5; 19: 49.11, 56.2, 77.12; 20: 5.15, 44.7; 21: 41.12.
4. 5: 71.2; 7: 17.9, 19.5, 41.5, 52.13, 78.5; 13: 56.10,14; 15: 41.2.

AD COLOSSENSES
1. 22: 45.12; 26: 16.13.
2. 9: 1.4, 16.12; 14: 2.22, 28.18, 54.13.
3. 1–2: 5.15; 4: 13.7; 5: 6.8, 7.1, 49.13; 13: 70.3*.

I AD THESSALONICENSES
4. 4: 10.3; 16: 66.9; 16–17: 29.17; 17: 29.8,24. 29.8,24.
5. 3: 14.14, 34.7, 79.3; 8: 43.8; 17: 45.8; 19: 47.8; 21: 68.7.

II AD THESSALONICENSES
3. 5: 14.16.

I AD TIMOTHEUM
1. 5: 19.5, 61.12; 13: 32.3,5.
2. 5: 67.6; 8: 33.5; 12: 56.8.
3. 2–7: 5.7; 7: 15.12; 9: 1.3,4; 16: 16.13.
4. 2: 19.11, 47.2, 61.4; 4: 64.4; 12: 77.10.
5. 8: 15.5; 11: 47.14; 12: 49.11.
6. 3–4: 71.2, 77.10; 4: 3.31, 29.2; 5: 13.16; 9: 13.5, 14.7,9, 49.2,9, 78.3; 9–10: 19.2; 10: 49.5; 15: 51.4.

II AD TIMOTHEUM
1. 8: 77.10; 10: 28.9,14; 12: 15.15.

2. 5: 18.4; 6: 75.3; 15–17: 77.10; 19: 18.5.
3. 1–4: 15.6; 2: 13.3, 33.4; 5: 44.6; 8: 5.14, 15.15, 44.2; 13: 77.10.
4. 1: 42.2; 2: 1.9, 17.6, 42.2, 70.2, 79.5; 3: 28.2; 5: 42.2; 6: 1.2.

AD TITUM
1. 7: 77.11; 9: 77.11; 13: 77.11; 15: 65.2.
3. 10–11: 38.9, 77.11.

AD HEBRAEOS
1. 3: 28.13, 45.14, 47.10, 52.12; 5: 16.15.
2. 1: 14.13; 10: 43.3, 67.1; 14: 54.12.
4. 12: 63.2; 13: 13.8.
5. 4: 79.3; 5–6: 3.30*; 6: 62.2*; 14: 3.1, 10.19, 19.1, 28.6, 32.19, 71.4.
6. 1: 56.5; 10: 70.3*; 17–18: 17.8.
7. 7: 3.29; 26: 64.5; 27: 62.2.
8. 5: 2.15; 8–9: 1.10; 13: 47.3.
9. 11: 52.11; 11–12: 28.17; 13–14: 28.16; 14: 28.20*; 15: 1.11; 15–17: 1.4; 16–17: 39.5; 19–20: 1.10; 26: 28.7; 28: 28.10.
10. 12: 3.9; 23: 41.2; 26: 34.3; 29: 47.8; 30: 6.3; 31: 13.8, 63.4; 34: 13.5, 14.2,16, 15.1, 44.10, 49.5,12,13, 66.2.
11. 1: 3.13; 5: 73.7; 13–14: 13.20; 25: 49.2; 26: 10.20, 49.12; 35: 34.7, 39.6; 38: 10.11.
12. 1: 13.5; 2: 62.3; 4: 49.7; 6: 44.11; 16–17: 25.4, 27.2, 49.8; 17: 34.3; 22: 38.3; 24: 28.20, 38.3*, 45.16*.
13. 2: 13.15; 8: 1.9, 6.2; 9: 5.13; 10: 2.24, 56.8*; 15: 54.10.

EP. IACOBI
1. 5: 15.2; 10–11: 44.6; 12: 59.1; 17: 19.5, 41.4, 78.5; 20: 56.17.
2. 10: 28.37*; 13: 34.4, 37.8*; 17: 34.8.
4. 4: 19.4, 78.4; 6: 16.4; 7: 69.7; 15: 45.5.
5. 11: 14.16, 28.33; 16: 45.8, 54.6, 62.4*; 17–18: 17.7.

I EP. PETRI
1. 4: 41.5; 18: 14.8, 49.12; 18–19: 69.7; 19: 45.14, 64.5.
2. 6: 64.5; 11: 79.3; 16: 42.5; 22: 15.15, 64.5.
3. 15: 77.6; 20–21: 66.4*; 21: 15.12.
4. 8: 13.4,19, 46.9, 54.6; 10–11: 33.2; 17: 10.4, 13.19; 18: 33.9.
5. 1: 8.7; 3: 43.3.

II EP. PETRI
1. 6: 28.36; 13: 1.8; 20–21: 28.4,5.
2. 22: 47.12, 49.9.
3. 18: 28.13.

I EP. IOHANNIS
1. 1: 2.23; 3: 10.7; 7: 28.10, 65.7.
2. 16: 56.6; 27: 19.7, 28.6, 29.2, 41.5, 78.3.
3. 2: 18.5, 41.9; 18: 13.4.
4. 8: 19.12, 45.14, 46.7.
5. 19: 29.2, 49.9.

APOCALYPSIS
1. 5: 2.22; 7: 29.27; 15: 50.8*.
2. 9: 10.2; 17: 41.5*.
3. 7: 15.2, 16.16, 22.8, 56.4; 18: 28.49*; 20: 28.42.
4. 6: 8.3*; 8: 2.9, 8.3*, 29.25, 76.10*; 10: 50.8.

5. 1–8: 51.10*; 9: 29.21; 10: 69.11.
6. 2†: 28.30†; 9–10: 28.20; 10: 45.16; 11: 29.6†, 54.9*.
7. 2–3: 47.9*.
9. 4: 47.9.
12. 1: 50.12*; 4: 8.2.
13. 7: 1.18.
16. 4–6: 77.13*; 13: 3.1*.
17. 4: 54.3; 6: 1.18.
18. 7: 13.8, 34.8, 45.4.
19. 8: 28.49; 9: 66.6; 11: 41.2.
20. 6: 14.10; 12: 29.7*, 54.12, 66.8; 15: 54.12.
21. 1: 29.14*; 5: 75.3; 16: 28.31*.
22. 2: 2.19, 14.12, 19.5, 78.5; 11: 31.9, 54.3; 18–19: 22.8.

INDEX AUCTORUM

ALAN OF LILLE
Regulae Theologiae: PL ccx. 617–84
  72: 57.12
  86–7: 28.39
  91: 28.32

ALBUMASAR
Introductorium in Astronomiam (Augsburg, 1489)
  6.2: 52.5

AMBROSE
De Abraham: Opera, pars prima, ed. K. Schenkl (*CSEL* xxxii; Vienna, 1896), pp. 499–638
  2.6.27: 15.5
De Fide: PL xvi. 523–698
  1.6.46: 77.15
  5.2.30: 51.4
De Fuga Saeculi: PL xiv. 569–96
  3.16: 28.10
De Officiis: PL xvi. 23–184
  1.30.147: 30.2, 58.8
De Sacramentis: ed. O. Faller (*CSEL* lxxiii; Vienna, 1955), pp. 13–85
  6.1: 3.13
  6.2: 3.31
De Trinitate Tractatus: PL xvii. 509–46
  12: 50.3, 71.4
  13: 50.2,4, 71.3
Enarrationes in Psalmos: ed. M. Petschenig (*CSEL* lxii; Vienna, 1913)
  1.1: 61.5
  1.2: 51.4
  1.4: 13.9
Expositio Evangelii secundum Lucam: ed. K. Schenkl (*CSEL* xxxii; Vienna, 1902)
  1.2: 43.8
  23.46: 50.2,4, 71.3,4
Expositio in Ps. cxviii ed. M. Petschenig (*CSEL* lxiv, Vienna, 1913)
  9: 45.5, 75.2
  85: 28.8, 77.12
  120: 13.19
  141: 72.3
Liber de Lapsu Virginis: PL xvi. 367–84
  8.33: 45.13
Sermones: PL xvii. 603–734
  25.1: 70.7

ANON *see* HUGH OF SAINT-VICTOR (pseudo-)

ANTIQUISSIMORUM GLOSSATORUM DISTINCTIONES
Ed. J. B. Palmieri (Bibliotheca Iuridica Medii Aevi, ed. A. Gaudenzi, Bologna, 1888–1901), ii. 139–79)
  2.170–2: 21.3

ARISTOTLE
Categoriae (Praedicamenta): ed. L. Minio-Paluello (Aristoteles Latinus, i/1–5; Bruges, 1961)
  1 (1^a1–7): 68.3
  2 (1^a20–1^b9): 60.8
De Sophisticis Elenchis: ed. B. G. Dod (Arist. Lat. vi/1–3; Brussels, 1975)
  2 (165^b5): 3.1
Ethica Nicomachea: ed. R.-A. Gauthier (Arist. Lat. xxvi/1–5; Brussels, 1972–4)
  2.6–7 (1106^a36–1107^b21): 31.2
  4.1 (1119^a21–1122^a17): 31.2
Topica: ed. L. Minio-Paluello (Arist. Lat. v/1–3; Brussels, 1969)
  3.2 (117^b3–7): 53.13
  4.2 (122^b13–24): 29.22
  4.5 (126^a6–15): 41.7
  4.5 (126^b35–127^a2): 29.22

AUGUSTINE
Adnotationes in Iob: PL xxxiv. 825–88
  in Iob 16.23: 54.7
Confessiones: ed. P. Knöll (*CSEL* xxxiii; Vienna, 1896)
  6.2.2: 2.2
Contra Mendacium ad Consentium: ed. J. Zycha (*CSEL* xli; Vienna, 1900), pp. 466–528
  10.24: 58.4
  12.26: 55.3
  15.32: 55.6 (bis)
De Baptismo contra Donatistas: PL xliii. 107–244
  1.12.20: 70.8
De Bono Coniugali: ed. J. Zycha (*CSEL* xli; Vienna, 1900), pp. 185–231
  4.4: 57.21
De Civitate Dei: ed. B. Dombart and A. Kalb (*CCSL* xlvii–xlviii; Turnhout, 1955)
  10.27: 52.7
  19.12: 15.5
  19: 5.7
  20.20: 29.8,24

21: 19.9, 41.10
21.8: 78.4
14: 13.6
22.29: 69.10
De Diversis Questionibus LXXXIII: ed.
A. Mutzenbecher (*CCSL* xliv; Turnhout,
1975), pp. 1–249
24: 37.4
68.4: 28.48
De Genesi ad Litteram: ed. J. Zycha (*CSEL*
xxviii; Vienna, 1894)
3.1.1: 51.7
19.29: 51.7
6.13.23: 57.24
25.36: 73.4
8.5.11: 73.7
De Gratia et Libero Arbitrio: PL xliv.
881–912
3.5: 32.5
De Libero Arbitrio: PL xxxii. 1231–1310
3.18.51: 76.5
52: 34.7
De Mendacio: ed. J. Zycha (*CSEL* xli;
Vienna, 1900), pp. 411–66
3.3: 68.4
De Natura et Gratia: ed. C. F. Urba and J.
Zycha (*CSEL* lx, Vienna, 1913), pp. 231–99
36.42: 16.11
43.50: 28.23,42, 35.4
De Nuptiis et Concupiscentia: ed. C. F. Urba
and J. Zycha (*CSEL* xlii; Vienna, 1902), pp.
207–319
1.26.29: 28.29, 32.6, 48.6, 56.6
2.28.48: 48.3
De Patientia: ed. J. Zycha (*CSEL,* xli;
Vienna, 1900), pp. 661–91.
20.17: 28.47
De Peccatorum Meritis et Remissione: ed.
C. F. Urba and J. Zycha (*CSEL* lx; Vienna,
1913)
2.3.3: 60.5
3.10.18: 48.10
De Perfectione Iusti Hominis: PL xliv.
291–318
8.17–18: 35.4
De Trinitate: ed. W. J. Mountain (*CSEL* l,
lA; Turnhout, 1968)
1.3.5: 28.3
De Vera et Falsa Penitentia: PL xl. 1113–30
14.29: 62.13
15.30–31: 61.7
De Vera Religione: ed. W. M. Green (*CSEL*
lxxvii; Vienna, 1961)
14.27: 30.2, 56.12
18.35: 68.2
Enarrationes in Psalmos: ed. E. Dekkers and
J. Fraipont (*CCSL* xxxviii–xl; Turnhout, 1956.)

5.7: 55.6,7
11.9: 77.12, 78.5
36.27: 36.4
37.2: 2.6
47.7: 28.48, 42.3, 70.9
71.14: 37.1,2
78.10: 38.6
90.4: 15.5
101.4: 7.1
102.6: 13.15 (bis)
136.9: 56.9
140.2: 50.2, 71.3
Enchiridion: PL xl. 231–90.
17: 32.7
23: 68.2
27: 37.5
29: 41.8
36: 74.2
71: 28.30
89: 29.23 (bis)
93: 48.12
105–7: 73.4
Epistolae: ed. A. Goldbacher (*CSEL* xxxiv,
xliv, lvii; Vienna, 1895–1911)
28.3.3–4: 28.4
40.3.3–4: 28.4
47.2: 53.17
82.2.4–3.29: 28.4
120.3: 67.4
138.2.13: 59.6
167: 28.31n
167.3.10: 28.36
Epistolae ad Galatas Expositio: ed. J. Divjak
(*CSEL* lxxxiv; Vienna, 1971), pp. 53–141
1.20: 53.14
2.11: 28.4
5.16: 29.13
Epistolae ad Romanos Inchoata Expositio:
ed. J. Divjak (CSEL lxxxiv; Vienna, 1971),
pp. 143–181
14.1: 60.8
*Expositio quarundam propositionum ex epi-
stola ad Romanos:* ed. P.F. Landes,
Augustine on Romans, Chico, Calif., 1982
ad Rom. 14.4: 57.2; 62.5
In Epistolam Iohannis ad Parthos Tractatus:
PL xxxv. 1097–2062
7.8: 19.12
In Iohannis Evangelium Tractatus: ed. D. R.
Willems (*CCSL* xxxv; Turnhout, 1954)
8.11: 37.4
8.31: 3.13
10.18: 71.4
11.26: 33.8
12.25: 15.7
17.6: 74.2
17.24: 67.12

Quaestiones in Heptateuchum: ed. J. Fraipont (*CCSL* xxxiii; Turnhout, 1968)
   1.110: 51.9
Sermones: PL xxxviii–xxxix
   152.3: 39.3, 47.10, 48.6
   154.1: 31.4, 36.5
   154.6.8: 56.9
   159.1.1: 2.6
   164.10.14: 12.2
   169.11.13: 28.39, 62.3
   180.2.2: 55.3
   308.3: 53.14
   347.2: 13.6
   351.4.1: 54.9
Sermones, Appendix: PL xxxix. 1735–2354
   86.3: 15.14
   245.4: 29.4

AUGUSTINE (Pseudo-)
De Ecclesiasticis Dogmatibus: PL xlii.
1213–22
   14: 48.8
De Fide ad Petrum: PL xl.753–80
   2.10: 74.6
   2.16: 48.4,13
   3.27: 48.11
De Trinitate et Unitate Dei: PL xlii. 1193–
1200
   2: 71.9

AZO
Summa Codicis (Venice, 1499)
   7.32.1: 21.3

BALDWIN, archbishop of Canterbury
Liber de Sacramento Altaris: PL cciv.
641–774
     col. 651: 3.21n
      651–6: 3.1n
      653: 1.1n

BEDE
De Arte Metrica: ed. C. B. Kendall (*CCSL*
cxxiii A; Turnhout, 1975, pp. 81–141)
   1.9: 31.2
De Psalmorum Libro Exegesis: PL xciii.
477–1098
   in Ps. 39.1: 16.3
Hexaemeron: PL xci. 9–190
   in Gen. 1.26: 51.7
In Marci Evangelium Expositio: ed. D. Hunt
(*CCSL* cxx; Turnhout, 1950)
   in Marc. 9.50: 32.3

BENEDICT
Regula: ed. R. Hanslik (*CSEL* lxxv; Vienna,
1960)
   1: 44.5

BERNARD OF CLAIRVAUX
De Consideratione: Opera, iii, ed. J. Leclercq and H. M. Rochais (Rome, 1963) pp.
393–493
   3.1 2: 43.2
Sermones super Cantica Canticorum: Opera,
i, ed. J. Leclercq, C. H. Talbot, and H. M.
Rochais (Rome, 1957)
   20.5.7–9: 35.4
In Festo Omnium Sanctorum Sermo: Opera,
iv, Sermones, ed. J. Leclercq and H. M.
Rochais (Rome, 1968)
   4.5: 41.7

BOETHIUS
De Consolatione Philosophiae
   ii. pros. 5 (23): 13.15
   iii. metr. 9, l.3: 68.2
In Porphyrium Commentarii: PL lxiv.
71–158
   i: 29.28

BREVARIUM ROMANUM
Antiphonae maiores (Dominica tertia
adventus, ad vesperas): 16.2,13,15–17
   Lessons for 21 Mar.: 69.3
   Lessons for 10 Sept.: 69.3
   Lessons for 11 Nov.: 69.3

BUONCAMPAGNI
Rhetorica: Bibliotheca Iuridica Medii Aevi,
ed. A. Gaudenzi, ii (Bologna 1892) pp.
249–97
   7.3: 58.4

CASSIODORUS
Complexiones in Epistolas: PL lxx, 1321–80
   in Iac. 2.13: 37.8
Expositio in Cantica Canticorum: PL lxx,
1055–1106
   in Cant. 5.8: 16.13
Expositio in Psalterium: ed. M. Adriaen
(*CCSL* xcvii–xcviii; Turnhout, 1958)
   in Ps. 6 intr.: 62.3
       33.15: 36.4
       100.1: 37.3
       101.18: 16.4
       113.26: 66.11
Historia Tripartita: ed. W. Jacob and R.
Hanslik (*CSEL* lxxi; Vienna, 1952)
   8.1: 5.5
Varia: ed. Å. J. Fridh (*CSSL* xcvi; Turnhout,
1973)
   6.8: 51.12, 74.9

CHRYSOSTOM
In Epistolam I ad Corinthios Homiliae: ed.

F. Field (Oxford, 1847)
    11.1: 13.15

CICERO
De Divinatione
    1.47: 52.9n
De Inventione Rhetorica
    2.159: 60.2

COLUMELLA
De Re Rustica
    7.10.6: 42.4

DIONYSIUS (Pseudo-)
De Divinis Nominibus: PG iii. 586–995
    1.1: 29.28

DISTICHA CATONIS
    4.42.2: 8.3

EUSEBIUS
Chronica: ed. and tr. G. Bardy (4 vols.,
Sources Chrétiennes, Paris, 1952–60)
    an. 43 BC: 52.8

EXTRA, *see* GREGORY IX, *Decretales*

M. C. FRONTO
Epistolae ad Verum Imperatorem: ed. M. P.
J. van der Hout (2nd edn., Leipzig, 1988)
    1.1.3: 12.2

GAIUS
Institutiones: ed. J. Muirhead (Edinburgh,
1880)
    3.141: 25.5; 27.6

GEOFFREY OF VINSAUF
*Documentum de Modo et Arte Dictandi et
Versificandi: (Les Arts poétiques du 12ᵉ et 13ᵉ
siècle*, Paris, 1923)
    2.3.167: 52.2n

GERALDUS OF WALES
De Invectionibus: ed. W. S. Davies (Y Cymmrodor, 30; 1920)
    1.10: 7.2

GLOSSA ORDINARIA
See Index Locorum Sacrae Scripturae

GRATIAN
Decretum: ed. E. Friedberg (Leipzig, 1879)
Pars Prima
    D.1.c.7: 59.2
    D.6.c.1,3: 40.2
    D.32.c.6: 68.9

D.46.c.8: 59.2
D.65.c.6: 8.1
D.67.c.2: 8.1
D.68.c.4–5: 8.1
D.89.c.1: 51.14
D.93.c.6: 8.3. (bis)
Pars Secunda
    C.1.q.3.c.6–7: 25.5, 27.6
    C.2.q.1.c.18: 54.9
    C.11.q.3.c.1: 62.5
    C.22.q.2.c.14: 55.7
    C.23.q.1.c.2: 59.6
        q.2.c.2: 59.7
        q.5.c.31: 59.4
        q.8.2 pars: 59.4
        q.8: 59.5
        q.8.c.14: 59.2
    C.24.q.1.c.7: 46.4
    C.27.q.2.1 pars: 57.2
        c.21–2: 57.16
        c.24–6: 57.21
        c.30: 57.27
    C.28.q.2.c.1–2: 57.20,32
        q.3: 57.32
    C.30.q.2.c.1: 57.6
    C.33.q.3.1 pars (De Penitentia): 61.7
        D.3.c.1: 70.7
        D.4.c.1: 70.7
Pars Tertia (De Consecratione)
    D.1.c.55: 41.8
    D.2.c.1: 2.1
        c.6: 2.1
        c.56: 3.23
        c.72: 2.1n
        c.73: 3.11
    D.4.c.3: 48.11

GREGORII VITA, *see* JOHN THE
DEACON

GREGORY I
Cura Pastoralis: PL lxxvii. 9–128
    1.1: 43.3
    3.4: 79.4
Dialogi: PL lxxvii. 149–430
    4.58: 3.11
Homiliae in Evangelia: PL lxxvi. 1075–1312
    1.5.2: 30.3, 31.6
    2.26.1: 29.27
Homiliae in Ezechiele ed. M. Adriaen
(*CCSL* cxlii; Turnhout, 1971)
    1.1.16: 28.3
    1.7.5: 10.21
    1.7.18: 73.5
    1.10.23: 28.27
    2.10.18: 28.31
Moralia in Iob ed. M. Adriaen (*CSSL*

PETER CANTOR
Verbum Abbreviatum: PL ccv. 21–554
  1: 28.2
  54: 5.6n
  55: 5.4n

PETER COMESTOR
Historia Scholastica: PL cxcviii. 1053–1722
'*Historia Evangelica*', 5, col. 1540: 52.9

PETER DAMIAN
Expositio Libri Geneseos: PL cxlv. 841–858
  29: 54.13

PETER DAMIAN (Pseudo-)
'*Anonymi cuiuspiam Sermo': PL* cxliv. 848
  61: 52.8

PETER LOMBARD
Collectanea in Epistolas D. Pauli: PL cxci.
1297–cxcii. 520)
*in Rom.*3.23: 37.10
        7.14: 28.52
Sententiae: ed. P. P. Collegii S. Bonaven-
turae (Quaracchi, 1916)
    1.2.1: 28.3n
      2.4: 51.4n,9n,10n
      8.4: 28.35
      48.1: 30a.1n
    2.18.7: 48.1n
      22.5: 32.1n
      24.1: 73.5
      24.2: 36.5
      25.1–8: 73.1n
      31.1–6: 48.1n
      32.3–6: 48.1n
      34.4: 68.2
      35.3,6: 48.10n
      38.1–3: 30.1n
      40.1–41.3: 30.1n
      42.1: 30a.1n
      42.5: 36.1n
    3.6.1: 74.1n
      7.1–2: 74.1n
      8.1–2: 74.1n
      10.1: 74.1n
      18.1–4: 28.7n
      18.5: 72.1n, 2
      19.1: 28.39n
      19.3: 50 1n
      21.1: 50.1n,3n, 71.1n,5
      22.1–3: 71.1n
      23.8–9: 28.31n
      28.2: 46.1n
      29.2–3: 35.1n
      34.4: 31.4n
      36.1–2: 28.31n

  38.1–4: 55.1n
  38.1–5: 58.1n
  39.1–9: 53.1n
  39.3: 30.a.1n
  4.1.7–8: 65.7
  1.10: 65.7
  4.1: 48.14n
  6.7: 48.1n
  8–13: 3.1n
  11.5: 3.3n
  14.1: 28.26.n
  15.1–7: 28.26n
  15.3: 28.23n
  15.7: 70.1n
  16.1–2: 61.1n, 62.1n
  16.3: 37.1
  17.1: 61.1n
  18.1–6: 62.1n
  22.1: 70.1n
  27.1–8: 57.1n
  28.1: 57.1n
  30.1: 58.1n
  32.1–2: 57.1n
  33.1: 57.1n
  34.5: 57.1n
  35.3: 57.1n
  38.2: 57.1n
  39.1–5: 57.1n
  43.2: 29.5n
  44–45: 29.1n
  44.2: 29.23n
  46.1–5: 37.1n
  47–49: 29.1n
  47.1: 29.5n
  47.2: 29.8n
  47.4: 29.5n
  48.5: 29.14n
  49.2: 29.28n

PETER OF POITIERS
Sententiae: i–ii ed. P. S. Moore and M.
Dulong (Notre Dame, Ind., 1943); iii–v, *PL*
ccx
    1.12 (11): 37.1 (bis)
    2.10: 73.1n
      12: 68.1n
      13–16: 30.1n
      14: 30a.1n
      15: 32.1n
      17: 60.1n
      19: 32.1n, 48.1n,9, 70.1n
      21: 56.1
      22: 73.1n
      23: 68.1n, 74.7
    3.3–4: 28.39n
      5: 35.1n
      5–6: 28.26

6: 61.1n
8: 37.1n
12: 70.1n
15–16: 61.1n
16: 62.1n
23: 30.1n, 35.1n, 36.1n, 46.1n
24: 28.1n
25: 46.1n, 57.1n, 70.1n
29–30: 28.31n
4.5: 55.1n, 58.1n
6: 53.1n
10: 74.1n
14: 72.1n
15–17: 28.7n
19: 28.7n, 50.1n
22:71.1n
5.10–13: 3.1n
12: 3.3n, 13
16–17: 57.1n
18: 29.1n
21: 39.1n
22: 29.28n

PLAUTUS
Bacchides
837: 50.7
Trinummus
562: 50.7

PLINY (the Elder)
Naturalis Historia
28.81.264: 2.24, 15.1, 80.4

PLINY (the Younger)
Epistolae
9.37.2: 7.4

PONTIFICALE ROMANUM
Ordo Excommunicationis: 38.4

PRISCIAN
Institutiones Grammaticae: ed. M.J. Hertz in *Grammatici Latini*, ed. H. Keil, ii–iii (Leipzig, 1855–60)
1.1(ii.5): 29.5
8.91(ii.409–10): 46.6n

PROSPER OF AQUITAINE
Epigrammata ex Sententiis S. Augustini: PL li. 497–532
38: 12.4
Ex Sententiis S. Augustini: PL xlv. 1859–98
362: 35.8
Expositio Psalmorum: ed. P. Callens (*CCSL* lxviiiA; Turnhout, 1972)
103.15: 3.24

PROVERBIA
7.5, 8.2,3, 31.3, 48.9, 76.5

PRUDENTIUS
Psychomachia: ed. J. Bergman (*CSEL* lxi; Vienna, 1926)
177: 49.7

PSEUDO-ATHANASIUS, *see* VIGILIUS OF THAPSUS

PSEUDO-AUGUSTINUS, *see* AUGUSTINE (Pseudo-)

PSEUDO-DIONYSIUS, *see* DIONYSIUS (Pseudo-)

PSEUDO-HUGH, *see* HUGH OF SAINT-VICTOR (Pseudo-)

PSEUDO-ISIDORUS, *see* ISIDORE (Pseudo-)

PSEUDO-PETER DAMIAN, *see* PETER DAMIAN (Pseudo-)

QUINTILIAN
Institutio Oratoria
9.4.80: 31.2

RABANUS MAURUS
Commentaria in Matthaeum: PL cvii
in Matt. 18.35: 70.2

RASHI, *see* SALOMON, Rabbi

REGINO OF PRÜM
Libellus de Ecclesiasticis Disciplinis: PL cxxxii. 185–400
1.63: 2.1

RICHARD OF SAINT-VICTOR
De Differentia Peccati Mortalis et Venialis; Opuscules théologiques, ed. J. Ribaillier (Paris, 1967), pp. 281–96
34.3, 63.3, 66.11
Declarationes Nonnullarum Difficultatum Scripturae: (Ibid. 189–214)
1: 64.2

ROBERT OF MELUN
Sententiae (vols. 1–ii, ed. R. M. Martin, Spicilegium Sacrum Lovaniense, 21,25; 1947, 1952)
vol.i, pp. 13–14, praefatio: 28.1n
p.74, q.50: 37.1n
p.81, q.80: 30.1n

RUFINUS
Historia Monachorum: PL xxi. 387–462

RUPERT OF DEUTZ
Commentaria in Genesim: PL clxvii. 199–566

SALOMON, Rabbi (RASHI)
Citations in the *Glossa Ordinaria*

SENECA
Epistolae Morales

SEVILLE, SECOND COUNCIL OF

SIMON OF TOURNAI
Disputationes: ed. J. Warichez (Spicilegium
Sacrum Lovaniense, 12, 1932)

93.1–2: 60.1n
93.3–4: 30.1n
95.1–3: 61.1n
98.3,5: 57.1n
100.9: 67.1n
101.1: 53.1n
102.4: 74.1n
Institutiones (Merton College, Oxford, MS.132)
  fo.106^v: 68.1n
    130^r: 48.5
    131^r: 48.1n
    132^r: 28.31n
    137^r: 72.1n
    143^v: 71.1n
    145^v: 59.1n
    152^r: 28.26n
    152^{r-v}: 70.1n
    153^r: 61.1n
    154^r: 35.1n
    162^r: 57.1n

STATIUS
Thebais
  12.816–7: 16.24
  817: 77.7

STEPHANUS OF BYZANTIUM
Ethnicorum quae supersunt: ed. A. Meineke (Berlin, 1849)
  578.4, 610.2: 52.8n

STEPHEN LANGTON
Quaestiones (St John's College, Cambridge, MS.C7)
  fo.148^r: 37.1n
    163^v: 31.1n
    175^r: 28.39n
    175^{r-v}: 48.1n
    183^v: 28.31n
    192^v–193^r: 39.1n
    194^v: 29.4n
    202^v: 35.1n
    206^v: 58.1n
    207^r: 3.1n
    209^r: 30.1n
    214^v–215^r: 65.7n
    215^v–216^r: 68.1n
    217^r: 62.1n
    222^r: 70.1n
    226^v: 28.7n
    230^r: 35.1n, 64.3n
    230^v: 30a.1n
    231^r: 28.39n
    231^v–232^v: 32.1n
    236^{r-v}: 53.1n
    239^v: 28.31n

240^r: 28.39n
242^r: 28.39n
247^r: 40.1n
251^v: 71.1n
252^r: 62.1n
253^v: 30a.1n
263^v: 40.1n
294^v: 30a.1n
295^r–296^r: 32.2n
297^r: 31.1n, 70.1n
300^v: 70.1n
301^r: 30a.1n
302^r: 35.1n
302^v: 40.1n
305^r: 36.1n, 40.1n
313^r: 28.23n
313^v: 61.1n
314^r: 58.1n
317^v: 2.1n
318^v–320^r: 57.1n
321^r: 37.1n
330^v: 28.31n
333^{r-v}: 58.1n

SYBILLINA ORACULA: *Sybillinische Weissagungen*, ed. A. Kurfess (Berlin, 1951)
  8.218–9: 52.7

SYMBOLUM APOSTOLICUM
  29.12, 71.6

TERENCE
Andria
  85: 50.7
Eunuchus
  passim: 15.12
Phormio
  186: 15.9

TERTULLIAN
De Ieiuniis
  2: 31.1

UGUTIO OF PISA
Magnae Derivationes: cit. in F. Blatt, *Novum Glossarium Mediae Latinitatis* (Copenhagen, 1957–)
  55.3

ULPIAN
Regulae: ed. J. Baviera in *Fontes Iuris Romani Antejustiniani*, ii (2nd edn., Florence, 1968), pp. 259–301
  1.8: 7.4

VIGILIUS OF THAPSUS (Pseudo-Athanasius)

De Trinitate: PL lxii. 237–334
    2: 51.6
    5: 51.5
    6: 50.3, 71.4
    12: 51.6

VIRGIL
Aeneid
    v.743: 8.2, 15.9, 77.8, 78.7
Eclogae
    4.4,7: 52.7

WALTER MAP
The Latin Poems commonly attributed to Walter Mapes: ed. T. Wright, (Camden Society, OS 16, 1841)
    p.83: 16.7

WILLIAM OF BLOIS
Alda: ed. C. Lohmeyer (Leipzig, 1892)
    556: 25.6

WILLIAM OF MALMESBURY
Gesta Regum: ed. W. Stubbs (2 vols., RS 1887–9)
    ii.256–8: 7.2

Quotations not traced
    5.4; 16.3; 28.27;34 (bis); 29.5,28; 31.10; 32.5; 35.7; 39.2; 50.2,3; 51.8; 53.13; 55.6; 58.3; 59.3,7; 62.5; 68.7 (bis); 71.5; 74.2,9

INDEX NOMINUM

76.2–6; 80.5
(9) spiritual life 33.3–7; 42.4; 45.2–3,
8–14,16; 52.13; 54.2,4–6,10–15; 55.2;
56.4; 57.35; 76.8
(10) writings (a) letters 6.3,7,10; 9.6–7;
10.21; 11.2; 16.18–19; 17.2; 23.2–4;
27.7; 29.30; 34.10; 37.11; 47.2; 48.2;
50.1,8; 51.2; 57.16; 63.2; 65.2; 66.2;
76.9
(b) other writings 6.7; 9.7–8; 16.22–4;
18.2–3; 26.4; 42.4,7; 68.9; 77.1–7,14–
15
*De Amicitia Christiana et de Caritate Dei
et Proximi Tractatus* 19.7; 78.8–9
De Fide 77.1n.,14–15
Vita Guthlaci 18.1n.,2–3
Peter of Capua, cardinal-deacon of S. Maria
in Via Lata (1193–1200) 36.1
Peter of Cornwall, prior of Holy Trinity,
Aldgate (1197–1221) 42.1n.
Peter Russinol, Master (precentor of York
1213–19) 23.1–4
Peter de Saint-Martin, nephew of Peter of
Blois 6.1–5,7–11; 25.2–7; 27.3–7
Peter des Roches, bishop of Winchester
(1205–38) 25.1–7
familia of: Peter Russinol 23.1n.; 27.1n.
Philip of Poitou, bishop of Durham (1197–
1208) 22.8
Pontigny, dép. Yonne, Cist. abbey
abbot of 10.1–2; *see* Gerard, John
pope, *see* Alexander III, Innocent III, Urban
III
Preston, Lancs., church of 23.1n.
Provence, heresy in 77.9

R., abbot 66.1–2,10; *see* Robertsbridge
R., Master, of Wolverhampton 4.10
R., Master (vice-)archdeacon of Dorset 61.1
R. abbot of Robertsbridge 49.1–7,10–14;
66.1n.
R. of Kent, Master, canon of Leeds 41.1; *see*
Richard of Kent
R. de Pavelli, Master 74.1–2
Ralph, abbot of L'Aumône (occ.1203)
34.1n.
Ralph, abbot of Coggeshall (1207–18) 29.1n.
Ralph, subprior of Fountains 54.1n.
Ralph Haget, abbot of Fountains (1190–
1203) 54.1n.
Ramsey, Hunts., Ben. abbey, prior of 39.1;
see Hugh Foliot, Thurstan, W.
Ranulph son of Robert, archdeacon of
Dorset (1194×1206) 61.1n.
Ravenna 31.9
Reading, Berks., Ben. abbey, prior and
abbot of, *see* Reginald abt. of Walden

Reginald, abbot of L'Aumône (*c.* 1186) 34. 1n.
Reginald, a Templar, chamberlain of Urban
III 10.8
Reginald, Master, abbot of Walden 1190–
1203/4 (abbot of Reading 1154–8; pr.
of Walden 1164–90) 40.1n.
Reginald FitzJocelyn, bishop of Bath
(1173–91), archbishop-elect of
Canterbury (1191) 10.2; 77.1n;
archdeacon of Salisbury 80.3n.
Reimund, Master, archdeacon of Leicester
(occ.1198–1224/5) 8.7n.
Richard I, king of England (1189–99)
6.1n.,3n.; 10.15; 14.1n.; 21.1n.;
32.1n.; 76.1n.
Richard, Master, archdeacon of Bedford
(occ.1199–1203) 8.7n.
Richard, abbot of Cirencester (1187–1213)
45.1,8–12; 52.2,13
Richard, archdeacon of Dorset (1179×98)
61.1n.
Richard, abbot of Keynsham (occ.1214–22)
72.1n.
Richard Barre, archdeacon of Ely (occ.1190–
1208) 8.7n.
Richard of Dover, archbishop of Canterbury
(1174–84) 10.13; 62.1n; 80.3n.
Richard of Ilchester, bishop of Winchester
(1174–88) 8.6
Richard of Kent, Master, archdeacon of
Northampton (occ.1200–1201) 8.7n.;
41.1n.
Richard de Malpalud, dean of Rouen
(*c.*1200–07) 35.1n.
Richard de Marisco, Master, archdeacon of
Richmond (1213–17) 53.1n.
Richard FitzNeal, bishop of London
(1188–98) 2.1n.; 11.3n.
Richard de Saint-Amand, dean of Bayeux
(*c.*1200–13) 76.1,9–10
Richmond (*Dives Mons*) Yorks. (NR),
archdeacon of, *see* York
Ripon, Yorks. (WR), archbishop's manor at
22.5
collegiate church of St Peter 22.5
canon of, *see* Peter of Blois
Robert, archdeacon of Angers (occ.1180,
1200) 58.1n.
Robert, precentor of Cirencester (occ.1183–
7) 52.1n.
Robert, dean of Rouen (occ.1208) 34.1n.
Robert, abbot of Walden (*c.*1204–10) 40.1n.
Robert des Ableiges, bishop of Bayeux
(1206–31) 76.1,9–10
Robert de Bellofago (Beaufeu, Beaufey),
canon of Salisbury (occ.1155–1219)
31.1n., 8n.

INDEX RERUM

372 INDEX RERUM

baptismus in questionibus 28.5,43,49; 30.4;
  39.3; 45.3; 46.9; 47.10; 48.3,6,14;
  61.3; 65.7; 77.8
  secundus (= penitentia) 47.10; 54.4
Basilides, see heretici antiquiores
bellum: iustum 59.7; et episcopi 59.4–5
  in similitudinibus 66.11; 77.8
benedictiones, forma 3.30; 51.13; virtus 3.30;
  58.5,7–8
Benedictus, S. 69.3; regula 44.4
beneficium (ecclesiasticum) 6.3,8; 7.2; 8.1
bigamus 57.33
bona, see also rapina bonorum
  bona opera redeunt 70.3,7
  bona potiora 29.10,12
  bona temporalia et eterna 35.7
bonum, see genus

caduca passio, see medicina
canes, in similitudine 59.10
canon late sentente, see sententia
canones (leges) see lex canonica
canonici, male se gerentes 4.2–9; 22.4,6;
  76.2,4,9–10
  similitudines de 4.4,6,7,9
canticum, see vetus et novum
cantor, cantoria 11.1n.,3–9; see precentor
capellanus 11.3; 24.5,9
capitulum cathedrale 11.4–5,7–9; 13.1; 20.1;
  22.7; 24.1
cardinales 10.20
caritas, see also amicitia; amor; dilectio;
  fides, spes, caritas
  = amor proximi 9.3–5; 13.3–4,15–16,19–
  20,23; 19.4–7,11–12; 20.2; 21.4;
  22.10; 33.3–4; 35.3,7–8; 36.7;
  78.2,5–9
  delet peccatum 46.9–11
  imperfecta 46.9; 53.19
  in finem 60.2
  informans 28.11,32,43; 35.2; 46.11
  maxima virtus 28.32–3,37–8
  et meritum 28.43
  opera facta sine 61.12; 70.7
  ordo 13.16,19,23; 35.7
  in similitudinibus 13.19–20; 28.38
  in tractatu Petri Blesensis 78.8–9
caro, see also concupiscentia, corpus
  corruptio 48.3–10; 56.5–8; 63.6
  infirmitas 56.14–15
  radix peccati 44.8–9; 56.7
  versus spiritum 56.8,11
  similitudines de 44.9; 45.6; 56.8
Carpocratianus, see heretici antiquiores
celestis vita (see also patria) 41.7–13
  primitie 13.13; 14.12; 19.8–12; 34.5;
  41.5–7; 69.10; 78.8

in questionibus 29.4–9,14–28; 35.8; 39.2
in similitudinibus 35.8; 41.10
cena domini 28.15–16; see missa
centuplum, in promissione 41.2–13; 63.4;
  74.3; in similitudinibus 41.2,4,11
cervisia et sicera 31.8–11; 33.7
chorepiscopus 8.1,2,4
Christus (1) corpus glorificatum (2) corpus
  sacramentale, transubstantiatio (3)
  deus et homo (4) humanitas (5) incarnatio (6) mors (= separatio carnis et
  anime) (7) nomen (8) passio (9) sacerdos (10) in similitudinibus (11) unio
  ad
  (1) corpus glorificatum in celo 3.5,9–11,
  20–22; 29.10,12,13,21,25,27
  (2) corpus sacramentale, transubstantiatio 1.12–18; 2.7,16–17,23; 3.2–31;
  28.16; 79.4
  (3) deus et homo 1.16; 3.12; 13.22; 28.51;
  29.10,12,13,19; 51.12; 52.10; 64.5–6;
  71.9; 74.6,8,9; deus-homo (vs. purus
  homo) 72.8; homo-deus 50.4; 71.5
  (4) humanitas 56.13; 65.7; 77.9; in questionibus 29.19,25,27; 46.8; 48.5; 74.2–
  5,10–11
  (5) incarnatio, in prophetia 16.2–13;
  52.3–12; in questionibus 67.6–10;
  74.6–8
  (6) mors (= separatio carnis et anime)
  50.1–7; 71.3–9
  (7) nomen 74.2,4
  (8) passio, in contemplatione 2.22; 28.13–
  14,18–21; 29.21; in similitudine 2.21;
  28.21 virtus 28.7–10,13–21; 54.12;
  76.8
  (9) sacerdos 3.30; 52.11; 62.2
  (10) in similitudinibus 16.23; 28.13; 45.14;
  52.12
  (11) unio ad 2.16–23; similitudo 2.19
cibus, in Vetere Testamento 64.2,4; 65.2–4
circumcisio 65.7
Cisterciensis ordo, see claustrales
civilis possessio, see lex civilis
claustrales, claustralis vita 10.3; 36.2;
  44.3,5,7,12; 57.16,23; 69.2–5
  epistole ad 41.1; 69.1
  indisciplinatio 10.4–6, 15,19; 44.4–6; 56.2–3;
  69.6–8; in similitudinibus 10.4,5
  in interdicto 24.3–7
  ordines 5.15; 11.7; S. Benedicti 44.4; Cistercienses 4.8–9; 6.6; 10.1n.,2–3;
  24.6n; 49.1n.,6
  vs. seculares 10.2–3,11–12,16–19; 11.7;
  33.5
clerici, vs. laici 24.9; indigni 2.24; simil-
  tudines de 4.4,6,7,9

curiales, *see* curia
seculares *vs.* claustrales, *see* claustrales
coitus 36.2
compositum et simplex 28.35; 50.5
comprehensor et viator, *see* viator
concilia ecclesie: Hispalense II 8.1; Nicenum II 8.1; quattuor principalia 57.13; 62.17
concubina 57.33
concupiscentia 28.51; carnis 19.11; 78.7; mundi 47.4; 56.3–19
concupiscibile, irascibile, rationabile 41.7
confessio (oris) 28.23–4,28; 30.4; 34.7; 77.9; *see* contritio, confessio, satisfactio
in interdicto 20.4
questiones de 48.7; 61.3–12; 62.12,13,15; 70.2,9
confessio, confessores (sancti) 2.8; 18.4; 28.11
coniugium, *see* matrimonium
conscientia, mala 37.3,5–6; 45.4,6; 47.2; 63.3; 76.7; post mortem 29.7; 66.8
consecratio: chrismatis et episcoporum 10.20; episcoporum, imperatorum, regum, summorum pontificum 28.20; 51.13; sacramentorum 51.13
consensus: matrimonii 57.2–3,5–7; peccati 56.11–12,16–19; venditionis 57.2
consequens (*logic*) 53.3; et antecedens 60.6
consilium 10.16–19; *see* preceptum
consolatio 13.5,6; 15.1–3; 49.2; 66.2,5; 75.tit.
consolatoria *see* epistole
contemplatio 5.13–14; 19.8–12; 44.6; 56.2; 78.5–7
contemptus 30.5; 40.5; penitendi 47.11–12; 61.4; precedens et comitans 40.5
continentia 56.3,12; 57.17,23,27; votum continentie 57.14–18,21,25–6
contraria immediata 32.7,10; 71.8
contrarie intentiones in mente 55.3–4; 56.10–12
contritio 28.28,30; 46.11; 62.3,5,12,15; questiones de 61.8–9,11
contritio, confessio, satisfactio 2.15–16,19; 28.24
contumelia creatoris 57.13,20,34
conventuales ecclesie, *see* claustrales
conversio, conversus (1) ad fidem 57.20,28,30,33 (2) ad vitam monachalem 24.3; 49.3,6,11
corepiscopus, *see* chorepiscopus
corpus, *see also* anima
glorificatum 3.5,18; 29.4,6,20–27; 41.12–13; 54.9; similitudines de 29.4,23; 41.13
in similitudinibus 1.5; 13.4; 15.8; 28.38; 33.2

cruciati, *see* heretici recentiores
crux, aurea 10.8
signum 28.20; 51.13
culpa, *see* pena
cupiditas 8.6; 13.10; 14.6,8,9; 15.14; 49.7; 66.10; similitudines de 13.10; 14.6,8; 49.3
cura animarum 5.10–12; 79.2–6
et abbas 49.13
et episcopus 32.11; 43.3–8
et officialis episcopi 8.2
et Petrus Blesensis 25.3; 27.5; 54.13–15; 79.2–6
in similitudinibus 5.12; 25.3; 27.5; 32.11; 43.8; 49.13
curia, curialis vita 5.2,14; 15.14–15; 19.2; 31.12; 44.2; 78.3
in similitudinibus 5.2; 78.3
curiales clerici 5.2; 15.14; 19.1–2

Damasus, *see* pape
debitor principalis et secundarius 53.5
decanatus, decanus (in capitulo) 11.5,7; 22.7; 24.8
epistole ad 5.1; 13.1; 20.1; 24.1; 35.1; 51.14; 67.1; 76.1
decanus (ruralis) 8.2
decretalis (epistola) 24.8; 57.16
dedicatio ecclesie 32.4
demones 67.11
determinatio terminorum, *see* grammatica
detractores 5.14; 15.15; 28.37; 42.5; 44.4; 77.2,14
similitudines de 5.14; 15.15; 77.14
deus 41.2–3,9–10; 56.15; (*see also* dilectio, trinitas, visio dei)
potentia et iustitia 29.27; 37.1–10; 61.8; 62.4; 66.2–5; 68.2–9
similitudines de 13.9; 14.3; 28.6,40; 45.11,15; 54.10; 72.6; 78.6
unio ad 19.8–11; 45.15; similitudines de 45.15
diabolus, potentia 28.21; 67.10–11; 77.9
in questionibus 28.10; 38.6; 68.2–9
diaconatus, diaconi 3.31; 8.1,7
dialectica 58.5
Diane templum 52.8
dies festivales, *see* liturgia
differentia (*logic*) 29.22
dilectio, *see also* amor, caritas
dei erga hominem 41.4; 46.2–8; 69.3; similitudines de 19.5
hominis erga deum 13.2; 16.18–19; 19.5,11–12; 35.4–7; 36.7; 46.2–8; 69.3
hominis erga proximum 13.2,19; 16.18–19; 46.8; 54.10–11
Dives et Lazarus 13.8; 49.2

dicto 17.5,8–9; 20.6
pro se 33.3–7; 45.11–12; 52.13; 54.6,10;
57.35; 59.10
oratio dominica 2.12; 12.4; 28.30
ordines monastici, see claustrales
otium,
similitudines de 5.2,13
oves, in similitudinibus 7.3–5; 10.5; 25.3
Ovidius 63.6

pagani, see gentiles
papa: consecratio 28.20; 51.13
implorationes a Petro Blesensis 1.7–9;
2.11,13,21; 4.9; 7.3–6; 8.7; 11.7–9
liber scriptus a 23.4
potestas 1.5–7; 10.16–17,20; 22.6,8,9;
57.12,13; 59.2,4; 62.8,17
potestatis plenitudo 7.4
similitudines de 1.1,5,6,7; 5.12; 7.4
pape: Damasus 8.1
Gelasius 2.12
Gregorius magnus 2.10,12
Leo I 2.12
Linus et Petrus 29.28; 35.8
Petrus, S. 5.7; predia S. Petri 62.17
Petrus et Linus 29.28; 35.8
parcitas, see largitas
parentela, parentes, see affectio parentum
parentes primi, peremptores 12.2; 13.6
parochiales ecclesie 10.11,20; 11.3
presbyteri 10.19; 20.3; 24.6
parochiani 53.2; 62.8
parricida 30a.2
participium, see grammatica
passibilis, impassibilis 3.4,13
passio, et meritum 28.7–21; see Christus,
martyres
pastores, in similitudinibus 5.12; 7.4; 25.3;
43.8; 49.13
Paterini, see heretici recentiores
patientia 14.1–17; 49.6–7
patria = celum, see celestis vita
patria = natio, pro qua pugnatur 31.8,12
Paulus, S. 28.18
pauperes, paupertas 13.9–15; 14.4,9–15;
15.14–15; 30.5; 41.5; 44.3; 49.4–8,13;
in similitudine 35.8
peccatum: actuale 32.8; 48.10; 56.5,19; 70
tit.,2
causa 28.4,52; 68.2–9
commissum 36.3; 40.5; 56.5; 70.2
consuetudo 63.2–3; similitudo de 63.3
contractum 32.8; 40.5; 48.4; 50.6; 70.2
excedens et excessum 30a.2
mortale 28.8–10,14–21; 32.6,8; 40.2,5; in
questionibus 28.25–30,49; 46.10–11;
48.4; 53.7,12,14; 55.6–7; 57.32; 58.3;

59.3; 60.4; 61.9,11; 62.15; 70.2–8; see
septem peccata principalia
oblivioni datum 28.23–4; 32.4
occultum 62.10,12–13; 70.9
originale 6.8; 28.10,29; 32.6,8; 44.8; 56.19;
70.5
in questionibus 37.3,5; 39.3; 48.2–15;
56.5–8,19; 70.2
in similitudine 48.3
rediens 47.12; 62.13; 70.2–9
remissio vel dimissio 28.10,26–30,43; 61.8;
62.2–5,14–15; 70.3–7; similitudo de
47.12
in spiritum sanctum 60.8
veniale 28.20,26,30; 37.6; 46.9–11; 61.8; in
questionibus 35.2–3; 53.7,14; 55.6;
70.4
et voluntas 30a.2–4
pena civilis: detrusio in claustrum 57.23
mutilatio 57.23
pena capitalis 37.6; 57.11,23; 59.5; 61.10;
62.12,14
pena pecuniaria 61.10
pena et culpa 32.2,6; 37.1–2; 39.3; 48.3,6,9;
57.8; 62.12–14; 70.2,9
pena a deo 37.1–10; 39.3; 48.11–12; 73.7
pena ecclesiastica (penitentia) 28.23–4; 37.6;
57.27; 60.4; 61.3–5,10,12; 70.9
penitentia (see also contritio, pena ecclesiastica) 24.8; 28.20,23–4,50; 32.6; 47.2,5,
10,14; 48.4; 54.3–4,13–15; 63.1–6
in questionibus 57.8; 60.5–8; 61.3–6,8–
9,11–12; 70.2; 72.3
in similitudinibus 47.10; 54.4; 63.5
penitentiarius 20.4
peregrinatio, ad Ierosolimam 61.12; votum
de 57.19; ad S. Iacobum, votum de
53.6
perfecti, perfectio 36.7; 46.9; 49.12;
53.13,19; 55.6–7; 59.2,8
periurium, periurus 10.16; 30a.4; 53.7–8,12–
19; 57.8–10; 59.3; 61.3; 62.15
perseverantia 18.3–4; 60.2–5; et perseveratio
60.3
'persona' (nomen) 51.12
Petrus, see pape
plenitudo potestatis, see papa
pluralis numerus, see grammatica
prebenda (1) ex facultatibus Petri Blesensis
6.10
(2) in ecclesia 4.2; 10.11,19; 25.2–7;
27.2–7; 76.1n.,9
precarius -a -um 6.3,10
precentor 52.1; see cantor
preceptio, preceptum (1) vs. consilium 13.6
(2) vs. prohibitio 35.6
decem precepta 28.37,51

tribulatio, *see* afflictio
triduum Christi in sepulchrò 71.3,5,6,8
triennium (penitentie) 61.10
trinitas 3.31; 29.10,29; 51.4–13; 74.9
triplex, tripliciter
  altare 2.14–16,19–21
  excommunicatio 62.6
  humilitas 72.2
  libertas 73.2
  meritum dictum 16.11
  sedere ad dextram patris 29.12
  superbia 72.5
  velle 30a.5
  vinculum religiose conversionis 69.4
trivium, scientia de 68.7
trocheus, *see* metra

unio, *see* Christus, deus
usura 6.3,7; *see* feneratio

Valentinus, *see* heretici antiquiores
velle, *see* voluntas
venditio, *see* consensus; lex civilis
vetus et novum
  canticum 16.18–20
  lex 22.8; 27.2; 28.25; 61.9; 64.2–4,6–7; 65.2–7
  testamentum 1.10,11
viaticum, in interdicto 17.3; 24.3,8–9
viator et comprehensor 13.20; 29.29; 35.4
Vincentius, S. 8.7; 28.12
vinum, *vs.* cervisiam 31.8–9; vina phalerna et greca 55.2; in similitudinibus 2.19; 28.8; 42.15; 72.4; 77.12

violentia, *see* vis
vir dei, similitudines de 10.7,10; 18.6; 19.3,6; 29.2; 77.15; 78.4
Virgilius, propheta 52.7
virginitas, virgo 28.7,33; 53.18; 59.8–9
Virgo constellatio 52.3–6
virtualis modus 1.14
virtutes, questiones de 28.31–8; 31.1–7; 60.2; opus virtutis 60.2; usus virtutis 60.2
  see also quattuor, tres
vis, an sit licita 49.10; 59.2–9
visio dei 19.10; 41.9–10; 48.11; 78.6–8
  eterna 60.1
visus, post iudicium 29.4,18
vita, in similitudinibus 18.4–5
vitia 28.33–5,37–8; 31.1–7; 60.2; in similitudinibus 19.11
vivaria 5.10; 15.13; 43.8
voluntas: Christi et martyrum 28.7,12
  et error 30a.3; 58.8; 68.6
  et opus 30.2–5; 30a.2–4; 31.6; 36.6; 47.6; 48.4; 49.4; 54.2; 56.10–12,18; 57.9–11,14; 58.5,8; 60.3–4; 70.2
  precedens et comitans 40.5
  see also testamentum
votum 53.2–7,14–19; 58.8; votum continentie 57.14–18,21,25–6,28,32; *see* iuramentum
vox materialis, post iudicium 29.5,9; in similitudine 41.13

zodiaci signa 29.15; 52.6; *see* Virgo constellatio
Zoroaster 13.6

INDEX VERBORUM

ablactare (*deprive of milk*) 5.10
active, passive 48.10
amphicirtos (*Gk.* ἀμφίκυρτος, convex on both sides) 57.24
angaria (*oppressive charge*) 15.14
animalis (*carnal, not spiritual*) 44.8; 49.6; 56.8
animositas (*ambition?*) 54.8
apopompeius (*Gk.* ἀποπομπαῖος, sent out) 50.4; 71.5
arreptitius (*mad, demon-possessed*) 31.8; 51.8
asma 42.3
assertive (*positively*) 28.3
assuefactio 53.11
augustus (*emperor?*) 28.20
auricularis (*little finger*) 51.3

berith (*Hebr.*) 65.5
bursa (*purse*) 79.3

cambium (*exchange*) 25.5
cancellare (*cross hands*) 14.15
cantoria 11.3 (bis)
cathedralis (= cathedra magistralis) 10.3 (N)
cervisialis 31.8
cervisiosus 31.10
circumscriptibilis 1.14
circumscriptibiliter 1.15; 3.13
coesse 30a.5
collatio (*discussion* or *meal*) 36.2,7; 44.7
comitiva (*following*) 8.1
comminatoria (epistola) 4.5
commonitoria (epistola) 47.2
commotivus (*adj.*) 78.8
comprehensor (*one who has attained heaven, vs.* viator) 13.20; 29.29; 35.4
comprovincialis (episcopus) 10.15,20
concanonicus 6.6; 41.1; 57.1(?)
concupiscibile (*subst.*) 41.7
confessio (*confession of the faith, quality of confessor-saints, vs.* martyrium) 28.11 (bis)
conficere (1) (*make sweetmeats* etc.) 2.21?
(2) (*consecrate the host*) 2.24; 3.25–6
configurare (*imagine?*) 54.7
confusibiliter (*shamefully*) 10.7
connaufragus 49.7
consolatoria (epistola) 13.5; 15.tit.; 17.tit.,2; 66.tit.
contribulis, e (*of the same clan*) 80.4

convenio (*consult, summon*) 6.3; 7.3
conversio (*monastic vow*) 44.12; 49.3,6,11
cordewanum 6.11
corepiscopus (*Gk.* χωρεπίσκοπος, country bishop) 8.1,2,4
cothurnus 77.5
cruciati (*heretical sect*) 77.8
curiositas (*anxiety*) 15.13

deambulatorius (*mobile, unfixed?*) 39.5
decanus (*tenth part of zodiacal sign*) 52.6 (bis)
decas -adis (*group of ten degrees*) 52.6 (bis)
defervere (*cool, be assuaged*) 78.2
delictum (*sin of omission*) 36.3
delinio (= delenio, *sooth, flatter*) 14.2
deliramentum (*nonsense, delirium*) 1.1
demerere (*deserve ill*) 30a.2; 45.3; 57.8; 73.6
demeritorius 28.7; 36.3
demeritum 54.12
determinatio (*decision*) 57.2
deus-homo (*v.* homo-deus) 72.8
dicio (*authority, jurisdiction*) 4.10
dispensative (*by way of dispensation*) 24.9
dissimulatrix 45.10
distinctio (1) (*pause, mark of separation*) 28.38; 58.4
(2) (*section of a work*) 48.2
ditatio 15.1
doxa (*Gk.* (*vain*) *glory*) 5.12; 15.11
dunus ('dominans unus', *recte* hill) 51.3

effeminatrix 14.7
elective (gram. *expressing choice*) 74.10
emissarius (1) equus (*stallion*) 4.4
(2) hircus (*scapegoat*) 71.5
encenium (*Gk.* ἐγκαίνια, *pl.*) 22.4 *v.* exenium
epiarchidiaconus 8.4
excessus (*movement out*) 19.8
exenium (*Gk.* ξένιον, gift 'honoris causa') 22.4 (Ad)
exerrabilis (*deceiving or liable to error?*) 41.2
exigentia (*necessity, demand*) 5.4; 17.2; 18.3; 54.12
eximere (*exempt from episcopal control*) 7.3,4; 22.8
expositorius (*of a commentator*) 28.5

firma (*farm*) 10.4
fossata (*ditch, grave*) 24.8; 31.10
framea (*violent outbreak?*) 44.4

salutare (*vb., say farewell to*) 19.1
salutaris (*subst., saviour*) 27.1; 29.1; 30.1; 30a.1; 39.1; 42.1; 51.1; 52.1; 54.1; 56.1; 68.1
scitum (*decree*) 8.1
septennium (1) (*seven-year period*) 10.12
    (2) (*seven-year penance*) 37.6; 60.4; 61.5,10
septupliciter (*sevenfold*) 29.14
simul et semel 28.4(?); 61.2
soldanus 51.3
sonorabilis (*high-sounding*) 13.7
sortiarius 62.8
spasmatio (*cramp, convulsion*) 31.9
stadium (*racecourse*) 18.4,5
stallum (*choir-stall*) 11.4
subdestruere 50.6n
subepiscopus 8.4
subornatus -us 8.2
substantialis (*vs.* accidentalis) 29.22
substantialiter 74.5 (bis)
supernubeo (*marry second husband*) 39.4
syncopis? (*swoon*) 31.9

temptative (*testing opinions of respondent*) 3.1

theatrum (derisionis) 7.2; 8.7
theoria (*vision*) 2.20
translimitare (*pass limit*) 7.4
transubstantiare 2.7; 3.3 (bis), 7,28
transubstantiatio 1.12; 3.3,10,16,26
triennis (*lasting three years*) 61.10
triennium (1) (*three-year period*) 11.8
    (2) (*three-year penance*) 61.10
trinus (*triune, vs.* triplex) 29.29; 51.4,11
tuare (*address in the singular, v.* vostrare) 51.2

ve (*subst., expression of woe*) 34.3; 49.2
versificari (*make verses*) 40.2
veternosus (1) (*dried up*) 1.2; 29.2
    (2) (*inveterate*) 4.4
viator (*one on earthly pilgrimage, vs.* comprehensor) 13.10,20; 29.29; 35.4 (ter); 39.2 (bis)
vicarius 79.1
vostrare (*address in the plural, v.* tuare) 51.2
votive (*with desire, prayerfully*) 74.9
votivum (*object of desire*) 26.4

zizania (*sing.*) 10.14

DATE DUE

HIGHSMITH 45-220